CW01180308

Paul Joseph Safarik

Geschichte der slawischen Sprache und Literatur nach allen Mundarten

Salzwasser

Paul Joseph Safarik

Geschichte der slawischen Sprache und Literatur nach allen Mundarten

1. Auflage | ISBN: 978-3-84605-459-8

Erscheinungsort: Frankfurt, Deutschland

Erscheinungsjahr: 2020

Salzwasser Verlag GmbH

Reprint of the original, first published in 1869.

GESCHICHTE

DER

SLAWISCHEN

SPRACHE UND LITERATUR

NACH

ALLEN MUNDARTEN

VON

PAUL JOSEPH ŠAFAŘIK.

ZWEITER ABDRUCK.

PRAG, 1869.

O patria salve lingua, quam suam fecit
Nec humilis umquam, nec superba libertas,
Quam non subactis civibus dedit victor,
Nec adulteravit inquilina contages;
Sed casta, sed pudica, sed tui iuris,
Dilecta priscae fortitudinis proles!

        HUGO GROTIUS.

Vorbericht.

Die Vortheile, die eine zweckmässig eingerichtete Beschäftigung mit der Geschichte der Literatur gewährt, sind so einleuchtend und anerkannt, dass eine weitläufige Auseinandersetzung derselben an diesem Orte ganz überflüssig wäre. Sie öffnet den Blick des jungen Studirenden und des angehenden Gelehrten in das unermessliche Gebiet menschlicher Wissenschaft und Kunst, flösst Achtung für fremdes Verdienst und das Bestehende ein, bewahrt gegen jede krankhafte Einseitigkeit, jeden Dünkel, und weckt und fördert eine fruchtbare, auf das gesellschaftliche Leben übergehende Theilnahme an geistigen Bestrebungen des edleren Theiles der Menschheit. Wenn die politische Geschichte der Vorzeit ein Gottesacker ist, in welchem der verweste Staub der Ahnen oft der keimenden Nachzeit zum fruchtbaren Boden dient: so ist die literärische ein Spiegel, der die labyrinthischen Wege des Entwickelungsganges menschlicher Geistesbildung vor Augen stellt, und den rechten Pfad mitten durch jene finden lehrt.

Ist nun aber der Einfluss der allgemeinen Literaturgeschichte auf die Ausbildung des Geistes einzelner Menschen und hiemit auf den Gang der Wissenschaften und Künste überhaupt gross und wohlthätig; so ist der Einfluss der Sprach- und Literaturgeschichte seines eigenen Volkes auf die Erregung einer verständigen Nationalliebe, Belebung der literärischen Betriebsamkeit, Veredlung des Gemüths und hiemit auf den Fortgang der Nationalliteratur selbst nicht minder mächtig und folgenreich. Daher ist es für den Literaturfreund Pflicht, seine Muttersprache und ihre Schicksale vor allen andern genau kennen zu lernen. Denn gleich wie dem Besuch fremder Länder die Bekanntschaft mit der Heimath, und dem Bebauen des fremden Gartens die Pflege des eigenen vorausgeht; eben so muss auch die literärische Geistesthätigkeit, wenn sie tief wurzeln und gesunde, das Volksleben heilsam kräftigende und veredelnde Früchte tragen soll, von der Muttersprache ausgehen.

IV.

Ohne das Beispiel derjenigen Völker anzuführen, bei welchen das Studium der Geschichte der vaterländischen Literatur mit dem der Sprache selbst Hand in Hand geht, und jenes diesem weder an Vollständigkeit, noch an Gründlichkeit nachsteht, ohne ferner auf die nachhaltigen Folgen dieser weisen Einrichtung aufmerksam zu machen, will ich nur bemerken, dass auch bei uns Slawen seit ungefehr einem Menschenalter, als dem Wendepunct unserer gesammten Volksthümlichkeit, das Bedürfniss eines gründlichen Sprachstudiums immer fühlbarer, und das Bestreben, es durch zweckmässige Lehrbücher zu befördern, immer sichtlicher wird. Nicht zwar, als wäre überall das erwünschte Ziel entweder mit gleicher Reinheit beabsichtigt, gleichem Eifer erstrebt, oder mit gleichem Glück erreicht. Denn noch immer haben einige Stämme keine angemessenen Sprachbücher über ihre Mundart, mehrere keine Geschichte ihrer Literatur, und noch immer ist das Studium der Muttersprache und ihrer Literatur von den meisten höhern Lehranstalten unter den Slawen gänzlich ausgeschlossen. Wie viel würde für die Vervollkommnung der slawischen Gesammtsprache gewonnen werden, wenn, ausser einem zweckmässig berechneten und nach einer festen Stufenfolge durch verschiedene Classen der Volksschulen fortgeführten Schulunterrichte in derselben, auf allen im Herzen slawischer Länder belegenen Gymnasien, Hochschulen und theologischen Lehranstalten die slawische Sprache und Literatur nach ihrer wissenschaftlichen Gestalt und im Geiste eines in sich abgeschlossenen Systems, so wie mit gründlicher Darstellung ihrer Geschichte vorgetragen würde. Was in den slawischen Provinzen unserer Monarchie — in deren Schoosse unter dem beglückenden Scepter ihres glorreichen Regenten bekanntermaassen sieben slawische Nationen, die der Böhmen, Polen, Slowaken, Serben, Slovenzen, Kroaten und Russniaken, allen Angaben zufolge an Zahl die Hälfte der österreichischen Staatsbürger ausmachend, die Früchte dauerhafter Ruhe und die unschätzbaren Vortheile fortschreitender Civilisation geniessen — für die Emporbringung der Cultur slawischer Landesmundarten höheren Ortes geschehen ist, verdient dankbare Anerkennung; aber über die Früchte der Anstalten dieser Art kann die Nachwelt richtiger entscheiden, als es von Zeitgenossen zu erwarten ist.

So wie jetzt die Sachen stehen, bleibt der höher strebende slawische Jüngling, in dessen Brust durch Zufall oder Fügung die Sehnsucht nach tieferem Erfassen seiner Muttersprache erwacht ist, lediglich auf Selbsthilfe, eigenes fortgesetztes beharrliches Studium gewiesen. Es ist aber ein beachtungswerther Zug in dem Nationalcharakter des Slawen, dass derselbe, einmal zum höheren geistigen Leben erwacht und in der Ueberzeugung erstarkt, dass zufolge des weisen Naturgesetzes der Polarkräfte der Nationalitäten, als der Grundbedingung jeder selbständigen Volkscultur, nur in der Muttersprache wahrhaft schöne Sprach- und Geistesvollendung zu erringen ist, weit entfernt in dem harten Kampfe mit zahl- und namenlosen Hindernissen, oft Gegenbestrebungen aller Art den Muth zu verlieren, vielmehr an dem erkannten Kleinod der angestammten Sprache und Volksthümlichkeit nur um so fester hält, und am Ende den Sieg davon trägt. Dieser tief wurzelnden Nationalliebe des Slawen, die nur tückische Arglist oder neidische Selbstsucht leugnen kann, dient zum vollgiltigen Belege die durch unzählige Thatsachen erhärtete Bemerkung, dass seit einem Menschenalter und darüber alle slawische Mundarten, selbst diejenigen, die fern vom Glanze des Hofes und der Grossen nur noch im Hause Gottes und in der Hütte des Landmanns fortleben, ohne äussere Begünstigung, in Folge jener innern belebenden Kraft, in stillem, aber desto sichererem Fortschreiten begriffen sind. Der gute Saamen, den hochherzige, vaterländisch gesinnte Schriftsteller aussäen, findet schon seinen weichen, befruchtenden, dankbaren Boden, und obwol auch der Freund von der Nachtseite nicht müssig ist, Unkraut dazwischen zu streuen, so erhebt sich doch das Herz zu der tröstlichen Hoffnung, dass der grosse Tag der Ernte mit der Scheure für den Weizen und dem Feuer für das Unkraut nicht ausbleiben wird.

Von diesem Gesichtspunct des Privatstudiums, als des einzigen Erhaltungs- und Belebungsmittels der slawischen Nationalliteratur in den meisten von Slawen bewohnten Ländern, und von der Ueberzeugung, dass den mühsamen Weg der Selbstbelehrung in Sachen der Muttersprache, den ich in jungen Jahren angetreten habe, Hunderte von nahen und fernen Stamm- und Sprachverwandten wandeln, ausgehend, entschloss ich mich gegenwärtigen Grundriss der Geschichte der slawischen Sprache und Literatur nach allen Mundarten, als Leitfaden für Studirende und überhaupt als Hilfsmittel für junge Literaturfreunde, herauszugeben. Seit der Zeit, als zuerst der Wunsch nach tieferem Erforschen der slawischen Muttersprache in mir rege ward, und ich die Nothwendigkeit einsah, Behufs jenes Zweckes nicht nur die angeborne Mundart, sondern auch die verwandten, nach und nach in den Kreis meiner Beschäftigung zu ziehen, war ich gewohnt, aus allen diesen Gegenstand betreffenden, oft sich zufällig darbietenden, oft mühsam hervorgesuchten Büchern, das Nöthigste zu excerpiren, um mir so den gänzlichen Mangel literärischer Hilfsmittel, insbesondere eines das fortgesetzte eigene Studium anregenden und erleichternden Handbuchs der allgemeinen slawischen Literaturgeschichte wenigstens nothdürftig zu ersetzen. Da ich aber in meine Materialiensammlung ausser der literärischen auch die politische Geschichte und Ethnographie der Slawenstämme mit aufgenommen und das Ganze mehr als Aggregat denn als System behandelt hatte, so entstand bei der Herausgabe die Nothwendigkeit, die verschiedenartigen Bruchstücke zu sichten, das Ueberflüssige wegzuschneiden, die Lücken auszufüllen, und alles nach einem festen Prinzip zu einem zusammenhängenden Ganzen zu verarbeiten. Das Prinzip aber, welches mir hiebei, als

Endzweck der Arbeit, zur Richtschnur diente, war keineswegs, für gereiftere slawische Gelehrte ein Handbuch zu liefern — eine Anmassung, von der ich fern bin — obwol das Bedürfniss eines solchen Werkes am Tage liegt, und desswegen Hrn. Linde's panslawischer Literaturgeschichte rascheres Fortschreiten zu wünschen ist — sondern lediglich den angehenden slawischen Literaturfreunden, vorzüglich Studirenden, einen Leitfaden an die Hand zu geben, mittelst dessen sie sich auf dem Gebiet der slawischen Literatur zu rechte finden, und den Weg des eigenen Studiums bequemer fortsetzen könnten. In dieser Hinsicht behielt das Werk manches von der ursprünglichen fragmentarisch- aggregativen Form, was nach dem strengen Gesetz des Systems anders hätte gestellt werden oder ganz wegfallen müssen. Dieses geschah, ungeachtet es manche Wiederholungen veranlasste, aus dem Grunde, um auf diese Art die Schriften bequemer verzeichnen zu können, in denen der Lernbegierige weitere Belehrung über das im Buche selbst kaum Angedeutete zu suchen habe. Wer es aus Erfahrung weiss, von welch einem kleinen Kenntnisskreise das Studium eines sich selbst bildenden Slawisten ausgeht, wie beschränkt gewöhnlich die literärischen Hilfsmittel junger Studirender sind, und zu welchen Erweiterungen des Wissens die mittelst der Büchertitel — oft zufällig — erlangte Bekanntschaft mit den Quellen und Hilfsmitteln des Berufs- oder Lieblingsstudiums nach und nach führt, der wird auch bei abweichender Ansicht über Behandlung und Ausführung wenigstens der Absicht Gerechtigkeit wiederfahren lassen. Dieses Andeuten der Sache und Anzeigen der Quellen oder Hilfsmittel wurde auch ausserdem im ganzen Werk durch die Ueberfülle des Stoffs geboten, sonst würde es unmöglich gewesen seyn, einen solchen Vorrath von literärischen Notizen auf einem so beschränkten Raum zu geben, was doch vor Allem beabsichtigt wurde. Dem zufolge sind mit strengster Rücksicht auf Raumersparung die Notizen selbst möglichst zusammen gedrängt, die Büchertitel abgekürzt angeführt, ohne desswegen ihren Gebrauch zu erschweren, und überhaupt bei dem Ganzen eine innere und äussere Oekonomie beobachtet worden, wie sie der oben ausgesprochene Zweck zu erheischen schien. Den grössten Schwierigkeiten, folglich auch den meisten Ermässigungen, war das Gesetz gleichförmiger Kürze bei der Behandlung der Specialliteraturen einzelner Stämme unterworfen. Den in unserer Monarchie einheimischen sollte ursprünglich eine verhältnissmässig grössere Ausführlichkeit zu Theil werden; allein diese Berechnung wurde theils durch den Reichthum einiger benachbarten Schwestern, theils durch den Mangel an ausreichenden Hilfsquellen über mehrere einheimische Mundarten, namentlich über die windische und kroatische, theils endlich durch das Bestreben, hier einige Garben von eigener Ernte aus nahen, aber weniger gekannten Gegenden Slawiens niederzulegen, beinahe ganz vereitelt. Die Quellen, die ich gebraucht habe, sind überall, wo es thunlich war, angegeben. Ausser den genannten wurden noch viele Monographien, schriftliche und mündliche Mittheilungen sachkundiger Freunde, Zeitschriften, Recensionen u. s. w. benutzt. Ich habe das in meinen Plan passende meist wörtlich daraus entlehnt, wesshalb sich das Ganze dem Kenner als Aggregat fremder Weltenbruchstücke erweisen wird, zwischen denen die Nebelflecke eigener Schöpfung der Beachtung entschwimmen möchten; aber bei dem leitenden Grundsatz, den ich befolgte, war es mir weniger darum zu thun, wer was gesagt, als vielmehr, wie er es gesagt hat, und ich wollte lieber Wahres und Gutes mit fremden, als Falsches und Schlechtes mit eigenen Worten geben.

So sehr ich aber auch bemüht war, durch sorgfältige Benutzung der mir zu Gebote stehenden Hilfsmittel das Buch seiner Bestimmung gemäss zum Handgebrauche für Selbstlernende zweckmässig einzurichten; so gestehe ich doch, dass ich nach wiederholtem Durchsehen das Ganze in seiner gegenwärtigen Gestalt nur für einen mangelhaften Versuch halte. Diese Mangelhaftigkeit findet theils in der Beschaffenheit der Arbeit, theils in der Entbehrung mehrerer Hilfsmittel, theils in der Beschränktheit der Kräfte, theils endlich in Lebens-Zeit- und Ortsverhältnissen ihre Erklärung und vielleicht auch einige Entschuldigung. Ueber letztere hier zu sprechen, würde dem nicht nützen, der nicht mehr zu denken gewohnt ist, als ihm seine Bücher sagen; unter den Hilfsmitteln bedaure ich am meisten Hrn. Jungmann's Geschichte der böhmischen Literatur erst während des Druckes meines Buchs und zum Theil nach demselben erhalten zu haben. Bei alle dem hoffe ich, dass der noch so unvollkommene Versuch für seine Zeit den angehenden Literaturfreunden, denen es um Erleichterung ihres Studiums zu thun ist, innerhalb der Gränzen seiner Bestimmung, als vorbereitender Entwurf, einige Dienste leisten kann.

Viele dürfte es befremden, dass ich mich bei Abfassung der gegenwärtigen Schrift der teutschen Sprache, und nicht lieber einer slawischen, namentlich der angestammten Mundart bedient habe. Dazu bewogen mich zwei Ursachen. Die erste war ein blosser Zufall, der es mit sich brachte, dass die Schriften, aus denen ich die meisten Materialien meines Werkes Behufs eigenen Gebrauches zusammen trug, beinahe alle teutsch waren. Die zweite war der Wunsch, das Buch allen Studirenden und Literaturfreunden der verschiedenen slawischen Stämme unserer Monarchie gleich lesbar zu machen. Nun aber weiss ich aus Erfahrung, dass die Verschiedenheit der Mundarten, Buchstaben und Orthographien unter den Stämmen eine Scheidewand bilden, die selbst unter Hunderten von Gelehrten kaum einer durchzubrechen Muth oder Lust genug hat. Das Geständniss ist leider betrübend, aber wahr. In Berücksichtigung dieser vorwaltenden und, wie ich glaube, gegründeten Absicht darf ich hoffen, dass Sachverständige die stylistischen und sprachlichen Gebrechen dieses Buchs mit Schonung beurtheilen werden. Gleiche Nachsicht muss ich für den Umtausch der kyrillischen Schrift gegen die lateinische bei dem russischen und serbischen Abschnitt in Anspruch nehmen, indem der zu spät gefasste Vorsatz, Jedem das Seine zu lassen, nicht mehr ausgeführt werden konnte. Das böhmische Schreibsystem wurde gewählt, weil es unter allen lateinisch-slawischen, trotz der vielen, oft mikrologischen Einsprüche wider die Accent-Schnörkel, wirklich das einfachste und consequenteste ist.

Von der Nichtigkeit des Stückwerks menschlichen Wissens zu sehr überzeugt, als dass der Plagegeist literärischen Ehrgeizes je die Seele beschleichen könnte, werde ich zwar jede wolgemeinte, die Wissenschaft und hiemit das geistige Leben fördernde Zurechtweisung und Aufdeckung der Mängel dieses Lehrbuchs mit Dank aufnehmen; aber auch jedes grund- und zwecklose Absprechen, das weder mir nützen, noch der Wissenschaft frommen kann, unberücksichtigt lassen müssen. Möchte diesem Buche irgend ein stimmberechtigter Kenner als Beurtheiler zu Theil werden, der, vom Geiste echter Nationalliebe beseelt, sich der Mühe unterzöge, dasselbe Blatt für Blatt zu prüfen, und die materiellen Fehler in einer öffentlichen Zeitschrift zu berichtigen. Dann würde ich nicht anstehen, der erste seine Beurtheilung meinen Lesern als eine nothwendige Zugabe aufs dringendste zu empfehlen. Möchte endlich, durch die Unzulänglichkeit des gegenwärtigen Versuchs bewogen, irgend ein slawischer Gelehrter ein vollkommneres Handbuch recht bald an seine Stelle treten lassen.

Schliesslich muss ich, einem angenehmen Pflichtgefühl folgend, Sr. Wohledelgeb. Hrn. Martin v. Hamulják, Rechnungs-Officialen bei der kön. ungr. Statthalterei, meinen innigen Dank für die mir bei der Correctur der Bogen willig und ausdaurend geleistete Hilfe öffentlich bezeugen. Ohne seine Wachsamkeit würde das Werk unter den obwaltenden Umständen unmöglich den Grad der Correctheit erreicht haben, den es wirklich erreicht hat. Einige, durch die Natur solcher Arbeiten herbeigeführte Berichtigungen und Zusätze bitte ich vor dem Gebrauche des Buchs an gehörigem Orte einzuschalten.

Neusatz am 17. Dec. 1825.

Der Verfasser.

Vorwort des Herausgebers.

Das Werk, von welchem ich hiemit einen zweiten unveränderten Abdruck publicire, erschien im Jahre 1826 zu Ofen (aus der Universitäts-Buchdruckerei) auf Pränumeration, und in einer kleinen Anzahl von Exemplaren, die überdies zum grössten Theil innerhalb Ungarns blieben; es war daher bald vergriffen und äusserst selten geworden. Der Verfasser bezeichnete in der Vorrede sein Werk nur als ersten unvollkommenen Versuch, und sprach den Wunsch aus, Jemand Anderer möchte etwas besseres liefern; eine neue Ausgabe, deren Bedürfniss bald fühlbar wurde, hätte aber bei der einzigen Gewissenhaftigkeit und Strenge des Verewigten gegen sich selbst nur ein ganz neues Werk sein können, und dazu hatte er bei dem mächtig aufstrebenden Gange seiner Studien keine Zeit. Von einer begonnenen neuen Bearbeitung desselben Gegenstandes, nach ganz anderem ungleich ausgedehnterem Plane, namentlich mit ganz vollständiger Bibliographie, wurde nur jener Theil fertig, welcher die südslawischen Dialekte (mit Ausschluss des alt- und neu-bulgarischen) behandelt, und auch diesen zu publiciren konnte sich der Verfasser nicht entschliessen; derselbe ist erst 1864—65 von Herrn Jireček herausgegeben worden, und übertrifft allein an Umfang die ganze Literaturgeschichte vom Jahre 1826 um mehr als das Doppelte. Zu einem blossen neuen Abdrucke der letzteren verweigerte mein Vater noch in den letzten Jahren seines Lebens ganz entschieden seine Zustimmung.

Es könnte als Mangel an Pietät erscheinen, dass ich nun selber thue, wozu mein Vater seine Einwilligung verweigert hatte; und eine vor mehr als 40 Jahren erschienene Schrift aus dem Gebiete der seitdem so mächtig aufgeblühten slawischen Studien unverändert abdrucken lasse. Indess die Thatsache selbst, dass ein solcher Abdruck noch heute noth thut, sagt mehr als alle weiteren Gründe, und zum Ueberflusse kann ich mich auf eine mündliche Aeusserung berufen, welche mein Vater (ungefähr um das Jahr 1858) gegen mich that: „Das Buch ist nur ein erster Versuch, aber aus den Quellen geschöpft, und zum einleitenden Studium noch immer nicht zu entbehren, denn es ist seitdem nichts besseres erschienen."

Es verstand sich von selbst, dass der neue Abdruck nur ein ganz unveränderter sein konnte, denn Anmassung und Impietät wäre es erst gewesen, durch oberflächliche Aenderungen und Zusätze den Schein einer neuen Bearbeitung hervorzubringen. Wohl aber schien es zulässig, einiges aus den zahlreichen schriftlichen Bemerkungen im Handexemplare meines Vaters aufzunehmen. Letztere enthalten: 1) Titel von Büchern und Handschriften, nach dem J. 1826 erschienen oder bekannt geworden; 2) sachliche Zusätze, Excerpte aus Autoren usw.; 3) Berichtigungen aus den beiden Recensionen von Dobrowsky (Wien. Jahrb. Lit. XXXVII, 1—28) und Bandtkie (Hall. Lit. Zeit. 1827 Nr. 181—182). Ich habe nun den Haupttext (S. 1—490) nach Berichtigung der Druckfehler (auch nicht angezeigter) buchstäblich ungeändert gelassen, so dass der Abdruck Seite für Seite, Zeile für Zeile, das Original wiedergibt; von den schriftlichen Zusätzen habe ich einen kleinen Theil (kenntlich durch vorgesetzte Sternchen) den „Zusätzen und Berichtigungen" des Originales einverleibt, welche dadurch von 4 Seiten auf 19 Seiten angewachsen sind. Das Register (S. 495 bis 510 des Originales) blieb bis auf wenige hinzugekommene Namen und (wegen der neuen Zusätze) korrigirte Seitenzahlen ungeändert, das Pränumeranten-Verzeichniss (S. 511—524 des Originales) fiel natürlich weg. Aus den handschriftlichen Zusätzen habe ich aufgenommen: 1) von Büchertiteln nur wissenschaftliche, weil die schöne Literatur nicht gleichmässig genug nachgetragen ist, und mit Ausschluss der südslawischen, weil diese in der 1864 publicirten neuen Bearbeitung ungleich vollständiger verzeichnet sind; 2) sachliche Noten alle; 3) aus den beiden Recensionen gezogene Bemerkungen nur äusserst wenige, weil aus den abgedruckten Beispielen hervorgeht, dass der Verfasser mit der Kritik nicht überall einverstanden war. Dass ich hiebei einige kräftige Aeusserungen, die nie für Leser bestimmt waren, wegliess, wird, wer den Verewigten kannte, gewiss nur in seinem Geiste gehandelt finden. Wichtiges habe ich nichts übergangen, eher hätte noch einiges von den neuen Zusätzen wegbleiben können.

Nöthiger wäre es wohl gewesen, für diejenigen, welche aus vorliegendem Werke ihre erste Kenntniss der slawischen Literatur schöpfen werden, die Hauptpunkte anzudeuten, in denen die Forschung seit 1826 fortgeschritten ist, und die betreffenden Quellen anzugeben. Aber diese Aufgabe liegt so weit ausserhalb meines Kreises, dass ich mich begnügen muss, bloss die späteren Arbeiten meines Vaters aufzuzählen, welche hieher gehören. Im 3., von Herrn Jireček 1865 herausgegebenen Bande der gesammelten Werke meines Vaters findet der Leser 31 Abhandlungen in böhmischer Sprache, in den Jahren 1834—1858 (grösstentheils in der böhmischen Museumszeitschrift) publicirt, von denen sich 4 auf Geschichte und Geographie, 3 auf Mythologie, 3 auf Rechtsgeschichte, 14 auf Bibliographie, Literaturgeschichte und Philologie, 7 auf Sprachforschung und Sprachvergleichung — durchaus auf slawischem Gebiete — beziehen. Ausserdem sind noch zu nennen:

Für älteste Geographie, Ethnographie und Geschichte:
Slowanské starožitnosti Prag 1837, neuer Abdruck 1862, deutsche Bearbeitung Leipzig 1842—44.

Für Ethnographie und Statistik, sowie für Klassifikation und Charakteristik der Dialekte:
Slowanský národopis, Prag 1840—1843, in 3 Auflagen (mit Sprachkarte).

Für Bibliographie und Literaturgeschichte:
Uebersicht der slowenischen Kirchenbücher u. s. w. (Wien. Jahrb. Litt. 1829, Bd. IV, Anz. 1—35) und: Uebersicht der vorzügl. schriftl. Denkmäler älterer Zeit bei den Südslawen (ebd. 1831, Bd. LIII, Anz. 1—58); endlich: Geschichte der südslawischen Literatur (abgeschlossen um das J. 1833), herausgeg. von J. Jireček, Prag 1864—65 in 3 Abtheilungen. (Enthält vollständig beide vorhergehenden Aufsätze.)

Für Philologie:
Serbische Lesekörner, Neusatz 1833; Jihoslovanské památky, Prag 1851; Hlaholské památky, ebd. 1853; Gla-

golitische Fragmente, ebd. 1857; Ursprung und Heimat des Glagolitismus ebd. 1858; älteste Denkmäler der böhmischen Sprache, gemeinsam mit F. Palacký, Prag 1840. (Hierin vergleiche p. 86—90 die Vertheidigung dessen, was im vorliegenden Werke p. 399 über Lech gesagt ist, gegen Dobrowsky's Kritik in Wien, Jahrb. Lit.)

Ich war während des Druckes anderweitig so erschöpfend beschäftigt, dass ich nicht im Stande war, die Aushängebogen nochmals zu lesen; indess habe ich die Korrekturen so gewissenhaft gemacht, dass ich glaube, der neue Abdruck werde korrekter sein als der alte.

Und Du, Hoher, Unvergesslicher, dem alles selbst geschaffene zu unvollkommen schien, um es mehr als einmal zu bieten, der reich genug war, stets nur neues zu bringen, zürne mir nicht, wenn ich das thue, was du nicht mochtest! Es ist Dein Licht, das ich will wieder leuchten lassen, die belebende Wärme Deines ersten blühenden Mannesalters, noch nicht gereift zur Vollendung des Lebensmittages, aber auch nicht gedämpft durch den Ernst und die Resignation des Lebensnachmittages, die ich wieder will wärmen lassen. Mögen sie leuchten und wärmen und Zeugniss geben von Dir!

Prag, 2. März 1869.

Adalbert Šafařík.

INHALT.

EINLEITUNG.

	Seite
§. 1. Abstammung, Wohnsitze u. Thaten der alten Slawen.	1
§. 2. Religion und Sitten, Cultur u. Sprache der alten Slawen	11
§. 3. Slawischer Volksstamm im dritten Jahrzehnt des XIX. Jahrh.	19
§. 4. Slawischer Sprachstamm zu Anfange des XIX. Jahrh.	27
§. 5. Character und Cultur der Slawen im Allgemeinen.	43
§. 6. Schicksale und Zustand der slawischen Literatur im Allgemeinen.	59
§. 7. Uebersicht einiger Beförderungsmittel der Literatur unter den Slawen.	70

ERSTER THEIL.

Südöstliche Slawen.

Erster Abschnitt.

Geschichte der altslawischen Kirchensprache und Literatur.

§. 8. Charakter der altslawischen Kirchensprache.	81
§. 9. Kyrills und Methods Herkunft, Beruf und Mission.	85
§. 10. Verhältniss der altslawischen Kirchensprache zu andern slawischen Mundarten.	96
§. 11. Schicksale der altslawischen Kirchensprache und Uebersicht einiger Denkmäler derselben.	119

Zweiter Abschnitt.

Geschichte der russischen Sprache und Literatur.

§. 12. Historisch-ethnographische Vorbemerkungen.	134
§. 13. Charakter der russischen Sprache.	138
§. 14. Epochen der russischen Literatur. Erste Periode: Von der Gründung des russischen Reichs bis zur Alleinherrschaft Peters des Grossen. Erste Abtheilung: Von Rurik bis auf Wladimir. J. 850—989.	145
§. 15. Zweite Abtheilung: Von der Einführung des Christenthums bis zur Besiegung der Tataren. J. 989-1462.	148

XIV

	Seite
§. 16. Dritte Abtheilung: Von der Besiegung und Vertreibung der Tataren bis auf Peters des Grossen Alleinherrschaft. J. 1462—1689.	152
§. 17. Zweite Periode: Von Peter dem Grossen bis auf unsere Zeiten. Erste Abtheilung: Vom Anfange der zweiten Periode bis zur Thronbesteigung Elisabeths. J. 1689—1741.	159
§. 18. Zweite Abtheilung: Elisabeths und Katharina's II. Regirungszeit, oder von Lomonosow bis auf Karamzin, J. 1741—1796.	164
§. 19. Dritte Abtheilung: Das Zeitalter Alexanders, oder von Karamzin bis auf unsere Zeiten.	174

Dritter Abschnitt.

Geschichte der Sprache und Literatur der Slawoserben griechischen Ritus.

§. 20. Historisch-ethnographische Vorbemerkungen.	191
§. 21. Charakter der serbischen Sprache.	201
§. 22. Schicksale der serbischen Sprache und Literatur.	205
§. 23. Uebersicht der neuesten serbischen Literatur.	216
§. 24. Sprache und Schriftwesen der Bulgaren.	223

Vierter Abschnitt.

Geschichte der Sprache und Literatur der katholischen Slawoserben (Dalmatiner, Bosnier, Slawonier) und der Kroaten.

§. 25. Historisch-ethnographische Vorbemerkungen.	226
§. 26. Sprach- und Stammverwandtschaft der Dalmatiner und Kroaten.	235
§. 27. Charakter der Sprache der Dalmatiner und Zweige der dalmatisch-kroatischen Literatur.	236
§. 28. Ursprung und Schicksale der glagolitischen Literatur der Dalmatiner und Kroaten.	237
§. 29. Schicksale der Sprache und Nationalliteratur der Dalmatiner und Ragusaner.	247
§. 30. Sprache und Schriftwesen der katholischen Bosnier.	262
§. 31. Sprache und Schriftwesen der katholischen Slawonier.	262
§. 32. Schicksale der Sprache und Literatur der Kroaten.	265

Fünfter Abschnitt.

Geschichte der windischen Sprache und Literatur.

§. 33. Historisch-ethnographische Vorbemerkungen.	271
§. 34. Charakter der windischen Sprache.	274
§. 35. Schicksale der Sprache und Literatur.	275

ZWEITER THEIL.

Nordwestliche Slawen.

Erster Abschnitt.

Geschichte der böhmischen Sprache und Literatur.

	Seite
§. 36. Historisch-ethnographische Vorbemerkungen.	289
§. 37. Charakter der böhmischen Sprache.	296
§. 38. Epochen der böhmischen Literatur. Erster Periode erste Abtheilung: Von der Einwanderung der Čechen in Böhmen bis zur gänzlichen Ausrottung des Heidenthums. J. 550—1000.	300
§. 39. Zweite Abtheilung: Von der gänzlichen Ausrottung des Heidenthums bis auf Kg. Wenceslaw IV. oder bis auf Huss. J. 1000—1410.	307
§. 40. Zweiter Periode erste Abtheilung: Vom Anfange des Hussitenkrieges bis auf die Verbreitung der Buchdruckerkunst in Böhmen, oder bis auf Ferdinand I. J. 1410—1526.	316
§. 41. Zweite Abtheilung: Von der Verbreitung der Buchdruckerkunst in Böhmen bis auf die Schlacht am weissen Berge. J. 1526—1620.	330
§. 42. Dritter Periode erste Abtheilung: Von der Schlacht am weissen Berge bis auf Ks. Joseph II. J. 1620-1780.	352
§. 43. Zweite Abtheilung: Von Ks. Joseph II. bis auf unsere Zeiten. J. 1780—1825.	357

Zweiter Abschnitt.

Geschichte der Sprache und Literatur der Slowaken.

§. 44. Historisch-ethnographische Vorbemerkungen.	370
§. 45. Charakter der slowakischen Sprache.	375
§. 46. Schicksale der slowakischen Sprache u. Literatur.	379

Dritter Abschnitt.

Geschichte der polnischen Sprache und Literatur.

§. 47. Historisch-ethnographische Vorbemerkungen.	396
§. 48. Charakter der polnischen Sprache.	409

	Seite
§. 49. Allgemeiner Ueberblick der literärischen Cultur in Polen und der Beförderungsmittel u. Hindernisse derselben.	411
§. 50. Epochen der polnischen Literatur. Erste Periode: Von der Einführung des Christenthums bis auf Kazimir den Grossen. J. 964—1333.	417
§. 51. Zweite Periode: Von Kazimir dem Grossen bis auf Sigismund I. J. 1333—1506.	419
§. 52. Dritte Periode: Von Sigismund I. bis zur Eröffnung der Jesuitenschulen in Krakau. J. 1506—1622.	425
§. 53. Vierte Periode: Von Sigismund III. bis auf Stanislaus Augustus, oder von dem entschiedenen Uebergewicht der Jesuiten bis zur Wiederbelebung der Wissenschaften durch Stanisl. Konarski J. 1622—1760.	438
§. 54. Fünfte Periode: Von St. Konarski bis auf unsere Zeiten. J. 1760—1825.	449

Vierter Abschnitt.

Geschichte der Sprache und Literatur der Sorben oder Wenden in den Lausitzen.

§. 55. Historisch-ethnographische Vorbemerkungen.	479
§. 56. Sprache und Literatur der Sorbenwenden in der Oberlausitz.	483
§. 57. Sprache und Literatur der Sorbenwenden in der Niederlausitz.	485
§. 58. Sprachüberreste des Polabischen oder Linonisch-Wendischen.	487
Zusätze und Berichtigungen.	491
Blattweiser.	510

Einleitung.

§. 1.

Abstammung, Wohnsitze und Thaten der alten Slawen.

Das Erste, was bei der Betrachtung der slawischen Völker die Aufmerksamkeit in Anspruch nimmt, ist die ungeheure Ausdehnung dieses, durch verschiedene Namen und Wohnsitze in zahlreiche Aeste und Zweige getheilten, und nur durch das bedeutsame Band einer gemeinschaftlichen, wenn gleich in mehrere Mundarten aufgelösten Sprache an einander geknüpften Volksstammes, der gegen 50 - 60 Millionen stark, beinahe halb Europa und ein Drittheil von Asien besetzt. Nächst den Arabern, die einst von Malaka bis Lissabon herrschten, sagt Schlözer, ist kein Volk auf dem ganzen Erdboden bekannt, das sich, seine Sprache, seine Macht und seine Colonien so erstaunlich weit ausgebreitet hätte. Von Ragusa am adriatischen Meere, nordwärts bis an die Küsten des Eismeers, rechter Hand bis an Kamčatka in der Nähe von Japan, und linker Hand bis an die Ostsee hin, trifft man überall slawische Völkerschaften, theils herrschend, theils andern Völkern dienend an. Es ist demnach leicht einzusehen, dass der Ueberblick der Lebens- und Bildungsmomente eines so weit verbreiteten Volks Schwierigkeiten eigener Art unterworfen ist, und eine Geschichte dieses Völkerstammes im Ganzen, wie sie das Gemälde der Menschheit fordert, so lange ein frommer Wunsch bleiben muss, bis die Specialgeschichten der einzelnen Volkszweige gehörig bearbeitet, und die dunkeln Regionen der slawischen Vorzeit durch fortgesetzte, vereinte Bemühungen der vaterländischen Forscher einigermassen, so weit diess nämlich bei dem fühlbaren Mangel an sicheren einheimischen Quellen möglich ist, aufgehellt seyn werden. Manches Rühmliche hat in dieser Hinsicht die neueste Zeit geliefert; allein das meiste bleibt noch der Zukunft übrig zu thun[1]).

Die älteste Geschichte der Slawen ist, wie die Geschichte aller Völker, in ein undurchdringliches Dunkel gehüllt. Je weiter zurück man auf den Gefilden der Vergangenheit diesen grossen Völkerstamm mit Forscherblick verfolgt, um so sparsamer wird das Licht. Erst um die Mitte des V. Jahrh. nach Chr. fängt es an zu dämmern. Was sich aus den Ueberlieferungen der auswärtigen Schriftsteller mit Zuziehung der historischen Conjecturalforschung über die ältesten bekannten Slawen ergibt, ist ungefehr folgendes:

Die Slawen stammen aus Indien, so wie die Germanen, ihre ewigen Nachbarn, aus Persien; wie diess die Vergleichung der slawischen Sprache mit der altindischen oder Sanscrita, und der teutschen mit der persischen augenscheinlich beweist. Die Zeit ihrer Einwanderung nach Europa, so wie die Ursachen derselben, lassen sich nicht angeben; doch ist es einleuchtend, dass diess mehrere Jahrhunderte, wo nicht ein ganzes Jahrtausend vor Chr., wahrscheinlich wegen Uebervölkerung, geschehen ist[2]). Verfolgt man die Spuren der Sla-

---

[1]) Hier sind vor Allem zu nennen, die Bemühungen der kais. russ. Akademie, der freien Gesellsch. zu Moskau für russ. Geschichte und Alterthümer, der Warschauer gelehrten Gesellsch., der kön. Gesellsch. der Wissenschaften zu Prag, ferner der Forscher und Sammler: Mascov, Banduri, Lucius, Jordan, Dobner, Stritter, Gercken, Möhsen, Anton, Taube, Fortis, Sulzer, Rossignoli, Gatterer, Gebhardi, Schlözer, Voigt, Pelzel, Naruszewicz, Boltin, Raič, Kollątay, Dobrowský, Potocki, Sapieha, Graf Musin-Puškin, Rumjancow, Ewers, Krug, Lehrberg, Adelung, Köppen, Wichmann, Karamzin, Surowiecki, Maiewski, Czaykowski, Gr. Ossoliński, Lelewel, Chodakowski u. a. m. [2]) S. *Schlegels* Sprache u. Weisheit der Indier, Heidelb. 808. (womit zu verbinden Jahrb. d. Lit. VIII. Bd. 819. S. 454.) *Hammers* Fundgruben des Orients, II. Bd. S. 459. *Th. P. Adelung* rapports entre la langue russe et la langue sanscrit, S. P. 881. 8. *W. S.*

wen bei den europäischen Schriftstellern, so scheinen sie zur Zeit Herodots, im V. Jahrh. vor Chr.; ihre Wohnsitze schon bis zum Ister (der heutigen Donau) ausgedehnt zu haben; wofern nämlich die Krowyzen, deren dieser Vater der Geschichte erwähnt[3]), eins mit den heutigen Kriwizen oder Kriwičen in Russland sind. Aber die ersten Schriftsteller, die der Slawen ausdrücklich erwähnen, sind der Mönch Jordan nach dem J. 552, der Senator Prokop im J. 562, der Protector Menander nach dem J. 594, und der Abt Johann von Biclaro, gest. 620, denen wir Alles, was wir über der Slawen Wohnsitze, Sitten und Thaten aus dieser Periode wissen, zu verdanken haben[4]). Später herab verflechten die meisten, aber freilich nur ausländischen Schriftsteller, namentlich die byzantinischen, und unter diesen vorzüglich Constantinus Porphyrogennetus (gest. 959), denn die inländischen fangen erst mit Nestor nach dem J. 1056 an[5]), die Geschichte der Slawen in die Er-

---

Maiewski o sławianach. Warsch. 816. *B. J. Rakowiecki* Prawda ruska, W. 820. *J. S. Presl* Krok, Prag 821. 1. Hft. S. 65—81. *Karamzin* Istorija ross. gosudarstwa, 1. Bd. *A. Murray* History of the European languages, Edinb. 823. 2 Bd. 8. *J. Lelewel* Dzieie starożytne Indyi, W. 823. 8. *J. Klaproth* Asia polyglotta, Paris 823. 4. — *A. Frencel* de origg. linguae Sorab. Budiss. 693. hielt die Slawen für Hebräer und ihre Sprache für hebräisch, welcher Ansicht sich auch noch der sonst kritische *Durich* (Bibl. slav. p. 250. 251.) zu nähern scheint; *J. Piscatoris* de orig. l. Slav. Vitteb. 697. *S. Dolci* de illyr. l. vetust. Ven. 754 (dagegen *H. F. Zanetti* ep. in diss. de illyr. l. vetust. Eb.), *F. M. Appendini* de præst. et vetust. l. illyr. Rag. 806., Graf *Sorgo* in den Denkschriften der celtischen Akademie, Par. 808. S. 21 — 56., *Tatiščew* russ. Gesch. 1. Th. *Schöttgen* de orig. russ. Dresd. 729, *Georgi* Besch. d. Nat. in Russl. 799. u. a. gehen noch weiter, sprechen von Slawen beim babylonischen Thurmbau, leiten alle slaw. Mundarten aus der thracischen Sprache und vom Japhet her, ihnen ist das ganze thracische, scytische und getische Alterthum slawisch, worüber vorzüglich Schlözers Nestor 1. u. 2. Th. und Dobrowskýs Slowanka 2 Th. S. 94—111. nachzulesen sind. [3]) IV. 49. Weiter geschieht derselben Meldung bei Strabo VII. 318. 319. Plinius IV. 12. Steph. Byzant., Const. Porphyr. und Nestor. [4]) Ueber die classischen Stellen des Jordan (de gotor. orig. c.5. 23), Prokop (de bello goth. L. III. c. 14.), Menander und Biclar vgl. *F. Durich* bibl. slav. p. 4. ss. 12. ss. 28 — 33, 269 — 392, *Schlözers* Nestor II. Th. S. 72 — 74., *Dobrowskýs* Slawin S. 196 — 212, 288 — 297, Slowanka 1 Th. S. 76 — 84. [5]) Die Quellen der ältesten Gesch. der Slawen sind: 1.) auswärtige und einheimische Historio- und Chronographen, Geschlechtsregister, Kirchenbücher; 2.) alte Münzen; 3.) Denkmale unter der Erde; 4.) Aufschriften; 5.) Gemälde; 6.) Volksgesänge; 7.) eigentliche Urkunden und Diplome. — Zu den ältesten ausländischen Schriftstellern, die der Slawen erwähnen, sind zu rechnen (ausser einigen über die Thraken, Scythen, Heneten, Veneten, Sarmaten, Waräger u. s. w. zerstreuten und hieher zu ziehenden Nachrichten bei Herodot 450 v. Chr., Strabo 26

zählung der Thaten anderer Völker immer mehr und mehr. Aus ihren Berichten ergibt sich, dass die Slawen unter verschiedenen Stammnamen im VI. und VII. Jahrh. bereits den ganzen Norden und Osten von Europa überfluthet, und sowol mit den angränzenden, als auch mit den ankommenden Völkern öftere Kriege geführt haben. Sie werden unter den Namen der *Slawen, Anten, Veneten, (Heneten), Winden,* und *Sarmaten* von den Schriftstellern dieses Zeitalters angeführt [6]); von denen aber nur der erste anerkannt einheimisch, die drei folgenden ohne Abrede fremd und nur geographisch von den Ausländern auf die Slawen übertragen, der letzte

---

n. Chr., Mela 48, Plinius 79, Tacitus 97, Ptolemaeus 161, Ammianus Marcellinus 379, Moses Chorenensis 460, ferner bei den morgenländischen Schriftstellern, vorzüglich Arabern), die schon genannten Jordan, Prokop, Menander, Joh. v. Biclaro, die Script. hist. Byzant. von Zosimus 460 bis auf Phrantzes 1481, Ditmar Bisch. v. Merseb. 976 — 1018, Adam v. Bremen 1076, Helmold Priester in Bosow bei Lübeck sammt s. Fortsetzern 1170, Aeneas Sylvius 1405 — 64 u. a. m.; inländische Schrift. sind: Nestor Mönch in Kiew 1056 — 1111, Sylvester Bisch. in Perejaslawl gest. 1124, Cosmas Dechant in Prag 1045 — 1125, Mart. Gallus in Polen 1109 — 1138, Diocleates Presb. in Dalm. um 1170, Vinc. Kadlubek Bisch. in Krakau gest. 1223, Daniel Erzb. in Serbien um 1245, Johann Pop in Nowgorod um 1230, Boguphalus Bisch. in Posen gest. 1253, Jaroslaw Strahoviensis um 1283, Dalimil um 1315, Michas Madius ein Dalm. um 1330, Petrus Zbraslawiensis, ein Böhme um 1335, Johannes Polonus um 1359, Pulkawa de Tradenin ein Böhme um 1374, Joh. Dlugosz ernannter Erzb. in Lemberg 1415 — 1480, Wenc. Hajek ein Böhme gest. 1553, Math. v. Miechow 1456 — 1523, Mart. Cromer 1512 — 89, Math. Stryikowski Domherr in Littauen gest. 1582 u. s. w. Unter den slaw. Münzen reichen die russ. mit slaw. Schrift bis in die Zeiten Wladimirs (gest. 1015), und Jaroslaws (gest. 1054), die poln. bis Boleslaw I. Chrobry (992 — 1025) hinauf; Serbische werden (muthmasslich von Muntimir 880 — 890) von Uroš (1122 — 1136), Steph. Dušan (1336 — 1356), und Brankowič (1428 — 1457), 26 an der Zahl, in dem k. Wiener Antiken-Cabinet aufbewahrt. Die Akad. d. Wiss. in S. Petersb. besitzt in ihrer Kunstkammer einen Schatz von alten russ. Münzen; S. Kabinet Petra W., S. P. 800. 3 Bd. — Neu-Russland, vom Dniepr an, westwärts bis nach Polen und Očakow hin, am grossen und kleinen Ingul und um den Schwarzwald, ferner das südliche Sibirien ist vorzüglich reich an unterirdischen Denkmalen. Aber auch andere slaw. Länder bieten manches Interessante in dieser Hinsicht dar. Ueber die obotritischen Alterthümer unten. — Die älteste slaw. Inschrift ist auf dem Steine von Tmutorokan auf der Halbinsel Taman vom J. 1068. Unter den Glockeninschriften ist die vom J. 1341 im Jurikloster in Lemberg die älteste; in Böhmen kommt die erste vom J. 1437 vor; in Russland fing das Glockengiessen 1346 an. — Die ältesten Denkmale der Malerei sind bei den Russen in dem ostromirschen Evangelium vom J. 1056, im Sbornik 1073, und in der M. Himmelfahrtskirche zu Kiew 1073. — Ueber die Volksgesänge unten §. 13. Anm. 1. Die älteste russ. Urkunde ist vom J. 1128. Serbische (vom J. 1302 in der Abschrift) vom J. 1348 in dem Metropolitan-Archiv zu Karlowic; böhm. Stiftungsbriefe und Privilegien fangen erst mit 1886 an. [6]) Die grösste

aber zweifelhaft ist. Die Slawen sassen seit undenklichen Zeiten, schon geraume Jahrhunderte vor Christi Geburt, in dem europäischen Sarmatien, welches sich von dem

---

Verwirrung brachte in die älteste slaw. Geschichte die Menge und Zweideutigkeit der Namen hinein, unter denen die slaw. Stämme von den ausländischen Chronographen angeführt werden. Wenn es gleich einleuchtend ist, dass ein so grosses Volk, von jeher in mehrere Stämme getheilt, auch mehrere Namen geführt habe, so sieht man doch, dass gar viele derselben irrig und mit Unrecht, gewöhnlich geographisch, den Slawen beigelegt worden sind, wie es mit den Winden (Slowenci) in Krain, Böhmen (Čechowé) in Böhmenheim, Illyriern (Srbi) im alten Illyricum der Fall ist. Daher ist für den slaw. Geschichtsgelehrten die Erörterung der Frage: wie haben sich die slaw. Stämme selbst genannt, und wie sind sie von den Ausländern genannt worden? unerlässlich. Was die Namen *Heneten, Weneten, Weneden, Wenden, Winden, Vandalen* u. s. w. anbelangt, so scheinen sie insgesammt mit dem Worte *Anten* verwandt, und auf die Slawen nur geographisch übertragen worden zu seyn. Jordan, der gewöhnlich allerlei Benennungen zusammenrafft, nennt die Slawen Weneten, welchen Namen Prokop nicht kennt, weil er sie da fand, wohin Tacitus seine teutschen Weneden versetzte. Eben diess gilt von dem Namen Anten, der sich schon im VII. Jahrh. verloren. Vgl. *Dobrowskys* Slawin 202 — 208. Die Slawen selbst nannten sich von jeher *Slowane, Slowene*. Die Bedeutung dieses Namens ist in dem Worte *slowu, slowim* heissen, reden, appellor, loquor, und in *slowo* Wort, Rede, deren Wurzel *slu* mit der Bildungssylbe *ju, sluju* dem Griech. κλύω (κ geht in s über: καρδία srdce, δέκα deset, γλυκύς sladký) und dem Lat. *cluo, clango* entspricht, und woraus durch den gewöhnlichen Uebergang des *o* in *a* bei den Iterativen, *slawim* celebro, glorifico, *slawa* gloria, entstanden ist. Es ist demnach gleichgültig, ob man den Eigennamen *Slowan, Slawe*, mit *slowu* und *slowo*, od. mit *slawim* und *slawa* vergleicht; denn beide sind im Grunde eins: aber die ältesten einheimischen Geschichtschreiber und Dichter, Nestor, Dalimil, Pulkawa, Palmota u. m. a., die Böhmen, die Slowaken, die südlichen Slawen in Krain, Kärnten und Steiermark, die Dalmatiner, die Slawonier, ja die Russen und Serben selbst bis ins XVII. Jahrh., stimmen in der Sprech- und Schreibart: *Slowane*, und des Beiworts *slowensk, slowensky* jazyk (jezyk) ganz überein, und noch heut zu Tage nennt sich die Mehrzahl der slaw. Stämme nicht *Slawiani*, sondern *Slowane, Slowaci, Slowenci*, zum Beweis, dass die Sprech- und Schreibart: *Slawe* st. *Slowan*, *slawisch* st. *slowenisch*, abermals den Ausländern, namentlich den Byzantinern, Lateinern und Teutschen zuzuschreiben sey (so machten sie aus *Morawa* Marahania, March, *Orawa* Arva, *Slowak* Slawak, *Chorwat* Krabat, *gost* gast: Kelagast, Radegast u. s. w.), von denen sie erst 1665 in die Kirchenbücher der Russen und Serben, und zu den Polen kam, wo sie nunmehr vorherrschend geworden ist. Die slaw. Stämme nannten sich selbst Slowane, Slowenci, Slowaci, weil sie einerlei Sprache redeten, und sich gegenseitig verstehen konnten; so wie sie den fremden Völkern die Namen Niemec (stumm, namenlos), Čud (fremd, wild), Wlach (fremd, auswärtig, cf. wall, wäl) beilegten. Die bei den Griechen und Römern übliche und von diesen zu den Franzosen fortgepflanzte, fehlerhafte Schreibart: Σκλαβηνός, Σθλαβηνός, Sclavani, Sclavi, Esclavons, ist durch die Veränderung des *o* in *a* und Einschiebung des epenthetischen κ, θ entstanden. Vgl. *Schlözers* Nestor Th. II. S. 75. *Dobrowskys* hist. krit. Untersuchung, woher die Slawen ihren Namen erhalten haben, im 6 Th. d. Abh. e. Privatgesellsch. in Böhm. Prag 784. S. 268 — 298. *Eb.* Slawin S. 14 — 16. Eb. Gesch. d. böhm. Lit. (818) S. 41. ff. *Durich* bibl. slav. S. 3—28.

Ausflusse der Weichsel bis zu den karpatischen Gebirgen, von da bis zum Ausflusse des Dniepers, längs den Gestaden des asowischen Meeres bis zum Don, und von da aufwärts bis zum weissen Meere und Archangel erstreckte, dort an den Küsten der Ostsee nach den Teutschen, deren Wohnsitze sie eingenommen, *Weneten (Heneten, Winiden, Winden)*, hier an der Donau und dem asowschen Meer von den Byzantinern, wahrscheinlich nach einer griechischen Umgestaltung des Wortes *Henet, Wend, Anten* genannt[7]). Die an der Ostsee sitzenden Slawen wurden durch ihren Bernstein zuerst den Phöniciern, und als dieser ein wichtiger Handelsartikel ward, in der Folge auch den Griechen bekannt. Sowol längs der Ostsee von Lübeck an, als auch auf den vorzüglichern Inseln des baltischen Meers hatten sie Seestädte erbauet. Den südlichen Slawen hingegen mögen die Gothen, die sich 250 in Dacien und an dem Pontus Euxinus niederliessen, die erste Veranlassung zur Erweiterung ihrer Wohnsitze gegeben haben. Eine zweite, noch bessere Gelegenheit ergab sich unter K. Aurelian (270), der Dacien, welches sich von der Donau zwischen der Theiss und der Aluta bis zu den Karpaten und bastarnischen Alpen erstreckte, freiwillig aufgab, und die römischen Colonisten jenseits der Donau nach Mösien übersetzte. Nicht minder konnten sie unter Probus 280, und Diokletian 295, nach der Entvölkerung Daciens ihre Gränzen erweitern. Wirklich finden wir nach der wahrscheinlich 276 — 282 verfertigten Peutingerschen Charte um diese Zeit die *Venados Sarmatas* bis an die Ostseite der bastarnischen Alpen, d. i. bis an die Ost- und Nordgränze des heutigen Siebenbürgens vorgerückt, und mit den an der Donau wohnenden Slawen unter der von nun an gewöhnlichen Benennung *Sarmatae limigantes* vereinigt. Auf die Bitten dieser Sarmaten

---

[7]) Gegen die Annahme der frühesten Wohnsitze der Slawen am mäotischen See, am obern Dniepr und der obern Wolga (*Dobrowský* Gesch. d. böhm. Lit. S. 9 nach Plinii Hist. Nat. P. 1. L. 6. c. 7. Aussage von den Serben) streitet die grosse Zahl der slaw. Stämme und die Volksmenge, die gewiss, nach so vielen Kriegen und nach dem Ausrotten od. Umschmelzen der meisten Stämme, z. B. in Teutschland, Ungern, Dacien. u. s. w. zu urtheilen, damals kaum geringer seyn konnte, als jetzt.

unternahm Constantin 332 einen Kriegszug gegen die Gothen; nach dessen glücklicher Beendigung sich die früherhin von den Sarmaten gegen den Feind bewaffneten Knechte gegen ihre Herren empörten, und die Auswanderung von 300,000 nach Nord-Italien, d. i. dem heutigen südlichen Kärnten, Krain und Kroatien, und zu den Victofalen, einem markomannischen Stamm germanischer Herkunft in Dacien, unter Tiberius (20) hieher verpflanzt, bewirkten. Als unter Constantin II. (337) vermischte Heerhaufen von Sarmaten und Quaden in Pannonien und Mösien einbrachen, und dieser darüber über die Donau ging, und das Land der Jazygen und Quaden verheerte, so kamen unter den Gesandten, die um Frieden baten, auch Sarmaten aus Dacien, und wurden von dem Kaiser sehr glimpflich behandelt. Er liess sie im Besitz ihrer Ländereien, und gab ihnen einen König, züchtigte hingegen die sein Gebiet beunruhigenden Sarmaten zwischen der Donau und der Theiss und an der Aluta, und gebot ihnen, sich weiter ins Land zurückzuziehen. Allein kaum war die Ruhe hergestellt, als im J. 359, in welchem der K. Constantius seine Winterquartiere in Sirmium hielt, sich neue Schwärme der vor einem Jahre gegen die karpatischen Gebirge hinauf verwiesenen Sarmaten zeigten, und von diesem zu Rede gestellt, sich zwar anfangs friedfertig stellten, aber bald, bei einer Unterredung in Acimincum (dem heutigen Peterwardein) unerwartet mit dem Feldgeschrei: *mar ha, mar ha!* tödt' ihn! [8]) auf den Kaiser eindrangen, jedoch von den römischen Legionen niedergemacht wurden. Unter Valentinian I. und Valens (364), wo die Gränzprovinzen des römischen Reichs durch die Jazygen und Quaden sehr hart mitgenommen wurden, waren auch die Sarmatae limigantes 374 in Mösien eingefallen, wurden aber durch den Statthalter Theodosius in ihre

---

[8]) Obgleich *ha* dem serb. Acc. *ga* vollkommen entspricht, so scheint doch auch hier die gewöhnliche Umgestaltung des *o* in *a* Statt gefunden zu haben. Das Feldgeschrei wäre demnach gewesen: *mor ho*, und dieses gäbe einen Wink, den Stamm, der damals die Gegend von den Karpaten südlich herab zwischen der Donau und Theiss beherrschte, etwa in den heutigen Slowaken wieder zu finden.

Gränzen zurückgejagt. Um das J. 373, als sich die Hunnen zu verbreiten anfingen, unternahm Winithar, der Ostgothen König, einen Feldzug gegen die Anten oder Slawen; sein Angriff wurde aber diesmal zurückgeschlagen. Bei einem zweiten Einfall nahm er ihren König Box oder Booz (Bož?) sammt seinen Söhnen und vielen Vornehmen gefangen, und liess sie ans Kreuz heften. Er selbst wurde von dem Hunnenanführer Valamir bekriegt und durchbohrt. Im J. 430 traten die Slawen an der Donau in ein Bündniss mit den Römern gegen die Uebermacht der Hunnen. Als Attila 450 mit seinem Heer nach Gallien aufbrach, waren unter den Hilfsvölkern, welche seiner Fahne folgten, auch Slawen, blieben übrigens bei allen Länderzerrüttungen und Verheerungen durch die Hunnen ungestört in dem Besitz ihres Gebietes. Nach Attila's Tode besetzten die Gepiden Dacien, die Gothen Pannonien, die Sciren und Alanen Nieder-Mösien und einen Theil des Landes zwischen der Donau, der Theiss und der Aluta; worauf die Slawen aus dieser letzten Gegend in das Land an der Donau und Drau um das Schloss Martenna (heut zu Tage Marburg) zu ihren Stammverwandten in Krain und Kroatien auswanderten. In dem Kriege gegen die Gothen 472 standen die Vorsteher der Slawen den Sueven-Königen mit ihren Hilfstruppen bei; sie wurden aber besiegt, und der 18jährige gothische Prinz Theoderich überfiel sie 473, tödtete ihren Vorsteher, und entriss ihnen die kurz zuvor von ihnen eroberte Stadt Singidunum (Belgrad). Um diese Zeit waren die Slawen in Krain den Gothen zinsbar, kamen aber bald unter die römische Regierung. In den J. 534—545, 547 ff. erschlugen die an der Donau wohnenden Slawen den von Justinian aufgestellten Gränzpräfecten, machten ungestraft in das römische Reich mehrere Einfälle, und unternahmen einen Kriegszug über Thracien und Illyrien bis in die Gegend von Adrianopel und Byzant, von wo sie aber zurückgeschlagen wurden. Sowol jetzt, als auch schon früher, mögen sich die südlichen Slawen längs der Donau bis an ihre Mündungen, und von da längs dem Pontus Euxinus bis zum Dniester nach und nach ausgebreitet haben;

während die nördlichen Slawen noch immer längs der Weichsel, als ihrer westlichen Gränze, wohnten. Die Slawen, Hunnen und Awaren machten nun wegen der Unthätigkeit und Schwäche der byzantischen Kaiser öftere Einfälle in die Provinzen dieses Reichs. Eine Zeit lang standen jetzt die südlichen Slawen unter der Botmässigkeit der Awaren. Auf Befehl des Awaren-Chagans brachen sie 584, beiläufig 100,000 Mann stark, in Thracien ein, worauf sich ein Krieg zwischen dem kais. Feldherrn Priscus und den Slawen entspann, der von 593 bis 597 mit abwechselndem Glück fortgesetzt wurde. Im J. 620 wurde die Macht der Awaren durch Heraklius gebrochen. Unter ihm (610 — 641) beginnt auch für die Slawen eine neue Wanderungsperiode. Nach dem J. 610 zog ein Theil derselben, unter fünf Brüdern und zwei Schwestern, wie die Chronisten erzählen, aus dem nördlichen Kroatien nach Dalmatien herab, und besetzte den Landstrich von dem Cettina-Flusse bis über Istrien hinaus. Ostwärts von diesen Kroaten nahmen die Serben, beinahe um die nämliche Zeit vom Norden in diese Gegenden eingewandert, ihre Wohnsitze. Ihre Stämme führten verschiedene locale Namen. Um diese Zeit treten in Böhmen, Mähren, Schlesien und der Lausitz verschiedene slawische Stämme unter den Namen Čechowé, Morawané, Slezáci, Lužičané zum erstenmal in der Geschichte auf. Ostnordwärts von ihnen, an beiden Ufern der Weichsel, wohnten die Polen, und weiter hinauf zahlreiche slawische Stämme, späterhin unter dem Geschlechtsnamen der Russen begriffen. Zur Zeit des Constantinus Porph. waren diese schon den angränzenden und den entlegenen Völkern durch Handel, den sie zu Wasser und zu Lande nach Bulgarien und Thracien hinein führten, hinlänglich bekannt, und hatten nach Adam von Bremen und Helmold den grössten Theil des heutigen Länderraums schon inne. Zwischen den Russen und Polen, von der Russe bis zu der Weichsel, längs der Ostsee, finden wir um diese Zeit die Preussen (st. Porussen, so wie Reussen st. Russen); westwärts von ihnen aber, oberhalb der Polen, von der Weichsel bis zur Elbe, wird der grosse und mächtige Volksstamm der Slawen von den Chronisten Winiden, Winulen, Wenden genannt. Auf sie folgten die Pomoraner (Pomeraner). Die Gränzen Pomeraniens waren gegen Norden die Ostsee, gegen Osten die Preussen, gegen Westen die Oder, gegen Süden die Polen. Zwischen den Wenden, Pomeranern und Polen sassen die Wilzen, Luiticier, auch Weletabi genannt, die gleichfalls in mehrere Stämme getheilt waren. Noch wohnten zwischen der Elbe und der Oder verschiedene slawische Völkerschaften, als die Leubuzi, Wilini, Stoderaner, Havellaner (Heveller), Brizaner, Lingonen, Warnawi; namentlich sassen in dem heutigen Meklenburg und Schwerin die Obotriten, an welche am Ausflusse der Elbe, in dem heutigen Oldenburg, und an der Ostsee die Polaben stiessen. Zuletzt besassen noch die Slawen mehrere Inseln der Ostsee, unter denen die vorzüglichsten das heutige Femern und Rügen. Auf dieser letzten wohnten die Raner und Rugier. — Die frühesten Wohnsitze der Slawen in Europa wären demnach nach Seb. Frank ziemlich genau so bestimmt: „Totum tractum, sagt er, illarum provinciarum, incipiendo a Ponto Euxino Constantinopolim versus ultra et a magno flumine Rha, hodie Volga dicto, ab oriente ita in occidentem, meridiem versus inter magna Sarmatica montana interque Carpaticos montes, totum tractum montium Bohemicorum ex una parte, ex altera vero parte septemtrionem versus inter littus Pomeranici maris et inter Balticum fretum usque ad Albim deorsum longe lateque Slavi occuparunt"; oder nach Schlözer: „In dem Dreieck zwischen der Donau und Theiss bis an die Karpaten, und über dieses Gebirge hinüber bis nach Schlesien hinein, und von da per immensa spatia; ihre Brüder aber, die Anten, dehnten sich ostwärts durch die ganze Moldau und Walachei bis ans schwarze Meer aus."[9])

---

[9]) *Seb. Frank* de nominib. gentium a Tacito et Ptolem. relatis. *Schlözer's* Nestor Th. 11. S. 77. — Ueber die früheste Periode der Slawen sind zu vgl. *J. Ch. Jordan* de origg. Slavicis, Vindob. 745. f. *Popowić* Untersuchungen vom Meere, Frankf. u. Lpz. 1750. 4. *J. S. Assemani* Calendaria eccl. univ., Rom. 755. VI. Voll. 4. *J. G. Stritteri* memoriae populorum ad Danubium etc. e script. hist. Byzant., Petrop. 771—78. III. Voll. 4. (Der 2te Bd. handelt ausschliesslich von Slawen.) *Gercken's* Vers. in

§. 2.

Religion und Sitten, Cultur und Sprache der alten Slawen.

Obschon uns bestimmte und ins Einzelne gehende Nachrichten über die ältesten Slawen in Bezug auf ihre Religion und Sitten, ihre Cultur und Sprache gänzlich abgehen; so ist es doch keinem Zweifel unterworfen, dass sie gleich von der Zeit ihres Bekanntwerdens in Europa an, so weit nämlich die Geschichte auf die Spuren ihres frühesten Lebens einiges Licht zu werfen anfängt, bis zu ihrer Bekehrung zum Christenthume zu Anfang des IX. Jahrh., zwar Heiden, aber keineswegs so roh waren, dass sie in die Classe der barbarischen Völker zu stehen kämen, vielmehr sich auf einer Stufe der nationalen und zeitgemässen Bildung befanden, die ihnen auch nach unseren jetzigen Begriffen eine Stelle in der Reihe der *civilisirten* Völker anweist.

Die slawische Mythologie erinnert auffallend an Indien; allein zur Zeit ist dieser ohnehin schwierige Gegenstand noch nicht mit der gehörigen Kritik in seiner ganzen Ausdehnung bearbeitet worden[1]). Zu den vorzüglichern Gottheiten der heidnischen Slawen gehören: *Biel Bog*, der weisse oder gute Gott, *Černobog*, der

---

der ältesten Gesch. der Slawen, Lpz. 771. 8. *Gatterers* Einl. in die synchron. Universalhist. Gött. 771. 8. *Gebhardi's* allg. Welthist. 51-r Th. Halle 789. *Schlözer's* allg. Nordgesch. (in der allg. Welthist. der 31. Th.) Halle 771. 4. S. 332—334. *Eb.* Nestor, russ. Annalen, Götting. 802—09. 5 Th. 8 *F. Rühs* Gesch. d. Mittelalters (böhm. v. W. Hanka, Prag 818. 12.). *J. Potocki* fragments historiques et géographiques sur la Scythie; la Sarmatie et les Slaves, Braunschw. 796. 4. *Dobrowsky* üb. d. ältesten Sitze der Slawen in Europa (in dem Vers. einer Landesgesch. von Mähren), Olmütz 788. 8. *J. F. A. v. Schwabenau*, die ältesten bekannten Slawen und ihre Wohnsitze, (im Hesperus 1819.) *Karamsin* istorija rossijskago gosudarstwa, 2te A. S. Petersb. 819. 1r Bd *W. Surowiecki* sledzenie początka narodów słowiańskich Warsch. 824. 8.

¹) *J. Görres* Mythengesch. der asiat. Welt, Heidelb. 1810 8. sagt von der Religion der alten Slawen: „Daher wird es begreiflich, wie jene slawischen Völkerschaften, die in den frühern Jahrhunderten von jenem Stamme (der Hindu) sich gelöst, und nach dem östlichen Europa hin vorgedrungen, so vielen Orientalism in ihrem religiösen Cultus zeigen konnten. Den Gegensatz des guten und bösen Princips finden wir personificirt bei den Wenden, Sorben und Obotriten. Echt orientalisch zusammengesetzte Symbolik zeigen uns die Bilder der Rugier, die Saxo Grammaticus beschreibt. Swiatowid, lichtglänzend, vor allen in Arkona im gemeinsa-

schwarze oder böse Gott, *Čudo morskoje,* Meerwunder, eine Art Tritonen, *Čur* bei den Russen, was der Terminus bei den Römern, *Did, Didilia,* Gottheit der Ehen, *Diw,* der Arge, (der indische Dew) bei den Russen, *Domowyje duchy,* Hausgötter, Genien, bei den Böhmen *Šetek, Šotek, Škřjtek, Dubynja* und *Gorynja,* nach russischen Erzählungen Heroen, *Jagababa,* als ein scheussliches, hageres Weib mit Knochenfüssen vorgestellt, *Kasčej, Kosčej,* ein lebendiges Skelett, Knochenmann, der Mädchen und Bräute raubte, *Kikimora,* ein fürchterliches Gespenst, *Lada, Leda,* die Göttin der Liebe und aller Liebesvergnügungen, *Lel, Lelja,* der Liebesgott, *Lešie,* Waldgottheiten, griechische Satyren, *Morjana, Morena,* (*Marzana*), der Tod, die Todesgöttin (im Indischen heisst *Marana* auch der Tod), *Oslad',* Gott der Gastmale, *Perun,* (bei den Slowaken *Parom,* daher *paromová střela,* Blitz) der Donnergott, *Polelja,* Gott der Ehe, Sohn der Lada, *Porewit, Porenut,* bei den Obotriten, vielleicht eins mit *Prowe,* Gott der Gerechtigkeit bei den wagrischen Slawen, *Radegost,* (*Radegast*) der Schützer der Gastfreiheit bei den Obotriten, *Rugewit,* bei den Karantanern, *Rusalki,* Nymphen und Najaden, *Sewana,* bei den Polen Göttin der Wälder, *Swiatowid, Swatowit* der Allsehende in Arkona verehrt, *Triglaw,* wahrscheinlich Beiname eines dreiköpfigen männlichen Gottes, des Trimurti der Indier, *Wila,*

---

men Tempel der slaw. Völker verehrt; sein kolossales Bild mit vier Häuptern auf vierfachem Halse nach den vier Weltgegenden geordnet; mit geschornem Bart und Haare; in der rechten ein aus vielen Metallen zusammengesetztes Trinkhorn, in der linken den Bogen, neben ihm Sattel, Zaum und Schwerdt, drei hundert Pferde und eben so viele Krieger seinem Dienst geweiht, vor allen ein weisses Pferd, das er selbst in Schlachten ritt, und das wahrsagend Auspicien über Krieg und Frieden gab. Dann bei den Karantanern Rugewit mit siebenfachem Antlitz, sieben Schwerdter an einem Gehänge an seiner Seite, das achte gezogen in seiner rechten, der Gott des Krieges und der Stärke; weiter Porewit mit fünf Häuptern, aber ohne Waffen; endlich Porenut mit vierfachem Antlitz, ein fünftes auf der Brust, mit der linken auf der Stirne, mit der rechten das Kinn berührend; alle in ihrer Zusammensetzung auf die Sonne und die vier Jahrszeiten, die sieben Planeten und die fünf Elemente deutend, beweisen früheren Verkehr mit persischen u. indischen Mythen, und die directe Verwandtschaft des Slawenstammes mit dem Hinterasiatischen." Auch die Gewohnheit der slaw. Weiber, sich mit der Leiche ihrer Männer auf den Scheiterhaufen zu werfen, weist auf Indien hin.

bei den südlichen Slawen, was Rusalki bei den Russen, *Wolchw*, *Wolchowec*, Zauberer, *Weles*, *Wolos*, der Gott des Viehes, *Żiwa*, (*Siwa*) die Göttin des Lebens bei den Polaben, verwandt mit dem indischen Schiva u. s. w. *Krodo* und *Flints* sind keine slawische Gottheiten. Unter allen waren *Perun*, der Donnergott, *biely Bog*, der Geber alles Guten, *černy Bog*, der Schöpfer des Bösen, in welchen sich ganz der persische Dualismus kund thut, und *Swiatowid*, der Allsehende von Arkona auf der Insel Rügen, die höchsten Gottheiten. Die Namen *gadanija*, die Wahrsagungen, *Koliada*, *Koleda*, ein Fest, vorzüglich durch Geschenke gefeiert, *Kupalo*, das Johannisfest, der Sonne zu Ehren wegen der Sommersonnenwende, *Trisna*, eine Feier zum Andenken der Verstorbenen, u. s. w., beziehen sich offenbar auf Gebräuche und Feste der damaligen Zeit. Den Gottesdienst versahen die Priester, (in den urältesten Zeiten unfehlbar zugleich Vorsteher des Volks, wie diess das bei den Slawen in zwiefacher Bedeutung noch übliche Wort *Kniaz*, *Knèz* (*Knjże*) Priester, Fürst, bezeugt), in den hiezu erbauten Tempeln und in geheiligten Hainen. Gewöhnlich wurde dabei geopfert (*żertwa*, *obět*, Opfer), und geweissagt (*weštec*, *gadač* Wahrsager). Sie verbrannten ihre Todten und stimmten dabei Klaglieder an. Einzelne Spuren bei Nestor scheinen anzudeuten, dass die alten Slawen mit der Idee der Unsterblichkeit, wenn gleich den sinnlichen Begriffen der damaligen Zeit angemessen, bekannt waren. Den Eid (*přjsaha*, *kljatba*) kannten und ehrten sie. [2])

---

[2]) Vgl. *Kayssarows* Vers. e. slaw. Mythologie, Gött. 804. 8. *Dobrowskys* Slawin S. 401—416. *Durich* bibl. slav. p. 338—351. — Ueber die obotritischen, zwischen den J. 1687—97 in Prilwitz von dem Pastor Friedr. Sponholz gefundenen, und der Sammlung des Grosherzogs von Meklenburg-Strelitz einverleibten (verdächtigen) Denkmäler, worunter sich Abbildungen von Gottheiten und andere slaw. Alterthümer befinden, vgl. *A. G. Masch* die gottesdienstlichen Alterthümer der Obotriten aus dem Tempel zu Rhetra am Tollenzersee, Berl. 771. 4. und *J. Potocki* voyages dans quelques parties de la Basse-Saxe pour la recherche des antiquités Slaves ou Vendes, Hamb. 795. 4. *Alter's* Miscellen S. 226 ff. *Dobrowskys* Slowanka Th. II. S. 170—176. *H. R. Schröter's* Friderico-Franciscéum, oder Grossherz. Alterthümersamml. aus der altgerm. u. slaw. Zeit Meklenburgs zu Ludwigslust (Abbild. u. Text) 823.

In Hinsicht auf ihr politisches Leben ist es keinem Zweifel unterworfen, dass so wie die Indier bereits mehrere Jahrhunderte vor Christi Geburt im Besitze einer hohen einheimischen Cultur waren, auch die Slawen nach ihrer Einwanderung nach Europa, mehrere Jahrhunderte vor Christi Geburt, ein gebildetes Volk gewesen, Städte gehabt, ein patriarchalisches Leben geführt, und daher auch leicht eine Beute anderer, in Wildheit und Barbarei versunkenen nomadisirenden Völker, der Gothen, Hunnen und Awaren geworden sind. Als beständige Nachbarn der Griechen, die ihre Colonien bis zum schwarzen Meer ausdehnten, haben sie sich fast gleichzeitig mit denselben, wenn gleich auf eine eigenthümliche Weise, cultivirt. Die ältesten Schilderungen der Slawen sind von Prokop (562), K. Mauritius (582—602), K. Leo (886—911) [3]. Nach jenem hatten sie eine demokratische Verfassung, eigene Gesetze und Religion, wohnten in schlechten Hütten und änderten ihre Wohnsitze noch oft, führten den Krieg meist zu Fuss mit Schilden und Wurfspiessen bewaffnet, waren lang

---

[3] Vgl. *Prokop* de bello goth. L. III. c. 14. *Mauritii* Strategicon L. II. c. 5. *Leonis* Imp. de bellico apparatu, lat. a *Jo. Checo*, Basil. 595. 12. A. F. *Kollar* amoenitates hist. Hung., Vindob. 783. 8. *Stritter's* Gesch. der Slawen in Schlözers allg. nord. Gesch. S. 351. J. *Raić* istoria raznych slawenskich narodov, Wien 794—95. 8. 1r. Bd. C. V. §. 6. ff. J. *Potocki* fragments historiques 2r Bd. S. 103 ff. *Durich* bibl. slav. p. 28—88, 259—392. *Dobrowskys* Slawin, S. 196—212. *Eb.* Slowanka Th. 1. S. 76—84. — Zwar haben mehrere, vorzüglich ausländische Schriftsteller den Slawen nicht nur alle frühere Cultur abzusprechen, sondern auch ihren redlichen Charakter zu verdunkeln gesucht. Sie führen z. B. an, dass Prokop sie an der Donau als noch nicht ganz an Ackerbau gewohnt schildert, Bonifacius im VIII. Jahrh. die Slawen in Deutschland *vagos* nennt, Prokop, Ditmar und Helmold Züge der Grausamkeit und Treulosigkeit von ihnen erzählen u. s. w. Allein dem ist nicht so. Von *einzelnen* Stämmen mag diess immerhin gelten, unbeschadet der Cultur anderer; denn gewiss waren *alle* Stämme hierin einander nicht gleich. Den ganzen Vorwurf hat schon *Möller* (von der hist. Grösse, im teut. Mus. Lpz. 781. 2. Bd.) gewürdigt, in dem er sagt: „Nie würden unsere tapfern Vorfahren, die ehrlichen Slawen, den Namen der treulosen in der Gesch. erhalten haben, wenn andere, als Dänen, Franken und Sachsen, als Helmold, Arnold u. Adam v. Bremen, ihre Gesch. verzeichnet hätten, deren Interesse es war, sie zu erniedrigen, zu bekehren und unterwürfig zu machen." Die christlichen Missionarien, Griechen und Lateiner, haben alles, was sie uns von den heidnischen Slawen gemeldet, verunstaltet. So beschuldigten die griechischen Mönche eben so wie die lateinischen die Čechen, Dulebier und Drewlier in Wolynien u. Polesien der ehelosen Wildheit, weil sie die Sitte der Vielweiberei, die dort herrschte, als eine regellose Ehe ansahen.

und starkgliedrig mit blonden Haaren; Redlichkeit ohne Tücke und Bosheit, war ein Hauptzug in ihrem Charakter; nach den zwei andern liebten sie die Freiheit so sehr, dass sie auf keine Weise zur Dienstbarkeit oder zum Gehorsam gebracht werden konnten, waren vorzüglich tapfer, und konnten Beschwerlichkeiten, Hitze und Kälte, Blösse und Mangel leicht ertragen; gegen Fremde ungemein gütig und gastfrei, behielten sie ihre Gefangenen nie in Knechtschaft, sondern entliessen sie nach einer gewissen Zeit; sie lebten vorzüglich von der Viehzucht und vom Ackerbau; die Weiber waren den Männern ausserordentlich treu, oft starben sie freiwillig bei ihrem Tode; ihre Waffen waren Wurfspiesse, Schilde, Bogen und Pfeile. Im Krieg hatten sie nicht nur Fussvolk, wie Prokop berichtet, sondern auch Reiterei, wie Constantinus Porph. P. II. c. 31. ausdrücklich bezeugt. Ausser den von Prokop genannten Waffen führten sie auch das Schwert und die Schleuder (*prak*) mit. Dass unter ihnen von jeher ein Unterschied der Classen statt gefunden habe, folglich der Stand der Edlen (*Knjas, bojar, župan, pan, šlechtic*) dem der freien Männer (*člowjek, ljudi*) entgegengesetzt war, abgesehen von der Knechtschaft der Unterworfenen oder Unfreien (*rob, rab*), leidet wol keinen Zweifel. Eben so ist es klar, dass sie durch Gesetze, deren Spuren selbst Jaroslaws Rechtsbuch oder die sogenannte *Prawda ruska* enthalten mag, wenn es gleich schwer, ja unmöglich seyn möchte, sie einzeln nachzuweisen, regirt wurden, wie diess die Geschichtschreiber des VI. — XII. Jahrh. ausdrücklich und einstimmig behaupten. Selbst die Namen der Städte (*grad* von *graditi* umzäunen), als *Stargrad* Aldenburg (Oldenburg), *Nowgorod, Nowjetunum, Kiew, Vineta*[1]), *Arkona, Smolensk, Černigow, Pskow, Izborsk* u. m. a. weisen auf eine bedeutende Stufe der Civilisation hin. Viele interessante Nachrichten über ihr häusliches Leben, ihre Wohnungen, Nahrung, Bekleidung,

---

[1]) Die Existenz der Stadt *Vineta* auf der Insel Wolin, die Herder das slaw. Amsterdam nennt, wollten *Rumohr* 1816, und *Lewezow* 1823 zweifelhaft machen. Helmold, meinen sie, schreibt sie durch Irrthum für *Jumne* d. i. *Julin*.

Gebräuche und Sitten, finden sich bei den alten Chronisten zerstreut, die zuerst Anton, hierauf die Hrn. Karamzin und Rakowiecki vollständig gesammelt und zusammengestellt haben.

Demnach war Tapferkeit mit Friedensliebe vereinigt ein hervorstechender Zug in ihrem Charakter, und Herder schildert sie eben so schön als treffend, wenn er sagt: „Trotz ihrer Thaten waren die Slawen nie ein unternehmendes Kriegs- und Abenteuervolk wie die Teutschen; vielmehr rückten sie diesen stille nach, und besetzten ihre leergelassenen Plätze und Länder. Allenthalben liessen sie sich nieder, um das von andern Völkern verlassene Land zu besitzen, es als Colonisten, als Hirten, als Ackerleute zu bauen und zu nutzen; mithin war nach allen vorhergegangenen Verheerungen, Durch- und Auszügen ihre geräuschlose, fleissige Gegenwart den Ländern erspriesslich. Sie liebten die Landwirthschaft, einen Vorrath von Heerden und Getraide, auch mancherlei häusliche Künste, und eröffneten allenthalben mit den Erzeugnissen ihres Landes und Fleisses einen nützlichen Handel. Längs der Ostsee von Lübeck an hatten sie Seestädte erbauet, unter welchen Vineta auf der Insel Rügen (richtiger Wolin) das slaw. Amsterdam war; so pflogen sie auch mit den Preussen, Kuren u. Letten Gemeinschaft, wie die Sprache dieser Völker zeigt. Am Dnieper hatten sie Kiew, am Wolchow Newgorod gebauet, welche bald blühende Handelsstädte wurden, indem sie das schwarze Meer mit der Ostsee vereinigten, und die Producte der Morgenwelt dem nord- und westlichen Europa zuführten. In Teutschland trieben sie den Bergbau, verstanden das Schmelzen und Giessen der Metalle, bereiteten das Salz, verfertigten Leinwand, braueten Meth, pflanzten Fruchtbäume, und führten nach ihrer Art ein fröhliches musikalisches Leben. Sie waren mildthätig, bis zur Verschwendung gastfrei; Liebhaber der ländlichen Freiheit, aber unterwürfig und gehorsam, des Raubens und Plünderns Feinde." Indess halfen den Slawen ihre Friedensliebe, ihr stilles häusliches Leben nicht gegen die Unterdrückung von aussen; sie waren es vielmehr, welche sie derselben am meisten ausgesetzt.

Darum sagt auch Herder weiter: „Da sie sich nie um die Oberherrschaft der Welt bewarben, keine kriegssüchtigen erblichen Fürsten unter sich hatten, und lieber steuerpflichtig wurden, wenn sie ihr Land nur mit Ruhe bewohnen konnten; so haben sich mehrere Nationen, am meisten aber die vom teutschen Stamme, an ihnen hart versündigt. Schon unter Karl dem Grossen gingen jene Unterdrückungskriege an, die offenbar Handelsvortheile zur Ursache hatten, ob sie gleich die christliche Religion zum Vorwande gebrauchten; denn den heldenmässigen Franken musste es freilich bequem seyn, eine fleissige, den Landbau und Handel treibende Nation als Knechte zu behandeln, statt selbst diese Künste zu lernen und zu treiben. Was die Franken angefangen hatten, vollführten die Sachsen; in ganzen Provinzen wurden die Slawen ausgerottet oder zu Leibeigenen gemacht, und ihre Ländereien unter Bischöfe und Edelleute vertheilt. Ihren Handel auf der Ostsee zerstörten nordische Germanen; ihr Vineta nahm durch die Dänen ein trauriges Ende, und ihre Reste in Teutschland sind dem ähnlich, was die Spanier aus den Peruanern machten. Unglücklich ist das Volk dadurch worden, dass es bei seiner Liebe zur Ruhe und zum häuslichen Fleiss sich keine dauernde Kriegsverfassung geben konnte, ob es ihm wol an Tapferkeit in einem hitzigen Widerstand nicht gefehlt hat. Unglücklich, dass seine Lage unter den Erdvölkern es auf einer Seite den Teutschen so nahe brachte, und auf der andern seinen Rücken allen Anfällen östlicher Tataren frei liess, unter welchen, sogar unter den Mongolen, es viel gelitten, viel geduldet."[5]

Sprachüberreste aus der ältesten Periode der Slawen sind wol, einzelne bei ausländischen Schriftstellern zerstreute Wörter, meistens Eigennamen, ausgenommen, keine übrig[6]. Eben darum ist das Urtheil über die Beschaffenheit der damaligen Mundarten sehr schwer;

---

[5] *J. G. Herder* Ideen zur Philosophie der Geschichte der Menschheit, Riga u. Lpz. 791. IV. Bd. Sechsz. B. IV. Slawische Völker. [6] Eine Sammlung und kritische Beleuchtung der ältesten slaw. Wörter findet man bei *Durich* bibl. slav. p. 114—184, 211—258.

doch liegt es am Tage, dass ein so weit ausgebreiteter Volksstamm bereits im grauesten Alterthume mehrere Dialekte gesprochen habe. Die ganz nahen zwei Stämme, die Prokop und andere Griechen besser kannten, und mit den Namen Slawinen und Anten belegten [7]), mögen zwar damals völlig einerlei Sprache geredet haben, allein diess lässt sich von entfernten Stämmen, z. B. dem Lechischen an der Weichsel, oder dem Čechischen an der Moldau in Böhmen nicht behaupten. Es ist wahrscheinlich, dass die Slawen eine Buchstabenschrift aus Indien mitgebracht haben; aber die Schriftkunde, die, wie natürlich, nur wenige besessen haben mögen, musste wol durch die ewige Wanderschaft unter so vielen Stämmen der Slawen bald verloren gehen, und es ist ungewiss, ob von diesem Uralphabet etwas auf das kyrillische übergegangen sey, oder nichts. Dass die uralten Gesänge, die erst in der neuesten Zeit bei den Böhmen und Russen glücklich entdeckt, und bei den Serben gesammelt worden sind, durch ihre Originalität und Gediegenheit auf eine viel frühere geistige Bildung der Nation hinweisen, als man gewöhnlich bis jetzt anzunehmen sich für berechtigt hielt, das fällt wol jedem in die Augen, der diese Denkmale, deren viele ihrer Abfassung nach in die heidnische Periode gehören, und die wir an einem andern Ort ausführlicher beschreiben werden, näher kennen lernte. Denn sowol diese kostbaren Ueberreste der Poesie, als auch der Umstand, dass die Sprache der kyrillischen Bibelübersetzung schon das Gepräge einer nicht geringen Vervollkommnung und eines grossen Wortreichthums trägt, deuten auf eine Periode hin, zu deren Vorbereitung Jahrhunderte erforderlich seyn dürften. Wie weit sich aber diese Sprach- und Geistesbildung erstreckte, das zu erforschen bleibt

---

[7]) Prokop wusste von der Sprache der Slawinen und Anten nicht anderes zu sagen, als dass sie sehr barbarisch ($\mathit{\alpha\tau\acute{\epsilon}\chi\nu\omega\varsigma\ \beta\acute{\alpha}\varrho\beta\alpha\varrho o\varsigma}$) wäre. Damit wollte er eben nicht sagen, die slaw. Sprache sey nicht so gebildet, biegsam und wohlklingend, als die griechische, sondern sie sey den Griechen unverständlich. Denn die Griechen nannten wol alles, was nicht griechisch war, barbarisch, etwa so, wie die Slawen alle fremde Völker Čud, Wlach, Niem, im Gegensatz der Slowane, Völker von einerlei Sprache (slowo). Mit dem Worte Čud bezeichneten sie Völker finnischer, mit Wlach gallischer und italischer, mit Niem aber besonders teutscher Abkunft.

den Bemühungen anderer vaterländischen Gelehrten anheimgestellt. [8])

§. 3.

Slawischer Volksstamm im dritten Jahrzehend des XIX. Jahrhunderts.

Etwa um die Mitte des VII. Jahrh., mit dem J. 679, hörten die Wanderungen der Slawen auf, und vielleicht um dieselbe Zeit, oder auch schon früher, wurde der erste Versuch gemacht, die Slawen zum Christenthum zu bekehren. Dieser Versuch gelang zwar zu Anfange des IX. Jahrh., sowol im Süden als im Westen vollkommen, aber nicht ohne grosse Veränderungen im Innern der Stämme selbst. Die zwei grossen slawischen Reiche Gross-Kroatien und Gross-Serbien, beide im Norden der Karpaten, verschwanden schon zu Anfange des VI. Jahrh., zum Theil von den Franken, zum Theil von den Gothen und Awaren unterjocht. Eben so wurden die mit dem Namen der Wenden von den Ausländern bezeichneten Slawen, die im VI. Jahrh. in die von den Gothen und Sueven verlassenen Wohnsitze an der Elbe einrückten, und hier unter den Namen der Pomeranier, Luititzen, Wilzen, Weletaben, Obotriten, Sorben u. s. w. wohnten, nach einem grausamen Vertilgungskriege von den Franken und Sachsen bezwungen, und entweder ausgerottet, oder germanisirt. Ihre Sprache erlosch schon im XV. Jahrhundert. Die übrigen nordteutschen Wenden wurden im X. Jahrh. von Teutschlands Königen aus dem sächsischen Stamme bis über die Elbe gedrängt, und die Markgrafschaften Meissen, Lausitz und Branden-

---

[8]) Ausser den schon angeführten Schriften von *Kayssarow*, *Durich*, *Potocki*, *Dobrowský* u. s. w. vgl. *K. G. Anton's* erste Linien eines Versuchs über der alten Slawen Ursprung, Sitten, Meinungen u. Kenntnisse, Lpz. 783—89. 2. Thle. 8. *Karamzin* istorija ross. gosudarstwa, 1r Bd, und ganz vorzüglich *J. B. Rakowiecki* prawda ruska, czyli prawa W. X. Jarosława Władymirowicza, Warsch. 820 – 22. 2 Bd. 4. ein Hauptwerk, dessen 1r Bd. ganz der Einleit. gewidmet ist, und das Beste über die Gebräuche, Sitten, Religion, Rechte und Sprache der alten slawischen Nationen enthält. *W. Surowiecki* sledzenie początku narodów słowiańskich, Warsch. 824.

burg errichtet. Dagegen erhielten sich die Čechen in Böhmen seit dem VI. Jahrh., und bildeten lange unter eingebornen Fürsten ein Königreich. Diejenigen Slawen, die sich in Steiermark, Kärnten und Krain niederliessen, unterjochte schon Karl der Grosse, und sowol er als auch spätere Kaiser gründeten hier teutsche Markgrafschaften. Swatopluks grosses mährisches Reich zerstörte der teutsche Kg. Arnulph und die Magyaren am Ende des IX. Jahrh. Die südlich der Donau von den aus Gross-Kroatien und Gross-Serbien eingewanderten Slawen gestifteten Königreiche Kroatien, Slawonien, Dalmatien, Serbien, Bosnien und Bulgarien, durchliefen im steten Wechsel des Glücks und beständigen Kampf mit den Griechen, Ungern, Venetianern und Türken eine Periode von 3—800 Jahren, bis sie zuletzt zum Theil an das Haus Oesterreich, zum Theil an die Türken verfielen. Langsam entwickelten sich Polen und Russland zu selbstständigen Staaten, und letzteres schwang sich binnen einer kurzen Zeit zu einer Höhe empor, die Bewunderung erregt. Die Zeit, die alles ändert, hat also auch diesen grossen, über halb Europa und ein Drittheil von Asien ausgebreiteten Völkerstamm binnen einem Jahrtausend beinahe bis zur Unkenntlichkeit verändert. Es ist aber dem Forscher des Slawenthums unumgänglich nothwendig, sich mit dem gegenwärtigen Bestand der Stämme, bevor er das Gebiet des geistigen Anbaues eines jeden betritt, in geo- und ethnographischer Hinsicht bekannt zu machen. Es ist natürlich, dass das Merkmal, wornach der Unterschied und die Anzahl der Stämme bestimmt wird, nicht nur die geographische Lage allein, sondern ganz vorzüglich die grössere oder geringere Verwandtschaft der einzelnen Zweige untereinander ist. Diese aber wird wiederum nicht sowol auf dem Weg der Tradition und Geschichte über die Abstammung, indem letztere oft schweigt, erstere aber irre führt, als vielmehr durch philologische Erforschung und Vergleichung der Mundarten der bestehenden Stämme gefunden, wornach nicht sowol diejenigen, die entweder ehedem neben einander gewohnt haben, oder noch jetzt wohnen, eben darum auch der Abstammung nach einander am nächsten verwandt sind, sondern vielmehr diejenigen, deren Sprechart und Sitten mehr mit einander übereinstimmen. Noch sind die Bewohner Russlands, Polens, Galiziens, Böhmens, Schlesiens, der beiden Lausitzen, Mährens, des nördlichen Ungern, Slawoniens, Kroatiens, Unter - Steiermarks, Unter - Kärntens, Krains, Dalmatiens, Bosniens, Serbiens, Bulgariens u. s. w. entweder ganz oder zum Theil Slawen, und noch sprechen die von den östlichen Ländern am adriatischen Meere bis zu den Ufern des nördlichen Eismeers, und von der schwarzen Elster an dem rechten Elbufer bis zu den Inseln des russischen Nordarchipels an der Westküste von Amerika wohnenden 20—30 slawischen Völker und Völklein insgesammt slawisch; aber der Unterschied eines Böhmen und eines Russen, eines Polen und eines Serben, ist der Abstammung und Sprache nach nicht minder gross, als der geographischen Lage, der Landeshoheit und der Religion nach. [1])

---

[1]) Die ältesten Geschichtschreiber, die der Slawen erwähnen, unterscheiden bereits mehrere Stämme, und führen sie unter verschiedenen Namen auf. So kennt Prokop im VI. Jahrh. die Slawinen u. Anten. Später herab werden immer mehrere genannt, und so wie sich ihre Zahl vermehrt, wird auch ihre Unterscheidung und Bestimmung schwieriger. Namens-Verwandtschaften reichen nicht aus, sonst müssten die Serben in Serbien und die Sorben in der Lausitz die nächsten Stammverwandten seyn, was sich nicht erweisen lässt. Die gegenwärtigen Wohnsitze führen gleichfalls zu keiner Bestimmung; denn so wären die Polen und Russen näher mit einander verwandt, als die Russen und Serben, dem nicht also ist. Wenn man bedenkt, dass schon im VII. Jahrh. Kroaten und Serben, die in die entvölkerten Provinzen des byzantinischen Reichs über die Donau wanderten, als zwei Stämme von einander genau unterschieden werden, so darf man die nördlichen Serben in Meissen und in der Lausitz, als Nachbarn und nächste Geschlechtsverwandte der Čechen, mit den südlichen Serben nicht vermengen. Man darf diese, wenn sie gleich ehedem auch im Norden an den Karpaten sassen, nicht von jenen unmittelbar ableiten. Sie konnten sich auch damals nur mittelbar berühren, weil zwischen ihnen noch andere, nämlich die lechischen Stämme lagen. Die Kroaten und Serben trennten sich zwar schon im VII. Jahrh. von den Slawen, die in Roth- und Klein-Russland zurückgeblieben sind, und auf die erst später der Name Russe übergegangen ist; aber ungeachtet dieser langen Trennung von beinahe 1200 Jahren sind sie mit den Russen der Abstammung nach näher verwandt, weil sie beide zur einen Ordnung gehören, als die Lechen oder Polen, die ihrer Sprache nach nicht dahin gehören können. Auf diese Art können also die südlichen Serben nicht von den Sorben in der Lausitz, weil diese mit dem lechischen Stamme viel näher verwandt sind, abstammen, ungeachtet sie einerlei Namen führen. Noch weniger können die Serben, wie einige meinten, aus Böhmen nach Serbien eingewandert seyn, wenn auch Constantinus Porph. nicht ausdrücklich sagte, dass sie ehedem im Norden über Ungern hinaus gewohnt haben, weil diess gegen die Sprachverwandt-

Unverkennbar reihen sich alle slawische Völkerschaften nach gewissen constanten Merkmalen der Sprache, die auf eine frühere geographische Verbindung dieser Stämme hindeuten, an zwei Ordnungen an, welche Adelung unter der willkührlichen und zweideutigen Benennung *Antischer* und *Slawischer*, die Hrn. Dobrowský und Kopitar aber unter dem richtigern Classennamen *südöstlicher* und *nordöstlicher Hauptast* aufführen. Zur ersten Ordnung gehören als Zweige die Russen u. Russniaken, die Bulgaren, Serben, Bosnier, Dalmatiner, Slawonier, Kroaten und Winden in Krain, Kärnten, Steiermark und dem westlichen Ungern; zur zweiten aber die Böhmen, Mährer, Slowaken, Sorben-Wenden in der Lausitz, und die Polen sammt den Schlesiern.

A.) Südöstlicher Hauptast.

Zweige.

I. *Russischer Stamm.*

1. *Russen.* Die Russen bilden die Hauptmasse der Bevölkerung des europäischen Russlands, und nehmen das ganze mittlere Russland, die Binnenprovinzen zwischen Ilmen- und Belozerosee, an der Düna, Wolga, Moskwa und Okka, und die Gouvernements am Don ein, sind aber ausserdem durch das ganze Reich, auch den asiatischen Theil desselben, zerstreut, und unter den übrigen Völkerschaften ansässig. Dass diese Masse von etwa 32 Mill. Menschen ein Aggregat mehrerer Stämme und Stammfragmente sey, ist leicht zu errathen, und die Geschichte bestätigt es; wenn gleich eine genetische De-

---

schaft ist. Eben so können die heutigen Böhmen od. Čechen nicht eine Colonie und Abkömmlinge der Kroaten seyn, wie es dem böhm. Meistersänger Dalimil, Weleslawin, Jordan und Papanek schien, so wenig die Kroaten von Böhmen abstammen können, wie andere behauptet haben, weil sie nicht zu einer, sondern zu zwei Sprachordnungen, der Kroate zur ersten, der Böhme zur zweiten gehören. Die Einwendungen Engels u. a. dagegen sind unerheblich und schon längst widerlegt worden. Wol aber sind die Gränzen der dermaligen Wohnsitze der Stämme, ja bei einigen, namentlich den Kroaten u. Russniaken, auch jene der Sprache, so in einander verschoben, dass man auf eine erschöpfende Classification Verzicht leisten, und sich mit einer Approximation zufrieden stellen muss. *S. Dobrowskýs* Lehrgebäude der böhm. Sprache, Prag 809. 8. S. VI — VII. *Eb.* Gesch. d. böhm. Liter. S. 31. 34. und vgl. §. f. Anm. 2.

duction der einzelnen Bestandtheile besonders schwer seyn dürfte. Die Kosaken in den Statthalterschaften von Klein-Russland am Bog, dem untern Dniepr, am untern Don, am schwarzen und asowschen Meer u. s. w., sind zum Theil Abkömmlinge der Russen, also geborne Slawen, zum Theil aber der Sprache und Religion nach russische Čerkassen und Tataren. Die Letten in Kurland, und die Littauer in Wilna, Grodno, Bialystok mit lettischer Sprache, sind, wenn gleich manche, z. B. Hasse, sie für einen unkenntlich gewordenen Zweig des Slawischen erklären, richtiger mit Gatterer und Dobrowský, entweder für einen eigenen, oder einen finnisch-scythischen Volksstamm zu halten. Auch die serbischen Colonien in Ekaterinoslaw haben sich bereits russisirt. Die Russen sind insgesammt dem griechischen Ritus zugethan.

2. *Russniaken (Ruthenen, Klein-Russen).* In Klein-Russland, Polen, Galizien, Bukowina, ferner im nordöstlichen Ungern, gegen 3 Mill., alle morgenländischen Ritus, und zwar zum Theil Griechisch-Katholische (insgemein Unirte genannt), zum Theil Nicht-Unirte.

II. *Serbischer Stamm.* Hieher zählen wir die Bulgaren, Serben, Bosnier, Montenegriner, Slawonier und Dalmatiner. [2])

1. *Bulgaren*, in dem ehemaligen Kgrch. Bulgarien, jetzt türkischer Provinz Sofia-Wilajeti, zwischen der Donau, dem schwarzen Meer, dem Balkangebirge und Serbien. Die hier ansässigen slawischen Stämme haben sich mit den angeblich von der Wolga 679 eingewanderten Bulgaren in Sprache und Sitten amalgamirt. Ihre Zahl mag sich auf 600,000 belaufen, wovon bei weitem der grössere Theil griechischen Ritus, und nur ein kleiner Theil katholisch ist.

---

[2]) Diese Slawen werden, mit Ausschluss der Bulgaren, gewöhnlich Illyrier genannt. Allein die Namen: *Illyrier, Illyrien,* sind durch Gebrauch und Missbrauch so vieldeutig geworden, dass es unmöglich ist, einen bestimmten Sinn mit denselben zu verbinden, weshalb ich mich ihrer lieber gänzlich enthalten habe. Die alten Illyrier, ein stammverwandtes Volk der Thracier, deren Abkömmlinge die heutigen Albaneser sind, waren ohnehin keine Slawen. Sonst werden bald die Dalmatiner und Slawonier, bald diese und die Serben, bald aber und vorzüglich seit der Bildung des neuen Kngrchs. Illyrien, alle südliche Slawen, selbst die Kroaten und Slowenzen nicht ausgenommen, so genannt.

2. *Serben.* Diese hatten ursprünglich das Kgrch. Serbien, jetzt türkische Provinz Serf-Wilajeti, zu beiden Seiten der Morawa, zwischen dem Timok, der Drina, dem Hämus, der Sawe und der Donau, inne; sind aber schon sehr früh, und vorzüglich zu Ende des XVII. Jahrh., in grosser Anzahl nach dem östreichischen Slawonien und Südungern ausgewandert. Ráczen werden sie von den Ausländern genannt, weil ein Theil derselben an dem Flusse Raška sitzt, der ehemals das Land in Serbien und Rascien theilte. Das türkische Serf-Wilajeti zählt gegen 800,000, Ungern, mit Ausschluss von Slawonien, 350,000, also beides 1,150,000. Serben. Sie bekennen sich sämmtlich zur griechischen Kirche.

3. *Bosnier.* Sie bewohnen das Land zwischen der Drina, Verbas, Sawe, Dalmatien und der Fortsetzung des Hämus. An der Zahl ungefähr 350,000 christlicher Religion sowol nach dem abendländischen, als nach dem morgenländischen Ritus. Gar viele derselben sind nach und nach zum Islam übergegangen, behielten jedoch bis auf die neuesten Zeiten ihre slawoserbische Sprache.

4. *Montenegriner* (*Crnogorci*). So heissen die slawischen Bewohner des Gebirges Montenegro in der türkischen Provinz Albanien, welches sich von der Seeküste bei Antivari an gegen Bosnien hin erstreckt. Von den Türken nie ganz bezwungen, sind sie auch heut zu Tage noch ein freies Volk unter einem Bischof, ungefähr 60,000 an der Zahl (nach Sommieres 1812 nur 53,168), ohne Ausnahme Christen nach dem morgenländisch. Ritus.

5. *Slawonier.* Die Bewohner des Kgrchs. Slawonien, sowol des Provincial- als des Militär-Gebiets, welches an Kroatien, und mittelst der Drawe, der Donau und der Sawe an Ungern, Serbien und Bosnien gränzt, und zu welchem auch das Hgthm. Sirmien zwischen der Bossut, der Donau und der Sawe, als Theil desselben, gehört, gegen $\frac{1}{2}$ Mill., bekennen sich zum Theil zum lateinischen (253,000), zum Theil zum griechischen (247,000) Ritus.

6. *Dalmatiner.* Längs dem adriatischen Meere, zwischen Kroatien, Bosnien und Albanien, in den vier Kreisen des Kgrchs. Dalmatien: Zara, Spalatro, Ragusa,

Cattaro, gegen 300,000, mit den unter der Bothmässigkeit der Türken stehenden 80,000 Dalmatinern in der Landschaft Herzegowina, 380,000, wovon ungefehr 70,000 griechischen, die übrigen aber lateinischen Ritus sind.

III. *Kroatischer Stamm.* Das jetzige, von dem alten Kroatien des Constantinus Porph. verschiedene, Kngrch. Kroatien, zwischen Steiermark, Ungern, Slawonien, Bosnien, Dalmatien und dem adriatischen Meer, enthält in dem Provincial- und Militär-Gebiet, (den kleinen türkischen Antheil im Sandschak Banjaluka mit 30,000 E., und die Colonien in Ungern mitgerechnet), ungefehr 730,000 slawische Einwohner. Hievon sind 174,000 griechischen, die übrigen lateinischen Ritus.

IV. *Windischer Stamm (Slowenzen).* Die in den, ehemals unter dem Namen Inneröstreich begriffenen, Herzogthümern Steiermark, Kärnten und Krain, wovon letztere jetzt das Kgrch. Illyrien bilden, ferner im westlichen Ungern an der Mur und Rab wohnenden Slawen, werden im Inland *Slowensi*, im Auslande *Winden* genannt. Ungefehr 800,000, sind sie, bis auf einige wenige Protestanten in Ungern, sämmtlich der katholischen Religion zugethan.

B.) Nordwestlicher Hauptast.

Zweige.

I. *Böhmischer Stamm.*

1. *Böhmen (Čechowé)*, 2. *Mährer.* Das zwischen Sachsen, Schlesien, Ungern, Oesterreich und Baiern liegende Kgrch. Böhmen und die Markgrafschaft Mähren zählen ungefehr 3,700,000 slawische Einwohner, wovon $2\frac{1}{2}$ Mill. auf Böhmen, und 1,200,000 auf Mähren kommen. Ausser 100,000 Protestanten sowol H. als A. C., sind sie insgesammt katholisch.

II. *Slowakischer Stamm.* Die Slowaken besetzen das nördliche Ungern, und zwar die Gespannschaften Trenčin, Turotz, Arva, Liptau und Sohl ganz, Neitra, Zips, Šároš, Barš, Zemplin, Gömör und Hont aber der grössern Hälfte nach, ausserdem durch das ganze Land zerstreut, mit vielen Abweichungen in der Mundart. Ihre Anzahl beläuft sich auf 1,800,000, wovon ungefehr $\frac{2}{3}$ katholisch, und $\frac{1}{3}$ protestantisch ist.

III. *Polnischer Stamm.* In dem eigentlichen Kgrch. Polen, in den 1772, 1793 und 1795 Russland einverleibten Provinzen, in den preussischen Herzogthümern Posen und Schlesien, in dem österreichischen Kgrch. Galizien und in dem Freistaat Krakau, in allem etwa 10,000,000. Eine kleine Anzahl, etwa $\frac{1}{2}$ Mill. Protestanten ausgenommen, der Masse nach kathol. Religion.

IV. *Sorben-Wendischer Stamm.* Ueberreste der alten Soraben und anderer slawischen Stämme in den preussisch-sächsischen Markgrafthümern Ober- und Nieder-Lausitz, stellenweise auch in Brandenburg. Ungefehr 200,000 Protestanten und Katholiken. [3]

---

[3] Es wird nicht unzweckmässig seyn, die sämmtlichen Zweige in dreifacher Hinsicht, als Stammverwandte und Landsassen, als Unterthanen und als Religionsverwandte unter eine allgemeine Uebersicht zu bringen.

I. Die Slawen als Stammverwandte und Landsassen.

A) Südöstlicher Hauptast.

1. Russischer Stamm:
  1) Russen 32,000,00
  2) Russniaken 3,000,00
         Summa 35,000,000

II. Serbischer Stamm:
  1.) Bulgaren 600,000
  2.) Serben
    a.) in Ungern 350,000
    b.) in der Türkei . . 800,000
  3.) Bosnier 350,000
  4.) Montenegriner . . . 60,000
  5.) Slavonier 500,000
  6.) Dalmatiner:
    a) in Oesterr. Dalm. . 300,000
    b) in der Türkei . . 80,000
         Summa 3,040,000

III. Kroatischer Stamm:
Kroaten:
  a) in Oesterr. Kroatien
    und westl. Ungern 700,000
  b) in der Türkei . . . 30,000
         Summa 730,000

IV. Windischer Stamm:
Winden:
  a) in Steyermark . . . 300,000
  b) in Kärnthen 100,000
  c) in Krain 350,000
  d) in Ungern 50,000
         Summa 800,000

B.) Nordwestlicher Hauptast.

I. Böhmischer Stamm:
  1) Böhmen 2,500,000
  2) Mährer 1,200,000
         Summa 3,700,000

II. Slowakischer Stamm:
Slowaken 1,800,000

III. Polnischer Stamm:
Polen:
  a) im Kgrch. Polen . 3,500,000
  b) in den russ. Gouvernements 1,500,000
  c) in Galizien und Oester. Schlesien . 3,000,000
  d) in Preussen 1,900,000
  e) in Krakau 100,000
         Summa 10,000,000

IV. Sorben-Wendischer Stamm:
Sorben-Wenden 200,000

Gesammtzahl der slaw. Erdbewohner in Europa und Asien 55,270,000

§. 4.

Slawischer Sprachstamm zu Anfange des XIX. Jahrhunderts.

So wie ein jedes grössere Volk aus mehreren einzelnen, durch das Band gemeinschaftlicher Abstammung verbundenen Geschlechtern besteht, eben so ist auch die Sprache desselben als das Aggregat von verschiedenen Sprecharten zu betrachten. Dass demnach auch die Sprache der Slawen, eines so weit verbreiteten Volks, nothwendig in mehrere Mundarten gespalten seyn muss, leuchtet Jedermann ein. Aber nicht so leicht ist es, die Anzahl dieser verschiedenen Mundarten zu bestimmen, und sie auf eine gemeinschaftliche Quelle zurückzuführen. Die älteste, und trotz der durch unsern hochverdienten Sprachforscher, Hrn. Abbé Dobrowský, begründeten besseren Ansicht, auch heut zu Tage noch hie und da herrschende Meinung ist die, dass wol alle jetzigen Mundarten der slawischen Sprache Töchter einer einzigen Urstamm-Mutter, einer slawoslawischen Matrix seyn mögen; und dass diese diejenige unter den Slawinen seyn müsse, welche unter allen die ältesten Denkmale der Ausbildung und des Anbaues aufzuweisen habe.

II. Die Slawen als Unterthanen.

I. *Russland*:
1) Russen 32,000,000
2) Russniaken in Klein-Russland u. Polen . 2,260,000
3) Polen:
  a) im Kgrch. Polen . 3,500,000
  b) in den russischen Gouvernements . . . 1,500,000
        Summa 39,260,000

II. *Oesterreich*:
1) Böhmen u. Mährer . 3,700,000
2) Slowaken 1,800,000
3) Polen in Galizien u. Schlesien 3,000,000
4) Russniaken in Galizien u. Ungern . . 740,000
5) Serben.
  a) in Ungern 350,000
  b) Slawonier 500,000
  c) Dalmatiner . . . 300,000
6) Kroaten 700,000
7) Winden 800,000
        Summa 11,890,000

III. *Preussen*:
1) Polen in Posen, Schlesien und Preussen . 1,900,000
2) Sorben-Wenden . . 150,000
        Summa 2,050,000

IV. *Türkei*:
1) Bulgaren 600,000
2) Serben 800,000
3) Bosnier 350,000
4) Dalmatiner 80,000
5) Kroaten 30,000
        Summa 1,860,000

V. *Montenegro* 60,000
VI. *Sachsen*:
  Sorben-Wenden 50,000
VII. *Krakau*:
  Polen 100,000

Nun ist es wol wahr, dass diese unter allen Slawinen am frühesten cultivirte Sprache, deren Ueberreste wir besitzen, keine andere sey, als diejenige, deren sich Kyrillus und Methodius im IX. Jahrh. bei ihren Uebersetzungen bedienten, und die noch bis auf den heutigen Tag, freilich nicht ohne grosse Veränderungen, in den Kirchenbüchern der Slawen des griechischen Ritus vorhanden ist. Auch mag es erweisbar seyn, dass sie zu jener Zeit bei den an der Donau wohnenden Slawen, etwa den Bulgaren, oder Serben, oder Slowenzen, oder Slowaken, oder Mährern, denn für alle sind Gründe da, als eine lebende Sprache im Gebrauche war. Allein es wäre sehr übereilt, wenn man hieraus schliessen wollte,

III. Die Slawen als Religionsverwandte.

I. *Griechischgläubige.*

1) Russen u. Russniaken	83,000,000
2) *Serben:*	
a) Bulgaren	575,000
b) Serben in Serbien und Ungarn	1,150,000
Latus	84,725,000
Translatum	84,725,000
c) Bosnier	250,000
d) Montenegriner	60,000
e) Slawonier	247,000
f) Dalmatiner	70,000
8) Kroaten (Serben in Kroatien)	174,000
Summa	85,526,000

II. Römisch-Katholische und Unirte Slawen.

1) Böhmen u. Mährer	3,600,000
2) Slowaken	1,300,000
3) Polen	9,500,000
4) Russniaken	2,000,000
5) Bulgaren	25,000
6) Bosnier	100,000
Latus	16,525,000
Translatum	16,525,000
7) Slawonier	253,000
8) Dalmatiner	310,000
9) Kroaten	556,000
10) Winden	785,000
11) Sorben-Wenden	50,000
Summa	18,479,000

III. Protestanten.

Augsb. und Helvet. Conf.

1) Böhmen	60,000
2) Mährer	40,000
3) Slowaken	500,000
4) Polen	500,000
Latus	1,100,000
Translatum	1,100,000
5) Sorben-Wenden	150,000
6) Winden in Ungern (Slowenci)	15,000
Summa	1,265,000

Ausser den hier genannten Stämmen mögen noch einzelne Ueberreste und Colonien der Slawen in Teutschland, Siebenbürgen, der Moldau und Walachei und weiter hinein in der Türkei leben; allein ihre ohnehin geringe Anzahl ist theils nicht leicht auszumitteln, theils gehört ihr Detail nicht in diese Uebersicht. Dass übrigens bei allen diesen Angaben nur eine der Wahrheit so viel als möglich nahe kommende Rundzahl angenommen worden ist, bedarf kaum der Erinnerung. Genauere Angaben gehören in die Statistik; uns sind Zahlen nur Nebensache.

dass sie in diesem Jahrh., oder auch ein paar Jahrh. früher, die allgemeine Sprache des ganzen slawischen Völkerstamms gewesen sey. Denn auch zugegeben, was zwar unwahrscheinlich ist, dass diejenigen Zweige, welche Bulgarien, Serbien, Bosnien und Pannonien inne hatten, damals völlig einerlei Sprache geredet haben; so lässt sich diess von den entferntern, z. B. dem Čechischen an der Moldau und dem Lechischen an der Weichsel, keineswegs behaupten. Die beinahe gleichzeitigen, ja einige derselben in ihrer ersten Abfassung noch vorkyrillischen böhmischen Heldengesänge in der Königinhofer Handschrift und das Fragment von der Libuša beweisen zur Genüge, dass die böhmische Mundart um diese Zeit der altslawischen Kirchensprache zwar viel ähnlicher, als jetzt, aber doch wiederum in Stoff und Form auch schon von ihr verschieden war. Wollte man solche Spuren weiter verfolgen, so würde sich zeigen, dass die ältesten vorhandenen russischen und serbischen Handschriften der biblischen Bücher schon einzelne grammatische und orthographische Verschiedenheiten enthalten, die wol ihren Hausmundarten, aber nicht der ursprünglichen altslawischen Kirchensprache eigen sind, und dass demnach letztere schon im grauesten Alterthum von jenen beiden verschieden gewesen seyn müsse. Das jetzt sogenannte Altslawische mag demnach, wie unten bemerkt werden soll, als der am frühesten cultivirte Dialekt der slawischen Gesammtsprache und Eigenthum der gelehrten Priesterkaste der noch heidnischen Slawen, die ältesten Wort- und Biegungsformen enthalten; aber die unmittelbare und nächste Quelle aller übrigen slawischen Dialekte ist es nicht; diese haben sich nicht aus ihm, sondern neben ihm gebildet, und der Ursprung sowol des Altslawischen als auch der übrigen Mundarten ist in entferntern Zeiten zu suchen. Die Böhmen und Polen nahmen das kyrillische Alphabet nie ganz an; weil sie nicht durch orientalische, sondern durch römische Priester zum Christenthum bekehrt worden sind. Wie würde man auch nur die auffallend grosse Verschiedenheit des Altslawischen aus dem X—XII. Jahrh. und des Böhmischen oder Polnischen aus dem XI—XIII. Jahrh.

sonst erklären können, wenn man nicht mehrere Mundarten schon vor Kyrillus und Methodius annähme? Binnen 2—3 Jahrhunderten ändert sich keine Sprache so sehr, als diess bei den genannten der Fall ist [1]). Freilich war ursprünglich der Unterschied der Dialekte weit geringer; der Sprachstamm war noch nicht in so viele Zweige getheilt: aber selbst in den ältesten Zeiten müssen schon nach Verschiedenheit der Hauptstämme wenigstens zwei Hauptmundarten statt gefunden haben, die sich nach gewissen innern, constanten, einem jeden der vorhandenen Dialekte gemeinschaftlichen Kennzeichen leicht bestimmen lassen. Späterhin sind durch die Länge der Zeit, durch immer weitere Entfernungen, durch Verkehr und Nachbarschaft mit andern Völkern, wobei es an Anlässen entweder zur Aufnahme fremder Wörter, oder zu Nachbildungen nach andern Sprachen nicht fehlen konnte, die slawischen Mundarten dergestalt von einander abgewichen, dass sich viele derselben gegenwärtig fast nicht mehr ähnlich sehen. Die zwei Hauptmundarten zerfielen bald in mehrere Unterarten, diese wiederum in Varietäten, und so erwuchs die Anzahl der slawischen Dialekte zu einer erstaunlichen Grösse. Ein jeder derselben trägt das Gepräge der Zeit, und leicht sieht man es ihm an, welches Volk er zum Nachbar gehabt habe. Aber dessen ungeachtet ist der Unterschied der zwei Hauptstämme, und folglich auch der zwei Hauptmundarten noch immer unverkennbar, und wenn gleich an eine systematische Classification aller slawischen Dialekte sammt ihren Varietäten bei dem Mangel an Idioticis und der Verschmelzung

---

[1]) Schon Eginhard, Karls des Grossen Schreiber († 839), nennt unter den Völkern, die Karl bezwang, Weletaben, Soraben, Abotriten, Böhmen; er legt ihnen aber nicht *einerlei*, sondern nur eine *ähnliche* Sprache bei. Sein gewählter Ausdruck: *lingua quidem paene similis*, deutet offenbar auf Verschiedenheit der Mundarten hin. Wenn daher Prokop im J. 562 von den ihm bekannten slaw. Stämmen der Slawinen und Anten sagt: *una est utrisque* (*Slavenis et Antis*) *lingua*, so ist diess ganz jenem gleich, wenn Aeneas Sylvius um das J. 1457 von den Böhmen (Hist. Boh. c. 1) schreibt, dass sie einerlei Sprache mit den Dalmatiern redeten (*sermo genti et Dalmatis unus*). Jener konnte damit nur sagen, dass die Slawinen und Anten einerlei *Sprache*, aber nicht einerlei Mundart redeten, und dieser, dass die böhm. Sprache eine slaw. Mundart sey, so wie die dalmatische es ist.

der einzelnen hier nicht gedacht werden kann, so ist es doch leicht, sie alle unter zwei Hauptordnungen so zu bringen, dass jedem eine bestimmte Stelle angewiesen, die Uebersicht des Ganzen, und das Auffassen des Einzelnen möglichst erleichtert wird. Nach mehreren vorangegangenen, auf unhaltbare Gründe gebauten Versuchen, die slawischen Dialekte genetisch zu classificiren, von Gesner, Megiser, Valvasor, Assemani, Dolci, Popowič, Anton u. a., bahnte zuerst Hr. Dobrowský den Weg zu einer richtigen Stellung der Classen [2]). Nach ihm zerfällt die ganze slawische, oder besser slowenische Sprache im weitesten Sinne in Idiome zweier Ordnungen, der Ordnung A. und der Ordnung B.

---

[2]) Gesner, Megiser, Valvasor, Assemani, Hosius, Banduri, Katancsics, Frisch, Popowič, Anton u. a. stellen Ordnungen u. Classen der slaw. Völker u. ihrer Mundarten, ein jeder nach seiner Ansicht, auf, ohne dass auch nur einer von ihnen das Wahre getroffen hätte. Valvasor brachte 13 slaw. Vaterunser auf, und gab zu der falschen Vermuthung Anlass, dass es 13 slaw. Mundarten gebe. Dolci spricht von mehr als 20 Mundarten der illyrischen Sprache, wo er doch nur die geringen Varietäten der Dalmatisch-Bosnischen Mundart im Sinne hatte. Assemani träumte von beinahe unzähligen Dialekten, in welche das Altslawonische sich getheilt habe. Hosius (1558), der den Unterschied der südlichen (illyrischen) Dialekte u. des Polnischen bemerkte, u. Banduri, der die Slawonier, Kroaten, Bosnier, Serben u. Bulgaren den Böhmen u. Polen gegenüber stellte, rückten schon der Wahrheit näher, wenn sie sich gleich in nähere Bestimmungen nicht einliessen, od. in denselben fehlten. Popowič stellt 2 Ordnungen auf: die Wendische, wozu nach ihm das Windische in Krain u. das Wendische in Nordteutschland gehört, und die Slawonische, zu welcher er, das Böhmische, Polnische, Russische u. Illyrische od. Dalmatische mit dem Kroatischen zählt. Katancsics stellt die Gattungsnamen: Illyrisch, mit dem Serbischen, Bosnischen, Dalmatischen, Kroatischen, Windischen, u. Sarmatisch, mit dem Polnischen, Böhmischen, Mährischen und Russischen auf. Anton bringt die slaw. Sprachen unter 4 Ordnungen: 1) Norisch, als a) Russisch, b) Böhmisch, 2) Serbisch a) Polnisch, α) Kassubisch b) Serbisch selbst α) in der O. Lausitz, β) in der N. Lausitz, γ) Polabisch, 3.) Illyrisch nach seinen Stämmen, a) Serbisch, b) Chrwatisch u. s. w. 4) Slowisch od. Windisch, a) in Krain, b) in Kärnten u. s. w. Schlözer (allg. Nord. Gesch. S. 332 ff.) zählt 9 Species auf: russisch, polnisch, böhmisch, lausitzisch, polabisch, windisch, kroatisch, bosnisch u. bulgarisch. Das Altslawische hält er für eine todte Mundart. — Eine richtige, auf die sorgfältigste Prüfung aller Mundarten gegründete Classification hat erst Hr. Dobrowský aufgestellt, die auch von Adelung in s. Mithridates Th. II. S. 610 ff. und andern benutzt worden ist. Vgl. *Durich* bibl. slav., pag. 265—271. *Dobrowskýs* Slowanka Th. I. S. 159—195. Eb. Lehrgebäude der böhm. Sprache, Gesch. der böhm. Liter., Instit. linguae slav., Vorr. u. Einl., *Adelung's* Mithridates a. a. O. Wiener allg. Lit. Zeit. 1813. Aprilhft. N. 34 ff. — Die spätern Bemerkungen der Hrn. Wostokow u. Kopitar über dieselbe, dass sie nicht durchaus, namentlich beim Russischen u. Slowakischen, Stich halte, ändern die Sache im Ganzen nicht. Es mag immerhin wahr seyn, dass die Russen, die Hr. Dobrowský zur Ordnung I. rechnet, als Russen lieber розум, выдати, und neben птица schon vor Alters

Die Kennzeichen, nach denen sich beide Ordnungen bestimmen lassen, sind folgende:

A.	B.
1. раз: разум.	roz: rozum
равен	rowen
работа	robota
расту	rostu
2. из: издати	wy: wydati
3. л epentheticum.	
корабль	korab
земля	zemia
поставлен	postawen
4.	d epentheticum
сало, крило	sadlo, kridlo
правило	prawidlo
молитися	modliti se
5. пещи, мощи	peci, moci
пещ, мощ	pec, moc
6. звѣзда, цвѣт	gwiezda, kwiet
7. тъ (той)	ten
8. пепел	popel
9. птица	ptak
студенец	studnica
10. десница	prawica

птока u. noch jetzt auch птаха u. птатка sagen, was sich dem птак der Ordnung II. wol nähert, auch haben die Russen das grobe l, was die Südslawen (diese haben doch dafür ein o?) und selbst die Böhmen nicht mehr haben, mit den Polen gemein; daher die Russen eher zur Ordnung II. gehören würden, wenn sie noch ein polnisches rz hätten; auch mag es scheinen, dass die Russen ihrem Hausdialekt nach ursprünglich ein Stamm der Ordnung II. sind, aber durch den Einfluss des Kirchenslawisch sich in die Ordnung I. herübergeschoben haben: allein sind die 32 Mill. Russen nicht ein Aggregat mehrerer Stämme, unter denen einige ursprünglich der Ordnung II. angehören können, und besteht die russische Gesammtsprache noch jetzt nicht aus mehreren entschieden verschiedenen Hauptmundarten, und diese wiederum aus mehreren Untermundarten, unter denen einige sich der Ordnung II. nähern, während die übrigen der Ordn. I. folgen? — Der Slowak scheint sich auch wegen seines *raz: razsocha, rab, rastem*; *šč: ščastje, ščuka, jaščer*; *ct: pject, muoct* st. *pešči, mošči*; *ja: chodja, widja*; *g: ligotat' sa, gagotat*; *r* od. *rj* st. *rz: rjeka, kridlo* u. s. w., in die Ordn. I. zu verlaufen: allein weder der Unterschied des *ł* und *l*, *h* und *g*, noch des *r* und *rz*, darf als blosses Merkmal der Einzelmundarten, zum Kennzeichen der Ordnung erhoben werden, und die übrigen Abweichungen und Ausnahmen heben die Regel nicht auf. — Oder sollten derlei Abnormitäten wol eine Hermaphroditenclasse zwischen A. u. B. begründen?

Alle slawische Mundarten, so viel ihrer heute geschrieben oder gesprochen werden, lassen sich, wenn man sie nach den angegebenen Merkmalen untersucht, unter diese zwei Ordnungen bringen. Zur erstern werden sich ohne weiteres bekennen 1) der Russe, 2) der Serbe und mit ihm der Bulgar, der Bosnier, der Dalmatiner und der Slawonier, 3) der Kroat und 4) der Winde oder Slowen in Krain, Kärnten, Steiermark u. Westungern, d. i. die Zweige des südöstlichen Stammes; zur zweiten aber 1) der Böhme sammt dem Mährer, 2) der Slowak, 3) der Ober-Lausitzer Wende, 4) der Nieder-Lausitzer Wende, und 5) der Pole sammt dem Schlesier, oder die Zweige des nordwestlichen Stammes. Hieraus ergibt sich von selbst folgende Tafel der slawischen Mundarten:

SLAWISCHER SPRACHSTAMM.

Ordnungen.	Mundarten.	Unterarten.
A.	1. Altslawisch.	
	2. Russisch.	a) Grossrussisch.
		b) Kl. russisch, Russniakisch.
		c) Weissrussisch u. s. w.
	3. Serbisch.	a) Bulgarisch.
		b) Serbisch, Dalmatisch, Bosnisch u. s. w.
	4. Kroatisch.	
	5. Slowenisch od. Windisch.	a) O. Krainisch.
		b) U. Krainisch.
B.	1. Böhmisch.	a) Böhmisch.
		b) Mährisch.
	2. Slowakisch.	
	3. Sorbisch in der O. Lausitz.	
	4. Sorbisch in der N. Lausitz.	
	5. Polnisch.	a) Grosspolnisch.
		b) Kleinpolnisch.
		c) Schlesisch u. s. w.

Es ist nämlich das Grossrussische, Kleinrussische (Russniakische), Weissrussische eine Unterart (Dialekt?) des Gesammtrussischen, so wie wiederum das Suzdalische, Oloneckische, Nowgorodsche u. s. w. Varietäten dieser Unterarten sind. Das Bulgarische ist eine Unterart des Gesammtserbischen; dahingegen sind das Dalmatische, Bosnische, Slawonische u. s. w., nur Varietäten des eigentlichen Serbischen. Eben so zerfällt das Slowenische oder Windische und das Polnische in mehrere Sprecharten, die man nach Belieben Unterarten oder Varietäten (Dialekte sind es nicht) nennen kann. Das Slowakische bildet eine eigene Mundart, wenn gleich die Slowaken seit Jahrhunderten aus triftigen Gründen sich in der Literatur an die Böhmen angeschlossen haben. Hieraus ergibt sich von selbst, welche von diesen Völkern einander leichter verstehen. In der Regel verstehen einander diejenigen am leichtesten, die ihrer Abkunft nach, ohne auf ihre jetzige geographische Lage Rücksicht zu nehmen, näher mit einander verwandt sind. Der Kroate wird also seinen nächsten Sprachverwandten, den Krainer, viel leichter verstehen, als den Russen, aber diesen noch immer leichter, als den Böhmen, der Russe einen Serben und Slawonier leichter, als den Polen, ungeachtet dieser jetzt des Russen Nachbar ist; denn die Völker der ersten Ordnung verstehen sich gegenseitig weit leichter, als irgend eins der zweiten Ordnung, und diese wiederum sich unter einander leichter, als irgend eins der ersten Ordnung. Aber selbst die einzelnen Mundarten der zwei Ordnungen sind mit einander bald mehr bald weniger verwandt. So sieht z. B. das Sorben-Wendische in der O. Lausitz dem Windischen in der Nieder-Lausitz sehr ähnlich; und dennoch nähert sich ersteres mehr dem Böhmischen, letzteres aber dem Polnischen. Das Altslawische erhielt auf der Tafel den ersten Platz, weil es früher als das Russische und Serbische cultivirt worden ist, das Polabische aber, welches ehedem von den Ueberresten der Obotriten in Lüneburg gesprochen wurde, als nunmehr völlig ausgestorben, gar keinen. Das Kassubische in Pommern ist eine blosse Abart des Polnischen.

Sieht man auf den Gehalt der slawischen Gesammtsprache, um sie mit andern zu vergleichen, oder ihrem Ursprunge nachzuspüren, so hat sie zuvörderst, wie schon oben bemerkt worden, zwar eine auffallende Aehnlichkeit in einzelnen Wörtern mit der altindischen Sanskritasprache; allein, wenn gleich ihr asiatischer Ursprung unverkennbar ist, so ist doch ihre ganze jetzige Einrichtung, gleich der lateinischen, griechischen und teutschen Sprache, mit denen sie auch die grösste Verwandtschaft hat, europäisch[3]). Sie unterscheidet drei Geschlechter, sie hat die Pronomina possessiva zu förmlichen Adjectiven ausgebildet, sie setzt die Präpositionen nicht nur den Nennwörtern vor, sondern bildet vermittelst derselben zusammengesetzte Verba. Dem Lateinischen kommt sie aber dadurch näher, als dem Griechischen oder Teutschen, dass sie den Gebrauch der Artikel nicht kennt. Den Artikel haben nur germanisirende Mundarten, oder richtiger gesagt, germanisirende Schriftsteller in den beiden Lausitzen, in Krain, Kärnten und Steiermark angenommen. Man verwendet dazu das demonstrative

---

[3]) Slawische Wurzeln, unsichtig mit griechischen, lateinischen u. teutschen verglichen, findet man in *Dobrowsky's* Entwurf zu e. allg. slaw. Etymologicon, Prag 812. 8. *Eb.* Slowanka Th. 1. S. 27 — 54. Instit. linguae slav. P. 1. Nächst ihm haben sich um die slaw. Etymologie verdient gemacht die Hrn. *Linde* u. *Šiškow*. Auch Hr. *Rakowiecki* stellt in s. Prawda ruska Th. II. die Elemente der slaw. Sprache auf eine originelle Weise dar. Hiernach ist es ausgemacht, dass die slaw., griech., lat., und teutsche Sprache aus einer Urquelle geflossen, od. wenigstens, dass so lange Griechen, Römer u. Teutsche in Europa gewesen, auch die Slawen hier gewohnt haben müssen. Doch ist, ungeachtet der vielen gemeinschaftlichen Wurzelsylben, die Verwandtschaft dieser Sprachen nicht so gross, dass man mit Levesque die Lateiner für eine alte slaw. Colonie ansehen könnte. Gleichwol will auch noch Solarić (Rimljani slawenstwowawšij, Ofen 818. 8.) die lat. Sprache ganz aus der slaw. ableiten. Diejenigen, die das Slaw. als eine aus dem Griech. entstandene Sprache darstellen, haben sich erstens durch die kyrillischen Buchstaben, die den griech. ähneln, zweitens durch die beträchtliche Menge von griech. Wörtern, die man in die slaw. Kirchenbücher aufnahm, täuschen lassen. Ausser *Gelenius*, dessen Lex. symphonum Bas. 557. 4. den ersten Versuch von Vergleichungen ähnlicher Wörter aus der lat., griech., teutschen und böhm. Sprache enthält, und *Martinius*, der ebenfalls in s. etym. Wörterb. der lat. Sprache slaw. Wörter häufig auf lat. und griech. Wurzeln zurückgeführt hat, haben Vergleichungen der slaw. Mundarten mit andern europäischen Sprachen, vorzüglich der teutschen, in den neuern Zeiten angestellt: *Temler, Sorgo, Soltau, Ihre, Frisch, Adelung,* W. *Whiter* (Etymologicon universale, Cambridge 811. 2 Voll. 4.), *Berndt* (Verwandtschaft der germ. u. slaw. Sprachen, Bonn 822. 8.), die *Ungenannten* in dem Tripartitum, Wien 820. ff. 4. Voll. quer 4. u. a. m.

Pronomen *ten, ta, to*, Krainisch *ta, ta, to*. In Rücksicht der Vocale hat die slawische Sprache keinen weiten Umfang. Sie kennt kein ä, ö, ü. Hingegen hat sie ein doppeltes *i*, nämlich ein feineres (böhm. und pol. *i*, russ. *iže*), und ein gröberes (böhm. und poln. *y*, russ. *jery*), *biti* schlagen, *byti* seyn. Sie hebt selten mit einem reinen *a*, nie mit einem *e* an, sondern gibt dem *a* oft, dem *e* immer den Vorschlag *j*: *jaje* Ei, *jasti* essen, *jest'* ist, est. Das *o* im Anfange sprechen zwar die meisten Stämme rein aus, wie in *oko*, aber der Lausitzer Wende spricht *wo*, das auch der Böhme in der gemeinen Redesprache thut, wenn er gleich in seiner Schriftsprache das reine *o* noch immer beibehält: *on* er, für *won*. Der Kroate spricht wieder den Vocal *u* nie rein aus, sondern setzt ihm ein *v* vor: *vuho* Ohr, für *uho* (*ucho*). Bemerkenswerth sind die vielerlei Bestimmungen des *i*, wenn es wie *j* ausgesprochen wird. Es dient den Vocalen nicht nur am Anfange, sondern auch nach verschiedenen Consonanten zum Vorschlage: *biel* od. *bjel* weiss, *miaso* od. *mjaso* Fleisch, *niem* od. *njem* stumm. Nach Vocalen bildet es Diphthonge: *daj, stoj*. Wenn es nach gewissen Consonanten verschlungen wird, so mildert es die Aussprache derselben: *koň* (für *konj*) Pferd, *bud'* sey, verkürzt aus *budi, jest'* (für *jesti*) ist, griechisch ἐςί. Daher wird des verschlungenen *i* wegen der russische Infinitiv mit dem mildernden Jer' bezeichnet. Die Slawen lechischen Stammes verändern in diesem Falle das *t* in *c'*: *dać, stać*. Nur der Slowak spricht es meist hart aus: *wolat, chodit* für *wolati, choditi*. In Rücksicht der Consonanten langt der Slawe mit den Lippenlauten *w, b, p* aus, und entbehrt in ursprünglich slawischen Wörtern den Laut *f*. Man vgl. *wru* mit *ferveo, bob* mit *faba, bodu* mit *fodio, peru* mit *ferio*, *plameň* mit *flamma, piščala* mit *fistula, piesť* mit *Faust* u. s. w. Selbst wenn er fremde Wörter aufnimmt, verändert er oft das *f*. Aus *Farbe* machte der Böhme *barwa*, aus *Stephan Štěpan*. Seine 6 Sibilanten *z, ž, s, š, c, ć,* unterscheidet er genau, und liebt sie so sehr, dass er nicht nur seine drei Gurgellaute *g* (od. *h*), *ch* und *k* sondern auch *d* und *t*, nach bestimmten Regeln in analoge Sibilanten verwandelt. Man wird also auch *zima* mit *hiems*, *wesu* mit *veho*, *zrno* (*serno*) mit *granum*, *žrati* mit γράω, *syr* mit τυρὸς, *plešči* (*plece*) mit πλάται, *jucha* mit *jus*, *čist* mit *castus* vergleichen dürfen. Eben so *ležeti* mit liegen, *slato* mit *Gold*, *srdce* (*serdce*) mit καρδία Herz cor, *cerkew* mit *Kirche*. Unter den drei Gurgellauten (*g*, *ch*, *k*) gilt sein *glagol* entweder für *g* (γάμμα), oder für *h* nach Verschiedenheit der Mundarten. Für *goniti*, *gora*, *glawa*, *grad* u. s. w. spricht der Böhme, Mähre und Slowak *honiti*, *hora*, *hlawa*, *hrad*, an die sich der Oberlausitzer Wende anschliesst. Betrachtet man den Sylbenbau in Wörtern, die aus mehreren Consonanten bestehen, so wird man finden, dass der Slawe mehrere Consonanten lieber vor, als nach dem Vocal verbindet. Man vergleiche *brada* mit *barba*, *Bart*, *breg* Ufer mit *Berg*, *mleko* mit *Milch*, *lgati* mit *lügen*, *prase* mit *porcus*, *strach* mit *Furcht* u. s. w. Da dem Griechen die Consonantenfolge *sl* in dem Worte *Slowan* fremd war, so nahm er sich die Freiheit ein κ oder ϑ dazwischen einzuschalten: σκλαβηνὸς, σϑλαβὸς. Der Niedersachse, Schwede, Däne, Engländer sprechen und schreiben richtiger *Slawe* für *Sclawe*. (Vgl. §. 1 N. 6.) Da *l* und *r* zwischen zwei andern Consonanten der Sylbe Haltung genug geben, und zugleich Stellvertreter der Vocale seyn können, so sind Sylben ohne Vocale, wie *wlk*, *srp* nicht ungewöhnlich. Doch schaltet man hier in neuern Mundarten das euphonische *o* oder *e* gern ein: *wolk*, *serp*, oder bildet das *l* in *u* um: *wuk*, *pun* serbisch für *wlk*, *pln*. In der auf quantitirende Prosodie gebauten Verskunst sind in solchen Sylben die Halbvocale *l* und *r* immer für Vocale zu nehmen: *twrdý*, *wjtr*, zweisylbig. Vergleicht man die verschiedenen Abänderungs- und Abwandlungsformen der slawischen Wörter mit den Formen der griechischen, lateinischen und teutschen, so ergibt sich, ausser dem oben Bemerkten, dass die slawischen Declinationen, eben weil sie des Artikels entbehren, und ihn durch angehängte Biegungssylben ersetzen, vollständiger sind, als im Griechischen und Teutschen. Für den Singular hat der Slawe 7 Casus, für den Plural aber nur 6, indem der Nominativ zugleich den Vocativ vertritt. Im Dual lassen sich nur 3 Casus unterscheiden, der Nominativ, Genitiv und Dativ, indem hier der Accusativ dem ersten, der Local dem zweiten, und der Sociativ oder Instrumental dem dritten gleich ist. Ungeachtet der vielen Casus unterscheidet der Slawe an den weiblichen Nennwörtern im Plural den Accusativ nicht vom Nominativ, da es doch der Grieche und Lateiner thun. Den Teutschen trifft dieser Vorwurf doppelt, indem er auch den männlichen Accusativ dem Nominativ gleich macht. Die Adjectiva werden im Slawischen, da sie einen unbestimmten und bestimmten Ausgang haben, nach zweierlei Muster gebogen. In der Steigerung der Adjective, welche vermittelst des angehängten *ij* oder *šij* geschieht, vertritt im Altslawischen der Comparativ auch den Superlativ. Neuere Mundarten bilden den Superlativ, indem sie dem Comparativ die Partikel *naj* vorsetzen: *najmenšij*, böhmisch *neymenšj*. Da der lateinische Ausgang *issimus* aus *si* und *mus* zusammengesetzt ist, so floss die Sylbe *si* aus derselben ältern Quelle, aus welcher das slawische *ši* entsprungen ist. Durch die Endsylben *u, eši, et,* im Plural *em, ete, ut,* oder *iu, iši, it,* Plur. *im, ite, iat* werden die Personen im Präsens bezeichnet. Im Präterito aber nach Verschiedenheit der Formen durch *och, e,* Plur. *ochom, oste, ochu; iech, ie,* Plur. *iechom, ieste, iechu; ich, i,* u. s. w. *ach, a,* u. s. w. Endigt sich die Stammsylbe auf einen Vocal, so bekommt die erste Person nur ein *ch*: *dach, pich, obuch,* indem *da, pi, obu,* schon die 2te und 3te Person bezeichnen. Im Plur. *chom, ste, chu*: *dachom, pichom, obuchom, daste, piste, obuste, dachu, pichu, obuchu.* Periphrastische Präterita verbinden das Hilfswort *jesm', jesi, jest'* mit dem Participio activo praeterito: *kopal jesm'* ich habe gegraben. Wird *biech* damit verbunden, so entsteht das Plusquamperfectum: *kopal biech* ich hatte gegraben. Wird aber *bych* damit verbunden, so erhält man das Imperfectum des Optativs: *kopalby,* er würde graben. Das einfache Futurum ist entweder das primitive Verbum selbst, wie *budu* ero, fiam, oder es wird vermittelst *nu* gebildet: *bodnu,* oder aber vermittelst einer Präposition: *obuju, izuju.* Das periphrastische besteht aus dem Infinitiv und dem Hilfswort *budu* oder *chošču*: *budu kopati;* in einigen neuern Mundarten auch *budu kopal.* Allein *budu kopal* ist eigentlich das Futurum exactum anderer Sprachen, und entspricht dem lateinischen Futuro des Conjunctiv. Das Passivum wird entweder mit *sia (se)* umschrieben: *spaset sia* salvabitur, oder man verbindet die Hilfswörter mit dem Participio passivo: *spasen byst', spasen budet.* Da es dem Slawen an iterativen und frequentativen Formen nicht fehlt, so konnte er gar leicht das Verbum *soleo* ich pflege, entbehren. So ist *bywati* das Frequentativum von *byti;* und *nositi, lamati* sind Iterativa von *nesu, lomiti.* Die Adverbia qualitatis werden meistens vermittelst *je* gebildet: *podobnie.* Fast eben so der Lateiner: caste, plene. In der Fügung (Syntaxis) nähert sich der Slawe mehr dem Griechen und Lateiner, als dem Teutschen. In der Wortfolge hat er viel Freiheit. Die verneinende Partikel *ne (nie)* setzt er dem Verbo vor, selbst wenn schon eine andere Verneinung im Satze steht. In negativen Sätzen gebraucht er den Genitiv anstatt des Accusativs. Nur die ersten vier Zahlwörter betrachtet er als Adjective, alle übrigen als Substantive, daher nach ihnen das regirte Wort im Genitiv stehen muss: *osm sot (set)* 800. Unter den Partikeln, die dem Nennworte vorgesetzt, und vermittelst welcher auch zusammengesetzte Verba gebildet werden, sind *o, u, w, wy, po, na, za, s (su), ob, ot (od), iz, wz (woz), bes, pro, pre, pri, pod, nad, raz (roz), pred* wahre Präpositionen; nur *radi, dielia (dlia)* sind Postpositionen.[*)]

Die slawische Sprache hat unverkennbar viele gute Eigenschaften und Vorzüge, die unter den Ausländern vorzüglich von Schlözer gewürdigt worden sind (s. Nestor Th. III. S. 224). Ich zähle hieher ihre artikellose Declination und pronomlose Conjugation, ihre reinen festen Vocalendungen, ihre durchgängig bestimmte, vom logischen Ton der Wörter unabhängige Quantitirung der Sylben, woraus ihre Singbarkeit in der Oper und Anwendbarkeit auf altclassische Versmasse von selbst er-

---

*) Nach *Dobrowsky's* Gesch. d. böhm. Lit. S. 14. ff. 24 ff.

folgen, ferner ihren grossen Wortreichthum, die Menge und Mannigfaltigkeit der Einzellaute und ihrer Verbindungen, zuletzt ihre Syntax [5]). Mit welcher Genauigkeit und Feinheit sie vermittelst einiger wenigen einfachen Laute, die zu Biegungssylben bei den Declinationen und Conjugationen verwendet werden, überall die Endung, die Zahl, die Person, das Geschlecht, die Zeit und die Art unterscheidet, ohne die schleppenden Pronomina zu Hilfe zu nehmen, braucht dem, der sich nur einigermassen in ihr umgesehen, nicht erst bewiesen zu werden. Um sich von ihrem Wolklang zu überzeugen, muss man sie im Munde der Nationalen hören. Freilich sind sich hierin nicht alle Stämme und Mundarten gleich, und zwischen der Anmuth des Serbischen und dem Voll- und Kraftklang des Russischen oder Böhmischen ist ein grosser Unterschied; aber darum darf der slawischen Sprache nicht gleich, wie es leider nur zu oft geschehen ist und noch geschieht, der Vorwurf *„ursprünglicher Schroffheit und erstickender Kakophonien"* gemacht werden. Denn Wolklang und weibische Weichheit der Sprache sind zwei ganz verschiedene Dinge. [6]) Allerdings herrschen in den meisten slawischen Mundarten, die serbische ausgenommen, die Consonanten vor; betrach-

---

[5]) Welcher der *reinste* slaw. Dialekt in der weiten Slawenwelt seyn möchte, ist vielfältig gefragt worden. Diesen zu finden würde gar nicht schwer seyn, wenn uns die Geschichte ein slaw. Volk zeigte, das stets in seinem Ursitze geblieben, niemals gewandert, nie mit andern sich vermischt, niemals unterjocht worden od. andere unterjocht hätte. Allein weder die Karpaten noch die Crnagora, weder Russland noch Bosnien liefern solche slaw. Aborigines; überall spricht die Geschichte laut von Zügen u. Kriegen der Slawen von Ragusa bis an die Buchten des Eismeers, von der Elbe bis an die Irtisch. Alle jetzige slaw. Dialekte sind also nicht mehr ganz rein; denn Nachbarinen haben sie zum Theil gebildet, zum Theil verbildet. Die Gräcismen der altslaw. Kirchensprache, die Turcismen der serbischen, die Germanismen der böhmischen und polnischen, und die Tatarismen, Sueonismen, die von Peter dem Grossen eingeführten Germanismen, Gallicismen u. s. w. der russischen, wiegen einander gewiss auf. Am wenigsten dürften aber diejenigen Dialekte rein seyn, die am längsten unter unslawischer Herrschaft gestanden. Um so erfreulicher ist es zu sehen, dass der besonnene und umsichtige Purismus auch unter den Slawen, vorzüglich den Russen, Polen u. Böhmen frische Wurzeln schlägt, und goldene Früchte verspricht. Möge er in keinem Uebermass, in unseligem zu viel oder zu wenig sündigen! — Vgl. *Dobrowskys* Slowanka Th. II. S. 213. ff.

[6]) Kein Slawe darf über seine Sprache klagen, wie z. B. *Herder*, *Jenisch*, *Schiller* (im Vorworte zu d. Ueb. d. Æn.) über die teutsche. Selbst *Göthe* seufzt: — — — — — *Ein Dichter wär' ich geworden, Hätte die Sprache sich nicht unüberwindlich gezeigt.*

tet man aber die Sprache philosophisch, so erscheinen die Consonanten, als Zeichen der Vorstellungen und Begriffe, und die Vocale als blosse Träger im Dienste der Consonanten, in einem ganz andern Lichte. Je mehr Consonanten, desto reicher ist die Sprache an Begriffen. Exempla sunt in promtu. Der Wollaut der einzelnen Sylben ist alsdann nur partiell und relativ; der Wolklang der ganzen Sprache aber immer durch den Wollaut der Perioden, der Wörter, der Sylben und der Einzellaute bedingt. Welche Sprache besitzt nun alle diese vier Elemente des Wolklangs in gleichem Masse? Zu viele Vocale tönen eben so übel, wie zu viele Consonanten; gehöriger Vorrath und Wechsel von beiden vollendet erst den harmonischen Klang. Selbst harte Sylben gehören zu den nothwendigen Eigenschaften einer Sprache; denn auch in der Natur gibt es harte Töne, die der Dichter nicht anders, als mit harten Sprachlauten malen kann. Die Härten im Slawischen, über die von Ausländern so vielfältig geklagt wird, kommen demnach entweder einzig und allein auf die Rechnung ungeübter und geschmackloser Schriftsteller (denn kein Nationale von gesunden Sinnen wird je Tham's: *strč prst skrz krk*, so wenig wie ein Teutscher Voltaire's *Waldberghofftrabkdikbdorf* sprechen oder schreiben); oder sie sind lächerliche Irrthümer der des Slawischen unkundigen Leser (z. B. Schulzes und Jean Pauls im Polnischen), die den Klang mit den Augen, nicht mit den Ohren auffassen. Denn allerdings hat in einigen Mundarten die Bezeichnungsart der einfachen Laute durch mehrere Buchstaben (z. B. *sscs, sskrs* im Poln. für das altslaw. щ, шкр; *šč, škř*) für den des Lesens unkundigen etwas Abschreckendes, welches für den Kenner der Aussprache verschwindet [7]). Die reine und bestimmte Vocalisirung, die es nicht der Willkühr des Sprechenden überlässt, Vocale, wie im Teutschen, Fran-

---

[7]) Ueber den Wolklang der slaw. Sprache im Allgemeinen und der poln., böhm., slowak. u. serb. in's Besondere, vgl. *Durich* bibl. slav. pag. 40 — 47. S. *Potocki's* pochwaly, mowy i rozprawy (Warschau 816.) B. II. S. 376. ff. *Dobrowskys* Slowanka Th. II. S. 1 — 67. *J. Kollar's* myšlénky o libozwučnosti řeči českoslowenské, in *Presl's* Krok, Hft. 3. S. 32 — 47. *J. Čaplovičs* Slawonien u. zum Theil Kroatien, Pesth 819. Th. I. S. 230—235.

zösischen und Englischen, auszusprechen oder auch auszustossen, ist zugleich Ursache der gleichsam genetisch und a priori, wie bei den Griechen, ausgeschiedenen Quantität der Sylben, wodurch die slawischen Sprachen zur Nachbildung der altclassischen Versmasse vorzüglich geeignet sind, wenn man gleich gestehen muss, dass diese Sache bis jetzt in den meisten Mundarten vernachlässigt oder mit zu wenig Einsicht betrieben worden ist. Jede slawische Sylbe ist nämlich schon ihrer Natur nach entweder kurz oder lang, indem jeder Vocal im Slawischen eine doppelte, kurze oder lange, Dauer hat. Diese natürliche Schärfung (Verkürzung) und Dehnung der Sylben ist aber, wie bei den Griechen, unabhängig von der grammatischen Hebung oder Senkung derselben, oder mit andern Worten, der *prosodische* Ton, die Quantität, ist durch die Natur der Aussprache, die längere oder kürzere Dauer des Vocals selbst, und nicht durch den *grammatischen Accent* begründet. Dieser letztere kann sowol auf prosodisch langen, als auf kurzen Sylben liegen. Beispiele der vollendeten Versification nach diesen Grundsätzen haben erst neulich die Böhmen aufgestellt; indem ehedem sowol diese, als auch die Russen und Polen, nach dem germanischen Grundsatz des logisch-grammatischen Tones ihre Prosodie geregelt, und selbst die serbischen Dichter, bei sonst gerechter Berücksichtigung des natürlichen Zeitverhalts der Vocale, die Position vernachlässigt haben [8]). Aus der Vereinigung der Vocalendungen und der hieraus entspringenden Mannigfaltigkeit des Reims mit den vollendeten Formen der Verskunst ergibt sich die Bedeutung der slawischen Sprache für die höheren Künste der Musik, des Gesanges und der Dichtung. Die grosse Anzahl der einfachen Grundlaute im slawischen Alphabet und ihre mannigfache Verbindung, welche den Mund zu einer frühen vielseitigen Ausbildung aller zum Sprechen nöthigen Or-

---

[8]) Vgl. *J. Elsnera* a *K. Brodzińskiego* rozprawa o metrycznosci i rytmicznosci ięzyka polskiego, Warsch. 810. 4. *A. Wostokow* opyt o ruskom stichosloženii, 2te A. 8. Pet. 817. 8. Počatkowé českého básnictwj, Pressb. 818. 8. *Š. Hněwkowského* zlomky o českém básnictwj; Prag 820. 8. *J. Jungmanna* Slowesnost, Prag 820. S. XXVI. ff. *J. S. Presla* Krok, Hft. 2. S. 1—32, 141—163.

gane zwingen, machen es begreiflich, wie es den Slawen möglich wird, diejenige Fertigkeit in andern Sprachen zu erlangen, die man an ihnen bewundern muss, und die dem Franzosen, Teutschen und Magyaren, deren Sprachen an Grundlauten ärmer sind, nie oder nur selten gelingt. Der Reichthum der slawischen Sprache hat seinen Grund in der grossen Anzahl der Wurzelsylben, deren Hr. Dobrowský bloss in dem Altslawischen 1605 zählte, und diese wiederum in der Menge der Consonanten. Ueber die Bildsamkeit der Wurzeln, Gefügigkeit der Zusammensetzungen u. s. w., können die Grammatiken der einzelnen Mundarten die triftigsten Beweise abgeben. Die slawische Syntax ist rücksichtlich der Vereinigung der grössten Bestimmtheit in der gegenseitigen Wortabhängigkeit mit der ungezwungensten, freiesten Wortstellung fast beispiellos.

§. 5.

Charakter und Cultur der Slawen im Allgemeinen.

Wenn man bedenkt, wie viel Erfahrung und Menschenkenntniss, welch' eine Selbständigkeit der Ansicht und des Urtheils dazu gehört, um den Charakter eines Volks der Natur und Wahrheit getreu zu zeichnen, ohne aus Unkunde, überspanntem Patriotismus, oder aus Kosmopolitismus, entweder an dem fremden, oder an dem eigenen eine Ungerechtigkeit zu begehen und ihm weh zu thun; so sollte man aus religiös-moralischer Scheu sich aller dergleichen Urtheile lieber ganz enthalten, oder nur mit der grössten Besonnenheit, Umsicht und Bescheidenheit zu Werke gehen. Gleichwol zeigt es die Erfahrung, dass in dem ganzen Bereich der Schriftstellerei, so weit sich die Menschen- und Länderkunde erstreckt, die Sprecher der Oeffentlichkeit und Berichterstatter an dieselbe, nichts mit einer grösseren Eil- und Leichtfertigkeit zu behandeln pflegen, als gerade die so schwierige Menschen- und Völkercharakteristik. Nur gezwungen und schüchtern, um dieses Urtheil an der bisher vorzüglich von Ausländern versuchten Charakteristik der

Slawen zu erhärten, wage ich es, hier einige Worte über eine mir heilige Sache, nach meinem besten Wissen und Gewissen, niederzuschreiben.

Der Slawe, der ein über die vaterländische Geschichte, Erdbeschreibung, Ethnographie, Statistik u. s. w., in einer fremden Sprache geschriebenes Buch zur Hand nimmt — und wie viele thun diess täglich? — muss es mit gerechter Angst und Besorgniss thun, indem er gleichsam im voraus gewärtig seyn muss, das Volk, dem er angehört, darin beschimpft zu sehen: zwei Drittheile der in diese Fächer einschlagenden Werke enthalten, wenn sie der Slawen, gleichviel ob insgesammt, oder nur der einzelnen Stämme, erwähnen, nichts als Entstellung und Herabwürdigung ihres Nationalcharakters. Keinem Volke unter der Sonne ist je diese lieblose Behandlung zu Theil geworden. Seit der Zeit, wo die Hunnen, Gothen, Awaren, Franken, Magyaren u. s. w., sich über die harmlos dem Ackerbau u. Handel obliegenden slawischen Völker gestürzt und sie zum Theil zertrümmert haben, pflanzt sich der Hass und die Verfolgung aus dem Leben in die Schriften, und aus den Schriften in das Leben fort, und es ist nicht der Mangel an gutem Willen der Schriftsteller der Nachbarvölker Schuld daran, dass nicht zu Anfange des XIX. Jahrh. die Scenen eines Karls des Grossen, Heinrichs des Voglers, Heinrichs des Löwen, Albrechts des Bären, Almus, Arpad, Zoltan u. s. w., für die Slawen erneuert werden. Vollständige Belege dazu zu liefern liegt ausserhalb des Zwecks dieser Schrift; einzelne Rosen u. Blumen für die Dornenkrone aufzufinden ist eben nicht schwer. [1]

---

[1] Um nur einiges anzuführen, so macht schon *J. P. Ludwig* die Satzung der goldenen Bulle K. Karls IV., in welcher den Söhnen der Churfürsten neben andern gebildeten Sprachen auch die Erlernung der slawischen empfohlen wird, lächerlich, „indem, sagt er (Erläut. d. gold. Bulle, Frkf. u. Lpz. 752. 4. S. 1416), ein Churprinz od. Churfürst sich geschämt haben würde, wenn ihm einer nachsagen sollen, dass er Zeit und Fleiss auf diese Knechtsprache gewendet, absonderlich, da die Wenden zu den Zeiten Karls IV. bereits in einer solchen Verachtung gewesen, dass man solche gleich den Knechten und *Hunden* gehalten." — *Taube* in s. Beschreibung von Slawonien spricht von der Vielweiberei der Slawonier, und lässt ihre Kinder im Winter nackt herumgehen. — Der Graf *Teleky* (Reiseb. 794) kennt in ganz Slawonien nur drei gemauerte Städte u. Markt-

Sollte man nach den von unwissenden oder parteiischen Reisebeschreibern und Ethnographen aufgestellten, nun so allgemein verbreiteten und tief wurzelnden Grundzügen eines Charaktergemäldes der Slawen sich nicht versucht fühlen, dieses Volk aus der Classe der selbstständigen, civilisirten Völker auszumerzen, und den Barbaren oder wenigstens Halbbarbaren zur Seite zu stellen? — Das sey ferne von uns! Die göttliche Vorsehung, die unter Myriaden Blättern gleichwie unter Millionen von Menschen nicht zwei sich vollkommen gleiche geschaffen, hat noch viel weniger zwei sich vollkommen gleiche Völker geschaffen; und dieselbe allwaltende Macht, die den Einzelmenschen mit dem Haupte gegen das Himmelslicht emporgerichtet, und mit den

---

flecken; auch die Dörfer verdienen, meint er, diesen Namen nicht. — *Hacquet* sagt in s. Beschreib. von Illyrien u. Dalmatien (Miniaturgemälde aus der Länder- und Völkerkunde, Pesth 816. 8. 13. ff.) unter andern Albernheiten: „die Slawen schmiegten sich darum beugsam und geduldig unter das Joch des hässlichsten Despotismus, weil sie sich keinen Begriff von einer besseren Herrschaft machen können. Sie seyen, wie die meisten Asiaten, ob sie gleich das Baden leidenschaftlich lieben, im höchsten Grade unreinlich. Die Ursache dieser Unsauberkeit seyen ihre zu engen Wohnungen, denn in einer Hütte, ja in einem und demselben Zimmer, oft in der Mitte des Unflaths, schliefen häufig mehrere Familien. Unglücklicherweise sey das Stehlen bei den Slawen allgemein verbreitet." Derselbe berichtet a. a. O., „dass alle Ráczen, Männer und Weiber, einen ausgezeichnet trotzigen Charakter haben; dass die Männer so eifersüchtig sind, dass sie die Fenster ihrer Häuser beständig geschlossen halten; dass die Ráczen noch keine Bücher in ihrer Sprache besitzen" u. s. w. — *A. Dugonics*, ein Piarist, Prof. zu Pesth, predigt laut in seinen Schriften den Hass gegen die Slawen ohne Unterschied. In s. Etelka (3te A. Pesth 805. 8), einem vielgelesenen Roman, dessen Tendenz am Tage liegt, leitet er S. 9 — 10 den Namen *Morva* Mähren von *marha* Vieh her, und ihm sind *Morva, marha, Mähre, Schindmähre* gleichbedeutende Wörter von einer Wurzel. S. 13 — 15 überhäuft er mit Schimpf und Spott den Swatopluk, und höhnt die Slawen mit Alexanders Diplom, gebährdet sich jedoch ängstlich vor den slawischen Flüchen, die es doch auf keinen Fall mit den magyarischen aufnehmen können. S. 18 — 19., stellt er die Russen und Russniaken mit den Zigeunern auf gleiche Linie; russisiren, meint er, sey dem Magyaren soviel als zigeunern („most-is nálunk annyit tészen oroszkodni, mint czigánykodni"), eben so S. 460, slawisch od. zigeunerisch („tótosan vagy-is cxigányosan esik"). S. 92. zaubert er unverschämt genug das Schimpfwort Copak, Copakok, hervor, welches, wie er vorgibt, der gewöhnliche Schimpfnahme der Cechen und Mährer bei den Magyaren seyn soll. S. 355 — 56., wärmt er höhnisch das alte Schandmährchen auf, wornach Swiatopluk und Salan das Slawenreich um 12 oder 1 Schimmelpferd an die Magyaren durch List verloren haben sollen, welches, auch als wahr erkannt, nur den Betrüger, nicht den Betrogenen entehrt. Die Slawen sind ihm überall die hungrigen, ausgemergelten, strohhalmfüssigen, blitzspitzköpfigen u. s. w. („hitvány, csapós, élhetetlen, kórólábú Tótok, fejek mint az Isten' nyila hegyesek"); die Magyaren Helden („vitézek, vitéz Magyar", aber vitéz ist nicht magyarisch, wjtéz ist slawisch!), ihr Gott der Magyaren - Gott („a'

Füssen an die Erdennacht gefesselt hat, gab auch jedem Erdenvolke eine gedoppelte Seite, eine Licht- und Schattenseite, damit es durch das Gewahrwerden dieses Gegensatzes in allen seinen Individuen zum Leben erwache, und seine Kraft entwickele. Freilich sind der Abstufungen der aus der Mischung des Lichts und des Schattens entstandenen Charaktere der Völker unendlich viele: aber so wie kein Licht ohne Schatten, und kein Schatten ohne Licht ein Gemälde geben kann, und das Licht nicht nothwendig eine Sonne, der Schatten nicht nothwendig Nacht u. Grauen ist: eben so kann auch kein Volk auf dem weiten Erdenrund weder eine reine Engelsphysiognomie ohne einige Menschen-Muttermaale, noch eine vollendete Teufelscarricatur ohne einige Strahlen des gött-

---

Magyarok Istene"), wie Jehovah der Juden. — In den *östr. vaterl. Blättern* 1812. *Jul. N.* 27., werden die Russniaken so geschildert: „Der Charakter der Russniaken kommt mit dem aller Slawen überein (Hört!) Misstrauisch, falsch, hinterlistig, voll Verstellung, ohne das mindeste von Sittlichkeit, ohne Religion, unfolgsam gegen die Behörden, dabei äusserst stupid und roh; dem Trunke und den Ausschweifungen des Geschlechtstriebes sind sie auf das äusserste ergeben, wobei niemand geschont wird. In der Ehe sind sie einander häufig ungetreu, und kennen darin keine Schranken, daher es auch kommen mag, dass die Venusseuche immer so stark unter ihnen herrscht. Eben so sind sie vorzüglich dem Branntweintrunke ergeben, mit welchem sie sich oft bis zur Sinnlosigkeit betrinken." Das Weitere von ihren Gebräuchen ist ganz diesem gleich. — Der berühmte Prof. *K. H. L. Pölitz* in Leipzig ruft in s. Weltgesch. für gebildete Leser u. Studirende, N. Bearb. Wittenb. 813. Th. I. S. 17. aus: „Freue dich, Jüngling, der du aus teutschem Blute stammest, deines Vaterlandes! Vergiss es nie, dass die slawische Völker sich unmuthig und widerstrebend unter die Uebermacht der teutschen Kraft beugen mussten; dass die grossen Namen: Huss u. s. w., unserm Volke angehören!" Ein *Mitarb. der Münchner allg Lit. Zeit.* 1819. *Weinmonat* S. 71. meint: „dass die Zeit der babylonischen Sprachverwirrung abermals gekommen wäre, indem jetzt nicht nur ein jedes Volk, sondern sogar ein jedes Völklein, die Čechen, Polen, Slowaken, Walachen u. s. w., ihre Sprache zu einem Werkzeug der Bildung zu erheben bemüht sind, und in derselben auf slowakisch und walachisch philosophiren, dramatisiren u. s. w." — Der Prof. *K. v. Rottek* zu Freiburg nennt in s. allg. Gesch. S. 466. die russische Sprache schlechthin eine Knechtsprache. — In diesem Sinn meint auch *K. Neumann* in s. Natur des Menschen 815. Th. I. S. 59. 62., die slawischen Völker seyen wol aus andern Stoffen zusammengesetzt als die Teutschen, und ihnen sey eben darum von der Natur eine andere Bestimmung, als diesen, angewiesen. Nur der Europäer, und unter diesen nur der germanische od. ostasiatische, keineswegs aber der slawische Stamm, werde sofort in alle Ewigkeit eine Zierde der Schöpfung und Herr der Welt bleiben. — In der *Mnemosyne* Th. 1. S. 21. ff. berichtet *Kreil*, dass man wenig Oerter auf der Landcharte finden wird, wo die Natur so scharfe Gränzen zwischen zwei Völkern gezogen hätte, als auf dem Berge Plač in Steiermark. So wie man in das windische Städtchen Bistric eintritt, finde man auch das Ende der teutschen Reinlichkeit und Aufrichtigkeit, und fühle sich in ein böhmisches oder mährisches Dorf versetzt, zwischen jene unreinen Slawen, deren Gesichtern

lichen Ebenbildes haben. Nur der Menschen Schwachheit, und der Menschen Eigendünkel und Uebermuth verwischt mit frevelnder Hand die Züge der Natur, die einem Volke angehören, und prägt in der krankhaften Phantasie das Urbild in ein Unbild um. Lasst uns gerecht seyn und unsere Nation lieben ohne die übrigen zu hassen! Welches Volk ist nicht stolz auf sich? Die Franzosen sagen: Wir sind Franzosen! die Engländer: Wir sind Engländer! die Teutschen: Wir sind Teutsche! aber auch die Dänen: Wir sind Dänen! auch die Portugiesen: Wir sind Portugiesen! und wer wird ihnen diess verargen, so lange das stolze Selbstgefühl bloss ein Gefühl bleibt, welches den Patriotismus und hiemit die Nationaltugenden weckt, und nicht in — ich will nicht

die Natur selbst das Gepräge der Knechtschaft aufgedrückt hat. — Der weltberühmte, hochgefeierte Statistiker und Politiker *Crome* in Giessen, stellt in einer Schilderung der Oesterr. Monarchie unter Franz I. im Wiener gemeinnützigen Hauskalender 1820. (also in einem vielgelesenen Volksbuche) S. 29. folgende Charakteristik auf: „1. die *Teutschen*, 5 Mill. an der Zahl, die sich durch Redlichkeit und Treue, Offenheit und Jovialität, Industrie und Wolstand, Sitten und Liebe zu den Wissenschaften auszeichnen. 2. die *Slawen*, 11 bis 12 Mill. Bei diesen treten, als Folgen einer langen Dienstbarkeit und unterdrückten Cultur, sichtbar hervor: Roheit, Indolenz, Unreinlichkeit, grobe Sinnlichkeit und grosser Leichtsinn. Dabei sind sie oft dem Trunk ergeben; gewöhnlich etwas faul, verstockt, diebisch, kriechend und tückisch gegen ihre Obern u. s. w. „Gleichen Beweis der Unparteilichkeit und Billigkeit in der Beurtheilung des Charakters der Slawen liefert der polygraphische Exminister *de Pradt* in s. Hist. de l'Ambassade dans le Grand Duché Varsovie, 812. S. 71 — 73. „L'Europe me parut finir au passage de l'Oder. Là commencent un langage étranger a l'Europe (ja wol étranger für Hrn. de Pradt!), des costumes différens de ceux de l'Europe. La Pologne n'est pas l'Asie; ce n'est pas encore l'Europe." Er fand bei den Polen: „l'oeil privé de toute expression; toutes les habitations autant d' asiles de la misère, de la saleté et des insectes; les villages écrasés sous le chaume et perdus dans la fange; les villes de bois, sans régularité, sans ornemens, sans approvisionnemens audessus du-plus grossier nécessaire, les châteaux à - peu - près comme en Espagne" u. s. w. — Selbst der brave *Bisinger* in s. vergleichenden Darstellung der Grundmacht od. der Staatskräfte aller europäischen Monarchien und Republiken, Pesth 823. 4., nachdem er übrigens dem Charakter der Slawen Gerechtigkeit hat widerfahren lassen, fügt aus trüben Quellen flüchtig hinzu: „Des Slawen grösste Fehler sind Sinnlichkeit, Unmässigkeit in hitzigen Getränken und starker Aberglaube, bei einigen Zweigen (— welchen? —) säuische Unreinlichkeit, niedrige Kriecherei und Hang zur Betrügerei und Diebereri" (S. 309), und beweist abermals, was der Slawe über sich selbst von den Ausländern lernen kann. — Doch genug der Dornen! — Bedarf dieses Gewebe von Unsinn, Irrthümern, Lügen, Verläumdungen und Niederträchtigkeiten vor dem gesunden Menschenverstande einer ernstlichen Widerlegung? Wer wird den Eckel überwinden, und dieses hier aufgerüttelte alte, morsche, stinkende Todtengerippe Stück für Stück zerlegen, um es in seiner ganzen Nacktheit und Nichtswürdigkeit dem Auge des Lesers darzustellen?

sagen Verachtung — in blutige Verfolgungssucht und Gewaltthätigkeiten gegen andere ausartet. — Wen wird es befremden, wenn er in dem Charaktergemälde des Slawen manchen Schattenzug bemerkt? Aber dieser darf als Ausnahme oder Einzelheit nicht gleich zur Regel oder Allgemeinheit erhoben werden. Wie könnte es auch seyn, dass ein Volk, welches so weit verbreitet, von andern Völkern umrungen und durchflochten ist, nach so vielen Widerwärtigkeiten, so vielen Kriegen und Unfällen überall auf einer Stufe des Glanzes, der Macht und des Ansehens stände, und frei von aller Schwäche wäre? Wer las es nicht in der Geschichte des Mittelalters, was in dem Lande der Wilzen, Obotriten, Polaben, Pommern, Sorben und anderer Slawen zwischen dem baltischen Meer und dem Tatragebirg vorgefallen, bis aus ihren Ueberresten unter dem würgenden Schwerdt der Franken und Teutschen ungefehr das geworden, was aus den Peruanern unter dem Schwerdt der Spanier? Hat man sie nicht für unehrlich erklärt, bis 1608. 1613 von allen Zünften und Gilden ausgeschlossen, um solchergestalt auf alle Weise zu verhindern, dass sie nicht wiederum emporkommen möchten?[2]) Hat nicht Russland seine Tatarenkriege, Polen seine Kozaken — Kreuzherrn- und Bürgerkriege gehabt? Wer kennt nicht Böhmens traurige Schicksale im XVII. Jahrh.? Was würden erst

---

[2]) Man lese hierüber selbst teutsche Schriftsteller: *Haquet*, z. B. sagt in einem Seiner Majestät Franz I. gewidmeten Werke, Abbildung und Beschreibung d. südwest- und östlichen Wenden, Illyrer und Slawen, Lpz. 1. Th. 1. H. p. 8. folgendes: Ich könnte hundert Beispiele anführen, wie oft Teutsche in meiner Gegenwart, wider alle Vernunft mit Worten und Schlägen diese unterjochten Menschen (Slawen) misshandelten, bloss weil sie ihre Sprache nicht verstanden." — *Prof. Woltmann* Gesch. d. Teutschen in d. sächsischen Periode, 1. Th. Gött. 1798. schreibt: „Es scheint Sitte bei den Teutschen gewesen zu seyn, dass sie ein slawisches Volk angriffen, so bald es ihnen in den Sinn kam einen kriegerischen Zug zu unternehmen. Es war ein trauriges Loos der Slawen, dass sie auf d. Landseite von den kriegerischen Teutschen und von den damals noch sehr rohen Magyaren, an der Küste von den schwärmenden Normännern gehindert wurden, eine Cultur zu vollenden, welche sich schon so eigenthümlich bei ihnen entwickelt hatte, dass noch jetzt das Grundgewebe derselben bemerkt wird, obgleich die meisten slawischen Stämme seit acht Jahrhunderten ein unterjochtes Volk und dem teutschen Staatskörper einverleibt sind. Die Grausamkeit und Verachtung, womit ihre Ueberwinder sie behandelten — eine slawische Familie zum Verkauf ausgestellt, war für den freien Teutschen ein Bild des höchsten Elends — reizte sie unaufhörlich das Joch derselben abzuwerfen."

die Serben, Bosnier und Bulgaren sagen, wenn sie ihr Elend klagen dürften! Ist es ein Wunder, ruft Herder bei der Betrachtung dieser Unfälle aus, dass nach Jahrhunderten der Unterjochung und der tiefsten Erbitterung dieser Nation ihr weicher Charakter zur arglistigen, grausamen Knechtsträgheit herabgesunken wäre? Und dennoch ist, fügt er weiter hinzu, allenthalben, zumal in Ländern, wo sie einiger Freiheit geniessen, ihr altes Gepräge noch kennbar. Ja wol ist es noch kennbar, dieses alte Gepräge; und ich will nun versuchen, einiges zu seiner Erläuterung im Allgemeinen (das Specielle gehört in die Charakteristik einzelner Stämme) anzuführen. Die Leibesbeschaffenheit dieses grossen Volks ist sehr verschieden, nach dem Klima, welches die verschiedenen Stämme desselben bewohnen. Im Allgemeinen sind die Slawen von mittlerer Grösse und starkem Knochenbau, nach guten Verhältnissen gebaut, und von ungemein grosser Spannkraft und Zähigkeit der Muskel. Das Princip der grösseren Empfänglichkeit oder Subjectivität, welches den Slawen durchgängig, physisch u. psychisch eigen ist, thut sich schon in dem Zurücktreten aller Begränzungslinien, vorzüglich jener des Gesichts, kund, die ungleich runder, sanfter und weicher sind, als bei den mit mehr nach aussen strebender Thatkraft begabten Teutschen. Das Merkmal der blonden Haare ist beinahe allen Slawen gemein, und selbst bei den südlichen Stämmen ist es weit weniger durch die Natur und das Klima, als durch die Kunst verwischt. Sowol diese, als die grössere Weisse der Haut vor andern Völkerstämmen erinnern an ursprüngliche, oder nur langwierige Wohnsitze im Norden. Unter allen Slawen scheinen die östlichen, nördlichen und westlichen den allgemeinen physischen Stammtypus am reinsten erhalten, die südlichen hingegen am meisten getrübt zu haben. — Zu den *Grundzügen* im *Charakter* des slawischen Gesammtvolks gehören: sein *religiöser Sinn*, seine *Arbeitsliebe*, seine *harm- und arglose Heiterkeit*, die *Liebe zu seiner Sprache* und seine *Verträglichkeit*. Schon vor der Verbreitung des Christenthums unter den Slawen war ihre Frömmigkeit und Anhänglichkeit an die Religion auch den Ausländern bekannt. Eine solche Menge einheimischer, zur Bezeichnung der heiligen Gebräuche dienender Wörter, so viele und prächtige Tempel, so eifrige des Cultus wegen angestellte Wallfahrten zu den entlegensten Oertern, so grosse Andacht bei Anbetung der Götter [3]) können nur wenige Nationen in diesem Zeitraum nachweisen. Als die Morgenröthe des Christenthums im Norden aufzugehen anfing, warteten die Slawen nicht erst ab, bis die Apostel des Evangeliums zufällig zu ihnen kämen, sondern erbaten sich solche ausdrücklich, und die Gebrüder Kyrillus und Methodius kamen auf der slawischen Fürsten heisses Verlangen nach Pannonien und Mähren[4]). Diese Liebe zur Religion blieb den Slawen immer eigen. Die slawischen Völker erkauften das Christenthum mit dem theuersten, was das Leben hat: mit der physischen Freiheit, Selbständigkeit und Volksverfassung. Auch waren sie im Mittelalter unter den ersten, welche gegen verschiedene veraltete Missbräuche in Kirchensachen ihre Stimme laut erhoben; und in Böhmen fing es an zu dämmern, als es noch in ganz Europa, und vorzüglich in Teutschland finster war; denn Huss, dieser Begründer der neueren Literatur Böhmen's, gehört, was auch Prof. Pölitz sagen mag, den Böhmen, nicht den Teutschen an. Einen Beweis der Frömmigkeit der Slawen können auch die

---

[3]) Helmold L. 1. c. 6. Saxo Gramm. L. 14. Antequam rem divinam faceret sacerdos Slavorum, scopis quam diligentissime fanum Svanteviti purgabat, spiritu oris compresso, quem quoties revocare opus erat, ad ostium decurrit, ne scilicet humano halitu numinis praesentia offenderetur. An andern Orten sagt Helmold: major flaminis quam regis veneratio apud ipsos est. — Jurationes difficillime admittuntur, nam jurare apud Slavos quasi perjurare est.

[4]) Warum sich die Slawen an der Elbe und Ostsee dem Christenthum so lange und hartnäckig widersetzt haben, kann man aus Helmold erfahren; man liess sie dafür mit dem Verluste der Sprache und des Volksthums bezahlen, und Herder sagt ausdrücklich, die Religion sey nur der Vorwand politischer Absichten gewesen. Vgl. *F. Durich* bibl. slav. p. 64—65. Der teutsche Bischof *Otto* v. Bamberg suchte die Slawen nicht durch das Evangelium, sondern durch den Mammon zum Christenthume zu bewegen, indem er bei 50 und mehr Wägen mit Tuch, Getreide und andern Victualien hinter sich herführen liess. So lehrte man die Wenden äusserlich das Christenthum heucheln, indem sie im Herzen Heiden blieben. Siehe Cramer Pomm. Kirchen-Hist. L. 1. c. 29. Vernünftiger that diess der slawischwend. König *Godeschalk*, der teutsche und latein. Bekehrer und Priester in sein Land kommen liess und dann das, einem Regenten fremde Geschäft persönlich übernahm, sich neben den Redner zu stellen, und jede vom Prediger ausgesprochene Periode sogleich in slawischer Sprache seinem Volke zu wiederholen. Siehe *Gebhardi* Gesch. aller wend. slaw. St. 1. B. 2. Buch.

vielen Heiligen aus diesem Volke geben, deren Namen
sowol die morgenländische, als auch die abendländische
Kirche ehrt, z. B. h. Ludmila, h. Rozwita, h. Hedwig,
h. Wenceslaw, h. Nepomuk, h. Stanislaw, h. Kazimir,
h. Boleslaw, h. Wladimir, h. Sabbas, h. Lazar u. m. a.
Wahr ist es, durch Berührung mit andern Völkern sind
manche Stämme bald abergläubisch, bald lau und indolent in Religionssachen geworden; aber diess berechtigt
keineswegs, das Gesammtvolk der Roheit, des Leichtsinns und der Gottlosigkeit anzuklagen. Die Sonn- und
Feiertage werden in der Regel bei den Slawen weniger
entweiht, als bei andern Völkern, die Bibel fleissiger
gelesen, die häusliche Andacht öfter ausgeübt, in der
Kirche und beim Cultus herrscht eine grössere Stille und
Andacht, die Ehrerbietung gegen die Religion in Thun
und Sprechen ist inniger und zarter, das Fluchen und
Höhnen, das Rauben und Plündern, das Morden und
Blutvergiessen seltener. — Die *Arbeitsliebe* der Slawen
ist allbekannt. Nicht zwar, als ob andere Nationen faul,
auch im Einzelnen nicht fleissiger oder geschickter wären; aber die durchgängige, von oben bis zu der untersten Volksclasse herab verbreitete Arbeitslust, verbunden mit der grössten Abhärtung des Körpers, ist
wol nirgends so gross, als hier. Bei so vielen Unglücksfällen, die das Volk und seine Bildung trafen, findet man
doch in allen Fächern der Wissenschaften, Künste, Gewerbe und Handwerke Männer unter den Slawen, die
jenen anderer Nationen zur Seite gestellt werden können. Wie Herder den ländlichen Fleiss der alten Slawen
gewürdigt, ist schon oben angeführt worden; aber auch
heutzutage sieht man in den meisten slawischen Ländern
das Haus und das Feld im Winter und Sommer von betriebsamen slawischen Händen wimmeln, und während
sich so manche andere Nationen ausschliesslich einem
Gewerbe widmen, die Slawen alle Zweige der Industrie,
Handel und Handwerke, Wissenschaften und Feldbau
mit gleicher Liebe, gleichem Eifer umfassen. — Die
harm- und arglose Heiterkeit ist, wie einst der Griechen, so jetzt der Slawen kostbares, beneidenswerthes
Eigenthum. Der Slawe scheint von Natur mehr zum

geselligen Frohsinn und fröhlichen Lebensgenuss, als zum trüben Tiefsinn und grübelnder Speculation geschaffen zu seyn; das gesunde und frische, kräftig in den Adern rollende Blut bringt jene Lebhaftigkeit und Reizbarkeit der Muskel und Nerven, jene Behendigkeit und Gelenkigkeit der Glieder, jene Heiterkeit und Wärme des Blicks, jene Innigkeit und Leutseligkeit der Mienen, jene Gesprächigkeit der Zunge, jene Gemüthlichkeit und Gluth des Herzens hervor, die den Slawen so eigenthümlich vor andern Nationen charakterisirt. Alles dieses ist nicht die Frucht der Erziehung, des Studiums, der Uebung, sondern das Werk der reinen Natur. Das von Gefühlen überwallende Herz ergiesst sich leicht in Gesang und Tanz; daher sind beide bei den Slawen in einem hohen Grade zu Hause. Wo eine Slawin ist, da ist auch Gesang; sie erfüllt Haus und Hof, Berg u. Thal, Wiesen und Wälder, Gärten und Weingärten mit dem Schall ihrer Lieder; oft belebt sie nach einem mühevollen, unter Hitze, Schweiss, Hunger und Durst zugebrachten Tag, die herandämmernde Abendstille während der Heimkehr noch mit ihrem melodischen Gesang. Welch' einen Geist diese Volkslieder athmen, kann man aus den bereits erschienenen Sammlungen derselben ersehen. Man kann ohne Widerspruch behaupten, dass die Naturpoesie bei keinem Volk in Europa in einem so hohen Grade und mit einer solchen Reinheit, Innigkeit und Wärme des Gefühls verbreitet sey, wie unter den Slawen. (Vgl. §. 13. Anm. 1.). Aus dieser Harmlosigkeit und Lebendigkeit des Gefühls, aus diesem Triebe nach geselligem Frohsinn und Lebensgenuss entspringt die Gastfreiheit gegen Stammverwandte und Fremde, die anerkannt von jeher, gleich jener griechischen, eine Zierde in dem Blumenkranz der einheimischen Tugenden der Slawen ist [5]):

---

[5]) Ueber die Gastfreiheit der Slawen sprechen selbst fremde Schriftsteller mit einer Art von Begeisterung. Siehe Witichind, Ditmar, Adamus Bremensis, und besonders Helmold L. 1. c. 82. „Experimento ipse didici, quod ante fama cognovi, quod nulla gens honestior Slavis in hospitalitatis gratia. In colligendis enim hospitibus omnes quasi ex sententia alacres sunt, ut nec hospitium quemquam postulare necesse sit. — Si quis vero, quod rarissimum est, peregrinum hospitio removisse deprehensus fuerit, hujus domum vel facultates incendio consumere licitum est, atque in id omnium vota conspirant, illum inglorium, illum vilem, et ab omnibus exsibilandum dicentes; quia hospiti partem negare non timuisset." — L. II. c. 42. „Hospitalitatis gratia et parentum cura primum apud Slavos virtutis locum obtinet. Nec aliquis egenus aut *mendicus* apud eos repersus est."

denn ein Volk, welches sich ganz der arglosen Heiterkeit und gefühlvollen Gemüthlichkeit hinzugeben pflegt, kann unmöglich, gleich jenem, dessen Gesicht und Herzen das düstre Gepräge von Verschlossenheit und Melancholie, von Widerspenstigkeit und Hartsinn, oder von Stolz und Uebermuth aufgedrückt ist, in Tücke u. Grausamkeit, in Fluch- Tob- Rach- und Mordsucht versinken. — Der vierte Grundzug im Charakter der Slawen ist ihre *Liebe zur Muttersprache* und *Eifer für ihre Erhaltung und Ausbildung*. Niemand erstaune hier und wende ein, dass diess nur natürlich und allen Völkern gleich gemein sey. Wenn man weiss, welche Bedeutung Nationalsprachen in Bezug auf die Bildung der Völker haben; und nun bedenkt, dass die slawische Sprache gleich dem gesammten Slawenthum von jeher den Angriffen der Fremden, dem Feuer und Schwert ausgesetzt war; dass ganze Stämme von der Ostsee bis zu den Karpaten und von da bis zum adriatischen Meer hinab durch hundertjährige Kriege und Verfolgungen entweder grausam vertilgt oder unmenschlich geschändet und verstümmelt worden sind; dass ferner auch das Innere des östlichen und nordischen Slawenthums in Russland und Polen die Geissel der Mongolen und des Kriegs in hundertjährigem Kampf zerfleischt hat: so wird man sich wundern, aber es auch löblich finden, dass es nach so vielen Unglücksfällen heutzutage noch eine Zunge gibt, die slawische Laute spricht, und dass der Name Slawe nicht schon längst als eine Antiquität der Geschichte anheim gefallen ist. Je grösser die Verblendung dieser bedauernswürdigen Widersacher war, um so kräftiger wurzelte die Liebe zur Sprache bei den Slawen. Keine Sprache der Erde hatte so viele Feinde, erlitt so viele unverdiente Unbillen, musste mit so vielen Hindernissen kämpfen, verlor so viele Denkmale der geistigen Lebens- und Bildungsgeschichte durch Flammen und Schwerdt; und doch ging am Ende die muthige Beharrlichkeit der Slawen in den meisten Ländern siegreich aus dem Kampfe mit Neid, Hass und Barbarei hervor. Als andere Völker das Evangelium annahmen, bequemten sie sich alle zur Ausübung des Gottesdienstes in einer fremden, unverständlichen Sprache; die einzigen Slawen machten hierin, nicht ohne grosse Anstrengungen, von jeher eine Ausnahme, und priesen Gottes Allmacht in ihrer Muttersprache. Ihre Sorgfalt war unermüdet auf die Bibel gerichtet, die sie, dem grössten Theil nach, gleich von ihren ersten Lehrern des Christenthums, Kyrill und Method, übersetzt erhielten, und bis auf den heutigen Tag als das kostbarste Kleinod mit religiöser Scheu und Ehrfurcht bewahren. — Nicht minder wichtig ist im Charakter der Slawen der Zug der *Verträglichkeit* und der *Friedensliebe*. So weit die älteste Geschichte dieses Volkes über seinen Ursprung, seine Sitten, seine Thaten und Kriege einiges Licht verbreitet, finden wir nirgends bei demselben die Brandmale der Roheit, Grausamkeit und viehischen Brutalität; vielmehr war und ist eine gewisse stille Demuth, Milde, Leutseligkeit und Friedfertigkeit sein Eigenthum. Gaben gleich die Slawen hie und da glänzende Beweise von Tapferkeit und Heldenmuth, so dursteten sie doch nie unaufgefordert nach Blutvergiessen und Verheeren, sondern führten die Waffen, um sich gegen den Uebermuth zu vertheidigen. Wol mögen andere darin ihren Ruhm suchen, wenn sie die Zahl der ermordeten Fürsten und Könige, die Ströme vergossenen Blutes, die Menge verheerter Städte und geplünderter Länder aufzählen können: die Geschichte der Slawen kann dem grössten Theil nach nur berichten, wie viele Völker sie im ungestörten Genuss des Friedens gelassen, wie viele mit den Künsten und Gewerben der Häuslichkeit und des Feldbaus beglückt haben. Auch sie kämpften, wo es darauf ankam, herzhaft und unerschrocken, und kämpfen auch heute noch, aber nicht um andere freie Völker in das Joch der Sclaverei und Leibeigenschaft zu beugen, nicht um zu morden, zu brennen und zu plündern; sondern um sich, ihre Freiheit und Rechte, ihren Fürsten und das Vaterland, ihre Religion zu vertheidigen. Aus dieser Eigenschaft, welche den Slawen zum wahren Erdbürger im edlern Sinne des Worts erhebt, lässt sich erklären, warum er nie nach **gewaltsamer Unterjochung, Ausrottung oder Umstempelung** anderer Nachbarvölker getrachtet, vielmehr sich an dieselben enger und zutrauensvoller geschmiegt, als es seiner Nationalität unbeschadet hätte geschehen sollen. Nichts ist dem Slawen fremder, als Schimpf und Spott über andere Nationen; seine Sprache hat nicht einmal Wörter und Ausdrücke, um lieblos und höhnisch mit anderer Völker Namen, Tracht, Sitten und Gebräuchen ein Gespötte zu treiben. Man gehe, wenn man will, die in das Fach der Länder- und Völkerkunde einschlagenden slawischen Werke der Russen, Polen, Böhmen u. Serben durch, und sehe nach, ob in denselben etwas den wolverdienten Ruhm und die Nationalehre anderer benachbarten Völker Beeinträchtigendes vorkommt. Wenn je irgend ein Volk unter der Sonne, so ist es gewiss der Slawe, der ruhig und friedliebend Unrecht lieber duldet als thut, andere lieber schätzt als schimpft, Beleidigungen lieber vergibt und vergisst als rächt, dem Fürsten und der Regierung mit unerschütterlicher Treue ergeben ist, und sollte gleich seine Friedensliebe und Demuth andere ungestüme, übermüthige Nachbarvölker veranlassen, sich oft harter Bedrückungen gegen ihn schuldig zu machen. Denn allerdings gibt es auch heutzutage noch viele, die seinen Namen und Ruhm unablässig zu verdunkeln bemüht sind, leichtsinnige Verläumder u. gedankenlose Nachschreiber, die bald mit seinen Nationalsitten und Trachten, bald mit seiner Sprache und Cultur ein schnödes Spiel treiben, verblendete Lästerer, von welchen es scheint, als hätten sie diesem grossen und grossmüthigen Volk ewigen, blutigen Hass geschworen, Undankbare, die uneingedenk, dass sie einst slawische Milde und Friedensliebe dem Zustande der Wildheit entrissen und in die ruhigen Wohnungen der zahmen Geselligkeit eingeführt, statt der rauhen Nomadentracht mit dem gefälligen Gewand der Civilisation und milderer Gesittung umgehüllt, ihre verheerenden Schwerter in nützliche Pflugscharen umgestaltet, und statt zu plündern und brennen, Häuser und Städte bauen gelehrt hat, uneingedenk, dass sie auch jetzt noch einem grossen Theile nach slawischer Hände Schweiss und Schwielen ernähren, dieses unschuldsvolle, harmlose, in vielfacher Hinsicht unglückliche Volk verachten und drücken, und zur Schande der Menschheit sich mit dem Schimpfworte herumtragen, welches den Slawen bald für einen *Sclaven*, bald für einen *Nichtmenschen* erklärt.

Zu diesen Grundzügen im Charakter der Slawen gesellen sich die übrigen Eigenschaften, die mit jenen vereint und zum Theil durch dieselben begründet das Ganze des Charaktergemäldes ausmachen; ich meine die schon oben berührte Gastfreiheit, die selbst bei den niedrigsten Volksclassen durchgängig herrschende Sittsamkeit und Zucht, die Reinlichkeit im Hauswesen, die Einfachheit und Gemüthlichkeit ihrer häuslichen oder Volksgebräuche, die Ehrerbietung gegen das Alter und Verdienst, die Treue in der Freundschaft und Ehe, und die ruhige Ergebung in ihr Schicksal, die alle einzeln zu beleuchten nicht in den Kreis dieser Untersuchungen gehört. — Der Slawe kennt aber auch die Schattenseite seines Volkslebens. Diese ist die partielle Brechung und Trübung der Charakterstrahlen bei einzelnen Stämmen in tausendjährigem Unglück. Es gefiel der göttlichen Vorsicht, dieses grosse Volk während der bedeutungsvollen Periode der Völkerwanderung in eine Lage zu bringen, in welcher seine wehrlose Friedensliebe an dem unbändigen Kraftandrang wilder Horden zu Trümmern gehen musste. Die Uebermacht dieser Horden veranlasste die unaufhörliche Verschiebung der Gränzen des alten Slawenlandes, diese die immer grössere Zersplitterung des Volks und Vermischung mit andern Nachbarvölkern, wodurch es ihm unmöglich ward, zu jener scharfen Volkes - Sitten - Sprach- und Landesbegränzung zu gelangen, die sein Volksthum durch eine dauerhafte Verfassung gesichert hätte. Der Gesellschaftlichkeit unter den slawischen Stämmen fehlte es an Einheit; der Baum republicanischer Freiheit, den sie unter sich gepflanzt, stand ohne Wurzeln, und der Sturm hat ihn umgeworfen. Von dem Meer abgeschnitten, fanden viele slawische Stämme bald die Pulsadern ihres Lebens unterbunden, ihre schiffbaren Flüsse verschlossen; und auf Erschöpfung ohne Mittel der Erhohlung folgte bald Schwäche. Das Fremde gewann immer mehr und mehr Einfluss auf das Einheimische, und lähmte nicht nur von oben herab — denn partielle Abtrünnigkeit einzelner Grossen thut, den abgefallenen un- oder überreifen Früchten gleich, keinen Abbruch dem gesunden, lebenskräftigen Stamm — sondern vielmehr von unten herauf das Mark des Volkes, indem es seine Nationalität, die durch nichts ersetzt werden kann, gegen die Stimme der Natur, gebrochen, getrübt und verwischt hat. So wird die Halbheit, die nur einzelnen abgerissenen Zweigen, oder auch nur einzelnen Individuen zu Theil geworden, begreiflich und erklärbar. Aber wo der gesundere Theil der gefallenen Stämme, das Volk, aus so vielen Stürmen und Gefahren mit der Erinnerung an die grossen Züge ihres Daseyns die glühendste Liebe zur Sprache, ein stolzes Selbstgefühl und sein Volksthum rettete; da kann man noch nicht alles verloren geben. Darum und nur im Bezug auf diese Stämme mag Herders Trostspruch auch hier seinen Platz finden: „Das Rad der ändernden Zeit, sagt er, drehet sich unaufhaltsam; und da die Slawen grösstentheils den schönsten Erdstrich Europas bewohnen, wenn er ganz bebauet und der Handel daraus eröffnet würde; da es auch wol nicht anders zu denken ist, als dass in Europa die Gesetzgebung und Politik statt des kriegerischen Geistes immer mehr den stillen Fleiss und den ruhigen Verkehr der Völker unter einander befördern müssen und befördern werden: so werdet auch ihr so tief versunkene, einst fleissige und glückliche Völker, endlich einmal von eurem langen trägen Schlaf ermuntert, eure schönen Gegenden als Eigenthum nutzen, und eure alten Feste des ruhigen Fleisses und Handels auf ihnen feiern dürfen."

Ueber den Grad der intellectuellen und ästhetischen Bildung des slawischen Gesammtvolkes im Allgemeinen ein Urtheil zu fällen, ohne ins Detail einzugehen, ist unmöglich; denn es leuchtet Jedermann ein, dass in den so weit aus einander liegenden slawischen Ländern und bei den verschiedenen Volksclassen hierin die auffallendste Verschiedenheit und der grösste Contrast, unbeschadet der Civilisation des Ganzen, statt finden muss. Die Natur entzog diesem grossen Volk keines der Talente, mit welchen sie andere Erdbewohner ausgestattet hat; und dass diese Talente nicht unbenutzt und vergraben liegen, sondern Künste und Gewerbe, Industrie u. Handel bei den meisten Stämmen mannigfach blühen, kann wol jeder sehen, der Augen hat, wenn man gleich gerne zugesteht, dass dieselben bis jetzt nicht diejenige Stufe der Vollkommenheit erreicht haben, auf welcher sie bei einigen andern Nationen Europas stehen. Die Slawen haben in allen Fächern und Verhältnissen des cultivirten Lebens einzelne Männer, als Fürsten und Helden, Staatsmänner und Priester, Gelehrte und Künstler, Handwerker und Kaufleute, Bauern und Ackersleute aufzuweisen, die jenen anderer Länder nicht im mindesten nachstehen; sollte gleich diese Cultur, den Zeit- und Ortumständen nach, noch nicht unter allen Stämmen und bei der grossen Masse des Volks auf gleiche Weise durchgreifend seyn, oder auf dem Gipfel des Glanzes sich befinden. Aber auch diese grosse Masse des Volks geniesst überall, selbst in der Türkei, die Früchte der christlichen Civilisation; und was im Laufe der neuesten Periode für die höhere Civilisation des slawischen Volks in Russland, Polen, Preussen und Oesterreich geschah, und mit dem rühmlichsten Bestreben noch geschieht, ist allbekannt. Die demnach über die Roheit des slawischen Volks schreien, bedenken nicht, dass der Stufengang in der Ausbildung und das Fortschreiten zum Bessern ein von der Natur bezeichneter Weg sey, indem durch die allzuschnelle Civilisirung einer grossen Masse mancher Ring in der Kette der gleichmässigen Entwickelung übersprungen werden müsste, wenn die Bildung einer jeglichen Volksclasse nicht gleichen Schritt mit der Vervollkommnung aller übrigen gehen möchte. Den Massstab zur Beurtheilung der geistigen Bildungsstufe einzelner Stämme wird die Uebersicht ihrer Literatur geben. [6])

---

[6]) Im Allg. — das Specielle gehört in die Literatur einzelner Stämme — vgl. *F. Durich* bibl. slav. p. 28 – 39. *Dobrowskys* Slawin und Slowanka a. m. O. *Rakowiecki's* prawda ruska Th. 1. *A. Jungmann's* kdo činj, kdo trpj křiwdu? in *J. Presl's* Krok Hft. 3. S. 61 – 67. *J. Kollar's* dobré wlastnosti národu slowanského, w Pešti 822. 8. Ueber die österr. Slawen: (*J. Rohrer's*) Versuch über die slaw. Bewohner der österr. Monarchie, Wien 804. 2. Th. 8.

§. 6.

Schicksale und Zustand der literärischen Cultur der Slawen im Allgemeinen.

Die slawischen Mundarten sind weder alle zu gleicher Zeit, noch einzelne mit gleichem Glück gebildet und angebaut worden. Ueber die Stufe der Geistes- und hiemit auch der Sprachbildung der heidnischen Slawen lassen sich nur wenige, mehr oder minder zuverlässige Vermuthungen wagen, auf die schon oben verwiesen worden ist, und auf die wir unten zurückkommen werden. Mit der Bekehrung der Slawen zum Christenthume beginnt eine neue Epoche in ihrer Culturgeschichte. Die südlichen Slawen waren die ersten, die durch griechische und italienisch-teutsche Mönche, ungewiss wenn, aber gewiss geraume Zeit vor Kyrill und Method, hernach am zweckmässigsten durch diese selbst, in dem Christenthume unterrichtet worden sind. Um diese Zeit bekamen die Slawen entweder zu allererst, oder doch aufs neue, nach dem Verluste ihres indisch-slawischen Uralphabets, von Griechenland aus „die göttliche Wolthat der Buchstaben, diese Vorbedingung aller Cultur!" Der Stern eines neuen geistigen Lebens ging den Slawen in Serbien, Bosnien, Bulgarien, Pannonien und Mähren auf. Kyrill und Method lasen die Messe in der Landessprache; und der Dialekt der zwei Brüderapostel, dessen sie sich bei Uebersetzung der h. Bücher bedienten, war auf dem Punkte, wie späterhin in Italien der toscanische und der obersächsische in Teutschland, für immer zur Büchersprache der Slawen erhoben zu werden, und so wenigstens eine geistige Gemeinschaft unter den losen Theilen der so weit verbreiteten Nation zu bilden: als plötzlich der Zwist der morgen- und abendländischen Kirche der Sache eine ganz andere Wendung gab, und die schöne Hoffnung vereitelte. Die Böhmen und Polen, von Priestern der römischen Kirche zum Christenthume bekehrt, nahmen das kyrillische Alphabet nie ganz an, sondern erhoben nach und nach ihre eigene Mundart zur Schriftsprache, und bedienten sich sofort der lateinischen Schriftzüge nach eigener, lateinisch - teutonischer Combination. Das Kyrillische wurde sogar in Pannonien und Dalmatien, dessen Bischof noch bei Lebzeiten Methods für sein Land eine Abschrift des übersetzten Psalters nehmen liess, hart bedrängt, und ein Theil dieser, von den Verfechtern des Latinismus behaupteten Provinzen, nahm, da ihm später die Ausübung des Gottesdienstes in der Landessprache auf vielfaches Dringen bewilligt wurde, das glagolitische Alphabet an; während sich der andere, bei weitem grössere Theil die lateinischen Charaktere nach beliebiger Combination zur Schrift aneignete. Nur Serbien und Russland, wohin Kyrills Alphabet und Bibelübersetzung hundert Jahre nach dessen Entstehen verpflanzt wurde, ferner die Moldau, Walachei, und ein Theil von Pannonien und Polen, blieben dem kyrillischen Alphabet und der altslaw. Kirchensprache getreu. So ward das Anschicken dieser gigantischen Nation, bei gleicher Religion, gleicher Schriftsprache und — warum nicht auch unter einem einzigen Oberhaupte? ein Ganzes zu werden, durch unvorgesehene Stürme zerstört. Aber es folgten ihrer noch andere nach Kyrills schöner Morgenröthe. Das eigentliche und grösste Unglück für die slawische Nation und ihre schöne Sprache war, dass diese friedlichen Acker- und Handelsleute, die im Bewusstseyn ihrer Unschuld vergessen hatten auf Kriegsfälle vorzudenken, im Süden von Magyaren und Türken, im Westen von Teutschen, und im Osten von Mongolen, zwar nicht zu gleicher Zeit, aber mit desto gleicherem Erfolge unterjocht wurden, und dass nun am Throne und in allen Staatsfunctionen die Sprache des ausländischen Siegers herrschte, die arme eingeborne aber in die Hütte des leibeigen erklärten Besiegten vertrieben ward [1]).

Nach der Trennung arbeitete nun jeder Stamm für sich, so gut er konnte, an der Ausbildung der Sprache fort; aber vereinzelt, getrennt und einander fremd geworden durch Religion und politische Verhältnisse. Russland, durch Kyrills Bibelübersetzung und Liturgie ver-

---
[1]) Vgl. *B. Kopitar's* Gramm. der slaw. Sprache in Krain, Kärnten u. Steiermark, Laibach 808. 8. Einl. S. XII. ff.

anlasst, bediente sich im Schreiben Jahrhunderte lang, den Serben gleich, des kyrillischen Kirchendialekts, und hat einige schöne Denkmale der frühesten Geistescultur aus dem Fache der Theologie, Poesie, Gesetzgebung und Geschichte aufzuweisen. Die Literatur der dalmatisch-kroatischen Glagoliten hingegen blieb vom Anfang her lediglich auf Religionsbücher beschränkt. Desto mehr, da hier die Hemmung geringer war, wurzelten die Keime einer literärischen Cultur in Polen, und noch früher in Böhmen. Dieses bildete seinen Dialekt schon im XIII. und XIV, noch mehr aber im XV. Jahrh. zu einem hohen Grade der Vollkommenheit aus; das XVI. Jahrh. war nicht minder der Nationalcultur günstig; aber mit dem darauf folgenden 30jährigen Krieg und den Religionsspaltungen verfiel die Cultur in Böhmen gänzlich. Polen freuete sich eines schönen Wachsthums der Sprache das ganze XVI. Jahrh. hindurch; es war im eigentlichsten Sinne das goldene Zeitalter der polnischen Literatur, welches bis in die Mitte der Regierung Sigismunds III. († 1632) reicht. Mit ihm trat ein Schlummer ein, der bis August III. († 1763) währte. Die Winden in Krain, Kränten und Steiermark fingen zwar kurz nach der Reformation an, das Studium der Sprache zu betreiben; aber in den bald darauf erfolgten Religionsstürmen erstarb die angefangene Cultur. Eben so wenig geschah im Ganzen während der mongolischen Periode in Russland, und unter der Herrschaft der Türken in Serbien. Erst mit dem Ausgang des XVII. Jahrh. fingen die Russen an neben der Kirchensprache auch in ihrer Landesmundart Bücher zu schreiben. Und schon seit 1700 übertreffen sie in ihrem Bücherwesen die Böhmen, nachdem diese bereits 1620 den Sieg den Polen gelassen. Seitdem schreitet die Nationalcultur und hiemit auch der literärische Sprachenbau in Russland glücklich vorwärts. Bei den österreichischen Serben fingen um 1764 einige patriotische Männer an, der Bildung der Sprache und des Volks Bahn zu brechen. Die etwa hundert Jahre früher auch in literärischer Hinsicht fröhlich blühende kleine slawische Republik Ragusa erreichte ihr Ende; Dalmatien, Kroatien, Slawonien und

die von Sorben-Wenden bewohnten Lausitzen, woselbst sich zur Zeit der Reformation die Hausmundart zur Schriftsprache erhoben, blieben in der neuern u. neuesten Periode so ziemlich arm an Geistesproducten; die Slowaken in Ungern hingegen, seit der Reformation in der Schriftsprache mit den Böhmen vereinigt, genossen stets in vollem Maasse die Früchte des Sprachanbaues, die ihnen das benachbarte Böhmen dargeboten.

Allein so gross die Liebe unserer Vorfahren zur Sprache war, und so hoch die Werke der Ausbildung einzelner Dialekte in früheren glücklichen Jahrhunderten gestellt werden mögen; so waren diese doch immer nur Vorbereitungen zu einer höheren Stufe der Nationalcultur und Nationalliteratur der Slawen: ein regeres geistiges Leben entwickelt sich bei den meisten slawischen Stämmen seit dem Anbruch des XIX. Jahrh., und es ist zu hoffen, dass bei dem dauerhafter als je befestigten allgemeinen Frieden in Europa, auch die beglückenden Künste der friedlichen Musen fröhlicher als je unter den Slawen gedeihen werden. Die grössten literärischen Schätze besitzen dermalen unstreitig die Russen und Polen, auf welche in einiger Entfernung die Böhmen folgen. Es gibt kein auf die geistige Civilisation der Gesammtmasse eines Volks kräftiger einwirkendes Mittel, und zugleich kein bleibenderes Denkmal der Ausbildung der Sprache, als die Bücher des Cultus, die Bücher der Religion. Die Slawen können sich rühmen, die h. Urkunden der christlichen Religion in solchen Uebersetzungen zu besitzen, die das Wort der Wahrheit seit einer Reihe von Jahrhunderten in ursprünglicher Reinheit und ewig jugendlicher Frische und Kraft täglich zum Leben werden lassen. Die Bibelübersetzungen der Russen und Serben, der Polen, Böhmen, Winden und Sorben sind zugleich eine unerschöpfliche Fundgrube und classisches Muster der Sprache desjenigen Stammes, dem eine jede derselben angehört. Kein Volk hat so viel Sorgfalt und Fleiss auf die Reinhaltung und Veredlung dieser göttlichen Wohlthat verwendet, als die Slawen. Nationalpoesie ist anerkannt die erste Bildungsstufe eines zum Bewusstseyn eines höheren geistigen Lebens erwachten Volkes und von der Naturpoesie aus geht der Weg durch ihre veredelten Formen in die geheiligten Hallen der stillen, ernsten Wissenschaften. Die Naturpoesie ist wol bei keinem Volke mehr zu Hause, als bei den Slawen; aber auch die kunstreichern Musen des alten Hellas und Rom dürften sich neben ihrem Homer und Horaz so manches ältern oder neuern slawischen Sängers nicht schämen. An die Sprache der Dichtkunst schliesst sich unmittelbar, obgleich etwas später, die Sprache der Beredsamkeit an. Auch hier dürfte selbst Demosthenes und Ciceros hinreissende Suada an Potocki's rednerischem Genius einen Geistesverwandten finden. Was das erhabene Feld der Volkslehrer, der Forscher und Weisen anbelangt, so beut dem Vaterlandssohne die goldene Ernte einiger „Vorläufer" so viele der Gaben dar, als nöthig ist, des Geistes heisse Sehnsucht zu stillen, ohne durch Uebersättigung den Muth, selbst an die Aussaat auszugehen, zu verlieren. Theologie, Philologie, Philosophie, Politik, Rechtskunde, Mathematik, Naturkunde, Medicin und Geschichte sammt ihren Hilfswissenschaften haben im Allgemeinen bei den Slawen in den neuesten Zeiten wackere Bearbeiter gefunden [2]). Ein angenehmes Gefühl bemächtigt sich bei der Betrachtung der neuesten Epoche in der Nationalcultur der Slawen

---

[2]) Es darf nicht unbemerkt gelassen werden, dass bei dem allgemeinen Wiedererwachen der slaw. Literatur ein grosser Theil der Schriftsteller sein Augenmerk auf den formellen Theil der Sprachbildung, auf Grammatiken und Wörterbücher richtet, was für die Zukunft, wenn die rege gewordene Masse von Meinungen und Untersuchungen eine festere Gestalt gewonnen, und der ganze slaw. Sprachschatz in seiner Gediegenheit und Reinheit beisammen seyn wird, gewiss nicht ohne grosse Folgen bleiben wird. Nur ist zu wünschen, dass man hiebei des materiellen Theils des Sprachanbaues, der durch Wort und Schrift zu befördernden Volks- und Nationalbildung nicht vergessen möge. Nie ist die slaw. Philologie mit so viel Kritik und Einsicht bearbeitet worden, als in den neuesten Zeiten von den Hrn. Dobrowský, Kopitar, Linde, Bantkie, Šiškow, Wostokow u. m. a. Hrn. Dobrowskýs unsterbliche Verdienste um die slaw. Sprachforschung haben einer umsichtigern und gründlichern Grammatologie und Lexicologie die Bahn gebrochen; und zu einem vollständigen Cyclus grammaticarum symphonarum et lexicorum symphonorum gehören, nächst der Dobrowskýschen Grammatik für das Altslawische und Böhmische, der Puchmayerschen für das Russische, und der Metelko'schen für das Windische, nur noch eine zu erwartende polnische und serbische nach dieser Methode, ferner ein vergleichendes Wörterbuch für alle Mundarten, wie es Hrn. Lindes vortreffliches Werk für die polnische ist. Wer wird diese grossen Erwartungen nach und nach erfüllen? —

jeder patriotisch fühlenden Brust. Man kann nicht umhin, zu gestehen, dass die Begeisterung für eine so schöne und heilige Sache, die wo nicht die Masse der Einzelstämme selbst, so doch die vorzüglichern Glieder derselben zum regeren Leben geweckt hat, nach einem trüben Morgen dem zwar tapferen, aber friedliebenden Volke einen sonnigen Tag bringen wird, einem Volke, in dessen ganzem Leben so viele Anklänge des jugendlich-poetischen Griechenthums wieder tönen, und das nur noch der Stufe der ästhetischen und wissenschaftlichen Cultur ermangelt, auf der einst die Griechen standen, um diesen in der Realisirung der Idee eines reinen Menschenthums nahe zu kommen.

Aber wie ungleich sind die das geistige Leben gestaltenden Umstände der Griechen und Slawen! Jeder der griechischen Stämme schrieb zwar in seiner Mundart, wie die Slawen, aber alle Stämme gebrauchten ein und dasselbe Alphabet, eine und dieselbe Orthographie! — Und die Slawen! — Erstlich hat der doppelte Religionsritus (denn die Protestanten folgten der von den katholischen Slawen gewählten Methode), bei ihnen auch ein doppeltes Alphabet festgesetzt, nämlich das kyrillische (wovon das glagolitische der katholischen Illyrier nur eine unkenntliche Abart ist), und das lateinische. Hierin ist einmal, nach menschlicher Wahrscheinlichkeit, nicht leicht eine Wiedervereinigung zu hoffen. Aber noch immer sind diese zwei Haupthälften einzeln ungleich grösser, als manche andere Nationen Europas, deren Sprache und Literatur doch selbständig blühen. Die lateinische Hälfte hätte noch den Vortheil vor der kyrillischen, dass sie durch Annahme des lateinischen Alphabets, welches man das europäische nennen könnte, sich die Communication und Annäherung der übrigen gebildeten Europäer erleichtert. Aber unglücklicherweise geschah diese Annahme bei den von jeher politisch getrennten, und ausser allem wechselseitigen Verkehr lebenden Zweigen der lateinischen Hälfte nur einzeln, ohne gegenseitige Notiznehmung, und folglich mit ungleichförmiger, oft gerade entgegengesetzter (z. B. *cz* Pol. statt ч, Croat. statt ц, *sz* Pol. statt ш, Croat. statt c) Combination der lateinischen Buchstaben zur Darstellung der original-slawischen Töne; welches macht, dass nun diese Zweige eines des andern Bücher nicht lesen können. Das lateinische Alphabet hatte nämlich weniger Schriftzeichen, als die slawische Sprache braucht. Was thaten nun die Ottfriede der abendländischen Slawen! Diesen fiel es nicht ein, dass das lateinische Alphabet zu ihrem Bedarf nicht hinreicht; sie kannten die Buchstaben, aber nicht den Geist des Alphabets: statt also wie Kyrill (denn auch das griechische Alphabet hatte nicht genug Zeichen für slawische Laute), für neue Töne auch neue Buchstaben zu erfinden, suchten sie durch Aneinanderhäufung mehrerer einen dritten, von dem Tone jedes der so zusammengehäuften Buchstaben wieder verschiedenen Ton darzustellen. Dadurch geschah es, dass ganz wider den Geist der Buchstabenschrift fast jeder Buchstabe bald diesen, bald jenen Ton vertrat, je nachdem er diesen oder jenen Buchstaben zum Nachbar hatte. Man könnte sich damit trösten, dass auch die Orthographie der Italiener, Teutschen, Franzosen, Engländer u. s. w. auf diese Weise entstanden; aber alle diese haben bei aller Schwerfälligkeit und Unbehülflichkeit der Combination doch wenigstens ein und dasselbe Schreibesystem; während die Slawen, wie schon gesagt worden, in Krain eines, in Dalmatien ein anderes, in Kroatien ein drittes, in Böhmen ein viertes, in Polen ein fünftes und in den Lausitzen ein sechstes haben. Noch mehr: in Dalmatien selbst z. B. schreibt ein Dellabella auf eine Weise, ein Voltiggi auf eine andere, und noch andere wieder anders; dasselbe findet in dem Windischen bei Bohorizh und P. Marcus statt; selbst die Slawonier mischen in Katechismen und andern Schulbüchern ihrer sonst dalmatischen Orthographie unnöthigerweise kroatische Buchstabenverbindungen bei, und schreiben so weder dalmatisch noch kroatisch; die Sorbenwenden in der Ober- und Niederlausitz weichen ebenfalls in einigen Kleinigkeiten von einander ab; und was würde man erst von den Böhmen und Polen sagen müssen, wenn man hier die Schreibart eines Kochanowski, Gornicki, Januszowski, Dmochowski, Kopczyński u. m. a., dort die Orthographie eines Hus, Weleslawjna, der böhmischen Brüder, Dobrowský, Tomsa, Hromádko

u. a. m. gegen einander halten wollte! Dadurch werden Wörter unkenntlich, die nicht nur einerlei sind, sondern auch auf einerlei Art ausgesprochen werden. Diese unselige, in der Isolirtheit der ersten Schreibemeister gegründete Discordanz ist jedem Slawenfreunde ein Aergerniss, sie schreckt den lernbegierigen Ausländer ab, sie ist das grösste so unglücklicherweise selbstgeschaffene Hinderniss vereinigter Fortschritte bei der lateinischen Hälfte. Die Gelehrten jedes unserer Dialekte klagen aus einem Munde über diesen verderblichen Missbrauch[3]). Es wird zur Erläuterung des Gesagten nicht undienlich seyn, alle slawische Alphabete unter eine Uebersicht zu bringen, ohne hiedurch eine erschöpfende Vergleichung der Orthographien oder Schreibsysteme aller Dialekte zu beabsichtigen; denn diese würde ausser dem Parallelismus der blossen Buchstaben auch die Zusammenstellung der combinirten Consonanten, Diphthongen u. s. w. auf einer und derselben Tafel erfordern, so dass mittelst derselben aus allen Schreibsystemen in alle übersetzt werden könnte. So eine Tafel, die gleichsam den Schlüssel zu einer vergleichenden Grammatik der slawischen Gesammtsprache bilden, aber auch für das Studium einzelner Dialekte nicht ohne wesentlichen Nutzen seyn würde, bleibt füglich den Sprachwerken dieser Art selbst anheimgestellt.*)

---

[3]) *B. Kopitar's* Grammatik S. XX. ff.

*) In der vorliegenden Tabelle konnten z. B. weder die in der letzten Zeit bei den Serben versuchten, aber noch nicht allgemein angenommenen neuen Zeichen für die mit dem weichen Jer afficirten Mitlaute (ҥ für ть u. s. w.) noch die, allerdings sehr schwankenden Abweichungen der bei den Slawoniern gangbaren Schreibweise von der dalmatischen u. kroatischen, noch endlich die Verschiedenheit der glagolitischen Uncial- und Cursivschrift dargestellt werden. Auf gleiche Art ist in derselben der numerische Werth der kyrillischen Buchstaben, den man sich Behufs des Lesens altslawischer Handschriften u. älterer Drucke geläufig machen muss, übergangen worden, derselbe richtet sich nach dem griechischen folgendermassen: а̃1, в̃2, г̃3, д̃ 4, е̃5, ѕ̃ 6, з̃7, и̃8, ѳ̃9, ι̃ 10, аι̃ 11, вι̃ 12, гι̃ 13, etc. к̃ 20, ка̃ 21, кв̃ 22, кг̃ 23, etc., л̃30, м̃40, н̃50, ѯ̃60, о̃70, п̃80, ч̃90, р̃100, с̃200, т̃300, ѵ̃400, ф̃500, х̃600, ѱ̃700, ѡ̃ 800, ц̃900, ҂а̃1000, ҂в̃2000, ҂г̃3000, etc. In der Reihe der kyrillischen Buchstaben steht ѕ nach ж, з nach ѕ, ѱ nach х, die übrigen drei ѡ, ц, ч nach д. — Das auf der böhm.- mähr.- slowakischen Columne angeführte mouillirte ř gehört eigentlich den Böhmen und Mährern nicht aber den Slowaken an, die es zwar in der Schrift der böhm. Grammatik zufolge zu bezeichnen, aber keineswegs auszusprechen pflegen. Auch ist zu bemerken, dass die Böhmen und Slowaken, den Polen gleich, seit einigen Jahren statt der Schwabacher-Buchstaben schon häufig die gefälligern lateinischen in Schrift u. Druck gebrauchen, u. in Zukunft hoffentlich immer mehr gebrauchen werden.

Uebersicht der slawischen Alphabete.

Kyrillisch Russen, Serb.	Glagolitsch.	Dalmatiner.	Kroaten.	Winden.	Böhmen, Mähr. Slow.	Polen.	Soraben.	Teutsch.
A a	ⴀ	a	a	a,á	a,á	a,á,	a	a
Б б	ⴁ	b	b	b	b́	b,b́	b	b
В в	ⴂ	v	v	v	w	w,ẃ	w	w
Г г	ⴃ	g	g	g	h	g,h	g,h	g, h
Д д	ⴄ	d,dj,gj	d,dy,gy	d	d,ď	d́	d	d
E e	ⴅ	e	e,é,ě	e,é	e,ě	e,é,ę	e	e
Ж ж	ⴆ	x	s	sh	ž	ż	ž	Franz. j
З з	ⴇ	z	z	s	z	z,ź	ſ,z	ſ. leſen
И и	ⴈ	i	i	i	i,j	i	i	i
I ї	ⴉ	j	j	j	g	i,j	j	j
К к	ⴊ	k	k	k	k	k	k	k
Л л	ⴋ	l,lj,gl	l, ly	l,lj	l´l	ł, l	l	l
М м	ⴌ	m	m	m	m	m,ḿ	m	m
Н н	ⴍ	n,nj,gn	n, ny	n,nj	n,ň	n, ń	n	n
O o	ⴎ	o	o	o,ó	o,ó	o, ó	o	o
П п	ⴏ	p	p	p	p	p, ṕ	p	p
Р р	ⴐ	r	r	r	r,ř	r, rz	r	r
С с	ⴑ	s	sz	ſ	ſ,ẛ	s, ś	ß	ß
Т т	ⴒ	t, ch	t	t	t,ť	t	t	t
Оу у	ⴓ	u	u	u	u,ü	u	u	u
Ф ф	ⴔ	f	f	f	f	f	f	f

Kyrillisch Russen, Serb.	Glagolitisch.	Dalmatiner.	Kroaten.	Winden.	Böhmen. Mähr. Slow.	Polen.	Sorben.	Teutsch.
Х х	Ⱈ	h	h	h	ch	ch	ch	ch
Ц ц	Ⰴ	c	cz	z	c	c, ć	z	z
Ч ч	Ⱍ	cs	ch	zh	č	cz	tz	tſch
Ш ш	Ⱎ	sc	sh, ss	ſh	ſſ,š	sz	ſch	ſch
Щ щ	Ⱋ	sct	sch	—	ſſt	szcz	ſchcž	ſchtſch
Ъ ъ	—	—	—	—	—	—	—	—
Ы ы	—	—	—	y	y	y	y	y
Ь ь	I	—	—	—	e	—	—	—
Ѣ ѣ	Ⱑ	je	ye, je	je	—	ie	je	je
Э э	—	—	—	—	—	—	—	—
Ю ю	Ⱓ	—	—	—	—	—	—	—
Я я	—	—	—	—	—	—	—	—
Ѳ ѳ	—	—	—	—	—	—	—	—
Ѵ ѵ	—	—	—	—	—	—	—	—
Ѕ ѕ	ⱒ	—	—	—	—	—	—	—
Ѹ ѹ	—	—	—	—	—	—	—	—
Ѽ ѽ	Ⱉ	—	—	—	—	—	—	—
Ѿ ѿ	—	—	—	—	—	—	—	—
Ѯ ѯ	—	—	—	—	x	ks, x	—	—
Ѱ ѱ	—	—	—	—	—	—	—	—

Aus dieser Tafel, auf der die bloss dem Altslawischen eigenen, in dem Neurussischen und Neuserbischen nicht gebräuchlichen sechs kyrillischen Buchstaben den letzten Platz erhielten, kann man ungefehr die Folgewidrigkeit der Bezeichnung eines und desselben Lautes in verschiedenen Mundarten abnehmen. Bei so bewandten Umständen ist es sehr schwer, sich aller Wünsche zu enthalten, aber noch ungleich schwerer, einen auszusprechen. Es ist im Rathe der Vorsehung beschlossen, dass die Slawen nicht der einstämmigen Palme, sondern der vielästigen, weithinschattenden Eiche gleich, in die grösste Mannigfaltigkeit der Verzweigungen aufgelöst, vielgestaltig emporblühen, und Früchte verschiedener Art tragen sollen. Von diesem Standpunct aus betrachtet, ist die Vielzweigigkeit des slawischen Volks- und Sprachstammes sogar ein Vorzug, der zwar die Gesammtbildung der Nation um einige Jahrhunderte verspäten kann, aber sie dereinst nur desto schöner, durch Verhütung der einseitigen Bildung der Kräfte oder ihrer Richtung nach einem Puncte, zum Ziele führen wird. Rastloses Fortschreiten in der Sprach- und Volksbildung der getrennten Stämme, und gegenseitige Benutzung des vorhandenen gemeinschaftlichen Sprachschatzes ist wol der nächste Wunsch, den man hegen kann. Zunächst an diesen würde sich dann der reihen, der im Laufe der Zeit ohne gewaltthätige Reformen zu bewerkstelligenden Vereinfachung und Einigung der latinisirenden und teutonisirenden slawischen Schreibsysteme zwar willig die Hände zu bieten; ohne jedoch jetzt schon an die Vermittlung des lateinischen und kyrillischen Alphabets, und Herstellung sowol einer allgemeinen gleichförmigen Orthographie, als auch einer gemeinschaftlichen Büchersprache, einer wahren Pasigraphie im zweifachen Sinne des Worts, zu denken [*]). Ist es aber dem wärmeren Slawisten gestattet, fromme Wünsche unmassgeblich auszusprechen, so gestehe ich, dass nach meiner

---

[*]) Es ist sonderbar, dass während Grotefend das kyrillische Alphabet zur Bezeichnung der mannigfaltigen Laute in den orientalischen Sprachen vorschlägt, und Klaproth in s. Asia polyglotta zu diesem Zwecke das X, Ш und Ч wirklich aufnimmt, einige slaw. Philologen für die slaw. Laute X, Ш, und Ч noch immer Zeichen suchen.

innigen Ueberzeugung das kyrillische Alphabet sich mehr zu einer Pasigraphie für Slawen eigne, als das lateinische, und dass demnach jenem in dieser Hinsicht der Vorzug gebühre.⁵)

§. 3.

Uebersicht einiger Beförderungsmittel der Literatur unter den Slawen.

Zu den vorzüglichsten Beförderungsmitteln der literärischen Cultur gehören unstreitig nächst der politischen Selbstständigkeit und dem auf Industrie und Handel gegründeten Wolstand des Landes vorzüglich folgende: gut eingerichtete Unterrichtsanstalten, ausgezeichnete mächtige Freunde und Beförderung der Literatur unter den Grossen, Bibliotheken und Museen, gelehrte Gesellschaften und Akademien, literärische und kritische Zeitschriften, Vervollkommnung des Bücherwesens und des davon abhängenden literärischen Verkehrs. Eine noch so gedrängte geschichtliche Uebersicht aller dieser Beförderungsmittel der literärischen Cultur in den von Slawen bewohnten Ländern würde ein eigenes Werk erfordern; wir beschränken uns, mit Verweisung hin-

---

⁵) Eine vollständige hist.-kritische Darstellung der Schicksale der slaw. Sprache und Literatur nach allen Mundarten ist zur Zeit noch nicht vorhanden. Ein solches Riesenwerk erfordert Zeit, Vorarbeiten und Mitwirkung mehrerer Eingeweihten. Etwas ähnliches beabsichtigt Hr. Linde durch die Herausgabe der Special-Liter.-Geschichten einzelner Dialekte. Die Geschichte der russischen, polnischen und böhmischen Literatur haben bereits wackere Bearbeiter gefunden; und einen zwar gedrängten, aber gehaltvollen Umriss der slaw. Gesammtliteratur haben die Hrn. Kopitar und Rakowiecki geliefert. — Vgl. *J. L. Frisch* historiae l. slavonicae Cont. I. de l. slavonica et russica, Berol. 727. 4. Cont. II. de dialecto Vinidica, ib 729. 4. Cont. III. de dialecto Venedica, ib. 730. 4. Cont. IV. de dialecto bohemica, ib. 734. 4. Cont. V. de lingua polonica, ib. 736. 4. — *J. P. Kohl* Introd. in histor. et rem litter. Slavorum inprimis sacram, Alton. 729. 8. — *J. S. Assemani* Kalendaria eccles. universae, Romae 755. Voll. 6, in 4. — *A. L. Schlözer* allg. nord. Gesch. (der allg. Welthist. 31r Th.) Halle 771. 4. S. 322 — 334. — *F. Durich* bibl. slav., Vindob. 795. 8. — *F. K. Alter's* phil.-krit. Miscellaneen, Wien 799. 8. — *J. C. Adelung's* Mithridates, 2r Th. von *J. S. Vater*, Berlin 809. 8. S. 610 — 696. — *J. S. Vater* Literatur der Grammatiken und Wörterbücher, Berl. 815. 8. — *J. Dobrowsky's* Slawin, Prag 808. 8. *Eb.* Slowanka, Prag 814 — 15. 2 Bde. 8. (*B. Kopitar's*) Blick auf die slaw. Mundarten, Wien, Allg. Liter. Zeit. 1831. Aprilh. N. 34. ff. — *J. B. Rakowiecki* prawda ruska, Warsch. 820 — 22. 2 Bde. 4. Bd. II. S. 149 — 316.

sichtlich der vier ersteren auf die Geschichte der Literatur einzelner Stämme und Mundarten, hier bloss die letztern, d. i. die Bibliotheken, gelehrten Gesellschaften, Zeitschriften und Buchdruckereien, welche in den neuesten Zeiten unter den Slawen vorhanden waren, und auf den Gang der Nationalliteratur mehr oder weniger unmittelbar einwirkten, kurz aufzuzählen.

I. Bibliotheken.

I. *In Russland.* 1.) Dorpat, Universitätsbibliothek, 37,000 Bände mit 100 Msc. 2.) Kazan, Universitätsbibl., begründet 1804 durch den Ankauf der Bibl. des Staatsraths P. Frank. Eine andere Bibl. daselbst besitzt die geistliche Akademie. 3.) Moskau, a) Patriarchal- oder Synodalbibl., von Car Alexjej (1645 — 76) gestiftet, mit kostbaren slawischen und griechischen Msc. b.) Bibl. der Universität. 4.) Nowgorod, die Bibl. bei der Sophienkirche. 5.) S. Petersburg, a) kais. öff. Bibl., gegründet durch die ehemalige Zaluskische Bibl. in Warschau (1795), und durch die Dobrowskysche Manuscriptensammlung vermehrt. b) Bibl. in der Eremitage, nach Galetti 300,000, nach Hassel 80,000, nach Ebert 70,000 Bände, vorzüglich merkwürdig durch die hereingekaufte Bibl. von Diderot und Voltaire. c) Bibl. der Akademie der Wissenschaften, nach Bisinger 100,000, nach Ebert 35,000 Bände und 1,500 Msc. d) Bibl. im Alexander Newsky-Kloster mit Msc. 6.) Riga, Stadtbibliothek, 17,000 Bde. mit einigen Msc. 7.) Wilna, Univ. Bibl. 50,000 Bände. Ausserdem noch mehrere andere Universitäts- Schul- und Klosterbibliotheken im Reiche. Unter den Privatbibl. zeichnen sich aus: die Bibl. des Reichskanzlers Grafen Rumjancow, 30 — 40,000 Bände, in S. Petersburg; die Bibl. des Grafen Th. Tolstoj in Moskau, reich an ältern Drucken und Msc.; die Bibl. des Fürsten A. J. Labanow-Rostowsky, erkauft von B. v. Wichmann 1817, des Fürsten Jussupow, des Fürsten Razumowsky, des Grafen Stroganow, des Grafen Čeremetew u. a. m. II. *In Polen und den ehemaligen Provinzen Polens.* 1.) Danzig, Stadtbibl., eine andere dem

Gymnasium angehörig. 2.) Krakau, Universitätsbibliothek, 30,000 Bände, worunter schöne Incunabeln, und 4,300 Msc. 3.) Krzemieniec in Wolynien, Gymnasialbibl., durch den Ankauf mehrerer Privatsammlungen ansehnlich vermehrt. 4.) Lemberg, Universitätsbibliothek, im J. 1786 durch die ehemalige Garellische Bibliothek in Wien und in der neuesten Zeit durch die für die polnische Literatur überaus wichtige Bibl. des Grafen Ossoliński in Wien ansehnlich vermehrt. 5.) Posen, Gymnasialbibl. 1822 errichtet; enthält auserwählte polnische Werke. 6.) Warschau, a) Universitätsbibl. 150,000 Bände und 1,500 Msc., erst seit 1796 gestiftet, und besonders durch mehrere Klosterbibl. vermehrt (1817). b) die Bibl. des Lyceum, gestiftet im J. 1804 auf Betrieb des Hrn. Rectors Linde, über 15,000 Bände, worunter mehrere kostbare polnische Drucke. c) die Bibl. des Piaristencollegiums. d) die Bibl. der kön. Gesellschaft der Freunde der Wissenschaften, im J. 1808 durch den von dem Fürsten A. Sapieha zum Geschenk erhaltenen Rest von 5,000 Bänden der ehemaligen Sapiehischen Bibliothek zu Kodno gestiftet, und 1811 dem öffentlichen Gebrauch frei gestellt, 45,000 Bde. Ausserdem mehrere Schul- und Klosterbibliotheken im Lande. Von den Privatbibliotheken sind zu nennen: die Bibl. des Fürsten Czartoryski in Puławy, im J. 1821 durch den Ankauf der gräfl. Thadd. Czackischen Privatbibl. zu Poryck in Wolynien ansehnlich vermehrt, eine der grössten Privatbibliotheken in Europa (gegen 80,000 Bände), enthält eine für die polnische Literatur unschätzbare Fundgrube, nämlich alle Handschriften der Privatbibl. des Kgs. Stanislaus. Die Sammlungen des K. Kwiatkowski in Warschau, des Gr. Rzewuski in Lemb. 20,000 Bde. u. des Przemysler Bischofs 50,000 Bde., enthalten sehr schätzbare Werke aus der vaterländischen Literatur. III. *In Böhmen, Mähren und der Slowakei.* 1.) Bischofteinitz, Bibl. des dasigen Kapucinerklosters. 2.) Brünn, Bibl. der Hauptpfarrkirche zu S. Jakob, enthält 424 Msc. u. ausserdem an gedr. Werken bloss Incunabeln bis zum 1537. Sie ist überaus schätzbar. 3.) Olmütz, a) Bibl. des Lyceum, über 50,000 Bde., nebst vielen Msc. c) Bibl. des Metropolitankapitels, meist Incunabeln und viele sehr alte Msc. 4.) Ossek, Bibl. des dasigen Cisterzienser-Klosters, 10,000 Bände mit einigen schätzbaren Msc. 5.) Prag, a) Bibl. des Domkapitels, besteht aus einer ältern, schon im XII. Jahrh. vorhandenen Sammlung, und aus der vom Pontanus von Breitenberg gestifteten pröpstlichen, und wurde 1732 durch die des Erzb. Mayer vermehrt. Sie enthält zwar nur 4,000 Bände gedruckte Bücher, aber sehr wichtige Msc. b) Universitäts- oder kais. kön. öffentliche Bibl., 150,000 Bände mit wichtigen Msc., gestiftet von Karl IV. 1370 durch Ankauf der Bibl. des Dechants Wilhelm von Hasenburg, 1621 den Jesuiten übergeben, aufs neue gebildet 1777 durch die 1560 gestiftete Prager Jesuiten- und Clementische Bibl., mit welcher zugleich alle übrige böhmische Jesuiten-Bibl., die gräfl. Kinskýsche Familien-Bibl., 1778 die Steplingische, 1781 die Wrzesowitzische und Löwische, und 1785 die Bibliotheken anderer aufgehobener böhmischer Klöster vereinigt wurden. c) Bibl. der Prämonstratenser Chorherren des Stifts Strahow, 50,000 Bände mit schönen Incunabeln und mehr als 1,000 Msc., gestiftet 1665, vermehrt 1775 durch die Klausersche, und 1781 die Heydelsche, so wie später durch die von Rieggersche Sammlung alter classischer Auctoren. d) die mit dem 1818 gestifteten böhmischen National-Museum verbundene Bücher- und Handschriften-Sammlung. Den Grund zu ihr legte die Familie Kolowrat mit der Bibl. des zerstörten Raudnitzer Klosters, Graf Caspar Sternberg mit seiner grossen, an ausgezeichneten Werken reichen Sammlung u. a. m. Sie enthält über 8.000 Bände, 300 Msc. und prangt bereits mit vielen Schätzen. e) die Fürsterzbischöfliche Bibl. auf dem Hradschin, gegen 6,000 Bände. Ausserdem mehrere Bibl. der Städte und Klöster sowol in Böhmen, als in Mähren. Von den Privatbibl. nennen wir: die Fürst Lobkowicische Bibl. in Prag, die Fürst Dietrichsteinsche Bibl. in Nikolsburg; die Fürst Colloredo-Mansfeldische Bibl. in Prag; die Bibl. des Gubernial-Secretärs Cerroni in Brünn u. a. m. Die Slowakei hat keine öffentliche, für das slawische Fach wichtige Bibl. aufzuweisen; doch verdienen bemerkt zu werden: 1.) die Bibl. des *evang. Lyceums* in Pressburg, wegen der durch Vermächtniss an sie gekommenen, an schätzbaren böhmischen Drucken reichen Privatbibl. des Pred. Institoris-Moschotzy; 2.) die Privatbibl. des Hrn. v. *Jankovics* in Pesth, wegen des Ankaufs der Rybay-schen Sammlung slowakischer Bücher für diesen Zweig der slawischen Literatur wichtig. 3.) die Privatbibl. des Hrn. *Palkowič*, Canonicus in Gran. 4.) Bibliothek der böhm.-slawischen Gesellschaft des Bergdistricts in Schemnitz neu angelegt. IV. *In Oesterreich*. Die kais. Hof-Bibl. in Wien, 300,000 Bände mit kostbaren Incunabeln und 12,000 Msc., gestiftet vom Maximilian I. und durch zahlreiche Privatbibl. ununterbrochen vermehrt, enthält sehr viele, in das Fach der slawichen Literatur einschlagende, schätzbare gedruckte und handschriftliche Werke. V. *In Krain*. Hier sind zu nennen: 1.) die Bibl. des Lyceum in Laibach. 2.) Die Baron Zoisische Privatbibl. in Laibach, reich an seltenen slawischen, insbesondere windischen Drucken. VI. *In Serbien*. Die Bücher-Sammlungen der Klöster in Serbien sind uns gänzlich unbekannt. — In Ungern u. Slawon. sind 1.) die Klosterbibl. in Krušedol, Remete, Opowo, Jazak, Bešenowo, Šišatowac, Kuweždin, Pribina glawa, und Rakowac. 2.) die Erzbischöfl. Bibl. in Karlowic, durch die Fürsorge Sr. Exc. des Erzb. und Metrop. Steph. v. Stratimirowič ansehnlich vermehrt, 3.) die Bibl. der Präparandenschule in Somber, und 4.) die 1819 auf Betrieb der Professoren gestiftete Bibl. des Griechisch-Nicht-Unirten Gymnasiums zu Neusatz zu nennen. Unter den Privatbibl. ist jene des Hrn. Archimandriten u. Administrators des Karlstädter Bisthums, Mušicky, u. die des Hrn. v. Tököly in Arad wegen serbischer Drucke, wichtig. — Eine mehr oder minder reiche Ausbeute für slawische Studien liefern im Auslande die Bibliotheken auf dem Berge Athos, in Rom, Venedig, Paris, Oxford, Stockholm, Dresden, Nürnberg u. a. m.

II. Akademien, gelehrte Gesellschaften, Muséen.

I. *In Russland*. Diejenigen, die einen nähern Bezug auf die slawische Literatur haben, sind ungefähr folgende: 1.) die kais. Akademie der Wissenschaften zu S. Petersburg, errichtet von Peter dem Grossen 1724, eröffnet von Katharina I. 1725, von Katharina II. und Alexander I. neu organisirt; sie gibt ein periodisches Blatt: S. Peterburgskija wjedomosti, russisch u. teutsch, wöchentlich zweimal, fol. heraus. 2.) Die kais. russische Akademie zu S. Petersburg für die russische Sprache, gestiftet von Katharina II. 1783, gibt heraus: Sočinenija i perewody, 823. 7 Bde.; Izwjestija rossijskoj Akademii, 823., 11 Hfte, u. a. m. 3.) Freier russischer Verein (welnoje rossijskoje sobranije) für Sprache, Geschichte, Alterthümer, bei der Moskauer Universität, auf Betrieb des Curators J. J. Melissino 1771 errichtet, dauerte bis 1785, und gab heraus: Opyty trudow, bis 785. 6 Bde. 4.) Freie ökonomische Gesellschaft zu S. Petersburg, gestiftet 1765. 5.) Gesellschaft der Freunde der Wissenschaften, Literatur und Künste zu S. Petersburg (Obščestwo ljubitelej slowesnosti, nauk i chudožestw), gestiftet 1801, gegenwärtig unter der Leitung des A. F. Izmajlow, gab in den J. 1802 — 808 heraus: Switok Muz, 2 Bde., im J. 1812: S. Petersburgskij wjestnik, später durch Zeitumstände unterbrochen. 6.) Gesellschaft für russische Geschichte und Alterthümer (obščestwo istorii i drewnostej rossijskich) in Moskau, im J. 1804 unter dem Präsidenten P. P. Beketow gestiftet, und mit der Moskauer Hochschule verbunden, gab einen Band: Ruskije dostopamjatnosti, heraus, verlor aber durch die französische Invasion viele Erzeugnisse des rühmlichsten Fleisses. 7.) Kais. Gesellschaft der Naturforscher (Obščestwo ispytatelej prirody) im J. 1805. in Moskau unter der Leitung des Prof. Fischer gestiftet, gab heraus: Zapiski obšč. isp. pr., russisch und französisch, M. 809 — 16. 5 Bde. 8.) Medicinische Gesellschaft in Wilna. 9.) Gesellschaft für Heilkunde und Naturwissenschaften in Moskau (Obščestwo sorewnowanija wračebnych i fizičeskich nauk), unter dem Vorsitze des Prof. und Staatsraths W. M. Richter. 10.) Gesellschaft der Liebhaber der vaterländischen Literatur (Obščestwo ljubitelej otečestwennoj slowesnosti), in Kazan, gestift 1808, gab eine Sammlung ihrer Arbeiten 817. 2 Bde. heraus. 11.) Verein der Freunde der russischen Sprache (Besjeda ljubitelej ruskago slowa), gestift. von G. R. Deržawin und A. S. Šiškow, zu S. Petersburg 1810, hörte mit Deržawins Tode 1816 auf; die literärischen Früchte dieses Vereines erschienen S. P. 1811 — 16. 20 Hfte. 12.) Gesellschaft der Freunde der russischen Literatur (Obščestwo ljubitelej rossijskoj slowesnosti), in Moskau mit der Universität verbunden, unter dem Vorsitz des Rectors A. A. Prokopowič Antonskij, gibt eine gehaltvolle Sammelschrift: Trudy obšč. lj. r. sl. heraus, bis 822. 20 Bde. 13.) Gesellschaft der Freunde der russischen Literatur, bei der Demidower Lehranstalt in Jaroslawl. 14.) Gesellschaft der Wissenschaften (Obščestwo nauk) an der Universität in Charkow, gab 815. einen Band ihrer Arbeiten heraus. 15.) Freie Gesellschaft der Freunde der russischen Literatur (Wolnoje obščestwo ljubitelej rossijskoj slowesnosti), gestift. im J. 1816 zu S. Petersburg, deren Präsident jetzt Th. N. Glinka ist, gibt eine Zeitschrift: Sorewnowatelj proswješčenija i blagotworenija, seit 818. in 8. heraus. 16.) Kais. Gesellschaft für die gesammte Mineralogie in S. Petersburg, gestift. 1818, deren Direct. der Coll. Rath L. J. Pansner ist. 17.) Pharmaceutische Gesellschaft in S. Petersburg, gestift. ebenfalls 1818; ihr Präsident ist der Staatsrath A. J. Scherer. 18.) Gesellschaft für Schulen nach der Methode des wechselseitigen Unterrichts, gestift. 1819, steht unter der Leitung des Grafen Th. P. Tolstoj. 19.) Die russische Bibelgesellschaft, gestift. 1813 zu S. Petersburg, bestand 1820 aus 53 Sectionen und 145 Filialvereinen, und hatte bis dahin an 430,000 Bibeln und N. Testamente in 26 Sprachen, vorzüglich der slawischen, gedruckt und vertheilt. II. *In Polen.* 1.) Kön. Gesellschaft der Freunde der Wissenschaften (Towarzystwo królewskie przyiaciol nauk) in Warschau, gestift. 1801, vom Kais. Alexander I. bestätigt 1815, gibt ein Jahrbuch: Roczniki tow. król. prz. nauk, bis 824. ... Bde. heraus. 2.) Gesellschaft der Wissenschaften in Krakau (Towarzystwo naukowe s universitetem Krakowskim polaczone) gestift. 1815 und mit der Krakauer Universität verbunden, gibt ebenfalls ein Jahrbuch: Roczniki tow. nauk., Krakau bis 824. 9 Bde. heraus. 3.) Kön. Gesellschaft für den Ackerbau in Warschau (Towarzystwo król. rolnicze Warszawskie), gibt eine periodische Schrift: Dziennik tow. król. roln. Warsz. heraus. III. *In Böhmen und der Slowakei.* 1.) Die Gesellschaft der Wissenschaften in Prag unter Maria Theresia auf Borns Antrag als Privatverein für Natur- und Vaterlandskunde gestiftet, und von Joseph II. zu einer öffentlichen böhmischen Gesellschaft der Wissenschaften erhoben, obwol von einer mehr universell wissenschaftlichen, als rein nationellen Tendenz (die schönen Wissenschaften und Künste sind von ihr ganz ausgeschlossen), hat durch vortreffliche Arbeiten einzelner Glieder die slawische, vorzüglich aber die böhmische Geschichte und Literatur wahrhaft bereichert. 2.) Das böhmische National-Museum seit 1818 bezweckt die Aufstellung alles Ausgezeichneten in vaterländischer Wissenschaft und Kunst, und Alles Merkwürdigen, was Natur und menschliche Kunst und Gewerbfleiss in Böhmen hervorgebracht haben, zu möglichster Gemeinnützigmachung, Beförderung der Cultur, Wissenschaft, Industrie und Vaterlandskenntniss. 3.) Das Institut der böhmisch-slowakischen Sprache und Literatur in Pressburg (Institut řeči a literatury česko-slowenské), verbunden mit einer böhmisch-slowakischen Lehrkanzel an dem evangelischen Lyceum daselbst, gestift. 1803, ging nach einem Jahrzehend ein. 4.) Der Verein für die slowakische Literatur, errichtet durch die Hrn. Lowich und Tablic ums J. 1812.

III. Jahrbücher, Journale, Zeitungen.

I. *Russische.* Im J. 1824 erschienen in Russland folgende periodische Blätter in der Landessprache. 1.) Wjestnik Europy (der europ. Bote), von M. Kačenowsky, Moskau 24 Hfte. 2.) Istoričeskij, statističeskij i geografičeskij žurnal, ili sowremennaja istorija swjeta, M. 12 Hfte. 3.) Nowyj magazin jestestwennoj istorij, fiziki, chimii i wsjech ekonomičeskich swjedenij, von J. Dwigubskij, 12 Hfte, 4.) Syn otečestwa, istoričeskij, političeskij i literaturnyj žurnal, von N. Greč, S. Petersburg

52 Hfte, 5.) Literaturnyja pribawlenija k synu otečestwa, von eb., eb. 26 Hfte. 6.) Djestkij Muzeum, 12 Hfte. 7.) Žurnal dlja djetej, S. P. 12 Hfte. 8.) Sjewernyj archiw, žurnal istorii, statistiki i putešestwii, von Th. W. Bulgarin, 24 Hfte; damit verbunden 9.) Literaturnyja listy, 12 Lief. 10.) Blagonamjerennyj, literaturnyj žurnal, von A. E. Izmajlow, S. P. 24 Hfte. 11.) Sibirskij wjestnik, von G. Spasskij, S. P. 24 Hfte. 12.) Sorewnowatelj proswješčenija i blagotworenija, herausg. von der S. Petersburger freien Gesellsch. der Freunde der russ. Liter. S. P. 12 Hfte. 13.) Otečestwennyja zapiski, von P. Swinin, 12 Hfte. 14.) Žurnal izjašėnych iskustw, von W. Grigorowič, 6 Bde. 15.) Ukazatelj odkrytij po fizikje, chimii, jestestwennoj istorii i technologii, von Prof. N. Sčeglow in S. P. 6 Bde. 16.) Žurnal imperatorskago čelowjekoljubiwago obščestwa, S. P. 12 Hfte. 17.) Žurnal departamenta narodnago proswješčenija, S. P. 12 Hfte. 18.) Christianskoje čtenije, von der S. P. geistlichen Akademie, 12 Hfte. 19.) Damskij žurnal, vom Fürsten Šalikow, M. 24 Hfte. 20.) Učenyj i literaturnyj žurnal ross. imperii po časti putej soobščenija, russ. und franz., S. P. 12 Hfte. 21.) S. Petersburgskija wjedomosti, russ. und teutsch, S. P. 2mal wöchentlich. 22.) Moskowskija wjedomosti, u. m. a. Hieher gehören, ausser den von uns aus Mangel an Kunde übergangenen, in Charkow, Kazan u. s. w. erscheinenden Zeitblättern, die schon oben angeführten Denk- und Sammelschriften der russ. Akademie und der gelehrten Gesellschaften. II. *Polnische.* Im J. 1822 erschienen folgende polnische periodische Blätter: 1.) Roczniki towarzystwa królew. przyiaciol nauk, in Warschau. 2.) Dziennik towarzystwa król. rolniczego, eb. 3.) Pamiętnik Warszawski, czyli dziennik nauk i umieiętności, 12 Hfte. 4) Pamiętnik naukowy, eb. 5.) Tygodnik polski zagraniczny, eb. 6.) Izis polska, eb. 7.) Gazeta Warszawska, eb. wöchentlich 2mal. 8.) Gazeta korrespondenta Warszawskiego i zagranicznego, eb. wöchentlich 2mal. 9.) Dziennik Wileński, 12 Hfte. 10.) Tygodnik Wilenski, von A. Kołkowski. 11.) Pamiętnik farmaceutyczny Wileński, 4 Bde. 12.) Dzieie dobroczynnośći, Wilna 12 Hfte. 13.) Wia-

domości Brukowe, eb. 14.) Kuryer Litewski, eb. wöchentlich 2mal. 15.) Roczniki towarzystwa naukowego s universitetem Krakowskim połączonego, in Krakau. 16.) Pszczoła Krakowska, eb. 17.) Gazeta Krakowska, eb. 18.) Miesięcznik Połocki, in Połock. 19.) Gazeta Poznańska, in Posen. 20.) Pszczoła polska, eine Fortsetzung des Pamiętnik Lwowski, in Lemberg. 21.) Gazeta Lwowska, eb. mit einer Beilage: Rozmaitości, Mannigfaltigkeiten. Mehrere von diesen Zeitblättern haben in den letzten Jahren wol aufgehört, dahingegen sind auch andere an ihre Stelle getreten, die wir aus Mangel an Nachrichten nicht anführen konnten. III. *Böhmische.* 1.) Krok, spis wšenaučný, von Prof. J. S. Presl in Prag, in zwanglosen Heften. 2.) Hlasatel český, von K. Rath und Prof. J. Negedlý eb. in zwanglosen Heften. 3.) Cechoslaw, literärischen Inhalts, zugleich mit einem politischen Blatt, von W. R. Kramerius eb. 4.) Wlastenský zwěstowatel, politischen und literärischen Inhalts, redigirt von J. Linda eb. 5.) Hyllos, von J. Hýbl eb. 6.) Dobroslaw, von Dr. J. L. Ziegler, redigirt in Königingrätz, gedruckt in Prag, hörte mit dem 12ten Hefte auf, und an seine Stelle trat: Prjtel mládeže, eine pädagogische Zeitschrift, von eb. IV. *Serbische.* Die Serbische politische Zeitung, redigirt von D. Dawidowič in Wien, hörte mit dem J. 1822 auf. Ebenderselbe gab 1817 — 21 einen serbischen Almanach: Zabawnik, heraus. Im J. 1824 fing Prof. G. Magarašewič in Neusatz an im Vereine mit mehreren Gelehrten ein serbisches Jahrbuch: Ljetopis srbska, streng literärischen Inhalts, mit besonderer Beziehung auf die Slawen, in zwanglosen Heften herauszugeben, 825. Ofen, Univers, Buchdr. 3 Hfte. 8.

IV. Buchdruckereien.

Da es nicht unser Zweck ist, hier eine detaillirte Geschichte der slawischen Buchdruckereien zu liefern, so wollen wir, mit Versparung der Nachrichten über die ältesten slawischen Drucke für die specielle Geschichte der Literatur eines jeden Dialekts, nur diejenigen Orte namentlich anführen, welche in den drei letzten Decennien slawische Drucke geliefert haben. — Im europäischen Russland gab es in dem letzten Decennium 39 russische Buchdruckereien, und zwar in S. Petersburg 15, in Moskau 9, in Wilna 5, in Riga 4, in Reval 2, in Dorpat 2, in Charkow 2; ausserdem wurde russisch gedruckt in Kazan und Warschau, und im Auslande in Leipzig und Prag. — Polnische Druckereien waren im Gange in Warschau, Wilna, Breslau, Krakau, Lemberg, Posen, Kalisz, Przemysl, Krzemieniec, Czestochowa, Lublin, Brieg, Danzig u. m. a., im Auslande wurde polnisch gedruckt in S. Petersburg, Leipzig, Königsberg u. s. w. — Böhmisch-mährisch-slowakische Buchdruckereien gab es in dieser Periode in Prag, Königingrätz, Pilsen, Pjsek, Brünn, Pressburg, Pesth, Ofen, Neusohl, Waitzen, Skalic, Tyrnau, Leutschau (jetzt in Rosenau) u. m. a.; ausserdem wurde böhmisch gedruckt in Wien, und im Auslande in Berlin. — Serbische Buchdruckereien waren in Wien (des D. Dawidowič, überging 1823 käuflich an M. Ch. Adolph in Rötz, und bei den PP. Armeniern) und Venedig (scheint jetzt eingegangen zu seyn), ferner in Ofen (Univers. Buchdruck.); ausserdem wurde mit kyrillischer Schrift gedruckt in Lemberg. — Von den übrigen Slawen hatten die Sorbenwenden Druckereien in Bautzen, Kotbus und Löbau; die Winden in Laibach, Grätz, Klagenfurt, Triest; die Kroaten in Ofen und Agram; die Slawoniten in Ofen und Essek; die Dalmatiner in Venedig und Ragusa. — Eine glagolitische Buchdruckerei befindet sich gegenwärtig nur in Rom bei der Propaganda. — Die unter der Botmässigkeit der Türken stehenden Slawen, die nächsten Land- und Sprachverwandten Kyrills und Erben seiner Lehre und Schrift, haben demnach allein keine einzige Druckerei aufzuweisen. *)

---

*) Es wäre hier der schicklichste Ort, etwas über den wolthätigen Einfluss des *slaw. Buchhandels* auf die Literatur, der sich in schnellerer Verbreitung der Bücher und Austauschung literarischer Ideen, in geringeren und fixirten Preisen der Bücher, und in Belohnung des Talents und gelehrten Fleisses durch die in Teutschland, Frankreich und England eingeführten Honorarien zeigen sollte, zu sagen, wenn derselbe nicht im J. 1825 wie 1806 noch ein reines Non ens wäre, worüber sich höchstens des Hrn. Jungmann pium desiderium wiederholen lässt: „*Deyž Bůh, aby slepšeno bylo slowenské knihkupectuj, nad něž we swětě nic nenj daremnějšjho.*" Hlas. česk. 1806. Th. III. S. 353.

Erster Theil.
Südöstliche Slawen.

Erster Abschnitt.

Geschichte der altslawischen Kirchensprache und Literatur.

§. 8.

Charakter der altslawischen Kirchensprache.

Der Ursprung der Sprache eines Volks ist, wie der Ursprung des Volkes selbst, gewöhnlich mit einem undurchdringlichen Schleier bedeckt. Man kann ohne Bedenken zugeben, dass die slawische Sprache im urgrauen Alterthum, wohin keine Geschichte reicht, nur *eine* war, aus der sich im Verfolge der Zeit die jetzt bestehenden Dialekte gebildet haben; allein ist dadurch der Ursprung irgend eines der letztern begründet, seine Entstehungsart erklärt, sein Verhältniss zu der Stammsprache festgestellt? Man fühlt sich ganz vorzüglich in einen Strom von Meinungen, Zweifeln, Hypothesen und Behauptungen unwillkührlich hineingezogen, wenn man mit Aufmerksamkeit dem Ursprung derjenigen slawischen Mundart, die zeither unter der Benennung der *altslawischen* oder der *Kirchensprache* bekannt ist, nachspürt, und ihre Schicksale verfolgt. Gleichwol ist es unumgänglich nothwendig, sich mit dieser ehrwürdigen, vom Heiligenschein umstrahlten Mutter, bevor man das Gebiet der übrigen Slawinen betritt, genauer bekannt zu machen. Denn sie ist es, welche ihres hohen Alterthums und innerer Vorzüge wegen für jeden Sprachforscher interessant, für den Slawisten aber dreifach und vierfach wichtig ist, und in den neuesten Zeiten mit Recht den Grundstein der gesammten slawischen Sprachkritik und Philologie bildet. „Unter allen neuen Sprachen, sagt der grosse Geschichtsforscher und Sprachkenner, Schlözer (Nestor III. 224.), ist die slawonische (*altslawische*) eine der *ausgebildetsten* (ihr Reichthum und andere Vorzüge gehen mich hier nichts an); wie sie dazu gekommen sey, wird aus dem Gange ihrer Cultur erklärlich. Ihr Vorbild war die griechische Sprache, die ausgebildetste der damaligen Welt, wenn gleich Kedren nicht mehr wie Xenophon schrieb; und dieser ihre Eigenthümlichkeiten und Schönheiten aufzunehmen, war sie, die slawonische Sprache, ganz besonders fähig. Da die Uebersetzer meist wörtlich übersetzten, nicht wie Kaedmon der Angelsachse, und der Teutsche Ottfried, poetisch metaphrasirten; so mussten sie, sie mochten wollen oder nicht, ihre Sprache beugen, sie geschmeidig machen, auf neue Wendungen sinnen, um das Urbild getreu nachzubilden u. s. w. Unter allen neueren Sprachen ist die slawonische zweitens am *allerfrühesten* zur Ausbildung gekommen. Wie sah es im XIII. XIV. Säc. mit dem Teutschen, Französischen, Englischen u. s. w. aus? Das frühe Voreilen der Russen hierin bewirkte ein Zusammenfluss glücklicher Umstände. Das Uebersetzen aus dem gebildeten Griechischen ging Jahrhunderte lang ununterbrochen fort; der Gottesdienst ward in der Landessprache gehalten; alle Chroniken, alle Urkunden wurden in der Landessprache (nicht lateinisch, wie im ganzen übrigen Europa) gefertigt. Wie sehr wir Teutsche namentlich uns verspätet haben (denn wirklich schreiben wir erst seit 70 Jahren gebildetes Teutsch; das haben wir meist durch Uebersetzen aus dem Französischen und Englischen gewonnen), fühle ich lebhaft, wenn ich eine russische Legende, etwa aus dem XIV. Säc., und dann eine teutsche Postille, gedruckt im J. 1674, hintereinander lese (wobei ich vom possierlichen Inhalt der erstern ganz abstrahire, und beide nur im

Styl vergleiche). Dort finde ich Ordnung im Vortrag, geschlossene Perioden, Incident-Sätze durch 10lei Participien an einander gereihet, sonore Kraft- und Prachtwörter u. s. w.; und nun dagegen der ärmliche teutsche Postillant, den damaligen Regensburger Canzlei-Mann nicht zu vergessen!" Mit Recht blickt demnach jeder Slawist auf sie, als auf eine Pyramide der Sprachbildung seiner Vorfahren, an der er die eigene Kraft durch fleissiges Studium zum fruchtbaren Bearbeiten der Hausmundart gross ziehen kann, freudig zurück. Ausgebildet und der fernern Ausbildung, oder richtiger, nach mancherlei Entstellung der Wiederherstellung in ihrer ursprünglichen Reinheit fähig, reich an Wurzelwörtern und Wortformen, ausgezeichnet durch männlichen Klang, von fremdartigem Wortschlag und ausländischer Farbengebung unter allen Slawinen am meisten frei, hat sie zwar einerseits im Strom der Zeiten durch ihr Zurücktreten aus dem geselligen Leben (denn gesprochen wird sie nirgends mehr, aber eine todte Sprache in dem gewöhnlichen Sinne ist sie auch nicht), an äusserer Leichtigkeit und Geschmeidigkeit verloren, andererseits aber durch den religiösen Gebrauch an innerem Ansehen und Würde doppelt gewonnen.

Ihre Verwandtschaft mit den übrigen südöstlichen Mundarten, so wie ihr Unterschied von denselben, erhellet schon aus folgenden wenigen Kennzeichen:

Altslawisch.	Russisch.	Serbisch.	Kroat.	Windisch.
1. гора	гора l. hora	гора	gora	gora
2. Єсмь	есмь	есамь (самь)	jeszem (szem)	fim
Єси	еси	еси (си)	szi	fi
Єсть	есшь	есш (е)	jeszt (je)	je
3. азъ	я	я	ja	jest (jes)
ты	ты	ты	ti	ti
он	он	он	on	on
4. тъ, той	шош	шай	ta (te)	ta
та, тая	ша	ша	ta	ta
то, тое	шо	шо	to	to
5. -ый, -ая, -ое	ый, -ая, -ое	-ый, -а, -о	-, -a, -0	-, -a, 0
-аго -ыя -аго	аго-ой-аго,	ога-е-ога,	oga-e-oga,	iga -e -iga
z. B. сватый	u. s. w.			

6. щ : нощ	ночь	нопь	nòch	nòzh
дщи	дочь	кшьн(кшьерь)	kchi (kcher)	hzhi (hzher)
щав	щавель	пшавльe	schav	fhavje
7. х. сѹх	сухый	сув	szuh	fůh
грах	горох	гра	grah	gráh
оухо	ухо	уво	vuho	vuhó
8. л : пепелъ	пепел	пепео	pepel	pepel
был	был	бьо	bil	bil
9. н : носити	носишь	носиши	nositi	nofiti
10. Єдин	один	едан	jeden	èden
Єлен	олен	елен	jelen	jelen
11. въх : въздвигнѫ	воздвину	уздигну	zdisem (uz-)	vzdignem
12. дъска	доска	даска	deszka (daszka)	defka
дълг	долг	дуг	dùg	dovg (dolg)
13. итра	печень	жигерица	jetra	jetra
скранïа	виски	слепе очи	szlépe ochi	fenzi

Allein über nichts in der slawischen Literatur waren die Meinungen der Gelehrten von jeher so getheilt, als gerade über diese Sprache der kyrillischen Bibelübersetzung und der Liturgie aller Slawen des griechischen Ritus, namentlich der Russen und Serben. Die älteste und bis auf die neuesten Zeiten gewöhnlichste Meinung ist wol die, dass diess die Sprache sey, in welcher Kyrill und Method in der zweiten Hälfte des IX. Jahrh. die Bibel übersetzt, die Liturgie eingerichtet und das Volk unterrichtet haben, und dass sie dem Ursprung nach demjenigen slawischen Stamme angehöre, in dessen Mitte Kyrill und sein Bruder zuerst das Bekehrungswerk betrieben, und folglich auch dessen Sprache bei der Uebersetzung der liturgischen Bücher angewendet haben. Erst in den neuesten Zeiten hat man versucht, den Ursprung des Altslawischen und sein Verhältniss zu den übrigen Dialekten näher zu bestimmen; wobei eine grosse Anzahl Hypothesen von Gelehrten und Sprachforschern aufgestellt worden ist, ohne dass eben dadurch, wie es scheint, die Sache bis jetzt ganz in's Reine gebracht worden wäre. Da indess alle diese Meinungen entweder auf grammatische Erforschung der Sprache, oder auf historische Beleuchtung der Bekehrung der Slawen durch Kyrillus und Methodius gestützt sind, und letztere nothwendig der erstern vorangehen muss, so wollen wir zuvörderst die Ergebnisse der neuesten Forschungen über der letztgenannten zwei Slawen - Apostel Bekehrungswerk kurz zusammenfassen.

§. 9.
Kyrills und Methods Herkunft, Beruf und Mission.

Ausser den frühern Bearbeitern der Lebens- und Bekehrungsgeschichte Kyrills u. Methods, worunter Dobner und Středowský als fleissige Sammler zu nennen sind, haben sich um diesen Zweig des slawischen Geschichtsstudiums vorzüglich Schlözer und Dobrowský verdient gemacht. Nach des letztern neuester Prüfung und Zusammenstellung aller ältern und spätern Berichte über die zwei Brüder-Apostel ergibt sich über dieselben ungefähr folgendes *):

Kyrill und Method waren aus Thessalonich gebürtig, und zwar aus einem adeligen Geschlecht, wie diess die ältesten Legenden bezeugen. Constantin, welcher später in Rom den Namen Kyrill annahm, ward seiner Geistesfähigkeit und Gelehrsamkeit wegen Philosoph genannt. Von seiner Sprachkenntniss reden mehrere. Slawisch hatte er wahrscheinlich zu Hause, zu Thessalonich, gelernt: denn in Macedonien wohnten bereits seit Jahrhunderten Slawen, (Bulgaren oder Serben? — diess ist, worauf alles ankommt, und was man bis jetzt unberücksichtigt und unerörtert gelassen), und Thessalonich, noch jetzt eine berühmte Handelsstadt, war zu der Römer Zeiten die Hauptstadt Macedoniens, wo der Handel mehrere Sprachen, darunter auch die slawische, in Gang gebracht haben mag, so dass dortige Gelehrte zur Kenntniss des slawischen Sprache leicht kommen konnten. Chasarisch lernte Kyrill erst zu Cherson. Das Armenische war ihm gewiss nicht unbekannt, da er einige Buchstaben aus dem Armenischen in das slawische Alphabet aufnahm. Bei reiferem Alter führen ihn seine Eltern in die Kaiserstadt, wo er Priester geworden. Method scheint in den Mönchsorden getreten zu seyn.

---
*) Der Rec. von Hrn. Dobrowskýs Kyrill u. Method in den Wien. Jahrb. d. Lit. 1824. erklärt die päpstl. Briefe an Method u. die mährischen Fürsten für unecht, und zieht Methods Weihe zum Bischof von Mähren u. Pannonien in Zweifel.

Es kommt eine Gesandtschaft von Chasaren unter Ks. Michael nach Constantinopel. Sie bitten um einen christlichen Lehrer. Constantin wird seiner Beredsamkeit wegen zu dieser Mission bestimmt. Er geht dahin ab, und lernt zu Cherson, wo er sich einige Zeit aufhält, chasarisch. Hier hatte er das Glück, den Körper des heil. Clemens zu entdecken. Er geht nun in das Chasarenland, das er ganz bekehrt haben soll, obgleich noch lange nach ihm der grösste Theil keine Christen waren. Nach seiner Zurückkunft von der chasarischen Mission schickt der mährische Fürst Rastislaw zwischen 861 — 863 seine Gesandten an Ks. Michael, und bittet sich einen Lehrer aus, von dem sein Volk lesen lernen, und in dem christlichen Gesetze vollkommener unterrichtet werden könnte. So nach einer Legende, die die Bekehrung der Bulgaren ganz übergeht; allein wenn auch die Gesandtschaft aus Mähren an Ks. Michael nicht etwa eine blosse Ausschmückung seyn sollte, so ist doch aus andern Berichten mehr als wahrscheinlich, dass Constantin und Method vor ihrer Abreise nach Mähren an der Bekehrung der Bulgaren arbeiteten. Um sich mehr Eingang zu verschaffen, erfand Constantin, wo nicht schon zu Constantinopel, doch gewiss in der Bulgarei, die slawonische Schrift, und übersetzte das Evangelium u. s. w. Die Einführung des slawischen Gottesdienstes musste natürlich auch bei andern slawischen, schon eher getauften Völkern den Wunsch erregen, solche Lehrer zu erhalten. Diess gab Anlass, sie nach Mähren einzuladen, es möge nun durch eine Gesandtschaft an Ks. Michael, oder auf eine andere Art geschehen seyn. Nun gehen Constantin und Method 863 nach Mähren. Man nimmt sie mit Freuden auf. Vier und ein halbes Jahr bleiben sie daselbst, predigen und richten den Gottesdienst in slawischer Sprache ein. Sie werden endlich vom Papste Nicolaus 867 nach Rom beschieden. Sie treten nun die Reise nach Rom an, finden aber den Papst Nicolaus todt; er st. am 13. Nov. 867 und am 14. Dec. folgte ihm Adrian. Als dieser vernommen, dass Constantin die Reliquien des h. Clemens mitführte, ging er ihnen vor die Stadt mit der Clerisei und dem Volke entgegen. Beide

Brüder werden nun gleichsam aus Dankbarkeit zu Bischöfen geweiht, ihre Schüler aber, die sie mit sich nahmen, zu Priestern und Diakonen. Kyrill empfing die bischöfliche Weihe, nahm aber das ihm bestimmte Bisthum nicht an. Er hatte ein Vorgefühl seines nahen Endes. Mit Erlaubniss des Papstes nimmt er den Namen Kyrill an, und nach vierzig Tagen stirbt er am 13. Febr. 868. Aber sein Andenken blieb den Slawen heilig, und schon im Ostromirschen Evangelienbuch 1056 wird im Kalender sein Gedächtniss am 14. Febr. gefeiert. Auch die Böhmen und noch früher die Mähren wurden Verehrer der zwei Slawenlehrer.

Method, zum Bischof geweiht, säumte nicht, sich sogleich 868 nach Mähren zurückzubegeben. Da er Landbischof (episcopus regionarius) war, so hatte er keinen bestimmten Sitz, wenn ihm gleich die spätern Legenden, keineswegs aber die ältern, Welchrad, das sie zugleich für die Hauptstadt des Reiches erklären, willkührlich anweisen. Wir dürfen also weder Welehrad im Gebiete Rastislaws, noch die Stadt Morawa in Pannonien für den bischöflichen Sitz Methods annehmen, sondern wir müssen ihn Erzbischof von Mähren und Pannonien nennen, wie ihn der Papst Johann VIII. in seinen Briefen nannte.

Im J. 869 wird Rastislaw von Karlmann angegriffen und geschlagen. Swatopluk, Rastislaws Neffe, ergibt sich und seinen Landesantheil an Karlmann. Rastislaw, darüber aufgebracht, stellt ihm nach, wird aber selbst gefangen. Swatopluk liefert seinen Oheim 870 an Karlmann aus. Dieser wird in Banden nach Regensburg gebracht, zum Tode verurtheilt, allein K. Ludwig begnadigt ihn, indem er ihm die Augen ausstechen und ihn in ein Kloster einsperren lässt, wo er sein Leben, man weiss nicht wann, endigte. Aber auch Swatopluk wird den Teutschen verdächtig, und desshalb 871 verhaftet. Die Mähren zwingen einen nahen Verwandten von ihm, den Priester Slawomir, die Regirung zu übernehmen, der sich nun, doch fruchtlos, bemüht, die Teutschen aus den eingenommenen Plätzen zu vertreiben. Swatopluk, da ihn seiner Untreue niemand überweisen konnte, wird entlassen, und kommt mit einem bairischen Heere nach Mähren. Vor einer festen Burg angekommen, verlässt er die Baiern, geht in die Burg, macht mit mährischen Truppen einen Ausfall, zerstreut diess bairische Hilfscorps und behauptet sich als Herrscher von Mähren.

In diesen äusserst unruhigen Jahren scheint sich Method in dem Gebiete Chocils (sonst Hezilo, bei den Russen Kocel und Kočel, im Troadnik bei Raič Kočul) in Pannonien aufgehalten zu haben. Hier traf er auf teutsche Priester, die von dem Erzbischofe von Salzburg eingesetzt waren. Die von ihm eingeführte slawische Liturgie gab Anlass zu Klagen selbst bei dem Papste Johann VIII., der Method als von Adrian dahin gesendeten Erzbischof in Schutz nahm. Schon 798 hat der Salzburger Erzbischof Arno auf K. Karls Befehl den ersten Besuch bei den Slawen in Pannonien gemacht, Kirchen eingeweiht, Priester ordinirt und angestellt. Von Luitprams Besuchen noch unter Privinna in den J. 840 — 843 berichtet der Ungenannte de Conversione Bojoariorum et Carantanorum. Noch 865 feierte der Salzburger Erzb. Adalvin, unter welchem 873 ein Salzburger Priester in dem erwähnten Aufsatze die Diöcesanrechte der Salzburger Erzkirche vertheidigt, das Weihnachtsfest in Chocils Burg, Mosburg genannt.[1]) Er weiht wieder mehrere Kirchen ein und stellt Priester an. Seit 75 Jahren durfte kein fremder Bischof, der dahin kam, daselbst das bischöfliche Amt ausüben. Kein Priester konnte über drei Monate da verweilen, ohne bevor seine Dimissorien dem Salzburger Erzbischofe vorzuweisen. Diess ward dort so lange gehalten, bis Method mit seiner neuen Lehre auftrat. Ohne Zweifel hielt sich auch nachher Method oft genug zu Mosburg bei Chocil auf. Als Method die slawische Liturgie in Pannonien einführte, verfiel die lateinische und wurde verachtet. Der Erz-

---

[1]) Privinna bekam einen Theil vom Unter-Pannonien von K. Ludwig zu Lehn, am Flüsschen Sala. Hier baute er eine Burg oder feste Stadt in einem Walde und am oder im See des Flüsschen Sala. Es lag also Mosburg am Plattensee, wo heute Salavár steht. Wenn man nun annähme, dass die Slawen dieses Mosburg Welehrad nannten, so wäre doch einigermassen erklärbar, wie man Methods Sitz zu Welehrad in Mähren suchen konnte. S. *Dobrowsky's* Cyrill u. Method. Prag 823. 8. S. 87. — (Ist Welehrad nicht die alte Stadt Belehrad, Stuhlweissenburg, 3 Meilen nordöstlich vom Plattensee?)

priester Richbald konnte die Geringschätzung des lateinischen Gottesdienstes nicht ertragen, sah die Einführung der slawischen Liturgie durch Method als einen Eingriff in die Rechte des Salzburger Erzbischofs an, und machte sich lieber davon. Diess geschah unter dem noch lebenden Adalvin, also wol schon 872, da dieser 873 starb.

Ungeachtet die Päpste ihr altes Recht auf die pannonische Diöcese, die schon in den ältesten Zeiten zum römischen Patriarchat gehörte, geltend zu machen suchten, und desshalb Method beschützten, unterliessen es die Salzburger und andere teutsche Priester doch nicht, den Griechen Method bei dem Papste verdächtig zu machen. Man beschuldigte ihn, dass er von der Lehre der römischen Kirche abweiche, das Volk zu Irrthümern verleite, anders lehre, als er mündlich und schriftlich vor dem apostolischen Stuhle zu glauben bekannt habe. Seine Verwunderung darüber bezeugt der Papst in einem Briefe vom 14. Juny 879 an Tuventar, einen mährischen Fürsten (Kniez), der seinen Priester Johann nach Rom geschickt hatte. Er ermahnt den Fürsten, dass er sich an die Lehre der römischen Kirche halte. Sollte aber ihr Bischof (Gorazd, ein Bulgar oder Grieche, den Method geweiht hat), oder irgend ein Priester etwas anderes zu verkündigen sich unterstehen, so sollten sie einmüthig die falsche Lehre verwerfen. Ihren Erzbischof aber, von dem er gehört, dass er anders lehre, habe er desshalb nach Rom beschieden. Der Brief an Method, womit ihn der Papst Johann nach Rom bescheidet, ist von demselben Dato. In diesem kommt auch noch ein zweiter Punct der Anklage vor, nämlich die slawische Sprache bei der Messe. Einen frühern, nicht vorhandenen Brief, liess er Methoden durch Paul Bischof von Ancona einhändigen. Der Einladung gemäss stellt sich Method zu Rom. Mit ihm kam auch Swatopluks Getreuer Zemižižn. Durch Methods mündlichen klaren Bericht erfährt der Papst, dass Swatopluk und sein ganzes Volk dem apostolischen Stuhle aufrichtig ergeben sey, dass er andere Fürsten dieser Welt verschmähend (sind wol die teutschen gemeint), sich den h. Apostelfürsten

Peter und dessen Stellvertreter zum Patron gewählt habe, wofür der Papst in väterlichen Ausdrücken dankt. Den Method befragte nun der Papst, ob er das Symbolum des orthodoxen Glaubens so singe, wie es die römische Kirche halte, und in den allgemeinen Kirchenversammlungen von den h. Vätern kund gemacht worden sey. Da nun Method bekannte, dass er der evangelischen und apostolischen Lehre gemäss, wie die römische Kirche lehrt, und von den h. Vätern überliefert worden, das Symbolum halte und singe, ward er als orthodoxer Lehrer befunden, und abermal zur Leitung der ihm anvertrauten Kirche Gottes zurückgesandt, und den Gläubigen befohlen, dass sie ihn als ihren eigenen Hirten mit aller Ehrfurcht empfangen sollen, weil ihm das Vorrecht der erzbischöflichen Würde kraft apostolischer Auctorität bestätigt worden sey. Den Priester Wiching, den Swatopluk nach Rom sandte, weihte der Papst zum Bischofe von Neitra, der in allem seinem Erzbischofe gehorsam seyn solle. Dass nebst Wiching auch nur ein zweiter damals angestellt worden wäre, wissen wir nicht. In Ansehung des zweiten Punctes der Anklage gelang es dem Method durch seine Vorstellungen den Papst Johann zu bewegen, dass er den slawischen Gottesdienst nun bewilligte. Möge nun Method dem Papste Johann die grossen Vortheile der slawischen Sprache bei seinem Lehramte unter den Slawen einleuchtend vorgestellt, möge er auf das Beispiel der griechischen Kirche, die neben der griechischen Sprache bei allen gottesdienstlichen Verrichtungen auch andere Sprachen, die syrische, koptische, armenische, slawische gestatte, hingewiesen, möge er endlich bei der Nichtgewährung des Gebrauchs der slawischen Sprache auf die nahe Gefahr einer Trennung von der lateinischen Kirche aufmerksam gemacht haben; so hatte Papst Johann nebst diesen Gründen auch noch andere Ursachen, die Griechen und die dem griechisch-slawischen Ritus ergebenen Slawen eben jetzt zu schonen. Es musste ihm an der Erhaltung der Kircheneinigkeit, die jetzt vielfach gefährdet war, alles gelegen seyn. Diess machte ihn selbst gegen Photius so nachsichtig, dass er seine Wiedereinsetzung nach dem Tode des Patriarchen Ignatius genehm hielt. Dadurch hoffte er die Einigkeit der Kirche zu erhalten, und die Bulgarei, aus der seit 870 alle lateinische Priester weichen mussten, wiederum an das abendländische Patriarchat zu bringen. Kurz, Johann VIII. gab den Vorstellungen Methods in Betreff des slawischen Gottesdienstes nach, und fasste seine Erklärung darüber so behutsam ab, dass er nicht nur sich selbst wegen des vor kurzem, um unterdessen Methods Ankläger zu beschwichtigen, gemachten, jetzt aber zurückgenommenen Verbotes, sondern auch den von Adrian geweihten und in Pannonien eingesetzten Erzbischof wegen der eingeführten und fortgesetzten slawischen Liturgie gleichsam rechtfertigte, Methods Ankläger eines bessern belehrte, und hoffen konnte, den Angeklagten dadurch gegen weitere Beschuldigungen von Seite der teutschen Priester sicher zu stellen. Von dringenden Umständen bewogen, gestattete zwar Papst Johann auf der einen Seite den slawischen Gottesdienst, aber auf der andern, da er wusste, dass in Mähren von jeher viele lateinische Priester angestellt waren, wollte er der lateinischen Sprache nichts vergeben. Er schliesst daher seinen Brief an Swatopluk mit diesen Worten: Wir befehlen aber doch, dass in allen Kirchen eures Landes, der grössern Würdigkeit wegen, das Evangelium zuerst lateinisch gelesen werde, und dann in slawischer Sprache übersetzt dem der lateinischen Sprache unkundigen Volke zu Ohren komme, wie es in einigen Kirchen geschehen mag. Und wenn es dir und deinen Richtern gefällt, die Messen lieber in lateinischer Sprache zu hören, so befehlen Wir, dass dir das feierliche Amt der Messe lateinisch gelesen werde.

Da Gorazd, den Method früher zum Bischofe geweiht hatte, dem Wiching, Bischof von Neitra, weichen musste, so ist dieser wol der einzige Suffragan, der dem Erzb. Method untergeordnet war. Ein zweiter sollte erst zum Bischofe geweihet werden, und mit diesen zweien sollte erst Method noch mehrere ordiniren und an bestimmten Orten anstellen. Da aber Method keine gute Aufnahme in Mähren fand, und sich etwa schon 881 zurückzog, so geschah von allem, was man vorhatte, nichts. Erst lange nach Methods Entfernung aus Mähren, 4 oder 5 Jahre nach Swatopluks Tode (st. 894), ward in Mähren eine Metropole, d. i. ein Erzbisthum mit drei Bischöfen errichtet. Wenn gleich der böhmische Hzg. Boŕiwog von Method, wahrscheinlich vor dessen zweiter Reise 879, wie Cosmas 230 Jahre nach dieser Begebenheit bezeugt, getauft worden, so folgt doch nicht, dass Method über Böhmen seine Jurisdiction als Erzbischof ausübte, weil Böhmen seit der Taufe der vierzehn Herzoge (Fürsten), d. i. seit 845 unter den Sprengel von Regensburg gehörte. Ungeachtet der Empfehlung des Papstes Johann ist der von ihm bestätigte Erzbischof von Mähren doch nicht so gut aufgenommen worden, als er es billig erwarten konnte. Selbst Swatopluk, von teutsch-lateinischen Priestern geleitet, scheint nicht die gehörige Achtung gegen Method bewiesen zu haben. Was eigentlich dem Method widriges widerfahren, ist wol kaum möglich genau zu bestimmen. Doch so viel ist gewiss, dass er schon nach etwa sieben Monaten nach seiner Ankunft von Rom (880) Ursache hatte, sich mit einer Klageschrift an den Papst zu wenden, wie es aus Johanns VIII. tröstender Antwort erhellet. Der Brief ist datirt vom 23. Mai 881. Der Papst lobt Methods Seeleneifer, bezeugt grosses Mitleid mit ihm verschiedener Unfälle und Begegnisse wegen, sagt, er hätte weder Swatopluk noch Wiching geheime Instructionen gegeben. Man kann also nur rathen, was denn eigentlich gegen den griechischen Erzbischof der lateinische ihm untergeordnete Bischof Wiching unter Swatopluks Schutze unternommen habe. Der griechisch-slawische Ritus allein war den lateinisch-teutschen Priestern, deren Anzahl in Mähren wahrscheinlich viel grösser war, als der slawischen, schon anstössig genug. Wiching brachte es dahin, dass der slawische Bischof Gorazd und sein Anhang aus dem Lande geschaffet wurde. Method konnte jetzt, bei der Freundschaft Swatopluks mit Arnulph, Herzoge von Kärnten u. Pannonien, dem er seinen Sohn Swentibald (Swatopluk) aus der Taufe hob, auf keinen Schutz gegen Wiching rechnen, und fasste den klugen Entschluss, den er dem Papste meldete, wiederum nach Rom zurückzukehren, da er befürchten konnte, dass man sich in Mähren gegen die griechisch-slawischen Priester eben nicht gefälliger betragen würde, als sich im J. 870 die Griechen gegen die lateinischen Priester in der Bulgarei betragen haben. Was thut nun Method in seiner misslichen Lage in Mähren? Die Tröstungen des Papstes in dem angeführten Briefe vom J. 881 konnten sein Gemüth wol aufrichten, aber seine Lage blieb, wie sie war. Auch verspricht der Papst den Handel erst beizulegen, wenn Method nach Rom zurückgekommen seyn würde. Er säumte also nicht, sich dahin zu begeben, wo er auch sein Leben endete, und zwar, da nach dem J. 881 seiner nirgends mehr gedacht wird, in kurzer Zeit nach seiner Ankunft. Allein das eigentliche Todesjahr Methods bleibt immer ungewiss. — Method war als Erzbischof im J. 868 von Adrian eingesetzt, nach 12 Jahren darin von Johann bestätigt, gleich darauf im J. 881 von ihm getröstet und nach Rom beschieden, er konnte also sein Erzbisthum nicht länger, als 13 Jahre verwalten. Nimmt man noch die Jahre vor seinem Bisthum dazu, in welchen er sein Bekehrungswerk in Mähren trieb, so kommen 18 Jahren heraus —. [2])

Die so wichtige Frage, was eigentlich Kyrill, was Method, was endlich beide bei ihren Lebzeiten übersetzt haben, ist wol jetzt kaum genugthuend zu beantworten. Nach dem fast einstimmigen Bericht der ältesten Zeugen gebührt die Ehre der Erfindung und Verfertigung des slawischen Alphabets ausschliesslich dem Constantin, mit dessen Mönchs-Namen es späterhin auch benannt worden ist (Kyrillica, kyrillisches Alphabet);

---

[2]) Ueber Kyrill u. Method sind zu vgl. *Pešina* Mars Moravicus Prag 677. fol. — *Středowský* sacra Moraviae historia, sive vita SS. Cyrill et Methudii, etc. Solisbaci 710. 4. — *Th. Prokopowič* razsmotrenije powjesti o Kirillje i Methodii, S. P. 722. — *Kohl* introd. in histor. et rem litter. Slavorum, Altona 729. — *Assemani* Kalendaria ecclesiae universae; Rom 755. T. III. — *Dobner* annales Bohemorum Hajeki, Prag 765. P. III. *Ulmann* Altmähren, Olmütz 762 fol. — Acta SS., m. Martii Tom. II., ad IX. Mart. de „SS. Episcopis Slavorum Apostolis, Cyrillo et Methodio etc." Antw. 668. fol. — (*Ewgenij*) slowar istoričeskij etc. (818) S. 421 — 431. *Schlözer* Nestor Th. III. S. 149 — 242. — *Dobrowský* Cyrill und Method, der Slawen Apostel, Prag 823. 8. Die zwei letztern, überaus schätzbaren Schriften sind, wegen der angeführten und sich gegenseitig ergänzenden Quellen beim Gebrauche zu verbinden.

allein an den Verdiensten, die sich die Gebrüder um
die Slawen erworben, hat Method nicht nur eben so
viel, sondern noch mehr Antheil, als Kyrill; letzterer
starb sehr früh, Methodius aber lebte noch wenigstens
13 Jahre, und die Vollendung der slawischen Liturgie
ist bloss sein Schöpferwerk. „Willkommen also hier,
rufen wir mit Schlözer (Nestor III. 187) aus, ihr unsterblichen Erfinder der slawonischen Schrift, die ihr es
zuerst wagtet, eine rohe Sprache, die eine Menge ihr
eigenthümlicher Laute hat, dem Volke so zu sagen aus
dem Munde zu nehmen, und mit griechischen Buchstaben zu schreiben, aber wie Genien dabei verfuhret, und
für jene eigenthümliche Laute, die der Grieche in seiner
Sprache nicht hatte, eigene Zeichen oder Buchstaben er-
fandet; wie tief steht unter euch der Elsasser Mönch
Ottfried, oder wer der Teutsche seyn mag, der sich zuerst erkühnte, seine Sprache zu schreiben, aber dabei
das lateinische A B C nur sclavisch copirte!"[3] Nach
dem Exarchen Johann übersetzte Kyrill bloss eine Auswahl aus den Evangelien und dem Apostel, d. i. nur die
Lectionen durch's ganze Jahr hindurch, wie sie aus den
Evangelien der römische ruthenische Codex No. 1. enthält. Bei den Russen heissen sie Апракос, bei den
Griechen $εὐαγγέλια\ ἐκλογαδία$. Ein solches Evangelienbuch ist das Ostromirsche auf Pergamen im J. 1056
von Gregor Diakonus für den Nowogoroder Posadnik
Joseph Ostromir geschrieben. Dass dieser Codex die un-
veränderte kyrillische Uebersetzung grösstentheils ent-
halte, daran ist gar nicht zu zweifeln. Kyrill übersetzte
wahrscheinlich zuerst die ganzen vier Evangelien, wie
sie der Codex vom J. 1144 in der Synodalbibliothek zu
Moskau No. 404 enthält. Dasselbe gilt auch vom Apostel, worunter die Apostelgeschichte und alle Briefe der
Apostel verstanden werden. Auch von diesem Buche
lassen sich mehrere Lectionarien nachweisen, die zur
Bequemlichkeit der Leser so eingerichtet sind, dass die
Lectionen nach den Festen des Jahres fortlaufen. Diokleas

---

[3] Ueber das Verfahren Kyrills bei Einrichtung des slaw. Alphabets, so wie über die Natur der slaw. Sprachlaute und ihre Bezeichnung mittelst Buchstaben s. die feinen und scharfsinnigen Bemerkk. des Hrn. *Kopitar* Gramm. S. 1 — 13, 161 — 212.

schreibt dem Kyrill die Uebersetzung der Evangelien, des Psalters, und dann des ganzen alten und neuen Testaments, und der Messe (der griechischen Liturgie des Basilius und Chrysostomus) zu, welche Meinung seitdem herrschend geworden ist. Was das ganze alte Testament betrifft, daran ist wol zu zweifeln, da keine alten Codices nachgewiesen werden können. Und in Betreff des neuen Testaments muss die Apokalypse ausgenommen werden. In der dalmatischen Chronik werden anstatt des Psalters die Episteln genannt. Gewöhnlich aber wird von spätern Schriftstellern die Uebersetzung der zum Gottesdienst gehörigen Bücher beiden Aposteln zugeschrieben. Nestor nennt unter den Büchern, die sie, als sie nach Rom gingen, in Mähren zurückliessen, den Apostel, das Evangelium, den Psalter, den Oktoich (das achtstimmige Odenbuch), aber er setzt unbestimmt hinzu: „und andere Bücher." Method, als Erzbischof, liess wol noch einige Uebersetzungen durch andere besorgen, was er aber eigentlich selbst übersetzt habe, ist nicht bekannt. Alle übrige Werke, welche dem h. Kyrill noch sonst zugeschrieben werden, sind entweder Erdichtungen, oder fälschlich dem thessalonischen Kyrill beigelegte Werke anderer gleichnamiger Verfasser.

Das heilige, von Kyrill und Method begonnene Bekehrungs- und Uebersetzungswerk wurde nach ihrem Tod von andern fortgesetzt. Johann, Exarch von Bulgarien, übersetzte bereits im IX. Jahrh. die Bücher des Johannes Damascenus ins Slawische. Gegen das Ende des X. Jahrh. kamen die slawischen Kirchenbücher mit der christlichen Religion zu den Russen, deren Fürsten im XI. Jahrh. zahlreiche, der slawischen Sprache kundige Gottesgelehrten freigebig unterhielten, um die Uebersetzung der h. Bücher fortzusetzen. Ein gleiches geschah in Serbien, wo um diese Zeit noch einheimische Fürsten herrschten, und die Verbindung mit dem gelehrten Constantinopel fortdauerte. So kam nach und nach das ganze Corpus bibliorum, aber gewiss nicht vor Ende des XV. Jahrh., zu Stande. Die Uebersetzung der Sprichwörter Salomonis war schon im XII. Jahrh. vorhanden, wie man aus Nestor, der das Buch fleissig citirt, ersehen kann. Das Buch der Weisheit, der Prediger, die Propheten und Hiob sind im XIII. XIV. Jahrh. in Serbien, die fünf Bücher Mosis u. a. im XV. Jahrh. in Russland oder Polen übersetzt worden. Vollständig wurden die bisher getrennten Theile der Bibel, nach Hrn. Dobrowskýs Meinung, erst gegen das Ende des XV. Jahrh., und zwar nicht vor dem Druck der böhmischen Prager (1488) oder Kuttenberger (1489) Bibel, gesammelt, nach deren Muster die einzelnen Bücher geordnet, die fehlenden ergänzt, und die meisten, ursprünglich aus dem Griechischen übersetzten Bücher des alten Testaments nach der Vulgata revidirt worden sind. Wahrscheinlich ist der Moskauer Codex der ganzen Bibel vom J. 1499, als der älteste vorhandene, zugleich der erste vollständig zu Stande gebrachte, woraus die zwei andern Codd. genommen worden sind, nach deren einem der Druck der Ostroger Bibel auf Befehl des Fürsten Constantin 1580 besorgt wurde.[1] Ausser der Bibel und den liturgischen Büchern wurden nun auch andere in der altslawischen Kirchensprache sowol bei den Russen, als bei den Serben, entweder, wie die Chroniken, neu abgefasst, oder, wie die Schriften der Kirchenväter, übersetzt, wovon unten §. 11. die Rede seyn wird.

§. 10.

Verhältniss der altslawischen Kirchensprache zu andern slawischen Mundarten.

Wie soll man nun die Sprache, in welcher die slawisch-serbischen, slawisch-russischen (beide mit kyrillischen Buchstaben), die slawisch-dalmatischen Kirchenbücher (mit glagolitischen Schriftzügen) verfasst sind, dem Dialekte nach nennen? — Hierüber sind und waren die Meinungen der Gelehrten und Sprachforscher von jeher sehr getheilt. Ein kleiner Theil derselben huldigt der gewöhnlichen, auch heutzutage noch prüfungswerthen Ansicht, dass diese Sprache die älteste der Sla-

---

[1] S. *Dobrowský* institutiones l. slav. p. VI. XII. 701.

winen und die Urmutter aller jetzt bekannten Mundarten sey (Rakowiecki, Karamzin?), während der andere sie bloss für die Mutter eines einzigen Dialekts, und zwar bald des Russischen (Kohl), bald des Bulgarischen oder Serbischen (Jordan, Schlözer; Dobrowský, Solarič), bald des Mährischen (Ewgenij, Kalajdowič), bald des Slowakischen (Jordan?, Dalimil, Čaplowič), bald des Slowenischen oder karantanisch - windischen (Kopitar, Grimm) u. s. w. gelten lassen will.

Die Ansichten derjenigen Schriftsteller, die, ohne tiefer in die Sache einzugehen, sich darüber nebenher haben vernehmen lassen, dürfen hier nur kurz berührt werden. Gegen die Benennung moskowitisch oder ruthenisch eifert *Kohl*, und will auch (Introd. S. 10.) von einem Russen, der in Slawonien (zwischen der Drawe und Sawe?) reiste, gehört haben, dass man dort noch dieselbe oder eine nur sehr wenig verschiedene Sprache rede, die er sonst die alte slawonische Büchersprache nennt. Nach S. 11. aber soll wieder mit der alten Büchersprache, wie Döderlein aus dem Munde eines hohen Russen vernommen haben will, der Kiowsche Dialekt in der Ukraine und dem Stücke Landes gegen Morgen in Moskau hinein, *sonderlich* übereinstimmen. *Christoph* von *Jordan* meint, Kyrill habe sich vielleicht des bulgarischen Dialekts, den er in Constantinopel erlernte, bedient, und setzt hinzu, die Mähren hätten diesen Dialekt hinlänglich verstehen können, wenn ihre gemeine Sprechart auch verschieden war. Orig. slav. P. IV. p. 126. *Schlözer* wollte (Nord. Gesch. S. 330) nicht bestimmen, ob sich die slawische Kirchensprache zu den noch lebenden bloss verhalte, wie eine alte Sprache zur neuen, wie Ottfried zu Luthern, oder ob sie ein ganz anderer Dialekt sey, meinte jedoch, wenn sie die Sprache ist, in der Kyrillus predigte und übersetzte, so müsse man sie in der Bulgarei suchen. Später (Nestor I. 46 — 52) hält er sie „für die Mutter der übrigen Mundarten, zu der die übrigen Töchter noch jetzt ein näheres Verhältniss hätten, als unter sich selbst. Dass damals, fährt er fort, als die jetzige slawische Bibelübersetzung gemacht worden, die altslawische Sprache eine

Redesprache gewesen seyn müsse, versteht sich wol von selbst: nur wo war sie das? Kyrill machte unstreitig die erste Uebersetzung in der Mitte des IX. Jahrh., er machte sie namentlich für die Mähren und Bulgaren; also müsste noch im IX. Jahrh. in Mähren und Bulgarien das biblisch Altslawische die allgemeine Volkssprache gewesen seyn." Ganz für das Mährische stimmt der Hr. Metropolit *Ewgenij* (*Slowar istor.* unter dem *Art. Method* S. 428 — 430). „Es wäre nicht nöthig, meint er, die Frage zu untersuchen, in welcher andern slawischen Mundart, als in der mährischen, Kyrill und Method die Kirchenbücher übersetzt haben, wenn nicht die Gelehrten hierin von jeher so verschiedener Meinung gewesen wären. Es sey bekannt, dass die zwei Brüderapostel Lehrer der mährischen und bulgarischen Slawen gewesen. Hiernach müsse man folgerecht mit Schlözer schliessen, dass sie in keiner andern, als in der diesen Slawen verständlichen Mundart, geschrieben haben. Daraus, dass diese Sprache lange Zeit Schriftsprache der Serben gewesen, hätten einige abendländische Gelehrten, mit serbischen Büchern vertrauter als mit russischen, gefolgert, dass Constantin und Method ihre Bücher in der altserbischen Mundart, der Mutter der jetzigen serbischen, abgefasst haben. Aber dieses könne mit keinen historischen Gründen bewiesen werden. Wollte man auch annehmen, dass in der Gegend von Thessalonich bereits im VII. Jahrh. serbische Städte existirt haben: wornach Constantin und Method von Jugend auf in Thessalonich den serbischen Dialekt erlernt hätten; so hätten sie doch nach ihrer Ankunft in Mähren die hiesige Mundart, schon wegen des damaligen geringen Unterschieds der slawischen Dialekte, zu ihrer Schriftsprache wählen müssen (?), und nicht umgekehrt erst den Mähren durch Unterricht die serbische Sprache beibringen." Dieser Ansicht pflichtet auch Hr. *Kalajdowič* in s. Aufsatz über die slawische Kirchensprache bei. Noch gab es Andere, die in Erwägung der grossen Aehnlichkeit des heutigen, leider noch zu wenig gekannten slowakischen *Volks*-Dialekts in Ungern in unzähligen, in andern Mundarten bereits verschwundenen oder veralteten Wörtern und

Flexionsformen mit dem Altslawischen, gleich wie des Umstandes, dass Mähren, des grossen Swatopluk grosses, aber leider nur ephemeres Reich, wo doch nach der einstimmigen Aussage aller Berichterstatter Method am längsten verweilt, gelehrt und gewirkt haben soll, damals den grössten Theil der heutigen Slowakei, wo nicht die ganze, umfasst habe, und mit Berücksichtigung der, mit den Angaben anderer Chronisten von den Einfällen der pannonischen Slawen (Sarmaten) ins byzantische Reich unter dem Ks. Justinian übereinstimmenden Sage Nestors „dass die donauischen Slawen die Urslawen und Stammväter der Auswanderer nach Norden sind", sich des Gedankens nicht erwähren konnten, dass wol die altslawische Sprache zu der Slowakischen in einem andern Verhältniss stehen könnte, als man es bis jetzt allgemein geglaubt hat [1]). *Lucius* und *Schönleben* weisen auf die nahen Gegenden um Thessalonich hin. *Steph. Rosa*, ein Ragusiner, hält sogar die kyrillischen Uebersetzungen, der beigemischten thrakischen Wörter wegen, nicht für rein slawisch. *Mathias Miechovita* nennt die Sprache der russischen Kirchenbücher ohne Bedenken serbisch, wenn gleich das gemeine Serbische seiner Zeit schon mit türkischen Wörtern häufig gemischt und selbst auch in vielen Formen von dem Altslawischen oder Altserbischen abgewichen war. Selbst die heutigen Serben nennen ein altes serbisches Kirchenbuch Srbulja, das aber, wie Hr. Wuk bemerkt, dem

---

[1]) Nicht nur finden sich in dem Slowakischen Wörter, die andern Slawen entweder ganz, od. wenigstens in dieser Bedeutung unbekannt sind, im Altslawischen aber sich nachweisen lassen, sondern der ganze formelle und grammatische Bau dieser Mundart erinnert auffallend an das Kirchenslawische. Schon *J. Chr. Jordan* sagt de orig. slav. Sect. 57. p. 127. „Hungaro-slavonicam seu Hungariae Slovaconum dialectum inter omnes ad slavonicam accedentes proximam linguae matri esse." Und der Domherr *Dalimil* rühmt von dem slowakischen Dialekt: „His Hungariae incolis merito adhaesit nomen Slowak, quum praecipue hi linguam slavonicam videantur retinuisse." Hr. v. *Čaplovič* sagt in s. aus mehrjähriger Erfahrung abstrahirten Bemerkungen über die heutige serbische Sprache: „Die heutigen Serben in Slawonien und Kroatien sprechen eine Sprache, welche von ihrer Kirchenbüchersprache eben so verschieden ist, wie etwa die italienische von der lateinischen. Die slowakische ist damit weit näher verwandt. Ein Slowak versteht ihre Evangelien besser, als der Serbe selbst, welcher die Kirchensprache nicht studirt hat." (Slav. u. Kroat. Th. 1. S. 219 — 220.) Diese Behauptung ist nur unter gewissen Einschränkungen wahr. Vgl. auch unten, und vorzüglich §. 45.

serbischen Dialekt näher ist, als die neuen russischen Auflagen. Ganz entschieden nimmt die altslawische Kirchensprache *Solarić* für die Serben in Schutz. „Es ist, sagt er (Rimljani slawenstwowawši 1818. 8. S. 23 — 24), ein für allemal nothwendig, dass wir Serben, nach dem Sprichwort: „Reci bobu bob, a popu pop" uns in der Benennung der alten reinen, Sprache nicht irren, sondern sie die alte serbische und keinesweges anders nennen. Sie ist zu allererst durch die h. Schrift in dem Herzen der illyrischen Halbinsel, wo später die serbischen Königreiche geblüht haben, bekannt geworden. Um dieses Vorzugs willen, wenn es gleich wahr ist, dass die damals nicht nur den Bulgaren, sondern auch den auf der ganzen Halbinsel von dem Meerbusen von Thessalonich und dem Pontus Euxinus bis zum adriatischen Meer, ja zweifelsohne sogar den oberhalb der Donau wohnenden Slawen, welchen die christliche Religion und die h. Schrift in ihr verkündigt worden ist, verständlich und gemein war, soll diese Sprache die serbische heissen; mit noch grösserem Rechte aber auch darum, weil uns unsere Ohren und Augen lehren, dass unsere jetzige serbische Landesmundart unmittelbar aus ihr entsprossen, und ihr näher, ähnlicher und verwandter ist, als alle andere. Dieses wird nur derjenige läugnen können, der auch die Abstammung der heutigen italienischen Sprache von der alten römischen und ihre Verwandtschaft mit derselben läugnen kann. Uebrigens soll diese unsere Benennung der *altserbischen* Sprache, der reinsten Wurzel, zugleich aber auch der schönsten Blüthe des jetzigen gesammten Slawenthums, keinen der übrigen slawischen Stämme hindern, dieselbe, falls er es schicklich oder erspriesslich findet, insgemein die *slawische* zu nennen: wir wissen, dass sie ganz vorzüglich uns angehört, und können nicht umhin, sie die unsrige zu nennen."

Hr. *Dobrowský* prüfte die Meinungen seiner Vorgänger strenger, und erforschte die Natur der slawischen Mundarten genauer, als irgend jemand vor ihm. Er stellte zuerst die zwei Ordnungen der slawischen Völker auf: die *südöstliche*, zu der die Russen, Bulgaren,

Serben, Dalmatiner, Kroaten und Winden, und die *nordwestliche*, zu der die Polen, Böhmen, Slowaken u. Sorben-Wenden in den Lausitzen gehören. Er fand, dass die Völker der ersten Ordnung die altslawische Sprache leichter, als die der zweiten Ordnung verstehen. Das Altslawische, sofern es bestimmter gedacht wird, oder die Sprache der kyrillischen Evangelien ist ihm nicht Gattung, unter welcher Serbisch, Russisch u. s. w., als Arten stehen könnten, sondern ist selbst nur eine Art, so wie die übrigen Mundarten. So betrachtet könne das Altslawische nicht Mutter von allen übrigen Mundarten seyn. Zudem gehöre das altslawische zur ersten Ordnung, unter welche das Böhmische, Slowakische u. Polnische nicht gehören. Man dürfe hier nicht voraussetzen, dass zur Zeit, in welcher das Slawische zuerst geschrieben worden, nur einerlei Slawisch geredet worden sey, aus dem sich die jetzt so sehr verschiedenen Dialekte allmälich gebildet hätten. Nur das jetzige Serbische habe sich aus ihm gebildet und verbildet. Die übrigen entfernten Mundarten haben sich nicht aus ihm, sondern neben ihm gebildet und fortgepflanzt. Dass die heutige serbische Sprache der alten fast noch weniger ähnlich ist, als die russische, komme daher, weil die Russen nach und nach die alte serbischslawische Sprache nach dem grammatischen Leisten der ihrigen zugeschnitten, ihr Wörter und Ausdrücke nebst neuern Bedeutungen geliehen haben, die die alte, in den ältesten Handschriften noch wenig oder gar nicht veränderte slawische Sprache nicht hatte, nicht kannte. Die Sprache der Mähren oder heutigen Slowaken um Neitra herum könne auch im IX. Jahrh. mit der bulgarisch-slawischen oder serbischen nicht einerlei gewesen seyn. Kyrill brachte schon zu ihnen das übersetzte Evangelienbuch. Diess konnten sie nothdürftig, wenigstens zum Theile verstehen, wenn es gleich in makedonisch-serbischer Mundart abgefasst war. Den Slawen in Pannonien vom kroatischen Stamme sey diese Sprache viel verständlicher, als den Mähren, gewesen, deren Sprache die altslowakische, aber immer von der zweiten Ordnung seyn musste. Die slawische Kirchensprache sey ferner nie Redesprache der Russen gewesen; denn sie kam erst mit den slawischen Kirchenbüchern unter Wladimir zu ihnen. Und so habe denn eigentlich der Serbe den gültigsten Anspruch zur Behauptung, dass die altslawische Kirchensprache sein ehemaliges Eigenthum war, woran er auch nie zweifeln konnte. Diese Sprache sey im IX. Jahrh. an dem rechten Ufer der Donau, von Belgrad gegen Osten bis zum schwarzen Meer, gegen Westen bis ans adriatische Meer, gegen Süden von der Donau bis gegen die Stadt Thessalonich gesprochen worden, wo Kyrill sein Slawisch, wahrscheinlich von Jugend auf, gelernet haben mag [2]). Dasselbe behauptet Hr. Dobrowský 15 Jahre später, indem er seinen „Kyrill und Method" mit folgenden Worten schliesst: „Bei der Bearbeitung der slawischen Grammatik, und durch fleissige Vergleichung der neuern Auflagen mit den ältesten Handschriften, habe ich mich immer mehr überzeugt, dass Kyrills Sprache der alte, noch unvermischte, serbisch-bulgarisch-makedonische Dialekt war, und muss bei dieser Ueberzeugung noch bleiben, selbst nachdem ich des Hrn. Kalajdowič neuen Aufsatz über die alte Kirchensprache gelesen habe. Wenn ich auch zugeben könnte, dass die Bulgaren, Serben u. Russen ganz dieselbe Sprache im IX. Jahrh. redeten, so kann ich es in Rücksicht der Mähren (und der heutigen Slowaken) keineswegs gelten lassen, und kann daher auch nicht begreifen, wie er von einer mährischen Kirchensprache behaupten konnte, ihre Aehnlichkeit (Uebereinkunft) hätte dazu beigetragen, dass sie auch von den Bulgaren u. Russen angenommen wurde. Mährisch, slowakisch, böhmisch, polnisch gehören ja zu einer ganz andern Sprachordnung, als das Bulgarische, Serbische, Dalmatische, Russische, wenn gleich beide Sprachordnungen zu der slawischen Sprachclasse im allgemeinen gerechnet werden. Die slawonischen Kirchenbücher kamen nicht aus Mähren zu den Bulgaren, sondern umgekehrt, durch Kyrill und Method aus der Bulgarei nach Mähren, und später auch unmittelbar aus der Bulgarei und Serbien nach Russland." [3])

[2]) *Dobrowský's* Slawin S. 362 — 388. Eb. Slowanka Th. 1. S. 166. ff. Eb. Gesch. der böhm. Liter. §. 4. 6. [3]) *Dobrowský's* Cyrill u. Method, S. 135 — 136.

Hr. *Kopitar*, der im J. 1808 die Sprache der kyrillischen Bücher ebenfalls für die altserbische hielt[4]), nimmt 1822, bei Gelegenheit der Recension von Dobrowskýs altslawischer Grammatik [5]), seine Meinung zurück und erklärt die Karantaner oder die heutigen Winden für die geraden Descendenten von Kyrills und Methods Sprachgenossen: „Wenn wir auch, sagt er, vor der Hand und bis auf weitere Belehrung der neuesten Annahme folgen, dass die alten Pannonier und Illyrier keine Slawen gewesen, sondern die eigentlich slawische Geschichte erst mit dem VI. Jahrh. nach Chr. beginnt, als die Slawen, die Donau übersetzend, mit den Byzantiern in Berührung kamen; so sind doch, selbst nach dieser neuen Kritik, die karantanischen Slawen an der obern, und die bulgarischen an der untern Donau die ältesten Niederlassungen der Slawen im Süden der Donau. Erst ein paar hundert Jahre darauf folgten die Colonien der Kroaten und Serben. Das Christenthum kam zu diesen Südslawen zuerst über Aquileja u. Salzburg her. Aber um das J. 863 erschienen Constantin und Method in Pannonien, und gewannen des Volks besondere Zuneigung durch Einführung des Gottesdienstes in slawischer Sprache. Methods Gottesdienst erbaut noch heutzutage an 36 Mill. Slawen in Russland, Ostpolen, Ost- und Südungern, der Bulgarei, in Serbien, Bosnien, Montenegro, zum Theil in Dalmatien, Gränz-Kroatien, Slawonien. Nur in Methods eigenem Sprengel, bei den pannonischen, oder mit einem Ausdruck des Mittelalters, den Karantaner-Slawen ist er rein vergessen! Kein Wunder daher, dass entfernte Sprach- und Geschichtsforscher bei der Frage: welcher der heute noch lebenden slawischen Dialekte der gerade Descendent des von Method gebrauchten sey, die anderthalb Mill., nach sechs bis sieben Mittelpuncten — Ungern, Kroatien, Steiermark, Kärnten, Krain, Littorale, Görz und Gradiska — zerstreuten, auch darum an Literatur armen Karantaner-Slawen ganz übersahen. Denn dass im IX. Jahrh. die heutigen Dialekte der Hauptsache nach bereits be-

---

[4]) Gramm. der slav. Sprache in Krain u. S. XVI. XXX.
[5]) Jahrb. d. Liter. Wien 822. XVII. Band.

standen, ist unter den Kennern des Gangs der Sprachen keine Frage. Daher auch Schlözer die Zumuthung, als ob das heutige Russische der Enkel des Altslawischen sey, mittelst der richtigen Erfahrung zurückweist, dass ohne ausserordentliche Begebenheiten, die er mit Recht selbst in Russland, ungeachtet der 200jährigen mongolischen Dienstbarkeit, nicht anerkennt, sich keine Sprache in einem halben Jahrtausend so ändert, wie nun Russisch vom Altslawischen verschieden sey. Nach Ausschliessung dieses nun mächtigen Concurrenten — andere Nordslawen, Polen, Wenden, Böhmen, Mähren, Slowaken, haben sich nie in Competenz gesetzt — und Dobrowský glaubt mit Recht, dass Methods Rival, der Neitraner Bischof Wiching, den slawischen Gottesdienst in seinem Sprengel nie gestattete — bleiben die drei südslawischen Dialekte: Bulgarisch, Serbisch - Illyrisch und Slowenisch. Denn nur drei von einander in Grammatik und Lexicon hinlänglich verschiedene südslawische Dialekte gibt es; welche aber zu allgemeiner Zufriedenheit zu benennen, wegen der partiellen Nationalansprache schwer ist. — Der bulgarische Dialekt ist vielleicht unter allen slawischen Töchtersprachen in seinem Baue, also in seinem Wesen, am tiefsten angegriffen. — Den serbischen oder illyrischen Dialekt sprechen 4 bis 5 Mill. Slawen, von denen in allem etwa die Hälfte Graeci Ritus noch jetzt den Gottesdienst in slawischer Sprache hält. Dieser Umstand mag zu dem vom Hrn. Abbé Dobrowský in seinen frühern Schriften oft wiederholten, und seitdem auch von einigen Russen vorgebrachten Ausspruch beigetragen haben: dass die slawische Kirchensprache der serbische Dialekt sey, wie er im IX. Jahrh. gewesen. Aber wenn man andererseits bedenkt, dass 1.) ausser den Illyriern, im Süden der Donau, und zwar in Pannonien, dem eigentlichen Kirchensprengel Methods, der hier an dreissig Jahre in dem Weingarten des Herrn arbeitete, am südlichen und östlichen Abhange der norischen und julischen Alpen, längs den Flüssen Sawe, Drawe, Mur, Rab u. s. w., zwischen der Kulp und der Donau, noch jetzt anderthalb Mill. der ältesten slawischen Metanasten leben und weben; deren

Sprache 2.) der kirchenslawischen noch jetzt näher ist, als die illyrische — eine Wahrheit, von der sich selbst der unparteiische Illyrier überzeugen wird, wenn er den nämlichen Satz z. B. zuerst ins sogenannte Kroatische, oder ins Krainische, und dann in seine Mundart treu übersetzt, und beide Uebersetzungen mit kyrillischer Schrift und Orthographie geschrieben gegen das Altslawische hält —, bedenkt man 3.) dass, nach den damaligen Sitzen der Südslawen, Kyrill und Method das Serbenland mit keinem Fusse berührten, sondern den Chroniken zu Folge nur durch das Land der Bulgaren reisten; dass 4.) die Chroniken und Legenden nur von Bekehrung der Chasaren, Bulgaren, Slawen in Pannonien und Mähren, und nie von Serben sprechen; dass also 5.), da die Serben von dem Anspruch an Method, als ersten serbischen Schriftsteller, beinahe so gut, wiewol aus andern Gründen, ausgeschlossen werden müssen, als die Chasaren, nur die Bulgaren und die pannonischen Slowenen als berechtigte Prätendenten übrig bleiben; aber endlich 6.) ausser der grössern Sprachähnlichkeit auch noch besonders Germanismen, wie *oltar* Altar, *krst* Christ, *krstiti* christen, taufen, *cerkv* Kirche, *pop* wol zunächst vom oberteutschen Pfoff, Pfaffe, *mnich* Mönch, *post* Fasten, *stol* Stuhl, *Rim* vgl. Römer, *ocet* acetum, *upowati* hoffen, *penes* Pfennig, *plastyr* Pflaster, *plug* Pflug u. s. w., Germanismen, die wol in Pannonien, nicht aber in Mösien natürlich sind, entscheidend für Methods Diöcesanen sprechen: so lässt sich nur aus der heutigen literärischen und politischen Zerstückelung u. Unbedeutenheit derselben erklären, wie man sie bei Lösung der Frage in der Ferne so ganz vergessen konnte. — So wäre denn Methods Sprengel zugleich auch die wahre Heimath der von ihm zuerst zur Schriftsprache erhobenen slowenischen Sprache, und die heutige Sprache der Nachkommen seiner Diöcesanen in streitigen oder zweifelhaften Fällen mit Nutzen zu befragen." Dieser Ansicht tritt auch Hr. Grimm in der Vorr. zu Wuks serbischer Gramm. (Lpz. 824.) bei.

Beinahe um dieselbe Zeit, als man im slawischen Südwesten Kyrill und Method die Ehre der ersten slawischen Schriftgelehrten gerne liess, und nur um das wahre Vaterland der kyrillischen Büchersprache mit ausgebreiteter Gelehrsamkeit und gewandtem Scharfsinn stritt, erschien im Nordosten die freudige Morgenröthe einer historischen Forschung und philologischen Kritik, deren vorzüglich durch Hrn. Karamzin, Chodakowski u. a. bekannt gemachten Ergebnissen gemäss, Hr. Rakowiecki der slawischen Cultur, und hiemit auch der slawischen Schrift, ja sogar der Bibelübersetzung ein viel höheres Alter vindicirt, als das Kyrillische ist. Wir wollen die Hauptpunkte aus seiner Gedankenreihe mit seinen eigenen Worten ausheben. „Es sind keine, sagt Hr. Rakowiecki, Denkmale der Sprache aus den Zeiten des slawischen Heidenthums auf uns gekommen.[6]) Nach dem Uebertritt der Slawen zum Christenthume sind die biblischen und liturgischen Bücher, aus dem Griechischen ins Slawische übersetzt, das älteste Denkmal, woraus wir entnehmen können, wie die Sprache vor der Annahme des Christenthums beschaffen gewesen, und welche Veränderungen sie seitdem erlitten habe. Wer nur immer die altslawische Kirchensprache ihrem Geiste nach erforscht und die verschiedenen slawischen Mundarten mit derselben vergleicht, wird sich leicht überzeugen, dass sie, die Mutter aller übrigen Dialekte, zugleich eine unerschöpfliche Quelle ihrer ferneren Bereicherung und Vervollkommnung sey; es wird ihm von selbst der Charakter und die Stufe der geistigen Ausbildung der ältesten bekannten Slawenstämme, es wird die Falschheit der Meinung ausländischer Schriftsteller von der Wildheit derselben einleuchten, und er wird hinfort aufhören, seine Vorfahren wild und barbarisch mit ihnen zu schelten. Jede historische Kenntniss, die wir von den alten Slawen haben, rührt von Fremden, und nicht von slawischen Schriftstellern her, die insgemein die Slawen als wild und barbarisch schildern, und nur ungern, unvermögend der Wahrheit zu widerstehen, ihnen Tapferkeit, Gerechtigkeitsliebe, Milde, Gastfreiheit

---

[6]) Hrn. *Rakowiecki* waren, als er den 1ten Th. seines Werkes schrieb, die von Hrn. *Hanka* entdeckten, überaus wichtigen Fragmente der altböhmischen heidnischen Dichtkunst noch unbekannt, auf die er sich aber schon im 2ten Th. oft beruft.

und Achtung jeglicher Rechte der Menschheit zugestehen. Was die Sprache anbelangt, so nannten sie diese, die sie nicht kannten und nicht kennen wollten, mit einem Worte „lingua barbara". Czacki und sogar die meisten russischen Schriftsteller, worunter Lomonosow, halten es dafür, dass die slaw. Sprache erst dann angefangen habe eine festere Gestalt zu erhalten und geregelt zu werden, als die Uebersetzung der Bibel zu Stande kam, dass mit ihr die Slawen neue Gedanken und Ansichten bekommen haben, wofür sie auch neue Wörter u. Ausdrücke erfanden. Ich achte die Meinung so grosser Schriftsteller, aber darf man nicht — unbeschadet dieser Achtung — weiter gehen und nach der Wahrheit forschen? Ich pflichte Czacki, Lomonosow und andern Schriftstellern bei, dass die Uebersetzung der Bibel ins Slawische der Sprache selbst viel Glanz und Bildung verliehen; aber ich frage zugleich, ob es wahrscheinlich ist, dass man die h. Schrift, in der so viele hohe Gedanken und Kunstwörter, so viele rhetorische Stellen, und ganze Bücher im höhern poetischen Styl vorkommen, in eine bisher ungebildete, ungeschlachte, und wie die fremden Schriftsteller sie nennen, barbarische Sprache, mit solcher Leichtigkeit, Kraft und Schönheit habe übersetzen können, dass sie noch heute hierin zum Muster dient? War es möglich, ohne einen reichen Vorrath von Wörtern und Ausdrücken für jeden Gedanken, jedes Gefühl des Menschen in Bereitschaft zu haben, sich an die Uebersetzung eines so grossen und erhabenen Werkes zu wagen? War es möglich, in einem solchen Fall, auf einmal und ohne Vorbereitung alle bis dahin unbekannte, nöthige Ausdrücke zu erfinden und zu schmieden! Es ist bekannt, dass die Sprachen nie anders, als mit dem Fortschreiten der Civilisation des Volks, allmälig, von Stufe zu Stufe, im Verhältniss zu der wachsenden Aufklärung und Kunstbildung sich vervollkommnen. Wir haben in dem kurzen Abriss über der alten Slawen Sitten und Gebräuche gesehen, dass sie seit undenklichen Zeiten, lange vor ihrer Bekehrung zum Christenthum, die Bande der Civilisation, den Krieg und Ackerbau, den Handel und die Gewerbe gekannt, Dörfer u. Städte, eigene Götter und Tempel gehabt haben, wo sie sich zu Opfern, Gerichten, und Volksberathungen versammelten; dass sie zwar Heiden, aber keineswegs Barbaren waren, denen die Idee einer höchsten Gottheit und eines künftigen Lebens fremd gewesen wäre; dass sie überdiess, von gleicher Abstammung, Sprache und Religion, durch den grössten Theil von Europa ausgebreitet, eben mit Hilfe dieser gemeinschaftlichen Sprache eine ununterbrochene Kette ihrer Bundes-Staaten gebildet haben. Auf dieser Bahn eines so ausgedehnten und vielumfassenden Wirkens konnte man unmöglich eine diesen Verhältnissen entsprechende Sprache entbehren, und die Slawen müssen daher, als sie nach Annahme des Christenthums zu der Uebersetzung der h. Schrift schritten, schon eine ausgebildete, geläuterte und vervollkommnete Sprache gehabt haben. Diese Meinung von der Vollkommenheit der Sprache unserer heidnischen Vorfahren ist keineswegs chimärisch; sie beruht auf unwiderleglichen, aus der Sprache selbst genommenen Gründen. Wenn man die vielfachen, aus dem uralten Heidenthum der Slawen herrührenden Ausdrücke und Benennungen, die sich auf ihr öffentliches und Privatleben beziehen, und die mit vielen Verzweigungen noch heutzutage in den slawischen Dialekten fortleben, gehörig auffasst; so ergibt sich gleichsam von selbst der klare und überzeugende Schluss: dass das slawische Riesenvolk keineswegs ein nomadisirendes, von Ort zu Ort herumwanderndes Volk gewesen, sondern seit undenklichen Zeiten in ungeheurer Masse die ausgedehntesten Länder in Europa eingenommen, und eben darum, weil es sich unvermischt und rein von andern fremden Völkern erhalten, auch seiner Nachkommenschaft Wörter und Redensarten aus dem urgrauen Alterthum hinterlassen habe; dass unter den europäischen Sprachen die slawische Stammsprache ihrem Ursprung und Wesen nach originell sey, als deren zahlreiche Aeste die heutigen Dialekte zu betrachten sind: dass sowol der künstliche, und doch naturgemässe Bau, als auch der Reichthum und die mannigfache Verzweigung jener Urausdrücke die Stufe der Civilisation und Bildung unserer Vorfahren hinlänglich beurkunden;

und dass alles das, was wir bis jetzt über ihre Sitten, Gebräuche, Religion u. s. w. gesagt haben, zur Genüge beweise, wie weit die Begriffe der heidnischen Slawen gediehen waren, und welchen Grad die Kunst, für Vorstellungen Wörter zu erfinden, bei ihnen erreicht habe. Die Namen der Monate müssen bei ihnen schon mehrere Jahrhunderte vor Chr. in Gebrauch gewesen seyn. Man nehme, wenn man will, die Bibel, und sehe die kräftigen, salbungsvollen Worte, Ausdrücke und Redensarten nach; man zähle nur die dem höchsten Wesen beigelegten erhabenen Beiwörter, und urtheile selbst, ob eine wilde barbarische Nation, ohne höhere Verstandesbegriffe, ohne eine reinere Idee der Gottheit, im Anfange der Uebersetzungskunst einen solchen Reichthum der Sprache, eine solche Anzahl kräftiger und eigener Ausdrücke habe entwickeln können? Man kann hier einwenden, dass die Bibelgesellschaften Uebersetzungen der h. Schrift in manche asiatische und andere Sprachen besorgen, die noch in der Wiege sind. Allein diese Uebersetzungen können nur so viel Kraft u. Schönheit besitzen, als jene Sprachen an sich kräftig, schön oder reich sind; Hr. Siškow hingegen hat bewiesen, dass die slawische Uebersetzung der h. Schrift sogar die französische und teutsche übertreffe. Eben so haben bis jetzt fast alle Schriftsteller behauptet, dass die Slawen, als sie an die Uebersetzung der h. Schrift die Hand legten, die Buchstaben oder das Alphabet mit gewissen Veränderungen und Zusätzen von den Griechen entlehnt haben, was dem h. Kyrill und Method zugeschrieben wird. Es ist hier nicht der Ort, diese durch Verjährung und der Schriftsteller Ansehen erhärtete Meinung zu bekämpfen; diess würde ein eigenes Werk erfordern, zu welchem die nöthigen Materialien durch die Länge der Zeit und andere ungünstige Umstände verloren gegangen sind; aber daraus, was über den gesellschaftlichen Zustand der alten Slawen gesagt worden ist, darf man wol, unbeschadet der Achtung, die man der zeitherigen Meinung schuldig ist, wagen, den Widerspruch derselben zu lösen, und es wahrscheinlich finden, dass die Slawen vor der Annahme des Christenthums die

Kunst des Schreibens gekannt und verschiedene, dem Grade ihrer Civilisation angemessene Schriften besessen haben. Abgesehen von den Inschriften auf Bildsäulen und Tempeln, deren verschiedene Chronisten erwähnen, konnten wol die Slawen auf der oben angegebenen Stufe ihrer gesellschaftlichen Verfassung und Civilisation die Schreibekunst entbehren? Konnten ihre Priester Bücher entbehren, aus welchen am Ende sowol das geistliche, als bürgerliche Recht geschöpft werden musste? Konnte ein civilisirtes Volk so weit eingeschüchtert und gegen eigenen Ruhm gefühllos seyn, dass es nicht besorgt gewesen wäre, den kommenden Geschlechtern durch schriftliche Zeichen das Andenken ihrer Vorfahren und Helden zu hinterlassen? Die süsse Sehnsucht nach der Kunde von den Thaten der Väter ist allen Völkern gleich eingeboren, sie wurzelt tief im Herzen des Menschen, und der jedem von der Natur eingeprägte Kunstsinn gibt ihm Mittel an die Hand, leicht Zeichen zu erfinden mittelst deren er die Nachricht von seinen Thaten auf künftige Jahrhunderte fortpflanzen kann. Die alten Amerikaner, ohne Berührung mit civilisirten Völkern, ohne Wissen um eine andere Welt und die Bildungsstufe des menschlichen Verstandes daselbst, ohne Kenntniss der Buchstabenschrift, verstanden doch in ihren Hieroglyphen und Knoten die Thaten ihrer Ahnen zu lesen: was soll man von den Slawen sagen, die von jeher feste Wohnsitze inne hatten, und mit Völkern, die längst im Besitze der Schreibekunst waren, in vielfache Berührungen kamen; ein blosses Gewahrwerden einer solchen Kunst reicht für Menschen hin, die in grossen Massen, durch gesellschaftliche Bande festgehalten, dem Landbau, den Gewerben und dem Verkehr obliegen. Es ist bekannt, dass unter allen europäischen Völkern die Kunst des Schreibens bei den Griechen am frühesten aufkam, welche dieselbe, zufolge der einstimmigen Aussage der Geschichtschreiber, den Aegyptiern verdanken. Nun aber waren die Slawen von jeher die nächsten Nachbarn der Griechen, und ihre Sprache stammt mit der griechischen und lateinischen aus einer Quelle. Die griechischen Buchstaben sind den koptischen ähnlich; aber die koptischen sind noch mehr, als die griechischen, den slawischen ähnlich. Kann man nicht aus allen diesen Umständen schliessen, dass noch vor Kyrill und Method diese Charaktere den Slawen bekannt waren, mit welchen sie die für den gewöhnlichen Bedarf nöthigen Bücher schrieben?[7]) Aber daran zu denken, um so mehr davon zu sprechen, ist eine gewagte, den strengen Kritiker zum Lachen und Spott reizende Sache, der sofort nach Beweisen, nach schriftlichen Documenten, nach historischen Belegen fragen wird. Wo sind die erwähnten Bücher, wird er sagen; warum kamen sie nicht auf uns? Sind sie etwa verloren gegangen? Warum sind nicht die hebräischen, griechischen, lateinischen, arabischen u. s. w. verloren gegangen? In der That eine wichtige Einwendung; aber ein Augenblick ruhiger Ue-

---

[7]) An Versuchen, das Protoalphabet der Slawen zu entdecken, hat es nie gefehlt. So nahm *Stránský* eine ruthenische (altrussische, also jetzige kyrillische) Schrift schon bei den heidnischen Böhmen an. *Dobner* meinte, Kyrill, der Erfinder eines neuen Alphabets, könne nicht die heute sogenannten kyrillischen, weil sie augenscheinlich, bis auf einige wenige, griechisch wären, sondern müsse der glagolitischen Buchstaben erfunden haben. Die kyrillisch-slawischen aber hätten die Anhänger der griech. Kirche, die Bulgaren, Serben oder Russen, aus dem griechischen und glagolitischen Alphabete zusammengestoppelt. Auch *Anton* wollte dem glagolitischen Alphabet zur Ehre eines slaw. Uralphabets verhelfen. *Hanke* v. *Hankenstein* glaubte ein vorkyrillisches Alphabet in seinem russischen Codex, der sich später als dem XIII. Jahrh. angehörend erwiesen, gefunden zu haben. Andere suchten den heidnischen Slawen den Gebrauch der Runenschrift zu vindiciren. Dagegen behauptete schon *Schlözer*, obgleich erst kurz zuvor Hr. *Katancsich* zwei Quartanten de lingua et literatura der alten Pannono- und Illyroslawen geschrieben: „Kyrill und Method sind die Erfinder der slawischen Schrift, vor ihnen konnte kein Slawe *schreiben*," (Nestor III. 188.), und Hr. *Dobrowsky*: „Vor Einführung des Christenthums, d. i. vor 845, sey an keine *Schreibkunst*, und vor Kyrill, d. i. vor 860, an kein *slawisches Alphabet* zu denken" (Gesch. d. böhm. Lit. S. 45). Auch in Russland rühmten sich einige die uralte slaworussische Runenschrift gefunden zu haben, womit Bojans Hymne und einige Weissagungen der Nowgoroder heidnischen Priester im V. Jahrh. geschrieben seyn sollen. Indem diese Runen eine Aehnlichkeit mit der slawischen Schrift haben, waren einige der Meinung, der auch Hr. *Rakowiecki* nach dem oben angeführten zu folgen scheint, dass die Slawen noch vor ihrer Bekehrung zum Christenthume eine eigene Runenschrift gehabt haben, woraus Constantin und Method mit Hinzufügung einiger aus dem griechischen und andern Alphabeten entlehnten Buchstaben die jetzige slaw. Schrift etwa so geformt hätten, wie der Bischof Ulphilas im IV. Jahrh. für die Gothen in Mösien und Thracien die gothische Schrift aus nordischen Runen und griechisch-lateinischen Buchstaben eingerichtet hat. Mit solchen slaworussischen Runen erschien die 1te Strophe des erwähnten Gesangs von Bojan, und der Spruch des slaw. Priesters im 6. B. „Ctenije w besjedje ljubitelej ruskago slowa" S. P. 812. — „*No i sije otkrytije nikogo neuwjerilo*" sagt Hr. Metropolit *Ewgenij* in s. Slowar istorič. (818) 1. B. S. 424 — 425.

berlegung wird auch sie beschwichtigen." [8]) Nachdem nun Hr. Rakowiecki ausführlich darzuthun bemüht ist, wie nach der Bekehrung der Slawen alle Kunde des heidnischen Slawenthums, ja die Kenntniss der altslawischen Kirchensprache selbst, durch Bedrückungen von Seite der Sieger, durch Drangsale des Kriegs, durch absichtliches Ausrotten, und tausendfältige andere Unfälle aus dem teutschen Slawenlande, aus Polen, Russland u. s. w. nach und nach gänzlich verschwunden ist: führt er (Th. II. S. 177 ff.) fort: „Die Sprache des grossen und uralten Slawenstammes musste im grauen Alterthum nur eine seyn. Auf diese Einheit der Sprache führt uns nicht nur die Analyse der jetzt bestehenden Mundarten, sondern auch die geschichtliche Forschung verbunden mit der Berücksichtigung des bürgerlichen und politischen Zustandes der alten Slawen. Es ist ausgemacht, dass die Slawen seit undenklichen Zeiten eine theokratisch-weltliche Verfassung gehabt haben. Ihre Lebensart ins Besondere bestand aus Ackerbau u. Viehzucht. Kriegerische Eroberungen waren nicht ihr Ziel; sie waren nur im Falle der Vertheidigung ihrer Freiheit und ihres Volksthums· den auswärtigen Feinden furchtbar, und wehrten ihnen den Einfall in ihr Gebiet ab. Selbst die Römer, diese Weltbezwinger, konnten sich mit ihnen nicht messen. Bei solchem Stand der Dinge musste die zunehmende Volksmenge des Stammes eine und dieselbe Sprache der Väter führen, dieselben Sitten und Gebräuche bewahren. Diese Sitten und Gebräuche, auf die sich die eigenthümliche Lebensart des Volks gründete, entsprangen aus festen religiösen und bürgerlichen Einrichtungen, die von den Priestern und ersten Gesetzgebern des Volks herrührten; sonst wäre es unmöglich gewesen, eine so grosse Masse in gesellschaftlicher Gemeinschaft und Ordnung zu erhalten. Zu allem dem gehörte aber eine Sprache, so weit bereichert, ausgebildet und vervollkommnet, als es die gesellschaftlichen Bedürfnisse einer so ungeheuren Volksmasse erforderten. An grossen Männern konnte es einem solchen

---

[8]) *J. B. Rakowiecki* Prawda ruska, Warsch. 820 — 22. Th. I. S. 57. ff.

Volke nicht fehlen, deren Andenken aber für die Nachkommenschaft verloren gegangen ist. Auch an Schriften konnte es nicht fehlen, in welchen die religiöse und politische Verfassung enthalten war. Sie mussten Gesänge und Hymnen haben, die man den Göttern zu Ehren bei festlichen Feierlichkeiten sang. Sie mussten Schriften über die ruhmvollen Thaten der Ahnen haben, die in den Stürmen des Mittelalters auf keine Weise bis auf uns erhalten werden konnten. Die ältesten, durch einen blossen Zufall entdeckten slawischen Sprachdenkmale, die einzigen, wenigen Ueberreste aus dem heidnischen Slawenthum, sind die böhmischen Fragmente: Libuša's Volksberathung und Gericht, Čestmjr's Sieg über Wlaslaw, und Záboj, Slawoj und Ludiek, die wenigstens dem Ursprung und der Abfassung nach gewiss in die vorkyrillische Periode gehören. Alle dort vorkommenden Beziehungen auf damalige Sitten und Gebräuche sind reine Ausdrücke des Heidenthums, von dem die Verfasser durchdrungen waren. Auch sieht man zugleich, dass dergleichen Gesänge, deren es eine Menge geben musste, bei dem Volk sehr beliebt und geachtet waren; aber diese kostbaren Ueberreste der Sprache konnten, als hinfällige Denkmale, dem alles verderbenden Zahne der Zeit nicht widerstehen." Ueber die Bekehrung der Slawen und den dadurch bewirkten Sprachanbau stellt Hr. Rakowiecki folgende Betrachtungen an (Th. II. S. 176. ff.): „Die Slawen stellten, während sie die christliche Religion nach dem griechischen Ritus annahmen, ihre Sprache in Betreff der Religionsbücher in gleichen Rang mit der griechischen. Diejenigen unter ihnen, die unter griechischer Botmässigkeit gestanden, wussten sich beim Hof Ansehen zu verschaffen, und bekleideten hohe geistliche und weltliche Aemter. Sie übersetzten aus dem Griechischen die Religionsbücher, und verrichteten den Gottesdienst in der Nationalsprache. Hr. Karamzin erzählt in s. Geschichte (Th. I. 140. 141.): dass sich von jeher viele Slawen aus Thracien, Peloponnes und andern Provinzen des griechischen Reichs bei Hofe und in der Armee befanden; dass im VIII. Jahrh. ein Slawe, Namens Nikita, Patriarch von Constantinopel war, und der

8

orientalischen Kirche vorstand; dass im Anfange des X. Jahrh. Ks. Alexander zwei Slawen, Gabriel und Wasilić, unter seinen ersten Lieblingen hatte, deren letzteren er zu seinem Nachfolger bestimmt habe*). Wenn nun die Slawen bereits im VIII. Jahrh. im griechischen Kaiserthum so viel Gewicht und Ansehen gehabt, dass einer aus ihrer Mitte Patriarch und Vorsteher der orientalischen Kirche ward, so ist es nicht wahrscheinlich, dass sie nicht schon früher, oder wenigstens jetzt theilweise Christen gewesen wären, und die Liturgie in der Muttersprache gehalten hätten, um so mehr, da man in der Geschichte keine Spuren von einer Verfolgung ihrer Sprache im Orient wahrnimmt. In der 2ten Hälfte des IX. Jahrh. baten die Fürsten der abendländischen Slawen den Ks. Michael um Lehrer, und der schickte ihnen die Gebrüder Constantin und Method aus Thessalonich zu. In Makedonien wohnten seit Jahrhunderten Sloweno-Serben, wo sich noch heutzutage die Stadt Serbica unweit Thessalonich befindet. (Karamzin Gesch. Th. I. 502).') Es mussten dort seit langer Zeit slawische Mönche Klöster haben, und die Liturgie in ihrer Sprache verrichten, aus deren Mitte Constantin und Method, als am meisten in der h. Schrift und den Lehren des Christenthums bewandert, zu der Sendung gewählt wurden. Sie haben nun die vorräthigen liturgischen Bücher mitgenommen, das fehlende ergänzt, um es durch Abschreiben im slawischen Abendlande zu vervielfältigen. Es ist oben wahrscheinlich gemacht worden, dass die Slawen

---

*) Die zwei griech. Kaiser aus slaw. Geblüt, Justinian u. Basilius, scheinen den Hrn. Karamzin u. Rakowiecki entgangen zu seyn. Dass Ks. Justinian I. (527 — 565) ein geborner Slawe gewesen, ist bereits vielfältig und genügend erwiesen worden. Der Name scheint Uebersetzung od. Anpassung des slawischen управда, byzantisch ουπραυδα, vgl. *prawda* iustitia, *uprawo* recte, iuste; sein Vater hiess Istok od. Sabbatius, источ serbisch sol oriens und Sabbatius, vielleicht im Zusammenhang mit dem phrygischen Σαβάζιος und dem Mitras. S. *Stefanowić's* serb. Gramm. von *Grimm* 824. S. IV. — Aber auch Ks. Basilius (867 — 886), im J. 813. in der Nachbarschaft von Thessalonichi geboren, war ein Slawe, wie Hamza, ein arabischer Schriftsteller aus Ispahan zu Anfang des X. Jahrh. ausdrücklich berichtet. S. *Engel's* Gesch. d. alten Pannoniens u. d. Bulgarei. Halle 797. S. 816.

') Es wäre zu wünschen, die ältesten Wanderungen der Slawen über die Donau wären schon aufgehellt, wie viel Licht würde dieses über die Geschichte der altslawischen Kirchensprache verbreiten! — Hr. v. Schwabenau nimmt an, dass die Maeotiden, welche unter der Regirung des Clau-

bereits vor Kyrill und Method mit der Schreibekunst bekannt waren; hier ist es genug, auf die Unwahrscheinlichkeit aufmerksam zu machen, dass Kyrill und Method im ersten Augenblicke ihrer Ankunft bei den abendländischen Slawen im Stande gewesen wären, auf der Stelle ein den slawischen Lauten angemessenes, wenn gleich aus dem griechischen entlehntes und umgestaltetes Alphabet zu erfinden; dass sie auf einmal, ohne vorangegangene frühere Versuche, die slawische Rechtschreibung hätten so weit einrichten und festsetzen können, als sie es noch jetzt ist, wo doch in Böhmen und Polen die Regulirung der Orthographie nach Einführung des lateinischen Alphabets — wie es die Geschichte beweist — drei volle Jahrhunderte gedauert hat. Auch davon abgesehen, ist es möglich, dass Kyrill u. Method gleich bei ihrer Ankunft im slawischen Abendlande vermocht hätten, die Liturgie und h. Schrift in der slawischen Sprache allenthalben zu verbreiten und einzuführen, ohne diese Bücher schon fertig und in Bereitschaft zu haben; ist es möglich, dass dieselben, mitten unter den ihrem Beruf und Geschäft eigenen Mühseligkeiten und Beschwerden, bloss mit Hilfe zweier Mönche, wie Nestor sagt, binnen sechs Monaten ein so grosses Werk, als die h. Schrift ist, aus dem Griechischen ins Slawische hätten übersetzen, und bei einem Volke, das aller Kenntniss der Schrift ermangelte, mittelst eines fremden Alphabets einführen können? Das Unstatthafte der

---

dius Tacitus 276 die Gränzen des römischen Reichs beunruhigten (Flav. Vopiscus in Tacit., Amm. Marcell. L. 19. c. 11.), keine andern, als die Venadi Sarmatae, späterhin Sarmatae limigantes genannt, hiemit Slawen waren. Man weiss, dass ein Theil der Sarmaten (Slawen), nach der Empörung ihrer Knechte, die sie gegen die Gothen bewaffnet haben, sich unter den Schutz Constantins des Gr. begeben, und von diesem (884) 300,000 Menschen stark durch Thracien, Makedonien u. s. w. vertheilt worden sind. (Vita Const. M. L. IV. c. 6.) Hr. Kopitar beweist (Wien. Jahrb. d. Lit. 822. B. XVII.), dass das Neugriechische mit Slawischem stark versetzt, und der tschakonische Dialekt, den andere Griechen nicht verstehen, im Osten des alten Sparta, beinahe gewiss ursprünglich slawisch sey. Die Namen der tschakonischen Städte Kastánica, Sítina, Gorica u. Prastó sind slawisch; in ihrer Gegend ist sogar ein Ort Namens $\Sigma\kappa\lambda\alpha\beta\omega\chi\omega\rho\iota$ (Slawendorf), und andere slaw. Ortsnamen in ganz Griechenland, wie Leake bemerkt, z. B. Kamenica bei Patras u. s. w. Hieraus folgert nun Hr. Kopitar: Sollten sich mehrere dergleichen materielle und formelle Slawismen im Neugriechischen finden, so werden die ältesten slawischen Einwanderungen vor und unter Justinian (527 — 565) ungleich beträchtlicher angenommen und der Byzantiner eigene mehrfache Geständnisse von der Slawisirung des ganzen Grie-

bis jetzt darüber vorgebrachten Meinungen hat schon Karamzin in s. Geschichte (Th. I. 361 — 364) näher beleuchtet. Setzt man noch hinzu, wie schwer sogar jetzt slawische Werke mit kyrillischer Schrift bei den Slawen die sich des lateinischen Alphabets bedienen, Eingang finden, und eben so auch umgekehrt die mit lateinischer Schrift gedruckten Bücher von kyrillischen Slawen nicht gelesen werden; so ist, in Verbindung mit dem oben angeführten, der überzeugende Schluss nahe: dass Method und Kyrill keinesweges so geschwind eine neue Lese- und Schreibekunst bei den Slawen hätten einführen können, wenn nicht vor ihnen die slawischen Stämme mit derselben schon zum Theil bekannt gewesen wären." Aus diesen und andern Stellen geht des Hrn. Rakowiecki Meinung von dem hohen Alter der altslawischen Kirchensprache und ihrem Verhältniss zu den jetzigen Mundarten deutlich hervor.

Ohne mich berufen zu fühlen, über die Meinungen dieser würdigen Forscher ein Urtheil zu fällen, will ich nur, bevor ich zu den Schicksalen der altslawischen Kirchensprache seit Kyrill u. Method übergehe, bemerken, dass aus allen bis jetzt angeführten Untersuchungen folgendes hervorzugehen scheint:

1.) Dass die Slawen lange Zeit vor ihrer Bekehrung zum Christenthume eine im Verhältniss zu ihrer Civilisation ausgebildete Sprache, und wo nicht geschriebene Religions- und Gesetzbücher (denn die aus Indien mitgebrachte Schrift mag, als Eigenthum der Priester, bei ihren Wanderungen bald verloren gegangen seyn), doch wenigstens zahlreiche, der Weihe der Dichtkunst nicht ermangelnde Volksgesänge gehabt haben, wie ersteres

---

chenlands (wie z. B. Constantins des Purpurgebornen Them. II., 6: ἐσθλαβώθη πᾶσα ἡ χώρα (der Peloponnes im VIII. Jahrh.) καὶ γέγον βάρβαρος. Oder des Epitomators des Strabo: καὶ νῦν δὲ (ums J. 1000·) πᾶσαν Ἤπειρον καὶ Ἑλλάδα σχεδὸν, καὶ Πελοπόννησον καὶ Μακεδονίαν Σκύθαι Σκλάβοι νέμονται.) viel ernster und strenger verstanden werden müssen, als bisher gewöhnlich geschehen. — Im J. 473 bekriegte Theoderich die Slawen oberhalb Mösien, weil sie sich jenseits der Donau auszubreiten suchten. (Jam enim saepe Hunni, Antae et Sclavini trajecto fluvio (Danubio) Romanos pessime foedissimeque vexarunt. Procop. de bell. Goth. L. III. c. 14. Wie ist aber hiemit L. III. c. 38. zu reimen, wo er sagt: ante illud tempus, quod supra dixi (584) numquam (hi barbari) cum exercitu fluvium Istrum videntur trajecisse?)

die Prawda ruska, Igors und Olegs Tractat, letzteres aber die böhmischen Fragmente: Libuša, Čestmjr, Zaboj, Slawoj und Ludiek, ferner der russische Heldengesang Igor beurkunden.

2.) Dass die Bekehrung der Slawen allmälig, wahrscheinlich zuerst von Constantinopel aus, lange vor Kyrill und Method, eingeleitet worden ist, und als bei wachsender Empfänglichkeit der Slawen dafür im Abendlande gleiche Versuche von der römischen Kirche gemacht wurden, die slawischen Fürsten in Pannonien und Mähren, der Verschiedenheit des griechischen und römischen Ritus (d. i. dort der slawischen, hier der lateinischen Sprache beim Gottesdienst) nicht unbewusst, ausdrücklich darum nach Constantinopel um Religionslehrer geschickt haben, weil ihnen die Liturgie in der slawischen Sprache, deren Fortschritte in Griechenland (Makedonien, Bulgarien, Serbien) sie kannten, annehmbarer als in der lateinischen geschienen.

3.) Dass Kyrill und Method, als sie, auf ausdrückliches Verlangen der mächtigen slawischen Fürsten (wenn anders nicht die ganze Mission eine Fabel ist) nach Pannonien und Mähren geschickt wurden, im Werke der Bekehrung und in der slawischen Sprache keine Anfänger mehr, sondern längst geübt und bewandert gewesen seyn müssen; sonst würde man ihnen kein so hochwichtiges Werk, bei dem es sich um die Ehre des Kaiserthums und des Christenthums handelte, anvertraut haben.

4.) Dass demnach wahrscheinlicherweise auch mehrere Vorläufer an der Umschmelzung der griechischen Buchstaben zum slawischen Gebrauch und der successiven Uebersetzung der Kirchenbücher theilgenommen haben; wenn man gleich nicht in Abrede stellen kann, dass Kyrill und Method bei der Vollendung dieses Alphabets und der theilweisen Uebersetzung der h. Bücher, wie auch bei der Verbreitung der christlichen Religion unter den Slawen sich das grösste Verdienst erworben haben, wesswegen später auch dem Alphabet der Name des kyrillischen in den Ländern, wo Kyrill vorzugsweise gepredigt und gewirkt hat, beigelegt worden ist.

5.) Dass aber über die Sprache der kyrillischen Bücher und ihr Verhältniss zu den jetzigen Mundarten bis dahin das Urtheil verschoben werden muss, bis einerseits die Natur dieser Mundarten selbst mit Zuziehung neuer Hilfsmittel genauer ergründet, anderseits aber die Untersuchungen über der ältesten Slawen Cultur und Wanderungsperioden geschlossen seyn werden; obschon es wahrscheinlich ist, dass dieser Dialekt, selbst wenn man ihn für den Ertrag einer frühern Sprachcultur der noch heidnischen Slawen gelten lassen wollte, zu Kyrills und Methods Zeiten bei demjenigen Stamme, der am frühesten und am weitesten in das griechische Thrakien, Makedonien und Illyrien vorgedrungen, mehr zu Hause war, als bei den andern [10]).

Doch dem sey, wie ihm wolle — die schwierige Etymologie und die noch dunklere Geschichte lässt uns hierüber in Ungewissheit — immer bleiben die goldenen Worte J. S. Bantkies dem beherztern Slawisten ein Denk- und Wahlspruch: „Gott gebe, dass der slawische Kirchendialekt, als die erste, oder wenigstens die älteste uns bekannte Quelle der slawischen Sprache, von allen slawischen Völkern gelernt und gekannt sey, nicht um der Einheit der Kirche willen, sondern um der höhern wissenschaftlichen Bildung willen, um der Erhaltung des slawischen Volksthums willen, auf dass wir uns nicht verteutschen, nicht vertatern, nicht vertürken (ich setze hinzu: nicht verfranken und vermagyern), auf dass

---

[10]) Will man aber, nach dem jetzt bestehenden Unterschied der bulgarischen u. serbischen Mundart, entscheiden, welche von beiden die gerade Descendentin von Kyrills erhabener Kirchensprache sey; so dürfte vielleicht vor dem Endspruch die Bemerkung der Beachtung nicht unwerth scheinen, dass wol das Bulgarische und Serbische ursprünglich und noch zu Kyrills Zeiten nur eine Mundart gewesen sey. Unter den slaw. Geschlechtern in Mösien, Makedonien u. Illyricum werden frühzeitig die Sjewerane und Dregowičen (alt Drgowičen), jene als der heutigen Bulgaren, diese als der Serben Vorfahren genannt. Nun sassen aber die zurückgebliebenen Verwandten dieser Sjeweranen und Dregowičen noch lange Zeit darauf in Roth- und Weissrussland an der Desna, Sema, Sula und Pripet' zusammen (Nestor Cap. V. IX.), waren demnach nicht nur Nachbarn, sondern auch Stamm- und Sprachgenossen. Auch die frühern Colonien in Thrakien u. Mösien, vorzüglich jene ums J. 540, mögen nur abgerissene Zweige, gleichsam Vorläufer und Wegweiser dieser ihrer Nachfolger gewesen seyn. Wie sich das Bulgarische, vorzüglich seit der Vermischung der mösischen Slawen mit den eigentlichen Bulgaren, einer tatarischen Nation, nach und nach so weit von dem Serbischen entfernt habe, als wir es heute sehen: wird aus dem Gange der politischen Geschichte beider Stämme klar.

wir nicht abfallen von der gemeinschaftlichen Quelle der Volksthümlichkeit, die trotz der Stürme von zehn Jahrhunderten nicht versiegt ist." Darum sind die Bemühungen unserer geachtetsten Sprachforscher um die Herstellung und Reinhaltung dieser Sprache, die allerdings im Laufe der Zeit und in der Fremde manches Fremde angenommen, ein wahres Verdienst um die Gesammtliteratur der slawischen Völker, zu welchen ich nun übergehe.

§. 11.

Schicksale der altslawischen Kirchensprache und Uebersicht einiger Denkmale derselben.

Kaum war die slawische Sprache durch Kyrill und Method auf den Weg gebracht, allgemeine Schrift- und Kirchensprache aller Slawen zu werden, als sie schon mit vielfältigen, unüberwindlichen Hindernissen zu kämpfen hatte. Method wurde, wie bekannt, zu Rom von der Salzburger Geistlichkeit als ein griechischer Eindringling und Neuerer zu wiederholtenmalen angeklagt. Bei seinen Lebzeiten beschwichtigte er glücklich alle Anklagen, aber nach seinem Tod unterlag die gute Sache dem unseligen Eifer der Salzburger und anderer Gegner. Die teutschen Bischöfe wachten äusserst eifersüchtig über die Gränzen ihrer geistlichen Gebiete. Den bairischen Bischöfen in Passau und Salzburg waren unläugbar alle dortige Slawen, als zu ihren Sprengeln gehörig, angewiesen. Kein Zweifel, dass sie gleich nach Methods Abreise aus Mähren und seinem Tode den slawischen Gottesdienst daselbst durch Wiching, diesen erklärten Gegner der Griechen, unterdrückten. Der Erzb. Johann und die beiden Bischöfe Daniel und Benedict, die P. Johann IX. im J. 899. nach Mähren schickte, waren schon Römer. Etwa 100 Jahre nachher schrieb P. Johann XII. in der Bulle, durch die er die Stiftung des Bisthums Prag erlaubte: Verumtamen non secundum ritus aut sectam Bulgaricae gentis, vel Russiae, aut Slavonicae linguae, sed magis sequens instituta et decreta apostolica, unum potiorem totius ecclesiae ad placitum eligas in hoc opus clericum, latinis apprime litteris eruditum. Ein gleiches traf, wahrscheinlich noch früher als in Mähren, die slawische Liturgie in Pannonien und Karantanien. Allein der Kampf würde gewiss sowol hier als dort viel länger gedauert haben, wenn ihn nicht unerwartete schreckliche Vorfälle — der Einbruch der Magyaren und die Besetzung von Mähren (der jetzigen Slowakei) und Pannonien — abgebrochen hätten. Die Italiener und Teutschen bemächtigten sich nun völlig der Kirche im slawischen Abendlande. Von diesen verfolgt, suchten die slawischen Priester in verschiedenen Ländern Zuflucht und Obdach. Auch in Dalmatien und Kroatien konnte sich die slawische Liturgie nicht lange erhalten. Auf die Abmahnungen des Papstes trat sogar ein Fürst in Slawonien zum lateinischen Ritus über. Was soll man endlich von dem gehässigen Urtheil einer um das J. 1060 zu Salona in Dalmatien gehaltenen Synode, die den Method für einen Ketzer ansah, sagen? Es ward da beschlossen, dass Niemand mehr in slawischer, sondern nur in lateinischer und griechischer Sprache Messe lesen soll. Dicebant enim, wie der Archidiakon Thomas erzählt, gothicas litteras a quodam Methodio haeretico fuisse repertas, qui multa contra catholicae fidei normam in eadem slavonica lingua manendo conscripsit. Quamobrem divino iudicio repentina dicitur morte fuisse damnatus. Diesen Leuten war gothisch und slawisch einerlei; auch mochten sie nicht wissen, dass Methods Rechtgläubigkeit selbst der Papst Johann VIII. anerkannt habe. Um die Slawen von der griechischen Liturgie abzuhalten, fand man es hier für nöthig, das kyrillische Alphabet mit einem andern zu vertauschen, welches in der Folge den Namen des *glagolitischen* erhielt. Es verfiel nämlich ungefehr 350 Jahre nach Kyrill irgend ein Dalmatier auf den Gedanken, für die Anhänger der lateinischen Kirche, die doch den Gottesdienst in ihrer Muttersprache nicht fahren lassen wollten, das römische Missal ins Slawische zu übersetzen und einzuführen. Zum Behuf der neuen Liturgie schien es ihm rathsam, um das aus kyrillischen Büchern Geborgte besser zu verhehlen, auch neue Buchstaben zu erkünsteln, und sie, um ihnen leichter Eingang zu verschaffen, dem grossen Kirchenlehrer u. Bibelübersetzer Hieronymus zuzuschreiben. Da sich gleich anfangs mehrere Geistliche zu diesem patriotischen Zwecke vereinigt haben mochten, so kam auch das Brevier hinzu, in welches sie den Psalter nach der bereits vorhandenen kyrillischen Uebersetzung aufnahmen, und nur die Stellen, wo er von der Vulgata abwich, veränderten. So verbreitete sich auch allmälig der falsche Ruf von einer dalmatischen Bibelübersetzung, die den h. Hieronymus zum Urheber habe. Indess hatte doch die Sache die Folge, dass sich in Dalmatien die altslawische Literalsprache wenigstens bei einem Theil der Priester, den Glagoliten, bis auf den heutigen Tag erhalten hat. In Böhmen, das seine Bekehrung teutschen Priestern verdankt, scheint Kyrills altslawische Kirchensprache nie allgemein eingeführt worden zu seyn. Zwar bauete der h. Prokop um das J. 1030 den slawischen Mönchen ein Kloster zu Sazawa; allein kaum zwei Jahre nach seinem Tode, im J. 1055, wurden sie von dem Hzg. Spitihněw als Ketzer aus dem Lande verwiesen, und der slawische Abt durch einen teutschen ersetzt. Sie wurden zwar unter dem Hzg. Wratislaw 1061 zurückberufen, jedoch von Břetislaw, seinem Nachfolger, abermal vertrieben. Unter Karl IV. wurde 1347 ein Kloster Emaus auf der Neustadt Prag zu Ehren des h. Hieronymus, Kyrill, Method u. s. w. für slawische, aus Kroatien geflüchtete Benedictiner, die sich aber der glagolitischen Schrift bedienten, gestiftet; nachdem aber die alten Kroaten ausgestorben waren, nahm man geborne Böhmen ins Kloster auf, die bald den slawischen Gottesdienst mit dem lateinischen vertauschten. Der Einfluss der slawischen Kirchensprache auf die Bildung der böhmischen war also ganz unbeträchtlich.[1]) In Polen baueten die slawischen Priester zu Anfange des X. Jahrh. die Kirche zum h. Kreuz in Krakau, und verrichteten hier den Gottesdienst in slawischer Sprache. Zwar hatte weder zu dieser Zeit, noch später, die slawische Liturgie in Polen, die russischen Provinzen desselben ausgenommen, vor der lateinischen den Vorzug; indess wurden

---

[1]) *Dobrowsky* Slawin S. 434 ff. Dess. Gesch. der böhm. Lit. S. 46. ff.

die slawischen Priester hier doch mehr, als irgend sonst im Abendlande, geduldet, sowol wegen der Nähe der russischen Provinzen Polens, als auch in der Absicht, die Russen und andere Slawen des griechischen Ritus auf diesem Wege der Milde und Verträglichkeit Rom geneigter zu machen. Aus diesem Grunde haben die slawischen Priester in Krakau, als dem Mittelpunct zwischen Russland und andern Slawen des griechischen Ritus, bis auf die Zeiten Dlugosz's († 1480) und noch später eine Kirche gehabt, woselbst sie den Gottesdienst in ihrer Sprache versahen, und zu allererst nach Erfindung der Buchdruckerkunst eine Druckerei für Kirchen- und sonstige Bücher mit kyrillischen Typen errichteten, die sie nun in alle Slawenländer verschickten.²) Nur bei den nordöstlichen Slawen des griechischen Ritus, bei den Serben, Bulgaren und Russen, fand Kyrills Literalsprache Schutz und Pflege, und blieb bis auf den heutigen Tag in der Kirche, in den frühern Jahrhunderten aber auch am Throne und in der Stube des Gelehrten herrschend. In Russland nahm 980 der Grossfürst Wladimir die christliche Religion nach dem griechischen Ritus an, und führte den slawischen Gottesdienst in seinen Ländern ein. Wir übergehen die fernern Schicksale der slawischen Liturgie in diesen Ländern, namentlich die Geschichte der Union, und wenden uns zu der Sprache. Sowol in Serbien, als in Russland, fuhr auf der von Kyrill und Method betretenen Bahn vorzüglich die Geistlichkeit fort, liturgische Schriften und Chroniken in slawischer Sprache abzufassen. Den Zuwachs demnach, der seit dieser Zeit der altslawischen Kirchensprache zu Theil ward, haben wir allein den Russen und Serben zu verdanken. Was ungefehr bei Kyrills und Methods Lebzeiten, was zunächst nach ihrem Tode von der Bibel und den übrigen heiligen Büchern übersetzt worden seyn mochte, ist bereits oben §. 10. angegeben worden; die Aufzählung einiger der wichtigsten Denkmäler dieser Sprache wird unten folgen.

Es war natürlich, dass im Laufe der Zeit und in der Fremde Kyrills und Methods liturgische Sprache

---

²) *Rakiowecki* Prawda ruska Th. II. S. 181 — 182.

manches ihrem ursprünglichen Charakter Fremde angenommen habe; ja dass dessen im Ganzen nicht viel mehr geworden, ist nur aus ihrer heiligen Bestimmung und ihrem von Method und seinen Gehilfen fest aufgedrückten Typus zu begreifen. Methods heilige Bücher wurden nämlich im Ganzen mit frommer Gewissenhaftigkeit genauer abgeschrieben, als sonst bei profanen Gegenständen von sprachverwandten Abschreibern zu geschehen pflegt, und nach dem Typus derselben die slawische Literatur, mit Hintansetzung der Volkssprachen, selbst von gebornen Serben, Bulgaren, Walachen, Russen u. s. w. fortgesetzt, bis zuletzt auch hier die Landessprachen ihr Recht geltend machten, auch Schriftsprachen zu seyn, hier früher, dort später nach Umständen, aber überall natürlich später, als dort, wo — wie bei Katholiken — die Redesprache nicht erst eine heilige Kirchensprache zu beschwichtigen hatte. Man denke an die Literatur der Böhmen im XIII -- XIV., der Polen im XVI. Jahrh., Krainer, Kroaten, Serben latini ritus (Ragusa) u. s. w., davon die jüngsten an drei hundert Jahre zählen, während die Russen erst seit etwa hundert Jahren ihren Dialekt schreiben, und die Serben noch bis auf diesen Tag um die Rechte der Volkssprache streiten. Aber eben seitdem die Kirchensprache bei ihren Bekennern der weltlichen Dienste durch die einzelnen Landessprachen enthoben, und bei den übrigen Slawen ohnehin von jeher reine Antiquität ist, wurde das Bedürfniss fühlbar, sie ungetrübt von den profanen Interessen und Rücksichten des Nationalstolzes, für ihre Bekenner auf ihre Urgestalt unter Method zurückzuführen, und für die übrigen ebenfalls als reine Antiquität, entkleidet von allem Unslawischen, was ihr durch Tausend Jahre zu sogenannten praktischen Zwecken in der Fremde umgehangen worden, darzustellen. Mit einem Worte, man sah und sieht immer mehr ein, dass es an der Zeit ist, mit hundert Bänden das zu machen, was die Teutschen mit einem Bande ihres, freilich an fünfhundert Jahre ältern, Ulfilas längst gemacht haben. Zwar fehlt es bereits in frühern Jahrhunderten, vorzüglich in Russland, nicht an Versuchen, die altslawische Literalsprache in den liturgischen Büchern zu verbessern. So ward der griechische Mönch Maxim auf des Caren Basilius Joannowič Begehren vom Patriarchen von Constantinopel unter allen Mönchen des Berges Athos 1512 ausgesucht, um die durch unwissende Abschreiber während der mongolischen Dienstbarkeit 1238 — 1477 in die Kirchenbücher eingeschlichenen Fehler nach den griechischen Originalen zu verbessern, fiel aber nach neun Jahren seines Aufenthalts zu Moskau in Ungnade, und starb im Gefängnisse nach drei und dreissig Jahren. Die Verbesserung der Kirchenbücher kam immer wieder zur Sprache, mit dem meisten Aufsehen unter dem Patriarchen Nikon 1652, was aber zur Entstehung der Raskolniken Anlass gab, welchen der Correctionen endlich zu viele wurden, als man ihnen sogar den als їсхсъ angeeigneten Namen Jesu in den griechischern, dreisylbigen їнсусъ umcorrigirte. Die Revision der Kirchenbücher ward 1667 beendigt, die der Bibel erst 1751. Diese Verbesserung ist aber so zu verstehen: dass von Leuten, die eine fast blinde Verehrung mehr für die Wörter, als für den Sinn der griechischen Originalien hegten, nicht nur die sinnlosen oder unrichtigen, sondern auch die, wie so oft in der Vulgata, mehr Sinn für Sinn als Wort für Wort übersetzten Stellen, ängstlich-wörtlich nach dem Griechischen, und die Sprache selbst abermals nach der in den Flexionen und sonst stark russisirenden Grammatik von 1648 geändert ward. An philologische Achtung für eine gegebene, heilige, todte Sprache ist da nicht zu denken, nicht an Achtung für den slawischen Sprachgenius bei so sklavischen Verbesserern. Maximus Schüler, der Russe Silvanus, der gegen solche Wortabgötterey für den Sinn eifert, ist ein Prediger in der Wüste. Niemand weiss von Kyrill und Method, man glaubt nur veraltetes Russisch vor sich zu haben, was man erneuern könne und müsse, um es verständlicher zu machen; nicht einmal die letzten Revisoren der Bibel 1751 kennen Kyrillus, sie glauben die erste Uebersetzung unter Wladimir 988, also in Russland und in altrussischer Sprache gemacht, und bedauern, dass das Exemplar aus Wladimirs Zeit, woraus 1581 die Ostroger Bibel abgedruckt worden, nachher verloren gegangen sey, während doch das Exemplar, wornach der Druck der Ostroger Bibel besorgt worden, höchstens vom J. 1499 oder noch jünger ist, und in Moskau noch existirt.³) Bei den Glagoliten in Dalmatien haben im XVII. Jahrh. Pastrich und Levacovich die erste Revision des Missals und Breviers vorgenommen. Der letzte Revisor, Caraman, war in Petersburg gewesen, und konnte sich aus kyrillischen Büchern helfen; dafür aber brachte er, in der falschen Meinung, der russische Text der Kirchenbücher wäre der echte, alte, eine Unzahl Russismen in das glagolitische Missal von 1741. (Vgl. unten §. 28. über die glag. Schrift und Lit.) Die Russen sehen die Verbesserung der Kirchenbücher seit 1751 für beendigt und geschlossen, während die Sprachkritik und Philologie sie erst recht aus dem Grunde neu wiederholen muss. Da indess für die Russen mit dieser Wiederherstellung ausser dem geistigen auch noch ein geistliches Interesse verbunden ist, so ist's einleuchtend, dass sie nicht übereilt werden dürfe.⁴) Mittlerweile sind die Bemühungen einzelner Sprachforscher, die dunkeln Partien der altslawischen Kirchensprache und Literatur auf historischem Wege aufzuhellen, und die ehrwürdige Sprache selbst, mit Hilfe der gesunden Sprachkritik, in ihrer Urgestalt wieder herzustellen, mit einem um so höhern Dankgefühl zur gehörigen Benutzung aufzunehmen. Was durch die frühern, meist sehr dürftig bearbeiteten Grammatiken, worunter die des Meletius Smotrisky vom J. 1618 lange für classisch galt, für die Wiederaufnahme und Cultur dieser Sprache geschah, kann hier füglich übergangen werden; wir begnügen uns, auf die grossen Verdienste, welche sich um die Erforschung und Reinstellung dieses Dialekts die Hrn. Dobrowský, Kopitar, Šiškow, Wostokow u. a. m. in den neuesten Zeiten erworben haben, hinzuweisen. Nicht minder erspriesslich dem Studium dieser Sprache sind die antiquarischen und paläographischen Untersuchungen der Hrn. Köppen, Kalajdowič, Strojew u. a. m. Besässen wir nur auch schon ein Wörterbuch dieses Dialekts,

---

³) *Dobrowský* instit. l. slav. p. LII. ff. 701. (Kopitar) Rec. der Gramm. v. Dobrowský in den Wien. Jahrb. der Lit. B. XVII
⁴) *Kopitar* a. a. O.

das dem jetzigen Standpunkt der slawischen Philologie und der Wissenschaftlichkeit des Jahrhunderts angemessen, sich würdig an die Grammatik der altslawischen Kirchensprache vom Hrn. Abbé Dobrowský reihen möchte![5]

Die Geschichte der altslawischen Kirchensprache und ihres literärischen Anbaues zerfällt nach Hrn. Wostokow in folgende drei Zeiträume: 1.) Von Kyrill oder dem IX. Jahrh. bis zum XIII. Jahrh. 2.) Von XIII. bis zum XVI. Jahrh., 3.) Von da bis auf unsere Zeiten. Dieser Unterscheidung gemäss nimmt Hr. Wostokow drei Arten des Kirchenslawisch an: 1.) ein *altes*, welches in den Handschriften vom X — XIII. Jahrh. vorkommt; 2.) ein *mittleres*, das sich unmerklich durch russische Abschreiber vom XIV. bis ins XV. und XVI. Jahrh. hinein bildete; 3.) ein *neues*, der (in Polen und Russland) gedruckten Kirchenbücher, besonders seit der sogenannten Verbesserung derselben. Das erste sey natürlich das einzig echte, das mittlere schon nicht ohne Neuerungen (Russismen), das neue schon stark metadialektisirt, und zum Theil sogar Erzeugniss der geschäftigen Grammatiker.[6]

Die schriftlichen Documente des Kirchenslawischen fangen erst in der Mitte des XI. Jahrh. an. Die ältesten bekannten slawischen Denkmale sind: 1.) Das sogenannte

---

[5] *Sprachbücher, Grammatiken:* L. *Zizania* grammatika slowenska, Wilna 596. 8. — M. *Smotrisky* grammatiki slawenskija prawilnoje syntagma, w Jewju (b. Wilna) 618. 8. Neu aufgelegt Moskau 721. Rimnik 755. 8. (von P. Nenadowič, Erzb. u. Metrop. von Karlowic). — Pismenica, Kremieniec 638. 8. Wahrscheinlich nach Smotrisky. - Grammatica slavonica (auct. anon.), Mosquae 648. 4. — Gramm. slav. 719. 8. — *Th. Maximow* grammatika slawenska, S. Pet. 723. 8. A. *Mrazowić* rukowodstwo k slawenstjej grammaticje, Wien 794. 8. Ofen 811. 821. 8. — *P. Winogradow* kratkaja gramm. slawenskaja, S. P. 813. 8. — *J. Dobrowský* institutiones linguae slavicae dialecti veteris, Vindob. 822. 8. — Eine neue Gramm. des Kirchenslawischen haben wir vom Hr. Wostokow zu erwarten. *Wörterbücher:* P. *Beryndae* lex. slaveno-russicum, Kioviae 627. 2. A. im Kuteinischen Kloster 653. — Th. *Polycarpi* dictionar. trilingue, h. e. dictionum slavic., graec. et latin. thesaurus, Moscov. 704. 4. — (*Ewgenij*) kratkoj slowar slawianskoj, S. P. 784. dem zugleich eine kurze Gramm. angehängt ist. — Slowar akademii rossijskoj, S. P. 806 — 822. ist eigentlich russisch, enthält aber auch viele altslaw. Wörter. 8. die russ. Liter. — P. *Alexjejew* slowar cerkownyj, S. P. 773. 8., 2 A. eb. 794. 3 B. 8., 3 A. M. 815 — 16. 4 B. 8., 4 A. S. P. 817 — 19. 5 B. 8. — (*Anon.*) niemecki i serbski slowar, Wien 790. 8. ist ein Zwitter zwischen dem Altslawischen und Serbischen. — Ein Wörterbuch dieser Sprache haben wir ebenfalls von den Hrn Wostokow und Kopitar zu erwarten.

[6] „Ueber die altslaw. Sprache, wie sie sich aus dem, bisher ältesten Evangelien-Codex des Nowgoroder Posadniks Ostromir vom J. 1056 ergibt" von A. Wostokow in den „Abhandl. der Gesellsch. der Liebhaber russ. Lit." XVII. Hft. Mosk. 820. Wostokow meint, die Russen hätten bereits zu Me-

Ostromirsche Evangelium vom J. 1056., welches für den Posadnik (Aldermann, Bürgermeister) von Nowgorod, Ostromir, einen nahen Anverwandten des Grossf. Izjaslaw geschrieben ward, und nun in der kais. öff. Bibliothek zu S. Petersburg aufbewahrt wird. Diesen Ostromirschen Codex hält Wostokow für die dritte, oder höchstens vierte Abschrift der von Kyrill übersetzten Evangelien. Kyrills Exemplar sey nämlich in der Bulgarei oder in Mähren geblieben, davon sey nach hundert Jahren eine Abschrift für Wladimir in Kiew, davon noch später eine für die Sophienkirche in Nowgorod, und endlich von dieser eine für den Posadnik Ostromir durch den Diakonus Gregor genommen worden. 2.) Die Inschrift auf dem Steine von Tmutorokan (dem Tamatarcha Constantins Porph.) vom J. 1068., welche auf der Halbinsel Taman liegt, und worin es heisst, dass damals vom Fürsten Gljeb die Breite des gefrornen Bosporus gemessen ward. 3.) Der Sbornik oder Sammlung geistlicher Schriften vom J. 1073., gehörend dem Nowowoskresenskischen Jerusalemskloster unweit von Moskau, von Hrn. Kalajdowič 1817 entdeckt. 4.) Ein ähnlicher Sbornik vom J. 1076., welcher früher dem Reichshistoriographen Fürsten Ščerbatow angehörte, und nun das Eigenthum der kais. Eremitage-Bibl. zu S. P. ist. 5.) Das Mstislawsche Evangelium, geschrieben vor dem J. 1125 für den Fürsten Mstislaw Wladimirowič, befindlich zu Moskau im Archangelskoj Sobor. 6.) Aelteste Urkunde zwischen J. 1128 — 1132, welche eine Schenkung an das Jurikloster bei Nowgorod von Seiten des Nowgorodschen Fürsten Mstislaw Wladimirowič und seines Sohns Wsewolod Mstislawič betrifft. 7.) Ein Evangelium vom J. 1143, gehörend der Patriarchal- oder Synodalbibliothek zu Moskau. 8.) Ein Kreuz der h. Euphrosyne in Polock vom J. 1161 mit slawischer Inschrift. 9.) Die Inschrift am sogenannten Rogwolodschen Stein vom J. 1171 vom Po-

---

hods Zeiten город (horod), печ (peč), вож (wož), оже (ože) u. s. w. gesagt. Aber ausser diesen geringen lexicalischen Unterschieden seyen die Grammatiken der verschiedenen Stämme einander viel näher gewesen, als 300 — 400 Jahre später, oder gar heutzutage; so dass sich damals die Slawen aller Stämme untereinander so verstanden hätten, wie etwa ein Russe vom Archangel od. vom Don einen Moskauer od. Sibirier verstehe. Die *alte* Sprache unterscheide sich von der *neuern* vorzüglich durch ъ u. ь statt o und e, z. B. тадъвъ, надъмъ, въдъ, ferner dadurch, dass sie nach в, х, г immer и, nach ж, ш, ч, щ immer ь od. и schreibt u. s. w.

lockischen Fürsten Rogwolod, liegend neben dem Wege von Orša im Mogilewschen Gouv. nach Minsk. 10.) Die in der Düna gelegenen Steine mit slawischen Inschriften von dem J. 1225. 11.) Vertrag des Smolenskischen Fürsten Mstislaw (in der Taufe Theodor) Dawidowič mit der Stadt Riga vom J. 1229. 12.) Die älteste Urkunde des moskauischen Archivs des kais. Reichscollegiums vom J. 1265. Ein Vertrag des Twerschen Grossf. Jaroslaw Jaroslawič mit der Stadt Nowgorod. 13.) Die älteste Abschrift der Kormčaja kniga und dabei der Gesetze Jaroslaws, bekannt unter dem Namen Prawda ruskaja (russisches Recht), vom J. 1280. 14.) Ein zu Riga aufbewahrter, auf Papier geschriebener Vertrag des Smolenskischen Fürsten Iwan Alexandrowič mit der Stadt Riga zwischen den J. 1330 — 59. 15.) Der Laurentische Codex, oder die älteste aller bis jetzt bekannten Abschriften der Nestorschen Jahrbücher. Diese ward im J. 1377 für den Grossf. Dimitrij Konstantinowič verfertigt, und befindet sich jetzt auf der kais. öff. Bibl. zu S. P. (Schlözer hat im 1. B. seines Nestors Notizen über mehrere der bekanntesten Abschriften russischer Jahrbücher, so wie über die der Fortsetzer Nestors mitgetheilt.)[7] — Ausser diesen ältesten Sprachdenkmalen gibt es noch viele andere, die dem Ursprung nach in diese oder auch eine frühere Periode gehören, wenn sich gleich von ihnen keine so alte Abschriften erhalten haben. Hr. Kalajdowič hat erst unlängst die Uebersetzung eines Buches (Nebesa) des Johann Damascenus, vom Johann Exarchen von Bulgarien im IX. Jahrh. verfertigt, entdeckt; obgleich Hr. Wostokow an dem vorgegebenen Alter des Ms. zweifelt, und es aus philologischen Gründen nicht für das Original des Exarchen Johann hält. Derselbe Hr. Kalajdowič hat auch die Schriften Kyrills, Bischofs von Turow und russischen Redners aus dem XII. Jahrh., ferner das Sendschreiben des Metropoliten Nikiphor an Wladimir Monomach von der Trennung der morgen- und abendländischen Kirche, die Fragen des Mönchs Kyriak an Niphont, Bischof von Nowgorod u. a. sammt Antworten, das Sendschreiben des Metropoliten Johann an P. Alexander III. von den Irrthümern der römischen Kir-

---

[7] *P. v. Köppen* über Alterthum u. Kunst in Russland, Wien 822 S. 7—9.

che u. s. w., sämmtlich aus dem XII. Jahrh., herausgegeben. (Pamiatniki rossijskoj slowesnosti XII. wjeka, M. 821.) — Die Menge der Sprachmonumente nimmt seit dem XII. Jahrh. beträchtlich zu. Die meisten Handschriften sind in den Bibliotheken Russlands, in den Klöstern Serbiens, Makedoniens und Sirmiens vorhanden; aber auch die Bibliotheken anderer Länder, vorzüglich Oesterreichs, Italiens, Frankreichs, Englands u. s. w. enthalten manches schätzbare slawische Ms. — Die zahlreichen Handschriften in den Bibliotheken und Klöstern Russlands können hier nicht aufgezählt werden. Die Synodal- oder Patriarchalbibliothek in Moskau enthält gegen 700 slawische Codices, worunter viele aus dem XIII. — XIV. Jahrh. sind. Einige derselben hat Griesbach in seinem N. T. verzeichnet. Das Evangelium vom J. 1143 ist schon oben erwähnt worden. Von dem A. Testament reicht, ausser dem Psalter, kein Codex über das XV. Jahrh. hinaus. Hier befinden sich auch die drei bis jetzt bekannten ganzen slawischen Bibeln. Die älteste ist vom J. 1499, unter dem Grossf. Johann und dem Metropoliten Simon zu Nowgorod im Hause des Erzb. Gennadius geschrieben; die zweite vom J. 1558, die dritte ohne Jahrzahl. Die Bibliothek der Akademie zu S. Petersburg zählt gegen 250 slawische Msc., worunter ein Evangelistarium vom J. 1317, ein Evangelium vom J. 1392, ein Menaeum für April, vom J. 1396, eins für März vom J. 1348, Ephrem Syrus vom J. 1377, ein Oktoich vom J. 1387 u. s. w. — Die literärischen Schätze dieser Sprache, die in den Klöstern Serbiens, Bulgariens und auf dem Berge Athos begraben liegen, hat noch niemand untersucht. Merkwürdig sind wegen ihres hohen Alters des Basilius Hexaemeron mit einer Vorrede Johanns, Exarchen von Bulgarien, geschrieben im Kloster Chilendar 1263, jetzt in Moskau; ferner ein Apostel vom Hieromonach Damian auf Befehl des Erzb. Nikodem unter dem Kg. Stephan Uroš im J. 1324 geschrieben, jetzt in Šišatowac; des Kgs. Stephan Dušan Silny (Nemanič IX.) zwei Schenkungsbriefe an das Kloster Chilendar vom J. 1348 in dem Karlowicer Metropolitan-Archiv (das eine im Original, das andere in

Copie; der dritte daselbst befindliche, noch ältere Schenkungsbrief des Kgs. Milutin Stephan Uroš II., vom J. 1302, ist ebenfalls nur Copie); desselben Zakon u. Ustaw, Gesetze und Verordnungen, vom J. 1349, im Familienarchive des Hrn. v. Tököly zu Arad. Ven den Klöstern in Sirmien zählt Krušedol gegen 51 Handschriften, darunten vier Evangelien, zwei ohne Jahrzahl, eins vom J. 1540 und eins vom J. 1579, eine Scala coelestis (лѣствица) vom J. 1453, auf Kosten des Despoten Brankowič aus dem Griechischen übersetzt, Jus canonicum vom J. 1453, das Leben des h. Chrysostomus, in Semendrien unter dem Despoten Lazar 1458 geschrieben, ein Typicon 1574 u. a. m.; Remeta unter 9 Codd. ein Evangelium vom J. 1684, zwei Psalter ohne Jahrzahl, die Homilien des Gregor von Nazianz vom J. 1629, einen Minej vom J. 1568; Opowo unter 17 Codd. drei Evangelien, eins vom J. 1630, eins vom 1675, zwei Psalter von den J. 1622 und 1637, einen Panegyricus vom J. 1509, einen Oktoich, ein Typicon, einen Tropar 1615, das Jus canonicum (законник) in Jassy durch den Grammatiker Damian im J. 1495 geschrieben; Jazak unter 10 Codd. zwei Evangelien aus dem XVI. Jahrh., zwei Apostel, einen vom J. 1541, zwei Psalter, des Ephrem Syrus Buch an die Mönche vom J. 1577, mehrere Menaeen, Prologe u. s. w.; Bešenowo vier Evangelien, von den J. 1536, 1575, 1592, das vierte ohne Jahrzahl, Apostelgeschichte und Briefe vom J. 1652, sieben Menaeen, Jus canonicum, Typicon u. s. w.; Sišatowac zwei Evangelien vom J. 1560, worunter dem einen der Apostel vom J. 1324 beigebunden ist, Apostelgeschichte und Briefe vom J. 1670, Menaeen, Liturgiarien u. m. a.; Kuweždin einen Psalter, zehn Menaeen, wovon dreie aus dem XVI. Jahrh.; Pribina glawa ein Evangelium vom J. 1560, einen Apostel vom J. 1646, mehrere Psalter von 1643, 1646 u. s. w.; Rakowac einen Apostel, zwei Psalter u. s. w. — Die kais. Bibliothek in Wien besitzt zwei Evangelien vom J. 1535 und 1651, zwei Apostelgeschichten und Briefe, einen Psalter aus dem XV. Jahrh., einen Oktoich aus dem XIV. Jahrh., einen Oktoich sammt Lectionen aus den Evangelien und dem Apostel aus dem XII — XIII. Jahrh. — In der Prager Bibliothek befinden sich zwei Evangelien. — Montfaucon verzeichnete (bibl. bibl. Mss.) aus der Coislinianischen Bibliothek zu S. Germain ein A. Testament, drei Evangelien, einen Tobias u. s. w., ausserdem die Werke vieler Kirchenväter. Ueber ihr Alter hat man bis jetzt keine Aufschlüsse. Derselbe sah einen Codex de officio divino zu Modena, und einen Psalter zu Bologna. Bibl. bibl. Mss. S. 1042. berichtet er, dass sich zu S. Germain eine slawische Uebersetzung der Komödien des Aristophanes befinde, worüber, so viel mir bekannt, neuere Aufschlüsse fehlen. Das berühmte slawische Evangelienbuch zu Rheims, worauf die Könige von Frankreich den Eid ablegten, ist in den Stürmen der Revolution untergegangen. — In der königl. Bibliothek zu Berlin verzeichnet la Croze die Disputation des Gregentius; in der ehemaligen Zaluskischen Janocki: zwei Rituale in fol., einen Canon apostolicus, ein Synaxarium, ein Officium, ein Menologium. — Die Vaticanische Bibliothek in Rom enthält mehrere Evangelien, Evangelistarien, das Chronicon des Constantinus Manasses, im J. 1350 geschrieben, und von dem Uebersetzer dem König von Bulgarien Johann Alexander gewidmet, die Apostelgeschichte und Briefe vom J. 1406, das N. Testament sammt Psalter, die Canones, das Officium u. a. m. — In der Bibliothek bei S. Marcus in Venedig befindet sich ein N. Testament sammt mehreren angehängten Erzählungen; und Solarič wollte bei J. Pericinotti eine Bibel vom J. 1429 gesehen haben, was aber ohne Zweifel nur ein Theil vom N. Testamente war. — Die Bodlejische Bibliothek in Oxford zählt unter ihren Handschriften zwei slawische Codd., die Lambethsche einen Apostel.[8])

Was die Druckwerke anbelangt, so fing der glagolitische Bücherdruck früher an, als der kyrillische.[9]) Das älteste glagolitische Missal ist vom J. 1483 ohne Druckort. Die erste kyrillische Druckerei errichtete zu Krakau Schwaipold Feol um das J. 1490; denn vom J.

---
[8]) S. *Dobrowský* instit. l. slav. p. IX. ff. [9]) Ueber die Geschichte des kirchenslawischen und slawisch-russischen Bücherdrucks vgl. ausser *Dobrowský* instit. l. slav. p. XXXIV. (*Ewgenij*) slowar o bywšich w Rossii pisateljach, Th. I. S. 273 — 302.

1491 gibt es drei daselbst gedruckte Werke: einen Psalter, einen Oktoich und ein Horologium (часослов). Wahrscheinlich rührt auch das Tetraevangelium von Biegner, und das Breviarium vom J. 1493, dessen Murr erwähnt, aus dieser Officin her. Fast gleichzeitig, nämlich um das J. 1492, wurde in Serbien und Hercegowina mit kyrillischen Typen gedruckt. Die ältesten Drucke dieser Art sind: ein Oktoich in 4. vom J. 1493, auf Befehl des Fürsten Georg Crnojewič, zu Zeta (Zenta) in Hercegowina, gedruckt; ein Oktoich in fol. durch ebend. und an demselben Orte im J. 1494; und ein Psalter in 8. zu Cetin, vom J. 1495. In Ugrowlachien gab 1512 auf Befehl des Wojwoden Basaraba der Hieromonach Makarius die vier Evangelien in 4. heraus. Im J. 1519 errichtete der Wojwode Božidar Wukowič in Venedig eine kyrillische Druckerei, und es sind daselbst erschienen: ein Liturgiar oder Služebnik 1519 in 4., ein Psalter 1521, ein Trebnik 1524, ein Oktoich 1537, ein Minej 1538. Nach dem Tode Božidars setzte sein Sohn Vincentius die Druckerei fort, und gab 1547 ein Gebetbuch in 8., 1561 einen Psalter in 4., 1561 ein Triodion in fol., ein Calendarium, Officia B. Mariae, Septem Ps. poenitent. u. s. w. heraus. Zwischen den J. 1517 — 1519 gab Franz Skorina von Polock einige Bücher des A. Testaments in Prag (in Böhmen, nicht bei Warschau, wie noch bei Greč S. 69. aus Versehen steht) in 4. heraus. Für die serbischen Kirchen gab der Hieromonach Mardarius aus dem Kloster Mrkšina crkwa die Evangelien heraus, zuerst in Bielgrad (welchem?) im J. 1552 fol., dann in Mrkšina crkwa 1562 fol.; wahrscheinlich wurde auch der Pentikostar vom J. 1566 fol. hier gedruckt. Im Kloster Milešewo sind erschienen: ein Trebnik vom J. 1545 in 8., ein Psalter 1545 in 8., 1558 in 8. In den J. 1561-1564 wurde die Uebersetzung der h. Schrift von Anton Dalmata' und Stephan Consul in Tübingen oder Urach mit kyrillischen und glagolitischen Typen für die Kroaten und Dalmatiner gedruckt. Zu Nieswież in Littauen erschien im J. 1562 ein Katechismus in 4. In Russland machte man bereits im J. 1553 Anstalten zu einer kyrillischen Druckerei; aber das erste daselbst in Moskau erschienene Buch ist ein Apostel vom J. 1564 in fol. Die Buchdrucker waren Johann Fedorow und Peter Timofejew Mstislawcew. Ersterer druckte darauf in Lemberg 1573 den Apostel in fol.; letzterer in Wilna die Evangelien 1575 fol. Im J. 1577 erschien in Moskau der Psalter in 4., zwei Triodien 1590 und 1592 in fol., ein Oktoich 1594 in fol., ein Apostel 1597 fol., ein Minej 1600, ein Liturgiar 1602, das Tetraevangelium 1606. Derselbe Johann Fedorow, der in Lemberg den Apostel 1573 druckte, gab die erste vollständige Bibel zu Ostrog in Wolynien im J. 1581 (eigentlich 1580) in fol. heraus. Seitdem wurde die ganze Bibel öfters aufgelegt, und zwar in Moskau 1663 fol., eb. 1751 fol. (enthält den revidirten Text), eb. 1756 fol., eb. 1757 fol., Kiew 1758 fol., M. 1759. 3 Bde. 8., eb. 1762 fol., eb. 1766 fol., eb. 1778 5 Bde. 8., eb. 1784 fol., K. 1778 5 Bde. 8., M. 1790 fol., eb. 1797 fol., eb. 1802 fol., Ofen 1804 5 Bde. 8., M. 1806. 4 Bde. 8., eb. 1810 fol., S. Petersb. 1816. 8. Stereotypausgabe, bis 1820 eilfmal wiederholt.

Noch blieb übrig, die wichtigsten theologischen und sonstigen Schriften, die in dieser Sprache in den letzten Jahrhunderten bei den Russen und Serben erschienen sind, anzuführen; allein theils liegt ihre Aufzählung ausser dem Zweck dieses Werks, und ist vollständig in Sopikows russ. Bibliographie 1. B. enthalten, theils wird von den spätern Schriftstellern, die sich im Schreiben der altslawischen Kirchensprache bedienten, in der Literatur ihrer Stämme Meldung geschehen. [10])

---

[10]) *Quellen.* Eine eigentliche, erschöpfende Literaturgeschichte des Kirchenslawischen gibt es bis jetzt nicht. Ausser den oben §. 6. Anm. 5. nahmhaft gemachten Schriften, die sich alle mehr oder weniger über diesen Dialekt verbreiten, sind noch ins Besondere zu vergleichen : *A. L. Schlöser's* Nestor, russ. Annalen, Götting. 802 — 809. 5 Bde. 8. — *A. Siškow* rassuždenije o starom i nowom slogje rossijskago jazyka, S. Petersb. 802. 2 A. 813. 8. — *Pamiętnik* Warszawski na rok 1815. T. 1. (v. Bantkie). *P. v. Köppen* über Alterthum und Kunst in Russl., Wien 822. (in den Jahrb. d. Lit., auch besonders abgedruckt). — *Jos. Dobrowský* instit. linguae slav. Vindob. 822. 8. (Die Prolegomena).. — (*B. Kopitar*) Recension der slaw. Gramm. v. Dobrowský, in den Wien. Jahrb. der Lit. XVII. Bd. 822. *A. Wostokow* über die altslaw. Sprache, im XVII. Hefte der Abhandl. der Gesellsch. d. Liebh. russischer Liter. Moskau 820. — *J. B. Rakowiecki* Prawda ruska, Warsch. 820 — 22. 2 Bde. 4. — Bibliographie, ausser der Vorr. zu Dobrowskýs Gramm., enthalten: *B. St. Sopikow* opyt ruskoj bibliografii, S. Petersb. 813 — 21. 5 Bde. 8. — (*Ewgenij.* Metrop. von Kiew) slowar istoričeskij o bywšich w Rossii pisateljach duchownago čina Grekorossijskija cerkwi, S. Petersb. 818. 2 Bde. 8.

Zweiter Abschnitt.

Geschichte der russischen Sprache und Literatur.

§. 12.

Historisch - ethnographische Vorbemerkungen.

Seit uralten Zeiten, auf welche keine Geschichte ein Licht wirft, wohnten im europäischen Norden Slawen, und bildeten kleine Staaten, die durch Volksberathungen und erwählte Oberhäupter, gemäss den Sitten der damaligen Zeit und der Stufe der Volksbildung, regirt wurden. Nach kriegerischen Thaten nicht durstend, genossen sie die Früchte ihrer Freiheit im Frieden, in den Städten Gewerbe und Handel, auf dem Lande Ackerbau und Viehzucht treibend, bis ungefehr im III — VI. Jahrh. die Gothen, Alanen u. Hunnen die von ihnen bewohnten Provinzen des heutigen Russlands durchzogen, und die ursprünglichen Bewohner derselben, die slawischen Stämme, weiter nach Westen und Norden drängten. Von Natur friedliebend, zahlten diese an die Barbaren und Eroberer einen jährlichen Tribut, um nur ihren gewöhnlichen Beschäftigungen ruhig obliegen, ihre alte Lebensart ungestört fortsetzen zu können. So finden wir im IX. Jahrh. die Nowgoroder den Normännern oder Warägern, die Sieweranen und Radimitschen hingegen den Chazaren zinsbar. Nach einem vergeblichen Versuch, die Einfälle der schlauen und unternehmenden Waräger zurückzuschlagen, und nach entstandenem Streit um die Oberherrschaft unter sich, wählten die Nowgoroder Slawen den Waräger Rurik im J. 862 zu ihrem Oberhaupte, der nun die Herrschaft über den ersten slawisch - russischen Staat übernahm.¹) Ruriks Nachfolger, Oleg, vereinigte Kiow mit Nowgorod, und wählte ersteres zu seiner Residenz. Bald entwickelte sich die Macht des neuen Reichs; russische Heere erscheinen vor den Thoren Constantinopels; eine Menge Völker werden zinsbar gemacht; die Russen führen einen regelmässigen Handel nach den Küsten des schwarzen Meeres; sie erbauen Städte, verschönern die vorhandenen, und geben sich Gesetze. Durch zwei Prinzessinen: Olga, die Gemahlin Igors (um 950) und die griechische Prinzessin Anna, die Gemahlin Wladimirs des Grossen, des Grossenkels von Rurik (981 — 1015), kam das Christenthum von Constantinopel nach Russland. Mit dem Tode Wladimirs des Grossen wurde der rasche Gang der Nation durch die Theilung des Staats unter dessen Söhne gehemmt. Russland zerfiel in mehrere Fürstenthümer, deren Beherrscher sich Care nannten. Aber bei den fortdauernden Familienuneinigkeiten konnten dieselben nicht der eindringenden Macht der Mongolen widerstehen, die nun zwei hundert Jahre hindurch (1237 — 1462) die Geissel von Russland wurden. Während dessen wurden Nowgorod und Pskow beinahe Freistaaten; Littauen riss die Ukraine ab; Kreuzritter und Schweden drangen im We-

---

¹) Nach der gewöhnlichen, von Schlözer sorgfältig geprüften und erhärteten Annahme (Nestor I. 192 ff. 178 ff.) waren die Waräger Normänner, und zwar aus Schweden. Erst seit der Ankunft der Waräger in Nowgorod erhielt die Gegend den Namen Russland, der in der Folge auch auf Kiew und alle übrige Eroberungen der Nachfolger Ruriks ausgedehnt wurde. Der Name *Russ, Russland* schreibt sich von den Finnen her, in deren Sprache *Ruotsi* die Bewohner Schwedens, und *Roslagen* die schwedische, Finn- und Estland gegenüber liegende Küste genannt werden. Ewers hingegen leitet die Waräger von den Chazaren ab. Schwabenau hält den Namen *Russi, Rossi*, mit des Claud. Ptolemaeus *Savari*, was zerstreut, aus einander wohnend seyn soll, für gleichbedeutend! (Hesperus 819). Noch zur Zeit des Ks. Constantin Porph., der die Wasserfälle des Dniepers ums Jahr 950 in russischer und slawischer Sprache nennt, ist ῥωσιστί nicht das, was wir jetzt *russisch* nennen, sondern *warägisch* (normännisch); σκλαβινιστί aber bei demselben ist diejenige Sprache, aus der sich das jetzt sogenannte Russische nach und nach gebildet hat. *A. Moller*, diss. de Varegia, Lund. 731. 4. — *A. Scarin* diss. de orig. Varegor. Aboae 734. 4. *Bayer* de Varagis, in Comm. Ac. Petr. T. IV. a. 735. *Penzel* diss. de Varangis, Halae 771. 4. — *Müller* v. Warägern, in Büschings Mag. XVI. Halle 782. — *Schlözer* a. a. O. — *J. Ph. Ewers* vom Ursprung des russ. Reichs, Riga und Lpz. 808. — *A. Ch. Lehrberg* izsljedovanija služaščija k objasneniju rusk. istor. (teutsch u. russ. v. Jazykow) S. P. 814. 818. — *St. Sestrencewić Boguś* izsljedovanije o proischoždenii rusk. naroda. S. P. 818. — *C. M. Frähn* Ibn Fosslans u. a. Araber Berichte üb. d. Russen älterer Zeit, S. P. 824. 4. — *M. Pogodin* o proischoždenii Rusi, M. 825.

sten ein. Da stand 1462 der Fürst von Moskau, Joan Wasiljewič III., auf, und befreite Russland, das er glücklich vereinigt hatte, nicht nur von der Herrschaft der Mongolen, sondern überwältigte auch Nowgorod. Sein Sohn Wasilij Joannowič (1505 — 1520) dehnte die nördlichen Gränzen des Reichs bis über Archangel aus. Dessen Nachfolger, Joan Wasiljewič IV. (1533 — 1584), beförderte die Civilisation seines Volks; teutsche Handwerker, Künstler und Gelehrte gingen nach Russland, Buchdruckereien wurden angelegt, Gesetze gegeben und der Handel durch einen Vertrag (1553) mit Elisabeth von England zuerst begründet. Eben derselbe Car eroberte Kazan (1552) und Astrachan (1554), die Eroberung Sibiriens, von ihm eingeleitet, ward erst unter seinen Nachfolgern vollendet. Mit Feodor Joannowič endigte sich (1598) Ruriks Mannsstamm. Nach manchen Kämpfen und bürgerlichen Unruhen ermannten sich die Russen, und erhoben den Feodorowič Romanow, einen Abkömmling des Rurikschen Hauses (1613 — 1645), auf den Thron. Sein Enkel, Peter der Grosse (1682 — 1725), schuf ganz Russland um: er bildete ein neues Heer; er gründete die russische Seemacht, bauete (1703) S. Petersburg zu seiner neuen Residenz, veranstaltete Fabriken, und stiftete die Akademie der Wissenschaften. Schweden musste ihm Liefland, Estland, Ingermanland und Kexholm abtreten. Er war der erste russische Kaiser, Schöpfer der jetzigen russischen Macht. Katharina II. (1762 — 1796) legte die letzte Hand an Peters des Gr. Werk, und hob nicht nur den Wolstand ihres Reichs durch eine weise Regirung, sondern vergrösserte dasselbe auch durch mehrere glücklich geführte Kriege und erfolgreiche Unterhandlungen ausserordentlich. Wass Russland seinem jetzigen Beherrscher, Alexander I., verdankt, und wie seit seinem Regirungsantritte das Volksleben in dem unermesslichen Reich mit Riesenschritten vorwärts schreitet, ist bekannt genug. [2])

---

[2]) Die Schicksale der russ. Historiographie bis 1800 erzählt Schlözer (Nestor I. 85. ff.). Mit Verweisung auf ihn nennen wir, ausser den ältern Quellen (Nestor, s. Fortsetzer u. neuere Bearbeiter, Dlugoss, Stryikowski u. s. w.) *G. F. Müller's* orig. gentis et nominis Russorum 749. Eb. Samml. russ. Gesch. 8. P. 782 — 764. 9 Bde. 4. — (*A. L. Schlözer's*) Gesch. von Russl. 1r Th. Gött. u. Gotha 769. 12. (Eb.) Handb. d. Gesch. d. Kaiser-

So geschah es im Laufe der Zeit, dass dasselbe Russland, welches im J. 1462 kaum 18,000 Q.M., und nach dem Tode Peters I. 280,000 Q.M. austrug, unter Alexander I. zu der erstaunlichen, in der gesammten Geschichte unerhörten Grösse von 340,000 Q.M. Flächenraum heranwuchs. Von den, auf diesem ungeheueren Raum, in Europa und Asien wohnenden 53 Mill. Menschen (im J. 1722 zählte Russland nur 14 Mill. Einw.), die in 80 — 100 der Abkunft und Sprache nach verschiedene Stämme zerfallen, ist bei weitem der grösste Theil, nämlich 36 Mill., Slawen, und hiemit — die anderthalb bis zwei Mill. Polen, in den westlichen, ehemals polnischen Provinzen, abgerechnet — 34 Mill. Russen, das Herz des Reichs, das ganze mittlere Russland in Masse einnehmend, aber zugleich durch alle Länder und Provinzen des Kaiserstaats verbreitet. Darum kann das Gemisch so vieler Völker, obschon es dem Geschäftsgang der Regirung Hindernisse eigener Art in den Weg legt, indem alle diese Völker ihre besondere Religion, Sprache, Sitten und Gebräuche haben, doch keinen nachtheiligen Einfluss auf den Fortgang der Cultur des herrschenden Stammes, des Russen, haben, weil jene Völker meistens in den Gränzprovinzen zerstreut sind, die Russen hingegen, ohnehin an Zahl weit überwiegend, die Mitte des Reichs bewohnen, und die unschätzbaren

thums Russl., a. d. Russ., Gött. 801. 8. — *C. Schmidt's* Einl. in d. russ. Gesch. Riga 773. 2 Bde. 8. — *D. E. Wagner's* Gesch. v. Russl. (allg. Weltgesch. 16r Bd.) Lpz. 786 — 87. 2 Bde. 8. — (*D. J. Merkel's*) Gesch. d. russ. Reichs, Lpz. 795. 3 Bde. 8. — *Levesque* histoire de Russie, Par. 782. 5 Bde. 12. — *Leclerc* hist. de la Russie ancienne, Par. 783. 3 Bde. 4. — *J. Müller* alt russ. Gesch. nach Nestor, Berl. 812. 8. — *J. P. G. Ewers* Gesch. d. Russen. Dorpat 816. 8. — *A. J. Chilkow* jadro ross. istor., geschr. vor 1718, gedr. M. 770, teutsch M. 782. 8. — *B. N. Tatiščew* istor. ross., geschr. vor 1739, gedr. M. 769 — 84. 4 Bde. 4. — *Lomonosow* kratk. ross. Lietopis, S. P. 760. 8. teutsch Lpz. 765. 771. 8. — *Th. A. Emin* ross. istor., 767. 3 Bde. 8. — *M. M. Ščerbatow* ross. istor. S. P. 770 — 92. 15 Bde. 4. — *B. Tredijakowskij* razsužd. o drewnostjach ross., S. P. 773. 8. — *J. N. Boltin* primječanija u. s. w. (Kritik der Gesch. v. Leclerc) S. P. 788. 2 Bde. 4. — *Jakowkin* ljetočislitelnoje izobraženije, 798. 8. — *J. G. Stritter* ross. istor. S. P. 800 — 3. 3 Bde. — (*Anon.*) ross. istor. M. 799. 819. — *S. Glinka* ruskaja istor., M. 817 — 19. 10 Bde. 8. — *G. Konstantinow* kratk. istor. ross. gosudarstwa, S. P. 820. 2 Bde. 8. — *P. Strojew* kr. istor. ross. M. 819. — *P. Athanasjew* chron. obozrenije ross. istor., M. 822. 8. — *B. Wichmann's* chron. Uebersicht d. neuesten russ. Gesch., Lpz. 821. 2 Bde. 4. — *N. M. Karamzin* istor. gosud. ross., 2 A. S. P. bis 823. 11 B. 8. (teutsch Riga), im Auszug v. *A. W. Tappe*: Sokraščenije istor. gos. ross. N. M. Karamzina, 2 A. S. P. 825. 2 Bde. 8.

Vortheile der ungestörten Vereinigung zu einem Ganzen vollkommen geniessen. Der Religion nach bekennen sich die Russen, etwa 33 Mill. (nach Arsenjew im J. 1818 32 Mill.), zu der griechischen Kirche, deren oberste Aufsicht der zu S. Petersburg residirenden heiligst — dirigirenden Synode anvertraut ist.[3])

§. 13.

Charakter der russischen Sprache.

Die russische Landessprache, die allmälich neben der altslawischen Kirchensprache, und ganz vorzüglich seit des unsterblichen Peters des Gr. Schöpferepoche zur Schriftsprache erhoben ward, umfasst mehrere, von einander merklich abweichende Mundarten (Idiome oder Varietäten?), unter welchen sich vorzüglich drei auszeichnen: die eigentliche *russische* oder *grossrussische*, die *kleinrussische* und die *weissrussische* Mundart. 1.) Die *grossrussische* Mundart, im ganzen mittlern Russland, namentlich in Moskau und den umliegenden Gegenden (Grossrussland enthält die Statthalterschaften Moskwa, Archangel, Wologda, Olonec, Kostroma, Nowgorod, Pskow, Smolensk, Twer, Nižnij Nowgorod, Wladimir, Tula, Kaluga, Jarosław, Kursk u. Woroneż

---

[3]) Ueber die Landes- und Volkskunde Russlands vgl. *B. F. J. Hermann's* stat. Schilderung v. Russl., S. P. 790. 8. — *A. W. Hupel's* Staatsverf. d. russ. Reichs, Riga 791 — 93. 2 Bde. 8. — *A. Storch's* stat. Uebersicht. d. russ. Reichs, Riga 795. Eb. hist.-stat. Gemälde des russ. Reichs-Lpz. 797. — 803. 8 Bde. 8. — *J. Heym's* Versuch v. geogr.-topogr. Encyclop. des russ. Reichs, Gött. 796. 8. — *J. G. Georgis* geogr.-phys. u. naturh. Beschr. des russ. Reichs, Königsb. 797 — 801. 3 Bde. — Tableau general de la Russie, Par. 802. — *T. F. Ehrmann's* neueste Kunde vom russ. Reiche, Weim. 807. 8. — *G. Hassel's* stat. Abriss. des russ. Kaiserthums. Nürnb. u. Lpz 807. 8. — *M. Beneken's* geogr.-stat. Uebersicht des russ. Reichs, Riga 808. 8. — *B. v. Wichmann's* Darstell. d. russ. Monarchie. Lpz. 813. 2 Bde. 4. — *Th. Tumanskij* ruskoj magazin, 792. — *Pleščejew* obozrenije ross. imp. 787. teutsch Lpz. 790. — *E. Zjablowski* stat. opisanije Rossii, S. P. 808. 2 A. 815. 5 Bde. 8. *Eb.* nowjejšeje zemleopisanije ross. imp. S. P. 807. 2 Bde. *Eb.* zemleopisanije ross. imp. dlja wsjech sostojanii, S. P. 810. 6 Bde. *Eb.* rukowodstwo k geografii ws. i ross., S. P. 820. 821. *K. Arsenjew* načertanje statistiki ross. gosudarstwa S. P. 818. 2 Bde. 8. — *K. Th. Hermann* stat. žurnal ross. imp. S. P. 807. 4 Bde. *Eb.* stat. izsljedowanija otnositeljno ross. imp. S. P. 819. ff. — *Maximowić* słowar ross. gosud. M. 788. 6 Bde. — *A. Ščekatow* geogr. pol. i stat. słowar ross. gosud. M. 801 — 9. 7 Bde. Nowyj i polnyj słowar ross. gosud., S. P. 822.

mit ungefehr 16,895,000 Einw.) herrschend, ist seit Peter dem Gr., freilich nicht ohne Beimischung vieler Slawismen, die eigentliche Literatursprache der Russen. Eine Abart dieser grossrussischen Mundart ist die *Suzdalische* Varietät, in der Provinz Suzdalj des jetzigen Gouvernement Wladimir. Sie ist vorzüglich unrein und mit fremden Wörtern vermischt. Einige Wörter befinden sich in dem Vocab. Petrop. Nr. 10. Eben so weicht die *Oloneckische* Sprechart, die stark mit finnischen Wörtern vermischt ist, von der grossrussischen ab.
2.) Der *kleinrussischen* Mundart bedient sich ganz Südrussland von der Mitte Galiziens an bis zum Kubanflusse. Im weitesten Verstande begreift Kleinrussland den ganzen südlichen Theil von Russland (die Statthalterschaften Orel, Rjazan, Tambow, Slobodsk-Ukrajne, Černigow, Poltawa u. Kiew mit ungefehr 10,430,000 Einw.) und dem ehemaligen Polen vom Don an bis an die schlesische Gränze, nebst Galizien (Halič) und Lodomirien (Wladimir) oder Rothreussen, im engern aber nur den östlichen Theil oder die eigentliche Ukrajne, worin Kiew der Hauptort ist. In diesem östlichen Theile waren ehedem die Poljanen, Drewlier, Tiwertzen und Siewerier, als besondere Völker bekannt, welches auf mehrere Mundarten schliessen lässt. Da derselbe von 1471 bis 1654 unter Polen stand; so ist auch die Sprache sehr mit der polnischen vermischt worden, welche Vermischung in dem westlichen, den Polen länger unterworfenen Theile, noch sichtbarer ist. Die kleinrussischen Kozaken, und die den Polen ehedem nur zu bekannten Zaporoger oder Hajdamaken, sind in östlicher Ukrajne einheimisch; dagegen die donischen Kozaken (512,000 an der Zahl), von den Grossrussen abstammen, und mit Tataren vermischt sind. Der Unterschied dieses Dialekts von dem grossrussischen besteht vorzüglich in der abweichenden Aussprache gewisser Vocale (z. B. *i* st. *ie*, *bida* st. *bieda*; *e* st. *ie*, *nenawižu* st. *nienawižu*), Consonanten (*h* st. *g*, *hod* st. *god*), und vielen veralteten Redensarten, die wol in dem Altslawischen, nicht aber im Russischen zu finden sind, daher die Behauptung einiger, die auch Adelung wiederholt, dass derselbe mit der altslawischen

Kirchensprache am nächsten verwandt sey. Im Ganzen kommt aber diese Mundart der böhmischen, oder überhaupt den Dialekten der Ordnung II. eben so nahe, wenigstens näher, als die übrigen Mundarten der Ordnung I. Sie ist vorzüglich reich, vielleicht am reichsten unter allen Slawinen, an Volksgesängen aller Art, die insgesammt einen elegischen Charakter haben. [1] 3.) Die

[1] Es wäre zu wünschen, diese Volksgesänge wären sorgfältiger gesammelt, als es bis jetzt geschah. — Von einem ungemein grossen Nutzen zur Aufhellung des ältern und Charakterisirung des neuern Slawenthums sind Sammlungen von Volksliedern, Volkssagen und Sprichwörtern. In den Volksliedern, vorzüglich den ältern, an welchen die slaw. Stämme vielleicht reicher sind, als irgend ein Volk in Europa, findet man nicht nur Spuren des Alterthums, die Namen der slaw. Götter und historischer Personen, das Andenken von Ereignissen und Thatsachen, wenn gleich mit Sagen und Mährchen untermischt, wesshalb sie für den Geschichtschreiber von geringerem Belang sind, sondern man findet in ihnen vorzüglich das, was den Dichter, den Psychologen und den Volksfreund am meisten interessirt, den reinsten Ausdruck aller nationalen Sitten, Gebräuche u. Gefühle sowol der Vorzeit als der Gegenwart. Den Philologen gehen sie noch näher an, denn sie sind die wahren, echten Idiotica der respectiven Mundarten. Von diesem Gesichtspunct sollen diejenigen ausgehen, die sich dem Sammeln und Herausgeben dieser Volksgesänge unterziehen. Schätzbare Beiträge dieser Art haben bereits einige Stämme geliefert; aber ihre Vergleichung und kritische Benutzung ist noch der Zukunft vorbehalten. Hieher gehören I. *Russische*: Nowoje i polnoje sobranije ross. pjesen, M. 780. 6 Bde. 8.; Drewnija ross. stichotworenija, sobr. *K. Danilowym*, izd. *K. Kalajdowiďem*, N. A. M. 818. (mit e. Abhandl.); *Popow*, ross. Erata; Nowjejšij wseobščij i polnyj pjesennik, S. P. 819. 6 Bde. (zum Theil); Pjesennik dlja prekrasnych djewušek, M. 820. 2 Bde. (zum Theil); Pjesni ruskija narodnyja, 2 Bde.; *N. Certelew* opyt sobranija starinnych malorossijskich pjesen, S. P. 819. (sehr schätzbar); Skazki ruskija, M. 820. 5 Bde. u. a. m. II. *Serbische*: *W. Stefanowić Karadžić* narodne srbske pjesme (zuerst Wien 814 — 15. 2 Bde. 8.), Lpz. 823 — 24. 3 Bde. 8. III. *Böhmische* und *mährische*: *F. L. Čelakowského* slowanské národnj pjsně, w Praze 822—25. 2 B. 8. Národnj pjsně, sebr. Řitjřem *z Rittersbergu*, Prag 825. 8. IV. *Slowakische*: Pjsně swětské lidu slowenského w Uhřjch, w Pešti 823. 12. V. *Dalmatische*: *A. Kacich Miossich* razgovor ugodni naroda slovinskoga, Ven. 801. 4. (zum Theil). Die Polen, obgleich an Volksgesängen eben so reich, wie andere Slawen, haben sich bis jetzt um eine Sammlung derselben nicht bekümmert. — Die Wichtigkeit einer Samml. von Sprichwörtern für den slaw. Sprach- und Volksfreund hat schon Rakowiecki (II. 101) erkannt. Was in dieser Hinsicht bis jetzt geschah, verdient bemerkt zu werden. Es sind im Druck erschienen: 1. *Russische*: Sobranije 4291 drewnich poslowic, M. 787, 8.; Sobranije ruskich poslowic i pogoworok, S. P. 822. (5365 Sprichw.) II. *Polnische*: *S. Rysiński* przypowieści polskie, w Lubczu 618. 629. 4.; *G. Knapski* adagia pol. selecta, Krak. 632. 4.; *A. M. Fredro* przysłowia, Kr. 860. 8.; *J. R. Zawadzki* gemmae lat. sive proverbia pol., Warsch. 728. 8.; *A. Zeglicki* adagia tam lat. quam polon., ed. 2. Warsch. 751. 8.; *W. J. Marewicz* przysłowia i maxymy, W. 788. 12. III. *Böhmische*: ausser den ältern Samml. von *J. Srnec* 582., 599., *D. Sinapius* 678., *A. Horný* 705., P. Doležal 746., vorz. *J. Dobrowský* českých přjslowj zbjrka, w Praze 804. 8. IV. *Slowakische* von *A. Bernolák* als Anhang zu s. Gramm. slavica, Poson. 790. 8. *G. Rybay* Ms. V. *Serbische*: *J. Muškatirowić* pričte iliti po prostomu poslowice, Wien 787. 8. Ofen 807. 8. *W. Stefanowić*

weissrussische Mundart ist in ganz Littauen (begreift die Statthalterschaften Wilna, Grodno und Bielostok mit ungefehr 2,441,400 Ejnw.) und einem Theile von Weissrussland (Schwarz- und Weissrussland begreift die Gouv. Mohilew, Witebsk, Minsk, Wolyn, Podol mit ungefehr 6,146,100 Einw.) vorzüglich Wolynien herrschend. In ihr ist das littauische Statut, die Archive und alle littauischen Actenstücke verfasst. Einige russische Schriftsteller des XVI—XVII. Jahrh. bedienten sich gleichfalls derselben. Diese Mundart ist neuer, als die übrigen, und fing sich an vorzüglich seit der Vereinigung Littauens mit Polen zu bilden; daher denn auch die vielen Polonismen in derselben. [2]) Die *russniakische* Mundart in Ostgalizien und dem nordöstlichen Ungern ist nur eine Varietät des Kleinrussischen. [3])

Karadžić narodne srbske pripowijetke, Wien 821. 8. VI. *Dalmatische* hat *A. Dellabella* in s. Wörterb. (Ven. 728 4.) häufig angeführt und *G. Ferrich* lateinisch (Fabulae ab illyr. adagiis desumtae, Rag. 794. 8.) bearbeitet. (Vgl. *Ch. K. Nopitsch* Liter. d. Sprichw. Nürnb. 822. 8.)

[2]) Die Sprachdialekte Russlands verdienen näher geprüft und mit jenen der übrigen slaw. Völker in Parallele gestellt zu werden. Was *Adelung* Mithridates II. 629., *Bantkie* Pamiętnik Warsz. 815. Th. 1. S. 3., *Rakowiecki* II. 190. und *Greć* Ist. rusk. lit. S. 12. darüber sagen, ist ungenügend. Ueber den kleinruss. Dialekt gab Hr. *Kalajdowić* e. Abhandl. im I. B. der Schriften des Moskauer Vereins 822. heraus. *J. Kotljarewski* travestirte Virgils Aeneis ins Kleinruss. (Virgiljewa Eneida na malorossijskij jazyk pereložennaja, S. P. 809. 4 Bde. 8.), und *A. Pawlowski* schrieb e. Grammatik dieses Dialekts: Gramm. maloross. narječija, S. P. 818. 8.

[3]) Die Russniaken in Ostgalizien, Bukowina und Nordungern ist in sprachlicher und historischer Hinsicht noch eine terra incognita. In Galizien und Bukowina machen die Russniaken den zahlreichsten Theil der Einwohner aus. Die Russniaken in Ungern zwischen dem Hernát u. der Theiss, in den Gespannschaften: Bereg, Marmaroš, Ung, wo sie die Mehrzahl, und Zemplin, Šároš, Ugoča, Zips, Satmar, Saboĺc, Gömör, Bihar, Torna, wo sie die Minderzahl der Einwohner, insgesammt gegen 350,000, ausmachen, sind die Fortsetzung ihrer rothrussischen Brüder. Ueber ihre Herkunft schreibt ein als Historiker hochgefeierter Teutsch-Unger (Th. I. S. 65): „Almus erster Plan ging darauf aus, sich in der heutigen Ukraine festzusetzen, und die Kiewer Russen zu bezwingen. Oleg, der Fürst der Kiewer Russen, zog Kumaner od. Polowzer an sich; Russen und Kumaner wurden jedoch geschlagen, die übrigen in Kiew eingeschlossen. Die Russen mussten sich zu einem jährlichen Tribut bequemen. Mehrere reiselustige Russen entschlossen sich den Zug mitzumachen. Der Marsch ging nun über Wladimir und Halič. Zwei Tausend bewaffnete russische Bogenschützen u. 8000 Bauern sollten ihnen den Weg zeigen, die Strasse ausbessern, und die Gehpfade erweitern. Die Russen wurden in Marmaroš und Ung zurückgelassen, wo ihre Nachkommen, die Russniaken, noch leben." „Wichtig, wenn es wahr ist!" müssen wir hiebei mit unserer überseeischen Antipoden-Brüder gewöhnlichem Leib- und Leberspruch ausrufen. Ueber den ganzen Hergang der Sache muss man, um den Anonymus, aus dem diese Nachricht geflossen ist, und seinen Sachwalter würdigen zu können, Schlözers Nestor

Beachtet man die Eigenschaften der jetzigen russischen Sprache, so ist ihre Anlage zu einem einfachen und deutlichen Ausdruck der Gedanken, der in derselben nicht bloss möglich, sondern ihr ohne Zwang und ohne überladende Wiederholung besonders natürlich ist, der Nachdruck, den sie ihrer Darstellung durch Kraft und Kürze geben kann, die Erhabenheit, deren sie vorzüglich fähig ist, und der grosse Reichthum, den sie an Wörtern überhaupt und besonders an bestimmten Ableitungsformen hat, unverkennbar.*) Einfachheit und Natürlichkeit des Ausdrucks ist in der russischen Sprache begreiflich, da sie, noch nicht ein volles Jahrhundert zur Schriftsprache sich ausbildend, von dem Einflusse verzärtelnder Culturverhältnisse, der Mode, oder auch blosser Stubengelehrsamkeit noch nicht so beherrscht seyn kann, dass sie nicht der Natur treu bleiben dürfte, die weder Kürze, noch Nachdruck, noch Schmuck, noch Witz erkünstelnd sucht, wo er sich nicht selbst darbietet. So zeigt sich der Ausdruck in der russischen Sprache, wenn er nicht geziert oder fremdartig ist. In hellem Ebenmasse folgen die Worte den Gedanken. Der russischen Sprache mangelt, wenn diess ein wesentlicher Mangel ist, die Anlage zu einem so häufigen Gebrauche periodischer Verbindungen, wie sie das Griechische und Lateinische haben. Er würde ihr, so wie den andern neuen lebenden Sprachen, erst aufgedrungen werden müssen. Besonders plan ist im Russischen die Verbindung der Sätze. Es vermag zwar zu diesem Zwecke bei manchen Arten der Sätze einen sehr angemessenen Gebrauch von seinen Gerundiven und Participien zu machen. Auch mangeln ihm keinesweges die Conjunctionen,

---

III. Cap. IX. S. 107 — 148 nachlesen. Unstreitig sitzen die Russniaken so lange in Marmaroš u. s. w., als ihre Brüder in Rothrussland, und diese hier so lange, als ihre Brüder in Kiew. — Das Russniakische in Ungern ist stark metadialektisirt. Schade, dass ihre Volkslieder nicht gesammelt sind! Sie bekennen sich zur griechisch-katholischen od. unirten Religion, und haben eine kyrillische Druckerei in Lemberg, von wo, wie von Ofen, sie mit liturgischen Büchern versehen werden. Interessante Notizen in ethnographischer Hinsicht liefert über dieselben *Rohrer* in s. Vers. über die slav. Bewohner der österr. Monarchie, Wien. 804.
*) *J. S. Vater's* russ. Leseb. Lpz. 816. S. 3 ff. — *A. Šiškow* o starom i nowom slogje. S. P. 813. *Eb.* o krasnorječii S. Pisanija, S. P. 811. — *Th. Korżawin* o jazykje rossijskom u. a. m.

durch welche das jedesmalige Verhältniss der Sätze angezeigt, und der natürliche Periodenbau bewirkt wird. Aber bei der geringen Anzahl ihrer Conjunctionen fällt ihre Beziehung um so leichter in die Augen und verbietet sich ihre zu grosse Häufung von selbst. Die völlig freie Stellung der Wörter nützt nicht bloss dem Nachdruck, sondern auch der Deutlichkeit, und erlaubt das zusammen gehörende, z. B. auch die zu einem Verbalsubstantive tretenden Bestimmungen, genauer, als es in andern Sprachen möglich ist, zwischen dasselbe und sein Adjectiv zu stellen, so dass ein Missverständniss ganz unmöglich ist. Da jedes Wort die Stelle erhalten kann, die für die Folge der Vorstellungen die natürlichste ist, so fliesst die ganze Rede leicht daher, auch nicht durch Hilfsverben oder Artikel aufgehalten. Ausserordentlich gross ist der Reichthum der russischen Sprache. Ihre Wurzelwörter sind aus mehreren Stammsprachen entlehnt, und sie hat demnach deren eine weit beträchtlichere Anzahl, als die mit ihr verschwisterten Sprachen der übrigen Slawen. Erworben zu einer Zeit, wo die russische Nation der Aufnahme dieser Wörter bedurfte, ohne dass passendere einheimische dadurch verdrängt wurden, sind sehr viele nicht slawische Wörter zum wahren Eigenthum der russischen Sprache geworden, doch so, dass der Nationalsprache dadurch nicht geschadet, wol aber ihr Reichthum vermehrt wird. Nachdruck ist bald Wirkung der Kürze des Ausdrucks, bald einer ungewöhnlichern Wiederholung und Setzung der Wörter, wenn eine Sprache bei der mehr oder weniger freien Stellung derselben, die vorzüglich wichtigen Gedanken hervorheben, und vor Auge und Ohr mit ausdrücklichem Ansprüche auf Aufmerksamkeit hervortreten lassen kann. Die russische Sprache hat es, gleich den übrigen slawischen, bei der freien Stellung ihrer Wörter ganz in ihrer Gewalt, die Hervorhebung der Begriffe, die hervorstechen sollen, zu bewerkstelligen. Sie hat dadurch, dass sie z. B. Personalpronomina bei den Personen des Verbum setzen oder weglassen kann u. s. w., so wie durch beliebige Entfernung von der sonst gewöhnlichen einfachsten Art des Ausdrucks, der Mittel mehrere in den Händen für Nachdruck. Aber sie hat auch noch den Vorzug vor andern Sprachen, eine reiche Quelle der Erhabenheit des Ausdrucks zu besitzen. Die altslawische Bibelübersetzung ist nicht nur eine schätzbare Quelle alterthümlicher, religiöser Sprache, die schon in sofern etwas Erhebendes in sich hat: sondern es ist ein völlig eingeführtes Herkommen, dass die russische höhere Poesie ihre Ausdrücke beliebig aus Worten der slawischen Bibelübersetzung entlehnt, welche der gewöhnlichen Umgangssprache unbekannt oder entschwunden, dort fortleben. Unverkennbar ist die Anlage der wolklingenden, melodischen russischen Sprache zur Poesie; die Volksgesänge, nicht ohne natürliche Reize des musikalischen Numerus, bahnten längst der höheren Dichtkunst den Weg; aber ob der geniale Russe statt der bisherigen französischen Muster für die Zukunft sein Augenmerk mehr auf die Schriften des classischen Alterthums, diese unschätzbare Quelle echter Ausbildung und geläuterten Geschmacks, richten wird, um an denselben seinen Geist grosszuziehen, und das Kräftige des Stoffes mit dem Anmuthigen der Form zu einigen, bleibt dahingestellt. — Der russische Sprachschatz hat sowol in grammatischer, als lexicalischer Hinsicht in den neuesten Zeiten treffliche Bearbeiter gefunden. [5])

---

[5]) *Sprachbücher. Grammatiken:* Die ältesten in Russl. gedruckten Gramm. sind alle kirchenslawisch. *H. W. Ludolf* war der erste, der in s. Grammatica russica, Oxonii 696. 8. die Erlernung der russ. Redesprache den Ausländern möglich machte. — Anfangsgründe der russ. Sprache (im Anhange zu dem teutsch-lat.-russ. Weissmannschen Lexicon) S. P. 731. 782. 4. — *M. Gröning* russ. Gramm. (schwedisch), Stockh. 750. 4. — *M. Lomonosow* ross. Gramm., S. P. 755. 8. 5 A. 788. teutsch von *J. N. Stavenhagen* S. P. 764. franz. 769. griech. von *Anastas* M. 795. 804. — *Charpentier* élémens de la langue Russe, S. P. 768. 787. 791. 795. 805. 8. *Kurganow's* kurzgef. Sprachl. in s. Pismownik, S. P. 769. 777. 788. 8. — *Barsow's* russ. Gramm. für Gymnasien, M. 771. 8. mehr als 10mal wieder aufgelegt. — Kratkija prawila u. s. w., M. 773. 8. 8 A. 808. 8. — *Rodde's* russ. Sprachl. für Teutsche, Riga, 773. 778. 784. 789. 790. 8. — Kratkaja ross. Gramm., für die Nationalschulen, S. P. 787. 790. 793. 801. 806. — *P. J. Sokolows* načalnyja osnowanija ross. gramm., S. P. 788. 792. 797. 800. 808. 810. 8. *Eb.* Kratk. ross. gramm., 809. u. öft. — *L. Lubowicz* grammatyka rossyiska, w Poczaiowie 778. 4. — *Astachow's* neue russ. Gramm. für Franzosen, S. P. 788. — Russ. Gramm. für Polen, Polock 789. — *J. Heym's* russ. Sprachl. für Teutsche mit einer Chrestomathie, M. 789. Riga 794. 804. 8. — *Swietow's* kratkija prawila, M. 790. S. P. 795, 8. — *Apollos* Einl. zur Kenntniss der slawisch-russ. Sprache (russ.), Kiew 794. 4. — *J. B. Maudru's* élémens raisonnées de la langue Russe Par. 802. 2 Bde. 8. verkürzt für die russ. Jugend, M. 808. 8. — Ross.

§. 14.

Epochen der russischen Literatur. Der ersten Periode erste Abtheilung: Von Rurik bis auf Wladimir 850 - 989.

Die Geschichte der russischen Literatur kann in zwei Hauptperioden getheilt werden: von der Erfindung der kyrillischen Buchstaben bis zur Einführung des Civiltypus, oder, in politischer Hinsicht, von der Gründung des russischen Reichs bis auf Peter den Grossen; und von diesem bis auf die neuesten Zeiten. Diese Periode unterscheidet sich von der ersten durch die Begründung einer selbständigen Nationalliteratur in russischer Sprache. Die erste Periode hat drei Abtheilungen: die erste geht bis zur Einführung der christlichen Religion in Russland; die zweite bis zur Besiegung und Vertreibung der Tataren; die dritte bis Ende der Periode. Die zweite Periode hat ebenfalls drei Abtheilungen: die erste erstreckt sich bis auf Lomonosow, die zweite bis auf Karamzin, die dritte bis auf unsere Zeiten.

gramm. sočinennaja imp. ross. Akademijeju (russ. Gramm. herausg. v. d. russ. Akad.), S. P. 802. 809. 819. 8. griech. von *P. Nitzogla* M. 810. — *G. Glinka* Elementarbuch d. russ. Sprache, Mitau 805. 8. — *Brodowski's* russ. Gramm. (poln.), Wilna 805. — Načalnyja prawila u. s. w. Anfangsgründe d. russ. Sprache zum Nutzen der Zöglinge der adeligen Pensionsanstalt, M. 807. 808. 12. — *J. S. Vater's* prakt. Gramm. der russ. Sprache, Lpz. 808. 814. 8. — *K. M. Memorskij* neue russ. Gramm. in Frag. u. Antw. (russ.), M. 808. 12. Eb. polnaja ross. gramm. s prisowokuplenijem kratk. istor. slawjano-ross. jazyka, M. 823. 8. — Russ. Gramm. von der Schuldirection herausg. (russ.), S. P. 809. 3 A. 818. — *M. Butowski's* russ. Gram. (russ. u. poln.), Poczaiew 809. 8. — *J. B. Dworzecki* gramm. języka ross., Wilna 809. 811. 8. — *D. A. W. Tappe* neue theor.-prakt. russ. Sprachl. für Teutsche, S. P. 810. 814. 820. 8. — *Th. Rozanow* russ. Gramm., M. 810. 8. — *N. Greč* Versuch üb. d. russ. Conjug. (russ.), S. P. 811. 12. — *J. Langen* manuel de la langue Russe, 3 A. S. P. 825. 8. — *Leilo* Anfangsgr. d. russ. Gr. (franz.), S. P. — *J. A. E. Schmidt's* prakt. Gramm. d. russ. Sprache, Lpz. 813. 8. — *S. Weltzien's* neue prakt. Gr. d. russ. Spr., Riga u. Lpz. 816. 8. — *J. Požarskij* ross. Gramm., S. P. 819. 821. 8. — *A. J. Puchmayer's* Lehrgebäude der russ. Sprache, Prag 820. 8. — Nowaja ross. gramm. dlja Angličan, S. P. 822. — *N. Greč* russ. Gramm. (russisch) S. P. 823. — *Wörterbücher*: Holländisch-russisches Wörterb., S. P. 717. — Latein-russ. Wörterb. M. 724. — *E. Weissmann's* teutsch-lat.-russ. Wörterb. S. P. 731. 782. u. öft. 4. — *Wolćkow* nouveau dictionaire François-Allemand-Latin, S. P. 755. 8. 778. 2 Bde. 4. — Russ.-franz. Lexicon, S. P. 762. 2 Thle. — Russ.-Griech.-Lat.-Franz.-Teutsch- und Engl. Wörterb., S. P. 763. — *M. F. Hölterhof's* Cellarii lib. mem. russisch, S. P. 768. 8. u. öft. Eb. Russ.-Teutsch-Latein. Wörterb., M. 778. 2 B. 8. — *J. Nordstädt's* russ.-teutsch.-franz. Wörterb. 780 — 82. 2 Bde. 4. *M. Gabrielow* neues teutsch-fanz.-ital.-ital.-russ. WB., M. 789. 8. — Di-

Den Anfang der russischen Literatur bezeichnet in politischer Hinsicht die Gründung des russischen Reichs durch drei warägische Fürsten: Rurik, Sineus u. Truwor. Kriegerische Normänner suchten und fanden in Russland Nahrung für ihre Ruhmbegierde und Kampflust. Oleg unterwarf sich Südrussland, und zog gegen Constantinopel; Igor folgte seinem Beispiele; Swiatoslaw verewigte durch Tapferkeit und Grossmuth seinen Namen in der Geschichte; Wladimir erhob durch eine weise Regirung, Friedensliebe und vorzüglich durch die Einführung des Christenthums das Land zu einer ansehnlichen Stufe politischer Bedeutenheit. Die Niederlassung der Waräger in Russland wirkte wohlthätig auf die Regirungsform und Gesetzgebung der damaligen Russen; aber die eigentliche Aufklärung der Nowgoroder und Kiewer Slawen konnte sie nicht fördern, denn die Waräger standen selbst auf keiner höhern Stufe der Bildung, als jene. Der Verkehr mit Constantinopel und ganz vorzüglich die Einführung des Christenthums in Russland öffneten den Wissenschaften und Künsten den Weg. Wladimir führte Schulen ein; Baukunst, Bildhauerei und Malerei verschönerten die neuen Kirchen Kiews; Künstler und

---

ctionnaire complet François et Russe, S. P. 780 — 86. 4 Bde. 4. — *J. Rodde's* russ.-teutsch. u. teutsch-russ. WB., Riga 784. 2 Bde. 8. — Slowar akademii rossijskoj (WB. d. russ. Akad.), S. P. 789 — 94. 6 Bde. 4. N. A. 806 — 22. 6 Bde. 4. — *J. Nowikow's* franz.-russ. Lexicon. M. 802. 8. – Russ.-teutsches WB., M. 803. 8. — *N. Janowskij's* neuer Dolmetscher der russ. Sprache, S. P. 803 — 6. 3 Bde. 8. — *J. Heym's* teutsch-russ. u. russ.-teutsches Wörterb., Riga 795 — 98. 5 Thle in 2 Bden. 8. 2 A. 801. 3 A. Lpz. 803 — 5. *Eb.* neues vollst. WB. 1 Abth. Teutsch-russ.-franz., Riga u. M. 796 — 97. 4., 2 Abth. Russ. franz. teutsch. M. 799 — 802. 813. 4., 3 Abth. Franz.-russ.-teutsch, M. 799 — 80λ. 819. 3 Bde. 4. *Eb.* Taschenwörterb. (Karmannyj slowar.) Russ.-franz.-teutsch, Teutsch-franz.-russ. u. Franz.-russ.-teutsch, Riga 804 — 5. 4 Bde. 12. (Der russ. Theil auch u. d. T. Ručnyj slowar, Riga u. Lpz. 812. 12.) — *A. F. Schmidt* now. karm. Slowar ross. niem. i niem. ross., Lpz. 815. 2 Bde. 12. — *M. Parenogo* Lex. anglinsko-ross., M. 808 — 17. 4 Bde. — *P. Kalajdowič* opyt slowarja ruskich synonym, M. 818. — *Th. Rozanow* Lex. lat.-ross., 5 A. M. 819. 2 Bde. — *J. Tatiščew* Lexicon ili slowar franz.-ross. M. 816. 2 Bde. — *J. Kronenberg* Lexicon latinsko-rossijskij, M. 819 — 20. 2 Bde. Polnyj niem.-rossijskij Lexicon, iz bolšago grammatikaljno - kritičeskago Slowarja G. Adelunga sostawlennyj, S. P. 798. 2 Bde.— *J. Soc's* Lexicon ili slowar nowyj na franc., ital., niem., latin. i rossijskom jazykach, M. 2 Bde. — Slowari srawnitelnyje wsjech jaz., Imp. Ekater. II., izd. P. S. Pallas S. P. 787. 2 B. 4. — *P. Zdanow* angl.-ross. S. P. 784. 8. — *A. Siškow* angl.-franc.-ross. S. P. 795. 2 B. 4. — *D. Sinjkowskij* lat.-ross. M. 796. 3 B. 8. — *R. Cebrikow* niem.-ross. S. P. 812. 2 B. 8. — *J. Giganow* ross.-tatar. S. P. 804. 4. — *J. Tatiščew* franc.-ross. 2. A. M. 816 2 B. 4. — *Oldekopp* russ.-teutsch S. P. 825. 2 B.

Schriftgelehrte wanderten aus Griechenland ein. Die Beschaffenheit der damaligen russischen Sprache ist uns völlig unbekannt; ihr Anbau, der immer und überall mit der Cultur des Volks gleichen Schritt hält, war den spätesten Zeiten vorbehalten. Der Einfluss der warägischen auf dieselbe ist unbeträchtlich; einzelne Wörter sind heutzutage die einzigen Spuren desselben; die ohnehin geringe Anzahl der Ankömmlinge mag sich bald unter den Insassen verloren haben, und die Enkel Ruriks (Swiatoslaw, Jaropolk u. s. w.) hatten bereits 955 slawische Namen. Eine weit wichtigere Veränderung der russischen Sprache wurde durch die Einführung der von Kyrill und Method in der altslawischen Sprache verfassten liturgischen Bücher bewirkt. (Vgl. §. 9. ff.) Dadurch wurden in Russland zwei Sprachen gleichsam einheimisch: die altslawische Kirchensprache, welche lange Zeit ausschliessend Schrift- oder Literalsprache der Russen geblieben ist, und die eigentlich russische, welche das Volk gesprochen hat. Die Büchersprache hatte zwar einen grossen Einfluss auf die Gestaltung der Landesmundart; nichts desto weniger behielt diese fortwährend ihre Originalität. Weit mehr veränderte sich die russische Mundart im Laufe der Zeiten, der Natur der nur gesprochenen, nicht geschriebenen Sprachen gemäss, durch den Gebrauch selbst; während die altslawische, in der Bibel und den Kirchenbüchern fixirt, mit geringen Abweichungen, sich so ziemlich gleich geblieben ist. Diese Abtheilung hat kein eigentliches Denkmal der russischen Sprache aufzuweisen; einige Volkslieder, in welchen der heidnischen Gottheiten, Wladimirs Tafelrunde und der Helden seiner Zeit Erwähnung geschieht, können wol dem Ursprung nach diesem Zeitraum angehören, aber sie kamen nicht in ihrer Urgestalt auf uns, sondern durch mündliche Fortpflanzung vielfach geändert. Auch das altslawische Schriftthum konnte selbst aus Griechenland, wo bereits die Literatur abgeblüht hatte, und nur noch Kirchenbücher und dürftige Chroniken gefertigt wurden, ausser der aus dem Griechischen ins Slawische übersetzten h. Schrift und den Kirchenbüchern, keinen neuen Zuwachs erhalten. Nebst diesen Büchern gehören noch zwei Denkmale der altslawischen Kirchensprache in diese Zeit: die Tractate der Fürsten Oleg und Igor mit den Griechen in den J. 912 und 945, und die Rede Swiatoslaws an seine Kampfgenossen, obschon es wahrscheinlich ist, dass Nestor erstere aus dem Griechischen ins Slawische übersetzt, in der letzten aber nicht die eigenen Worte des Helden wieder gegeben habe.*)

§. 15.

Zweite Abtheilung. — Von der Einführung des Christenthums bis zur Besiegung der Tataren. 989 — 1462.

Wladimirs Nachfolger, Jaroslaw, vergrösserte zwar bei seinen Lebzeiten den Umfang des Reichs; aber auf dem Sterbebette legte er durch die Theilung Russlands unter seine Söhne den Grund zu dessen Fall. Anarchie, Zwietracht und Blutvergiessen zerrütteten das Land, welches nach zweihundertjährigem Widerstand endlich der Uebermacht der Mongolen unterlag. Selbst der hochherzige Alexander Newskij, und der weise Johann Kalita konnten an keine Befreiung denken, und mussten sich begnügen, durch Unterwerfung und Tribut die Beutelust der wilden Eroberer befriedigt, und das schwere, schmähliche Joch erleichtert zu haben. Der Grossf. Demetrius Joannowič legte durch seinen Sieg über die Tataren (1380) den Grund zur Befreiung des Vaterlandes, und der Grossf. Johann Wasiljewič bestieg 1462 den freien und unabhängigen Thron Russlands. — Jaroslaw (1018 — 1054) liebte die Religion und hiemit auch die Bildung; er berief viele Griechen aus Constantinopel nach Russland, liess die Uebersetzung der Kirchenbücher ins Slawische fortsetzen und in Kiew zum allgemeinen Gebrauch aufstellen, errichtete in Nowgorod eine Lehranstalt für 300 Jünglinge, verschickte die Geistlichen durchs Land und liess das Volk belehren. Das wichtigste Denkmal seiner Zeit ist die Prawda ruskaja (russisches Recht).[1]

---

*) *N. Greč* opyt kratkoj istorii ruskoj literatury, (S. P. 822. 8.) S. 15. ff.

[1] Die *Prawda ruskaja* entdeckte *Tatiščew* in der Nowgorodschen Chronik, und überreichte sie 1738 der Akad. d. Wissensch. Die 1te Ausg.

Zu Anfange dieser Abtheilung stand Russland auf einer höhern Stufe der Cultur, als die meisten übrigen Länder Europa's. Die Geistlichkeit Russlands zeichnete sich auch zu dieser Zeit durch eine grössere Liebe zu den Wissenschaften und durch eine ausgebreitetere Gelehrsamkeit vor ihren andern Zeitgenossen aus. Während das Land von inneren Unruhen gewaltsam erschüttert wurde, beschäftigten sich die Mönche in der Stille ihrer Gemäuer mit den Wissenschaften und Künsten; einige trieben die Heilkunde, andere bereisten die entfernten Gegenden, die meisten zeichneten in ihren Zellen die Thaten der Vorfahren auf.[2]) Unter den russischen Fürsten thaten sich nächst Jaroslaw durch Liebe zu den Wissenschaften hervor: Constantin Wsewolodowič (1217-1218) und Wladimir Wsewolodowič Monomach (1114—1125); der letzte nimmt eine namhafte Stelle unter Russlands frühesten Schriftstellern ein, des ersten Geschichte der russischen Fürsten ist in den Stürmen der Zeit untergegangen. Die Tataren vernichteten beinahe alle Denkmale der Volkscultur, verheerten die Städte mit Feuer, und vertilgten die schriftlichen Urkunden. Die Zerstörung des Reichs zog den Verfall der Sitten, dieser die schauderhafte, die Menschheit erniedrigende Strenge der Strafen nach sich; die Wiederkehr der Sittlichkeit, der Vaterlandsliebe und des Nationalmuths ist Russland der christlichen Religion schuldig. Im Laufe des XIII — XIV. Jahrh. gab es in ganz Russland keine öffentliche Schule. Die Tataren, durch schlaue Politik geleitet, schonten die russische Geistlichkeit, die Zahl der Klöster wuchs, und die Kirche bereicherte sich ansehnlich. Die Verbindung mit Constantinopel dauerte fort; von da bekam man geistliche und sonstige Bücher. In

---

besorgte *Schlözer*, S. P. 767; die 2te erschien im 1ten Bd. der fortgesetzten alten russ. Biblioth.; die 3te aus der alten Handschr. der Kormčaja kniga *eb.* im 8ten Bde; die 4te mit Anmerk. von *Boltin* und einer Uebersetzung ins Russische S. P. 792. neu aufgel. 799.; die 5te im 1ten Bd. der russischen Denkwürdigkeiten M. 815. aus der Kormčaja kniga; die 6te von *Rakowiecki* nach der Boltinschen, mit einer polnischen Uebersetzung, vielen Anmerkungen, Erläuterungen, einer vorangeschickten Abhandl. über die Cultur der alten Slawen u. s. w., Wars. 820 — 22. 2 Bde. 4.

[2]) Sie lieferten dem Lande Schriftkundige, *Diak* genannt, die weltliche Aemter von verschiedenen Abstufungen bekleideten, und im Range ungefähr unsern jetzigen Secretären gleich kamen.

Moskau wurde eine Metropolitan- späterhin Patriarchal-Bibliothek errichtet, die vorzüglich an alten Handschriften reich ist. — Im Laufe dieses Zeitraums erlitt die russische Sprache mehrere Veränderungen. Sie entfernte sich immer mehr von den übrigen slawischen Dialekten. Viele Flexionsformen, Wörter und Redensarten wurden aus dem Altslawischen in die Landessprache aufgenommen. Die Herrschaft der Tataren, die übrigens mit der Entrichtung des jährlichen Tributs zufrieden, abgeschieden an den Ufern der Wolga ihr nomadisches Lager (Kapčak) bewohnten, führte ihr zwar einzelne tatarische Wörter zu, aber diese verdrängten die einheimischen nicht ganz, und konnten den Geist der russischen Sprache, ihren grammatischen Bau und ursprüngliche Reinheit nicht ändern. Auch dieser Abtheilung fehlt es noch an Sprachdenkmälern der Landesmundart, um über ihre Gestaltung urtheilen zu können. Die Büchersprache blieb fortwährend die altslawische; der alte Styl derselben überging im XIV. Jahrh. in den mittlern, der bis ins XVII. Jahrh. währte. — Die eigentliche Literatur gewann in diesem Zeitabschnitt einen grösseren Spielraum; neue theologische Schriften, Jahrbücher und Gedichte kommen zum Vorschein. Während der Herrschaft der Tataren wuchs die Anzahl der Kirchenbücher und der Uebersetzungen aus dem Griechischen; die Einbildungskraft, unter dem drückenden Joch der Ungläubigen seufzend, ergoss sich in zahlreichen Gesängen. Wladimir der Gr. war für die Sänger Russlands, was Arthur für die Sänger des Westen von Europa. Uralte Gesänge von den Thaten der vaterländischen Helden, deren Trümmer der Verwesung entgangen sind, beweisen, dass auch die Russen ihre Troubadoure gehabt haben. Zu den schätzbarsten poetischen Denkmälern dieser Zeit gehört das Heldengedicht Igor (Slowo o polku Igora, Igors Zug gegen die Polowcer), ausgezeichnet durch Kühnheit, Kraft und Anmuth sowol der Gedanken als des Ausdrucks.[3] Schriftsteller, deren Erzeug-

---

[3] Diesen Heldengesang entdeckte der Graf *A. J. Musin-Puškin* im J. 1796 in einem Chronographen. Die erste Ausg. erschien M. 800., die 2te von *Šiškow* S. P. 805., und mit einer böhmischen Uebersetzung von *Hanka*, Prag 821., die 3te von *N. Grammatin* M. 823. mit e. Abh. und dem Fragment Libuša.

nisse sich zum Theil erhalten haben, sind: *Lukas Židjata* oder *Žirjata*, Bischof von Nowgorod (gest. 1059), hinterliess eine Schrift: Poučenije k bratii. — *Nestor*, der Vater der russischen Geschichte, Mönch im pečerischen Kloster bei Kiew (geb. 1056, gest. wahrscheinlich 1111), in der griechischen Sprache und Literatur bewandert, schrieb eine russische Chronik in altslawischer Sprache, welche, für die gesammte Geschichte des Mittelalters überaus wichtig, die Grundlage der slawischen Geschichte bildet, herausg. S. P. 767, M. 781, S. P. 786, M. 784., S. P. 796; von Schlözer mit einer teutschen Uebersetzung und historisch-kritischem Commentar Gött. 802 — 9 5 Bde. 8. (russ. v. Jazykow S. P. 809 — 19. 3 Bde.). — *Basilius*, wahrscheinlich ein Mönch oder Geistlicher zu Ende des XI. Jahrh., beschrieb die gleichzeitigen Begebenheiten des südlichen Russlands. — *Sylvester*, Bischof von Perejaslawl (gest. 1124), *Niphont*, *Johann*, Priester von Nowgorod, *Timothej* u. a. m. werden als Fortsetzer der russischen Jahrbücher genannt, welche bis Alexjej Michajlowič (1645 — 1676) ununterbrochen fortlaufen, und in Bezug auf die slawischrussische Geschichte, als Quellen derselben, das schätzbarste Vermächtniss jener Zeiten sind. — *Nikiphor*, Metropolit von Kiew und ganz Russland, von Geburt ein Grieche (gest. 1121), hinterliess zwei Schriften in slawischer Sprache theologischen Inhalts. — *Wladimir Wsewolodowič Monomach*, Grossf. von Russland (geb. 1053, gest. 1125); sein Unterricht (poučenije) für seine Kinder ist ein beredter Erguss der Gefühle eines Vaters und Fürsten, den Erfahrung und Nachdenken weise gemacht haben. — *Daniel*, Hegumen, unternahm im Anfange des XII. Jahrhunderts eine Reise nach Palästina, deren Beschreibung handschriftlich aufbewahrt wird[1]). — *Simon*, Bischof von Suzdalj u. Wladimir (gest. 1226), und sein Anverwandter Polykarp, pečerischer Mönch, verfertigten Biographien einiger pečerischen Mönche, die unter dem Titel: Pečerskij paterik bekannt und häufig gedruckt sind. — Von *Kyrill*, Metrop. von Kiew und

---

[1]) Einige hier nicht genannte schriftliche Denkmale verschiedener Verfasser aus dem XII. Jahrh. gab Hr. *Kalajdowič* u. d. T. Pamjatniki ross. slowesnosti XII. wjeka, M. 821. heraus.

ganz Russland, einem geborenen Russen (gest. 1281), erhielten sich Synodalreden, voll lebhaften Gefühls und wahrer Beredsamkeit. — *Kyprian*, Metrop. von Kiew und ganz Russl., von Geburt ein Serbe (gest. 1406), brachte viele slawische Handschriften mit nach Russland, und hinterliess in den Stufenbüchern eine Biographie des Metrop. Peter. — *Photius*, Metrop. von Kiew und ganz Russl. (gest. 1431) ist Vf. von sechzehn Vorträgen (poučenije) an die Fürsten und Bojaren, die Geistlichkeit und das Volk. — *Gregor Samblak* oder *Semiwlak*, Metrop. von Kiew, von Geburt ein Bulgar (gest. 1419), ist Vf. von 27 Reden. — *Demetr. Zoograph*, wahrscheinlich ein Geistlicher, übersetzte ums J. 1385 — 1402 aus dem Griechischen ein Gedicht des Georg Pisides, Metrop. von Nikomedien im VII. Jahrh., unter d. T. Mirotworenije. — *Ignatius*, Diakon des Metropoliten Pimen, lebte im XV. Jahrh., und beschrieb die Reise des genannten Metropoliten nach Constantinopel. — *Jesaias*, Hieromonach auf Athos, von Geburt ein Serbe, brachte 1417 mehrere slawische Handschriften nach Russland, darunter seine Uebersetzung des Areopagiten Dionysius. — *Sophronius*, Priester in Rjazan, gegen das Ende des XV. Jahrh., schrieb ein Gedicht: Istorija ili powjesť o našestwii bezbožnago Carja Mamaja s bezčislenymi Agarjany [5]).

§. 16.

Dritte Abtheilung. Von der Besiegung und Vertreibung der Tataren bis auf Peters des Grossen Alleinherrschaft. 1462 — 1689.

Mit der Befreiung Russlands vom Joche der Mongolen beginnt eine neue Epoche in politischer, sittlicher und literärischer Hinsicht. Russland nahm wieder die ihm gebührende Stelle unter den europäischen Mächten ein. Im Laufe dieser Periode erhielt die Nationalbildung einen neuen, höhern Schwung. Gelehrte und Künstler kamen aus Griechenland und Italien nach Russland, und weckten unter den Eingebornen die Sehnsucht nach glei-

---

[5]) *N. Greč* opyt ist. rusk. slow. S. 21. ff.

cher Ausbildung. Baukünstler und Maler traten nun selbst unter den gebornen Russen auf: nur die ernstern Wissenschaften, die Philosophie, Sternkunde, Naturlehre und Medicin lagen noch in der Wiege, der künftigen Pflege harrend. Unter Johann IV. Wasiljewič (1533 - 1584) kamen englische und teutsche Heilkünstler und Apotheker nach Russland. Er liess in den Städten Schulen für die Jugend aus allen Ständen eröffnen.[1]) Die erste russische Typographie kam 1564 in Moskau zu Stande. Die kirchliche und bürgerliche Gesetzgebung ward vervollständigt. Car Boris (1598 — 1605) liess achtzehn adelige Jünglinge im Auslande studiren; er selbst liebte vorzüglich die Mathematik, und liess seinem Sohne die zweckmässigste Erziehung geben. In den darauf folgenden politischen Stürmen verstummten die Musen, die Flüsse rauchten vom Blut, die Städte gingen in Flammen auf, und Künste und Gewerbe verschwanden vom russischen Boden. Michael Theodorowič von Romanow (1613 — 1645) rettete den sinkenden Staat. Der Handel und mit ihm die Städte blühten auf. Im J. 1643 wurde in Moskau eine griechisch-lateinisch-slawische Lehranstalt errichtet. Unter Alexjej Michajlowič (1645 — 1676) wurden Fabriken angelegt; teutsche Officiere, Künstler und Handwerker nach Russland berufen; viele ausländische Bücher ins Russische übersetzt: aber die Russen blieben ihren alten, wenn gleich rauhen Nationalsitten treu. Das wichtigste Denkmal seiner Regierung ist das Sobornoje uloženije, eine Sammlung russischer Landesgesetze, gedruckt M. 649. Er und sein Nachfolger Theodor Alex-

---

[1]) Im J. 1545 schickte er an den Ks. Karl V., als dieser eben einen Reichstag zu Augsburg hielt, einen Sachsen, Namens Schlit, um die Erlaubniss nachzuholen, Gelehrte, Künstler und Handwerker in Teutschland anzuwerben, und nach Russland zu verpflanzen. Ks. Karl V. stellte das Begehren des Cars dem Reichstag anheim, der nach vielen Schwierigkeiten endlich dem Gesandten Schlit einen statt und im Namen des Cars geleisteten Eid abnahm, dass die aus Teutschland nach Russland berufenen Männer weder von da nach der Türkei gelassen, noch ihre Talente zum Nachtheil des teutschen Reichs gebraucht werden sollen. Unter diesen Bedingungen erlaubte man dem Schlit Männer für sein Vorhaben zu suchen, deren er ungefehr Hundert zusammen brachte. Als er aber mit ihnen in Lübeck ankam, um von da nach Liefland zu schiffen, wurde er hier, auf Veranstalten der Hansa und des liefländischen Ordens, von dem Lübecker Rath verhaftet, worauf sich die Begleiter zerstreuten, und das Unternehmen scheiterte. Johann erfuhr den Verlauf der Sache erst 1557, in welchem Jahr Schlit aus seiner Haft entwich.

jejewič (1676 — 1682) waren würdige Vorgänger Peters des Grossen, die die Materialien vorbereiteten, aus welchen dieser den Bau seines grossen Werks vollendete. Die Wissenschaften und Künste schlugen, vorzüglich nach Einverleibung von Kleinrussland und der Kiewer theologischen Akademie (gestift. 1588), immer tiefere und festere Wurzeln im Lande; auf der Moskauer griechisch-lateinisch-slawischen Akademie wurden Grammatik, Rhetorik, Poetik, Dialektik, theoretische Philosophie und sowol die geoffenbarte als die natürliche Theologie gelehrt. Während der Regirung der Sophia Alexjejewna (1686 — 1689) wirkte der Fürst W. W. Golicyn auf die Verbesserung des Geschmacks in der Baukunst. Die Buchdruckereien in Moskau, Kiew, Černigow, Nowgorod und einigen Klöstern hielten gleichen Schritt mit den ausländischen. — Die russische Sprache blieb jedoch in der Bildung hinter der böhmischen und polnischen zurück. Der ununterbrochene Verkehr mit Polen, die Herrschaft der letztern im südwestlichen Russland, die Betreibung der Kirchen-Vereinigung durch die Katholiken, und die bewältigende Macht der Bildung und der Wissenschaften wirkten entscheidend auf die Gestaltung der russischen Mundart nach der polnischen: dieses Uebergewicht des Polnischen dauerte bis zum Anfange des XVIII. Jahrh. fort. Die ersten slawisch-russischen Sprachbücher erschienen in den polnisch-russischen Provinzen. Viele unter den geistlichen Schriftstellern bedienten sich ausschliessend der polnischen Sprache, und hielten die einheimische für zu ungeschlacht, um in derselben höhere, abstracte Wahrheiten vorzutragen. Doch wurde in Moskau fortwährend die Landesmundart in allen schriftlichen Verhandlungen und Urkunden gebraucht; und es gab demnach in diesem Jahrh. schon *drei* Schriftsprachen in Russland: die *altslawische* Kirchensprache in den liturgischen Büchern und allen theologischen Schriften; die eigentliche *russische* im Munde des Volks und in den Civilschriften; und die *weissrussische* in den Werken russischer Schriftsteller in den polnisch-russischen Provinzen. Erst in der zweiten Hälfte des XVII. Jahrh. fing die russische Sprache allmälich an, die Fesseln der polnischen abzuwerfen und sich selbständig zu gestalten. Zu Ende des XVI. und im Anfange des XVII. Jahrh. war die Literatur beinahe ganz in den Händen der Geistlichkeit, im Laufe des XVII. Jahrh. kommen neben den theologischen auch schon historische und poetische Werke zum Vorschein. Die quantitirende Prosodie, die Zizania und Smotriski vorgeschlagen haben, fand keinen Beifall, um so mehr die bloss reimende polnische; aber das russische Volk fuhr fort in den Nationalliedern sich des zeitherigen, einheimischen und originellen Versmaasses zu bedienen. (S. §. 19. Anm. 4.) Im Anfange des XVII. Jahrh. zeigen sich die ersten Spuren der dramatischen Kunst; theatralische Vorstellungen kamen aus Polen nach Kiew, Studenten spielten hier geistliche Dramen. In Moskau wurde erst 1676 auf Verwendung des A. Sergjejewič Matwjejew der Anfang mit der Schauspielkunst gemacht. Unter Theodor Alexjejewič wurde das erste nicht geistliche Drama: Molieres Arzt wider Willen, ins Russische übersetzt, und auf dem Privat-Hoftheater gegeben. — Namhafte Schriftsteller dieses Zeitabschnittes sind: *Wassian* genannt *Rylo*, Erzb. von Rostow (gest. 1481), hinterliess ein Sendschreiben an den Car Johann, und eine Biographie seines Lehrers Paphnutius Borowski. — Der h. *Joseph Sanin*, erster Hegumen des Klosters Wolokolamsk (geb. 1440, gest. 1516), verfasste die Geschichte der jüdischen Ketzerei des XV. Jahrh., und 15 Reden gegen dieselbe. — *Gennadius*, Erzb. von Nowgorod und Pskow (gest. 1506), schrieb ebenfalls gegen die jüdische Ketzerei. — *Agathon*, Priester in Nowgorod, verfertigte 1540 einen Kirchenkalender Paschalija, auf 8000 Jahre. — *Georgius*, ein Mönch, brachte ein russisches Jahrbuch bis 1533 zu Stande. — *Makarius*, Metropolit von Moskau und ganz Russl. (gest. 1564), hochverdient um die Kirche, bewandert in der Literatur und ausgezeichnet durch glänzende rednerische Talente, verfasste die Lebensbeschreibungen der Heiligen unter dem Tittel: Četii minei oder Žitija swiatych, Msc., schrieb verschiedene Reden und besorgte die Abfassung und Ergänzung der Stufenbücher (stepennyja knigi) herausg. M. 775. — *Laur. Zizania*,

Erzpriester zu Korec in Littauen, gab eine slawische Grammatik, Wilna 596., ein Abcdarium, eb. 596. und einen Katechismus in weissrussischer Sprache, M. 627 heraus. — *Maximus* der Grieche, ein Mönch vom Berge Athos, von Geburt ein Albanese, gebildet in Paris und Florenz, und von dem Grossf. Wasilij Joannowič nach Moskau berufen, übersetzte mehrere Kirchenbücher ins Altslawische, wurde bei der Verbesserung der slawischen Version der Bibel gebraucht, fiel aber in Ungnade und starb in der Verbannung (1536); er schrieb Abhandlungen über den Nutzen der grammatischen, rhetorischen und philosophischen Studien, gedruckt in der Smotriskischen Grammatik. — *Job*, erster Patriarch von Russland (gest. 1607), beschrieb das Leben des Cars Theodor Joannowič, welche Schrift den Jahrbüchern Nikons (vgl. unten) einverleibt ist. — Fürst *Andrej Michajlowič Kurbskij* (geb. 1529) ein Bojar und Wojwoda unter dem Car Johann Wasiljewič, fiel um 1564 in Ungnade und flüchtete sich nach Polen, wo er die Geschichte des Cars verfasste, die handschriftlich in verschiedenen Bibliotheken aufbewahrt wird. — *Tryphon Korobejnikow* und *Georg Grekow*, Moskauer Kaufleute, bereisten Syrien, Palästina und Aegypten, und verfertigten ein Tagebuch ihrer Reisen im J. 1583, welches im 12 Bd. der alten russ. Biblioth. S. P. 783 erschienen ist. — *Frans Skorina* aus Polock, Doct. der Med., übersetzte die Bibel ins Russische, und liess einige Theile derselben in Prag (in Böhmen) 517 — 525 drucken. — *Athan. Nikitin*, Kaufmann in Twer, reiste ums J. 1470 nach Ostindien, war in Dekan und Golkonda, und hinterliess die Beschreibung seiner Reise. — *Abr. Palicyn*, Mönch im Sergiewschen Dreifaltigkeitskloster (gest. zwischen 1621 — 29), schrieb die Geschichte seiner Zeit, herausg. M. 784. — Fürst *Const. Constantinowič Ostrožskij*, Wojwoda von Kiew und Marschall von Wolynien, der grösste Beförderer der literärischen Cultur im westlichen Slawenlande seiner Zeit, errichtete zu Ostrog eine kyrillische Buchdruckerei, und liess, ausser vielen andern Büchern, die altslawische Bibel, zum erstenmal ganz, im J. 1581., daselbst drucken. — *Nikon*, 6ter Patriarch von Russland (geb. 1605, gest. 1681), unternahm die Revision der altslawischen Kirchenbücher nach dem Griechischen, besorgte die Uebersetzung mehrerer historischen und geographischen Werke, veranstaltete eine Sammlung der russischen Jahr- und Stufenbücher und der griechischen Chronographen bis 1630, bekannt unter d. T. Nikonow spisok, und herausg. S. P. 767 — 92. 8 Bde. — *Epiph. Slawineckij* oder *Slawianickij* (gest. 1676), Hieromonach im pečerischen Kloster bei Kiew, gebildet in Kiew und im Auslande zu Anfange des XVII. Jahrh., besorgte, von dem Bojaren *Theod. Michajlowič Rtiščew* 1649 nach Moskau berufen, die Uebersetzung mehrerer Schriften aus dem Griechischen des Joh. Chrysostomus, Gregorius Nazianzenus, Basilius des Grossen, Joh. Damascenus u. m. a., verfasste ein Griechisch - slawisch - lateinisches, und ein philologisches Lexicon, die beide handschriftlich vorhanden sind, unternahm die Uebersetzung der ganzen h. Schrift aus dem Griechischen, die aber nicht zu Stande kam. — *Peter Mogila*, Metrop. von Kiew, Galicien und Kleinrussland, gebürtig aus der Moldau (geb. um 1590, gest. 1647), studirte in Paris; ihm verdankt die Kiewer Akademie ihre neue Einrichtung; er liess einen Katechismus in weissrussischer und polnischer Sprache drucken; beabsichtigte die Herausgabe der Žitija swiatych, verfasste verschiedene Gedichte im polnischen, sylbenzählenden Versmaass u. s. w. — *Innoc. Gizel*, Archimandrit des Kiewopečerischen Klosters (gest. 1684), schrieb eine: Synopsis ili kratkoje opisanije o načalje slawjanskago naroda, Kiew 674. von 718. bis 810. *10-mal* gedruckt. — *Lazar Baranowič*, Erzb. von Černigow und Nowgorod (gest. 1693), ausgezeichnet durch Gelehrsamkeit und Vertheidigung der russischen Kirche gegen die Gegner, schrieb Reden in weissrussischem, polemische Abhandlungen in polnischem Dialekt, Gedichte, worunter ein Trauergedicht auf den Tod des Cars Alexjej Michajlowič, Kiew 676·) 4. — *Simeon Polockij* aus Polock (geb. 1628, gest. 1680), Hieromonach, Erzieher des Carewič Theodor Alexjejewič, schrieb Gedichte, geistliche Dramen, und liess drucken: Žezl prawlenija, M. 668. fol., Psaltyr w stichach, M. 680. fol.,

Objed duchownyj, M. 681., Wečera duchownaja, M. 683. u. a. m.; in der Handschrift hinterliess er ein Rhythmologion, sieben geistliche Dramen u. s. w. — *Sylvester Medwjedew*, Vorsteher eines Klosters in Moskau (1691 wegen Theilnahme an der Empörung der Strielcen enth.) verfasste mehrere Gelegenheitsgedichte, beschrieb den Aufstand der Strielcen u. s. w. — *Sergij Kubasow*, Bojarensohn aus Tobolsk, brachte einen Chronograph oder Lietopisec von der Erschaffung der Welt bis auf seine Zeiten zu Stande. — *Theod. Kassianowič Goswinskij*, übersetzte im J. 1608 Aesops Fabeln aus dem Griechischen, und des P. Innocentius Tropnik aus dem Polnischen. — Fürst *Semen Šachowskij* lebte im Anfange des XVII. Jahrh., fiel in Ungnade beim Car Michael Theodorowič, wurde verbannt ins Čudische Kloster, wo er mehrere Sendschreiben, darunter an den Patriarchen, Erzb. von Sibirien und den Schah von Persien verfasste. — *Iwan Petlin*, ein Kozak, bereiste 1620 die Gränzen von Sibirien, und schrieb ein Tagebuch darüber, abgedruckt im sibirischen Boten, S. P. 818. — *Theod. Isakjewič Bajkow*, Wojwoda von Sibirien, hielt sich als russischer Gesandte drei Jahre in China auf, und schrieb ebenfalls ein Tagebuch seiner Reisen, in der alten russischen Bibliothek 4 Bd. und im sibirischen Boten 818. abgedruckt. — *Theod. Iwanowič Gribojedow* verfertigte unter dem Car Theodor Alexjejewič eine Uebersicht der russischen Geschichte, Msc. — *Andr. Lyzlow*, Priester in Smolensk, in der *2ten* Hälfte des XVII. Jahrh., verfasste eine Geschichte der Skythen, herausg. von Nowikow, S. P. 776. M. 787. 3 Bde. 8. — *Artemon Sergjejewič Matwjejew*, Bojarin und Gouverneur mehrerer russischen Städte, Reichssiegelbewahrer (geb. 1625. erm. 1682), als Minister des Cars Alexjej Michajlowič um die Bildung der russischen Nation und den Anbau der Sprache hochverdient, ein Beschützer der Künstler, voll warmen Gefühls für Menschenwol, berief die ersten Schauspieler nach Russland, verfasste selbst mehrere Werke geschichtlichen, diplomatischen und heraldisch-genealogischen Inhalts. — Noch sind als Schriftsteller dieses Zeitabschnitts zu nennen: *Zach. Kopystenskij, Ignat*.

Jowlewič, Joannikij Goliatowskij, Kyrill Tranquillion, Wladimir Gusew, Sabbas Jesipow, Basil. Burcew, Semen Remezow, Nikiph. Matwjejewič Toločaninow, Alexjej Iwanowič Jewlew, Iwan Korniljewič Šušerin, Peter Zolotarew u. m. a.²)

§. 17.

Zweite Periode. Von Peter dem Gr. bis auf unsere Zeiten. Erste Abtheilung. Vom Anfange der zweiten Periode bis zur Thronbesteigung Elisabeths. 1689 — 1741.

Mit dem Regirungsantritte Peters des Grossen beginnt die glänzendste Epoche Russlands in allen Beziehungen. Was er als Herrscher für die Vergrösserung und Befestigung des Reichs gethan, ist allbekannt. Aber nicht eitle Ruhmsucht und Eroberungen waren der Zweck der Unternehmungen dieses hochherzigen Monarchen, sondern die Wolfart des Vaterlandes, die Bildung seiner Unterthanen. Er verdient mit Recht den Namen des Schöpfers der russischen Nationalbildung. Sein ganzes Streben war auf die Aufklärung seines Volks gerichtet. Während seiner 36 Jahre langen Regirung schwang sich Russland mächtiger empor, als früher während zwei voller Jahrhunderte, und trat in die Reihe der gebildeten Völker im europäischen Staatensystem. Die Macht des Monarchen befreite sich von ihren bisherigen Fesseln; die Gesetzgebung und Verwaltung wurden geregelt; der Nationalkunstsinn erwachte; Fabriken u. Manufacturen blühten auf; die rauhen Sitten der Eingebornen machten den mildern europäischen Platz; Reisen ins Ausland wurden häufig unternommen; die Wissenschaften und Künste siedelten sich auf dem russischen Boden fester an. Die vorzüglichste Sorge des Monarchen war auf die Verbreitung gemeinnütziger Kenntnisse mittelst des Druckes gerichtet¹). Zum Behuf des Unterrichts

---

²) *N. Greč* opyt ist. rusk. slow. S. 39. ff.
¹) Bevor Peter der Gr. in Russland eine russische Druckerei errichtet hatte, gab er dem Amsterdamer Buchdrucker Tessing ein Privilegium von 15 Jahren auf russische Werke, woselbst auch das erste eigentlich russische Buch: Kratkoje wwedenije wo wseobšcuju istoriju 699. 4. erschienen ist. Nach Tessings und seines Gehilfen, El. Kopijewič, Tode, dauerte das

der Jugend aller Stände wurden verschiedene Lehranstalten errichtet, deren es gegen das Ende der Regirung Peters 51 in den Gouvernements- und Provincialstädten gab. Peter der Gr. kaufte während seines Aufenthalts in Holland das anatomische und zoologische Kabinet des berühmten Ruysch und des Apothekers Seba, und legte so den Grund zum S. P. Museum. — Nach einem von dem grossen Leibnitz entworfenen Plan errichtete der Monarch die Akademie der Wissenschaften, aber der Tod verhinderte ihn, dieselbe zu eröffnen; diess that Katharina I. im J. 1725., und fügte ihr ein der Bildung künftiger Lehrer gewidmetes Gymnasium, welches bis 1762 Universität hiess, bei. Die Einführung der Landesmundart in Civilschriften begründete die eigentliche Nationalliteratur[2]). Die achthundert Jahre lang neben der Kirchenslawischen heranwachsende russische Landessprache war bei dem Regirungsantritt Peters bereits so weit gediehen, dass sie ohne Anstand zur öffentlichen Geschäfts- und Schriftsprache erhoben werden konnte. Sie erlitt aber im Laufe dieser Periode viele, zum Theil nicht vortheilhafte Veränderungen. Sowol auf Befehl des Monarchen, als auch aus eigenem Antrieb, übersetzten die Russen eine Menge Schriften aller Art aus den neuern europäischen Sprachen, namentlich aus dem Teutschen, Französischen und Holländischen, in ihre Landesmundart. Allein Peter der Gr. sah, indem er auf diese Weise nach Russland europäische Sitten, Künste,

---

Drucken russischer Werke in Amsterdam noch bis 1710 fort. — Im J. 1711 wurde eine Buchdruckerei in S. P. errichtet, und das erste hier gedruckte Buch ist: Kniga Marsowa, 713. Die Sankt-Peterburgskija wjedomosti erschienen seit 1714. Bald darauf entstanden mehrere Buchdruckereien in S. P. Vgl. (*Ewgenij*) slowar istorič. Th. I. S. 273 — 302.

[2]) Ungefehr im J. 1704 entwarf Peter der Gr. die Grundzüge zu dem jetzt sogenannten *Civiltypus* der russischen Druckschrift, indem er den kyrillischen Buchstaben nach Art der lateinischen mehr Rundung und Geschmeidigkeit gab. Nach seiner Angabe wurden von holländischen Künstlern in Amsterdam neue russische Lettern gegossen, mit welchen der erste Bogen der russischen Zeitungen in M. 1705 gedruckt worden. Ein volles Jahrzehend wurde nun an der neuen Schrift geändert und gebessert, bis man seit 1711 anfing, nicht nur in M., sondern auch in S. P., alle nicht kirchliche Werke mit denselben zu drucken. Die Kirchenbücher behielten ihren alten Typus. Dasselbe thaten auch die Serben mit geringen Abweichungen. Seitdem unterscheidet man den *Civiltypus*, der *gratdanskij*, von dem *Kirchentypus*, der *crkwennyj* bei den Russen und Serben heisst. Vgl. Ewgenij a. a. O.

Gewerbe und Kenntnisse verpflanzte, nicht sowol auf die Gestalt (Worte und Styl), als vielmehr auf den Gehalt der übersetzten Werke. Auf diese Art wurden sehr viele ausländische Wörter und Redensarten, vorzüglich in den nautischen und strategischen Wissenschaften aus dem Holländischen und Englischen ins Russische aufgenommen. Im Lehr-, Umgang- und Geschäftsstyl zeigte sich eine Buntheit ohne Gleichen; altslawische, gemeinrussische und ausländische Wörter bildeten ein Chaos, das selbst bei den Geschichtsschreibern und Rednern herrschend wurde. Aber diese Mischung entsprang nicht sowol aus Armuth der russischen Sprache, als vielmehr aus der Leichtfertigkeit und Eile, mit welcher man das Geschäft des Uebersetzens betrieben hat. Zwischen den Verfechtern der altslawischen und gemeinrussischen Sprache entstand überdiess ein Streit; der einzige Kantemir und einige Kanzelredner schufen sich eine eigenthümliche, echtrussische Sprache für ihre Erzeugnisse; an eine russische Grammatik dachte Niemand; die Orthographie blieb fortwährend schwankend, wie die Schreibart selbst. Das sylbenzählende Reimen beherrschte die Dichtkunst; Trediakowskij wies auf griechische und römische Formen hin, aber ohne Erfolg. — Künste und Wissenschaften lassen sich, durch Herbeirufung gelehrter Männer, aus einem Lande ins andere verpflanzen; die eigentliche Nationalliteratur aber, bestehend aus der Dichtkunst, Beredsamkeit und Geschichte, ist eine Frucht des vaterländischen Bodens, und kann nicht durch Ausländer erzwungen werden. Peter der Gr. bereitete den Boden für die Nationalliteratur, aber er selbst sah sie nicht; die Schriftsteller seiner Periode, Zöglinge des vorigen Jahrhunderts, tragen alle Zeichen der Zeit, der sie angehören. Ein russisches Theater gab es unter Peter nicht; dasselbe ist die üppige Frucht der verfeinerten Bildung und des Luxus — Peter hatte nur die Bedürfnisse seines Volks vor Augen. In den Seminarien wurde das Aufführen geistlicher Dramen fortgesetzt. Im J. 1730 wurde beim Hofe ein italienisches, und 1738 ein teutsches Theater eröffnet.

Vorzüglichere Nationalschriftsteller [3]) dieses Zeitabschnitts sind: der h. *Demetrius*, Metrop. von Rostow (geb. 1651, gest. 1709), geschmückt mit hohen christlichen Tugenden, reich an Kenntnissen, schrieb in der Kirchensprache leicht, correct, anmuthig; seine Hauptwerke sind: Četii minei, oder Žitija swiatych, Kiew 711-16. 4 Bde. fol., M. 759. u. öfters aufgelegt; Alphabet duchownyj, Kiew 710. 713. S. P. 719. Kiew 747. 755., Ljetopis kelejneja, M. 784. 800. S. P. 796. 2 Bde., Poučitelnyja slowa, M. 786. 805. 807. 6 Bde., Ostalnyja sočinenija, M. 804. u. a. m. — *Steph. Jaworskij*, Metrop. von Rjazan und Präsident der h. Synode (geb. 1658, gest. 1722), behauptet eine namhafte Stelle unter den geistlichen Rednern; von ihm ist erschienen: Kamen wjery, M. 713., Propowjedy, M. 804. 3 Bde. 8. — *Gab. Bužinskij*, Bischof von Rjazan und Murom, gebürtig aus Kleinrussland (gest. 1731), übersetzte Puffendorfs Einl. in die Gesch. der europ. Staaten, S. P. 718, ferner: O dolžnosti čelowjeka, von eb., S. P. 726., Theatron ili pozor istoričeskij, S. P. 724.; seine Reden kamen M. 784. heraus. — *Theophan Prokopowič*, Erzb. von Nowgorod (geb. 1681, gest. 1736), einer der aufgeklärtesten Männer seiner Zeit, Peters des Gr. treuer Gehilfe bei der Begründung der Nationalcultur, von seinen Zeitgenossen der russische Chrysostomus genannt, einer der reichhaltigsten Schriftsteller Russlands im theologischen, historischen und politischpragmatischen Fach, von dessen 60 Werken ungefehr 30 in Druck erschienen sind. — Fürst *Antioch Dmitrijewič Kantemir*, der erste Dichter seiner Zeit (geb. 1708, gest. 1744), originell, geistvoll,

---

[3]) Hr. *Greč*, dem ich hier, obwol mit Zuziehung auch anderer Hilfsmittel, grösstentheils gefolgt bin, rechnet zu der Literatur nur die Dichtkunst, Beredsamkeit und Geschichte sammt ihren Hilfswissenschaften; die übrigen Fächer des Wissens gehören, sagt er, zu der Geschichte der Cultur überhaupt. Ob ich gleich hierin einer andern Meinung bin, und glaube, dass fürs Erste auch die Dichtkunst, Beredsamkeit und Geschichte zu der Culturgesch. überhaupt gehören, fürs Zweite aber es ungerecht sey, die *wissenschaftlichen* Prosaïker aus dem Gebiete der Nationalliter. auszuschliessen, indem *jede Sprachdarstellung* (folglich auch die Nationalliteratur) ·in *die Sprache der Dichtkunst, der Beredsamkeit und der wissenschaftlichen Prosa* zerfällt: so wollte ich doch in diesem *Grundriss* der allgemeinen Geschichte der slaw. Literatur innerhalb der vom Hrn. Greč gesteckten Gränzen der Nationalliteratur, rücksichtlich des Russischen, bleiben, um nicht den Umfang desselben über die Gebühr auszudehnen.

der wahre Gründer der russischen profanen Dichtkunst, schrieb Satyren, S. P. 764. 4., übersetzte 10 Briefe von Horaz, S. P. 744. 788., Fontenelles Werk von der Mehrheit der Welten, M. 730. S. P. 761.; andere Uebersetzungen der Classiker hinterliess er handschriftlich. — Fürst *Andr. Jakowlewič Chilkow* (gest. 1718) schrieb: Jadro ross. istorii, öfters aufgelegt. — *El. Theodorowič Kopijewič* oder *Kopijewskij* aus Weissrussland, studirte in Holland, wurde Protestant und Pastor zu Amsterdam (gest. 1701); er übersetzte auf Peters des Gr. Verlangen mehrere Sprach- und Geschichtsbücher ins Russische, die 699 — 700 bei Tessing in Amst. erschienen sind; anderes hinterliess er handschriftlich. — *Pet. Buslajew*, Diakonus in Moskau, schrieb ein gereimtes Gedicht: O pereselenii w wjecnuju zizn Bar. M. J. Strogonówoj, S. P. 734. — *Semen Klimowskij*, ein Kozak, lebte um 1724, dichtete leichtere Lieder im Naturstyl. — *Kyrill Danilow* aus Kiew, ebenfalls Kozak, diente in Sibirien zu Anfange des XVIII. Jahrh. und sammelte russische Gesänge aller Art, die mit den seinigen erschienen M. 804. 717. — *Leont. Philippowič Magnickij*, Lehrer der Mathematik (geb. 1669, gest. 1739), gab die erste russische Arithmetik mit arabischen Ziffern M. 703. heraus. — *Ernst Abt Glik (Glück)*, Pastor in Liefland, in dessen Hause Katharina I. erzogen war, gerieth in die russische Gefangenschaft und lebte in Moskau, wo er Luthers Katechismus, Komensky's Orbis pictus und Janua linguarum u. a. m. ins Russische übersetzte. — *Iwan Kyrillow*, Obersecretär des Senats, später Staatsrath (gest. 1738), sammelte geographische Notizen über Russland und verfertigte einen Atlas des Reichs 734. 745. — *Basil Grigorowič* auf Kiew (geb. 1702, gest. 1747), brachte 24 Jahre auf Reisen im Auslande zu; sein Tagebuch gab Ruban S. P. 778. 785. heraus. — *Nikodem Sellij*, Alexandronewskischer Mönch (gest. 1746), sammelte an Vorarbeiten zur russischen Geschichte, gab 1736. in Reval ein Schediasma litterarium de scriptoribus, qui historiam polit. eccles. Rossiae scriptis illustrarunt, heraus, russisch M. 815.; ferner Istoričeskoje zercalo ross. gosudarej; de Rossorum hierarchia u. a. m. — *Basil. Nikitič*

Tatiščew, geh. Rath (geb. 1686, gest. 1750), sein Hauptwerk ist: Istorija rossijskaja, herausg. v. Müller M. und S. P. 769 — 84. 4 Bde. 4., mit vielem Fleiss zusammengetragen, und auch jetzt nicht ohne Werth; ferner: Lexicon ross. istor. polit. i graždanskij, reicht nur bis L hin, S. P. 793., Atlas des russ. Reichs 745.; *T.* schrieb auch Erläuterungen zu der Prawda ruska und zum Sudebnik, nach s. Handschr. herausg. M. 768 - 86. — *Steph. Petrowič Krašeninnikow*, Prof der Botanik in S. Petersburg, gebürtig aus Moskau (geb. 1713, gest. 1755), schrieb correct und rein: Opisanije zemli Kamčatki, S. P. 755. 2 Bde.; Slowo o poljze nauk i chudožestw 750.; übersetzte den Q. Curtius u. m. a. — *Basil. Kyrillowič Trediakowskij*, Hofrath und Prof. der Eloquenz, geboren in Astrachan (1703, gest. 1769), beleuchtete der erste die Natur der russischen Verskunst und zeigte die Unzulänglichkeit des syllabischen Reimens; aber er ermangelte der höheren Dichtertalente, um seine bessern Grundsätze durch gelungene Originalwerke durchzusetzen; sein Styl ist geregelt, aber dabei unrein, schwerfällig, langweilig, die Poesien ohne Geschmack; Sposob ross. stichosloženija, S. P. 735.; Razgowor ob ortografii starinnoj i nowoj, S. P. 748.; Deidamija, eine Tragödie, und Telemachida, nach Fenelon in Versen mit quantitirender Sylbenmessung, S. P. 750.; Razsuždenije o ross. stichosloženii, S. P. 755.; Oden, Idyllen und Fabeln in verschiedenen Schriften zerstreut; er übersetzte Rollins A. Geschichte S. P. 749 — 62. 761 - - 67 26 Bde., Barclays Argenis, Boileaus l'Art poetique u. m. a.[1])

§. 81.

Zweite Abtheilung. Elisabeths und Katharina's II. Regirungszeit; oder von Lomonosow bis auf Karamzin. 1741 — 1796.

Glänzende Siege im Auslande und friedliche Milde im Innern charakterisiren die Regirung der Tochter Peters des Grossen, Elisabetha Petrowna. Sie liebte die Wis-

---
[1]) *N. Greč* opyt istorii ruskoj slowesnosti S. 89. ff.

senschaften und Künste, und erachtete sie nicht nur für den tüchtigsten Hebel der Regirungskunst, sondern auch für eine besondere Zierde ihres mit Pracht und Glanz umgebenen Hofes. Desshalb vermehrte sie 1747 die Einkünfte der Akademie der Wissenschaften, stiftete 1752 das Seecadettencorps, 1755 die Moskauer Universität mit zwei Gymnasien, und legte den Grund zu der S. Petersburger Akademie der Künste 1758. Der grosse Mäcen Šuwalow reichte der Monarchin bei der Ausführung so edler Werke die thätigste, hilfreichste Hand. — Katharina II. fasste Peters des Gr. kühnen Plan in seinem ganzen Umfange auf. Sie gab der russischen Politik eine Selbständigkeit und Consequenz, und erweiterte die Gränzen des Reichs. Sie beglückte das Land durch Begünstigung des Mittelstandes, durch Beförderung des Handels, der Künste und Wissenschaften, durch Vermehrung der Erziehungs- und Unterrichtsanstalten. Achtung für das Schöne und Nützliche und reger Eifer für die grossen Zwecke des Nationalwols wurden in dem die grosse Frau umgebenden Kreise immer allgemeiner; die Namen der Orlow, Rumjancow, Potemkin, Dolgorukij-Krimskij, Soltykow, Suworow, Repnin, Čičagow, Panin, Bezborodko werden neben dem Ihrigen noch von der spätesten Nachwelt mit Ehrfurcht genannt. Sie liebte die Wissenschaften an sich und als Mittel der Veredlung der Sitten und hiemit der Wolfahrt des Volks. Ein ehrwürdiges Bestreben von Ausländern zu lernen, und mit angestrengter Thätigkeit ihnen nachzueifern beseelte durch sie den edlern Theil der Nation. Von den durch sie entweder neugestifteten, oder besser eingerichteten Erziehungs- und Lehranstalten nennen wir das Artillerie- und Ingenieur-Cadetten-Corps 1762, das Erziehungshaus in Moskau 1764 und S. Petersburg 1770, die Gesellschaft für Erziehung adeliger und bürgerlicher Mädchen 1764, die Akademie der Künste, erweitert 1764, das Bergwerks-Institut 1772, das Gymnasium für ausländische Glaubensverwandte, die S. Petersburger Akademie der Wissenschaften, deren Glieder Pallas, Falk, Georgi, Güldenstädt, Ryčkow, Rumowskij, Gmelin, Lepechin, Kraft, Inochodcew, Ozereckowskij, Hermann auf Befehl der Monarchin wissenschaftliche Reisen in verschiedene Gegenden des Reichs unternehmen, und die darüber geführten Tagebücher herausgeben mussten, die Moskauer Universität mit der daselbst gestifteten freien russischen Gesellschaft, die kais. russische Akademie zur Vervollkommnung der Sprache und Geschichte, gestiftet 1783, die Gesellschaft für Oekonomie 1765, die chirurgische Lehranstalt u. m. a. Im J. 1783 wurde die Errichtung der Buchdruckereien freigegeben, eine Commission für Normal- oder Volksschulen ernannt, und bald darauf ein Seminarium für Volksschullehrer sammt mehreren Normalschulen eröffnet. Allmälig wurden nun die Volksschulen durch das ganze Land ins Werk gesetzt, und fingen an auf die Verbreitung der Civilisation selbst unter dem Volk wolthätig, kräftig einzuwirken. — Während der Regirung Pauls I. (1796 — 1801) kamen ebenfalls mehrere Bildungs- und Lehranstalten zu Stande, darunter die Universität zu Dorpat. — Den Anfang dieses Zeitabschnitts bezeichnet die Gestaltung der russischen Sprache und Schreibart durch Lomonosow. Er wagte zu allererst zwischen dem Altslawischen und Russischen eine genaue Gränze zu ziehen, und letzteres auf feste Grundsätze zurückzuführen. Er schrieb der erste eine reine, echte russische Prosa, gab der Lyra ein eigenthümliches Versmaass, und entwarf die Regeln der russischen Grammatik. Die Dichtkunst, die Beredsamkeit, die Geschichte und die Naturwissenschaften haben ihm gleichviel zu verdanken. Aber verkannt von seinen Zeitgenossen, ging Lomonosow, schon hier ein strahlendes Gestirn, nebelumhüllt unter, um nach seinem Tode von der Nachkommenschaft als ein Stern erster Grösse erkannt und desto mehr bewundert zu werden. Trediakowskij's schwerfällige, holprichte Schreibart, und Theophans u. Gabriels Sprachamalgam trübten noch lange die russische Prosa. Um diese Zeit fing Sumarokow an, dramatische Versuche in alexandrinischen Versen zu schreiben. Dieses Maass und Lomonosows Jamben und Choräen behaupteten bis auf die neuesten Zeiten auf dem russischen Parnass die Alleinherrschaft. Lomonosow fühlte die Zauberkraft des Hexameters, und würde ihn mit der Zeit gewiss gebraucht haben, wenn der Tod sein Leben nicht abgekürzt hätte. — Das Lustspiel, der Dialog, die Erzählung, der Brief ermangelten noch immer einer passenden, leichten Sprache; in den damaligen höhern Zirkeln wurde nicht russisch, sondern bei Lebzeiten Anna's teutsch, bei jenen Elisabethens und Katharina's hingegen italienisch und — wie noch heute — französisch gesprochen. — Die meisten Schriftsteller aus dem Zeitalter Katharina's traten allmälig in die Fussstapfen Lomonosows, und richteten sich nach den von ihm entworfenen Regeln und gegebenen Mustern. Jelagin schrieb rein russisch, aber noch immer schwerfällig; der diplomatische Geschäftsstyl wurde durch Teplow, Bezborodko, Zawadowskij und Chrapowickij vortheilhaft ausgebildet; die Sprache der Lyra erhielt durch Derżawin neues Leben; Knjażnin veredelte den Dialog des Trauerspiels; Bogdanowič und Chemnicer ragen durch Einfachheit und Leichtigkeit der Schreibart über ihr Zeitalter hervor. Die russische Akademie lieferte eine Grammatik und ein Wörterbuch der russischen Sprache. — Mit Elisabeth fängt die russische Literatur an, sich zu einem selbständigen, geschlossenen Ganzen zu gestalten; bis dahin sah man nur Bruchstücke. Lomonosow, Sumarokow u. Trediakowskij weckten und nährten die Liebe zu den schönen Wissenschaften; Müller fing an, ein russisches Literaturblatt herauszugeben 1755, mehrere folgten seinem Beispiele. Ein russisches Theater kam auf, zuerst durch Theodor Wolkow in Jaroslawl 1746, dann durch ebendenselben in S. Petersburg (wo schon früher Sumarokows Trauerspiele von Dilettanten gegeben wurden) organisirt, und durch einen kais. Ukaz 1754 bestätigt. Im J. 1759 erfolgte die Errichtung des Moskauer russischen Theaters. — Katharina II. belebte die Literatur durch freigebige Unterstützung der Schriftsteller und eigenes Beispiel[1]). Zu den Sängern Elisabeths gesellten sich Petrow, Cheraskow, Derżawin. Die Zahl der Zeitschrif-

---

[1]) Ein unsterbliches Denkmal Katharinens Fürsorge für gelehrtes Wissen und eigener literärischen Bildung bleibt unter andern das vergleichende Wörterbuch, S. P. 787 — 89 und 790, zu welchem Werke sie den Entwurf selbst gemacht, und aus vielen Wörterbüchern dazu gesammelt hat.

ten vermehrte sich. Die russische Akademie, zählte die ausgezeichnetsten Literatoren unter ihren Mitgliedern. Die geistliche Beredsamkeit fand an Platon, Georgi, Anastasius und Lewanda rüstige Bearbeiter. Die russische Geschichte gewann an Materialien, und reifte unter den Bemühungen Müllers, Schlözers, Bašilows, Stritters, Ščerbatows, Boltins, Nowikows zur Vollendung heran. Das russische Theater wurde aus einem Hofzu einem wahren Nationaltheater. — Nur eine kurze Zeit trübten die unglücklichen Folgen der französischen Revolution den Schauplatz der literärischen Cultur Russlands.

Die Zahl der Nationalschriftsteller wächst in diesem Zeitabschnitt dergestalt, dass wir uns auf eine gedrängte Aufzählung einiger der vorzüglichsten beschränken müssen. — *Mich. Wasiljewič Lomonosow* aus Denisow, Staatsrath, Prof. der Chemie bei der Akademie der Wissenschaften (geb. 1711, gest. 1765), lernte das Lesen und Schreiben von dem Pfarrer seines Geburtsortes, begab sich, durch den gereimten Psaltyr von Polockij für Poesie begeistert, der Studien wegen nach Moskau und Kiew, und von da nach S. Petersburg, verweilte zwei Jahre auf der Universität zu Marburg, erwarb sich durch sein poetisches Talent den Namen des Vaters der neuern russischen Dichtkunst, nicht minder berühmt durch seine prosaischen Schriften, die sich alle durch Correctheit und Wolklang der Sprache auszeichnen; noch ist er als Lyriker unübertroffen, aber auch die epischen, dramatischen und epigrammatischen Poesien haben einen hohen Werth; s. Schriften erschienen zuerst einzeln, gesammelt von der Akad. d. Wiss. 3 Ausg. S. P. 803. 6 Bde. 4. — *Alex. Petrowič Sumarokow*, wirklicher Staatsrath u. Ritter (geb. 1718, gest. 1777), schrieb in Prosa und Versen: Geschichte, Abhandlungen vermischten Inhalts, Reden, Lust- und Trauerspiele, Idyllen, Satyren, Epigramme u. s. w.; hochverdient um das russische Drama, das ihm seine Veredlung verdankt; sämmtliche Werke herausg. von Nowikow M. 787. 10 Bde. — *Gedeon Krinowskij* aus Kazan, Bisch. von Pskow (geb. 1726, gest. 1763), seine Reden zeichnen sich durch einen christlichfrommen Sinn und hohe moralische Würde aus, der Styl ist ungleich, aber deutlich und nicht entblösst vom rednerischen Schmuck, gedr. M. 760. 2 Bde — *Demetr. Sjecenow*, Metrop. von Nowgorod und Mitgl. der h. Synode (geb. 1708, gest. 1767), nicht sowol durch rhetorische Kunst, als vielmehr durch die natürliche Kraft seines Feuereifers ausgezeichnet; s. Reden erschienen einzeln. — *Nikl. Nikitic Popowskij*, Prof. in Moskau (geb. um 1730, gest. 1760), übersetzte Popes: Opyt o čelowjekje, M. 757. 787. 803., einige Oden aus Horaz und dessen Brief an die Pisonen, Lockes Erziehungskunst, M. 759. 768. 2 Bde.: schrieb zwei Reden, die ganz besonders die Feinheit seines Geschmacks beurkunden. — *Georg Konisskij* aus Njezin, Erzb. von Weissrussl. und Mitgl. der h. Synode (geb. 1717, gest. 1795), beschrieb die Mohilewer Eparchie S. P. 775., verfasste geistliche und weltliche Reden u. m. a. — *Platon Lewsin* aus Casnikow, Metrop. von Moskau, mehrerer Orden Ritter, (geb. 1737, gest. 1812), einer der fruchtbarsten Schriftsteller Russlands im theologischen Fach, sämmtl. Schriften M. 779 — 807. 20 Bde., enthaltend Reden, Abhandlungen, Biographien, Katechismen, Dogmatik u. s. w., ausserdem erschien von ihm: Cerkownaja ross. istorija, M. 805. 2 Bde. - *Anast. Bratanowskij* aus Barysewka, Erzb. von Astrachan, Ritter des h. Anna-Ordens, Mitgl. der h. Synode und der russ. Akad. (geb. 1761, gest. 1806), der erste geistliche Redner Russlands, der sich von der Härte und Rauheit des ältern theologischen Styls zu der Geschmeidigkeit der neuern Schreibart herabzulassen wagte; er gab heraus: Reden, M. u. S. P. 796 — 807. 4 Bde. 8., Rhetorik, lat. M. 806. 8., verschiedene theolog. Abhandl. S. P. u. M. 794 — 805. — *Joh. Wasiljewic Lewanda* aus Kiew, Erzpriester in Kiew, Ritter des h. Anna-Ordens (geb. 1736, gest. 1814), ein Redner voll tiefen Gefühls, unerschöpflich an neuen, kräftigen Gedanken, seine Schreibart ist nicht ganz rein, aber er bemächtigt sich des Gemüths und Herzens durch die Uebermacht seines Geistes; sämmtl. Reden S. P. 821. 3 Bde. — *Mich. Matwjejewic Cheraskow*, wirkl. geh. Rath und Ritter, Mitgl. mehrerer gel. Gesellsch. (geb. 1733, gest.

1807), einer der fruchtbarsten Schriftsteller seiner Zeit, verfasste vermischte prosaische Aufsätze, Oden, Erzählungen, Lustspiele, Trauerspiele, didaktische Gedichte und zwei Epopöien: Rossijada in XII Gesängen, M. 785., und Wladimir in XVIII Gesängen, M. 786. 3te A. 809., die zwar im ganzen den Ansprüchen der Kritik an ein vollkommenes Epos nicht entsprechen, dessen ungeachtet aber im Einzelnen nicht ohne poetischen Werth sind. — *Wasilij Petrowič Petrow* aus Moskau, Staatsr. u. Mitgl. der russ. Akad. (geb. 1736, gest. 1799), schrieb Oden, in welchen die Fülle und Kraft der Gedanken den öftern Mangel eines geglätteten Ausdrucks ersetzen, und poetische Episteln, zusamm. S. P. 811. 3 Bde.; ausserdem übersetzte er Virgils Aeneis S. P. 781 — 86. 2 Bde. — *Iwan Semenowič Barkow* (gest. 1768), schrieb eine Biographie des Fürsten Kantemir und Anm. zu dessen Satyren, verfasste eine kurze Gesch. von Russl. Msc., übersetzte Horazens Satyren in Versen S. P. 763., Phädrus Fabeln eb. 764., Holbergs Universalgesch. S. P. 766, 796 u. m. a. — *Hippolit Theodorowič Bogdanowič* aus Perewoločna, Collegienrath, Mitgld. der russ. Akad. (geb. 1743. gest. 1803), unter seinen zahlreichen prosaischen und poetischen Schriften steht das romantische Lieblingsgedicht der Nation: Dušenka (Psyche), obenan, gedr. 778. sämmtl. Werke M. 809 — 10. 6 Bde., 2 A. 818. 4 Bde. — *Iwan Iwanowič Chemnicer*, Collegienr., Mitgl. der russ. Akad. (geb. 1744, gest. 1784), ein trefflicher, origineller Fabeldichter: Basni i Skazki. 778. 3 A. S. P. 799. 3 Bde. 4 A. S. P. 819. 3 Bde. — *Denis Iwanowič von Wizin* aus Moskau, Staatsr., Mitgl. der russ. Akad. (geb. 1745, gest. 1792), der erste Prosaiker seiner Zeit, um die Vervollkommnung des russischen Lustspiels besonders verdient, schrieb Episteln, Erzählungen, Reden, Briefe, Satyren und Lustspiele, übersetzte aus dem Englischen und Französischen mehrere Dramen und Erzählungen, die von 1762 bis 1803 einzeln erschienen sind; sein berühmtestes Werk ist: Nedorosl, ein Lustspiel, 783. — *Gabriel Romanowič Deržawin* aus Kazan, wirkl. geh. Rath und Ritter mehrerer Orden, Mitgl. beinahe aller gel. Gesellsch. Russlands, im J. 1802. Justizminister (geb. 1743, gest. 1816), der gefeierteste Dichter Russlands unter Katharina II., schrieb lyrische, didaktische und dramatische Gedichte, die insgesammt zu den unsterblichen Denkmälern der russischen schönen Literatur aus Katharina's Zeit gehören, sämmtl. Schriften: S. P. 810 — 15. 5 Bde., N. A. 824. — *Was. Wasiljewič Kapnist*, (geb. 1756, gest. 1823), Staatsr., Mitgl. der r. Akademie und mehrerer gel. Gesellsch., lebte ganz den Musen auf seinem Landgut Obuchowka in Kleinrussl., ist als Lyriker nächst Deržawin zu nennen, dem er zwar an Kühnheit der Gedanken nachsteht, aber an zarter Gemüthlichkeit und Reinheit der Sprache gleichkommt; s. Oden erschienen S. P. 806., zwei Dramen: Abjed, ein Lustspiel S. P. 799., Antigone, ein Trauersp. 815. — *Jermil Iwanowič Kostrow*, Provincialsecretär (gest. 1796), übersetzte Homers Ilias I — VI Rhaps., treu und fliessend, doch nicht im Versmaasse des Originals, sondern gereimt, S. P. 787., Apulejus gold. Esel, M. 781., Ossians Bardengesänge, aus dem Franz., M. 793., S. P. 818. 2 Bde., Voltaires Taktik in Versen, M. 779., vermischte Gedichte, M. 802. 2 Bde. — *Jakob Borisowič Kniažnin* aus Pskow, Hofr. und Mitgl. der russ. Akad. (geb. 1742 gest. 1791), schrieb 6 Trauerspiele, 4 Lustspiele, 4 Opern und ein Melodram, ausserdem Fabeln, Oden, Episteln u. a. m.; er nimmt neben Sumarokow den 2ten Platz unter den Dramatikern dieses Jahrhunderts ein, und übertrifft ihn an Reinheit und Adel des Styls, wird aber auch oft schwülstig und frostig, sämmtl. Schriften S. P. 802. 5 Bde. — Noch verdienen folgende dramatische Dichter dieser Zeit eine Auszeichnung: *Nikl. Petrowič Nikolew* (geb. 1758, gest. 1816), schrieb Trauerspiele, worunter das beste: Sorena, 781. — *Was. Iwanowič Majkow* (geb. um 1725, gest. 1778), verfasste 2 Trauer- und eben so viele Lustspiele, zusamm. S. P. 809. — *Alex. Anisimowič Ablesimow* (gest. 1784), schrieb Erzählungen, Elegien, Sinngedichte und Lustspiele. — *Dem. Wladimorowič Jefimjew* (gest. 1804), lieferte mehrere Lustspiele. — *Alex. Iwanowič Klušin* (gest. 1804), verfasste zwei Lustspiele, schrieb lyrische Gedichte u. m. a. — *Pet. Alexjejewič Plawilščikow* (geb. 1760, gest. 1812) verfasste, selbst ein Schauspieler, mehrere Trauer- und Schauspiele. — *Jurij Alexandrowič Neledinskij-Meleckij*, wirkl. Staatsr. u. Senator (geb. 1751), erwarb sich grossen poetischen Ruhm durch gelungene Lieder und Romanzen voll Zartheit und feurigen Gefühls, die einzeln in verschiedenen Zeitschriften erschienen sind. — *Semen Sergjejewič Bobrow*, Collegien-Assessor (gest. 1810), mit der englischen Literatur innig vertraut, besass eine glühende Einbildungskraft und kraftvolles, tiefes Gefühl, aber sein nicht immer deutlicher und correcter Styl verfällt oft aus Erhabenheit in Schwulst; s. Hauptwerk ist ein Lehrgedicht: Chersonida, S. P. 803.; lyr. Gedichte unter d. T. Razswjet polunoči, S. P. 804. 4 Bde., Drewnaja noč wselennoj 807 — 9. 4 Bde. — Fürst *Iwan Michajlowič Dolgorukij*, geh. Rath und Ritter, Mitgl. mehrerer gel. G. (geb. 1764, gest. 1823), schrieb philosophische Oden und Episteln im Nationalgeschmack, die sich durch gediegene Gedanken, tiefes Gefühl und eine einfache, natürliche Darstellung vortheilhaft auszeichnen. — Graf *Dmitr. Iwanowič Chwostow*, geh. Rath, Senator u. Ritter, Mitgl. der russ. Akademie und mehrerer gel. Gesellsch. (geb. 1757), schrieb in seiner Jugend Lustspiele in Versen und Prosa, später lyrische und didaktische Gedichte, die sowol dem Gehalt als der Sprache nach zu den besten Erzeugnissen in dieser Gattung gehören, übersetzte mehrere classische Werke aus dem Französischen; sämmtl. Schriften S. P. 817. 4 Bde. — *Gerhard Friedrich Müller* aus Westphalen, wirkl. Staatsr. und Ritter, russischer Historiograph, Mitgl. mehrerer gel. Gesellsch. und Akad. (geb. 1705, gest. 1783), erwarb sich, ein Ausländer, unsterbliche Verdienste um die russ. Nationalliteratur durch die Herausgabe vieler handschriftlichen Geschichtswerke: Sibirskaja istorija, S. P. 750., Sudebnik, M. 768., Tatiščews istor. ross., M. 768 — 74., Chilkow's jadro ross. ist., M. 771., Polunyn's geogr. Lex. von Russland, M. 773., Stepennaja kniga, M. 771 — 74. 2 Bde., u. a. m., derselbe gab die erste russ. literärische Zeitschrift: Ježemjesjačnyja sočinęnija, S. P. 755. heraus. — Fürst *Mich. Michajlowič Ščerbatow*, geh. Rath, Senator und Ritter, Mitgl. mehrerer Akad. (geb. 1733, gest.

1790), weihte sich von Jugend auf der Bearbeitung der russischen Geschichte, die in einem schwerfälligen Styl, ohne tiefere Forschung und mit wenig Geschmack geschrieben, 770 - 92. 15 Bde., die kritische Feder Boltins weckte, und viele, der russischen Geschichte äusserst erspriessliche Erläuterungen veranlasste; ausserdem gab *Šč.* mehrere historische Werke mindern Umfangs heraus. — *Theod. Alexandrowič Emin* (geb. um 1735, gest. 1770), schrieb ausser mehreren Romanen, eine Geschichte Russlands, die aus unlautern Quellen geflossen, jetzt durch bessere Bearbeitungen verdrängt ist: Ross. istor., S. P, 767 — 69. 3 Bde. — *Timoth. Semenowič Maljgin*, Collegienass. u. Mitgl. der russ. Akad. (gest. 1820), verfasste: Zercalo ross. gosudarej, S. P. 791. 794., Opis starinnych sudebnych mjest ross. gosud., S. P. 803., O drewnosti monety w ross. gosud., S. P. 810. — *Mich. Dimitrijewič Čulkow*, Obersecretär des Senats (gest. 1793), gab eine Gesch. des russ. Handels, S. P. 781. 21. Bde. heraus. — *Peter Iwanowič Ryčkow*, Staatsr. (gest. 1778), verfasste einen Versuch der Gesch. von Kazan, S. P. 767. — *Iwan Nikitič Boltin*, Generalmajor, Mitgl. der russ. Akad. (geb. 1735, gest. 1792), ein ehrwürdiger Forscher und Wahrheitsfreund, dem die älteste Geschichte Russlands einen grossen Theil ihrer Aufhellung verdankt, schrieb eine wichtige Kritik auf Leclerc's histoire ancienne et moderne de la Russie 787., S. P. 788. 2 Bde. 4. unterwarf Ščerbatows russ. Gesch. seiner Prüfung, S. P. 789 und 793 — 94. 2 Bde. 4., nahm an der Herausgabe der Prawda ruskaja Theil, S. P. 792.; mehreres hinterliess er handschriftlich. — *Iwan Iwanowič Golikow*, Hofr. (geb. 1735, gest. 1801), verfasste die Lebensgeschichte Peters des Gr. unter d. T. Djejanija Petra W., M. 788 — 90. 12 Bde., dazu gehört: Dopolnenija k djejanijam P. W., M. 790 — 98. 18 Bde., und Anekdoty P. W. M. 798., die weitschweifig und in einem panegyrisch-declamatorischen Ton geschrieben, nur als eine vollständige Samml. von Materialien zur eigentlichen Gesch. Peters des Gr. zu betrachten sind. — *Iwan Perfiljewič Jelagin*, wirkl. geh. Rath, Senator und Ritter (geb. 1728, gest. 1796), machte sich durch gelungene Uebersetzungen ausländischer, vorzüglich teutscher und französischer Werke um die russische Literatur verdient. — *Jakob Iwanowič Bulgakow*, wirklicher geh. Rath, Ritter, Ehrenmitgl. der Akad. der Wiss. (gest. 1809), übersetzte aus dem Französischen des Abbé de la Porte: Wsemirnyj putešestwennik, S. P. 778. 4 A. 813. 27 Bde., Ariosto's Wljublennyj Roland, S. P. 797., 3 A. 800. 3 Bde., Bardons Obrazowanije drewnich narodow, S. P. 795. 4 Bde. — *Mich. Iwanowič Werewkin*, Staatsr. (gest. 1795), und *Sergij Sawič Wolčkow*, Collegienrath und Secretär der Akad. der. Wiss. (gest. 1773), bereicherten die vaterländische Literatur mit gelungenen Uebersetzungen zahlreicher Werke des Auslandes. — *Sergij Pleščejew*, wirkl. geh. Rath u. Ritter (geb. 1752, gest. 1802), schrieb die erste genaue und gründliche Statistik Russlands, S. P. 790. — *Nikl. Iwanowič Nowikow* (geb. 1744, gest. 1818), ein kenntnissreicher, unermüdet thätiger Patriot, belebte den russischen Buchhandel, beförderte die Herausgabe vieler wichtigen Werke, war selbst ein geschickter Schriftsteller: Opyt istorič. slowarja o ross. pisateljach, S. P. 772., Drewnaja ross. biblioth., S. P. 773 — 75. 10 Bde. fortges. eb. 786 — 93. 9 Bde.; verschiedene Journale von 1769 — 82. — *Was. Grigorjewič Ruban*, Collegienr. und Ritter (geb. 1739, gest. 1795), redigirte mehrere Journale, gab eine Sammlung von Inschriften 771., eine Beschreib. von Kleinrussl. S. P. 773. 777., von Moskau 782. u. m. a. heraus.[2])

§. 19.

Dritte Abtheilung. Das Zeitalter Alexanders, oder von Karamzin bis auf unsere Zeiten.

Die Regirungszeit Alexanders, durch glänzende Besiegung des Feindes der Ruhe von Europa im Auslande verherrlicht, macht im Innern des Landes eine neue Epoche der Nationalcultur. Ks. Alexander I. sah gleich im Anfange seiner Regirung die Aufklärung der Nation für den wichtigsten Theil der Wolfahrt des Reichs an, und

---

[2]) *N. Greč* opyt ist. rusk. liter. S. 129 ff.

übertrug die Sorge dafür einem eigenen Ministerium 1802 (1816 mit dem Ministerium des Cultus vereinigt), dem alle Lehr- und Bildungsanstalten Russlands (die theologischen, militärischen und metallurgischen, ferner die unter der Specialfürsorge der Ksn. Maria Theodorowna stehenden ausgenommen), untergeordnet wurden. Mit Begründung der Universitäten (deren es jetzt 7 gibt: S. Petersburg, Moskau, Dorpat, Wilna, Charkow, Abo und Kazan), ging ein neues Licht im Osten Europas auf, dessen Glanz kein Freund der Finsterniss mehr zu trüben vermag. Diess gehört unter allem Grossen mit zu dem Grössten, was Russland seinem gesegneten Alexander verdankt. Wie viel die übrigen Lehr- und Bildungsanstalten Russlands, als die Gouvernementsschulen oder Gymnasien, die Kreisschulen, die Pfarr- oder Kirchspielschulen, die vier theologischen Akademien mit 36 Eparchialseminarien und mehreren kleinern Schulanstalten u. s. w. zur Verbreitung nützlicher Kenntnisse und moralischer Bildung beitragen, ist an sich klar. Dem Beispiele des Monarchen folgend, errichteten einzelne begüterte Patrioten oder Gemeinden verschiedene Lehranstalten in den Gouvernements- und Kreisstädten. Es bildeten sich mehrere neue gelehrte Vereine, von denen die meisten mit den Sammlungen ihrer literärischen Arbeiten die vaterländische Literatur bereits bereichert haben. (Vgl. §. 7). Nicht minder vortheilhaft wirkte auf die Aufklärung der Nation die zweckmässigere Gestaltung der seit 1797 vernachlässigten russischen Akademie für Vervollkommnung der Sprache und Geschichte 1801,[1])

---

[1]) Zu den vorzüglichsten Beschäftigungen dieser Akademie gehört die Untersuchung der Grundsätze der Etymologie, als Grundlage eines von derselben beabsichtigten vollständigen etymologischen Wörterbuchs der slawisch-russischen Sprache. Als Probe dieser Arbeiten erschienen seit 1819 vom Hrn. Min. u. Adm. Siškow etymologische Tabellen, die in aufsteigender Linie die Elemente der Sprache bis auf die einfachsten Grundlaute zurückführen, und wobei sich öfters erweist, dass aus einer einzigen Wurzel über 2000 Wörter abgeleitet werden können. Der Druck des etymologischen Wörterbuchs nach diesem Plan hat unter Mitwirkung und Theilnahme aller Glieder der Akademie bereits begonnen. Dieselbe Akademie hat auch Uebersetzungen mehrerer schätzbaren Werke der ältern und neuern Literatur veranlasst und herausgegeben, z. B. der römischen Geschichte des *Livius*, *Tasso's* befreit. Jerusalem, (*Brosses*) traité mécanique u. s. w. Das grosse alphabetisch geordnete Wörterbuch der russ. Sprache ist von ihr neuerdings 1822 in 6 Quartanten besorgt worden; aber auch die Herausgabe von Wör-

das Censurgesetz 1804, die Eröffnung der kais. Bibliothek in S. P. 1811, die Errichtung der Lehrkanzel für morgenländische Sprachen in S. P. 1818; um andere, unmittelbar hieher nicht gehörende Anstalten und ihr folgenreiches Wirken, worunter die russische Bibelgesellschaft beachtenswerth ist[2]), zu übergehen. Was in dem Geiste des hochherzigen Regenten Russlands einzelne Grosse des Reichs für die Nationalliteratur bis jetzt gewirkt haben, und noch fortwirken, diess auszuführen ist hier der Ort nicht. Wem ist der Name des grossmüthigen, allgemein geachteten Beschützers der Wissenschaften, des Reichskanzlers Grafen Rumjancow unbekannt? Was er für das Gedeihen der Nationalliteratur gethan, wird noch die späteste Nachwelt gewiss mit besonderem Danke anerkennen. Wichtig ist, vorzüglich für den russischen Geschichtforscher, seine Bibliothek in S. Petersburg, die bereits gegen 40,000 Bde. zählt. Hiernächst sind des patriotisch gesinnten Grafen Tolstoj Bemühungen mit Achtung zu nennen, dessen Büchersammlung in Moskau vorzüglich reich an ältern Drucken und Msc. ist. — Gegen das Ende des XVIII. Jahrh. begann in Moskau, der Mitte des Landes, wo das reinste, regelmässigste Russisch gesprochen wird, die leichte didaktische russische Prosa sich zu entwickeln. Karamzin ist der Schöpfer dieser neuen, jetzt allgemein herrschenden russischen Prosa. Er zog den französisch-englischen Periodenbau dem griechisch-lateinischen in der russischen Sprache vor, und befreite dieselbe von den schwerfälligen Fesseln, in die man sie zeither geschlagen hat. Nur in der Dichtkunst wollte er ihr die Freiheiten der alten Sprachen lassen; in der didaktischen Prosa hingegen drang er auf die den neuern europäischen Spra-

---

terbüchern anderer verwandten Mundarten beabsichtigt sie. Noch ist die Unterstützung, die sie andern Schriftstellern und ihren Arbeiten werden lässt, zu rühmen. Sie gibt heraus: Izwjestija ross. akad. bis 823 XI Hfte., und Sočinenija i perewody, bis 823. 7 Bde.

[2]) Die russ. Bibelgesellschaft hat im Einverständniss mit den obern geistlichen Behörden darauf Bedacht genommen, der altslav. Version eine neuruss., aus jener gemachte, an die Seite zu stellen. Das N. T. war bereits 1822 vollendet. Später hat der Kaiser den Druck der russ. Bibel, auch ohne beigefügten altslaw. Text, vornehmlich für Schulen, erlaubt. S. 18ter Bericht der Bibelges. 822. — Lpz. Lit. Z. 823. No. 110. Lpz. Rep. d. Lit. 823. No. 14.

chen eigene logische Fügung der Worte und Sätze. Allein was er mit Einsicht in das Wesen der Sprache und mit Umsicht gethan, das übertrieben seine zahllosen Nachahmer, die nur die schwache Seite ihres Vorbildes aufgefasst haben. Indem man den griechisch-lateinischen Periodenbau verbannen wollte, hielt man offenbare Gallicismen in der russischen Sprache nicht nur für erlaubt, sondern sogar für nothwendig [3]). Schon war das Uebergewicht des Gallicismus in derselben beinahe entschieden, und der Nationalstyl drohte von seiner Reinheit zu einem leichtfertigen, oberflächlichen, dem Slawismus fremden Sprachhunzen herabzusinken, als noch zu rechter Zeit Hr. Admiral u. Minister Šiškow, Präsident der russischen Akademie, mit seiner gehaltreichen Schrift: Rasużdenije o starom i nowom slogje 1803 (womit sein Pribawlenije 1804 zu verbinden ist), auf den Geist der Schriftsteller, und hiemit auf den Gang der Sprachbildung und Literatur sowol kräftig als wolthätig einwirkte. Bald darauf erschien das Werk des Hrn. Stanjewič: Rasużdenije o ruskom jazykje 1808, worin in Bezug auf die obige Schrift des Hrn. Šiškow die Mittel und der Gang der Sprachbildung überhaupt, und der russischen ins Besondre mit Scharfsinn und Kritik geprüft und beleuchtet werden. Genannte Schriften weckten den Forschungsgeist der Russen; die Lust und Liebe zur fernern Reinhaltung und Gestaltung der Landessprache nimmt bei den einheimischen Schriftstellern mit jedem Jahre zu. Der Streit der Petersburger und Moskauer Partei scheint soweit beigelegt, und die leichte Prosa Karamzins hat über Sumarokows und Trediakowskijs Slaweno-Russismus für jetzt den Sieg getragen. — Während Karamzin die russische Prosa bearbeitete, gewann die Sprache der Dichtkunst unter der schöpferischen Hand Dmitrijews, Ozerows, Krylows, Žukowskijs und Batuškows eine ganz

---

[3]) Sehr charakteristisch sind die Worte eines Ungenannten in dem Sorewnowatelj proswješčenija, 823. 1 Hft. S. 101, der bei Gelegenheit der Revision eines Aufsatzes über die Gesch. der russ. Liter. von A. Bestużew in der Poljarnaja zwjezda 823., das Urtheil Bestużews über Karamzin: „Karamzin blesnul na horizontje prozy, podobno radugje poslje potopa", durch folgende ersetzen zu müssen glaubt: „Karamzin, kak blagotwornaja rosa, ożiwil suchoje polje našej prozy; no wraždebnyj wjetr nagnal tuči wjalych podrażatelej — i oni zatopili eto polje".

neue Gestalt. Die russische Metrik fand an Wostokow einen neuen, genialen Bearbeiter; Wojejkow und Gnjedič nahmen sich der altclassischen Versmaasse mit anscheinendem Glück an[4]). Auch der höhere Geschäfts-

---

[4]) Der russ. *Versbau* hielt nicht immer gleichen Schritt mit der russ. *Dichtkunst.* Hr. *Wostokow* unterscheidet in der russ. Verskunst vier Gattungen: 1.) die numerösen Nationalgesänge oder die Volkspoesie; 2.) die quantitirende Prosodie Smotriskijs; 3.) die franz.-polnische Reimpoesie; und 4.) die accentuirende Prosodie Lomonosows und seiner Nachfolger. Die russ. Volkspoesie hatte eine selbstständige Form bis auf Peter den Gr. und Lomonosow, nach welcher Zeit dieselbe durch den Einfluss von Sumarokows, Popows, Neledinskijs und Dmitrijews Gedichten auf den Volkston eine bedeutende Veränderung erlitt. Der Versbau in den alten, aus der Periode vor Peter dem Gr. herrührenden Gesängen ist originell. Ihnen ist der Reim noch fremd, und der Numerus wird durch den Ton (ictus, udarenije) bewirkt. Der russ. Vers zerfällt in den *lyrischen* (piesennyj), welcher den Liedern, und *epischen* (skazočnyj), welcher den erzählenden Gedichten eigen ist. In beiden ist der Pyrrhich vorherrschend; in beiden kommen nicht über 2 — 3 durch den Ictus bestimmte Längen vor. Der Unterschied beider besteht darin, dass die Ictus des erstern unbeweglich, die des letztern hingegen beweglich sind. Dieser entspricht völlig dem griechischen Hexameter. Ob das Gedicht Igor in Versen oder Prosa geschrieben sey, lässt Hr. Wostokow dahin gestellt seyn, glaubt aber doch, dass es sich leicht und mit Nutzen in Verszeilen theilen liesse. — *Mel. Smotriskij*, sagt Hr. Wostokow weiter, versuchte (Gramm. 1619) der erste die griech. Prosodie auf das Kirchenslawische zu übertragen, sey es, dass dieses damals dafür empfänglicher gewesen, als jetzt, oder, wie Hr. Wostokow meint, aus Unbekanntschaft mit dem Geiste dieser Sprache — *was man daraus ersehe, weil er keine Nachfolger hierin gefunden (!)* (Und doch war Smotriskij auf dem richtigen Weg, die slawische Prosodie nach dem natürlichen Zeitverhalt der Sylben, nicht nach dem ihr fremden Tone, zu begründen. Vgl. §. 4. Anm. 7. Gesteht doch Hr. Wostokow selbst, dass, trotz seiner Behauptung, die russ. Sprache habe keine gedehnte Sylben, die russ. Bauern in Archangel, in Sibirien, in der Ukraine, die Vocale vielfach dehnen und Spondäen haben, ja dass selbst der gebildete Moskauer od. S. Petersburger Russe im recitirenden Vortrag gewisse Sylben lang, andere kurz ausspreche. Wenn die russ. Grammatiker und Dichter in der Lehre vom russischen Ton und Zeitmaass nicht zu hellern Begriffen gelangt sind, als die Hrn. Dobrowský, Puchmayer und Negedlý in der vom böhmischen, so steht es schlecht um unsere slaw. Verse — und Ohren.) Etwa 150 Jahre nach Smotriskij verfiel Trediakowskij auf den Gedanken, russ. Hexameter zu machen. Ihm folgte Sumarokow, und übersetzte zur Probe Bruchstücke aus der Telemachide. Noch schrieben N. N. Murawjew (M. 776), und W. G. Ruban (Virg. Ekl. Tityr 793) in diesem Jahrh. Hexameter. Galinkowskij übers. die schon einmal versuchte Ekl. Virgils (813); Wojejkow gab Bruchstücke aus Virgils Georg. (816) heraus, und N. J. Gnjedič wagte sich, auf S. S. Uwarows Antrieb, an den Homer. Aber alle diese nahmen den *Ton* als obersten Grundsatz der Quantität an, und lieferten bisweilen 5füssige Hexameter, noch dazu tüchtig mit Trochäen durchspickt. (Kein Wunder, dass bei solcher unhellenischen Handhabung der Verskunst die zartgebaute griech. Kalliope in dem rauhen germanischen Tonkürass bei gebildeten Nationalen wenig Glück machte. Griechische Formen wollen durchaus nach den Grundsätzen der griech. Prosodie und Metrik behandelt seyn.) — Die ersten Reime in Russl. erschienen in Skorina's Hiob Prag 517. und in der Ostroger Bibel 581. von Geras. Danilowič. Auf diese folgt Sergej Kubasow, Vf. eines Chronographen. Durch die Vermischung der Russen in Klein- und Weissrussland mit den Polen, gelangte die poln. Reimkunst, die selbst der

und Kanzleistyl wurde unter Alexander gedrängter und geschmeidiger. Die Theorie der Sprache gewann durch die grammatisch-lexicalischen Arbeiten der russischen Akademie und der Hrn. Wostokow, Sokolow, Born, Nikoljskij, Heym, Vater, Linde, Tappe, Puchmayer. Mit ästhetischer Kritik beschäftigten sich die Hrn. Siškow, Makarow, Martynow, Merzljakow und Ostolopow, mit der Bibliographie und Literaturgeschichte die Hrn. Ewgenij, Sopikow, Anastasewič, Greč, Certelew. Die Moskauer Universität war von jeher die Pflanzschule der russischen Dichter und Redner. Im J. 1791 und 1792 gab Karamzin in Verbindung mit Cheraskow, Deržawin und Dmitrijew daselbst ein literärisches Journal heraus, und brach der neuern Prosa die Bahn. Im J. 1802 redigirte er den Wjestnik Ewropy, der nicht wenig zur Verbreitung nützlicher Kenntnisse und Verfeinerung des Geschmacks beitrug. Im J. 1803 erschienen die Tragödien Ozerows, 1805 die Gedichte Žukowskijs und Batuškows, und zeigten die russische Poesie in einem neuen, schöneren Lichte. In ihren Werken verklärte sich die russische Muse, und die erkünstelte Empfindelei vieler ihrer Vorgänger wich hinfort vor der wahrhaften Begeisterung für höhere Ideale und reinere Formen. Das Studium der griechischen und römischen Classiker, dieser unverwelklichen Muster der vollendetsten Schönheit und Erhabenheit, erwachte unter den gebildeten Nationalen, und wirkt folgenreich auf die Gestaltung des Nationalge-

---

elenden französischen nachgeäfft ist, nach Russland, und beherrschte 100 Jahre lang den russischen Helikon. Der Metrop. Peter v. Mogila bahnte ihr den Weg (629) und S. Polockij brachte sie in Schwung (wjenec 670, rhythmologion 678.) Männer eines bessern Schicksals werth, wie Theophan, Kantemir, Buslajew, haben an diesem Klingklang ihre Federn stumpf geschrieben. — Lomonosow bestimmte die Längen und Kürzen nach dem Ton (die *gehobene* Sylbe gilt *lang*, die *gesenkte kurz*, wie bei den Teutschen), wobei er nicht so auf die Natur der Sprache, als vielmehr auf den teutschen und franz. Gebrauch Rücksicht nahm. Sein und Cheraskows und Petrows Beispiel half den *4füssigen Jamben* (*lyrisches* Maass) und den 6-*füssigen Alexandrinern* (*episches*) Maass) auf die Beine. Später führten Deržawin, Dmitrijew und Karamzin die Verskunst auf einheimische Formen, doch mit Beibehaltung des Tongrundsatzes, zurück, und Wostokow suchte dem freien Numerus der alten Volkslieder in Verbindung mit Versmaassen neuerer Art in der höhern Poesie Eingang zu verschaffen. Vgl. *Trediakowskij* o drewnem, srednem i nowom stichosloženii ross. 775. *Eb.* Kratkaja rusk. prosodia M. 798. 8. — *A. Wostokow* opyt o rusk. stichosloženii, 812. 817. 8. — *J. Rižskij* nauka stichotworstwa. S. P. 811. 8. — Fürst *N. Certelew* opyt obščich prawil stichotworstwa, S. P. 820.

schmacks. Nur eine kurze Zeit verdunkelten die Kriegswolken 1812 — 13 den heitern Himmel Russlands, um einen desto fröhlichern Tag herbeizuführen. Die meisten Schriftsteller Russlands ergriffen das Schwerdt zur Vertheidigung des Vaterlandes, und kehrten lorbeerbekränzt in den Dienst der Musen zurück. — Die geistliche Beredsamkeit gedieh zu einer höhern Stufe der Vollendung; Philarets und Ambrosius salbungsvolle Reden zeigen sie in ihrem höchsten Glanze; die russische Geistlichkeit bereicherte mit zahlreichen Werken die vaterländische Literatur. — Durch des grossen Schlözer energisches Einwirken auf das russische Geschichtsstudium erwachte die historische Kritik in Russland; Karamzins neueste russische Geschichte, ein Nationalwerk, dem er beinahe die Hälfte seines Lebens gewidmet hat, ist die herrlichste Frucht dieser Kritik. Noch glänzen auf der Bahn der Erforschung der vaterländischen Geschichte in allen Beziehungen die Namen: Ewgenij, Joh. Potocki, Sestrencewič, Musin - Puškin, Bantyš - Kamenskij, Malinowskij, Kačenowskij, Timkowskij, Buturlin, Richter, Glinka, Ewers, Krug, Lehrberg, Adelung, Wichmann, Köppen u. m. a., und als Statistiker: Storch, Hermann, Zjablowskij u. m. a. — Das russische Theater verdankt in den neuesten Zeiten seine Vervollkommnung dem Fürsten Šachowskoj.

Aus dem grossen Gebiet[5] der russischen Literatur in diesem Zeitabschnitt wird es für unsern Zweck hinreichend seyn, einige vorzüglichere Nationalschriftsteller nahmhaft zu machen. *Niklas Michajlowič Karamzin*, kais. Historiograph, wirkl. Staatsr. u. Ritter, Mitgl. mehrerer gel. Gesellsch. (geb. 1765), weihte sich von Jugend auf dem Dienste der vaterländischen Musen, re-

---

[5] In welchem Verhältniss die Verbreitung der gelehrten Bildung in Russland steigt, mag das einzige Beispiel der Zahl in russ. Sprache geschriebener Werke zeigen. Im J. 1787 zählte man deren 4000, und mehr als das Doppelte (8000) sollte 1820 die Nationalliteratur besitzen. Im J. 1822 rechnete man 350 lebende Schriftsteller, die meisten aus dem Adel, ⅛ aus der Geistlichkeit. In Absicht der Literatur, d. i. der Menge, dem Umfange und der Vorzüglichkeit origineller Geisteswerke der letztern Jahrh. steht Russl. andern europ. Nationen, namentlich den Teutschen, Franzosen und Engländern (nicht aber den Ungern, wie *Vater* in s. russ. Leseb. S. 10. irrig behauptet), freilich weit nach. Aber nicht die Schuld der russ. Sprache ist es, dass ihre Liter. noch hinter diesen zurücksteht, auch nicht die Schuld des jetzt lebenden Geschlechts, unter welchem sich reger Eifer für

digirte in den J. 1792 — 803. die Zeitschriften: Moskowskij žurnal, Aglaja, Aonidy, Pantheon inostrannoj slowesnosti und Wiestnik Ewropy, gab 1804 s. sämmtl. kl. Schriften heraus, 3 A. 820. 9 Bde., enthaltend Gedichte, Briefe, Erzählungen, Reden, Biographien und historische Bruchstücke; er übersetzte die Erzählungen Marmontels M. 794. 815., der Frau Genlis M. 816, verschiedener Vff. M. 816.; s. Hauptwerk ist: Istorija gosudarstwa Rossijskago, S. P. 816 — 18. 8 Bde., 2 A. 819-23. 11 Bde., reicht bis 1606 hin, und wird fortgesetzt, teutsch Riga 823. 6 Bde; die Schriften *K.* machen nach Stoff und Form Epoche in der russischen Literatur, s. Prosa ist rein, fliessend, lebendig, mit einem Wort musterhaft; s. Poesien sind tief geschöpfte Gedanken eines Weisen in das lieblichste Gewand der Phantasie gehüllt; kein Schriftsteller Russlands hat so vielfach, wie er, auf seine Zeitgenossen gewirkt. — *Iwan Iwanowič Dmitrijew,* wirklicher geh. Rath und Ritter, Mitgl. mehrerer gel. Gesellsch. (geb. 1760), schrieb Episteln, Satyren Fabeln, Erzählungen, Lieder und Epigramme, sämmtl. Schr. M. 795. 6 A. 822. 3 Bde.; in s. Gedichten sprechen sich Verstand und Herz auf eine sinnige, einfach edle Weise aus, der Versbau ist kunstlos, dabei doch regelmässig. — *Mich. Nikitič Murawjew* aus Smolensk, geh. Rath, Senator, Curatur der Mosk. Univ., Ritter u. Mitgl. mehrerer gel. Gesellsch. (geb. 1757, gest. 1807), schrieb als Erzieher der Grossf. von Russland verschiedene Werke pädagogischen, moralischen, historischen und ästhetischen Inhalts, die alle durch Adel der Gesinnung, Tiefe des Gefühls, Schärfe der Gedanken und Vollendung der Sprache das Gepräge des Classischen tragen; sie erschie-

---

die Wissenschaften über weit von einander entlegene Theile des grossen Reichs verbreitet hat; auch nicht die Schuld der Männer, welche schon vor einem halben Jahrh., und welche in grösserer Anzahl jetzt Geist, Urtheil und Witz mit einer vertrauten Kenntniss ihrer Muttersprache verbinden. Wie Aeste vom Stamme, so gehen die Bestrebungen der Schriftsteller einer sich in dieser Hinsicht erhebenden Nation von frühern aus; erst mit ihrer Zertheilung in recht viele Zweige wächst ihr Umfang, der Früchte oder Blüthen werden mehrere, und so streut sich immer mehr Saamen aus, für die kommenden Geschlechter. Mit Recht sagt daher *Wachler* (Handb. d. lit. Cult. 2 B. S. 803): „Russlands politisches Uebergewicht, verbunden mit dem Emporstreben der Nation zur höhern Civilisation, lässt ahnen, dass im nächsten Jahrh. eben so viele russ. Sprachmeister, als jetzt französische, in Eur. Beschäftigung haben können."

nen zuerst einzeln 789 — 810, gesamm. S. P. 820. 3 Bde.
— *Wladimir Alexandrowič Ozerow*, Gen.-Major u. Ritter, Ehrenmitgl. mehrerer gel. Gesellsch. (geb. 1770, gest. 1816), schrieb Trauerspiele im alexandrinischen Versmaass (Smert' Olega, Oedip w Athinach, Fingal, Dimitrij Donskoj und Polyxena), nebst einigen lyrischen Gedichten; übersetzte Colardeau's Epistel der Heloise an Abelard; sämmtl. Schr. vom Fürsten P. A. Wiazemskij S. P. 818. 2 A. 824. 2 Bde.; als Tragiker ragt er durch Originalität, Würde und Fülle der Gedanken, durch meisterhafte Situationen hoch über seine Vorgänger u. Zeitgenossen hinaus, und macht Epoche auf dem russischen Theater; s. Versbau ist zuweilen ungleich, schwerfällig, hart. — *Alex. Semenowič Šiškow*, Admiral und Ritter verschiedener Orden, Minister des Cultus und der Aufklärung, Präsident der russischen Akad. und Mitgl. mehrerer gel. Gesellsch. (geb. 1754), nimmt eine der ersten Stellen unter den vaterländischen Schriftstellern u. Forschern ein; in den jüngern Jahren übers. er Campe's Kinderbibl. N. A. S. P. 808. 2 Bde.; Gessners Daphnis; schrieb kleinere Gedichte u. ein Drama: Newoljničestwo; darauf widmete er sich dem Seedienst, übers. und verfasste mehrere Werke aus diesem Fach: Morskoje iskustwo, von Ch. Romme, S. P. 795. 2 Bde.; Trejazyčnyj morskij slowar, engl. franz. russ., S. P. 795. 2 Bde., Sobranije morskich žurnalow, S. P. 800. 2 Bde., Istor. spisok korabljom u. m. a.; zuletzt verlegte er sich auf Philologie und ästhetische Kritik: Rasuždenije o starom i novom slogje ross. jazyka, S. P. 802. 2 A. 813. 3 A. 818., Pribawlenije k sočin. o starom i nowom slogje r. j. S. P. 804.; Perewod dwuch statej iz Laharpa, S. P. 808., Razgowory o slowesnosti, S. P. 811., Pribawlenija k razgow. o slowes., S. P. 811., noch übers. er Tasso's befreites Jerusalem in Prosa aus dem Ital. S. P. 818. 2 Bde., und liess mehrere philol. Abhandl. in den Nachrichten der russ. Akad. drucken. — *Ambrosij Podobjedow*, Metrop. von Nowgorod, Mitgl. der h. Synode und Ritter mehrerer Orden (geb. 1742, gest. 1818), ist Vf. von Rukowodstwo k čteniju Sw. Pisanija, M. 779. 2 A. S. P. 803., Sobranije poučiteljnych slow, 2 A. M. 816. 3

Bde., Sobranije rječej, M. 810. 818. — *Mich. Desnickij*, Metrop. von Nowgorod, S. Petersburg, Estland u. Finnland, mehrerer Orden Ritter, Mitgl. der h. Synode (geb. 1752, gest. 1821), s. Reden erschienen unter d. T. Besjedy w raznych miestach i w raznyja wremena goworennyja, S. P. 816 — 20. 10 Bde. — *Philaret Drosdow* aus Kolomna, Erzb. von Moskau und Kolomna, mehrerer Orden Ritter, Mitgl. der h. Synode, der russ. Akad. und mehrerer gel. Gesellsch. (geb. 1782), schrieb: Razgowory o prawoslawii Greko - ross. Cerkwi, S. P. 815., Načertanije cerkowno - biblejskoj istorii, S. P. 816. 819., Zapiski na knigu Bytija, S. P. 816. 819., Poučiteljnyja slowa, S. P. 820. u. m. a. - *Ambrosij Protasow*, Erzb. von Kazan und Simbirsk, Ritter (geb. 1769), liess mehrere gediegene Reden in verschiedenen periodischen Schriften drucken. — *Ewgenij Bolchowitinow*, Metropol. von Kiew, mehrerer Orden Ritter, Mitgl. der russ. Akad. und mehrerer gel. Gesellsch. (geb. 1767), einer der geachtetsten vaterländischen Forscher, gab ausser mehreren, in verschiedenen Zeitschriften zerstreuten Abhandl. historischen und kritischen Inhalts, ausser den Schriften des Tychon Zadonskij S. P. 799., des Bisch. Innocentius, Woronež 799., des Metrop. Ambrosius M. 810., und ausser einigen theol. und histor. Werken mindern Umfangs folgendes wichtige Werk heraus: Slowar istoričeskij o bywšich w Rossii pisateljach duchownago čina Greko-rossijskija Cerkwi, S. P. 818. 2 Bde. 8. — *Stanislaw Sestrencewič Boguš*, Metrop. der röm.-kath. Kirche in Russl., mehrerer Orden Ritter, Mitgl. der russ. Akad. und mehrerer gel. Gesellsch. (geb. 1731) ist Vf. von Istorija o Tawrii, S. P., 806. 2 Bde., Izsljedowanije o proischoždenii rusk. naroda, S. P. 816. — *Iwan Andrejewič Krylow* aus Moskau, kais. Bibliothekar, Hofr. und Ritter, Mitgl. der russ. Akad. u. s. w. (geb. 1768), der originellste Fabeldichter Russlands, schrieb auch Lustspiele u. Opern, nahm Theil an der Herausgabe mehrerer Journale u. s. w. Basni, N. A. S. P. 819. 6 Bde. — *Wasilij Andrejewič Žukowskij*, Hofrath und Ritter, Mitgl. d. russ. Akad. u. s. w. (geb. 1783), nach dem Urtheil seiner Zeitgenossen bis jetzt der grösste Dichter auf russischem Boden, schrieb seit 1802 Poesien verschiedenen Inhalts, Oden, Lieder, Episteln, Romanzen und Balladen, vermischte Gedichte, mehrere ästhetisch-kritische Abhandl., übersetzte Schillers Johanna d' Arc, einige Gedichte Byrons (822), Bruchstücke aus dem Roman Lalla Rookh von Th. Moore u. m. a.; sämmtl. Sch. S. P. 816. 2 A. 819. 4 Bde., 3 A. 824. 3 Bde. 8.; er redigirte 1808 den Wiestnik Ewropy allein, und 1809—10 mit Kačenowski. — *Konstantin Nikolajewič Baťuškow* aus Wologda, Hofr. und Ritter (geb. 1787), ein classisch gebildeter, genialer Geist, dem Vorhergehenden in vielfacher Hinsicht gleichkommend, schrieb in Prosa Reden, Abhandl., Charakteristiken und Briefe, in Versen Elegien, Episteln, Erzählungen, lyrische Gedichte, Epigramme u. s. w., die zuerst einzeln, dann gesammelt von N. J. Gnjedič S. P. 817. 2 Bde. erschienen sind. — Fürst *Peter Andrejewič Wjasemskij* aus Moskau, Collegienr. und Ritter, Ehrenmitgl. der Mosk. Univ. u. s. w. (geb. 1792), ein geistvoller Dichter und Prosaist, dessen Erzeugnisse in verschiedenen russ. Zeitschriften zerstreut sind. — Fürst *Alex. Alexandrowič Šachowskoj* aus Bezzaboty, wirkl. Staatsr., Mitgl. der russ. Akad. u. s. w. (geb. 1777), schrieb, ausser einigen komischen Erzählungen und Satyren, für das russ. Theater bis 1825 mehr als 50 Stücke, darunter die meisten Lustspiele in Versen, 4 in Prosa, 4 Trauerspiele in Versen, 8 Opern und 14 Melodramen nebst 2 romantischen Lustspielen; s. poetisches Talent ist vorzüglich in den Lustspielen glänzend, in welchen er alle seine Vorgänger weit hinter sich gelassen hat. — *Nikl. Iwanowič Gnjedič* aus Poltawa, kais. Bibliotheksadjunct, Hofr. und Ritter, Mitgl. der russ. Akad. u. s. w. (geb. 1784), schrieb: Razsužděnije o pričinach zamedljajuščich uspjechy proswješčenija w Rossii, 814., Rožděnije Homera, ein lyr. Gedicht, S. P. 817., übers. Shakespeares Lear, S. P. 809., Voltaires Tankred, S. P. 816., Pjesny prostonarodnyja nynješnich Grekow S. P. 825., von Homers Ilias VII — XI Rhaps. im alexandrinischen Versmaass, als Fortsetzung der Uebers. Kostrows 810.; im J. 1813 unternahm er auf des Präsidenten der Akad. der Wiss. S. S. Uwarows Aufforderung die Uebers. der Ilias aufs Neue im Versmaass des Originals (nach dem Tonprincip der Quantität), wovon einige Bruchstücke in period. Schriften bereits erschienen sind. — *Alexjej Theodorowič Mersljakow* aus Dalmatow, Collegienr. u. Ritter, Prof. der Poes. und Eloquenz in Moskau, u. s. w. (geb. 1778), ein geschmackvoller Kenner des classischen Alterthums, als Kritiker hochverdient um die schöne Literatur Russlands, übersetzte zahlreiche Schriften des Alterthums und der neuern Literatur, darunter Aristoteles Poetik, Horazens Brief an die Pisonen, Virgils Eklogen M. 807., die Idyllen der Ant. Deshoulières M. 807., auserwählte Stücke aus Aeschylus, Sophokles und Euripides, Podražanija i perewody iz greč. i lat. stichotworcew M. 825. 2 Bde., Eschenburgs Theorie der schönen Wiss. M. 820. 823., Tassos befreites Jerusalem in Versen u. m. a.; verfasste mehrere Reden, redigirte die Zeitschrift Amphion 815., schrieb Vorträge über die russ. Literatur 4 Bde. u. m. a. — *Nikl. J. Greč*, Hofr., redigirt zwei period. Schriften: Syn otečestwa, und Literaturnyja pribawlenija k synu oteč., beide in S. Petersburg, gab ein Lehrbuch der russ. Literatur: Učebnaja kniga ross. slow. S. P. 819 — 22. 4 Bde. 8 (der 4te auch unter dem T. Opyt kratkoj istorii rusk. literatury 822), eine russ. Gramm. 1. Th. S. P. 825. u. a. m. heraus. — *Alex. Theodorowič Wojejkow* aus Moskau, Collegienr., Mitgl. der russ. Akad. u. s. w. (geb. 1773), übersetzte Delilles: Sady, S. P. 816., Virgils Eklogen, Georgica und Aeneis im Versmaass des Originals (einzelne Bruchstücke erschienen in verschiedenen Zeitschriften); schrieb ein Lehrgedicht: Iskustwa i nauki, Satyren und Episteln, wovon letztere musterhaft sind; gab mit W. Kozlow: Nowosti literatury, S. P. 822. 2 Bde. u. m. a. heraus. — *Alex. Jefimovič Izmajlow* aus Moskau, Collegienrath und Ritter, Mitglied mehrerer gel. Gesellsch. (geb. 1779), ein trefflicher Fabeldichter (Basni S. P. 4 A. 821). — *Alex. Sergjejewič Puškin* aus S. Petersburg, Collegiensecretär (geb. 1799), verfasste mehrere, mit allgemeinem Beifall aufgenommene romantische Gedichte: Ruslan i Ludmila, S. P. 820., Kawkazskij pljennik, 822., Bakčisarajskij Fontan, M. 824. Ewgenij Onjegin, S. P. 825. — *Was. Sergjejewič*

Podšiwalow aus Moskau, Staatsr. und Ritter (geb. 1765, gest. 1813), gab 1794 eine liter. Zeitschrift heraus, schrieb seine eigene Biographie, mehrere Abhandl. über die russ. Gramm. und Poesie u. s. w.; übers. Campe's Psychologie M. 789., Meissners Bianca Capello M. 793., eb. Romane und Erzählungen M. 803. 8 Bde.; seine Aufsätze zeichnen sich durch Schärfe und Richtigkeit der Gedanken, durch Zartheit des Gefühls und eine regelmässige, kunstlos anmuthige Schreibart aus; die Uebers. sind rein und fliessend. — *Alex. Christophorowič Wostokow* aus Arensburg, Hofrath und Ritter, Mitgl. der russ. Akad. u. s. w. (geb. 1781), ein geschmackvoller Dichter, beschäftigt sich seit 1808 mit philologischen Studien, hat eine altslawische Grammatik und ein Wörterbuch in Msc. fertig, gab heraus: Opyty lyričeskije, 805 — 6. 2 Bde., Opyt o rusk. stichosloženii, S. P. 817. 8., Stichotworenija 821.; mehrere wichtige Abhandl. in verschiedenen russ. Zeitschriften und einzeln gedruckt. — *Pet. Iwanowič Sokolow* aus Moskau, Staatsr. und Ritter, wirkl. Mitgl. und Secretär der russ. Akad. u. s. w. (geb. 1766), nahm an der Abfassung der Grammatik und des Wörterbuchs der russ. Akad. Theil, gab heraus: Načalnyja osnowanija ross. gramm. 788. 5 A. 810., Kratk. ross. gramm. 809. und öft.; Pčela, eine Zeitschrift; übers. Ovids Verwandlungen 808., und beabsichtigt die Herausgabe des russ. Livius und Virgilius. — *Iwan Martinowič Born*, Staatsr. und Ritter, verfasste: Kratk. rukowodstwo k ross. slowesnosti 808., enthaltend die Grammatik, Rhetorik, Poetik und Geschichte der russ. Sprache. — *Alexjej Sergjejewič Nikoljskij*, wirkl. Staatsr. und Ritter, Mitgl. der russ. Akad. (geb. 1755), schrieb: Osnowanija ross. slowesnosti, 3 A. S. P. 816.; übersetzte, ausser mehreren Schriften Beausobres, Laharpes und Rollins, de Brosses traité de la formation mécanique des langues, u. m. a. — *Iwan Andrejewič Heym* aus Braunschweig, Professor in Moskau, Staatsr. u. Ritter (geb. 1758, gest. 1821), verfasste, ausser mehreren russ. Sprachbüchern (vgl. §. 13 Anm. 5.): Rukowodstwo k kommerčeskoj naukje, M. 804., Načertanije wsěobščago zemleopisanija, M. 817., Načert. statistiki, M. 821. 1r Bd. —

Pet. Iwanowič Makarow, Major (geb. 1765, gest. 1804), gab 1804 ein Journal: Moskowskij Merkurij, heraus; übersetzte mehrere Werke aus dem Franz.; sämmtl. Werke 2 A. M. 817. — *Iwan Iwanowič Martynow* aus Perewoločna, wirkl. Staatsr. und Ritter, Mitgl. der russ. Akad. u. s. w. (geb. 1771), übersetzte Longins περὶ τοῦ ὕψους aus dem Gr. mit Anm. S. P. 802., Anakreons Lieder S. P. 802., Chateaubriands Atala S. P. 802., einige Werke Rousseau's S. P. 801., Lafontaines S. P. 802., Aesops Fabeln, aus dem Gr., S. P. 823., Kallimachos Hymnen, Eb. 823., Sophokles Oedip Eb. 823., von Homers Ilias I — VI Rhaps.; gab heraus: Technobotaničeskij slowar, S. P. 820., Botanika S. P. 821; redigirte mehrere Journale u. s. w. — *Nikl. Theodorowič Ostolopow,* Staatsr. und Ritter (geb. 1782), gab unter andern folg. Schriften heraus: Voltaires Versuch üb. die epische Poesie S. P. 802., Tassos Phantasien, 2 A. S. P. 819., Sobranije stichotworenij, S. P. 816., Slowar drewnej i nowoj poezii, S. P. 821. 3 Bde., redigirte ein periodisches Blatt u. s. w. — *Was. Stephanowič Sopikow,* Buchhändler, zuletzt kais. Bibliotheksadjunct (gest. 1818), verfasste: Opyt rusk. bibliografii, S. P. 813 — 21. 5 Bde. Den 5-ten Bd. redigirte *Was. Grigorjewič Anastasewič* aus Kiew (geb. 1775), auch als Uebersetzer von Racines Phädra, Herausgeber eines Journals, und Vf. des ersten systematischen Katalogs russ. Bücher S. P. 820. bekannt. — Graf *Alexjej Iwanowič Musin-Puškin,* wirkl. geh. Rath und Ritter (geb. 1744, gest. 1817), ein eifriger Forscher und Sammler vaterländischer Alterthümer, dessen literärische Schätze 1812 beinahe alle ein Raub der Flammen wurden, entdeckte den Heldengesang Igor, schrieb über die Lage der Stadt Tmutarakan S. P. 794., gab die Prawda rusk. S. P. 792. M. 799. u. a. m. heraus. — *Nikl. Nikolajewič Bantyš - Kamenskij* aus Nježin, wirkl. Staatsr. und Ritter (geb. 1738, gest. 1814), bearbeitete mehrere Theile der russischen Diplomatik, stand dem Moskauer Archiv vor, und gab heraus: Istor. izwjestije o wozniksoj w Poljšje unii, M. 795. — *Alexjej Theodorowič Malinowskij* aus Moskau, geh. Rath, Senator u. Ritter, Vorsteher des Moskauer Archivs (geb. 1763),

verfasste, ausser mehreren in die russische Geschichte
und Diplomatik einschlagenden Werken, die Biographie des Fürsten Požarskij M. 817., unter seiner Mitwirkung gaben *Const. Theodorowič Kalajdowič* und *Paul Michajlowič Strojew* das Sobranije ross. gosudarstwennych grammat, M. 813. ff. fol. heraus; dieselben Vff. gaben 1819 in M. des Grossf. Joan Wasiljewič Gesetzbuch und Sudebnik, und neuerdings Opis. slaw.-ross. rukopisej w bibl. Gr. Tolstowa, M. u. S. P. 1825 heraus; ersterer besorgte ausserdem die Herausgabe der Gedichte des Kirša Danilow M. 818., der Schriften Johanns, Exarchen von Bulgarien, M. 1824., und letzterer schrieb eine Kratk. ross. istor., M. 819., Sofijskij wremennik, M. 820. u. m. a. — *Pet. Köppen*, Hofr. und Ritter u. s. w., gab heraus: Materiali dlja istor. proswješčenija w Rossii, 819., Spisok ruskim pamjatnikam M. 820., Bibliografičeskije listy S. P. 1825. 4. u. a. m. — *Mich. Trophimowič Kačenowskij* aus Charkow, Prof. in Moskau, Mitgl. der russ. Akad. u. s. w. (geb. 1775), ist der Herausgeber von Wjestnik Ewropy, Vf. von Anekdoten und Erzählungen; auch übersetzte er mehreres aus dem Franz. — *Dimitrij Petrowič Buturlin* aus S. Petersburg, kais. Flügeladjutant, Generalmajor, mehr. Ord. Ritter (geb. 1790), beschäftigt sich mit der Geschichte der Kriegs- und Feldzüge aller Zeiten und Nationen, deren einzelne Theile in franz. und russ. Sprache 1810 -- 21 erschienen sind. — *Sergij Nikolujewič Glinka* aus Smolensk, Major und Ritter (geb. 1774), ist Vf. mehrerer gelungenen Dramen, Erzählungen, Biographien, einer russ. Gesch. für die Jugend M. 817 — 18., eines Leseb. f. d. Jug. M. 821. 12 Bde., eines Teatr swjeta, M. 823. 8 Bde.; er übersetzte Youngs Nachtgedanken in Versen 1806 u. m. a. — *Dmitr. Iwanowič Jazykow*, Collegienr. u. Ritter (geb. 1773), hat sich durch Uebersetzungen von Schlözers Nestor und Lehrbergs Untersuchungen verdient gemacht. — *Karl Theodorowič Hermann* aus Danzig, Mitgl. der Akad. der Wiss., Prof. in S. Petersburg (geb. 1767), schrieb in russ. Sprache: Statist. žurnal ross. Imp., S. P. 807. 4 Thle., Statist. opisanije Jaroslawskoj gubernii, S. P. 808., geogr. i statist. opis. Kawkaza, S. P. 209.,

Statist. izsljedowanija, S. P. 819. u. m. a. — *Ewdokim Philippowič Zjablowskij*, Staatsr. u. Ritter (geb. 1763), gab mehrere, in die allgemeine und besondere Geographie und Statistik einschlagende wichtige Werke S. P. 804 — 20 heraus.

Eine umständliche Aufzählung aller Dichter u. Prosaisten dieses Zeitraumes gehört nicht in diese Uebersicht; ich begnüge mich noch einige Namen der russischen Schriftsteller aus dem Zeitalter Alexanders anzuführen. Hieher gehören als *Lyriker*: *Iwan Petrowič Pnin*, Collegienr. (geb. 1773, gest. 1805), *Pankratij Sumarokow, Zacharij Alexjejewič Burinskij*, Unterbibliothekar in Moskau (gest. 1808), *Mich. Wasiljewič Milonow*, Titularrath, Mitgl. mehrerer gel. Gesellsch. (geb. 1792, gest. 1821), *Denis Wasiljewič Dawydow* aus Moskau, Generalmajor und Ritter (geb. 1784), *Wasilij Lwowič Puškin* aus Moskau, Collegienassessor, Mitgl. mehrerer gel. Gesellsch. (geb. 1770), *Nikl. Michajlowič Šatrow* aus Moskau, Collegienrath (geb. 1765), Fürst *Dmitr. Petrowič Gorčakow* aus Moskau, Major (geb. 1762), *Anna Petrowna Bunina*, Fürst *Sergij Alexandrowič Šichmatow*, Flotte-Capitain-Lieutenant, Mitgl. der russ. Akad., *Wlad. Iwanowič Panajew* aus Tetjuši, Titularrath (geb. 1792); als *Dramatiker: Matwjej Wasiljewič Krjukowskij* aus S. Petersburg (geb. 1781, gest. 1811), *Mich. Jewstafjewič Lobanow* aus S. Petersburg, kais. Bibliotheksadjunct und Ritter (geb. 1787), *Thedor Thedorowič Kokoškin* aus Moskau, Collegienr., Kammerherr u. Ritter, Ehrenmitgl. der Mosk. Univ. (geb. 1773), *Nikl. Iwanowič Chmelnickij* aus S. Petersburg, Staatsr. und Ritter (geb. 1791), *Paul Alexandrowič Katenin* aus S. Petersburg, Obrist und Ritter (geb. 1792), *Steph. Iwanowič Wiskowatow* aus Storoževka, Titularrath, Mitgl. mehrerer gel. Gesellsch. (geb. 1786), *Nikl. Iwanowič Iljin*, Staatsr. u. Ritter, Mitgl. mehrerer gel. Gesellsch. (geb. 1773), *Lew Nikolajewič Newachowič*, Titularrath, *Thedor Thedorowič Iwanow*, Collegienrath (geb. 1777); als *Prosaiker: Iwan Matwjejewič Murawjew-Apostol*, geh. Rath und Ritter, Mitgl. der russ. Akad., *Spiridon Jurjewič Destunis* aus Corfu, Collegienr.

und Ritter, Generalconsul in Smyrna, (der Uebersetzer Plutarchs S. P. 814 — 20. 13 Bde., geb. 1783), *Thedor Nikolajewič Glińka,* Obrist und Ritter mehrerer Orden u. s. w. (geb. 1788), *Alex. Alexandrowič Pisarew* aus S. Petersburg, Generalmajor, mehrerer Orden Ritter, Mitgl. der russ. Akad. u. s. w. (geb. 1782), *Was. Michajlowič Golownin,* Capitain-Commandeur und Ritter, (geb. 1776), *Wlad. Bogdanowič Bronewskij,* Flotte-Capitain und Ritter (geb. 1786), *Wlad. Wasiljewič Izmajlow* aus Moskau, Premier - Major (geb. 1773), Fürst *Peter Iwanowič Šalikow* u. m. a.[6])

---

[6]) *Kamenski* appendix de notitia librorum Rossicorum systematice expositorum, in J. F. Burgii elem. orat. Moscuae 776. 8. S. 228 — 271. — *H. L. C. Backmeister's* russ. Bibliothek, Riga 772 — 87. 11 Bde. 8- — *J. Richter's* russ. Miscellen, Lpz. 803 — 4. 9 Hfte. 8. — *H. Storch's* Uebersicht der russ. Literatur vom J. 1801 — 805. 1r Bd. russ. Liter. S. P. 810. 8. (Der 2te enthält die Lit. in andern Sprachen.) — *N. J. Nowikow* opyt istoričeskago slowarja o ross. pisateljach, S. P. 772. 8. — *B. S. Sopikow* opyt ross. bibliografii, S. P. 813 — 21. 5 Bde. 8. — *B. G. Anastasewič* rospis ross. knigam systematičeskim porjadkom, S. P. 820. — (*Ewgenij*) Biographien aller russ. Schriftsteller in alphab. Ordnung, in dem: Drug proswješčenija, M. 805 — 6. (Nur bis zum Buchstaben K.) *Eb.* Slowar istoričeskij o bywšich w Rossii pisateljach duchownago čina, S. P. 818. 2 Bde. 8. — *N. J. Greč* opyt kratkoj istorii ruskoj literatury, S. P. 822. 8. polnisch mit Zusätzen von *S. B. Linde,* Warschau 823. 2 Bde. 8. (Ist eigentlich der 4. Thl. von des Vfs. učebnaja kniga ross. slowesnosti, S. P. 819 — 22.) — *A. Th. Merzljakow* čtenija o slowesnosti. — *N. A. Certelew* istoričeskaja kartina ross. slowesnosti. — *N. Grammatin* razsužđenije o drewnej rusk. slowesnosti, M. 809. — *P. Köppen* materiali dlja istorii proswješčenija w Rossii, M. 819. *Eb.* Spisok ruskim pamjatnikam, M. 821. — *J. M. Born's* kratkoje rukowodstwo k ross. slowesnosti 808.; *J. Lewitskij's* kurs ross. slowesnosti, 2 Bde.; *J. Tolmačew's* prawila slowesnosti S. P. 815 — 22. 4 Bde. u. m. a. enthalten gleichfalls einen Abriss der russ. Literaturgeschichte. — Noch gehören hieher die russ. Journale und Denkschriften der gelehrten Gesellschaften, S. §. 7. No. II.

Dritter Abschnitt.

Geschichte der Sprache und Literatur der Slawo- Serben griechischen Ritus.

§. 20.

Historisch - ethnographische Vorbemerkungen.

Da die Literatur der Slawen morgenländischen Ritus im Süden der Donau und in ihren Colonien in Ungern, d. i. der Serben, Bosnier, Montenegriner und Bulgaren, ferner der Slawonier und Dalmatiner dieses Ritus, dadurch, dass sie sich sämmtlich der kyrillischen Schrift bedienen, ein zusammenhängendes Ganzes ausmacht; so wollen wir hier die Hauptzüge zu einer historisch-ethnographischen Orientirung über diese Stämme in Kürze zusammenstellen.

In dem alten Illyricum im weitern Sinne des Worts, d. i. in den Ländern vom adriatischen Meer längs der Sawe und Donau bis zum schwarzen Meer, erscheinen ungefehr um die Mitte des VIIten Jahrh. slawische Völker unter den Namen der Bulgaren, Kroaten u. Serben, und bilden nach und nach sechs verschiedene Königreiche — Bulgarien, Serbien, Bosnien od. Rama, Kroatien, Slawonien und Dalmatien — von denen heute nur Trümmer zu sehen sind.

Um zuerst bei dem Namen „Serb" in dem Sinne des Wortes zu bleiben, in welchem auch die Bosnier, Slawonier, Dalmatiner, und, der Sprache nach, auch ein grosser Theil der heutigen Kroaten darunter verstanden werden; so ist schon oben (§. 10 Anm. 9.) angedeutet worden, dass geraume Zeit vor der Ankunft dieses Stammes slawische Völkerschaften, südlich der Donau vorgedrungen, Thrakien, Makedonien und Illyricum besetzt haben. Erst unter K. Heraklius begannen die Wanderungen der heutigen Bulgaren, Kroaten und Serben über die Donau; allein weder ihre nächste Veranlassung, noch die alten Wohnsitze dieser Stämme sind bis jetzt hinlänglich aufgehellt worden. Constantinus Porphyr. u. Chalkokondylas sind unter den Byzantiern die ersten, welche der frühern Sitze der Serben, wenn gleich nicht ganz übereinstimmend, erwähnen[1]). Constant. Porphyrogenitus setzt die Serben (Welo- od. Belo-Serben, d. i. Gross- od. Weiss-Serben) hinter, d. i. nördlich den Ungern (Turcia), an den Ort, der von ihnen Boiki Βοική genannt wird, und sagt, dass sie an Franken und Gross-Kroatien gränzen. Adelung[2]) deutet diese Stelle so, dass er die Sitze der Serben vor ihrer Auswanderung über, oder jenseit Ungern, zwichen die Karpaten, den Prut und die Weichsel, nach dem nachmaligen Klein- od. Rothrussland, oder dem heutigen Ostgalizien, die der Kroaten hingegen in die Gegenden um das karpatische Gebirg selbst verlegt, wobei er auf die Verwandtschaft der Namen Chrwat, Chrobat u. Karpat Gewicht legt. Nach Worbs hingegen war der Sitz der Serben in Böhmen, in den Lausitzen und dem Meissnischen; so wie jener der Kroaten nördlich dem Karpatengebirge, besonders in Kleinpolen und Schlesien. Dieser Annahme ist die abweichende Sprache der heutigen Sorben-Wenden in den beiden Lausitzen entgegen (vgl. §. 3. Anm. 1.); doch konnte dieser polnisch-čechische Stamm nach der Entvölkerung jener Provinzen einge-

---

[1]) Das Wort *Srb, Serb, Sorab* leiten einige von *Srp* Sichel, andere von *Sibir, Sewer* Nord, andere von *Sabir, Sabiren,* andere von *Sarmat* ab; Constant. Porph. von *Serbulja* (*Servulja*), einer Art Schuhe od. Socke; die übrigen Byzantier von *Servus* Knecht; Dobrowský gesteht, die Bedeutung der, unstreitig slawischen Wurzel, *Srb*, bis jetzt nicht gefunden zu haben: „Significatum radicis *Srb*, consultis etiam dialectis omnibus, nondum licuit eruere." Inst. ling. slav. (1822) p. 154. — Bei Plinius (80. p. Chr.) kommt das Wort *Serbi* zuerst vor. „A Cimmerio accolunt Maeotici, Vali, *Serbi*, Arechi, Zingi, Psesii." Hist. N. P. I. L. VI. c. 7. Dobrowský meint nun, die ältesten bekannten Sitze der Slawen wären gerade da zu suchen, wo Plinius den Serben ihre Wohnplätze anweist. Gesch. d. böhm. Lit. (1818) S. 9. Vgl. ob. §. 1. Anm. 7. *Dawidowić* djejanija k istorii srbskoga naroda (1821) S. 7 ff.

[2]) *Adelung's* Mithridates Th. II. S. 633 ff. *Dawidowić* S. 27 ff.

wandert, und wiederum nur, wie oft, geographisch mit dem Stammnamen ihrer russisch-bulgarischen Brüder, der Sorben (Serben), belegt worden seyn. Als Ursache der Auswanderung der Serben führt man bald die Ueberschwemmung der nördlichen Länder durch die Awaren, bald das Vordringen der östlichen von den Wlachen und Bulgaren (nach Nestor) hart bedrängten Slawen in Polen, Schlesien und den Marken an, wodurch den dort wohnenden Kroaten und Serben der Raum zu enge geworden. Die Serben setzten nun im Jahre 640 über die Donau und drangen mit Heraklius Bewilligung bis nach Thessalien und Makedonien vor, wo sie eine Stadt, Namens Serbica, erbaueten. Etwas später jedoch zogen sie sich zurück, und nahmen die Länder zwischen den Bulgaren und Kroaten, die schon früher hieher eingewandert waren, inne. Die älteste Geschichte der illyrischen Serben ist sehr dunkel. Nach Raič war ihre älteste Verfassung demokratisch; aber Const. Porphyrogenitus sagt, sie wären in ihren alten Wohnsitzen kurz vor ihrer Auswanderung von zwei Brüdern beherrscht worden. In dem heutigen Serbien waren sie anfangs von den oströmischen Kaisern von Constantinopel abhängig, hatten jedoch ihre eigenen Beherrscher od. Župane, und ob sie den Römern Tribut zahlten, ist ungewiss. Ueber ihre ersten Beherrscher Woislaw, Radoslaw und Prosega schweigt die Geschichte. Unter dem Župan Wlastimir (870 — 880) finden wir die Serben unter griechischer Botmässigkeit; ein Theil von ihnen war bereits früher zum Christenthum bekehrt, der andere wurde jetzt durch griechische Missionäre getauft. Unter ihm entspann sich auch der erste Krieg mit den Bulgaren, aus welchem nach dreijährigen Kämpfen die Serben siegreich hervortraten. Wladimir (1015) nahm den Königstitel an. Nachdem die Serben eine Reihe von Jahren hindurch, obgleich von eigenen Fürsten regirt, unter der Oberherrschaft der oströmischen Kaiser gestanden hatten, suchten sie sich derselben (1150) unter dem Kg. Cedomil, der sich mit den Ungern gegen den griechischen Kaiser Manuel Komnenus verband, zu entreissen. Manuel kam desswegen mit einem Heere nach Serbien, schlug (1151) die Serben, und machte im Zweikampf den Župan Čedomil zum Gefangenen. Čedomil unterwarf sich dem Kaiser aufs neue, und erhielt dadurch seine Freiheit wieder. Ein gleicher wiederholter Versuch der Serben, sich unabhängig zu machen, misslang ebenfalls. Der griechische Feldherr, nachmaliger Kaiser, Isaak Angelus, schlug sie (1192) an der Morawa. Doch wurde der Friede wieder hergestellt, und der König Stephan Nemanja I. erhielt den ausgezeichneten Titel Despot (1192). Sein Nachfolger Stephan Nemanič I. wurde von den Ungern vertrieben, und der Bruder desselben, Wuk (Wolkan) Nemanič II. erhielt Serbien unter dem Titel eines Königs, aber unter ungrischer Oberherrschaft (1204 — 1205), trat jedoch in Kurzem seinem Bruder Stephan die Regirung wiederum ab. Während dieser und der folgenden Zeit hatte Serbien seine Gestalt nicht wenig verändert. Bereits im XI. Jahrh. wurde das Land in verschiedene Theile, Herzogthümer und Königreiche, getheilt. Einen Theil desselben nannte man Bosnien, welches durch Statthalter (Bane) regirt wurde, die sich in der Folge der serbischen Oberherrschaft entzogen. Dieser Theil ward auch Rama genannt, welches nach der ersten Abmarkung nur das südliche Bosnien od. Hercegowina war, aber im Canzleistyl bald für ganz Bosnien galt. Der südliche Theil Serbiens erhielt von dem ihn durchströmenden Flusse Raška den Namen Rascia. Bei der zunehmenden Ohnmacht der griechischen Kaiser hatten die Serben von diesen wenig zu besorgen, desto mehr aber von den Ungern, unter deren Oberherrschaft Bosnien und ein anderer angränzender Theil Serbiens, doch unter eigenen Regenten, kamen. In der Folge wurde Milutin Stephan Uroš II. (Nemanič VII. 1275 — 1321), König von Serbien, im Anfange des XIV. Jahrh. von dem ungrischen Könige Karl I. gezwungen, einen Theil Serbiens abzutreten. Doch andere Kriege, welche die Ungern beschäftigten, hinderten sie an den serbischen Angelegenheiten grössern Antheil zu nehmen. Kg. Stephan Dušan Silnyj (Nemanič IX. 1336 — 1356) unternahm mehrere glückliche Feldzüge gegen die griechischen Kaiser, und unterwarf sich einige benachbarte Provinzen. Er nahm den Titel Car (I. *Žar*, welches Wort, bei den Slawen, gleich wie bei den Persern, von jeher einheimisch, nicht aus Caesar entstanden, folglich auch nicht durch *Kaiser* zu übersetzen ist), an, und theilte das Reich in verschiedene Statthalterschaften, legte aber dadurch den Grund zu dessen Verfall und nachmaliger Auflösung. Unter einem seiner Nachfolger, Lazar (1371 — 1389), drang der türkische Sultan Murad I. auch in Serbien ein, und eroberte einen Theil desselben. Er schlug die Serben (den 15. Juni 1389) auf dem Amselfelde (Kosowo), und der in der Schlacht gefangene Lazar wurde in dem Zelte des Siegers, der selbst unter dem Dolche eines Serben, Miloš Obilič, fiel, hingerichtet. Bajazeth, Murads Nachfolger, theilte hierauf Serbien zwischen Lazars Sohn Stephan, und Eidam, Georg Brankowič; beide mussten ihm Tribut zahlen, und sich zur Heeresfolge verpflichten. Von dieser Zeit an konnten die Serben sich dem türkischen Joch nicht wieder entziehen. Spätere Versuche desswegen wurden immer verderblicher für das Land, das in den Kriegen zwischen Ungerns Beherrschern und der Pforte stets der unglückliche Schauplatz war. Zwei Jahre nach Brankowič's Tode (1459), wurde Serbien von den Türken gänzlich unterworfen, und als eroberte Provinz behandelt. Von den eigentlichen Einwohnern blieben nur die geringsten übrig, die alten, edlen Geschlechter wurden vertilgt, oder wanderten nach Ungern aus, wo sie eine freundschaftliche Aufnahme fanden. Brankowič besass schon ansehnliche Ländereien in Ungern, und sowol unter ihm, als auch nach seiner Zeit siedelten sich viele Serben im mittägigen Ungern an. Unter Kg. Matthias Corvinus machte der Commandant von Temesvar Kinis aus der Familie Brankowič (welchen man Knez Pawo, Pawel?, nannte), im J. 1481 einen Streifzug gegen die Türken in Serbien; das Resultat mehrerer glücklichen Gefechte war, dass man bei 50,000 serbische Colonisten herüber brachte, aus denen der König mehrere Fahnen Soldaten bildete. Unter Leopold I. gingen im J. 1689 einige Tausend Serben unter der Anführung des Despoten Georg Brankowič zur kaiserlichen Armee über. Im folgenden Jahr (1690) kam der Patriarch Černowič mit etwa 36,000 serbischen Familien herüber, welche sich in Syrmien, in Slawonien, bei Ofen und in St. Andreae niederliessen. Bald bewirkten Eugens Heldenthaten, dass Oesterreich im Frieden zu Passarowic (1718) den grössten Theil von Serbien erhielt; aber im J. 1739 kam derselbe wiederum an die Türken. Zu Anfange dieses Jahrhunderts (1813) erhielten die Serben, nach misslungenen Versuchen sich von der türkischen Botmässigkeit loszumachen (1801 ff.), durch Vermittlung der christlichen Monarchen beträchtliche Erleichterung, und eine eigene Regirung unter einheimischen Knezen, deren Oberhaupt jetzt Miloš Obrenowič ist. [3])

Bosniens älteste Schicksale sind in die Geschichte von Serbien verflochten. Ungefehr um 1138 wurde der südwestliche, an Dalmatien gränzende, am Bosnastrom liegende Theil des bisherigen Serbiens zu einem eigenen Herzogthum für Ladislaw, Sohn Belas II Königs von Ungern, und der serbischen Prinzessin Helena, nach einer wahrscheinlich mit Uroš getroffenen Uebereinkunft, ausersehen, und in den Privilegien bald Ducatus Bosnensis, bald Ducatus Ramae genannt. Im J. 1262 kam Bosnien an die Familie Ratislaws, Bans von Machow. Im J. 1280 ward zwar die Kgn. von Ungern Elisabeth zur Herzogin von Bosna erklärt; allein ihr Ansehen blieb wirkungslos, und Stephan Milutin, Kg. von Serbien, brachte durch seine Vermählung mit einer ungrischen Prinzessin Bosnien wieder an sich (1286), welches er durch

---

[a]) Vgl., ausser andern, §. 25. Anm. 4. angeführten Schriften: *Stritteri* Serbica II. 111. — 418. — *Daniels,* Erzb. von Serbien unter Uroš und Steph. Dečanski (1272 — 1336) Rodoslow, Msc. in Chilendar auf Athos und in Karlowic. — *Anon.* Ljetopis, Msc. in Chilendar. — Carostawnik oder Troadnik Msc. — *Gregors* Chronik, Msc. in der Lawra Studenica in Serbien. — *Georg Brankowič* Gesch. v. Serb., Msc. in Karlowic. — *P. Ritter* Stemmatographia, Vind. 701. 4. Serbisch v. Žefarowič eb. 742. 4. — *P. Julinac* wwdenije w ist. slaweno-serbskago naroda Ven. 765. 8. *Gebhardi* in d. allg. Weltg. von Guthrie u. Gray B. XV. Abth. 3. — *Pejachevich* hist. Serbiae, herausg. Katona 796. fol. — *J. Raič* kratkaja Serblii, Rassii, Bosny i Ramy istor., Wien 793. 8. *Eb.* istor. slawenskich narodov, najpače Bolgar, Chorwatow i Serbow, Wien 794 — 95. 4 Bde. 8. — *J. Ch. v. Engels* Gesch. v. Serb. u. Bosn. (als 8ter Th. d. Gesch. von Ungern, und 49 d. allg. Welthist.) Halle 801. 4. — *Ath. Neškowič* istor. slawenobolgarskog naroda Of. 801. 8. — *D. Dawidowič* djejanija k istor. srbskoga naroda, Wien 821. 12. (im Zabawnik v. 1821.)

Bane verwalten liess. Einer von diesen, Twartko, machte sich von Serbien los, und liess sich 1376 zu Milešewo zum König krönen. Nach langwierigen Unruhen gelang es dem Ks. Sigismund sich Bosnien ganz zu unterwerfen. Aber bald beschäftigten ihn bosnische Aufrührer aufs neue, deren einer, Herwoja, die Türken nach Bosnien rief. Ein türkischer Sandschak wurde über Bosnien bestellt; doch gelang es Sigismund, die Türken auch diessmal aus Bosnien zu verjagen. Im J. 1439 wurde Bosnien von Murad hart bedrängt; und nach Twartkos Tod (1443) entspannen sich Religions- und politische Händel in Bosnien, die mit der völligen Unterjochung des Reichs durch die Türken, und der Enthauptung des letzten bosnischen Königs Stephan Tomašewič (1463) endigten. Matthias Corvinus jagte zwar die Türken aus Bosnien heraus, und verwandelte das Land in ein ungrisches Banat (1463) und in ein Königsthum (1473); allein unter Ferdinand I. (1528) ging Bosnien für Ungern ganz verloren, und die Versuche zur Wiederherstellung von Bosnien im XVIII. Jahrh. haben alle gescheitert. [*]

Während so Serbien und Bosnien der türkischen Uebermacht unterlagen, behaupteten die serbischen Bewohner des Gebirges Montenegro (Crnagora) in Albanien fortwährend ihre Unabhängigkeit, und konnten sowol ihres kriegerischen Muthes, als auch der natürlichen Beschaffenheit des Landes wegen, nie ganz von den Türken bezwungen werden. Im J. 1767 trat ein Abentheurer, Steffano Piccolo, unter ihnen auf, der sich für den russischen Kaiser Peter III. ausgab, und einen Aufstand anstiftete, der nur nach grossem Blutvergiessen gedämpft werden konnte. Umsonst wollte der grausame und hinterlistige Ali Pascha von Janina das Land unterjochen; seine Versuche scheiterten alle an dem unbezwingbaren Muthe der Montenegriner. Die Regirung besteht aus dem Wladyka (Bischof), dem Statthalter, den fünf Serdaren od. Kreishauptleuten der fünf Districte, welche so wie der Statthalter von den Knezen, diese von den Woje-

---
[*] Vgl. *Ph. ab Ochievia* epitome vetustatum Bosnensis provinciae, Anc. 776. 4. — *Alex. Schimek* politische Gesch. d. Kön. Bosnien u. Rama, Wien 787. 8. — *Gebhardi* in d. allg. Weltg. Bd. XV. S. 108. ff. — *Engel* in d. serb. Geschichte.

woden, und diese von den Gemeinden gewählt werden. Der dermalige Wladyka Peter Petrowič machte nicht nur sein Land von den Türken, sondern auch sich selbst von dem Ansehen und Einflusse des Statthalters unabhängig.[5])

Ueber die Herkunft und Abstammung der Bulgaren sind die Meinungen der Geschichtsforscher getheilt. Die meisten, wie Schlözer[6]) und Engel[7]), halten sie, nach Angabe der Byzantier, für Asiaten tatarischen, Thunmann ungrisch-finnischen Stammes, die sich erst nach und nach durch Vermischung mit Slawen in der heutigen Bulgarei (den 7 Generationen am rechten Donauufer in Niedermösien, Stritter II. p. 508.) slawisirt hätten; andere hingegen, wie der Nationalschriftsteller der serbisch-bulgarischen Geschichte Raič, für einen reinen Slawenstamm. — Schon sehr frühe überschritten einzelne Slawenstämme die Donau, und schlugen zum Theil ihre Wohnsitze in Mösien auf. Unter der Regirung des Heraklius liessen sich aber die Sewerier und sechs andere slawische Stämme zwischen der Donau und dem Hämus nieder. Die eigentlichen, asiatischen Tataro-Bulgaren hatten ihre ältesten Wohnsitze in den Steppen zwischen der Wolga (Bulga, woher ihr Name) und Kuban. Ihre erste Erscheinung in Europa mag nicht lange vor dem J. 500 geschehen seyn; bald nachher fangen ihre Uebergänge über die Donau an, und nun wurden sie den Byzantiern furchtbar. Um das J. 562 wurden sie von den Awaren unterjocht, die ihnen jedoch eigene Fürsten (Chane) liessen. Um das Joch der Awaren abzuschütteln, nahm einer dieser Chane 619 die christliche Religion an, und kam mit Byzanz in engere Verbindung. Unter Kubrat (Kuvrat) erfolgte ein allgemeiner Aufstand der Bulgaren gegen die Awaren, und

---

[5]) S. Voyage historique et politique au Montenegro, par M. le Colonel L. G. *Vialla de Sommieres*, Paris 820. 2 Bde. 8. (auch teutsch im Auszuge.) [6]) *Schlözer's* Nestor Th. I. 114. [7]) *Engels* Gesch. des alten Pannon. u. d. Bulgarei (1797) S. XII. Nach Engel wird die Slawischwerdung der bulgarischen Nation, so wie jene der russischen od. warägischen, begreiflich, wenn man annimmt, dass dieselbe theils in geringer Anzahl angekommen, theils durch die vielen Kriege mit den Byzantiern bald so sehr verringert wurde, dass ihre Unterthanen, die Slawen, über sie eine Art von Uebergewicht erhielten, endlich slawische Fürsten aus Bojarenfamilien über die Bulgarei aufstanden.

ein bulgarisches Reich wurde in dem meist von Slawen bewohnten Mösien gestiftet (679). Dasselbe vergrösserte sich mit Zagorien und Sewerien. Nach Erlöschung des Stammes der Kubratiden folgten Fürsten aus verschiedenen Stämmen. Krumus erweiterte (813) die Gränzen des Reichs bis zu der Theiss, und siegte über den griechischen Kaiser Nikiphorus. Boris od. Bogoris nahm, wie die Legende erzählt, durch ein Wunder bewogen, 862 die christliche Religion an, die schon früher beim Volk Eingang gefunden, aber von den Chanen gewaltsam unterdrückt worden war. Die Kriege mit Griechenland wurden erneuert, und mit Ungestüm fortgesetzt, bis Johann Tzimetzes das Land besiegt (971), und Basilius, nach vollendeter Eroberung, dasselbe in eine byzantinische Provinz verwandelt hat (1018). Als sich aber in diesem und folgenden Jahrh. die Wlachen mit ihnen verbanden, erwachte ihre Kraft von neuem, und sie stifteten ein unabhängiges walachisch-bulgarisches Reich (1186). Gegen die vom Ks. Andronikus auf dasselbe gemachten Versuche behauptete sich Swatoslaw, und zwang ihn durch wiederholte Siege zur Ruhe (1299 — 1322); allein Mich. Strašimir, sein Nachfolger, wurde in dem Krieg mit Serbien getödtet, und Šišman, der mit Car Lazar gegen die Türken gemeinschaftliche Sache gemacht, brachte das Land nach der unglücklichen Schlacht bei Kosowo (1389) unter türkische Oberherrschaft. Šišman wurde von Bajazeth gefangen 1392. Vergeblich bemühte sich Sigismund die Bulgarei an sich zu bringen; die Schlacht bei Nikopol 1396 entschied das Schicksal des Landes; die Türken vollendeten die Bezwingung desselben, und Bulgarien verschwand aus der Geschichte. [8])

Das jetzige Serbien (Serf-Wilajeti) in der türkischen Statthalterschaft Rumili enthält in den vier Sandschaks Semendria, Perserin, Veldschterin und Aladschahissar ungefehr 8 — bis 900,000 serbische Einwohner. Sie sind sämmtlich der griechischen Kirche zugethan,

---

[8]) *Stritteri* Bulgarica II. 441 — 890. — *Gebhardi* allg. Weltg. Bd. XV. S. 1 — 232. — *Raić* a. a. O. — *J. Ch. Engel* Gesch. d. alten Pannon. u. d. Bulgarei (als 1r Th. s. Gesch. Ungerns) Halle 797. 4.

und stehen, mit einer eigenen Landesverfassung, unter türkischer Hoheit. Ein grosser Theil der Serben wanderte zu verschiedenen Zeiten, wie oben gesagt worden, nach Ungern aus, und besetzte zum Theil das während der türkischen Kriege verödete Syrmien und Slawonien, zum Theil aber die südlichern Gespanschaften Ungerns. Die Zahl der im eigentlichen Ungern, mit Ausschluss von Slawonien, wohnenden Slawo-Serben griechischen Ritus mag sich auf 350,000, derer in Syrmien und Slawonien auf 247,000 Seelen belaufen. Im J. 1759 zog ein Theil der Serben aus den österreichischen Staaten nach Russland, und bevölkerte dort Neuserbien; allein sie schmolzen nach und nach in Sprache und Sitten mit ihren Sprachverwandten, den Russen, zusammen. — Bosnien, ehedem auch Rama, nach dem Flusse Rama, genannt, jetzt ebenfalls eine türkische Statthalterschaft, umfasst ausser den Sandschacks Trawnik, Srebernik, Zwornik, N. Bazar, auch Banjaluka oder Türkisch-Kroatien, und Hersek od. Hercegowina zwischen der Neretwa und Trebinjštica, ehedem Ducatus S. Sabbac. Die Bosniaken sind zum Theil Christen griechischen (250,000?), und lateinisch. Ritus (100,000? nach Engel im J. 1776 nur 50,000, nach Stein im J. 1824. 77,000), zum Theil Islamiten. Nur die beiden ersten, nicht die slawisch redenden mohammedanischen Bosnier, gehen uns hier eigentlich an. — Montenegro, zwischen Antivari, dem Bojana-See, der Bocche di Cattaro und Hercegowina, zählte im J. 1812 nach Vialla de Sommieres auf einem Flächenraum von 418 Q. M. nur 53,168 Einwohner, sämmtlich griechischen Ritus; nach andern Angaben soll ihre Anzahl 150,000 betragen. — Noch gehören der Literatur nach zu dieser Abtheilung die Serben griechischen Ritus in Dalmatien (Ragusa, Bocche di Cattaro) ungefehr 70,000; ferner in Kroatien, ungefehr 174,000 Seelen [9]). — Die heutigen Bewohner der Bulgarei, einer Provinz in der türkischen Statthalterschaft Rumili, sind allen Berichten zufolge sehr verschieden, als Slawen od.

---

[9]) Die Serben waren aus Rascien hauptsächlich von Siegmund Herberstein 1597, dann vom General Lenkovich ums J. 1600, und von seinen Nachfolgern im General-Commando nach Kroatien verpflanzt. *Engel Th.* III. S. 469.

Bulgaren, Osmanen, Walachen, Helenen u. Armenier; doch sind die ersten an Zahl überwiegend, und können zu 600,000 angeschlagen werden. Sie bekennen sich der Masse nach zum griechischen, nur ein kleiner Theil zum lateinischen Ritus. Jene zu 575,000 angenommen, und die obigen Slawoserben in Oesterreich und der Türkei mit 1,951,000 hinzugerechnet, ergibt sich die ungefehre Gesammtzahl 2,526,000 für Serben u. Bulgaren griechischen Ritus, die sich der kyrillischen Schrift bedienen.[10])

§. 21.

Charakter der serbischen Sprache.

Das Band des kyrillischen Alphabets und des griechischen Ritus umschlingt, wie wir gesehen haben, mehrere an der untern Donau wohnende Slawenstämme, worunter die Serben und Bulgaren die vorzüglichsten sind. Da indess die Bulgaren, wenigstens nach der bisherigen Ansicht und Kunde, sowol in Hinsicht der Abstammung als auch der Landesmundart von den Serben verschieden sind; so wollen wir die Sprache und Literatur der Serben von jener der Bulgaren trennen, und besonders betrachten.

Die Stelle, welche die serbische Sprache in der Reihe der slawischen Mundarten einnimmt, ist bereits im 4. §. angegeben worden. Sie ist unstreitig mit der russischen und windischen, als mit den südöstlichen näher, als mit der böhmischen und polnischen, oder den nordwestlichen Mundarten, verwandt. Von dem

---

[10]) Vgl. *St. Milošewić* statističeskoje opisanije Serbije (a. d. Teutschen) Ofen 822. 8. — *B. Kamenskij* putešestwije w Mold. Walach. i Serbiju Moskw. 810. 8. — Hist.- top. Beschr. v. Bosn u. Serb. Wien 821. 8. — *Ph. ab Ochievia* epitome vetust. Bosn. provinciae, Anc. 776. 4. — Illyrien u. Dalm. (in dem Miniaturgem. d. Völker u. Länder) Pesth 816. 2 Bde. 12. — *J. v. Csaplovics* Slawonien und zum Theil Kroatien, Pesth 819. 2 Bde. 8. — *R. v. H**g* Reisen durch das österr. Illyr. Dalm. u. Alban., Meissen 822. 2 Bde. 8. — *Vialla de Sommières* voyage historique et politique au Montenegro, Par. 820. — *Edw. Brown's* Reisen, Nürnb. 711. 4. — *Boscovich* Reise von Constantinopel durch Bulgarien nach Lemberg. Lpz. 779. — *Sauveboeuf* Reisen in d. Türkei, Persien u. Arab. während d. J. 1782 — 8os — *Will. Hunters* Reisen, übers. von *Gruber*, Lpz. 797. 8. — *H. v. Reimers* Reisen d. k. russ. Gesandsch. an d. Pforte im J. 1793., S. P. 803. 3 Bde. 4.

Dalmatischen aber kann sie, wie unten angezeigt werden soll, höchstens als eine Varietät, nicht aber als ein Dialekt, unterschieden werden. Aber selbst in ihr lassen sich mehrere Varietäten nachweisen. H. Wuk Stephanowič nimmt *drei* Mundarten, die hiernach besser Unterarten heissen würden, des Serbischen an. Er theilt nämlich das Serbische 1.) in das *Hercegowische*, welches von den in Hercegowina, Bosnien (sowol christlichen, als mohammedanischen Bosniaken), Montenegro, Dalmatien und Kroatien, ferner von den in Serbien in dem Mačwaer Landstrich bis nach Waljewo und Karanowac wohnenden Serben gesprochen wird; 2.) in das *Resawische*, welches den Serben in den übrigen Theilen Serbiens, namentlich in dem Landstrich Braničewo, an der Resawa, in dem Landstrich Lewač, an der obern Morawa, im Parat'iner Bezirk und am Schwarzbach bis nach Negotin eigen ist; 3.) in das *Syrmische*, welches in Syrmien und Slawonien, in Bačka, Banat und Mittelungern, ferner in Serbien an der Sawe und Donau bis zur Morawa gang und gäbe ist. Die grösste und fast einzige Verschiedenheit dieser Varietäten ist durch die Aussprache des Ѣ (*je*) begründet, welches im Hercegowischen dreifach modificirt wird 1) als *je*, wenn es kurz ist, z. B. bjelilo, cwjetowi, pjewati, umjeti u. s. w.; wobei das д in дь, л in ль, н in нь, ш in ћ verändert, und das *je* als ein reines *e* ausgesprochen wird, z. B. дьед *děd*, кольено *koljeno*, позеленьеши *poseleněti*, врѣши *wrtjeti* u. s. w.; 2.) als *ije*, wo es lang ist, z. B. *bijélo, dijéte* u. s. w.; 3.) als *i* vor я *ja*, z. B. *sijati, grijati* u. s. w. Derselbe Laut wird im Syrmisch-slawonischen nur auf zweifache Weise ausgesprochen: 1.) als ein reines *e*, z. B. *wera, mera, seme, pewati* u. s. w.; 2.) als ein *i*, z. B. *letiti, wrtiti, widiti, razboliti se* u. s. w. Das Resawische unterscheidet sich von beiden darin, dass es überall ein reines *e* an die Stelle des *je* setzt, z. B. *leteti, wideti, wrteti, poseleneti, razboleti se, stydeti se* u. s. w. Ausserdem wird im Resawischen in den Nennwörtern der ersten Declination das *g* und *k* in Plur. in *z* und *c* verwandelt; *roze, Turce, opance* st. *roge, Turke, opanke*; und der Dat. und Loc. der 2ten

Decl. hat ein *e* st. *i*: *na glawe, na Morawe, u Resawe* st. *na glawi, na Morawi, u Resawi*[1]). Hieraus sieht man, dass sich das Hercegowische durch die Mannigfaltigkeit des Lautes *je*, das Resawische durch den Umlaut *s* und *c* und die Dativ- und Localendung *e* dem Altslawischen nähert.

Nimmt man die Redesprache der heutigen Serben, so wie sie im Munde des Volks lebt — denn über das Verhältniss der altslawischen Kirchensprache zu ihr wird noch immer gestritten — so ist der Einfluss des südlichen Himmels auf ihren nordöstlichen Urstoff unverkennbar. Und wie konnte es auch anders seyn! Man erwäge das begeisternde, nicht berauschende Land, mit der rechten Mitte zwischen armer Steppe und erdrückender Fülle, so wie zwischen Glut und Frost und zwischen ewigen Wolken und einem leeren Himmel, eine Mitte, die nichts zu wünschen übrig lässt; ein Land zugleich voll Gebirge als Scheidemauer mannigfacher Nachbarvölker und als Schutz- und Treibmauern der Freiheit und Kraft, und zugleich voll Zauberthäler als weiche Wiegen der Volks-Dichtkunst — ferner die klimatisch mitgegebene Mitte zwischen einem Normann und einem Griechen oder Italiener, gleichsam eine stille, warme Sonnengluth zwischen kaltem Mondschein und sengendem Erdenfeuer — zuletzt den Einfluss der durch Schrift und Glauben befreundeten Griechen, und der durch Handel und Meer benachbarten Italiener, und ihrer reichen, melodischen Sprachen auf die Befruchtung der kräftigen Keime einer nationalen, einheimischen Sprach- und Volksbildung: man erwäge alles das, und man wird ahnen können, was aus einem Volke, dem die Natur alle zur Entwickelung einer reinen Menschheit nöthige Kräfte in Fülle verliehen hat, und dem westlich das Meer und die eine Welt, östlich der Donau-Riesenstrom und die andere Welt offen standen, — was aus seiner Sprache geworden wäre, wenn es nicht das Schicksal zugleich in die Mitte zweier Völker gestellt hätte, deren Werk nur das

---

[1]) S. *Stephanowić* serbisch-teutsch-lateinisches Wörterb., Wien 818. Vorr. S. XVI. — XVII *Eb.* narodne srpske pjesme (828 Lpz.) Th. I, S. XXXV.

Zerstören, deren Leben nur der Tod anderer war, bis auch ihre Stunde geschlagen. — So ist nun die Sprache der beinahe einzige gerettete Rest der unter tausendjährigen Kämpfen, unter Strömen des edelsten Blutes mühsam fortgeführten Volksthums. — Die Sprache ist, ungeachtet des spätern Einflusses der türkischen, im Ganzen dennoch rein und voll tönender Anmuth. Immerhin mag ihr die Polytonie der - ich möchte sagen- klingenden, säuselnden, spielenden Polnischen mangeln; sie übertrifft gleichwol an Weichheit, Milde und melodischem Klang, der aus der ebenmässigen Vertheilung der Consonanten und dem wechselnden Spiel der volleren Vocale entspringt, weit ihre übrigen Schwestern, und kann nach gelungener Ausbildung — wobei das kräftige Altslawische gewiss nicht ohne Einfluss auf sie bleiben wird — in Rücksicht auf Wolklang den ersten Rang unter den Slawinen behaupten[2]). Ich will über keinen der slawischen Dialekte den Stab brechen; jedem ist der Zugang zu diesem Vorzug frei, aber sie nähern sich ihm oder entfernen sich davon auf verschiedenen Wegen. Ich möchte den Klang den Serbischen im Gesang und der Poesie mit dem Ton der Violine, des Altslawischen mit dem der Orgel, des Polnischen mit dem der Cither vergleichen; oder — ist das Altslawische in den dawidischen Kirchenhymnen dem hallenden Sturz eines Waldstroms, das Polnische eines Felinski dem reizenden Gelispel und Gesäusel einer Quelle ähnlich, so ist das Serbische im Munde der ländlichen Erato dem sanften Murmeln und Girren eines Baches durch die Blumenwiesen des Thals gleich; — das erste trifft, erschüttert und überwältigt wie der Sturm; das zweite weckt, ergreift und bezaubert wie das Rauschen des Windes durch herbstliche Zitterpappeln; das dritte beschleicht, erwärmt und entzückt, wie ein leichtes Wehen und

---

[2]) Unstreitig ist die serb. Mundart im türk. Serbien u. österr. Dalmatien die vocalreichste unter allen Slawinen, und kommt in dieser Hinsicht der italienischen Sprache am nächsten. Man vgl. z. B. nur das Serbische *pao* mit *padl*, *rasla* mit *rostla*, *niko* mit *nikdo*, *brat* mit *bratr*, *vuk* mit *wlk*, *wetar* mit *wjtr*, *saw swi* mit *wśecken wśickni*, *krilo* mit *křjdło skrzydlo*, *dragij* mit *drašij* u. s. w. Lautverbindungen wie *wstrjc wztrhl*, *zprchl*, *zmlkl*, od. *pstrzy*, *szczwam*, *dźdźy*, *dźdźał*, *dźdźysty* u. s. w. kommen in derselben gar nicht vor.

Wogen der Mailuft. — Der durchgängig und scharf unterschiedene, kurze oder lange Zeitverhalt der Sylbenvocale macht diesen Dialekt ganz geeignet, altclassische Versmaasse nachzuahmen, und der Nationaldichtkunst, durch Uebertragung der quantitirenden Metrik auf dieselbe, eine höhere, idealische Gestalt und Würde zu geben; obschon auch hier, wie beinahe überall bei den Slawen, die Sache bis jetzt nicht in der Art und Ausdehnung, die sie verdiente, beachtet worden. [3]

§. 22.

Schicksale der serbischen Sprache und Literatur.

Ob und wiefern die jetzige serbische Sprache von jener im J. 640, als die Serben ihre neuen Wohnsitze im Illyricum und Mösien bezogen haben, verschieden sey, kann aus gänzlichem Mangel an Sprachüberresten dieses Zeitraumes nicht beurtheilt werden. Die Byzantiner waren um Ueberlieferungen aus dem Sprachgebiete fremder Völker nicht im mindesten besorgt; sie nannten alles, was nicht griechisch war, barbarisch, und würdigten es weiter keiner Beachtung. Alles, was sie darüber verzeichnet haben, beschränkt sich auf die Aussage, dass die Serben slawischen Stammes sind, dass ihre Sprache eine slawische Sprache ist, und dass sich alle Slawen gegenseitig verstehen. Die Serben selbst waren zu dieser Zeit, wenn auch nicht unempfindlich für eigenen Ruhm und fahrlässig bei dessen Fortpflanzen auf die Nachkommen, doch unvermögend, bei dem Drucke der gewaltigen Awaren, der auf ihnen lastete, und bei so vielen Wanderungen, den Künsten des Friedens, dem Schriftthum obzuliegen. Sie waren nicht darauf bedacht, die Geschichte der eigenen Thaten zu schreiben, damit ihre spätesten Nachkommen sehen möchten, wie sie gelebt

---

[3] *Sprachbücher. Grammatiken:* W. Stefanović pismenica serbskoga jezika, Wien 814. 8. *Eb.* Srpska grammatika, vor dem Wörterbuch, Wien 818. 8 Teutsch von *J. Grimm: Wuks Stephanowić kleine serb.* Gramm., Berl. u. Lpz. 824. 8. — *Wörterbücher:* Des Ungenannten „Niemeckij i Serbskij slowar," Wien 790. 8. ist ein Zwitter zwischen dem Altslawischen und Serbischen. W. *Stephanowić* Srpski rječnik, istolkowan niemačkim i latinskim rječma, Wien 818. 8. (Enthält auch die Grammatik.)

und geleibt, gesprochen und geschrieben haben. Im Mittelalter schrieben zwar die Serben die Geschichte ihres Landes, aber in einer Sprache, die ein Gemisch ist aus der Landesmundart und der Sprache der Kirchenbücher oder der kyrillischen Bibelübersetzung, so dass es schwer hält, sich daraus über die Natur der Landesmundart und ihr Verhältniss zum Kirchenslawisch zu belehren [1]). Erst im vorigen Jahrhundert, als bereits der Abstand des Altslawischen vom Serbischen zu gross war, und einige Schriftsteller in der gangbaren Landesmundart oder Volkssprache im strengsten Sinne des Wortes Bücher zu schreiben anfingen, wurde die wichtige Frage wegen Alt- od. Kirchenslawisch und Neuserbisch, und ihrer Rechte auf Schriftsprache aufgeworfen, und von verschiedenen, sowol einheimischen als auch stammverwandten Gelehrten auf verschiedene, oft entgegengesetzte Weise beantwortet.

Es ist an einem andern Orte (§. 10.) wahrscheinlich gemacht worden, dass die südlich der Donau vorgedrungenen Slawen geraume Zeit vor Kyrill und Method theilweise zum Christenthum bekehrt worden seyen, und eine von ihren heidnischen Vorfahren bedeutend ausgebildete Sprache überkommend, dieselbe auch beim christlichen Gottesdienst eingeführt und in den Kirchenbüchern, der Bibel, den Chroniken und andern Schriften gebraucht haben. Auf diesem Wege kam das Christenthum zu den neueingewanderten Bulgaren und Serben, nach den Legenden und der Tradition erst durch Kyrill und Method, um die Mitte des IX. Jahrh., nach kritischer Erforschung der Umstände und nach andern Angaben aber schon — wenigstens theilweise — früher. Es unterliegt aber keinem Zweifel, dass, so wie die heidnischen Slawen zum Christenthum übergetreten sind, auch die Schrift der Kirchenbücher bei ihnen Platz gegriffen habe, weil die Liturgie in slawischer Sprache gehalten wurde. Was ins Besondere die Bekehrung der Serben zum Christenthum anbelangt, so ist der Anfang derselben, beim gänzlichen Stillschweigen der Chronisten, in tiefes Dunkel gehüllt. Nach der Annahme der einhei-

---

[1]) S. *Dawidowić* djejanija k istorii srbskoga naroda (821.) S. 5 — 7.

mischen Kirchengeschichtslehrer wären schon in den ersten Decennien nach der Einwanderung der Serben im Illyricum die Constantinopolitaner Patriarchen, nach Engel hingegen[2]) die römischen Bischöfe bemüht gewesen, dieselben zu bekehren. Gewiss ist, dass die Serben um das Jahr 868 unter der Regirung des griechischen Kaisers Basilius durch griechische Missionäre getauft wurden, wenn es gleich, nach den damaligen Sitzen der Südslawen zu urtheilen, ausgemacht zu seyn scheint, dass Kyrill und Method das Serbenland mit keinem Fusse berührten, sondern den Chroniken zufolge nur durch das Land der Bulgaren reisten. Doch dem sey, wie ihm wolle, so viel ist klar, dass die Schreibekunst unter den Serben erst nach ihrer Bekehrung, und nach Kyrills Erfindung oder Einrichtung seines Alphabets Wurzeln geschlagen habe. Aber eben dieser Anfang des serbischen Schreib- und Schriftwesens ist mit einer Nacht bedeckt, in die kein Auge einzudringen vermag. Die ältesten Sprachüberreste, die von serbischen Schriftstellern herrühren und auf serbischem Boden entsprossen sind, und die insgesammt das XIII. Jahrh. nicht übersteigen, sind entweder ganz in der altslawischen Kirchensprache, oder in einem Gemisch aus derselben und der serbischen Landesmundart abgefasst. Dass bereits in den ältesten Zeiten vorzüglich die Geistlichkeit Serbiens der griechischen Sprache und der geistlichen Literatur nicht unkundig, vielmehr fast in steter Verbindung mit Constantinopel und den Klöstern Makedoniens (Athos) gewesen sey, unterliegt keinem Zweifel. Wie weit sich aber dieser Einfluss des Griechischen auf das Serbische in dieser Periode erstreckte, ist schwer auszumitteln. Des Basilius Hexaemeron von 1263 und der Apostel in Šišatowac von 1324 in altslawischer Kirchensprache, sind schon oben §. 11. angeführt worden. Hiernächst ist das älteste und hiemit wichtigste Sprachmonument der Slawoserbischen Literatur das Geschlechtsregister „Rodoslow" von Daniel, Erzbischof von Serbien, Zeitgenossen der serbischen Könige Uroš, Dragutin, Milutin und De-

---

[2]) Vgl. *Engels* Gesch. v. Ungern u. s. Nebenländ. Th. II. 453. 462. III. 180.

čanskij zu Ende des XIII. und im Anfange des XIV. Jahrh. (1272 — 1336), worin er als Augenzeuge die Regirung der bemeldeten vier Könige erzählt. Die Handschrift hievon in fol. findet sich im Chiljendarischen Kloster auf dem Berg Athos. Das Original selbst hat Raič zum Behuf seiner serbischen Geschichte benutzt, und durch ihn ist auch die in der erzbischöflichen Bibliothek zu Karlowic befindliche Abschrift bekannt worden. Hr. Kopitar vermuthet aus guten Gründen, dass derselbe Erzb. Daniel auch der erste Uebersetzer der Kormčaja Kniga sey; (Wien. Jahrb. der Literatur 1823.) Etwa gleichzeitig mit diesem Geschlechtsregister mag das gewöhnlich sogenannte, (von Raič benutzte) chiljendarische Jahrbuch „Ljetopis" seyn, ein ganz kleines Büchlein in einigen Blättern bestehend, und ebenfalls im chiljendarischen Kloster aufbewahrt; aber viel später der „Carostawnik" (sonst auch Troadnik genannt) d. i. Fürstenregister, von einem alten, ungenannten Vf., in welchem nach Capiteln serbische, griechische, bulgarische und russische Regenten aufgezählt, und ihre Regirungen beschrieben werden. Unter dem ersten serbischen Car, Dušan dem Mächtigen, (1336 — 1356), erstieg nicht nur die Macht des Landes den höchsten Gipfel, sondern auch die Nationalcultur und hiemit die Literatur fingen an fröhlicher zu gedeihen. Bei so vielen Kriegen gegen das Ausland verwahrlosete Dušan das Innere seines Reiches nicht. Man hat von ihm ein Gesetzbuch aus dem J. der Welt 6837, d. i. n. Chr. 1349, welches um so wichtiger ist, da es über den innern Zustand des Reichs und über die damals erstiegene Stufe der inneren Cultur Aufschlüsse gibt, während die übrigen hinterbliebenen historischen Nachrichten nur von Kriegen und rauschenden Begebenheiten handeln. Ungern und andere Länder haben kein so frühes Gesetzbuch aufzuweisen [3]). In dem ganzen Gesetz weht ein edler und milder Geist der Menschlichkeit, zuerst wird für das

---

[3]) Im IV. Th. s. Gesch. S. 242 ff. beschenkte uns *Raič* mit einem Abdruck dieses Gesetzbuchs nach der im Archive der serbischen Edelleute Peter u. Sabbas v. Tököly zu Arad vorfindlichen Handsch., und *Engel* lieferte eine teutsche Uebers. desselben Th. II. S. 293 ff. Vgl. auch *W. Stephanowić* WB. S. III. Eine andere Hschr. besitzt die Neusatzer Gymn.-Bibl.

Christenthum und die Kirche gesorgt, und vom geistlichen Gericht, von Metropoliten und Bischöfen, von Presbytern gehandelt; Gefangene oder Sclawen, die, aus der Gefangenschaft entwischt, sich an den Hof des Cars, oder zu einem Diener des Cars, zu einem Geistlichen oder Edelmann geflüchtet hätten, sollten frey seyn; Fremde übergaben beim Ankommen in einer Stadt oder einem Dorf ihre Sachen dem Wirth, der für sie haften musste; wenn ein Grundbesitzer einen Reisenden nicht beherbergen wollte, so hatte dieser das Recht, sich in seinem Dorf einzuquartiren, verlor er etwas, so musste es der ersetzen, der sich geweigert hatte, ihn aufzunehmen; Kaufleute und ihre Waaren wurden vorzüglich durch das Gesetz geschirmt, und Gewaltthätigkeiten und Räuber durch die Strenge der Strafen abgehalten u. s. w.[4] Kein Zweifel, dass in dieser Periode der blühenden Macht des serbischen Carthums mehrere Kirchenschriftsteller die Sprache mit ihren Werken bereicherten; namentlich gehört die Erweiterung und Vollendung der Kirchenbücher in dieses Jahrhundert; selbst Russland bezog die meisten Handschriften u. die tüchtigsten Schriftgelehrten aus Serbien, wie es das Beispiel des im Jahr 1376 aus Serbien nach Russland berufenen *Kyprian*, Metrop. v. Kiew u. ganz Russland (gest. 1406), und mehrerer anderer beweist[5]: aber die Stürme der Zeit und die alles verheerenden Muselmänner liessen nur wenige Trümmer dieser ehemaligen Sprach- und Geistescultur auf uns kommen. Und selbst diese, wie zerstreut sind sie durch die entlegensten Klöster des dem Ausländer nur selten und mit Gefahr zugänglichen Landes! Reisende, sagt Raič, die aus den serbischen Gegenden kommen, versichern, dass sich solche alte Handschrif-

---

[4] Von demselben Fürsten befinden sich, wie bereits oben §. 11. bemerkt worden, in dem Karlowicer Metropolitanarchiv zwei Schenkungsbriefe an das Kl. Chilendar vom J. 1348, der eine im Original, der andere in Copie; der Schenkungsbrief von s. Vorgänger Milutin Steph. Uroš vom J. 1302 an dasselbe Kloster in demselben Archiv ist nur eine Copie. Das in der Wiener Bibl. befindliche Wappenbuch von Illyrien, das Marcus Skorojewič vor der Mitte des XVII. Jahrh. geschrieben und dem römischen König Ferdinand IV. dedicirt hat, soll angeblich aus einem von Rubčič, Wappenherold des Stephan Dušan, verfassten und in Chilendar aufbewahrten Original entnommen seyn. Engel (I. 202) bezweifelt jedoch die Existenz dieses Originals. [5] *S. Greč* opyt istor. rusk. liter. S. 86.

ten vorzüglich in folgenden serbischen Klöstern finden: 1.) in der serbischen Lawra Studenica, 2.) in Dečan, 3.) in Ipek (eigentlich in Epirus), dem vormaligen Sitze des Patriarchen. Aber auch in den zahlreichen Klöstern auf Athos müssen noch Ueberreste der serbischen Literatur vergraben liegen. Wie viel ist hier für einen künftigen serbischen Philologen und Paläographen noch übrig zu thun! Serbische Diplome reichen bis in das XIII. Jahrh. hinauf; aus einer von Car Lazar dem Kloster Rawanica an der Resawa in Serbien ertheilten Urkunde vom J. 1381 führt Hr. Stephanowič (Wörterb. S. IV.) Sprachproben an. Aus der spätern Zeit befindet sich noch eine Urkunde der Exsultanin Mara, Tochter des Despoten Georg, vom Jahr 1479 in Chilendar; Raič III. 322 — 23. Nicht minder erwähnt Brankowič in seiner handschriftlichen Geschichte von Serbien eines Geschichtschreibers, Gregor, Igumen des Klosters Studenica, der in diese Periode gehört. Die unglückliche Schlacht bei Kosowo stürzte das Land in unabsehbares Elend; die romantischen Gefilden und Auen Serbiens wurden nun Jahrhunderte lang der Schauplatz der blutigsten Kriege und Verheerungen; alle schon angefangene Cultur der Landes erstarb. Die Geistlichkeit rettete, was noch zu retten war, und etwa fünfzig Jahre nach Erfindung der Buchdruckerkunst erschienen sowol in Serbien als auch in den benachbarten und von Stammverwandten bewohnten Provinzen von Zeit zu Zeit slawische Kirchenbücher in Druck, die zum Theil oben §. 11. verzeichnet sind. Aber bald erfolgte eine Todesstille bis auf den letzten Despoten Serbiens, Georg Brankowič, welcher eine serbische Geschichte vom Anfang des Volks bis auf die Zeiten des Kaisers Leopold I. im alten slawo-serbischen Styl hinabgeführt hat; das Msc., fünf Quartbände stark, ist in der Erzb. Bibliothek zu Karlowic befindlich, und von Raič bereits benutzt [6]).

---

[6]) *G. Brankowič* (geb. 1645) war eine Zeit lang Abgesandter des Apafi, Fürsten von Siebenbürgen, beim türkischen Hofe, dann aber brauchte ihn Ks. Leopold I. in Geschäften in der Türkei sowol, als vorzüglich in Serbien, indem er durch ihn Serbien mit der ungrischen Krone vereinigen wollte. Er war es, der in Verbindung mit dem Erzb. v. Ipek bewirkte, dass 36,000 serbische Familien sich in Nieder-Ungerns öden, von den Türken verwüsteten Gefilden niederliessen. Für diese Dienste und für seine im

Mit Brankowič kann man füglich die erste Periode der slawo-serbischen Literatur schliessen, die zweite, oder die neuere, fängt mit Žefarowič an, und dauert bis auf unsere Zeiten. Zweierlei bietet sich hier dem Beobachter gleich im Anfange dar: einmal erscheint die neuere serbische Literatur ganz auf die Serben in Oesterreich beschränkt — serbische Schriftsteller und Druckereien in der Türkei hören ganz auf —; dann aber wird dieser Zeitraum durch die förmliche Trennung der Landesmundart von der Kirchensprache und das Erheben der erstern zur Schriftsprache charakterisirt. Auf die Herausgabe von Žefarowič Stemmatographie, die aus Mangel an beweglichen Typen und wegen der vielen Abbildungen der Wappen in Kupfer gestochen zu Wien 1742. in 4. erschien, folgte eine lange Pause. Im Jahr 1755, als unter Maria Theresia das Licht der Wissenschaften auch ihre „tapfern und vielgeliebten Illyrier" erreichte, liess der Karlowicer Erzbischof und Metropolit Paul Nenadowič, da in der ganzen weiten Monarchie keine Druckerei mit slawischen Lettern versehen war, in der Druckerei des Bischofs von Rimnik in der Walachei die Smotriskische Grammatik „zum Nutzen und Gebrauch serbischer Knaben" auflegen. Bevor die Serben in Oesterreich eine Druckerei erhielten, gelang es den aus Hercegowina und Bosnien nach den Küsten des adriatischen Meeres eingewanderten Dalmatiner-Serben morgenländischen Ritus eine in Venedig zu errichten. — *Demeter Theodosijew*, ein Grieche aus Janina, Factor der griechischen Buchdruckerei des Glika in Venedig, unternahm es im J. 1758, nach Božidar der erste, mit Erlaubniss der Republik, den kyrillischen Bücherdruck aufzufrischen und ins Leben zu rufen. Er schrieb nach Russland und bekam kyrillische, er schrieb nach Rom, und bekam glagolitische Typen; und sofort richtete er seine griechisch-slawische Druckerei ein. Das erste, was hier gedruckt worden, ist „Plač Serbie" ohne Druck-

---
Krieg bezeugte Tapferkeit ward er zum Freiherrn und dann zum Grafen ernannt, und mit dem ungrischen Indigenat beehrt. Bald darauf (1689) aber warf das Ministerium auf ihn einen schweren Argwohn, und er war Staatsgefangener zuerst in Wien, dann zu Eger in Böhmen, in welchem letzten Ort er seine Geschichte zusammenschrieb und verstarb (1711).

ort und Jahrzahl, von einem Ungenannten S. S. S. im J. 1761. Nun folgten hierauf, ausser einigen Elementar- und Kirchenbüchern: Orphelin o sedmych tainstwach 763., Julinac istor. slaw.-serb. naroda 765. u. andere. Später ging die Druckerei an seinen Neffen, *Pane-Theodosijew*, über [7]). Als im J. 1769 ein „illyrischer Nationalcongress" in Gegenwart des k. Hofcommissärs, Generals der Cavallerie, Grafen Andr. Hadik, in Karlowic abgehalten, und das erste sogenannte „Nationalregulament" für die Serben in Ungern zu Stande gebracht worden; da wurde auch die erste serbische Druckerei in Oesterreich, und zwar als Hofbuchdruckerei, in Wien im J. 1771 errichtet; die bald darauf an Kurzbeck und Nowakowič, nach 25 Jahren aber, im J. 1796, an die k. Universität zu Ofen überging, bei welcher das Privilegium und Monopol für alle altslawische und serbische Kirchen-, Schul-, Volks- und wissenschaftliche Werke bis jetzt verblieben ist [8]). — Einen grossen Einfluss auf die Gestaltung und den Gang der neuern serbischen Literatur seit 1764 hatten unstreitig Raič und Obradowič, seit 1813 aber Dem. Dawidowič und Wuk Stephanowič. Unter Raičs zahlreichen Werken ist vorzüglich seine Geschichte der Slawen beachtenswerth. Er befleissigte sich des kirchenslawischen Styls, aber sein Kirchenslawisch ist nicht rein, sondern stark mit Russismen und Serbismen versetzt, weil Raič sein Werk auch andern Slawen, namentlich den Russen, ferner dem serbischen Volk, zugänglich machen wollte. Obradowič war der erste, welcher von der bis dahin üblichen Methode, Kirchenslawisch od. Slawoserbisch zu schreiben, gänzlich abwich, und die gemeine Landesmundart zur Schriftsprache erhob. Es fanden sich nun mehrere, welche die von ihm eröffnete, von andern lebhaft bestrittene Bahn betraten, worunter Dawidowič und Stephanowič die vorzüglichsten sind, während andere sich mehr oder weniger fest entweder an das Kir-

---

[7]) *S. Solarić* pominak knižeskij o slawenoserbskom w Mletkach pečataniju, Ven. 810. 8. [8]) Die Buchdruckerei in Ofen hat 1798 ein Verzeichniss der slawoserbischen Bücher drucken lassen, in welchen auch einige, die Kurzbeck verlegt hat, stehen. Seitdem enthält der Catal. libror. der Universitätsbuchdruckerei nur die ascetischen und Elementarbüchlein.

chenslawische, wie Terlaič, Kengelac u. m. a., oder an das hergebrachte Gemenge von Slawoserbisch, wie die meisten, hielten. — Den entschiedensten Einfluss auf das Wachsthum der Literatur haben unstreitig gut eingerichtete Schulen. Von unten auf, aus dem Keime, erwächst und erblüht die Palme. Es ist hier nicht der Ort, über die ältern serbischen Schulen in den österreichischen Staaten zu berichten, dergleichen es bekanntlich seit 1733 in Karlowic (mit Lehrern aus Kiew besetzt), Belgrad, Essek und Dalja gab, die, bis auf die Karlowicer Schule, alle nach und nach eingegangen sind; für unsern Zweck reicht es hin, auf das im J. 1791 gleichsam aus dem Staube und der Verwesung zum neuen Daseyn gerufene Gymnasium in Karlowic zu verweisen, dessen Schöpfer der um die griechische Kirche und die serbische Nation in Ungarn und Oesterreich hochverdiente Karlowicer Erzbischof und Metropolit, Se. Exc. Herr Stephan Stratimirowič von Kulpin ist. Aber leider ist sowol auf dieser, als auch auf der nach ihrem Muster in Neusatz 1818 errichteten höhern Lehranstalt, die beide für die Verbreitung wissenschaftlicher Cultur unter den Serben zu sorgen ganz eigentlich berufen sind, dem Studium der Nationalsprache zu wenig Spielraum gegönnt. Doch werden auf der ebenfalls von dem genannten Erzbischof und Metropoliten 1794 errichteten Karlowicer Klerikalschule und den übrigen theologischen Schulen die slawische Grammatik ex professo, und alle Lehrgegenstände in dieser Sprache vorgetragen. Die Organisation der serbischen Nationalschulen wurde zwar schon in dem dritten Jahrzehend des XVIII. Jahrh. eingeleitet, und durch des patriotischen Schuldirectors, Wujanowskij, Wachsamkeit und Eifer ist die slawische Sprache für dieselben gerettet worden (die man daraus vorzüglich 1790 -- 91 gänzlich hat verbannen, und die magyarische als Muttersprache der Serben einführen wollen); allein das grösste Verdienst um diese heilige Sache blieb unsers jetzt regirenden Landesherrn Majestät vorbehalten, der, um dem Mangel an Unterrichts- und Bildungsanstalten gänzlich abzuhelfen, für gut fand, die Oberaufsicht über die Nationalschulen griechischen Ritus in Ungern in einem Individuum zu concentriren (1810), (bis 1825 Uroš v. Nestorowič, k. Rath), ihm die Bezirks-Directoren zu unterordnen (1812), und zur Bildung der Volksschullehrer, eine serbische sogenannte Schola praeparandorum zuerst zu St. Andreae (1813), dann nach Zombor verlegt (1817), zu errichten [9]). — In Serbien war man immer, so viel es die Umstände zuliessen, sorgfältig darauf bedacht, wissenschaftliche Cultur auf den vaterländischen Boden zu verpflanzen, und höhere Bildungsanstalten zu errichten; aber nach der wiederholten Unterwerfung des hartbedrückten und verheerten Landes unter die alle literärische Cultur vernichtende mahomedanische Regirung, erstickten diese — zarten Blüthen des Friedens, der Ruhe und der Milde — im Keime. Die jetzt bestehende Regirung ist eifrig bemüht, das Verlorne zu ersetzen: möge der glücklichste Erfolg ihre heilvollen Bemühungen krönen! [10])

Während nun aber in der allerneuesten Zeit von Jahr zu Jahr zahlreichere Blumen auf den Gefilden der serbischen Nationalliteratur in den Provinzen des menschenfreundlichen, milden Oesterreichs zu entspriessen begannen, zeigten sich auch Schwierigkeiten doppelter Art, schon aus dem Vorigen entnehmbar, und drohen das Emporbringen der guten Sache auf lange Zeit hinaus zu vereiteln. Zuvörderst wurde der Druck und die Verbreitung serbischer Werke ungemein dadurch erschwert, dass in dem Mittelpunct der jetzigen Sitze der Serben keine Buchdruckerei aufkeimen konnte. Zwar gelang es einem eifrigen Serben, Dem. Dawidowič, im J. 1813 eine serbische Druckerei Behufs der, in den zwei Jahren 1792 — 93 von Steph. Nowakowič herausgegebenen Zeitung, zu bewirken, die, zuerst in Wien, gegenwärtig an M. Chr. Adolph in Rötz überging; auch druckte die Klosterbuchdruckerei der Armenier in Wien fortwährend mit kyrillischer Schrift, und in Venedig bestand

---

[9]) Ueber das Schulwesen der Serben ist zu vergleichen: *Čaplowič* Slawonien und Kroatien (1819) II. B. S. 230 ff.

[10]) Von dem Schriftwesen der Bosnier und Montenegriner seit dem XVII. Jahrh. kann gar nichts Erhebliches gemeldet werden. Ihre Kenntniss des Slawischen beschränkt sich auf die Kirchenbücher, die sie aus andern Staaten, Russland und Oesterreich, beziehen.

die Pane-Theodosijewsche Officin bis auf die neuesten Zeiten; allein alle diese waren theils zu beschränkt, theils zu entfernt, um Verkehr und regeres Leben in das serbische Schriftthum zu bringen, oder es im eigentlichen Herzen der Wohnplätze der Serben zu verbreiten. Auf gleicher Stufe der Beschränktheit und Unvollkommenheit steht der serbische Buchhandel, der eigentlich, im wahren Sinne des Worts, gar nicht existirt. — Ein zweites, ungleich wichtigeres Missverhältniss entwickelte sich seit Dosithej Obradowič, vorzüglich aber seit den letzten literärischen Unternehmungen der beiden serbischen Volksschriftsteller, Dem. Dawidowič und Wuk Stephanowič, die den Grundsatz „man müsse schreiben, wie man spricht" theoretisch und praktisch verfechtend, die gemeine Landesmundart an die Stelle der bisher üblichen kirchenslawischen, od. slawoserbischen, zur Ehre der Schriftsprache erheben wollten. Denn bald bildete sich eine Gegenpartei, welche sich verpflichtet glaubte, dem umsichgreifenden Entslawisiren des Schriftthums, als einer nachtheilbringenden Neuerung einen Damm entgegen zu setzen. So entstand eine Erhitzung der Gemüther, die zwar auf der einen Seite nicht ohne gute Folgen geblieben ist, indem sie einen literärischen Streit verursachte, der den Fleiss mehrerer unserer geachtetsten Gelehrten auf die tiefere Erforschung der kirchenslawischen Mundart, ihres Ursprungs und Verhältnisses zu der jetzigen serbischen und den übrigen Slawinen, hinlenkte; anderseits aber dadurch, dass die Parteien, entweder in der ersten Aufwallung, oder im Vollgefühl des vermeintlichen Rechts und Unrechts, sich, wie gewöhnlich, gegenseitig erbitterten, und viele sonst patriotisch gesinnte Herzen, noch mehr aber die Schwachen, von der Theilnahme an der einheimischen Literatur abwendig machten, der guten Sache nicht wenig Eintrag gethan hat. Weit entfernt von einem anmaassenden, tadelhaften Absprechen in einer so hochwichtigen Sache, vielmehr die Beschränktheit der eigenen Kraft und Kenntniss auf dem weiten Gebiet der slawischen Sprachforschung wol erwägend, erachte ich es für Pflicht, mich des Urtheils über diese Streitfrage gänzlich zu enthalten, und ihre Entscheidung eingeweihtern Kennern zu überlassen. Ich begnüge mich, schliesslich auf diejenigen Schriften zu verweisen, aus denen man sich über den ganzen Verlauf und Stand der Sache genau und gründlich unterrichten kann.[11])

§. 23.

Uebersicht der neuesten serbischen Literatur.

Ueberblickt man die Erzeugnisse der serbischen Literatur seit etwa einem halben Jahrhundert (1770), so findet man, dass, dem natürlichen Gange der Sache gemäss, bis jetzt überhaupt nur wenige Fächer des menschlichen Wissens, und von diesen nur einige erträglich, andere gar zu dürftig, die meisten gar nicht bearbeitet worden sind. Theologie, Pädagogik, Geschichte u. Geographie, Dichtkunst[1]), von den Naturwissenschaften die Naturgeschichte und Physik, haben bald mehr, bald weniger aufzuweisen. Ungleich mehr betrübend, als diese Armuth der beginnenden Literatur, ist die Anarchie in der Schreibart, und die Folgewidrigkeit in der

---

[11]) Vgl. Nachricht von Stephanowič's neuserb. Wörterb. in dem österr. Beobachter 1818. N. 119. Eine Stimme dagegen in eb. österr. Beob. N. 260. Antwort hierauf bei Gelegenheit der Rec. von Stephanowič's Wörterb. in den Wien. Jahrb. d. Lit. 1818, auch besonders abgedruckt. Die Vorr. zu Wuks Stephanowič's Wörterb. Verschiedene, meist pseudonyme Aufsätze in den Beilagen zu der serb. Zeitung des Dem. Dawidowič in den J. 1819—21. Jac. Grimm's Vorr. zu der Grammatik der serbischen Sprache von Wuk Stephanowič u. m. a. — S. auch Solarić's Pominak knižeskij (1810) S. 56 ff. 66 ff. Eb. Rimljani slawenstwowawšii (1818) S. 56 — 57.

[1]) Die gesammten Producte der bisherigen serbischen Dichtkunst zerfallen, ausser einigen gereimten und in Prosa geschriebenen Schauspielen, in Nationallieder und Oden. Dort sind die „wunderschönen Nationalgesänge aller Art" zu nennen, die Hr. Stephanowič Lpz. 823. in 3 Bd. bekannt gemacht u. Talvj (Th. v. Jakob) Hall. 825 ins T. übers. hat, die aber vollständig gesammelt wol über ein Dutzend Bände füllen würden. Alle diese Gesänge sind reimlos, gleichwol nicht ohne Numerus, wie diess schon die in dem 10sylbigen, nach der Anzahl der Finger in 5 Versfüsse abgetheilten, ältesten epischen Verse der Slawen, der auch in den böhm. Fragmenten und russ. Volksgesängen vorkommt, regelmässig beobachtete Caesur im 2ten Versfuss beweist. Vgl. Jungmann slowesnost (1820) S. XXVI. — Hier repräsentirt Mušicky's classische Muse gleichsam den ganzen serb. Parnass, und es ist um so mehr zu bedauern, dass der Genius dieses Dichters die engen Fesseln des germano-russischen Tonprincips nicht abwerfen, und die freiern Flügel der griech. Prosodie im Geiste der slaw. und serb. Sprache, die bestimmt ausgeschiedene Kürzen und Längen, und eine Position — doch keine Elision und Ekthlipse — hat, nicht annehmen konnte od. wollte. —

Orthographie, die die meisten literärischen Produkte dieses Zeitraums entstellt. Von den ungefehr 400 seit 1742, od. eigentlich seit 1761 bis jetzt gedruckten serbischen Büchern mögen etwa ⅛ in der altslawischen Kirchensprache, und eben so viele in der gemeinen Volksmundart geschrieben seyn; die übrigen balanciren in der Mitte zwischen den beiden andern, durch unzählige Stufen, Formen und Farben nuancirt.

Die Reihe der serbischen Schriftsteller eröffne: *Joann Raič* aus Karlowic (geb. 1726, gest. 1801), er studirte zu Komorn bei den Jesuiten, in Oedenburg in der dasigen ewangelischen Schule, und in Kiew, besuchte hierauf Chiljendar auf Athos, und ward zuletzt Archimandrit des Klosters Kowil im Čajkistenbataillon; s. Hauptwerk ist: Istorija raznych slawenskich narodow, najpačeže Chorwatow, Bolgarow i Serbow, Wien 1792 — 95. 4 Bde. 8. Der 1te B. wurde in S. Petersb. nachgedruckt. Raič hinterliess handschriftlich voluminöse theologische Werke in slaw. Sprache, die in der Karlowicer Bibl. aufbewahrt werden, und gab ausserdem heraus: Slowo o grješnom čelowjeku, Ven. 764. 4., Boj zmaja s orlowy, W. 791. 8., Katichisis, W. 1791., Kratk. Serblii, Rassii, Bosny i Ramy istor., W. 793. 8., Tragedija, o smerti Carja Uroša V., Of. 798. 4., Cwjetnik, Of. 802. 8., Propowjedy s Rossijskago (o. O. u. J.) 3 Bde. 8., *Kant* o smerti, Pjesny u. m. a. — *Dosithej Obradowič* (geb. 1739, gest. 1811) aus Čakowo in Temesvarer Banat, ward 1753 Mönch in Opowo, verliess aber bald das Kloster und seine Landsleute, um anderer Menschen Städte u. Sitten kennen zu lernen, durchwanderte zum Theil zu wiederholten Malen Griechenland, Albanien, Italien, die Türkei, Russland, Teutschland, Frankreich und England, kehrte nach 25 Jahren zu seinen Landsleuten zurück, und starb zu Belgrad als serbischer Senator, Ober-Schulenaufseher und Erzieher der Kinder des Cerny Georg; er schrieb: Basne Ezopowe i pročich raznich basnotworcew, Lpz. 788. 8., Žiwot i priključenija D. Obradowiča (Selbstbiographie). Lpz. 783. 8., Etika, Ven. 803. 8. Sowjeti zdrawago razuma, Of. 806. 8. 2 A. 808., Pjesna na ins. Serb., Ven. 807. 8. Sobranije raznich nrawoučiteljnich weščej, Wien 793. 8. Of. 808. 8., Mezimac Of. 818. 8. — *Gregor Terlaič* aus Mohol in Bacser Gesp. (geb. 1766, gest. 1811.) studirte in Ofen und Wien, ward Secretär des russ. Gesandten Fürst. Golicyn, begab sich hierauf als Prof. nach S. Pet., und st. in Charkow, auf der Rückreise ins Vaterland; er gab heraus: Idea, ili mužeskaja i ženskaja dobrodjetel (a. d. Teutschen), W. 793. 8., Zabawlenije jedinago ljetnago utra, W. 793. 8., Numa Pompilius, Of. 801. 8., einige Oden, mehreres hinterliess er handschriftlich. — *Zacharia Orphelin*, schrieb: Sjetowanije mladago čoweka (a. d. Russ.), Ven. 764. 8., Nastawlenije o sedmych tainstwach, W. 773. 8., Wječny Kalendar, W. 783. 817. 8., Iskusny podrumar Of. 808. 8., einige Gelegenheitsgedichte u. s. w. — *Steph. Wujanowskij*, emeritirter Director der serbischen Nationalschulen, schrieb der erste eine Anleitung zur teutschen Sprache für seine Landsleute: Niemeckaja grammatika W. 772. 8., verfasste eine Gramm. der altslawischen Kirchensprache, die aber nicht gedruckt wurde, übersetzte aus dem Russischen: Kratkaja cerkownaja Istorija, W. 793. 8. — *Abrah. Mrazowič*, emeritirter Director der serbischen Nationalschulen und Senator in Zombor, lieferte mehrere gemeinnützige Schriften, worunter: Magazin za djecu, W. 793. 2 A. Of. 806 ff. 2 Bde. 8., Pastirska igra (a. d. Teutschen), Of. 803. 8., Čelowjekomerzost i raskajanije (a. d. Teutschen), Of. 808. 8., Rukowodstwo k slawenstjej grammaticje, W. 794. 8. N. A. O. 821. 8., Rukowodstwo k slawenskomu krasnorječiju, Of. 821. 8., Rukow. k domatjemu i polskomu strojeniju, Of. 822. 8., mehrere Gelegenheitsoden u. s. w. — *Paul Solarič*, ein thätiger Schriftsteller, liess ans Tageslicht treten: Nowo graždansko zemleopisanije, Ven. 804. 8., Ključič u moje zemleopis., Ven. 804. 8., J. G. Zimmermann o samosti, Ven. 809. 8., Mudroljubac Indijskij, Ven. 809. 8., Swerch wospitanija k čelowjekoljubiju, Ven. 809. 8., Rimljani slawenstwowawšii, Of. 818., Pominak knižeskij, Ven. 810. 8., Ulog uma čelowječeskog u. m. a. — *Lukian Mušickij*, Archimandrit von Sišatowac und Administrator des Karlstädter Bisthums, erwarb sich seit 1798 durch salbungsvolle Oden und Gedichte anderer Art, sowol im kirchenslawischen, als auch im neuserbischen Styl, um die serbische Dichtkunst grosse Verdienste; zu bedauern ist es, dass seine Gedichte, einzeln oder in verschiedenen Almanachen und Zeitschriften gedruckt, auch handschriftlich verbreitet, bis jetzt nicht gesammelt worden sind. — *Prokop Bolić,* Archimandrit von Rakowac, ist Vf. von: Soweršen winodjelac, Of. 816. 2 Bde. 8. — *Paul Kengelac,* Archim. von St. Georg, schrieb: Jestestwoslowije, Of. 811. 8., eine allg. Weltgesch. u. m. a. — *Vikent. Rakić,* Hegumen zu Fenek, ein sehr fruchtbarer Schriftsteller, schrieb unter andern: Swjaščena istor. (a. d. Russ.), Ofen 797. 8., Żertwa Abraamowa (a. d. Gr.), 3te A. Of. 811. 8., Chranilišče duše (a. d. G.), Ven. 300. 4., Istor. o razorenii Jerusalyma, Ven. 804. 8., Besjedownik illiričesko-italianskij, Ven. 810. 8., Cudesa pr. Bogorodici, Ven. 808. 4., Propowjedi, Ven. 809. 4., Molitwi, Ven. 808. 8., Besjeda o zlonpotreblenii duwana, Ven. 810. 8., Žitije sw. Josifa, Ven. 804. 8., Ljestwica, Ven. 805. 8., Nastawlenije o ispowjedi u. s. w. — *Steph. Raić,* Pfarrer zu Essek, schrieb: Razsuždenije o nedostatcje wospitanija, W. 794. 8., Molitwi, Of. 804. 8., Nrawoučitelna knižica za dečicu, Of. 805. 8., Satyr t. j. ukoritel zlych nrawow, Of. 807. 8. — *Basil. Damjanowić* aus Zombor gab heraus: Aritmetika serbskaja, Ven. 767. 8. — *Paul Julinac,* Officier, schrieb: Wowedenije w istor. slaweno-serb. naroda, Ven. 765. 8. — *Mich. Maximowić,* Insp. der Zemliner Contumaz, übersetzte a. d. Teutschen: Čto jest papa, W. 784. 8. — *Alexius Wezilić,* Normal-Schulen-Direktor: Kratkoje opisanije o spokojnoj žizni, W. 788. 8. u. m. a. — *Joh. Muškatirowić,* Advocat, hinterliess: Razmyšlenije o praznici, W. 786. 8., Pričte iliti poslowice, W. 787. 2 A. Of. 807. 8. — *Emm. Jankowić,* Doct. d. Med. u. d. Hall. naturforschenden Ges. Mitgl., verfasste mehreres, worunter: Fizičeskoje soč. o izsušeniju i razdjeleniju wode u wozduchu, Lpz. 787. 8., übersetzte mehrere Lustspiele aus Goldoni: Tergowci, Blagodarny syn, Roždannik, Zao otac newaljao syn u. s. w. — *Mich. Wladisawlewić,* gab 1791 — 92. einige Gedichte einzeln heraus. — *Steph. Nowakowić* übersetzte a. d. Teutschen: Rukowodstwo k domostroitelstwu,

Of. 809. 8. — *Mark. Stojadinowić*: Serb. niem. razgowori W. 793. 8. — *Kir. Žiwkowić*, Bisch. von Pakrac, liess drucken: Swjaščennomučenika Petra Ep. Dam. dwje knigi o čelowječeskom razumje, Of. 803. 4. — *Kosma Josić*: prawila čestnog obchoždenija, W. 794. 8., Prawila učiliščnaja, Of. 805. 8. — *Vikent. Lustina*: Gramm. italian., W. 794. 8. — *Georg Petrowić*: Wengerskaja Gramm., W. 795. 8. — *Nikl. Lazarewić* übers. a. d. T. Žiwot Robinsona Kruzoe, Of. 799. 8. — *Athan. Stojkowić* aus Ruma (geb. 1773), Staatsr. u. Prof. in Charkow, jetzt in S. P., schrieb in serb. Sprache: Fizika, Of. 801—03. 3 Bde. 8., Aristid i Natalija, Of. 801. 8., Kandor, Of. 800. 8., serbskij Sekretar, Of. 802. 8., verschiedene Gedichte: seine russ. Schriften gehören nicht hieher. — *Ant. Josifowić* übers. a. d. T. Strjelci, Of. 804. 8. — *Athan. Neškowić*: Istor. slaweno-bolgarskog naroda, Of. 801. 8. — *Paul Hadžić* übers. a. d. T. Katichisis zdrawija, Of. 802. 8. — *Georg Michajlewić*: Aždaja sedmoglawa, Of. 808. 4. — *Georg Zachariewić*: Plutarch o wospitaniju djetej, Isokr. o blagonrawiju junosti, Of. 807. 8., Plutarch. Zercalo supružestwa, Of. 808. 8. — *Mich. Witkowić*, Advocat in Ofen, gab, ausser mehreren Gedichten in serb. Sprache heraus: Spomen Milice, Of. 816. 8. — *Joh. Berić*, Aktuar bei der Ober-Direction der serb. Normalschulen in Ofen: Pedagogika i Metodika, Of. 813. 8., Šrekowa istorija (a. d. T.), Of. 817. 8. — *Paul Berić*, Advocat, verfasste mehrere Gedichte, und übers. Wielands: Agaton, Of. 820. 8. (1r Bd.) — *Milowan Widakowić* schrieb: Istor. o Josifu, Of. 810. 8., Usamljenyj junoša, Of. 810, Blagowonnyj krin, Of. 811., Ljubow k mladoj Muzy serbskoj, Of. 812., Ljubomir u Elysiumu, Of. 814 — 23. 3 Bde. 8. — *Joach. Wuić* verfasste: Rukowodstwo k franc. gramm., Of. 805., Basne Kakasena, Of. 809. 8., Mladyj Robinzon (a. d. T.), Of. 810. 8., Jestestwoslowije (a. d. T. des Raff), Of. 810. 8., Učilišče dobrodjeteli, Of. 822. 8., Now. zemlje opisanije Of. 825. 8. mehrere Lustspiele: u. s. w. — *Nikl. Simić*: Ikonostas slawnych lic., Of. 807. 8., Aristej, Of. 806. 8., u. a. m. — *Gabr. Kowačewić*, Buchhändler in Zemlin, schrieb: Judit, Of. 808., Stichi o powedenii Kn. Lazara, Of. 810. 8.,

Pjesnoslowka (a. d. Dalm. des Kachich), Of. 818. 8. — *Geras. Beckereki*, Hieromonach in Gergetek, gab heraus: Hufelanda chudožestwo ko produženiju žiwota, Of. 807. 8., Filoz. nauka, Of. 809. 8. — *Athan. Wlahowić*, Pfarrer in Beče: Rječ na grobu J. Grigorijewiča, Of. 807. 8., Slowo o ljubwi Christijanow, Of. 811. — *Joh. Došenowić* hinterliess: Čislenica ili nauka računa, Of. 809. 8., Azbukoprotres, Of. 810. 8. u. m. a. — *Aron Elenić*: Pjesni o izbawenii Serbii, Ven. 807. 8. — *Moyses Ignjatowić*: Agar u pustini, drama (a. d. Russ.), Of. 801. 8., Nastawlenije k blagonrawiju, u šest razgoworow, Of., 813., Artello, Of. 813. 8. u. s. w. — *Sabb. Lazarewić*: Načalo učenija niem. jaz., W. 774. 8. — *Ephr. Lazarewić*: Žitije Suworowa, Of. 799. 8., Moralnaja filozofija, Of. 807. 8., Sobranije moralnich weščej, Of. 809. 8., Glas porfyronosca, Of. 810. 8., Sodružestwa drewnich bogow, Of. 810. 8. — *Joh. Žiwkowić* übersetzte Herders: Palmowo listije, Of. 807. 8. — *Steph. Žiwkowić*: Priključenija Telemaka, Of. 814. 8., Blagodjetelna Muza, W. 815. 8. — *Konst. Marinkowić*, Pfarrer in Neusatz, gab heraus: Plač Rachili, Of. 808. 8., Otkrowenije Amerike (v. Campe) 1r Bd., Of., 809. 8. — *Joh. Rukoslaw* übersetzte Plutarchs: O wospitanii djece Of. 808. 8. — *Euthym. Iwanowić*, Pfarrer in Karlowic, übersetzte a. d. T. Nowyj Plutarch 1r Bd., Of. 809. 8. — *Abr. Maximowić*, Pfarrer in Zombor, ist Vf. eines: Pčelar, Of. 810. 8. — *Dem. Duwidowić*, Secretär des Hospodars von Serbien, Miloš, redigirte in den J. 1814 — 22 die serbische Zeitung in Wien, übers. Eisenmanns: Nastawlenije k blagonrawiju, Of. 812. 8., gab einen serb. Almanach: Zabawnik, W. 815 — 21. u. m. a. heraus. — *Wuk Stephanowić*, Doct. der Philos. und Mitgl. m. gel. Ges., verfasste eine serb. Gramm. Pismenica. W. 814. 8., ein Wörterb. Srpski rječnik, W. 818. 8., sammelte die serb. Volkslieder W. 814 — 15. 2 Bde. 8., N. A. Lpz. 823. 3 Bde. 8. u. m. a. — *Matth. Damjanowić*: Domostroitelstwo, Of. 814. 8. — *Laz. Boić*: Pamjatnik mužem u slaweno-srbskom knižestwu slawnim, W. 815. 8. — *Dem. Isajlowić*: Istor. tergowine, Of. 816. 8. — *Eustachia Arsić*, d. Bürgermeisters in A. Arad Gattin, gab heraus: Maternyj sowjet obojemu polu junosti, Of. 816. 8. — *Paul Athanackowić*, Pfarrer in Zombor, übersetzte: Tysutja i jedan dan, Of. 820 — 22. 2 Bde. 8., Ogledalo čestnosti, W. 823. 8. — *Georg Magarašewić*, Prof. in Neusatz, übersetzte Napoleon's Lebensgesch. Of. 822. 8., verfasste: Istor. europ. najważnij prikljnčenija ot g. 1809 do 1821 W. 823. 8., Srbska ljetopis 3 Hft. Of. 824 ff. 8. — *Greg. Lazić*, Prof. in Karlowic, schrieb: Kratko nastawlenije fizike, Of. 822. 8. — *Steph. Milošewić* übersetzte: Statističeskoje opisanije Serbie, Of. 822. 8. — *Joh. Miokowić* gab heraus: Žitije Ezopowo, Of. 814. 8. — *Sabb. Merkail*: Salo debeloga Jer, Of. 809. 8. — *Ewg. Gyurkowić*, Advocat in Pesth, schrieb: Prawo nasljedija Of. 823. 8. — *Geras. Zelić*, Archimandrit, verfasste eine Selbstbiographie: Žitije G. Z., Of. 823. 8. — *Laz. Miletić*, Otpustnago slowa archierejskago primjer, W. 821. 8., Slowo o wječnom blaženstwje, W. 821. 8. — *Pantel. Michajlowić*: Enkyklopedija, Of. 818. 8. — *Georg Popowić*: Put u raj, Of. 815. 8.

Die übrigen Schriftsteller dieses Zeitraumes sind: *Theod. Abrahamowić, Petr. Asimarkowić, Gabr. Bajčewić, Steph. Baleowić, Mich. Bojadši, Basil. Bulić, Petr. Witkowić, Dem. Georgiewić, Sabb. Georgiewić, Dem. Nikl. Darwar, Mark. Dobrić, Greg. Jakšić, Joh. Joannowić, Laz. Kowačewić, Basil. Kowačewić, Bened. Kraljewić, Man. Malešewić, Alex. Maximowić, N. Messarowić, Joh. Milivoin, Paw. Milinkowić, Joach. Milkowić, Petr. Miloradowić, Joh. Michajlowić, Dem. Nalbanowić, Uroš Nestorowić, Steph. Nowakowić, Petr. Petrowić, Simeon Petrowić, Abrah. Petrowić, Jak. Pejakowić, Sophr. Popowić, Dion. Popowić, Miloš Popowić, Joh. Popowić, Sabb. Popowić, Jos. Putnik, Max. Rašić, Raph. Raškowić, Nikl. Stamatowić, Petr. Saranda, N. Sekereš, Gabr. Stanisawlewić, Sabb. Tököly, Const. Filippowić, Steph. Filippowić, Gabr. Chranislaw u. Dem. Čarnojewić.*[2])

---

[2]) Eine gedruckte Literaturgeschichte wird man da nicht erwarten, wo es noch keine gedruckte Bücherkataloge gibt. Vgl. indess *P. Solarić* pominak knižeskii o slaweno-serbskom w Mletkach pečatanija, Ven. 810. 8. *L. Boić* pamjatnik mužem u slaweno-serbskom kniżestwu slawnim, W. 815. 8. *J. v. Čaplowić* Slawonien u. zum Theil Kroatien (1819) II. Bd. S. 265 — 297. *G. Magarašewić* Serbska Ljetopis 1s Hft. 824. S. 156—160.

§. 24.

Sprache und Schriftwesen der Bulgaren.

Der bulgarische Dialekt, der in Bulgarien und Makedonien von etwa einer halben Million Slawen gesprochen wird, erlitt, nach der Bemerkung des Hrn. Kopitar, im Laufe der Zeit vielleicht unter allen slawischen Mundarten in seinem grammatischen Bau, also in seinem Wesen, die grösste Veränderung und Umgestaltung. Er hat z. B. einen Artikel, den er gleich dem Walachen und dem Albaneser hinten anhängt, von den sieben slawischen Casibus hat er, ausser dem Nominativ und Vocativ, alle eingebüsst — und ersetzt sie, wie der Franzose, Italiener u. a. durch Präpositionen. Slawische Materie in albanesischer Form![1] Diese Entslawisirung des Bulgarischen findet die natürliche Erklärung in der gewöhnlichen Annahme, dass die jetzigen Bulgaren ein Gemisch aus Slawen, Rumunen und Tataren seyen, und sich die Sprache der erstern an denen der zwei letztern abgestossen und fremdartige Elemente in sich aufgenommen habe.

Die frühern Schicksale des bulgarischen Dialekts ruhen im tiefen Schweigen. Da das Hauptvolk, welches die Länder der heutigen Bulgarei im VII. Jahrh. inne gehabt, Slawen gewesen, und das Licht des Christenthums, nach Ritters und Schlözers Angabe (Nestor II. 148), bereits 861, „wo der Car Michael mit Heeresmacht zu Land und zu Wasser gegen die Bulgaren anzog, und ihren Knäz, alle Bojaren und alle ihre Leute bekehrte", zu ihnen gedrungen ist; so unterliegt es keinem Zweifel, dass die, wie oben (§. 10.) als wahrscheinlich angenommen, schon früher bei den bekehrten pontischen und makedonischen Slawen eingesetzte slawische Liturgie auch bei ihnen eingeführt, und hiemit der erste Grund zur Schriftkunde gelegt worden. Kyrills und Methods Bekehrung der Bulgaren, die den Chroniken zufolge in diese Zeit fällt, ist nach den neuesten Untersuchungen des Hrn. Dobrowský eine erwiesene und unwiderlegbare Thatsache; hiemit fallen Schlözers Bedenk-

---
[1] S. Recens. d. slaw. Gramm. v. Dobrowský in den Wien. Jahrb. d. Lit. Bd. XVII.

lichkeiten und Zweifel dagegen zusammen. Vielmehr scheint, allen historischen Combinationen zufolge, das eigentliche alte Bulgarien so recht der wahre Schauplatz der apostolischen Bekehrungsthätigkeit der zwei Brüder gewesen zu seyn. So lange sich die Bulgaren zur orientalischen Kirche bekannten, hatten sie einen eigenen, von jenem zu Constantinopel unabhängigen Patriarchen, der zehn Bisthümer in seinem Sprengel zählte, und die slawische Sprache fand wenigstens bei der Geistlichkeit schon wegen des Cultus thätige Pflege — Johann, Exarch von Bulgarien, übersetzte bereits im IX. Jahrh. das Buch Nebesa aus dem Johannes Damascenus (Dobrowský inst. l. slav. p. VIII. vgl. ob. §. 11); als aber Johann 1157 Bulgarien der römischen Kirche zuführte, und 1203 das ganze Land unter einen Primas von Ternowa gestellt wurde, da musste der slawische Cultus dem lateinischen weichen, bis Johann Asan 1235 die völlige Trennung von den Lateinern bewirkte. Bei dem Volk hingegen scheint die slawische Sprache nie einer andern gewichen zu seyn: noch im J. 1016 schrien die Kundschafter des bulgarischen Fürsten Johann athemlos im Lager: „Bežite, Cesar!" (fliehet, der Kaiser kommt!). Diese ganze Zeit hindurch blieb gelehrtes Wissen dem Lande fremd; nur bei der Geistlichkeit finden sich schwache Spuren davon. Einzelne Fürsten gewannen bisweilen die Wissenschaften lieb, und schickten ihre Söhne Studien halber nach Constantinopel. Kg. Alexander (1385) liess den byzantinischen Chronikenschreiber Constantin Manas ins Bulgarische übersetzen; die Handschrift davon befand sich in der Vaticanischen Bibliothek (Assemani Kalend. Univ. V. 203). Demnach musste hier um diese Zeit die Cultur der altslawischen Kirchensprache in Aufnahme seyn, und gleichen Schritt mit der Pflege, welche diese Sprache in dem benachbarten Serbien fand, halten: ja Galeotus Martius berichtet ausdrücklich (Cap. 28. p. 267.), dass die Türken zur Zeit Matthias Corvinus, Kg. von Ungern, ihre Diplome in der bulgarischen (kirchenslawischen?) Sprache geschrieben haben, und Matthias selbst der bulgarischen Sprache kundig gewesen sey. Als aber im J. 1392 Bajazeth dem Bulgarischen Reich ein Ende machte, zahlten die Einwohner der Bulgarei in den ersten Jahren der türkischen Regirung zwar nur einen mässigen Zins, und genossen sogar einen Schatten von Freiheit; allein sobald der Sultan zuerst in Adrianopel, dann gar in Constantinopel seinen Sitz aufschlug, endigte sich dieser Vorzug. Viele von ihnen traten freiwillig zur muhammedanischen Religion über, andere wurden dazu gezwungen; der grösste Theil blieb aber bei seinem griechischen Ritus und Verfassung. Seitdem verschwand das Schriftwesen in der Bulgarei vollends; die bulgarische Geistlichkeit bezieht jetzt ihre liturgischen Bücher aus andern Ländern, meist aus Russland. Von der römischen Curie geschahen noch im Anfange des XVII. Jahrh. Versuche, die Bulgaren zu gewinnen, und diesem Streben verdanken die von P. *Bogdan Baksich*, Min. Obs. Custos der Bulgarei, in die vulgar-bulgarische Sprache übersetzten Meditationes S. Bonaventurae, Romae typ. propag. 1638., ihre Entstehung. — Ausser Daniels, und auch in Leakes Researches in Greece wiederabgedruckten Tetraglosson — griechischem Comenius, möchte man fast sagen — enthalten die literarischen Beilagen zu der in Wien erschienenen serbischen Zeitung 1820 ff., nebst der bulgarischen Uebersetzung der 285 Wörter des Petersburger vergleichenden Wörterbuchs aller Sprachen, auch Proben in Prosa und Versen, und grammatische Bemerkungen, gesammelt von dem serbischen Lexicographen, Hrn. Wuk Stephanowić, die aber, wie Hrn. Köppen (Kunst u. Alterth. in Russl. S. 27.) sachkundige Bulgaren, welche den Ternauer Dialekt (wol nur Varietät) allen übrigen vorziehen, versicherten, hauptsächlich nur diejenige Mundart (Varietät) betreffen, die an der Gränze Serbiens gesprochen wird. — Das von Ge. Körnern in Wellers Acten aus allen Theilen der Gesch. Th. II. 809. für bulgarisch ausgegebene N. Testament, Moskau 1702. 8., ist nicht in der bulgarischen, sondern in der altslawischen Kirchensprache. Ihn verleitete die von dem bulgarischen Bischofe Theophylactus dem Evangelisten Matthaeus vorgesetzte Vorrede. (Mithridat. II. S. 642.) — In den neuesten Zeiten hat die russische Bibelgesellschaft in S. Petersburg das N. Testament in bulgarischer Sprache übersetzen und drucken lassen.

Vierter Abschnitt.

Geschichte der Sprache und Literatur der katholischen Slawo-Serben (Dalmatiner, Bosnier, Slawonier) und der Kroaten.

§. 25.

Historisch - ethnographische Vorbemerkungen.

Die zwei, geschichtlich verschiedenen, sprachlich sehr nahe verwandten Stämme, der Stamm der Serben abendländischen Ritus in Dalmatien, Ragusa, Bosnien und Slawonien, und der Stamm der Kroaten an der Sawe und Kulpa, hängen in Hinsicht der Geschichte und des Schriftwesens dermassen zusammen, dass die Betrachtung beider nicht bequem getrennt werden kann.
Bereits im III. und IV. Jahrh. nach Chr. beunruhigten slawische Völker die römischen Provinzen des alten Illyricums, und wol mag um diese Zeit, und in den darauf folgenden Jahrhunderten ein grosser Theil des ehemaligen alten Griechenlands von ihnen wenigstens strichweise bevölkert worden seyn (vgl. §. 10. Anm. 9.); aber erst um die Mitte des VII. Jahrh. gelang es dem serbischen und kroatischen Stamm ausgebreitete, feste Wohnplätze im Süden der Donau und der Drawe einzunehmen. Da über die frühern Sitze der Serben und ihre Einwanderung in das alte Illyricum bereits oben (§. 20.) das Nöthige angeführt worden ist: so beschränken wir uns hier auf die Aushebung einiger Angaben aus der kroatischen, oder richtiger kroatisch-dalmatischen, ferner der slawonischen und ragusinischen Geschichte.

I.) Dalmatien und das alte (wahre) Kroatien.

Die ältesten Sitze der Kroaten[1]) scheinen nach Constantin Porphyr., der sie jenseit Bagibariam (welches den westlichen Theil des karpatischen Gebirges, Babie gory, bedeuten soll) stellt, nördlich dem karpatischen Gebirge, und besonders nach Kleinpolen und Schlesien gesetzt werden zu müssen. Seit wie langer Zeit sie diese Gegenden inne hatten, ist nicht bekannt; aber Jornandes sagt schon, dass die Wenden nördlich den Karpaten vom Ursprunge der Weichsel an, in unermesslichen Räumen wohnten, und Prokopius erzählt, dass als die Gesandten der Heruler 494 vom Marchfelde aus zu den Warnern ins Meklenburgische gingen, wo ihr Weg sie durch Mähren und Schlesien führte, sie lauter slawische Völker fanden. Sie hatten ihre eigenen Fürsten; einige derselben schickten 620 — 639 an den Ks. Heraklius, und baten ihn um Wohnplätze. Er wies ihnen Dalmatien an, welches die Awaren den Römern weggenommen hatten. Es machten sich nun fünf grosse Stämme (den Chroniken zufolge unter Clucas, Lobelus, Kosentzes, Muchlo, Chrobatos und den zwei Schwestern Tuga und Buga) auf, und wanderten, wahrscheinlich durch die slawischen Länder Oesterreich, Kärnten, Steiermark hinab, um ihre neuen Sitze aufzusuchen. Diese Oberhäupter waren vorher mit dem Ks. Heraklius darüber übereingekommen, dass sie Dalmatien den Awaren entreissen, und dann das Land unter kaiserlicher Oberherrschaft besitzen sollten. Was die Ursache dieser Auswanderung gewesen, wird zwar von Constantin nicht angegeben; da aber nach Nestor im J. 627 unzählige Schwärme von Slawen, welche an der Donau wohnten, durch die barbarischen Misshandlungen, die sie von den Wlachen und Bulgaren erfuhren, gezwungen nach Norden zu wanderten, Polen,

---
[1]) Constant. Porphyr., Joh. Lucius und Anselm. Banduri leiten das Wort: Kroat, Krobat von dem Griechischen χώρα (οἱ τὴν πολλὴν χώραν κατέχοντες), sonderbar genug, ab. Andere meinen, es komme von *gora* Berg her. Adelung bringt es mit *Karpat* in Verbindung. Nach Dobrowský weisen die Namen: *Chrwat* im Altslawischen, *Charwat* im Dalmat. und Böhm., *Chorwat* im Kroat., *Chrowat* im Krainischen auf die Stammsylbe χρв *Chrw* hin, deren Bedeutung sich nicht angeben lässt. S. Dobrowský inst. ling. slav. p. 213 — 14.

Pommern und die Marken erfüllten, da 634 auch ein avarischer Befehlshaber, Kovrat, die Anten und Slawen, welche nördlich dem schwarzen Meere sassen, vertrieb, und diese ihre Zuflucht grösstentheils nach Norden zu nahmen; so mochte wol den Kroaten an der Weichsel und in Schlesien der Raum zu enge werden, und sie darum wenige Jahre nach jener Einwanderung den Entschluss fassen, auszuwandern [2]). Der Krieg mit den Awaren dauerte einige Jahre, nach deren Besiegung die dalmatischen Slawen kroatischen Stammes einen eigenen Staat organisirten, patriarchalisch in Żupanien vertheilt, jedoch unter byzantinischer Oberherrschaft, und sich zum Christenthum bekehrten (630 — 640. [3]) Bald darauf langten, durch das Beispiel ihrer Brüder, der Kroaten, bewogen, die Serben an, und nahmen die von den Kroaten noch nicht besetzten Länder ein, namentlich das alte Mösien unter Belgrad (Serbien), Zachulmien (Hercegowina), Terbunia, das Land der Narentaner und der Diokleaten von Ragusa bis Dekaterä, Durazzo u. Antivari. Kurz darauf halfen die Kroaten dem Exarchen von Ravenna wider die Longobarden, wanden sich allmälich vom orientalischen Reiche los, und machten auch im Christenthum Rückschritte. Der erste bekannte kroatische Erzżupan ist Mislaw um das J. 820. Unter einem seiner Nachfolger Crescimir kettete sich Dalmatien wieder an das orientalische Reich und den orientalischen Glauben, erklärte sich aber schon unter Branimir 879 für die occidentalische Kirche. Im J. 904 verwüsteten die Ungern Dalmatien. Von 1000 — 1100 behaupteten die Venetianer das Küsten-Dalmatien und die Inseln; die kroatischen Fürsten das innere Land. Allein Koloman, Kg. von

---

[2]) Im IX. Jahrh. geschieht noch der Kroaten in Schlesien Meldung. Nach Worbs gab es zwei Provinzen dieses Namens, eine in Kleinpolen, die andere in den Gebirgen Oberschlesiens.

[3]) Nach Engel haben die Kroaten bereits um das J. 630 unter Porinus nach Rom geschickt, und liessen um Lehrer und Täufer bitten. Die Bitte zwar ward ihnen gewährt, und eine Anzahl Bischöfe hingeschickt, vermuthlich aber wurden sie von Rom aus an den Kaiser angewiesen, durch den sie die weitern Schritte zu machen hätten. Heraklius, angegangen von den Kroaten, schickte einen eigenen Gesandten nach Rom, erhielt von da aus mehrere Priester, und so setzte er aus den Kroaten selbst Erzbischöfe, Bischöfe, Priester und Diakonen. Damals war schon Porgas oberster Führer der Nation. Th. II. S. 454—54.

Ungern, eroberte nach einer Schlacht mit dem kroatischen Fürsten Peter die Städte Zara, Trau, Spalato 1102 — 1105, und die Ungern wurden nun Meister des festen Landes und der Seeküste vom nördlichen Dalmatien, die Veneter von den Inseln, jedoch unter beständigen Kriegen und Abwechslungen 1100 — 1421. In der darauf folgenden Periode 1420 — 1797 verloren sowol diese, als auch jene beinahe alles an die Türken, denn nur ein kleiner Theil von Dalmatien verblieb Venedig, und Ungern nur Slawonien und ein Theil von Kroatien. Der Friede von Campo Formio brachte endlich das venetianische Dalmatien nebst seinen Inseln bis Cattaro unter Oesterreichs Herrschaft, dagegen die Republik Frankreich den Rest sich zueignete. Im J. 1809 beschloss Napoleon in seiner erträumten Allmacht das alte Illyricum aus dem Grabe zu wecken, und errichtete die illyrischen Provinzen aus den Ländern jenseits der Drawe, dem Littorale, dem Kreise Villach u. Krain. Nach Napoleons Sturz sind diese Provinzen Oesterreichs rechtmässigem Scepter von neuem unterworfen.[4])

2.) Das neue Kroatien.

Die heutigen sogenannten kroatischen Comitate Zagrab, Kreuz, Warasdin, wurden vor Zeiten unter dem Namen Slawonien mitbegriffen, und waren durch die

---

[4]) Vgl. im Allg. die Schriften von Assemanus, Andr. Dandulus Seb. Dolci, Karl du Fresne Seigneur du Cange, Szászky unter dem Namen des Graf. v. Keglevich (Pressb. 1746), Dan. Farlatus, Cas. Freschot, Fortis, Kéri, Kercselics, Lourich, Joh. Lucius, Mauro-Urbinus (Ragusius, Abbas Melitensis, bei d. Italien. Orbini, dessen: Regno degli Slavi, Pesaro 601. f., russisch v. Th. Prokopowič S. P. 722. 4.), Marcus Marulus, Thomas Archidiaconus v. Spalato, u. m. a. — Der älteste dalmatische Chronist ist der anonyme *Presbyter aus Dioklea*, der eine Gesch. von Dalm. in slaw. Sprache geschrieben (um 1161), übers. ins Latein. v. Marulus 1510, erschien in Schwantneri Script. rer. hung. T. III. — *Andr. Cacich* razgovor ugodni naroda slovinskoga, Ven. 759. 801. Lat. v. Em. Pavich, descriptio regum, banorum et heroum illyric., Budae 764. 8.; mehr Poesie als Gesch.— *V. Priboevii* orat. de orig. successibusque slavor. Ven. 532. 4. Ital. eb. 595. — *Gr. Ratkay* mem. regum et banor. reg. Dalm, Croat. et Slav. Wien 652. 773. 4. — *Ph. Riceputi* prospectus Illyr. sacri, Patavii 720 fol. — *(Gianantonio Bomman)* storia civile ed ecclesiastica della Dalmazia, Croazia e Bosna, Ven. 775. 8. — *S. J. v. Hohenhausen* Illyrien, d. i. die Gesch. dieses Landes, Essek 777. 4. — *Gebhardi* in d. allg. W. G. Bd. XV. S. 384 ff. — *J. Ch. v. Engel* Gesch. d. ungr. Reichs u. s. Nebenländer, 2r Th. Gesch. von Dalm. Kroat. u. Slawon., Halle 798. 4. Vgl. auch §. 20. Anm. 3.

Kulpa so begränzt, dass alles, was schon über der Kulpa lag, bis an das Gebiet der Seestädte, deren Ufer sammt Gebiet das eigentliche Dalmatien bildete, zu Kroatien gehörte. Hieraus folgt von selbst, dass das wahre alte Kroatien nur im Süden der Kulpa, unbestimmt wie tief hinein in Bosnien, Dalmatien und Istrien zu suchen, und die Geschichte des damaligen Kroatiens mit der Geschichte des heutigen Dalmatiens eins sey. Die Geschichte der heutigen kroatischen Comitate, oder des Provincialkroatiens, hängt hingegen mit der Geschichte des heutigen Slawoniens zusammen.

Das Reich der Awaren in Pannonien fand seinen Untergang durch die Franken. Karl der Grosse fiel 791 mit einem grossen Kriegsheer den Awaren ins Land ein, siegte allenthalben über sie, und drang bis zum Einflusse der Raab in die Donau vor. In den darauf folgenden Jahren vollendete der italienische König Pipin, Karls Sohn, die awarische Eroberung. Er erhielt von seinem Vater den Befehl, das eroberte Land in eine Provinz zu verwandeln, und sorgte daher für neue Pflanzbürger, welche er von der Raab bis an die Sawe und Drawe der Gerichtsbarkeit des Erzbischofs von Salzburg in geistlichen Sachen unterwarf. Unter diesen Umständen fand die Bitte der Kroaten, welche seit 640 sich in Dalmatien niedergelassen und sehr vermehrt haben, und nun um Sitze in der Pannonia Savia zwischen der Sawe u. Drawe baten, um desto eher Eingang; sie durften in diesen Gegenden sich niederlassen, nur musste ihr Fürst fränkische Oberherrschaft erkennen. Auf diese Weise entstand das nachmalige Kgrch. Slawonien durch kroatische Colonisten im J. 798. — Die Ungern besetzten schon sehr früh das Land bis an die Kulpa; denn schon ums J. 901 verwüsteten sie Kärnten und Krain. Sicher ist es, dass Ladislaus nach dem Tode Zwonimirs Slawonien bis an die Kulpa besetzte (1091). Koloman befestigte den neuen Besitz durch Eroberung von Kroatien und Dalmatien. Sein Bruder Almus, Herzog von Slawonien, legte den ersten Grund zu einer eigenen Municipalverfassung dieses Landes unter apanagirten Prinzen. Unter den Königen aus verschiedenen Häusern wurden die apanagirten Prinzen seltener; und Ludwig I. trachtete Slawonien oder das heutige Kroatien immer mehr zur Einförmigkeit mit Ungern zu bringen, aber unter Sigismund ging alles zurück. Erst Matthias Corvinus brachte Slawonien auf einen gleichförmigen Fuss mit Ungern. Unter Oesterreich hiess das alte Slawonien lange Kroatien und Slawonien, nach Wiedereroberung des heutigen Slawoniens Kroatien allein; und geniesst nun nach viel vergossenem Blute unter dem sanften Scepter der österreichischen Regenten eine beglückende Ruhe.[5]

3.) Slawonien.

Die drei Comitate Syrmien, Pozsega, Verőcze, machen seit einer Reihe von Jahrhunderten einen integrirenden Bestandtheil von Ungern aus. In den ältesten Zeiten erhielt sich Syrmien, selbst unter den Awaren, immer unter byzantinischer Hoheit. Nach Vertilgung der Awaren siedelten sich hier Slawen an. Das Land war von den Bulgaren sehr mitgenommen; hatte aber eigene Fürsten an Borna, Ljudewit, Ljudemysl. Auch mit den Mähren in Pannonien kamen die Slawonier zum Zusammenstoss. Endlich wurden sie den Ungern unterworfen, mit Ausnahme von Syrmium, welches sich unter dem Schutze von dem heutigen Belgrad noch immer unter byzantinischer Hoheit hielt. Dass die Ungern schon auf ihren ersten Streifzügen bis nach Spalato gelangten, und also auch Slawonien sich unterwarfen, leidet keinen Zweifel. Nach Kercselics hat schon der h. Stephan Slawonien besessen. In den Reichsunruhen nach seinem Tode mag diese Provinz durch Crescimirs, Erzžupans von Kroatien und Dalmatien, Eroberung verloren, unter den folgenden Königen aber wieder zurück geholt worden seyn. Im XII. Jahrh. wurden Syrmien und Slawonien an die Byzantiner abgetreten, aber 1165, als Bela III., der byzantinische Client, den Thron bestieg, kam alles wieder

---

[5] *M. P. Katancsich* in veterem Croatarum patriam indagatio philologica, Zagrab. 790. 8. — *Vitezovich* (v. *Ritter*) kronika aliti szpomenek vszega szveta vekow, Zagrab. 762. — *Blaskowich* dissert VII. de Savia provincia et republ. Andautonia, Zagrab. 781. fol. — Die hieher gehörenden Mss. hat *Kercselich* polit. inst. L. II. und daraus Engel Th. II. S. 145 ff. verzeichnet.

ans ungarische Reich. Neue erschütternde Auftritte für Slawonien kamen von den Türken her, die im XV. Jahrh. öftere Einfälle in dasselbe thaten. Im J. 1521 fiel Belgrad, und bald darauf, nämlich 1524 ganz Slawonien den Türken in die Hände. Nach der Schlacht bei Mohács (1526) ging die Veränderung im Namen und in der Sache vor, dass die drei Comitate Zagrab, Kreuz und Varasdin sich dem österreichischen Schutz unterwarfen, und auf sie, ungeachtet sie bis dahin den Haupttheil von Slawonien ausgemacht hatten, der Name Kroatien angewandt war. Unter Slawonien hingegen fing man an, die unglücklichen Comitate Syrmien, Pozsega, Verőcze und Valpo zu verstehen, welche fortdauernd unter dem türkischen Joche schmachteten. Leopold I. entriss den Türken seit 1683 in 15 Kriegsjahren Slawonien, und behielt dasselbe auch im Karlowizer Frieden 1699. Die Uebersiedelung der Serben, 1690, noch ehe ganz Slawonien zurückerobert war, gab dem während der türkischen Unterjochung ganz verödeten Lande einigermassen seine Einwohner wieder; und in den J. 1745 — 55, und zuletzt 1807 erhielt sowol das jetzige Slawonien, als auch Kroatien, seine gegenwärtige, militärisch-politische Verfassung.[6]

4.) Ragusa.

Das alte Rausia, wohin sich die Einwohner des Epidauros, von Barbaren gedrängt, geflüchtet hatten, wurde im VII. Jahrh. von Slawen serbischen Stammes bevölkert. Durch Handel mit benachbarten Völkern erblühte hier ein Staat, der frei gegen das Ausland, in seiner glänzendsten Periode nicht über 70,000 Einwohner zählte. Die Republik Venedig suchte zwar den kleinen Freistaat an sich zu bringen; allein dieser hielt sich lieber an das griechische Kaiserthum. Die innere Verfassung war aristokratisch nach Art der venetianischen; die Gesetze wurden 1272 gesammelt. Im J. 1357 begab sich die Republik unter ungrischen, und bald darauf unter türkischen Schutz. In unsern Tagen fand sie in den von Frank-

---

[6] *Engel* a. a. O. C. B. v. *Hietzinger* Statistik der Militärgränze des österr. Kaiserthums Wien 817 — 22. 2 Bde. 8.

reich ausgehenden gewaltigen Erschütterungen ihr Ende. Nachdem sie eine Zeitlang dem fanzösisch-italienischen Reiche einverleibt gewesen, fiel sie dem österreichischen Staate anheim, und bildet nun einen Kreis des zu diesem Staate gehörenden Königreichs Dalmatien. In literärischer Hinsicht ist Ragusa vorzüglich als die Wiege der dalmatisch-ragusanischen Nationalliteratur merkwürdig.[7])

Das Königreich Dalmatien, ein Küstenland am adriatischen Meere, enthält in den vier Kreisen: Zara, Spalatro, Ragusa und Cattaro, ungefehr 300,000 slawische Einwohner, das Menschencapital des türkischen Antheils, Sandschak Hersek (Hercegowina) mit der Hauptstadt Trebinj (gegen 80,000) nicht hinzugerechnet. Ausser 70,000 griechischen Ritus, die ihren Bischof in Sebenico haben, bekennen sich die übrigen Dalmatiner (gewöhnlich Morlachen, Morlacken, auch wol Montenegriner genannt) sämmtlich zur römisch-katholischen Kirche. — Das heutige Kroatien, ein zur ungrischen Krone gehöriges Königreich, mit etwa 700,000 slawischen Einwohnern, zerfällt nun, nach der Rückgabe des illyrischen Civilkroatiens (des neuen Karlstädter Kreises, zwischen der Sawe und der Karlstädter Banalgränze, welcher eine Zeit lang zum Königreich Illyrien gehörte), in das Provincial-Kroatien (die drei Comitate Zagrab, Kreuz, Varasdin) mit gegen 303,000 Einw., und in das Militär-Kroatien (aus dem Karlstädter u. Varasdiner Generalat, und der Banalgränze bestehend), mit gegen 397,000 Einw., wozu noch, in ethnographischer Hinsicht, der türkische Antheil, Sandschak Banjaluka im Westen von Bosnien, mit ungefehr 30,000 Einw. hinzuzählen ist. Auch die Kroaten bekennen sich der Masse nach, mit Ausnahme der 174,000 Griechischgläubigen im Karlstädter Bisthum, zur römisch-katholischen Religion. — Slawonien, ein ebenfalls der ungarischen Krone zugehöriges Königreich, und wie Kroatien in das Provinciale (die Gespanschaften Verőcze, Pozsega, Syrmien) mit gegen 280,000 Einw., und Militare (das Peterwardeiner Generalat bestehend aus den drei Regimentern: Brod, Gradiska und Peterwardein) mit gegen 210,000 Einw., eingetheilt, ent-

---

[7]) *J. Ch. v. Engel* Gesch. d. Freistaates Ragusa, Wien 807. 8.

hält insgesammt ungefehr 500,000 slawische Individuen, die sich zum Theil (253,000) zur römisch-katholischen, zum Theil aber (247,000) zur griechischen Religion bekennen. — Nimmt man alles Obige zusammen, schliesst die in Dalmatien, Kroatien und Slawonien wohnenden, in literärischer Hinsicht schon oben (§. 20 ff.) unter den Slawoserben mitbegriffenen, Griechischgläubigen aus, und schlägt die religions- und schriftverwandten katholischen Bosnier hinzu; so ergibt sich daraus das gesammte Menschencapital der katholischen Slawoserben (Dalmatiner, Kroaten, Slawonier, Bosnier) zu 1,219,000, wobei jedoch die katholischen Bulgaren nicht mitbegriffen sind. [8])

---

[8]) Vgl. ausser den allg. Werken (*Korabinskys* geogr. hist. und Producten-Lexicon von Ungern, Pressb. 786. 8. *Eb.* geogr. hist. u. Producten-Lexicon von Kroat. Slawon. u. Dalmat., Wien 789. *Bisinger* Generalstatistik d. österr. Kaiserth., Wien 807 — 09. 2 Bde. 8. *Eb.* Grundlinien e. Statist. d. österr. Kaiserth., Wien 816. *Rumy* geogr. stat. W. B. d. österr. Kaiserth., Wien 809. *André* geogr. statist. Beschr. d. österr. Kaiserth., Weimar 818. — *J. M. v. Liechtenstern* Handb. d. neuesten Geogr. d. österr. Kaiserstaats, W. 817 — 18. 3 Bde. 8. — *G. Hassel* vollst. u. neueste Erdbeschr. d. österr. Kaiserth., Weim. 819. 8.), ins Besondere über *Dalmatien*: *Engel* Staatskunde von Dalmatien, Kroatien u. Slawon. im 2ten Th. d. Gesch. von Ung. 798. — Die illyr. Provinzen u. ihre Bewohner, Wien 812. 8. — *A. Fortis* Reise nach Dalm. a. d, Ital., Bern. 777. 8. *Eb.* Sitten d. Morlaken, Bern 775. 8. — *J. Wynne* Gräfin v. Ursini u. Rosenberg, die Morlaken, a. d. Franz. v. S. G. Bürde, Bresl. 790. Halberstadt 794, Lpz. u. d. Titel: Jella od. das morlak. Mädchen 797. 8. — *Hacquet* Abbildung u. Beschreib. der südwestlichen u. östlichen Wenden, Illyrer u. Slawen, Lpz. 801. ff. 5 Hfte. — Illyrien u. Dalmatien (in dem Miniaturgemälde der Völker- und Länderkunde), Pesth 816. 2 Bde. kl. 8. — *Bartenstein* Bericht von der Beschaffenheit d. illyr. Nation in d. k. k. Erblanden, Frankf. u. Lpz. 802. (762). — (*Rohrer*) Versuch über d. slaw. Bewohner der österr. Monarchie, Wien 804. 2 Bdchen 8. — *Teleki* Reisen durch Ungern u. einige angränzende Länder, Pesth 805. — *E. F. Germar* Reise nach Dalmat. u. Ragusa Lpz. 817. 8. — *R. F. H**g* Reisen durch d. österr. Dalm. Illyr. Alban., Meissen 822. 5 Bde. 8. — Ueber *Kroatien*: *Vukassovich* Beschreibung des Karlstädter Generalats, im ungr. Magazin 784. III. Bd. — Gr. *Vinc. Battyány* über d. ungr. Küstenland in Briefen, Pesth 805. 8. — *Demian* statist. Beschreib. der Militärgränze, Wien 806—07. 2 Bde. — *Marcel de Serres* voyage en Autriche, Paris 814. 4 Bde.— *C. B. v. Hietzinger* Statistik der Militärgränze der österr. Kaiserth., Wien 817 — 22. 2 Bde. 8. — Ueber *Slawonien*: *F. W. v. Taube* hist.-geogr. Beschreibung des Kgr. Slawonien u. d. Hzg. Syrmien, Lpz. 777 — 78. 3 Bde. 8. — Iter per Poseganam Slavoniae provinciam 1782 susceptum a M. Piller et L. Mitterpacher, Budae 783. 4. — *C. B. v. Hietzinger* Stat. d. Militärgränze. — Illyrien und Dalmatien im Miniaturgem. d. Völker- und Länderkunde. — *J. v. Čaplovič* Slawonien u. zum Theil Kroatien, ein Beitrag zur Völker- und Länderkunde, Pesth 819. 2 Bde. 8.

§. 26.

Sprach- und Stammverwandtschaft der Dalmatiner u. Kroaten.

Bei der Untersuchung der frühern und neuern Schicksale der Sprache der katholischen Slawoserben u. Kroaten in Dalmatien, Slawonien u. Kroatien stösst man auf Verwickelungen, die den Gegenstand äusserst schwierig machen. Das seltsame Gewirre von Gränzverrückungen, Volksübersiedelungen, vom Glaubens-, Regirungs- und Verfassungswechsel u. s. w., spiegelt sich ab in dem Gebilde der Sprache dieser vielfach in und durch einander verschobenen Slawenzweige. Wirft man einen Blick auf die Länder, die von den Dalmatinern, Kroaten u. Slawoniern bewohnt werden, und hält sich bloss an ihre Namen, so sollte man glauben, dass man hier mit drei verschiedenen Stämmen, den Dalmatinern, Kroaten und Slawoniern, und eben so vielen slawischen Mundarten zu thun habe; allein die Geschichte und die Erforschung der Sprache läugnen diese getrennte Existenz der drei Stämme und Mundarten. Denn zuvörderst sind die Dalmatiner und heutigen Slawonier, so wie die Ragusaner und Bosnier, nach aller Geschichte und Erfahrung Slawen serbischen Stammes; die Bewohner des wahren (alten) Kroatiens im Süden der Kulpa hingegen, die Kroaten, sollten nach Constantin Porphyr. für einen besondern Stamm gehalten werden, während nach unserer Erfahrung die Sprache in diesen Gegenden weder in Grammatik, noch in Lexicon sich bedeutend genug von der serbischen der Dalmatiner unterscheidet. Der Provincialkroate aber, der jetzt schlechthin Kroate genannt wird, heisst noch nicht drei Jahrhunderte nur geographisch so, und wurde bis dahin selbst geographisch zu den windischen Slowenzen gerechnet, wohin er auch der Sprache nach gehört. Dem zufolge ist die Sprache der heutigen sogenannten Kroaten, die augenscheinlich in Militär-Kroatien (in dem Karlstädter u. Varasdiner Generalat und in der Banalgränze) mit der serbisch-dalmatischen, in Provincial-Kroatien (in den Comitaten Zagrab, Kreuz und Varasdin) aber mit der slowenischwindischen Mundart zusammenfällt, allenfalls nur eine schwache Nuance dieser beiden, keineswegs aber ein für sich bestehender Dialekt: was im geraden Widerspruche mit Constantin Porphyr. Ausscheidung des kroatischen Stammes von andern slawischen Völkern steht. Selbst Slawonien, wiewol jetzt meist mit serbischen Flüchtlingen und Colonisten bevölkert, ist nur ein Theil des alten windischen Landes, daher ihm auch der Name geblieben.*) Da es indess bei unserer Betrachtung der Schicksale der slawischen Literatur in diesen Ländern nicht auf das Scharfe der Dialektenstellung ankommt, da ferner die Bewohner dieser drei slawischen Königreiche, die im Laufe der letzten drei Jahrhunderte zu ihrer jetzigen Gestalt und Begränzung gekommen sind, nach und nach eine eigene, besondere, bald nach lateinisch-italienischer, bald nach lateinisch-ungrischer Combination eingerichtete Orthographie eingeführt und hiedurch den Unterschied ihres Schriftwesens — zum grossen Ueberfluss und wahren Aergerniss aller Slawisten — begründet haben: so wollen wir die Ergebnisse ihres geistigen Lebens, sofern sich dasselbe in der Nationalsprache kund that, nach ihrer heutigen geographischen Stammbegränzung betrachten.

§. 27.

Charakter der Sprache der Dalmatiner und Zweige der dalmatisch-kroatischen Literatur.

Die Sprache der Dalmatiner ist mit einigen geringen Abweichungen die serbische Mundart. Diese Abweichungen betreffen vorzüglich die Aussprache des Vocals *i* statt *je* oder *e*: *lipo* st. *ljepo* od. *lepo*; *diwojka* st. *djewojka* od. *dewojka*, und einige von den nächsten Nachbarn entlehnte fremde Wörter. Das Serbische in Dalmatien zerfällt aber wiederum, wie jede lebende Sprache, in mehrere Varietäten; so unterscheidet Caraman das *Dalmatinische* (*poslal sam, rekal sam*) von dem *Ragusanischen*

---

*) (*Kopitar*) Recens. d. slaw. Gramm. von Dobrowský in d. Wiener Jahrb. d. Liter. Bd. XVII. 1822.

(*poslo sam, reko sam*) und dem *Narentanischen* (*poslá sam, reká sam.*) Die Eigenschaften dieser Sprache können nun nach dem oben gesagten keine andern seyn, als die der serbischen. Eine Auszeichnung verdient vor allem der Wolklang der Landesmundart, eine Frucht der italienischen Nachbarschaft. Wenn man die Stimmen der Inländer (Appendini, Stulli, Sorgo u. a.) hört, so muss man freilich die dalmatische Mundart allen andern Slawinen vorziehen. Zu stolz auf ihre Abkunft u. Sprache, geben sie sich selbst das Zeugniss, sie seyen die ältesten aller Slawen, und ihre Sprache der reinste aller slawischen Dialekte, und die Ausländer, des Widerspruchs nicht gewahr, schreiben und sprechen ihnen dieses ohne Bedenken nach. Unrühmlich wäre es, wenn die' italienische Nachbarschaft keine Spuren in der Sprache zu ihrem Vortheil hinterlassen hätte; aber Wolklang ist noch kein Voll- oder Allklang der Sprache, so wie der Schönheitssinn noch kein Gesammtsinn des menschlichen Geistes ist. Die gebildet und möglichst vollkommen seyn sollende Sprache hat überhaupt in ihrer dreifachen Gestalt, als Sprache der Prosa, der Oratorie und der Dichtkunst, mehrere Bedürfnisse des menschlichen Geistes zu befriedigen, als den des Klanges allein. Bis demnach, zur Entscheidung, ob denn der Dialekt der Dalmatiner wirklich der älteste, reichhaltigste, reinste u. schönste sey, die übrigen neun od. zehn Mitinteressenten ihre Stimmen abgeben, bleibt die Sache immer einigem Zweifel unterworfen.

Das dalmatische, und, wie unten bemerkt werden soll, zum Theil auch das kroatische Schriftwesen theilt sich von jeher in die Kirchen- und die Profanliteratur. Jeuer ist die altslawische Kirchensprache mit einem besonderen - *glagolitischen*, dieser die gemeine Landesmundart mit lateinsichem Alphabet eigen.

§. 28.

Ursprung und Schicksale der glagolitischen Literatur der Dalmatiner und Kroaten.

Die erste Bekehrung der Dalmatiner und Kroaten geschah, wie oben (§. 25. Anm. 3.) gesagt worden, von

Rom aus, entweder schon im VII. Jahrh., oder sicherer erst zu Anfange des IX. Jahrh. Unter Branimir nämlich (879 — 86) war ganz Dalmatien und Kroatien katholisch. Hieraus ist klar, dass in diesen Gegenden die Cultur der Landesmundart um diese Zeit noch nicht beginnen konnte, indem die lateinische Sprache die des Cultus und der Regirung geworden ist. Aber kaum waren Methods Erfindung und Unterricht in diese Gegenden gedrungen, so rissen sich die dalmatischen und kroatischen Slawen von der lateinischen Sprache bei der Liturgie los, und schlossen sich willig an die slawische an, wozu die damals äusserlich noch bestehende Kircheneinheit nicht wenig beigetragen haben mag. So war denn die Literalsprache der Slawen auch hier eingeführt. Sobald die lateinischen Eiferer auf die entfernten Folgen der Unternehmung aufmerksam wurden, setzten sie sich aus allen Kräften dieser Neuerung entgegen. Zwar wurde die slawische Liturgie bei Kyrills und Methods Lebzeiten in einigen Gegenden, wie in Mähren, vom päbstlichen Stuhl zugelassen, in andern, wie in Bulgarien, einstweilen geduldet; aber in Dalmatien und Kroatien selbst erfuhr sie den heftigsten Widerspruch. Eine zur Zeit Johanns X. abgehaltene Synode untersagte den Gebrauch derselben gänzlich. Nichts desto weniger brauchte man in den kroatischen Gegenden im XI. Jahrh. beim Gottesdienst noch immer die slawische Sprache. Die dalmatischen Seestädte klagten darüber bei dem Pabst, und Nikolaus II. schickte 1059 den Abt Mainard von Casino, der nach der Hand Bischof von Selva wurde. Dieser hielt zu Spalato abermals eine Synode, und verbot die slawische Liturgie nochmals, erklärte ihre Erfinder für Ketzer, und befahl die Kirchen zu schliessen, wo der Gottesdienst kroatisch gehalten werden würde. Die slawischen Priester waren so unwissend, dass sie sich nicht einmal auf den Kyrillus und Methodius und die schon damals von Rom aus gegebene Entscheidung in dieser Sache zu berufen verstanden. Der kroatische König bestättigte ohne weiters die Synodalschlüsse. Im J. 1061 ff. wollte ein fremder Priester, Ulfus (vielleicht ein teutscher Wolfgang), helfen, und reiste nach Rom; nach seiner Rückkehr (denn der Pabst wollte erst nähern Bericht von einigen Nationalen selbst erwarten), veranlasste er eine Zusammenkunft der Kroaten in einer Ebene von Zeng, von wo aus sie zwei Abgeordnete an den Pabst abfertigten, nämlich einen unwissenden Geistlichen, Cededa, aus ihrem Mittel, den sie zum Bischof vorschlugen, und einen Benedictiner-Abt. Die zwei Abgeordneten kamen nach Rom, und Ulfus machte ihren Dolmetsch. Der Pabst Alexander II. beharrte auf dem Eifer wider den Slawonismus, und schnitt dem Cededa selbst die Haare seines Bartes weg. Ulfus der Dolmetscher hingegen, machte dem Cededa weiss, dass durch diesen Actus der Pabst alles gut geheissen, und ihn zum Bischof bestätigt habe. Cededa fing also nach seiner Rückkehr an, sich als Bischof aufzuführen, ja sogar in die Rechte und den Sprengel des Bischofs von Veglia einzugreifen. Durch diess Benehmen war der Betrug gar bald entdeckt; Ulfus ward, laut Schlusses einer Synode zu Salona unter dem Vorsitz des Cardinals Johannes, 1064 gegeisselt, gebrandmarkt und ins Gefängniss geworfen; Cededa aber in den Bann gethan, und das Verbot des slawischen Rituals wiederholt. Dennoch erhielt sich Cededa unter dem Schutze seiner Landsleute bei diesem Amte, bis zu seinem bald hernach erfolgten Tode. Um diese Zeit, scheint es, verfiel irgend ein Dalmatier auf den Gedanken, zum Behuf der slawischen Liturgie und für die Anhänger der lateinischen Kirche, neue, von den kyrillischen verschiedene Buchstaben zu erkünsteln, um das aus den kyrillischen Büchern geborgte besser zu verhehlen, und sie, um ihnen leichter Eingang zu verschaffen, dem grossen Kirchenlehrer und Bibelübersetzer Hieronymus zuzuschreiben. Diess ist das sogenannte *glagolitische*, dem jetzt bei den Russen und Serben griechischen Ritus gebräuchlichen *kyrillischen* entgegengesetzte Alphabet, dessen sich die slawischen Priester der abendländischen Kirche in Kroatien und Dalmatien bis jetzt bedienen. Man schrieb nun die liturgischen Bücher mit diesen Schriftzügen um, die Sprache aber blieb, bis auf einige wenige Abweichungen, die altslawische. Ueber den Ursprung und die Benennung dieses Alphabets sind übrigens zu allen Zeiten die mannigfaltigsten Hypothesen aufgestellt worden. Die älteste Meinung ist wol die von Glagoliten (Priestern in Dalmatien, die aus slawischen Missalen nach dem römischen Ritus die Messe lesen), vorgegebene, dass der h. Hieronymus der Erfinder dieses Alphabets, und hiemit der Urheber der glagolitischen Literatur sey; eine Meinung, die an sich unhaltbar und schon längst gründlich widerlegt worden ist. Der Graf Grubissich stieg noch höher hinauf, und suchte den Ursprung der glagolitischen Schriftzüge bei den Phrygen und Thraken, in den Runen der Geten und Gothen. Dobner u. Schimek vertheidigten das Alphabet gegen die Beschuldigung eines vorsätzlichen frommen Betrugs, welcher damit gespielt worden seyn soll, wenn sie sich gleich nicht getraueten, das Entstehen desselben bestimmt anzugeben. Dr. Anton hielt es, selbst mit hieronymischem Alter nicht zufrieden, für uralt, für ursprünglich slawisch. Alter leitete es aus dem Lateinischen ab, Linhard aus dem Griechischen: beide versetzten es ins V. Jahrh., kurz nach Hieronymus Tod. Durich, anfangs ein Gegner der angeführten Hypothesen, änderte kurz vor seinem Tode die vorgefasste Meinung, verlegte dessen Entstehen ins IX. Jahrh. und wollte es in dem Runischen und Oscischen finden. Aber alle diese Muthmassungen sinken in ihr Nichts zurück, sobald man die Gründe der Gegenpartei gehörig erwägt. Lange schon zweifelte man an einem so hohen Alter dieses Alphabets. Frisch leitete es aus dem kyrillischen ab, so zwar, dass es seiner Meinung nach aus diesem durch absichtliche Verzierung od. durch nachlässige Verstümmelung der Abschreiber nach und nach entstanden wäre. Ihm folgten Kohl, Voigt, Schlözer und Andere, die es aber für das Werk eines spätern Reformators erklärten. Dobrowský bewies mit unumstösslichen Gründen, dass man die glagolitischen Buchstaben im XIII. Jahrh., ungefehr um das J. 1220 in Dalmatien, vielleicht auf der Insel Arbe, erfunden. und mit ihnen einen frommen Betrug gespielt habe. Sie sind ohne Zweifel die Erfindung eines Mönchs, der die schon seit 360 Jahren vorhandenen kyrillischen Schriftzüge nach Willkühr, jedoch auch mit einiger Rücksicht auf andere, vorzüglich koptische Muster, umbildete, und hiemit dem ganzen Alphabet eine neue, gekünstelte, dabei äusserst schwerfällige Gestalt gab. Allein der Urheber that absichtlich auf die Ehre der Erfindung Verzicht, und nun wurde die neue Missgeburt dem h. Hieronymus zugeschrieben. Man hoffte die Slawen des griechischen Ritus dadurch zu gewinnen, und wollte ihnen zwar den Gebrauch ihrer Sprache beim Gottesdienste lassen, aber zugleich mit diesen neuen Buchstaben den abendländischen Ritus bei ihnen einführen. Der Pabst Innocenz IV. genehmigte dieses Vorhaben um das J. 1248, entweder aus Ehrfurcht für den h. Hieronymus, oder aus Eifer für seine Kirche, die er auf solche Art vor dem Uebergang der Slawen zur griechischen Religion zu sichern glaubte; und seitdem wurde nun auch bei den römisch-katholischen Slawen die Messe in der altslawischen Kirchensprache, aber nach glagolitischen Formularen, gelesen. Um diese Zeit mag auch die Benennung *glagolisch, glagolitisch*, im Gegensatz des kyrillischen, das sonst schlechthin das Slawonische hiess, aufgekommen seyn; wenn man gleich den Grund dieser Benennung nicht leicht angeben kann.[1])

Das älteste, mit diesen Schriftzügen geschriebene, bis jetzt ausfindig gemachte Denkmal ist ein Psalter, mit welchem ein Klerikus von Arbe um das J. 1220 ans Licht trat, und welches später für ein Werk des h. Hieronymus ausgegeben wurde. Diess konnte um so leichter geschehen, da Hieronymus in einem seiner Briefe wirklich von einem Psalter spricht, den er Leuten von

---

[1]) *Glagol* heisst das Wort, auch wol der Buchstabe; folglich wäre nach Hrn. Dobrowský, *glagolisch* od. *glagolitisch* so viel, als mit Figuren, Buchstaben, Wortzeichen, die Glagoli heissen. Aber schwierig bleibt diese Erklärung immer, weil man nicht einsieht, warum es gerade glagolitisch, und nicht immerfort hieronymisch, im Gegensatz des kyrillischen, geheissen habe, um so mehr, da man den h. Hieronymus zum Erfinder macht. — Hr. Kopitar hält es für eines der mildern Sobriquets. *Glagol* heisst in der Kirchensprache das Wort, die Rede, ist aber allen heutigen südslawischen Dialekten durchaus fremd. Wenn daher dem Nachbar in der glagolitischen Kirche bei jedem Evangelio nach dem ihm verständlichen: *W ono wreme* das fremde: *glagola Isus*, d. i. in illo tempore dixit Jesus — ans Ohr schlug, so wars natürlich, dass er seine Landsleute, die beim Gottesdienste so viel *glagolirten*, als die *Glagoler* bezeichnete. Das lateinische *Glagolitae* ist nach der Analogie von *Israelitae, Lechitae, Silesitae* u. s. w. gebildet.

seiner Sprache, nach den LXX. verbessert, übergeben haben soll. Nun bezog man, weil Hieronymus aus Illyricum stammte, den Ausdruck auf die slawisch redenden Dalmatier, da doch Hieronymus selbst darunter immer nur die Lateiner versteht. Später fing man an, sogar von einer ganzen Bibelübersetzung zu sprechen, die Hieronymus in der dalmatischen Sprache verfertigt haben soll. Man wünschte diess, und glaubte es gern. Allein neuere Untersuchungen haben deutlich gezeigt, dass der Psalter bloss mit glagolitischen Schriftzügen aus der kyrillischen Uebersetzung neu abgeschrieben, und hie und da in abweichenden Stellen nach der Vulgata verändert worden sey; und die gesunde Kritik hat es längst bewiesen, dass Hieronymus wol die alte lateinische Uebersetzung nach den LXX. verbessert, aber nie eine slawische Zeile geschrieben, geschweige denn die ganze Bibel ins Dalmatische übersetzt habe. Eine hieronymisch-dalmatische Uebersetzung der Bibel ist also ein Unding. Man fand ausser dem erwähnten Psalter des Nikolaus v. Arbe, ausser einem Codex, der die Sonn- und Festtags-Evangelien enthielt, ausser Missalen und Brevieren, so sehr man sich auch Mühe gab, schlechterdings Nichts mit glagolitischen Buchstaben geschriebenes. Allerdings wurde die Bibel späterhin ins Dalmatische übertragen, nur ist bis auf den heutigen Tag eine solche nicht im Druck erschienen. So wollte ein Priester aus Dalmatien im J. 1557 die Bibel mit glagolitischen Buchstaben in Tübingen drucken lassen, welches aber unterblieb; und die Uebersetzungen von Bartholomaeus Cassius 1640 und Stephan Rosa 1750 hatten ein gleiches Schicksal. Wo sich diese jetzt befinden mögen, ist ungewiss.

Der Gebrauch der glagolitischen Schrift fand anfangs, wie gesagt, sogar an den Päpsten seine Beschützer. (Innocenz 1248). Bereits im J. 1483 erschien ein glagolitisches Missal in Fol. ohne Angabe des Druckorts. Diess ist das erste Druckwerk in der altslawischen Kirchensprache, um 8 Jahr älter, als der erste kyrillische (Psalter, Oktoich, Horologium Krakau 1491), und um 8 Jahr älter als der erste polnische (Kalender Krak. 1490), aber um 8 Jahr jünger, als der erste böhmische Druck

(Neues Testament o. Druckort 1475). Im J. 1507 begab sich der Magister Georgius von Venedig zum Archidiakon Sylvester Bedriccich nach Zeng, und druckte hier drei glagolitische Werke. Im J. 1528 erschien bei Bindoni und Pasyni in Venedig ein Missal in 4to, und ein Azbukwidarium in 4to; im J. 1531 aber das dritte Missal durch Simon Cosicich, Bischof v. Modruša, in Fiume. Als die Exx. hievon ausgegangen, liess der Bischof von Zeng, Johann Agalich, eine neue Auflage unter der Leitung des Minoriten Franz Glavinich veranstalten; bei welcher Gelegenheit hie und da der Ausdruck u. Dialekt nach einem alten handschriftlichen Exemplar aus der Bibliothek des Erzherzogs Karl von Oesterreich verbessert wurde. Die von Anton Dalmata u. Stephan Consul übersetzten, und mit glagolitischen Typen zu Tübingen und Urach 1562 — 1564 gedruckten Bücher sind in der gemeinen Redesprache abgefasst [2]). Ausserdem wurde noch glagolitisch gedruckt zu Rom, wo die Propaganda glagolitische Typen, die aus Venedig stammten, vom Ks. Ferdinand II. ungefehr im J. 1621 zum Geschenk erhielt, und wo noch heutzutage glagolitische Missale für die Glagoliten in Dalmatien und Istrien gedruckt werden.[3])

Es war nämlich von jeher bei der Propaganda entschieden, dass man zur Erleichterung der Union alle Missale und Breviere in der altslawischen Kirchensprache herausgeben solle. Solcher Bücher bedienten sich alle Basilianer und die aus ihnen gewählten Bischöfe in den polnisch-russischen Provinzen, welche sich alle vier Jahre einen General- oder Protoarchimandriten zu wählen pflegten, und deren Generalprocurator als Rector

---

[2]) Die hieher gehörigen, dalmatisch-kroatischen, mit glagolitischen Typen gedruckten Bücher findet man verzeichnet in *Kopitars* krain. Gramm. S. 438—449.

[3]) Diess ist die einzige noch vorhandene glagolitische Buchdruckerei. Daher werden auf den dalmatischen Inseln die Bücher noch gegenwärtig abgeschrieben, wie vor der Erfindung der Buchdruckerei; es fängt auch das kyrillische Alphabet an, Eingang zu finden, weil man liturgische Bücher aus Russland bezieht, und vielleicht wird die glagolitische Schriftart am Ende ganz abkommen. In der Bar. Zoisischen Samml. in Krain befinden sich, nebst mehreren handschriftlichen u. gedruckten Missalen, Brevieren u. s. w., auch glagolisch geschriebene Briefe, die etwa vor 70 Jahren zwischen den kais. u. türk. Gränzcommandanten, meistens über Viehentführungen, gewechselt wurden. Kopitar a. a. O.

der Kirche des h. Sergius und Bachus zu Rom wohnte. Als zu Anfange des XVII. Jahrh. der bis dahin edirten Missalen zu wenig war, wählte die Propaganda unter Urban VIII. den P. *Raphael Levakovich* zum Corrector und Reformator librorum ecclesiasticorum linguae illyricae, und beförderte ihn nachmals zum Titular-Erzbischof von Achrida. Levakovich hatte bewirkt, dass Ferdinand II. der Propaganda ein Geschenk mit glagolitischen Typen machte. So erschien sein Missale 1631. Allein als er einen ältern Psalter eingesehen, und vorzüglich, als er den Bischof von Chelm, Methodius Terlecki, hatte kennen lernen, so kam ihm der Slawenismus des herausgegebenen Missals selbst nicht mehr ganz echt, vielmehr als noch viele vulgar-dalmatische Ausdrücke in sich fassend vor; es kam ein besseres Brevier mit eingedrucktem Psalter 1648 mit Genehmigung Innocenz X. vom 22. Febr. 1618 heraus. Späterhin schrieb Levakovich auch eine Apologie dieses Breviers wieder die Ausstellungen eines gewissen Theseo, der einen verdorbenen Codex vor sich hatte [4]). Im J. 1668 erschien die zweite Aufl. dieses verbesserten Breviers unter der Aufsicht des Abbate Pastrizio mit den seitdem neuzugekommenen 21 Officiis de praecepto und 12 Officiis ad libitum. *Jos. Pastrissius* († 1708) aus Spalato, ein Durich der ältern Zeiten, ganz der Erforschung der Schicksale der altslawischen Kirchensprache hingegeben, sagt bei der Gelegenheit: miror sane tot seculis squaluisse nostras regiones in praecipuo coronae nostrae radio, nempe in litterali dialecto. Quoties enim antiqua manuscripta pervolvi Breviaria, tot erroribus conspersas lineas et in Orthographia et in Grammatica reperi, ut stomachum mihi moveret. Im J. 1706 erschien die zweite Auflage von

---

[4]) Terlecki sagt in dem über die Arbeiten des Levakovich ausgestellten Zeugniss: Nam explosis nonnullis vulgaris sermonis dalmatici vocabulis, quae scriptorum licentia in vetusta illyrica Breviaria intrusa fuerunt, quaeque R. P. Raphael suae translationi inseruerat, pura, quae in incorruptis apud me habebantur, slavonica eorum loco reposuimus. In der päbstlichen Genehmigung sind folg. Phrasen zu merken: Quum illyricarum gentium libros sacros, iam inde a D. Hieronymi temporibus, ut pervetusta ad nos detulit traditio, vel certe a Pontificatu Joannis VIII., uti ex eiusdem data super ea re epistola constat, ritu quidem romano, sed idiomate slavonico et charactere S. Hieronymi vulgo nuncupato conscriptos, opportuna recognitione indigere compertum sit etc. *Engel* Gesch. d. ungr. Reichs III. 462.

Levakovich's Missali. Es fehlte aber auch an Widersachern der slawischen Liturgie der Glagoliten nicht. So führte Peter Marianovich, Bischof von Zeng und Modruš oder Corbavien, und Rath Ferdinands III., zu Fiume und an andern Orten seiner weitläufigen Diöcese das Studium der lateinischen Sprache ein, und wollte keinen Priester ordiniren, der nicht wenigstens lateinisch lesen konnte. Er wurde desswegen zu Rom als ein Feind und Verderber des slawischen Rituals angeklagt. Der Cardinal-Vorsteher der Propaganda machte ihm 1654 hierwegen Vorstellungen, die er in einem gelehrten Schreiben beantwortete, und sich vornehmlich darauf bezog, dass, da in der slawischen Sprache sonst nichts, als das Missal und Brevier vorhanden wäre, die Priester, die sich damit begnügten, und nicht lateinisch lernten, nothwendig unwissend bleiben müssten, und nicht einmal ihr eigenes, geschweige denn das Gewissen ihrer Zuhörer leiten könnten. Dieser Grund war zwar an sich wahr, er bewies aber nicht das, was er beweisen wollte, sondern vielmehr jenes, dass man bei dem anerkannten Vortheile, den Gottesdienst durch die Muttersprache für Slawen zu popularisiren, dafür hätte sorgen sollen, auch die übrigen theologischen und philosophischen Wissenschaften in eben dieser Sprache zu lehren. Glücklicherweise vereinigte sich mit dem Vortheile der slawischen Sprache auch der Vortheil der abendländischen Kirche, welche ihre Bemühungen, auch die Russen und die russischen Einwohner von Polen in ihren Schoos hineinzuleiten, und hiezu den Weg durch Bewilligung des slawischen Rituals zu bahnen, auf verschiedene Weise fortsetzte. Nächst Levakovich erwarben sich die Erzbischöfe Zmajevich und Caraman um die glagolitische Literatur die grössten Verdienste. *Vincens Zmajevich*, Visitator von Albanien, hernach Erzbischof von Zara und Commissarius Apostolicus in Albanien, Serbien und Makedonien, Bulgarien und Bosnien, schätzte die vulgar- und die literalslawische Sprache jede nach ihrem Werth. Er empfahl öfters die neuern ragusinisch-slawischen Schriftsteller, verglich den Joh. Gondola an Majestät des Gesangs dem Virgil, den Junius Palmota an Leichtigkeit dem Ovid, den Abbate von Meleda Ignazio Giorgi an Höhe der Gedanken dem Horaz. Ihm dedicirte Giorgi seine Magdalena penitente illyrica; ihm legte Della Bella sein Lexicon vor dem Druck vor. Aber nicht geringer war sein Eifer für die altslawische Kirchensprache. Er errichtete ein slawisches Seminarium zu Zara, und sorgte für dessen Dotirung durch Verleihung von zwei Klöstern von Benedict XIII. und durch die Diminuzione de quindenni von Benedict XIV. Er drang bei einer neuen Ausgabe des Missals auf eine Verbesserung des Textes, so wie Levakovich selbst sie schon beim Brevier vorgenommen hatte, und ersah hiezu den *Matthaeus Caraman*, als einen Spalatiner Geistlichen aus, welcher mit Vorwissen der Propaganda 1732 nach Moskau als Missionär und um dort den slawisch russischen Dialekt zu lernen gegangen war. Dieser ward nach seiner Rückkunft im Collegio urbano aufgenommen, und dort arbeitete er an einer richtigern Ausgabe des Missals. Seine Revisoren waren die zwei aufeinander gefolgten General-Procuratoren der ruthenischen Basiliten, Maximilian Zawadzki, Consultor der Provincia Lituana, und Cesareo Hebnowski, Archimandrit von Onuphria; ferner Innocenz Piehowicz, Archimandrit von Minsk, und Sylvester Rudnicki, Bischof von Luck. Es blieb aber nicht nur beim Druck des Missals 1741, sondern in einer Partikular-Congregation der Propaganda unter dem Vorsitz des Papstes im Sept. 1742 ward die Errichtung einer slawischen Catheder beim Collegio urbano, und die Uebersetzung der ganzen Bibel zum Behuf dieser Catheder beschlossen. Caraman ward zur Belohnung für seine Dienste Abt von zwei Klöstern, Bischof von Osero, und apostolischer Visitator der Collegien zu Assisi, Loreto und Fermo; nach drei Jahren aber Erzbischof von Zara († 1771), wo er in seinem Lieblingsseminarium für die altslawische Kirchensprache und deren Verbreitung sorgen konnte. Caramans treuester und thätigster Mitarbeiter an den Bemühungen für diese Sprache war der 1774 als Archidiakon auf Osero verstorbene *Matthaeus Sovich*, so wie sein heftigster Gegner der Ragusaner Priester *Steph. Rosa*.[5]) Um diese Mundart verständlicher zu machen, und die slawischen Kleriker in der Grammatik zu unterrichten, errichtete auch der Bischof *Cacich* ein Seminarium zu Almissa.

Die Literalsprache der Glagoliten hatte verhindert, dass einerseits die Reformationsversuche des Truber, Anton Dalmata u. s. w. in Dalmatien nicht durchgriffen, andererseits die Cultur der gemeinen Redesprache nicht vor dem XVI. Jahrh. beginnen konnte. Nichts desto weniger wurden auch von Katholiken, ja sogar von Geistlichen Versuche gemacht, die dalmatische Volksmundart in Schriften einzuführen. Diess führt zur Betrachtung der dalmatischen Profanliteratur.[6])

§. 29.

Schicksale der Sprache und Nationalliteratur der Dalmatiner und Ragusaner.

Der Sieg des neuern glagolitischen Alphabets über das ältere kyrillische in Dalmatien, Kroatien u. Istrien dauerte nur eine kurze Zeit. Italiens Nachbarschaft u. die Schwer-

---

[5]) *M. Sovich* hinterliess eine neue Adornation der Smotriskischen Gramm. mit einer latein. Uebersetzung; das Msc. befindet sich in der Bar. Zoisischen Sammlung. Besonders wichtig ist die Vorr., wegen der slaw. Codd. u. Bücher, die Sovich theils kannte, theils selbst besass. — *S. Rosa* drang in einer Schrift: Annotazioni betitelt, auf den Gebrauch der gemeinen Redesprache. Caraman beantwortet s. Einwürfe in s. Considerazioni, Msc. vom J. 1753. Interessante Auszüge daraus hat Engel Th. III. S. 457 ff. geliefert. Die alten Missale waren den dalm. Priestern viel verständlicher, weil sich die Sprache darin ihrem Dialekte näherte. Caraman aber, in der irrigen Voraussetzung, nur in russ. Kirchenbüchern sey die alte slaw. Sprache unverändert erhalten worden, brachte in sein Missal so viel Russisches, dass die illyr. Klerisei es nicht anders, als mit Widerwillen aufnehmen konnte.

[6]) *Quellen. J. L. Frisch* origo characteris slavonici, vulgo Cyrillici, et glagolitici, Berol. 727. 4. — *J. P. Kohl* introductio in rem liter. Slavorum. — *Cl. Grubissich* in orig. et histor. alphabeti slavonici glagolitici vulgo Hieronymiani disquisitio, Venet. 766. 8. — *F. Durich* dissert. de slavo-bohemica S. Codicis versione, Pragae 777. 8. (§. 3) — Abhandlungen einer Privatgesellschaft u. s. w. 1r Bd. 775. 8, S. 164 — 199. von *Voigt*. — Abhandlungen der böhm. Gesellschaft der Wiss. auf das J. 1785. Prag. 8. von *Dobner*. — *K. G. Anton's* erste Linien e. Versuchs üb. d. alten Slawen 2r Th. S. 106. ff. — *A. Linhard* Vers. e. Gesch. v. Krain 2r Th., Laibach 788. 8. S. 357. — 58. — *Ch. F. Schnurrer* slaw. Bücherdruck in Würtemberg im XVI. Jahrh., Tüb. 799. 8. — *J. Ch. Engel* Gesch. d. ungr. Reichs 798. II. 472. III. 457 ff. — *J. Dobrowsky* Glagolitica, üb. d. glagol. Liter., Prag 807. 8.

fälligkeit der glagolitischen Schriftzüge selbst, bewirkten gar bald, dass es sich aus dem gemeinen Leben verlor, und nur in den Kirchenbüchern gebraucht wurde; und die Dalmatier fingen allmälig an, im gemeinen Leben ihre Landesmundart mit lateinischen Buchstaben zu schreiben, freilich nach einer eigenen Combination, verschieden von jener, welche sich die Polen, Böhmen und Winden angeeignet haben. Seitdem sind allen slawischen Genossen der lateinischen Kirche, die wenigen Glagoliten ausgenommen, sie mögen Dalmatiner oder Kroaten, Slawonier oder Bosnier seyn, lateinische Buchstaben eigen. In der Folge gingen aber die drei ersten noch weiter, und sonderten sich, zum grössten Ueberfluss, in der Orthographie und Schreibart dergestalt von einander ab, dass sie sich gegenseitig das Lesen ihrer Bücher, wo nicht unmöglich gemacht, doch sehr erschwert haben. [1])

Es ist schwer auszumitteln, von wem und um welche Zeit die lateinischen Schriftzüge in Dalmatien zur Bezeichnung der slawischen Laute eingeführt worden seyen. Da indess der Gebrauch der lateinischen Sprache und Schrift im IX — X. Jahrh. in Europa schon beinahe allgemein war, und anderwärts, z. B. in Böhmen und bei den Winden Versuche, das Slawische mit lateinischen Buchstaben zu schreiben, bereits sehr früh und vor dem IX — X. Jahrh. gemacht wurden; so ist nicht unwahrscheinlich, dass schon bei der ersten Bekehrung der Dalmatier, falls sie von Rom aus geschah, in Briefen, Ur-

---

[1]) Die hieher und zum §. 27. gehörigen *Sprachbücher* sind kurz folgende. *Grammatiken*: B. *Cassii* institutionum linguae illyricae L. II., Romae 604. 8. — F. M. *Appendini* Grammatik der illyrischen Sprache (italienisch), Ragusa 808. 8. u. öft. — *Starcsevich* nuova gramatica ilirica, Triest 812. 8. — Auch haben Micalia, Della Bella, Voltiggi und Stulli ihren Wörterbüchern Orthographien und Grammatiken vorangeschickt. — *Wörterbücher*: F. *Verantii* Dictionarium quinque nobilissimarum Europae linguarum, Latinae, Italicae, Germanicae, Dalmaticae et Ungaricae, Venet. 595. 4. — Dasselbe von P. *Loderecker* mit dem Böhm. und Poln. vermehrt unter d. T. Diction. septem linguarum, Pragae 606. 4. — J. *Micalia* thesaurus linguae illyricae, in quo verba illyrica italice et latine redduntur, Laureti 649. 8. Geendigt zu Ancona 651. — P. A. *Della Bella* Dizionario Italiano, Latino, Illirico, Ven. 728. 4. N. A. von C. A. *Occhi* Ragusa 785. 2 Bde. 4. — J. *Voltiggi* Ricsoslovnik illyriskoga, italianskoga i nimacskoga jezika, u Becsu (Wien) 808. 8. — J. *Stulli* Lexicon Latino-Italico-Illyricum, 1r Theil: Illyr.- Lat.- Italienisch, Ragusa 806. 2 Bde. 4. 3r Theil: Vocabulario Italiano - Illirico - Latino., Ital.-Illyr. Lateinisch, Ragusa 810. 2 Bde. 4.

kunden und Diplomen slawische, auf Dalmatien Bezug habende Eigennamen mit lateinischen Schriftzügen nach einer neuen Combination geschrieben worden seyen, was auch hier, wie bei den Polen, Winden und Böhmen, leicht zur Bezeichnung aller Laute der Landesmundart mit römischen Schriftzeichen, und zur successiven Annahme des lateinischen Alphabets führen konnte. Was die Winden, Böhmen und Polen anbelangt, so versuchten es eifrige Geistliche schon längst hie und da das nöthigste zum Unterricht des Volks mit lateinischen Buchstaben zu schreiben. Diess thaten zwei Merseburger Bischöfe, Boso vor dem J. 971, und Werner vor 1101. Von erstem sagt sein Nachfolger Ditmar ausdrücklich: slavenica scripserat verba. Er lehrte die Slawen in ihrer Sprache das Kyrie eleison singen. Vom Werner heisst es in der Chronik der Merseburger Bischöfe: Libros slavonicae linguae sibi fieri iussit, ut latinae linguae charactere idiomata linguae Slavorum exprimeret. Am unwiderleglichsten bezeugen diess die merkwürdigen, mit lateinischen Buchstaben geschriebenen windischen Fragmente aus der Münchner Handschrift, auf die wir unten kommen werden. Zwar wurde, wie oben bereits angeführt worden, im IX. Jahrh. mit der Einführung der slawischen Liturgie auch das kyrillische Alphabet in Dalmatien, Istrien und Kroatien gang und gäbe; allein dieses musste später dem neugeformten glagolitischen, und jene der römischen weichen; die schwerfällige Bukwica aber blieb stets lediglich auf die Kirchenbücher, folglich auf die altslawische Kirchensprache, eingeschränkt, und wurde im gemeinen Leben wenig oder nie zur Schreibung der Landesmundart angewendet. Solarič meint (Pominak kniżeskij S. 35), der Versuch, das Slawoserbische mit lateinischen Buchstaben zu schreiben, könne weder seit lange her, noch leicht ausgeführt worden seyn. Die Bukwica sey augenscheinlich nur wegen ihrer Unförmlichkeit verlassen worden, indem sie sonst von den ältesten Zeiten her bis auf die neuesten bei den slawischen Priestern der römischen Kirche in Dalmatien und Kroatien in Gebrauch ist. Was die Kyrillica betrifft, so lassen sich, meint er, ihre Spuren in der römisch-katholischen Kirche bis zum 1716 hinab verfolgen; viele Meeresbewohner lesen dieselbe bis auf den heutigen Tag, andere bewahren sie als ein uraltes Vermächtniss in frischem Andenken[2]). Die Unart, fügt er endlich hinzu, slawo-serbisch mit lateinischen Buchstaben zu schreiben, datire sich erst seit der Mitte des XVII. Jahrh., also wo Micalia's Dictionarium sammt Grammatik erschienen ist. Gleichwol fehlt es nicht, was Solarić entgangen ist, an ältern Versuchen, die dalmatische Landesmundart mit lateinischen Schriftzeichen zu schreiben. Der älteste dalmatische Schriftsteller ist ein unbekannter Priester zu Dioklea, der auf Verlangen seiner Mitbürger ums J. 1161 eine Geschichte der südlichen Slawen zuerst in slawischer, nachher aber in lateinischer Sprache verfasst hat. Die slawische Urschrift 1510 in der Krajna gefunden, und von Marcus Marulus ins Lateinische übersetzt, (befindlich in der Vaticana zu Rom unter N. 7019), weicht aber nicht nur von der lateinischen Chronik des Diokleates, sondern auch von andern slawischen Abschriften bedeutend ab, wesswegen die Echtheit besagter Version von vielen bezweifelt wird. Caramau (in s. Considerazioni 1753) erwähnt des Frater *Bernardinus de Spalato* Episteln und Evangelien (freilich in der altslawischen Kirchensprache), gedruckt 1495 zu Venedig mit *lateinischen* Lettern. Hundert Jahre darauf erschien des *Faustus Verantius* Dictionarium quinque nobilissimarum Europae linguarum, Latinae, Italicae, Germanicae, Dalmaticae et Hungaricae, Ven. 1595. 4. (Megisers Dictionarium quatuor linguarum, Graecii 1592. 8. enthält unter der Benennung „illyrice" nicht dalmatische, sondern krainisch-windische Wörter).

Aber selbst diese Versuche sind nicht die ältesten und ersten in ihrer Art; es ist vielmehr am wahrscheinlichsten, dass die Gewohnheit, das Slawoserbische mit lateinischen Schriftzügen zu schreiben, zu allererst in dem kleinen Freistaat Ragusa aufgekommen sey. Denn

---

[2]) *Andreas Zmajevich*, geb. zu Perasto, erzogen in Collegio der Propaganda, Erzb. von Antivari u. Dioklea, Primas von Serbien, schrieb im XVI. Jahrh. in vulgar-dalmatischer und lateinischer Sprache, ersteres mit kyrillischen Buchstaben, Annales ecclesiasticos vom Anfang der Welt bis auf seine Zeiten, die in der Biblioth. der Propaganda aufbewahrt werden.

bereits im XIV — XV. Jahrh. hatte diese Republik, aus der durch ein unerbittlich strenges Gesetz alle Orientalisch-Gläubigen auf ewig ausgeschlossen waren, unter dem Schutz der ungarischen Krone den höchsten Gipfel der Bevölkerung, des Handels und der Reichthümer erreicht, und war im Besitze einer von altersher mit römisch-italienischen Lehrern besetzten Schule. So war Joh. von Ravenna, ein Schüler und Hausgenosse des berühmten Petrarca, und zuletzt Professor der Beredsamkeit und Kanzler zu Padua, zwischen 1370 — 1400 Professor zu Ragusa und Secretär des Senats; im J. 1434 wurde Philippus de Diversis de Quartigianis, ein geborner Luccheser, vom Senat als Artium Doct. und Profess. der Rhetorik nach Ragusa berufen. Nicht minder erspriesslich für die beginnende literärische Cultur Ragusas war die gastfreundliche Aufnahme, die der ragusanische Senat den fliehenden Griechen, worunter die Gelehrten Jos. Laskaris, Demetr. Chalkokondylas, Emmanuel Marulus, Theod. Spanducinus und Paul Tarchaniotes, eine Zeit lang zu Theil werden liess. Die ragusanische Schule wurde fortan mit italienischen Gelehrten besetzt. Der Gebrauch der lateinisch-italienischen Sprache und Schrift führte natürlich auf ihre Anwendung in der Landesmundart. Dass diess frühzeitig geschehen, lässt sich aus mehreren Umständen entnehmen. Es ist bekannt, dass, weil die slawische Sprache im XV. Jahrh. sogar in den Gerichten überhand genommen, der Senat 1472 ein Gesetz gab: dass wenigstens die Deliberationen und Beschlüsse des Senats in italienischer Sprache gehalten und abgefasst werden sollten[3]). Nichts desto weniger, als die Wissenschaften, vom Reichthum unterstützt, ununterbrochen fortblühten, da schwang sich zu Anfang des XVI. Jahrh. auch die Nationalliteratur neben jenen zusehends empor. Besonders war diess mit der Dichtkunst der Fall. Dieselbe wurde durch *Blasius Darxich* (geb. 1474), *Sigismund Mense* (geb. 1475, gest. 1524), *Mauro Vetranich* (geb. 1482, gest. 1576) und *Stephan Gozze*, Vf. des berühmten slawischen Gedichts: die Derwischiade (1500 — 25), zum erstenmal mit Glück bearbeitet. In

---

[3]) Appendini notizie istorico-critiche, Rag. 802. I. 205. ff.

den hierauf folgenden Zeiten der Ruhe und des Friedens, besonders während der Zeit, als der gelehrte Ludwig Becatelli 1555 — 60 Erzbischof von Ragusa war, erreichten die lateinischen Studien, und in ihrem Gefolge auch die slawische Nationalliteratur die höchste Stufe. Für die gute Besetzung der Schulen ward fortwährend gesorgt. Im J. 1560 kamen die ersten Jesuiten nach Ragusa; allein bis zum J. 1684 gelang es ihnen nicht ein förmliches Collegium in Ragusa zu errichten, und sich auf die Bildung der Jugend Einfluss zu verschaffen. Der Geschichtschreiber *Nikol. Ragnina*, der Vater der neuern ragusanischen Geschichte, schrieb damals seine Chronik in lateinischer Sprache, die bis 1545 reicht. *Andr. Giubranovich* verfasste damals seine Jegjupka oder Aegypterin (Zigeunerin), ein scherzhaftes slawisches Gedicht in 158 Quartreimen, gedruckt zu Venedig 1559, und *Martinus Darxich* seine Tyrhena, eine Tragikomödie[4]). Diese glückliche Periode dauerte bis Ende des XVI. Jahrh. fort: während dieses Zeitraumes lebten die drei Geschichtschreiber: *Franz Gondola, Seraph. Razzi* und *Euseb. Caboga*, in lateinischer und italienischer Sprache; *Dominicus Zlatarich* (geb. 1556, gest. 1608) huldigte den schönen Wissenschaften in slawischem Gewande; er übersetzte Tassos Amyntas, die Elektra von Sophokles, die Liebesgeschichte des Pyramus und der Thisbe, gedruckt Ven. 1598, schrieb Idyllen u. m. a.; sogar eine Epigrammendichterin hatte Ragusa in diesem Zeitraume aufzuweisen, die *Floria Zusseri*, verheirathete *Pescioni*, gleich bewundert im slawischen und im italienischen Versbau 1577 — 1600 [5]).

Den dalmatischen Glagoliten lag es zwar ob, den Gebrauch ihres Alphabets und der altslawischen Kirchensprache zu schützen; nichts desto weniger gab es auch in Dalmatien schon jetzt nicht nur unter den Laien eifrige Verfechter der Landesmundart, und der lateinischen Schrift, sondern selbst unter den Geistlichen Freunde und Nachahmer. Ausser den oben angeführten Episteln und Evangelien des Bernardinus de Spalato sind noch zu

---

[4]) Appendini a. a. O. *J. Ch. Engel* Gesch. d. Freistaats Ragusa, Wien 807. S. 197. 216 ff.
[5]) *Appendini* a. a. O. *Engel* S. 228 ff.

nennen: des Minoriten *Bandulovic*, eines Bosniers aus Skopi, Episteln und Evangelien zu Venedig 1613, mit lateinischer Schrift, des *Matthaeus Albati* aus Spalato Officia zu Ehren der h. Jungfrau und die Leidensgeschichte, dedicirt der Republik Ragusa 1616; des *Barth. Cassio*, Jesuiten aus Pago gebürtig, bosnisches Ritual, 1640 zu Rom gedruckt, für den Ragusaner Gebrauch. Dieser Cassius hatte auch die h. Schrift A. und N. T. übersetzt, und lud die illyrische Geistlichkeit ein, „a supplicare dalla Propaganda, che fosse impressa la sua Biblia"; aber die Bischöfe setzten sich gegen deren Druck, indem sie aus Clemens VIII. Indice librorum prohibitorum die Stelle anführten: „Biblia vulgari lingua edita non possunt legi, neque retineri, neque episcopi, neque inquisitores, neque regularium superiores dare queunt licentiam." *Levakovich* gab selbst 1628 eine vulgar-kroatische (dalmatische?) Uebersetzung der Christenlehre des Bellarminus, 1635 aber ein Directorium sacerdotum, welches Simon Budineus, ein Priester aus Zara, verfasst und herausgegeben hatte, mit römischer Schrift und in der Vulgarsprache heraus. Von *Anton Cacich*, einem Zögling des Collegiums der Propaganda, und zuerst Bischof von Trau, dann Erzbischof von Spalato, hat man eine Moraltheologie in vulgarer Sprache gedruckt. Dabei drang er aber im Seminario auf den literalslawischen Unterricht. *Joh. Tomcus Marnavitius,* aus einer serbischen nach Slawonien übersiedelten Familie stammend, zuerst Titular-Canonicus von Sebenico, dann 1622 Canonicus von Zagrab, 1631 Bischof von Bosnien und Reformator auctoritate apostolica der illyrischen Religionsbücher, auch Protonotarius apostolicus (gest. in Rom 1639) gab die doctrinam Bellarmini im Vulgarillyrischen heraus, ob er gleich im Literalslawischen sehr erfahren war.

Landessprachen, die zu Schriftsprachen erhoben werden, können, vorzüglich wenn sie sich fremde Schriftzeichen aneignen, nur nach und nach in Grammatik und Lexico geregelt werden. Lange dauerte es in Dalmatien, bis eine bestimmtere Orthographie eingeführt wurde, und noch heut zu Tage wie schwankend ist sie nicht, selbst nach einem Della Bella, Voltiggi und andern! Den ersten Schritt hiezu machte der oben genannte Jesuit, Barth. Cassius, mit seinen Instit. linguae illyr. 1604. Nach ihm wollte um die Mitte des XVII. Jahrh. der Jesuit Micalia die dalmatische Rechtschreibung zweckmässiger einrichten. Sein Thesaurus linguae illyricae erschien 1649 (eigentlich 1651). In der Vorrede nennt er den Dialekt, in dem er geschrieben, zwar durchgängig *slovinski*, sagt aber zugleich, man behaupte allgemein, dass die bosnische Mundart (besser Varietät) die schönste sey; es wäre demnach die Pflicht aller illyrischen Schriftsteller, sich dieser Mundart im Schreiben zu bedienen, wessen auch er sich in diesem Wörterbuche beflissen habe. In der hierauf folgenden Abhandlung über die dalmatische Orthographie klagt er laut über die zeitherige Unbestimmtheit und Schwerfälligkeit derselben (*malo ich se nachodi, koi se pogadjaju u načinju ot pisanja, i za to je pomučnije štiti knige našega jezyka slovima diačkim upisanne*), und verspricht eine passendere Combination der römischen Buchstaben, wobei die natürlichen Laute der lateinischen sowol als der dalmatischen Sprache gehörig berücksichtigt worden seyn sollen — die aber im Grunde nicht viel besser, als die vorhergehenden, am allerwenigsten natürlich, leicht und erschöpfend ist; er schreibt z. B. für ж *sg* und *sgj*, aber dasselbe auch für ш, *trrinje* statt шрнѣ, *krriv* statt крв u. s. w.

Im Laufe des XVII. Jahrh., wo die Ruhe der Republik Ragusa im Ganzen fortdauerte, blühte auch die Literatur bei den Ragusanern fort, und hob sich sogar zusehends. Der Dichter *Joh. Gondola*, Sohn des oben genannten Geschichtschreibers Franz Gondola (gest. 1638), übersetzte Tasso's Jerusalem, und versorgte das slawische Theater zu Ragusa, das erste unter den Slawen, mit verschiedenen Dramen, z. B. Ariadne, Raub der Proserpina, Galatea, Armida, Ceres, Kleopatra, Sylvana und Amors Opfer. Eben derselbe besang in einem slawischen Epos, betitelt die Osmanide, in XX. Gesängen, die Thaten Osmans und der Polen in dem Feldzuge des J. 1621. Der Senat soll hievon den XIV. und XV. Gesang, aus allzuängstlicher Schonung gegen die Türken, unterdrückt haben. Noch hat man von ihm einzelne kleinere Gedichte: Dubravka eine Idylle, Pjesni pokorne, Suze sina razmetnoga u. m. a. — *Junius Palmota* (gest. 1657), der Sänger der Christiade, gedruckt zu Rom 1657, einer Art slawischer Messiade aus dem Lateinischen des M. H. Vida (Christiados L. VI. Cremon. 535. 4. Antw. 536. 8.) übersetzt, lieferte auch für das Theater mehrere Stücke, zum Theil aus dem Alterthum, z. B. Achilles, Oedipus, der Raub der Helena, zum Theil aber auch aus der Nationalgeschichte der südlichen Slawen entnommen: als Danica, Tochter der Ostoja, Paulimir und Zaptislawa. — *Joh. Bona* (gest. 1658), verfasste Eklogen und andere kleine Gedichte, betitelt: Plandovagne oder Früchte der Musse. — *Raimundus Zamagna* (gest. 1644), ein Dominicaner, liess die Regeln der slawischen Orthographie 1639 zu Venedig drucken. — In Rücksicht der Schule in Ragusa ward in diesem Zeitraume das System, berühmte italienische Philologen zu berufen, aufgegeben. Um die Mitte des XVII. Jahrh. brachten es die Jesuiten dahin, dass ihnen die Besorgung der Schule anvertraut ward. Hier trieben sie vorzüglich nur lateinische Literatur, und legten dadurch den Grund zum nachmaligen Verfalle der slawischen Literatur und des slawischen Theaters in Ragusa. Das schreckliche Erdbeben von Ragusa 1667 vernichtete den Wolstand der Republik in einigen Minuten auf Jahrhunderte hinaus. Der Geist der slawischen Literatur wehte zwar noch, aber immer schwächer und schwächer über Ragusa. *Jakob Palmota* (gest. 1680) schrieb sein treffliches elegisches Gedicht: Dubrownik ponovljen oder das erneuerte Ragusa, in XX. Büchern, aber unvollendet. — *Joh. Gondola* der Jüngere (gest. 1721), verfasste vier illyrische Dramen, betitelt: Suncianica, Radmio, Raklica u. Otto, ferner eine Idylle: die Thränen des Schäfers Radmio, und mehr and. kleine Gedichte. — *Nikl. Jo. de Bona* schrieb ein Gedicht: Grad Dubrownik vlastelom u tresegnu, d. i. die Stadt Ragusa an ihre Beherrscher nach dem Erdbeben, gedruckt 1667. — *Ant. Glegljevich*, aus einer bürgerlichen Familie, lieferte die Dramen: Olympia, Damira und Zorrislava; da er aber auch Satyren schrieb, ward er 1728 eingeker-

bischof Caraman, als er in Geschäften in Venedig war, die Annotazioni des Rosa nebst einem Briefe von der Propaganda mit dem Auftrage zugestellt, sie zweckmässig zu beantworten. Diess that er in s. Considerazioni, die er 1753 dem Papste gewidmet hat. Caraman läugnet in dem ganzen Ms. nicht, dass der Unterricht des Volks in vulgarer Sprache geschehen könne. Er gibt sogar selbst Nachricht, dass das Rituale von Cassius ins Vulgare übersetzt worden, weil man in der rein slawischen Sprache nur ein Bruchstück eines solchen Rituals hatte, dass man das Todten-Officium in vulgarer Sprache singe, ja sogar die Formeln des Credo, Gloria u. s. w. auf den dalmatischen Altären in vulgarer Sprache hingemalt seyen, und dass man 1750 in Venedig auch ein vulgar-dalmatisches Missale drucken wollte, welches aber Caraman verhinderte. Er dringt nur darauf, dass das Missale und Brevier in der altslawischen Kirchensprache ferner verfasst, und die Geistlichkeit im Verständniss dieser Sprache unterrichtet werden möge. Seine Hauptgründe bestehen darin: dass die altslawische Kirchensprache die Mutter aller andern slawischen Sprachen sey, und dass, wenn vulgar-slawische Missale und Breviere gestattet würden, fast jede Gegend ihre eigene Uebersetzung des römischen Breviers haben müsste[9]). Dass hingegen die altslawische Kirchensprache allen slawischen Völkern vom adriatischen bis zum Eismeer gemein sey, welches dem apostolischen Stuhl Aussichten und Wege

hauptet: eripere simplici populo hoc solatium jungendi vocem suam voci totius ecclesiae, est usus contrarius praxi apostolicae et intentioni Dei: welcher Satz aber, nebst vielen andern, von der röm. Curie verdammt worden.

[9]) Quanto rumore, heisst es §. 79., non farebbe la sola Dalmazia? Li Ragusei vorebbono la prelazione. Li Montenegrini la contra starebbono con archibugiate. Li popoli che sono fra li fiumi Narenta e Cherca (Titio) sosterebbono il proprio dialetto. Quelli, che sono fra la Cherca e Zermagna (Tedanio) non la cederebbono. Altri, che si dilatano dalla Zermagna fino al Arsa, riservarebbono a se stessi la gloria; ne minor contrasto aurebbono le Isole del Adriatico, le quali nel parlare non s'uniformano col Continente né tampoco fra se medesime. Altri vorebbono il dialetto d'Athanasio Giorgicei, il quale tradusse e stampo in Vienna 1629 Tommaso a Kempis; altri quello del catechismo fatto tradurre et imprimere con caratteri cyrilliani da Gregorio VIII. Pont. (Summa doctrinae christianae Petri Canisii traducta ex latina lingua in slavonicam 1583, von welchem Catechismus die Provincial-Synode von Aquileja 1596 beschloss: quem cupimus a clero illyrico frequenter tractari et legi, ut sit haec materna lingua sacerdotibus illyriae in promtu ad populos docendos.)

zur Vereinigung der noch schismatischen slawischen Nationen eröffne, indem die römischen Missale und Breviere in einer auch diesen verständlichen Sprache übersetzt wären. Hiernächst machte er auf die Nachtheile aufmerksam, die daraus entstünden, wenn die illyrische Klerisei, die man ohnediess nur mit Mühe dahinbringen könnte, sich mit dem neuen Missale zu versehen, indem sie sich lieber an die alten hielten, in dem Gebrauche des gemeinen Dialekts bei der Messe bestärkt würde. Man kann hieraus ungefehr abnehmen, mit welchen Waffen Caraman seine Gegner bekämpfte. Ueber beide Schriften wurde das Gutachten gelehrter Männer eingeholt. Diess stellten Ant. Tripkovich, erwählter Bischof von Nona, und Basilius Bosichcovich, der ruthenischen Congregation Generalprocurator, im J. 1754 am 2. July aus. Dem Bischof von Nona, Anton, ward auch die Rosische Uebersetzung des N. Testaments auf Befehl des Papstes zur Revision übergeben, um über den Dialekt derselben sein Urtheil zu fällen. In seinem darüber ausgestellten Zeugnisse vom 3. August sagt er, dass er die Uebersetzung gelesen, geprüfet und befunden, dass sie in ganz gemeinem, illyrisch-bosnischen, oder ragusanischen, jederman geläufigen und allgemein gebräuchlichen Dialekte abgefasst sey (eamque prorsus vulgari dialecto illyrica Bosnensi seu Ragusina omnibus pervia et usuali confectam reperi). In dieser Hinsicht konnte also die Rosische Uebersetzung sich keine Genehmigung versprechen, die sie denn auch nicht erhielt. Seit 1754 hat für eine illyrisch-dalmatische Uebersetzung der Bibel zum Gebrauche der Katholiken in Dalmatien, Bosnien u. Slawonien niemand gesorgt. So wurde denn die gemeine Landesmundart meist nur auf die Civilliteratur eingeschränkt.

Allein die Blüthezeit der dalmatisch-ragusanischen Literatur war nun vorüber, und selbst in Ragusa, das sich in dem Frieden 1724 — 1763 bedeutend erholt hat, stand der Landesmundart keine günstige Aufnahme bevor. Die Pfleger und Leiter der Wissenschaften waren und blieben noch immer die Jesuiten. Ihre Erziehung förderte mehr die lateinische als die slawische Nationalliteratur. Seit *Peter Boscovich* (gest. 1727), dem Uebersetzer von Cid und von einigen ovidianischen Heroiden, und *Ignat. Giorgi* (gest. 1737), zuerst Jesuit, dann Benedictiner (Magdalena, Leben des h. Benedict, Psalmen u. s. w.), versuchten sich ohne vorzüglichen Ruhm *Ignat.* u. *Anna Boscovich* ums J. 1758, dann die Frauen *Lucretia Bogascini, Maria Faccenda, Katharina Sorgo,* und die Brüder *Joseph* (gest. 1764) und *Damian Bettondi* in kurzen slawischen Gedichten, meistens heiligen Inhalts. *Junius Resti* (gest. 1735), *Seraph. Cerva* (gest. 1759) und *Sebast. Dolci* (gest. 1777) bearbeiteten die Geschichte von Ragusa in politischer, kirchlicher, und letzterer auch in literärischer Hinsicht, lateinisch. — Seit der Aufhebung der Jesuiten (1772) hob sich in Ragusa auch die slawische Nationalliteratur in etwas; die Senatoren *Petr. Ignat. Sorgo* und *Luc. Bona* (gest. 1778), waren Freunde und Kenner derselben, der erstere hat die zwei fehlenden Gesänge der Osmanide ergänzt. Einen höhern Aufschwung konnte jedoch die dalmatische Literatur nicht gewinnen; die meisten Gelehrten von Ruf wählten zu ihrer Schriftsprache lieber die italienische und lateinische, als die Landesmundart.[10])

In den allerneuesten Zeiten haben sich um die dalmatisch-ragusanische Mundart vorzüglich Appendini, Voltiggi und Stulli verdient gemacht. Der Piarist *Franz Maria Appendini*, Rector u. Praefect zu Ragusa, gab 1808 eine brauchbare Grammatik heraus. Derselbe schickte 1806 dem Stullischen grossen Wörterbuche eine Abhandlung: de praestantia et vetustate linguae illyricae, voraus, die freilich manche gewagte und übertriebene Behauptungen enthält. Ungleich besser sind s. Notizie istorico-critiche sulle antichita storia e' letteratura de' Ragusei, Rag. 802 — 03, 2 Bde. 4., brauchbare Nachrichten von illyrischen Schriftstellern enthaltend. Des Istrianers *Jos. Voltiggi* Wörterbuch (Wien 1803) enthält auch eine Grammatik und darin eine Anweisung zur Orthographie, die von jener des Micalia und Della Bella bedeutend abweicht. Das neueste und wichtigste Werk in der dalmatischen Literatur ist das grosse Wörterbuch von *Joa-*

---

[10]) *Appendini* a. a. O. *Engel* S. 28. 261. 272 ff.

chim Stulli, einem Franciscaner von Ragusa, eine Arbeit, auf welche der 80jährige Greis 50 volle Jahre verwendet hat. Er liess alle seine Vorgänger weit hinter sich zurück. In der Zueignung an Sc. Majestät Ks. Franz dankt Stulli für die ihm in österreichischem Kaiserthum seit 1782 gewordene Unterstützung und Belohnung. [11])

Schliesslich fügen wir noch die Namen einiger, meist geistlichen dalmatisch-ragusanischen Schriftsteller bei, deren Schriften Dellabella und Stulli zum Theil verzeichnet haben. Es sind folgende: *Vital. Adriasci* Francisc. in Ragusa, *Joh. Luc. Anticca* Ragusaner, *Ign. Aquilini* Dominicaner in Rag., *Steph. Bádrich* Francisc. in Dernisc, *Ge. Barakovich* aus Zara, *Ge. Bassich* Jesuit in Rag., *Ign. Bedekovich, Sab. Bendeviscevich* genannt *Gozze*, *Steph. Benessu* Rag., *Bar. Bettere* Rag., *Mich. Aug. Bnecsanin* Kapuziner, *Pet. Thom. Bogascinovich, Sim. Budineus* aus Zara, *Mich. Bunich* Patrizier in Rag., *Causcich* Benedictiner, *Cosmas* Erzb. v. Spalato, *Mich. Dragicevich* Franc. aus Vergorac, *Innoc. Garghich* Francisc. in Ragusa, *Athan. Georgijew, Franz Glavinich* Francisc. aus Istria, *Timoth. Gleg* Franc. in Rag., *Vin. Gozze* Domin. in Rag., *Basil. Gradi* Bened. in Rag., *Ge. Grisich* Priester in Rag., *Joh. Franz Gundulich, Joh. Luc. Guaragnin* Erzb. v. Spalato, *Pet. Knexevich* Franc. aus Knin, *Hyac. Komenius* Dominic. in Rag., *Franz Lallich, Pasch. Prim. Latinich, Vlad. Letunich* Franc. in Rag., *Steph. Margelich* Franc. *Joh. Mattei* Jesuit in Rag., *Horaz Maxibradich* genannt *Scjuljag* Ragusaner, *Pet. Palikuchi, Lud. Radich* Franc., in Rag., *Bern. Riciardi, Mich. Scimunich, Joh. Sciumonovich* Priester in Rag., *Bern. Sorgo* Benedict. in Rag., *Franz Pierko Sorgo, Joh. Stulli* Ragusaner, *Luc. Tersich* Priester in Spalato, *Andr. Vitalich, Pet. Vuletich, Givan Zadranin, Joh. Zanotti* Canonicus in Zara (übers. Virgils Aeneis in Versen), *Mart. Zlatarich, Bern. Zuzzeri* Jesuit in Ragusa u. m. a.

---

[11]) *Quellen*. *Ign. Giorgi*, sulle antichita Illyriche, Ms.; *Eb.* zählt in der Vorr. zu seinem illyr. Psalter über 80 gelehrte Ragusaner bis 1500 auf. — *Seb. Dolci* de illyr. ling. vetustate et amplitudine, Ven. 754. Fasti literario-Ragusini, s. viror. literat. usque 1766. in Ragus. ditione prospectus, Ven. 767. 4. — *F. M. Appendini* notizie istorico-critiche sulle antichita storia e' letteratura de' Ragusei, Rag. 802 — 03. 2 Bde. 4. — *J. Ch. v. Engel* Gesch. d. Freistaats Ragusa, Wien 807. 8.

§. 30.

Sprache und Schriftwesen der Bosnier abendländischen Ritus.

Die Bosnier abendl. Ritus hielten sich in Sprache und Schrift fortwährend entweder an die Dalmatier, oder an die Kroaten. Ihre Literatur, bestehend aus lauter asketischen Schriften, bietet demnach, so wie ihre Mundart, kein Ganzes, sondern nur einen Theil der dalmatisch-kroatischen dar. Die meisten Nachrichten über die ältern, durchgängig theologischen Schriftsteller Bosniens verdankt man dem bosnischen Franciscaner Philipp von Ochievia, der in s. Epitome vetustatum Bosnensis provinciae im V. Cap. §. 5. einen Katalog derjenigen bosnischen Schriftsteller liefert, die ihre Werke durch den Druck bekannt gemacht haben. *Joh. Bandilovich* gab Evangelien und Episteln heraus; *Paul Passilovich, Mich. Radich, Steph. a Jaice, Matth. Divkovich, Joh. Ancich, Ant. Bachich, Laur. a Buda, Thomas Babich, Laur. a Gljubuski, Steph. Villov, Nikl. Kessich, Hieronym Lipovcich, Ant. Papuclich, Luc. Cilich, Pat. Hier. a Rama*, schrieben verschiedene Erbauungsbücher. *Ochievia* selbst war ein fleissiger bosnischer theologischer Schriftsteller. *)

§. 31.

Sprache und Schriftwesen der Slawonier abendländischen Ritus.

Das Slawonische in dem ungrischen Krch. Slawonien ist keine besondere slawische Mundart, sondern nur eine Nuance der serbisch-dalmatischen. Die Slawonier grie-

---

*) S. Epitome vetustatum Bosnensis provinciae, seu brevissimum compendium historico-chronologicum de antiquitate variisque suis vicissitudinibus et consistentia usque ad haec tempora. Locupletata in hac nova editione nonnullis additionibus, multoque pluribus locupletanda fuisset, ni carentia monimentorum, ob rationes in prologo indicandas, cassum reddidisset omne studium. Congesta et compilata a *P. Philippo* (Lastrich) ab Ochievia, Provincialatu functo, etc. Anconae 1776. 4.

chischen Ritus gebrauchen im Schreiben die kyrillischen Schriftzeichen, und ihre Geistesproducte sind unter der Aufschrift „Serbisch" §. 23. mitbegriffen worden. Die katholischen Slawonier hingegen bedienen sich des lateinischen Alphabets, nach einer eigenen, der dalmatischen und kroatischen am nächsten kommenden Combination. Sie haben nämlich das *s* für с, *x* für х, *z* für з, *c* für ц, *ch* für шь od. ћ mit den Dalmatinern, dahingegen das *gy* statt des dalmatischen *dj, gj, ly* statt *lj, ny* statt *nj, sh* statt *sc* mit den Kroaten gemein. Zur Zeit des K. Maximilian war die Reformation bereits bis nach Slawonien gedrungen, und hatte der Nationalliteratur unter die Arme gegriffen; allein sie wurde gar bald unterdrückt, und die Protestanten späterhin sogar von Aufenthalt und Gütern in den drei slawischen Königreichen: Slawonien, Kroatien u. Dalmatien ausgeschlossen. Die spätern Schriftsteller Slawoniens, ja einige sogar aus dem XV — XVI. Jahrh., schrieben ohne Ausnahme lateinisch. Balth. Adam Kercselich gibt in s. Polit. instit. (Ms.) L. II. T. IX. §. 17 ff. ein Verzeichniss derer, die sich vorzüglich mit geschichtlichen Forschungen befasst haben. Die „Collectio scriptorum ex regno Slavoniae (Zagrab 1774)" enthält kurze biographische Notizen von den slawonischen Schriftstellern in dem gedachten Zeitraume, deren Erzeugnisse alle lateinisch sind. In den neuern Zeiten erschienen einige asketische Schriften sammt einigen wenigen Volksbüchern belehrenden und unterhaltenden Inhalts in der Buchdruckerei zu Essek und zu Ofen, welche letztere fortwährend alle Religions- und Unterrichtsbüchlein für Slawonien, als da sind Katechismen, Lese- und Gebetbücher, druckt. In diese letzte Periode fällt auch die Abfassung der wenigen Sprachbücher von *Relkovich, Angielich, Lanossovich.* *)

Von den hieher gehörigen slawonischen Schriftstellern neuerer Zeit, die beinahe ausschliesslich im Fache der Gottesgelehrtheit und der religiösen und Volks-Poesie

---

*) *Sprachbücher. Grammatiken:* M. A. *Relkovich* neue slawonisch-deutsche Gramm., Agram 767. 8. N. A. von F. *Angielich*, Wien 774, 8. 789. 8. — P. M. *Lanossovich* Einl. zur slawon. Sprache, Essek 778. 8. 2 A. 789. 8. 3 A. Of. 795. 8. — *Lexicon:* (M. A. *Relkovich*) deutsch-illyrisches (d. i. slawonisches) u. illyr.-deutsches WB., Wien 796. 2 Bde. 4.

geschrieben haben, beschränken wir uns zu nennen: *Anton Kanislich* aus Požega, Jesuit, hierauf Consistorialassessor ebendaselbst, verfasste ein erzählendes Gedicht: Sv. Roxalia Panormitanska, Wien 780. 8., und ein voluminöses Werk: Kamen pravi smutnye velike, iliti pocsetak i uzrok istiniti rastavlyenya cerkve istocsne od zapadne, Essek 780. 4. — *Matth. Pet. Katancsich*, Franc. u. Prof. an der Pesther Univ., (gest. 1825) gab, ausser mehr. lat. Werken (In veter. Croat. patriam indagatio, Zagr. 790. 8., Specim. Philol. Pannon. s. de orig. lin. et liter. Croat., Zagr. 795. 4., De Istro eiusque accolis, Of. 798. 4., Orbis Antiquus, Of. 824. 4.), eine Sammlung origineller Gedichte heraus, worunter sich slawonische Idyllen in Hexametern u. a. Volkslieder befinden: Fructus autumnales, Zagr. 791. 8. — *Jos. Ant. Vlassich*, Pfarr. in Kamenic u. Archidiakon, übers. des Innocentius III. Gedicht: Contemtus mundi, Essek 785. 8. — *Jos. Steph. Relkovich v. Ehrendorf*, Stabspfarr. in Vinkovce, verfasste ein ökonomisches Werk: Kuchnik, in Reimen, Ess. 790. 8. — *Math. Ant. Relkovich v. Ehrendorf*, Hauptmann, schrieb, ausser den schon genannten Sprachbüchern: Satir, in Versen, 3 A. Essek 822. 8. Nekje svashta Eb. 805. 8., Postanak naravne pravice, Eb. 794. 8. — *Alex. Tomikovich*, Franciscaner der Capistraner Provinz, übers. a. d. Italienischen: Xivot Petra V., Essek 794. 8. — *Dan. Emir Bogdanich* gab: Dogodjaji svieta, Wien 792. 8. heraus. — *Karl Pavich*, Pfarrer und Vice-Archidiakon in Mitrovic, übers. a. d. Teutschen: Politika za dobre lyude, Pesth (o. J.) 8. — *Ivan Velikanovich* aus Brod, Franciscaner der Capistraner Provinz, übers. ein geistliches Drama aus dem italienischen in Versen und Prosa: Sv. Teresia divica, Essek 803. 8. — *Ivan Marevich*, Domherr u. Prof. der Theol. in Fünfkirchen, übers. a. d. Lateinischen: Dila sv. mucsenikah, Essek 800. 3 Bde. 8. — *Ad. Philippovich von Heldenthal* schrieb: Razgovor priprosti, Ess. 822. 8. in Versen, Xivot Velikoga Biskupa Ant. Mandicha, Fünfkirchen 823. 8. ebenf. in Versen. — *Mich. Mihalyevich*, Pfarr. in Drenja, gab: Dilorednik za kripostlyubnu zabavu, Ess. 823. 8. heraus. — *Adalb. Horvath*, Franciscaner der Capistraner Provinz, verfasste geistliche Reden: Nediljna govorenja, Of. 824. 2 Bde. 8., Korizmena govorenja od muke i smerti Gosp. Isu Kersta, Eb. 824. 8., Sv. Govorenja od razlicsiti svetkovina, Eb. 824. 8.

§. 32.

Schicksale der Sprache und Literatur der Kroaten.

Wie vieldeutig und schwankend das Wort Kroatien und kroatisch nach der ältern Geschichte und unserer Erfahrung sey, ist bereits oben §. 26 gesagt worden. Wir haben gesehen, dass das Kroatische in Gränz- od. Militärkroatien ganz dem Dalmatischen, jenes hingegen, welches in Provincialkroatien, namentlich in den Gespanschaften Agram, Kreuz und Varasdin und den angränzenden Districten gesprochen wird, dem Windischen ähnlich, und nur eine Varietät desselben sey. Letzteres knüpft gleichsam das Serbisch-dalmatische an das Windisch-krainische an. So haben z. B. die Kroaten, den Winden gleich, das harte *l* in Präteritis und am Ende anderer Wörter durchgängig beibehalten, wofür die übrigen südlichen Slawen *o* sprechen: *igral* st. *igrao*. [1]

Die pannonischen Slawen, welche bald nach Methods und Swatopluks Tode politisch unter teutsche und ungrische, kirchlich unter römische Botmässigkeit kamen, fingen geraume Zeit vor der Reformation an, die übliche Landessprache mit lateinischen Buchstaben — aber leider fast in einer jeden Provinz nach einem andern System — zu schreiben. Seit dieser Zeit gebrau-

---

[1] Die sogenannten *Wasserkroaten* in Ungern (Wieselburger, Oedenburger, Raaber, Baranyer Gesp.), — nach *Kollar* (amoenit. iur. publ. I. 116.) Abkömmlinge der Bissener, die er für Slawen aus Bosnien hält, nach *Bel* (not. Hung. V. 14.) wahre Kroaten, „tum in jstas oras traducti, quum post cladem Ludovici II. arctiores fierent termini Hungariae, nach Hrn. *Rumy* gar directe Nachkommen der Russen (Ruthenier), die sammt den übrigen Russniaken im Gefolge der Magyaren nach Ungern gekommen seyn sollen — sind kein für sich bestehender, von den übrigen charakteristisch verschiedener slawischer Stamm, sondern nur eine Abart der eigentlichen Kroaten, daher denn auch ihre Mundart nur eine gebrochene, und wegen ihrer Vermischung mit Teutschen und Ungern bereits sehr getrübte Unterart der kroatischen ist, und den Uebergang von derselben zu der krainisch-windischen bildet.

chen die katholischen Kroaten (denn die Slawoserben griech. Ritus im heutigen Kroatien gehören in sprachlicher Hinsicht nicht hieher, sondern zu ihren anderweitigen Brüdern), ohne Ausnahme das lateinische Alphabet in ihrem Schriftwesen. Das glagolitische Alphabet konnte, wie oben gesagt worden, seiner Unbehilflichkeit wegen, in Kroatien nie popularisirt werden. Zwar wurde im XVI. Jahrh. von Primus Truber zu Tübingen eine slawische Buchdruckerei mit lateinischen, kyrillischen und glagolitischen Typen errichtet, an welcher auch Steph. Consul, Ant. Dalmata und der Baron Hans Ungnad einen thätigen Antheil nahmen, und welche die Verbreitung des lutherischen Lehrsystems unter den slawischen Völkern an der Sawe und Donau, ja selbst unter den Türken zum Zweck hatte. Merkwürdig sind, als die ersten Druckproben dieser Officin, der serbische Katechismus vom J. 1561. 8. mit kyrillischen, und der kroatische von d. J. mit glagolitischen Lettern [2]). Indess fand diese Anstalt bald ihren Untergang, und die damalige Religions-Gährung, die der kroatischen Nationalliteratur gleichsam einen Schwung gegeben hatte, wurde bald erstickt. Einer von den eifrigsten Beförderern der neuen Lehre in diesen Gegenden war *Mich. Buchich*. Er war katholischer Pfarrer zu Muraköz. Als derselbe zum helvetischen Glaubensbekenntniss übergetreten, und dasselbe mit Predigten und Schriften verbreitet, so wurde er nach mehreren kanonischen Erinnerungen im J. 1574 durch den Bischof Georg Draskovich, der erst 1563 von dem Tridenter Concilio zurückkehrte, auf einer Synode verdammt, seinem Werke eine Widerlegung entgegengesetzt, und die wider ihn gefällte Sentenz dem König Maximilian zur Bestätigung vorgelegt. Maximilian, dessen duldsame Gesinnungen in Religionssachen zur Genüge bekannt sind, verfügte nichts widriges gegen Michael,

---

[2]) Die hieher gehörigen Drucke hat Hr. *Kopitar* in s. Gramm. 8. 438 ff. vollständig verzeichnet. Die wichtigsten darunter sind: a.) mit glagol. Buchstaben 1.) der Katechismus v. 1561. 2) der erste Theil des N. T. 1562. 4. 3.) der zweite Theil des N. T. 1563. 4. 4.) Augsb. Conf. 1562. 5.) Apologie der Augsb. Confess. 1564. 8. 6.) Postille 1562. 4. b.) mit kyrillischer Schrift: 1.) Katechismus 1561. 2.) der erste Theil des N. T. 1563. 4. 3.) der erste Theil des N. T. 1563. 4. 4.) die Augsb. Conf. 1562. 5.) Postille 1563. 4. u. s. w.

vielmehr (wie der Pauliner Venantius Glavina, der die Acten der Synode 1771 mit Noten und Corollarien herausgegeben, in s. 3ten Corollar bemerkt) schlug die protestantische Religion in Steiermark, Kärnten, Kroatien und Slawonien immer festere Wurzeln. Zu dem waren die Grafen Zriny starke Gönner und Anhänger des Protestantismus. Unter ihren Flügeln entstand zu Nedelic od. Nedelische eine Buchdruckerei, in welcher viele kroatische Bücher aufgelegt wurden, unter denen die kroatische Uebersetzung des Verböczischen Tripartitums vom J. 1547 bemerkenswerth ist. Die zahlreichen Produkte waren Katechismen, und andere protestantisch-theologische Bücher, darunter auch jenes von Mich. Buchich. Georg Zriny hatte mit Beirath eines gewissen Malkótzy die ganze Insel Muraköz zur evangelischen Lehre gebracht ums J. 1580; sein Sohn, der jüngere Georg, ward 1623 wieder katholisch; auch seine Frau ward 1646 katholisch. Auf den Landtagen 1607 und 1610 protestirten die Bane von Kroatien, Erdödy und Draskovich, heftig gegen die protestantische Lehre, und schwuren ihr den Untergang [3]. Nach dem Reichstage 1687 hat der Bischof Martin Barkovich den reichen Steph. Jankovich, wegen seines evangelischen Glaubensbekenntnisses auf einem kroatischen Landtage gezwungen „auctoritate (sagt Bedekovich in s. Nat. sol. s. Hieronymi 752. fol.), qua instar Primatis ex speciali Leopoldi I. gratia pollebat", aus Kroatien zu wandern, und die Güter seinem katholisch gewordenen Sohn zu überlassen. So wurde gar bald ganz Kroatien und die Insel Muraköz wiederum katholisch. Die literarische Cultur des Landes war nun in den Händen der Geistlichkeit und der Mönche. Mehrere Bildungsanstalten, freilich keine Pflanzschulen für die Nationalliteratur, aber doch wenigstens Receptakeln des theologischen Wissens, kamen auf. — Beinahe alle kroatischen Schriftsteller des nun eintretenden Zeitraums schrieben nicht mehr in ihrer Muttersprache, sondern lateinisch. Ein grosser Theil derselben beschäftigte sich mit der vaterländischen Geschichte. Interessante Nachrichten darüber theilt der schon genannte

---

[3] S. *Engel* Gesch. d. ungr. Reichs III. 469.

Balth. Ad. Kercselich in s. Polit. Inst. L. II. T. IX. §. 17 ff. und aus ihm Engel Gesch. d. ung.. Reichs III. 145 — 47. mit. Unter den von ihnen angeführten sind: der Domherr *Joh. de Guerche, Paul v. Ivanich, Bened. Vincovich, Petr. Petrecsich, Christoph. Kupinich, Alex. Mikulich, Thom. Kovacsevich, Paul Bar. Ritter, Georg. Marcellovich, Jos. Roich, Balth. und Alex. Batavich* u. m. a. Ihre Schriften blieben meistens ungedruckt. Die meisten Versuche, die kroatische Sprache zur literarischen Ehre zu bringen, und das Licht der intellectuellen Cultur in seinem Vaterlande anzufachen, machte um diese Zeit der Baron *Paul Ritter*. Geboren in Zeng und in Belgien erzogen, brachte er den Geschmack an Wissenschaften in das noch rohe Kroatien. Er musste seinen wahren Vorsatz unter der Maske literarischer Charlatanerie verstecken. Er fing von der Heraldik an, und fabricirte Stammbäume aus dem Kopf, um zu den Archiven zu gelangen. Nach seiner Agentie in Wien kaufte er sich zu Zagrab ein Haus und das Gut Schitjarevo. Im J. 1691 erhob man ihn zum Vicegespan und Freiherrn. Er beredete die Stände der drei Reiche dazu, zu Zagrab eine Druckerei zu errichten; hiedurch zog er sich aber nach der Hand viele Verdriesslichkeiten zu. Er ist der erste Herausgeber der zuerst unter dem Namen *Paul Vitezovich (Ritter)* erschienenen: „Kronika, aliti szpomenek vszega szveta vekov." Ritter berief sich auf eine ältere dalmatische Chronik. *Steph. Raffay*, chori ecclesiae Zagrabiensis Praebendarius, setzte sie bis 1744 fort, und gab sie in demselben Jahre heraus. *Nikl. Laurenchich*, ein Jesuit, der sie mit *Balth. Kercselich* bis 1762 fortsetzte und herausgab, liess den Namen Vitezovich (Ritter) weg. Noch gehört unter die gedruckten Werke Ritters: Sibylla, in kroatischer Sprache. Von den 16 Msc., die er hinterlassen, ist hier sein: Lexicon slavonicum puritati suae sacrum restituens idioma, ferner seine: Grammatica croatica, zu nennen. Er starb zu Wien im J. 1713 [4]). Der Verfasser d. ältesten kroatischen Sprach-

---

[4]) Von ihm schreibt Kercselich: Scripsit plurima. Meditabatur historiam Slavoniae: sed visa eius vulgari lingua edita ab illo chronica, item vulgo Sibylla, tantus in immortalis memoriae virum concitatus ab iis, quibus doctrinae et literae vi vocationis incumbunt, est livor atque odium,

buchs, eines kroatisch-lateinischen Wörterbuchs, ist *Georg Habdelich* 1670. Auf ihn folgte der Pauliner *Joh. Bellosstenecz*, mit s. Gazophylacium s. Latino-illyricorum (d. i. kroatischen) onomatum aerarium Zagrabiae 1740. Ein Jahr darauf erschien des Jesuiten *Andr. Jambressich* Lexicon Latinum interpretatione illyrica (d. i. kroatischen), germanica et hungarica locuples, durch Vorschub der Landstände von Kroatien auf der Landesuniversität gedruckt. Der hinten angehängte, kleine kroatische Index ist 1739 von *Franz Sussnik* verfertigt, von Jambressich aber beibehalten und vervollständigt worden. Jambressich gibt den Unterschied zwischen dem Kroatischen und Dalmatisch-illyrischen nicht an, wie Bellosztenecz, sondern mischt beides untereinander. Dafür setzt er eine neue kroatische Orthographie fest, von welcher er am Ende auf 7 Seiten handelt. Natio illyrica sind auch bei ihm bald alle Slawen, bald nur die Kroaten, Dalmatiner und Slawonier. Lange schon war die kroatische, meist nach der im Ungrischen üblichen Combination der lateinischen Buchstaben eingerichtete, Rechtschreibung durch den Gebrauch und Lexica fixirt, als die ersten kroatischen Grammatiken von *Sz. Mártony* (1783) und *Kornig* (1795) erschienen [5]). Als nach dem Tode Joseph II. die ungrischen Reichsstände auf die Einführung der magyarischen Sprache in allen öffentlichen Geschäften statt der bis jetzt üblichen lateinischen, und beim Unterricht der Jugend statt der Muttersprache, nicht nur in dem eigentlichen Ungern, sondern sogar in allen seinen Nebenländern drangen; da erklärten sich die Abgeordneten der drei Königreiche Kroatien, Dalmatien und Slawonien auf dem Landtag 1790 heftig gegen diese Maassregel [6]). Nichts desto weniger konnte,

---

ut prope infinitis calumniis et iniuriis affectus Viennam abiret, ibidem mortuus 1715. S. Engel Gesch. d. ungr. Reichs II. 145.

[5]) *Sprachbücher, Grammatiken*: Anleit. zur kroat. Rechtschreibung Of. 780. 8. — (*Szent-Mártony*) Einl. zur kroat. Sprachlehre, o. Dr. (Varasdin) 783. 8. — *F. Kornig* kroat. Sprachlehre, Agram 795. 8. 810. 8. — S. *Gyurkovechky* kro. Gr. Of. 825. — *Wörterbücher*: G. *Habdelich* Dictionarium (kroat.-lat.). Grätz 670. 8. — *J. Bellosztenecz* Gazophylacium s. Latino-illyricor. onomatum aerarium, Zagrab. 740. 4. — *Andr. Jambressich* Lex. lat. interpretatione illyrica, germ. et hung. locuples, Zagrab. 742. 4.

[6]) Die lateinische Sprache, sagten sie, ist durch den Gebrauch von 800 Jahren constitutionell geworden; die Kroaten sind keine Unterthanen, sondern Bundesgenossen Ungerns; die Gründe, die vom Hofe, von Galicien,

aus leicht begreiflichen Ursachen, auch späterhin der Cultur der kroatischen Mundart kein grösserer Spielraum, als jener, den sie in Unterrichts- und Erbauungsschriften schon längst gehabt hat, gewonnen werden. Die katholischen Kroaten haben zwar ihre eigenen, d. i. in ihrer Mundart gedruckten Evangelien und andere Bücher für den gemeinen Mann, aber noch immer keine ganze Bibel. Sie lesen meistens dalmatische Bücher, da der Unterschied der Mundart äusserst gering ist. Ausser der Buchdruckerei in Agram, wo bisweilen kroatische Bücher religiösen Inhalts gedruckt werden, liefert die Universitätsbuchdruckerei zu Ofen alle Elementarbücher und Katechismen für den Unterricht der kroatischen Jugend. [7]

Unter den Nationalen, welche im verflossenen und gegenwärtigen Jahrhundert in kroatischer Sprache geschrieben haben, sind noch zu nennen: *Jak. Pejacsevich* Jesuit, P. *Stephan* Kapuciner und Prediger in Zagrab, gab eine Sammlung s. Predigten: Hrana duhovna ovchicz kerschanszkeh Zagr. 715 — 34. 5 Bde. 4. heraus, *Ge. Mulich* Jesuit, *Marc. Krajachich*, *Franz. Tauszi*, Zagr. Bischof, *Ant. Tellitenovich* Franciscaner, *Ant. Nagy* Advocat, mehrerer Gespannschaften Gerichtstafelbeisitzer und kön. Bücherrevisor in Ofen, *A. v. Mihanovich*, k. k. Gubernial-Secretär in Fiume, Vf. mehrerer Abhandlungen über die Verwandtschaft der slawischen Sprache mit der Sanskrita, besitzt in der Handschr. ein kroatisches Epos von hohem poetischen Werth, betitelt: Syrene, *S. Gyurkovechky*, Pfarrer zu Szamaric in der kroat. Gränze, *Thom. Koschiak*, National-Schulen-Inspector im Zagraber Bezirk u. s. w.

Serbien u. s. w. und von Ungern selbst hergenommen werden, gehen die Kroaten nichts an, nur ¼ von Ungern sollen geborne Ungern seyn, nur ⅓ aller Einwohner ungrisch reden; die ungrische Sprache ist noch keine gelehrte Sprache; die Kroaten würden von den Geschäften verdrängt u. s. w.

[7] *Quellen. M. P. Katancsich* Specimen philologiae et geographiae Pannoniorum, in quo de origine, lingua et litteratura Croatorum disseritur, Zagrab. 795. 4. *Eiusd.* de Istro eiusque accolis commentatio, Of. 798. 4. — *J. Ch. v. Engel* Gesch. d. ungr. Reichs Th. II.

Fünfter Abschnitt.

Geschichte der windischen Sprache und Literatur.

§. 33.

Historisch - ethnographische Vorbemerkungen.

Der südliche Theil des nachmaligen österreichischen Kreises, das heutige Kärnten, ist seit uralten Zeiten der Sitz desjenigen slawischen Stammes, der bei den Ausländern der Stamm der Winden heisst, sich selbst aber den Namen der Slowenzen beilegt [1]). Ob das alte Karantanien slawisch gewesen, darüber sind die Meinungen verschieden; so viel scheint jedoch gewiss zu seyn, dass die ersten Ansiedelungen der Slawen in diesen Gegenden bereits ins V. Jahrh. nach Chr. fallen. Als nämlich nach Attilas Tode die Gepiden Dacien, die Gothen Pannonien, die Sciren, Satagaren und Alanen Niedermösien besetzten, überging ein Theil derjenigen Slawen, die zwischen der Theiss und Aluta ihre Wohnsitze aufgeschlagen hatten, und von den angränzenden kriegerischen Völkern gedrängt sich nicht auszubreiten vermochten, nach Steiermark, Kärnten und Krain, und schlossen sich an die schon früher in Makedonien, Thrakien, Illyrien u. s. w.

---

[1]) Die zum Citiren so bequeme Benennung der *Winden* ist nicht ganz richtig. Nur die Steirischen und Kärntischen Slawen werden zum Unterschiede von ihren teutschen Mitbürgern *Winden* d. i. Slawen genannt; (denn *Wende, Winde* ist das teutsche Synonymon für *Slawe*:) eben desswegen nennen sich die Winden selbst *Slowenzi*, d. i. Leute vom slaw. Volksstamme. In Krain hingegen, wo das ganze Land von Slawen bebaut wird, fiel dieser Anlass weg, und der Specialname *Krainer, Krajnzi* gilt ausschliessend seit Mannsgedenken. Sprache, Kleidung, Lebensart ist die nämliche bei den Winden, wie bei den Krainern, aber nie wird der Krainer *Slowénz* im speciellen Sinne, und umgekehrt der Slowénz nie *Krajnz* genannt. *Kopitar's* Gramm. Vorr. S. VI.

angelegten slawischen Colonien an. Mit dieser Annahme stehen die späteren Einwanderungen der Winden bis 611 und ihre successiven Niederlassungen an der Mur, Sawe und Drawe nicht im Widerspruch: denn es ist bekannt, dass die Uebersiedelungen der Slawen in neue Gegenden nicht auf einmal geschahen, sondern Colonien auf Colonien in verschiedenen Zwischenräumen folgten. Die Windischen in Kärnten und Steiermark geriethen sammt den Krainern schon unter Dagobert 629 mit den Franken in Streit, und nachher völlig unter ihre Herrschaft. Zur Zeit, als in Mähren das grosse slawische Reich entstand, scheint auch Kärnten zu ihm gehört zu haben; von der andern Seite erstreckte sich die Herrschaft der Awaren bis in diese Länder; allein Karl der Grosse besetzte diese Länder, und bald nach seinem Tode entstand die Karantaner Mark, die sich aber Cilli bis zu der Sawe erstreckte. Die Markgrafen waren aus verschiedenen Häusern; bis 976 war Kärnten sogar mit Baiern vereinigt. Später führten die Markgrafen den herzoglichen Titel, und Markward machte das Herzogthum 1073 in seinem Stamm erblich, der aber schon 1127 erlosch. Ks. Rudolph gab 1276 das Land dem Grafen Mainhard von Tyrol; nach Erlöschen seines Stammes fiel es Oesterreich zu im J. 1335. — Steiermark gehörte anfangs zu der Karantaner Mark; der erste Markgraf von Steiermark ist Ottokar I. 974. Die Mark von Untersteier wurde 1180 zum Herzogthum erhoben. Nach dem Tode Ottokars VI., der 1192 ohne Erben verstarb, kam die Mark an Oesterreich, doch mit Beibehaltung der einheimischen Verfassung. Nach dem Erlöschen des österreichischen Mannstammes bemächtigte sich ihrer Ottokar, Kg. von Böhmen, der aber 1276 von Rudolph von Habsburg gänzlich vertrieben wurde. Seitdem verblieb Steiermark bei Oesterreich. — Das alte windische Land, oder die Krainer Mark, hatte zur Zeit der Longobarden u. Franken eigene Fürsten. Karl der Grosse unterwarf sich auch dieses Land, und gab es dem Hzg. von Friaul. Später wurden eigene Markgrafen ernannt, die ihren Sitz zu Krainburg hatten. Mit dieser Mark war Istrien und Friaul häufig verbunden, allein Krain sonderte sich ab, wurde zerstückelt, und fiel, von dem tapfern Friedrich von Oesterreich erobert, nachher dem Rudolph von Habsburg zu. Im J. 1364 wurde Krain ebenfalls ein Herzogthum. In den neuesten Zeiten erzwang Napoleon im Pressburger Frieden die Abtretung von Krain, dem Villacher Kreis, Friaul, Istrien und Kroatien südwärts der Sawe, und verwandelte diese Districte in eine eigene Provinz seines Reichs, der er den alten Namen Illyrien gab, und zu der er noch Dalmatien, das Littorale und Theile von Tyrol schlug. Nachdem aber Oesterreich 1813 den rechtmässigen Besitz dieser Länder wieder erlangte, trennte es Dalmatien und die übrigen Districte davon, und erhob Kärnten, Krain, österreichisch Friaul und Triest unter dem Namen Illyrien zu einem unauflöslich mit seiner Monarchie verbundenen Königreiche. Das Hzgm. Steiermark verblieb bei seiner vorigen Begränzung und Verfassung. — Die Winden dehnten sich bereits in den ältesten Zeiten ausserhalb Steiermark, Kärnten und Krain in den westlichen Comitaten Ungerns, vorzüglich in Szala und Eisenburg (160 Ortschaften), bis an die Thore Wiens aus, dessen Wochenmärkte sie besuchen. Ungefehr 800,000 an der Zahl, nämlich 300,000 in Untersteiermark, 100,000 in Unterkärnten — denn die obern Theile dieser Provinzen sind von Teutschen besetzt — 350,000 in Krain und 50,000 in Ungern, sind sie, bis auf 15,000 lutherische in Ungern, sämmtlich der katholischen Religion zugethan. [2])

---

[2]) *Em. Frölich* specimen Archontologiae Carinthiae, W. 758. 2 Bde. 4. — (*Anselm*) Gesch. d. Hzg. Kärnten, W. 781. 8. — *K. Mayers* Gesch. von Kärnten, Cilly 785. 8. — *M. Hansits* analecta s. collect. pro hist. Carinth., Nürnb. 793. 8. — *A. J. Caesar* annal. duc. Styriae 768. 3 Bde. fol. Eb. Staats- und Kirchengesch. d. Hzg. Steiermark, Grätz 786 — 88. 7 Bde. 8. — *J. v. Baumeister's* Vers. e. Staatsgesch. von Steierm. W. 780. 8. — *J. W. Valvasor's* Ehre d. Hzg. Krain, herausg. von *E. Francisci*, Laib. 689. 4. fol. — *A. Linhart* Vers. e. Gesch. von Krain, Laib. 788 — 91. 2 Bde. 8. — *J. M. Lichtenstern* Handb. d. Geogr. d. österr. Kaiserstaats, W. 817 — 18. 3 Bde. 8. — Eb. allg. Uebersicht d. Hzg. Steiermark, W. 799. 8. — *A. J. Caesar* Beschreibung von Steiermark, Gratz 773 — 86. 2 Bde. 8. — *J. K. Kindermann* hist. u. geogr. Abriss d. Hzg. Steierm., Grätz 779 — 80. 3 A. 787. 8. Eb. Beiträge zur Vaterlandskunde für Inner- österr. Einw., Eb. 790. 2 Bde. 8. Eb. Repert. d. Steierm. Gesch. Geogr. Topogr. Statist. u. Naturhist., Eb. 798. 8. Eb. Vaterl Kalender für die Steierm. Eb. 799 — 800. 8. — *H. G. Hoff's* hist. stat. topogr. Gemälde von Krain u. Istrien, Laib. 808. 2 Bde. 8. N. A. Wien 3 Bde. 8. — *Diewald* d. Hzg. Krain, mit Görz u. Gradiska, Nürnb 807. — *J. Rohrer's* Abriss d. westl. Provinzen d. österr. Staates, Wien 804. 8. — Die illyr. Provinzen u. ihre Bewohner, W. 812. — *J. A.*

§. 34.

Charakter der windischen Sprache.

Die windische Sprache im *weitern* Sinne, wie sie von den Slowenzen in Unterkärnten und Untersteiermark, ferner in den westlichen Gespanschaften Ungerns, und von den Krajnzen in Krain gesprochen wird, bildet nur *eine* Mundart. Allerdings zerfällt das Windische in Krain in zwei Sprecharten, in das Ober- und Unterkrainische; aber diese können höchstens als zwei Varietäten einer und derselben Mundart, und keineswegs als zwei verschiedene Species gelten. Die unterkrainische Varietät zeichnet sich durch Verziehung der Wörter und durch eine besondere Abneigung vor dem *o* aus, wofür die Unterkrainer meistens *u*, manchmal auch *a*, je nachdem das *o* sich nämlich in der guten Aussprache mehr dem *u* oder dem *a* nähert, sprechen, als *kust, slabúst, dabrúta, si vidil mja mater, psheniza na prudaj pejlem*, st. *kost, slabóst, dobróta, si vidil mojo mater, pshenizo na prodaj pélem*; dagegen liebt der Oberkrainer das *o* wieder zu sehr, und räumt ihm sehr oft den Platz des *u* ein, als *proti sonso, kaj mo jé*, st. *proti sonzu, kaj mu jé*. Laibach ist der Scheidepunct der beiden Hauptvarietäten, woselbst aber schon unterkrainisch gesprochen wird. Die windischen Schriftsteller mögen geglaubt haben, die Sprache der Hauptstadt müsse Schriftsprache seyn, daher in den windischen Büchern durchgängig die unterkrainische Varietät herrschend ist, der nur in etymologischer Hinsicht der Vorzug vor der mehr abgeschliffenen Oberkrainischen gebühren mag. Die windische Mundart in der *engsten* Bedeutung, nämlich die in Kärnten, Steiermark und westlichen Ungern, ist demnach nichts, als eine Fortsetzung der krainischen, und zwar gehört das Windische in Kärnten zum Oberkrainischen, das in Untersteier zum Unterkrainischen. Dass

---

Demjan stat. Darstell. d. illyr. Provinzen (in d. europ. Annalen 810, St. 1.) — *F. X. Sartori* Geogr. von Steiermark, Grätz 816. 8. — *J. M. v. Lichtenstern* stat. geogr. Landesschematism. d. Hrz. Steierm., Wien 818. 8. — *B. Hacquet* phys. polit. Reise durch d. Jul. Karn. u. s. w. Alpen, Lpz. 785. 2 B. 8. — (*Rohrer*) Vers. üb. d. slaw. Bewohner d. österr. Monarch., W. 804. 2 B. 8.

aber besondere Grammatiken der windischen Sprache existiren, kommt daher, weil diese Slawen politisch und hierarchisch eine zeitlang in andere Wirkungskreise gehörten, als die Krainer. Nur auf jener Classificationsstufe, auf der die oberkrainische Mundart von der unterkrainischen zu trennen seyn wird, wird man auch auf die individuellen Nuancen der windischen Rücksicht zu nehmen haben. So scheint das Windische im Südosten von Steiermark, auch an der Mur und Raab, den Uebergang vom Krainischen zum Kroatischen zu bilden. — Das Gebiet des windischen Dialekts wird demnach durch den Isonzo, die obere Drawe, durch Kroatien und das adriatische Meer begränzt. *)

§. 35.

Schicksale der windischen Sprache und Literatur.

Ueber den Anfang des windischen Schriftwesens waren die Meinungen der slawischen Philologen lange Zeit verschieden. Ehedem schien es ausgemacht, dass die windische Mundart vor der Reformation nicht aufs Papier

---

*) S. Kopitar's Gramm. Vorr. XXXVI. Nachschr. S. 457. *Sprachbücher: Grammatiken.* 1.) Von *Winden.* O. Gutsmann wind. Sprachl., Klagenf. 777. 8. Dieselbe u. d. T. Anleit. z. wind. Spr., Cilly 786. — G. *Sellenko* Slovenska gramm., Cilly 791. 8. — *J. L. Schmigoz* theor. prakt. wind. Sprachl., Grätz 812. — *Peter Dainko* (Weltpriester, Kaplan in der Stadtpfarre zu Radkersburg) Lehrbuch der windischen Sprache, ein Versuch zur gründlichen Erlernung derselben für Teutsche, zur vollkommeneren Kenntniss für Slowenen, Grätz 824. 8. II.) Von *Krainern.* A. Bohorizh arcticae horulae, succisivae de latino-carniolana litteratura, Viteb. 584. 8. — (P. *Hippolytus?*) Gramm. lat.- germ.- slavonica, Lab. 715. 8. — Grammatica od. wind. Sprachl. Klagenf. 758. 8. — *P. Marcus* krainska gramm., Laib. 768. 8. 2 A. 783. 8. — *B. Kopitar's* Gramm. der slaw. Sprache in Krain, Kärnten u. Steierm., Laib. 808. 8. — *V. F. de Weissenthurn* Saggio grammaticale Italiano-Cragnolano, Triest 811. 8. — *V. Vodnik* pismenost ali gramm. sa perve shole, Laib. 811. 8. — *Franz Seraph. Metelko* (Weltpriester, Professor der slawischen Sprache und Literatur am k. k. Lyceum zu Laibach) Lehrgebäude der slowenischen Sprache im Königreich Illyrien und in den benachbarten Provinzen, nach dem Lehrgebäude der böhmischen Sprache des Herrn Abbé Dobrowský (1825.)

Wörterbücher: I.) Von *Winden.* O. Gutsmann deutsch. wind. W. B. Klagenf. 789. 4. II.) Von *Krainern.* H. Megiseri dictionarium quatuor linguarum, vid. germ. lat. illyr. (d. i. krainisch od. windisch) et italicae, Graecii 592. 8. N. A. Klagenf. 744. 8. — *P. Marcus* kl. Wörterb. in drei Sprachen (krainisch-deutsch.-lat.) Laibach 761. 4. Dazu d. Supplement: Glossarium slavicum, Wien 792. 4.

gebracht worden sey. Allein spätere Erfahrungen zeigten zur Genüge, dass der Anfang der Schreibekunst bei den Karantaner-Slawen wo nicht in die vorkyrillische Periode, so doch in diese hinaufgerückt werden müsse. Diess ist durch die Entdeckung der überaus wichtigen windischen Fragmente in München ausser allen Zweifel gesetzt worden. Hier war man nämlich so glücklich, in einer alten Handschrift, die Jahrhunderte lang im Stifte Freisingen aufbewahrt war, drei kurze slawische Aufsätze aus den ältesten Zeiten im windisch-krainischen Dialekte zu entdecken. Im neuen Literar. Anzeiger 1807. N. 12. S. 190 findet man die erste Anzeige dieser Denkmäler der slawischen Vorzeit. Später prüfte Hr. Dobrowský die Handschrift an Ort und Stelle, und berichtete darüber in der Slowanka Th. I. S. 249 ff. Seitdem beschäftigt sich Hr. Kopitar mit einer kunstgerechten Erklärung dieser unschätzbaren Denkmäler seiner Muttersprache. (Rec. d. Dobrowsk. Gramm. in d. Wien. Jahrb. XVII. Bd.) Es sind drei mit lateinischen Buchstaben geschriebene windische Aufsätze, von zwei Missionären, deren jeder seine eigene Orthographie hat: 1.) eine offene Beichte, die die Gemeinde dem Priester nachzubeten gleich in der Ueberschrift aufgefordert wird, 35 Quartzeilen; 2.) eine Homilie von dem zweiten Schreiber, 113 Zeilen auf 7 Columnen oder 3½ Quartseiten; 3.) ebenfalls vom zweiten Schreiber: eine andere Beichtformel, 74 Zeilen auf 5 Columnen. Das Ganze ist ein Bruchstück auf neun Quartseiten des nordkarantanischen Vademecum eines Freisinger Missionärs, sehr wahrscheinlich in erster Abfassung vorkyrillisch — im J. 769 liess sich der Abt von Scharnitz in Tyrol die Gegend um Innichen vom Hzg. Thassilo schenken, namentlich um die Slawen zu christianisiren, und auch die andern Stiftungen im Slawenlande erhielt Freisingen vor dem J. 1000 — und in dem Münchner Codex von einer Hand des X. Jahrh. abgeschrieben. Die Orthographie ist sehr ungleich, und die häufige Verwechslung des *b* mit *p* verräth einen Schreiber, der kein geborner Slawe seyn konnte — wie hätte er sonst *bod* anstatt *pod*, *bo* anstatt *po* schreiben können? — Der Besitzer dieser Handschrift war aller-

Wahrscheinlichkeit nach ein Geistlicher aus dem Bisth. Freisingen, der sich zu seiner Agenda diese Formeln beischrieb, um unter den Winden in Kärnten und Krain, oder bei den bairischen Slawen seinem Berufe gemäss davon Gebrauch zu machen. Denn dass Kärnten in den Jahren 772 — 976 grösstentheils einerlei Regenten mit Baiern gehabt habe, ist eine geschichtlich erwiesene Thatsache [1]). Das Licht des Christenthums und in seinem Gefolge die erste Morgenröthe der aufgehenden Cultur kam also zu den südwestlichen Donauslawen zuerst über Salzburg, wahrscheinlich schon um die Mitte des VIII. Jahrh., aus Teutschland her [2]). Allein aus diesem ganzen Zeitraum erhielt sich, ausser den schon genannten Fragmenten, weiter Nichts, was uns über den damaligen Zustand der Sprache dieser Slawen Aufschlüsse geben könnte. Um das J. 870 scheint sich Method, Erzb. von Mähren und Pannonien, in dem Gebiete des slawischen Herzogs Chocil in Pannonien aufgehalten, und die slawische Liturgie sowol hier, als in Krain u. Kärnten eingeführt zu haben. Allein, schon bei Lebzeiten Methods von den Salzburger Erzbischöfen, welche die Verdrängung der lateinischen und Einführung der slawischen Liturgie als einen Eingriff in ihre Rechte betrachteten, mit Unwillen angesehen, und nach seinem Tode um so nachdrücklicher bekämpft, musste sich der slawische Gottesdienst bald aus diesen Ländern flüchten, ohne bleibende Spuren seines ehemaligen Daseyns hinterlassen zu haben. Hrn. Kopitars Beweise für die Karantanität der altslawischen Kirchensprache, die auf der Annahme beruhen, dass Methods Kirchensprengel auch das alte Karantanien umfasste, haben wir bereits oben §. 10. angeführt. — Jahrhunderte des tiefsten Schweigens folgen auf die ohnehin wenig aufgehellte Vorzeit. Denn was der krainische Geschichtschreiber Linhart von dem Gebrauch der glagolitischen Schrift in Krain bis ins XVI. Jahrh. vorbringt, ist unerheblich. Seine Behauptung

---

[1]) Eigentlich war Kärnten nur unter Thassilo von 772 — 788 Baiern einverleibt. Später (863) wurde Karlmann, Kg. der Baiern, zugleich Hzg v. Kärnten, letzteres wurde aber immer als eine selbständige Provinz betrachtet.
[2]) *Anonymus* de Conversione Bojoariorum et Carantanorum, in dem Scriptor. hist. Franc. Par. 686. T. 2. und öfters.

gründet sich bloss auf zwei von alten Bücherbänden abgelöste, mit glagolitischen Charaktern beschriebene Pergamentblätter, die nun in der Baron Zoisischen Büchersammlung sich befinden. Es sind Fragmente eines Missals oder Breviers. Die Sprache darin ist nicht krainisch, sondern die aller slawischen Missale, die sogenannte Literal- od. Altslawische. Eben so wenig beweisend ist die von Kumerdey erwähnte „verlässliche Spur", dass in der Filialkirche Lanzowo in Oberkrain noch unlängst (1780) ein mit glagolitischen Lettern geschriebenes Missal vorfindig gewesen; oder die archivarisch constatirte Klage der Pfarrgemeinde von Kreuz bei Neumärktl in Oberkrain wider den sogenannten Presbyter Glagolita, der dort die Messe nach einem glagolitischen Missal las, bis es ihm auf diese Klage 1617 vom Laibacher Bischof Thomas (Krön) eingestellt wurde. Wahrscheinlich war es ein von Istrien oder Kroatien vertriebener Pope, der sich durch Messelesen seinen täglichen Unterhalt erwarb. Und am Ende, was kann ein im Lande vorgefundenes glagolitisch geschriebenes literalslawisches Missal, und ein Pope, der daraus Messe liest, dafür beweisen, dass die Krainer auch ihre Landessprache mit glagolitischen Buchstaben geschrieben haben? Die Geschichte berechtigt uns mit keinem Worte zu einer solchen Vermuthung, und selbst die Worte Georg Dalmatins, die Linhart missverstanden zu haben scheint, sind ihr entgegen. Die windische Sprache, sagt er, wie sie in diesen Landen (Kärnten, Steiermark und Krain) gebräuchlich, ist erst vor dreissig Jahren (Truber hatte dreissig Jahre vor Bohorizh angefangen) *nicht* geschrieben oder aufs Papier gebracht worden. Noch bestimmter ist eine Stelle aus Trubers Vorr. zur 2 Aufl. s. übers. N. T. Tübing. 1582. „Vor 34 Jahren war kein Brief oder Register, viel weniger ein Buch in unserer windischen Sprache zu finden; man meinte, die windische und ungrische Sprache seyen so grob und barbarisch, dass man sie weder schreiben noch lesen könnte." [3]

---

[3] *Kopitars* Gramm. Vorr. S. XXXIII. Dieses *Meinen*, sagt Hr. Kopitar a. a. O., wird begreiflich, wenn man bedenkt, dass die Teutschen im XVI. Jahrh. noch viel weniger als jetzt, aus grammatischen Gründen ihre

Zur Zeit der Reformation also war seit Kyrill und Method der windische Dialekt zuerst geschrieben und gedruckt. Die neue Lehre, sagt Hr. Kopitar, fand bei unsern Herren, wie bei ihren Brüdern in dem übrigen Teutschlande willkommene Aufnahme und eifrige Beförderung. Ums J. 1550 versuchte es der Domherr Primus Truber das Krainische mit lateinischen Buchstaben nach der teutschen Aussprache derselben zu schreiben; denn die Leser, für die Trubor schrieb, die Geistlichen nämlich, denen er zur Verbreitung der Reformation in die Hände arbeiten wollte, kannten keine andern. Truber überliess es, wie es die Teutschen noch jetzt mit dem *s* am Anfang der Wörter thun, z. B. *sieben* cribrare und *sieben* septem, der Entscheidung des Lesers, wann das *s*, und so auch das combinirte *sh* scharf, und wann lind auszusprechen sey; er gebrauchte keine Accente, zeigte auch das, den Slawen mit den Franzosen und Italienern gemeine mouillirte *n* und *l* nie in der Schrift an, gab den Substantiven Artikel, und germanisirte überhaupt stark. Trubers Mängel blieben auch nicht unbemerkt; in der Bar. Zoisischen Bibliothek befindet sich eine Uebersetzung von Spangenbergs Postille, gedruckt zu Laibach 1578. 4., wahrscheinlich von Dalmatin. In diesem Werk herrscht erstens eine bessere Orthographie (das з, ж, ц und ш des slawischen Alphabets, so wie das mouillirte *l* und *n* schon angedeutet), und zweitens eine den südslawischen Dialekten sich nähernde Sprache, die der Autor *pravi slovenski jesik* nennt, zum Beweise, dass er mit Trubers zu örtlicher und aus individuellen Ursachen germanisirender Diction nicht zufrieden war. Der Vf. macht alle Neutra, die Truber in *u* machte, in *o*, wie sie auch wirklich in Oberkrain und bei allen andern Slawen in *o* gebildet werden; er ist an in- und extensiver Sprachkenntniss Trubern weit überlegen. Truber schrieb „zur Beförderung seiner Lehre", Dalmatin

---

eigene Sprache so od. so schrieben; sondern nur auf Gerathewol, und wie sie sich erinnerten, es so od. so einer beim andern gelesen zu haben: kein Wunder, dass sie weder aus noch ein wussten, um eine noch nie geschriebene Sprache zu schreiben, wobei also Niemanden nachgeschlendert, sondern ein wenig selbst gedacht werden musste. Der h. Kyrill meinte in der nämlichen Sache ganz anders, als die Teutschen.

aber auch zur „Aufhellung der Sprache selbst"; daher in erwähnter Postille mehrere Wörter und Sprachformen vorkommen, die sich weder bei Truber, noch in der Bibel 1584, wol aber in der altslawischen Kirchensprache finden; während Truber „schlechthin bei der gemeinen windischen Sprache, wie man sie auf der Rashiza redet, bleiben, und ungewöhnliche kroatische Wörter weder aufnehmen noch selbst bilden wollte." [1])

Da Trubers und Dalmatins literarische Thätigkeit in das Wesen der geistigen Cultur und die Sprachbildung nicht nur des windischen, sondern auch des kroatischen und dalmatischen Slawenstammes um diese Zeit tief eingriff, so wird es nicht unzweckmässig seyn, einige Data aus der Geschichte dieser Männer und ihrer Gehilfen anzuführen. *Pr. Truber* ward 1508 auf der Rastschitz, einem Auerspergischen Dorfe, unter Laibach, geboren, zu Salzburg und Wien gebildet, von Bonomo, Bischof von Triest, beschützt, Pfarrer zu Lack bei Ratschach, 1531 Domherr zu Laibach, und dann zu Triest, 1547 vom Bischof Textor zu Triest vertrieben, 1548 Prediger zu Rotenburg an der Tauber, 1552 Prediger zu Kempten: der slawische Kyrillus und Methodius neuerer Zeiten. Er liess zuerst allein mehrere Büchlein in der windischen Sprache, mit lateinischen Buchstaben, seit dem J. 1550 zu Tübingen drucken. Bald darauf verband er sich mit Vergerius. *Pet. Paul Vergerius*, ehemaliger Bischof von Capo d'Istria, flüchtete aus Italien nach Bündten 1549, wo er die Réformation ausbreitete. Im J. 1554 im Novemb. kam er nach Wittenberg, kundschaftete Trubern aus, und bewirkte durch seinen persönlichen Credit einen neuen Schwung der windischen Uebersetzungsanstalt. Noch vor Ende 1555 erschien das erste Evangelium Matthaei. Hierauf folgte das ganze N. Testament in 2 Theilen 1557. Die Uebersetzung selbst war, da Truber der griechischen Sprache nicht kundig war, nach lateinischen, teutschen und wälschen Uebersetzungen gemacht. Die Vorr. des 2. Th. ist an den Kg. Maximilian gerichtet. Noch während des Drucks des 2. Th. zerfielen Truber und Vergerius, wahrscheinlich we-

---

[1]) *Kopitar* a. a. O.

gen der Eitelkeit des letztern, der sich das Verdienst von allem anmassen wollte, während Truber alle Mühe hatte. Vergerius verläumdete sogar Trubern bei den Kärntnern und Krainern, als ob seine bisherigen Werke nicht im Sinne der Augsb. Confession, sondern schwärmerisch geschrieben wären. Hingegen liess Truber 1560-61 eine Apologie drucken. Aber bald darauf fand Truber einen Mäcen und Unterstützer an Hans Ungnad, und wurde in Stand gesetzt, seine Unternehmung auch auf den dalmatisch-kroatischen Dialekt und auf kyrillische und glagolitische Schriftzüge auszudehnen. *Hans Ungnad*, Freiherr von Sonnegg, der sich nun der Sache mit Enthusiasmus seit August 1560 annahm, war Landeshauptmann in Steier, hatte gegen die Türken 1532 bei Linz, 1537 in Ungern gefochten, als oberster Feldhauptmann vom heutigen Inner-Oesterreich 1542 wider die Türken gedient, musste jedoch wegen seiner Anhänglichkeit an die evangelische Religion 1554 nach Sachsen auswandern, woselbst er eine junge Gräfin Barbi ehelichte, und sich 1557 zu Urach im Wirtembergschen niederliess. Für die Dalmatiner und Kroaten sollte nun nach Trubers Uebersetzung eine ähnliche ausgefertigt werden, mit glagolitischen Typen; und hiezu ward ausersehen *Steph. Consul*, aus Pinguent in Histerreich gebürtig, der eben auch wegen der evangelischen Religion vertrieben war, und sich in Regensburg mit Schulhalten ernährte. Die glagolitische Schrift war 1560 zu Nürnberg gestochen und gegossen, und kam zuerst nach Tübingen. Anfang 1561 ward auch *Antonius ab Alexandro Dalmata*, dessen übrige Schicksale man nicht kennt, aus Laibach berufen, und (von demselben Meister) zu Urach eine kyrillische Schrift gegossen 1561. Truber ward 1561 Pfarrer zu Urach, und zugleich bestellter Prediger der Landschaft Krain. Er reiste auch auf einige Zeit nach Krain, und brachte zwei uskokische griechische Priester mit, *Matth. Popovich* und *Joh. Malescherac*, angeblich aus Serbien und Bosnien gebürtig, auch ward *Georg Juritschitsch* verschrieben aus Krain, und alle diese waren Gehilfen zum Transferiren, Conferiren, Corrigiren. Im J. 1562 ging Truber nach Laibach, blieb aber in Verbindung mit der Anstalt zu Urach, welche der Freiherr von Ungnad theils aus eigenem Beutel, theils durch Beiträge der Fürsten und Reichsstädte unterhielt, weil der Absatz der glagolitischen und kyrillischen Bücher, zumal bei dem ersten Anfang, nicht stark seyn, und die Mühe keineswegs lohnen konnte. Der Kg. Maximilian selbst gab 1561. 400 fl. dazu her, „weil das christlichlöbliche Werk zum zeitlichen und ewigen Wol der armen Unwissenden diene", unter seinem Schutz ward der Absatz dieser Bücher betrieben, 1563 wendete er die Confiscation derselben in Wien ab. Manche kroatische Bücher wurden mit lateinischer Schrift gedruckt; auch fuhr Truber fort, im windisch-krainischen Dialekt mit lateinischer Schrift Postillen, Kirchenordnung, Augsb. Conf. u. s. w. drucken zu lassen. Da Kg. Maximilian 1564 zur Regirung kam, schien dem Absatz mehrere Erleichterung bevorzustehen, und man dachte schon an den Abdruck grösserer Werke, z. B. der ganzen Bibel, der Hauspostille von Dr. Luther. Am Esaias arbeitete *Leonhard Mercherich* aus Dalmatien, der zu Tübingen studirte; man suchte nämlich auch andere Mitarbeiter, da Truber mit der Sprachkunde des Steph. Consul nach dem zu Laibach eingeholten Urtheile der Sprachkenner nicht ganz zufrieden war. Doch schon 1564 im Decemb. starb Ungnad zu Winteritz in Böhmen auf einer Reise. Seine Frau folgte ihm 1565. Anton und Stephan begaben sich 1566 von Urach weg. Der Verlag der Bücher, der ins Oesterreichische gebracht wurde, ward 1591 unter Ks. Rudolph zu Neustadt an- und aufgehalten, und stand daselbst lange in Fässern eingeschlagen. Truber selbst, auf Befehl des Erzherzogs Karl aus Krain 1564 vertrieben, ward Pfarrer in Laufen am Neckar, liess 1566 einen windischen Psalter in Tübingen drucken, ward Pfarrer in Derendingen, arbeitete an einer windischen Uebersetzung von Luthers Hauspostille, und starb den 28. Juni 1586 im 78 Jahre seines verdienstvollen Lebens. Nach der entscheidenden Schlacht bei Nördlingen kam Wirtemberg in die Hände der Oesterreicher. Wahrscheinlich liessen die Väter der Gesellschaft Jesu die Urachischen Typen nach den k. k. Erblanden bringen. Wo sie seitdem hingekommen, ist unbekannt; denn die vom Ks. Ferdinand II. der Propaganda geschenkten scheinen andere gewesen zu seyn.[5])

So gab es gleich anfänglich zweierlei Schreibsysteme des Windischen — Truber war ein Unterkrainer, Dalmatin Prediger in Oberkrain — daher fand es um das J. 1580 bei der Auflage des ganzen Bibelwerks in Wittenberg der hiezu von den Ständen abgeordnete Ausschuss vor allem nöthig, eine bestimmte Orthographie festzusetzen. Diess führte auf grammatische Betrachtungen, und veranlasste die erste windische Grammatik. Ihr Vf. war der damalige Schulrector in Laibach, *Ad. Bohorizh*. Sie erschien zu Wittenberg 1584. 8. Ihm und seinen Freunden hat es die windische Sprache zu danken, dass sie gleich bei ihrer ersten Erscheinung jene grammatische Correctheit und Consequenz mitbrachte, welche andere Sprachen erst nach und nach, nach vielem Modeln und Aendern — nicht erreichen. Auffallend ist es, dass die krainische Sprache seit Bohorizh's Zeiten sich gar Nichts verändert hat. Bohorizh nahm von Dalmatin die Elementarorthographie an, behielt aber Trubers Neutra in *u*, und gebrauchte Tonzeichen. Mit Anfang des XVII. Jahrh. griff der energische Erzhzg. Ferdinand, der später Kaiser ward, die bisher nur langsam und gleichsam nur als Neckerei betriebene Gegenreformation mit entschlossenem Ernste an: vor allem entfernte man die Prediger, dann musste ferner den Wanderstab nehmen, wer immer nicht wieder katholisch werden wollte. Alle Bücher der Protestanten ohne Ausnahme, soviel man deren habhaft werden konnte, wurden confiscirt. Der Ständische Büchervorrath auf dem Landhause ward den eben eingeführten Jesuiten überlassen; was diese nicht auf der Stelle den Flammen opferten, ging 1774 bei der grossen Feuersbrunst sammt ihrem Collegialgebäude in Rauch auf. Man weiss gegenwärtig nur um 2 Exx. von Bohorizh's Grammatik in ganz Krain. Im J. 1612 liess der Laiba-

---

[5]) *S. Schnurrer's* slaw. Bücherdruck in Wirtemberg im XVI. Jahrh., Tüb. 799. 8. Auszüge daraus lieferten Hr. *Dobrowský* (Slawin S. 87. 97. 100. 113. 129 ff. 241 — 264) und Hr. *Kopitar* (Gramm. Nachschr. S. 385 — 457). Hr. Kopitar hat die windischen Drucke aus dieser Periode am genauesten verzeichnet.

cher Bischof Thomas (Krön), ein eifriger Gegenreformator, dessen Wahlspruch war: terret labor, aspice praemium, für die Slawen in Inner-Oesterreich die sonn- und festtäglichen Evangelien und Episteln in Grätz abdrucken; denn die Buchdruckerei in Laibach war vertilgt worden. In diesem Werkchen ist Bohorizh's Grammatik strenge befolgt, und sogar einige teutsche Wörter des Georg Dalmatinschen Textes durch gangbare echt krainische ersetzt worden. Ein Jahrh. beinahe war seit der Vertreibung der Protestanten verflossen, ehe wieder etwas für die krainische Sprache geschah. Am Schlusse des XVII. Jahrh. hatten sich einige gelehrte Krainer zu einer Akademie, nach Art der italienischen, vereinigt; auf Schönlebens Betrieb war schon früher der Buchdrucker Joh. Bapt. Mayr von Salzburg nach Laibach berufen worden. Um diese Zeit gab sich ein Kapuciner, *P. Hippolytus* von Neustadtl in Unterkrain, mit der windisch-krainischen Sprache viel ab; er liess 1715 zu Laibach seine „lateinisch-teutsch-slawische (d. i. windische) Grammatik" drucken. P. Hippolytus epitomirte den Bohorizh wörtlich, sogar die Vorrede, an deren Ende der Buchdrucker Mayr unterschrieben ist. Wahrscheinlich nannte der Pater ihn nicht mit Namen invidiae vitandae causa. Es befindet sich auch ein vollständiges lateinisch-teutsch-krainisches Wörterbuch von diesem P. Hippolytus handschriftlich in der Baron Zoisischen Sammlung. Auch diese 2te Auflage von Bohorizh — so kann man des P. Hippolytus Grammatik nennen — ward sehr bald vergessen, so dass ungefehr fünfzig Jahre darauf der Augustinermönch *P. Marcus* (*Pochlin*), geboren in einer Vorstadt von Laibach, es glaubte wagen zu können, den Bohorizh und seinen Epitomator gänzlich zu ignoriren, und sich für den ersten krainischen Grammatiker auszugeben. Wol sieht sein Werk wie ein erster roher Versuch aus, ohne Spur einer Bekanntschaft mit den benachbarten Dialekten, ohne Spur von philosophisch-grammatischem Geist! P. Marcus suchte zu verderben, was bereits gut gemacht war, und um alles vor ihm gedruckte unlesbar zu machen, änderte er nicht nur ohne alle Noth, sondern offenbar zum Nachtheil der Sprache im Vergleich gegen benachbarte Dialekte, sowol die Elementar- als die Grammatikalorthographie. Und doch erlebte seine Grammatik zwei Auflagen, die beide vergriffen sind; ein Beweis des dringenden Bedürfnisses eines solchen Werks. Die Sachverständigen ärgerten sich im Stillen über das Schisma; ein Jesuite, der 1770 in Klagenfurt ein asketisches Büchelchen: *Christianske resnize*, im windischen Dialekte herausgab, erklärte sich öffentlich gegen des P. Marcus grundlose Neuerungen. Der kärntnische Missionär *Gutsmann* (1777), der zwar wenig, aber doch nichts falsches sagt, und der Untersteirer *Sellenko* (1791), der unter aller Kritik ist, haben windische Grammatiken geschrieben. Noch haben sich zwei geschickte Männer mit der Grammatik dieses Dialekts beschäftigt. Der eine ist der gründlich gelehrte Cillejer *Popovich*, Vf. der Untersuchungen vom Meere, ein Enthusiast fürs Slawische, so wie überhaupt für jeden Zweig des Wissens, der einmal schon nahe daran war, den Wunsch seines Lebens „in demjenigen Strich von Europa, der von Oesterreich aus, auf der einen Seite bis zum euxinischen See, auf der andern bis zum adriatischen Meerbusen reicht, der slawischen Sprache und Geschichte wegen nach seiner Willkühr herumzureisen" in Erfüllung gehen zu sehen. Sein Vorhaben wurde durch die Indolenz und Gleichgültigkeit der Zeitgenossen vereitelt. Popovich's Antrag, und zugleich die Beglaubigung seiner hohen Fähigkeit zu einem solchen Unternehmen, steht in seinen Untersuchungen vom Meere; aber es fand sich Niemand, der ihn unterstützt hätte: Popovich war arm. Er starb als Professor der *teutschen* Sprache in Wien 1763. Prof. Vodnik besitzt einzelne Bruchstücke von Popovich's grammatischen Arbeiten, woraus man ersieht, dass er für die eigenthümlichen Töne der windischen Sprache auch eigene Schriftzeichen angenommen habe, und zwar noch mehrere und zum Theil andere als Kyrill. Der andere Mann ist *Kumerdey*, dessen krainisch-slawische Grammatik schon Linhart in s. Geschichte von Krain angekündigt hatte. Seine Arbeit befindet sich in der Baron Zoisischen Sammlung, und ist gewissermassen vollendet, auf 234 Bog. halbbrüchig geschrieben; aber freilich nicht das, was sie nach des Vf. Plan seyn sollte; überdiess fehlt ihr die letzte Hand des Auctors. Die krainische Grammatik ist der Text, und nebenher werden alle übrigen slawischen Mundarten verglichen. Also eine vergleichende slawische Grammatik, wie sie schon der böhmische Piarist Schimek liefern wollte, aber bis jetzt noch Niemand geliefert hat.[6]) Auch *Georg Japel*, der eigentliche Urheber der neuern krainischen Bibelübersetzung, arbeitete an einer krainischen Grammatik, als er 1807, eben als der Druck seines Werks beginnen wollte, von einem Schlagflusse gerührt starb[7]). — Die Grammatik der slawischen Sprache in Krain, Kärnten und Steiermark vom Hrn. kais. Hofbibliothekscustos *Kopitar* (Laibach 1808), diesem um das gesammte slawische Sprachstudium so hochverdienten, verehrten Forscher, macht in der krainischen Literatur Epoche, und P. Marcus willkührliche Neuerungen werden bald vergessen werden. — Die Grammatik des Jesuiten *Vincenz F. v. Weissenthurn*, (Triest 1811) ist ganz nach Kopitars Sprachlehre bearbeitet. In demselben Jahr gab auch Hr. *Valent. Vodnik*, Schulaufseher zu Laibach, bekannt durch die Ankündigung seines teutsch-krainischen Wörterbuchs, durch seine Pesme sa pokushino (1806), durch die Landwehrlieder (1808) und manche Uebersetzung, s. Pismenost heraus. Ein Jahr darauf erschien die Grammatik des Hrn. *J. L. Schmigoz*, die sehr brauchbar ist. Noch ist Hr. *Debevz* zu nennen, Beneficiat und Katechet an der Mädchenschule bei den Ursulinerinnen, der es 1790 unternommen, den angehenden Priestern Vorlesungen über die Grammatik der Sprache zu geben, die sie in ihrem Berufe alle Tage sprechen, und also doch auch grammatisch verstehen müssen. Leider wurde diese schöne Anstalt (parvae spes altera Krajnae) durch die feindliche Invasion gestört. — Die neuesten windischen Sprachbücher sind die Grammatiken von den Hrn. *Pet. Dainko* und *Franz Seraph. Metelko*. — Das wichtigste Werk

---

[6]) *Dobrowsky's* Slawin S. 386.
[7]) *Kopitar's* Grammatik Vorr. S. XXXVII—XLVIII.

in der neuern krainischen Literatur ist unstreitig die katholische Uebersetzung der Bibel nach der Vulgata, die in den J. 1791 — 800 in 9 Bden., und zwar das N. Testament auch besonders, zuerst 1784 — 86, dann 1800 — 04 in 2 Bden., zu Laibach zu Stande kam. Mitarbeiter an diesem Werke waren: der enthusiastischfleissige Slawist *Georg Japel, Blasius Kumerdey, Jos. Richter, Modestus Schrey, Ant. Traun, Jos. Schkriner* und *Matth. Wolf.* Diese neuern Bibelübersetzer hielten sich im Wesentlichen gar nicht an P. Marcus, sondern an den alten Schüler Melanchthons. Auch an andern Unterrichts- und Unterhaltungsbüchern fehlt es der neuern windischen Literatur nicht; und die vor einigen Jahren in Laibach errichtete slawische Katheder verspricht dem Studium der Landessprache neues Leben und eine bessere Zukunft.

Die Winden in dem westlichen Theil des Eisenburger und Szalader Comitats in Ungern, von den inländischen Schriftstellern mit Unrecht Vandalen genannt — denn sie selbst nennen sich *Slowene, Slowenci* — stehen mit den westlichen *Slowaken* in Berührung, wodurch die Donau zwischen Pressburg und Komorn die Scheidelinie und zugleich der Berührungspunct der zwei slawischen Hauptäste, der Ordnungen A und B wird[8]). Die protestantischen Winden erhalten von Zeit zu Zeit Gebet-, Gesang- und Lesebücher, freilich mit abweichender, nach der ungrischen gemodelten Rechtschreibung[9]). Das N. Testament übersetzte für dieselben *Steph. Kuznics*, lu-

---

[8]) Es ist bemerkenswerth, dass während alle übrigen Slawenstämme ihren ursprünglichen Volksnamen *im Leben* verloren, und Specialnamen (*Russen, Polen, Schlesier, Čechen, Mähren, Sorben, Serben, Morlachen, Crnogorcen, Bulgaren* u. s. w.) angenommen, ja die meisten derselben sogar *in der Schrift* den Namen *Slowene* in *Slawene* (gleich den Ausländern) umgestempelt haben, die zwei sich *an der Donau* berührenden Stämme, der Stamm der *Slowenzen* und der Stamm der *Slowaken*, diesen Volksnamen bis auf den heutigen Tag *rein* erhalten haben.

[9]) „Sunt complures de Vendica gente — Vandaticam perperam appellant — caetus Evangelici A. C. in Com. Castriferrei, Sümeghiensi et Szaladiensi. Dialectus, qua loquuntur, slavica est, inter Carinthiacam et Croaticam media; litteras autem cum Croatis et aliis nonnullis populis slavicis ac orthographiam adhibent hungaricam." *Ambrosii* Annal. eccles. 795. T. II. 62.

therischer Prediger zu Surd im Simeger Comitate, Halle 1771. 8., mit einer Vorrede von *Jos. Torkos*, Prediger in Oedenburg, welches seit dem öfters (von der Bibelgesellschaft in Pressburg 1818) nachgedruckt worden ist. [10])

---

[10]) *Quellen.* Ausser *J. L. Frisch* Programma de dialecto Vinidica, Berl. 729. 4., enthält die Vorr. u. Nachschrift zu des Hrn. *Kopitars* wind. Gramm. die schätzbarsten Notizen über die windische Sprache u. Literatur, woraus ein grosser Theil der gegenwärtigen Zusammenstellung wörtlich entlehnt worden ist.

Zweiter Theil.
Nordwestliche Slawen.

Erster Abschnitt.
Geschichte der böhmischen Sprache und Literatur.

§. 36.
Historisch - ethnographische Vorbemerkungen.

Böhmen war bis in Octavians Zeiten von dem keltischen Stamme der Bojer bewohnt, und hiess *Bojohemum*, d. i. Heimath der Bojer, welche von den einwandernden Markomannen nach Baiern verdrängt wurden. Nach der Besiegung der Markomannen von den Longobarden, gehörte Böhmen (seit 526) auf kurze Zeit zu dem schnell sich vergrössernden thuringischen Reiche. Nach dem Sturze dieses Reiches, der Vormauer gegen die Slawen, wanderten die *Čechen* [1]) um das J. 550 in Böhmen ein. Der geographische Name des Landes überging auf die neuen Bewohner. Von ihrem Ursprunge und ihrer Festsetzung ist mehr Sage, als wahre Geschichte vorhanden. Der Zug ging wahrscheinlich aus Belo-Chrobatien, welches

---
[1]) Nach Hrn. Dobrowský die „*Vorder - Slawen*" (über den Ursprung des Namens *Čech*, Prag und Wien 782. 4.) Er leitet das Wort von *čjti, četi*, anfangen, beginnen, her. Die Chroniken legen dem Anführer der Böhmen auf dem Zuge nach Böheim den Namen *Čech* bei.

nach der gewöhnlichen Annahme im Norden der Karpaten lag, nach andern hingegen sich von Lublin bis Waitzen an beiden Seiten der Karpaten erstreckte [2]). Der mächtige Samo, der gerechte Krok, und seine Tochter, die weise Libušu, die Gründerin Prags, eröffnen die unsichere Regentenreihe (624 — 700). Die von mehreren einheimischen Fürsten (dem Prager, Kauřimer, Saazer) abhängigen Böhmen vereinigten sich endlich ums J. 722 unter einem Herzoge, Přemysl, dem Gemahl Libušens. Unter seinem Sohn Nezamysl soll auf einem Landtag zu Wyšegrad (752) die erste Landesvertheilung und Verfassung zu Stande gekommen seyn. Das Christenthum drang von Teutschland frühzeitig nach Böhmen ein (845); aber der Hzg. Bořiwog, der sich desselben annahm, und um das J. 894 die Taufe empfing, wurde aus dem Lande vertrieben. Seine Nachfolger kehrten zum Götzendienst zurück, und eigentlich gewann das Christenthum erst in der zweiten Hälfte des X. Jahrh. (966) unter der Regierung des Hgs. Boleslaw II. bei den Čechen festen Fuss. Unter ihm wurde 972 ein eigenes Bisthum zu Prag errichtet; bis dahin hatte Böhmen zum Regensburger Sprengel gehört. Schon Karl der Gr. hatte die Böhmen zum Tribut genöthigt; diesen erneuerte der teutsche König Heinrich I., und vergebens suchte sich der Hzg. von Böhmen Boleslaw I. der Oberherrschaft Otto's zu entziehen. Dem Hzg. Wratislaw II. gestand der Ks. Heinrich IV. (1086) den Königstitel zu, von welchem aber seine Nachfolger erst später (Přemysl Ottokar I. von 1198 — 1230 auf Bestätigung des teutschen Kgs. Philipp von Hohenstaufen) einen fortdauernden Gebrauch machten. Ks. Friedrich II. gestand dem böhmischen Kg. Ottokar I. besondere Vorrechte zu; und Böhmen blieb von nun an dem teutschen Reiche gegenüber ein selbständigeres Königreich, und ward nicht zu dessen Kreisen gerechnet. *Wenceslaws I.* (als Regent III.) Vermählung mit der Nichte des letzten Babenbergers veranlasste Böhmens Ansprüche auf Oesterreich und Steiermark (1230 — 53). Sein Sohn Ottokar II. vermählte

---

[2]) Nach einigen, z. B. *Weleslawjn*, kamen die Böhmen aus Kroatien von der Kulpa her; andere verstehen richtiger unter Kroatien das alte Belochrobatien. Vgl. Krok spis wšenaučný Th. III. S. 59.

sich mit Margaretha, der Babenbergerin, wurde mit diesen Provinzen belehnt, erwirkte sich die Nachfolge in Kärnten, Krain und Friaul, besiegte die Preussen und Baiern, ward Herr von der Lausitz und Oberlehnsherr mehrerer schlesischen und polnischen Fürsten; wurde aber mit Ks. Rudolph von Habsburg in Kriege verwickelt, und fiel in der Schlacht im Marchfelde 1278. Er war der grösste der böhmischen Könige aus dem slawischen Stamme. Mit seinem Enkel, dem 1306 ermordeten Kg. Wenceslaw III., erlosch der Mannsstamm Přemysl's, welcher seit 722 Böhmen beherrscht, und demselben 23 Herzoge und 7 Könige gegeben hat. Vergebens bemühte sich der Ks. Albrecht I. Böhmen seinem Hause zu verschaffen. Aber auch der Hzg. Heinrich von Kärnten, dem er es überlassen musste, verlor es (1311), weil er den Kaiser Heinrich nicht für seinen Oberherrn erkennen wollte. Der Kaiser gab die Belehnung darüber seinem Sohne Johann, der sich mit der Prinzessin Elisabeth, Schwester des letzten Königs von Böhmen, vermählte. Mit Johann fängt die luxemburgische Reihe der Könige von Böhmen an. Unter seiner Regirung wurde das Land ausserordentlich vergrössert. Er liess, um Böhmen der Metropole von Mainz zu entziehen, 1343 Prag zu einem Erzbisthum erheben. Karl IV. stiftete 1348 daselbst die erste *slawische* Universität. Unter Karls IV. Sohn, Wenceslaw IV., entstanden die Hussitenkriege. Ks. Sigismund gelangte nach manchem unglücklichen Feldzuge gegen den tapfern Johann von Trocnow, genannt Žižka, erst nach dem Tode dieses Helden († 1424) durch die unter den Hussiten erzeugte Uneinigkeit, 1436 zum ruhigen Besitz von Böhmen. Im J. 1437 kam Böhmen an Sigismunds Schwiegersohn, Albrecht, und hernach an des letztern Sohn, Ladislaw. Die Erbfolge des Thrones unterbrach Georg Poděbrad (1457 — 1471), ein geborner Böhme, der, weise und grossmüthig, das allgemeine Vertrauen der Nation rechtfertigte. Nach seinem Tode gelangte der polnische Prinz Wladislaw IV. zur Krone. Als dessen Sohn und Nachfolger Ludwig in der Schlacht bei Mohács geblieben war, wählten die Böhmen seinen Schwager, Ferdinand

I., Erzherzog von Oesterreich und nachmaligen Kaiser, zu ihrem Könige 1527 — 64. Von nun an ist und bleibt Böhmen ein integrirender Theil der österreichischen Staaten. Im XVII. Jahrh.* setzten Böhmen vornehmlich die Religionsunruhen in Flammen. Das Religionssystem der Hussiten hatte daselbst noch zahlreiche Anhänger behalten; unter der sanften Regirung Maximilians II. (1564 — 76) traten diese zu Luthers Lehre über, und der Protestantismus fasste weit verbreitet festen Fuss. Rudolph II. sicherte den Böhmen Religionsfreiheit durch die Majestätsbriefe 1609 zu. Mathias bestättigte zwar diese Patente, aber die verschiedenen Auslegungen, die man von ihnen machte, erregten bald nachher den verheerenden 30jährigen Religionskrieg. Als Mathias gestorben war (1619), fürchteten sich die vereinigten Länder von Böhmen und Mähren so sehr vor Ferdinands bekanntem Eifer für die katholische Religion, dass sie ihn nicht zum Nachfolger wollten, sondern sich Friedrich V., Kurfürsten von der Pfalz, zum Könige wählten. Allein Friedrich verlor bald mit der Schlacht auf dem weissen Berge (1620) die Krone, und die ihm ergebenen böhmischen Herren wurden äusserst hart bestraft (1621). Unter der milden, beglückenden Regirung Maria Theresia's, Josephs II., Leopolds II. und Franz I. blühte das durch vielfache Stürme der vorigen Jahrhunderte, und zuletzt noch durch die preussischen Kriege, besonders den 7jährigen, in welchem Böhmen dessen Hauptschauplatz war, verödete Land von neuem frisch und lebenskräftig auf. [3])

---

*) Die *Quellen* der böhm. Geschichte sind angegeben in *Pelzels* Gesch. d. Böhmen, am Schlusse des 2. Bdes. — Der älteste böhm. Chronist (in lat. Sprache) ist *Cosmas*, Dechant in Prag, gest. 1045, herausg. von F. M. Pelzel u. J. Dobrowský in script. rer. bohem., Pr. 784. 2 Bde. 8. Seine Chronik wurde von andern fortgesetzt. — Bunzlauer Chronik (in böhm. Sprache, angeblich von *Dalimil* Mezeřický) herausg. v. Gešjn 620. 4. von Procházka Pr. 786. 8. — *Přibjk Pulkawa de Tradenin* (gest. um 1374) Chronicon, herausg. v. G. Dobner in Mon. hist. Boh. 764. — Die übrigen Chronisten dieses Zeitraumes in *G. Dobner* monumentis hist. Boh. Prag 764 — 86. 6 Bde. 4. — W. Hágek von *Liboćan* kronika česká, Pr. 541. 2te A. 819. fol. *lat.* Annales Boh. von *G. Dobner*, Pr. 763—83. 6 Bde. 4. — *Fr. Pubička* chron. Gesch. Böhmens, Prag 770 — 812. 10 Bde. 4. — *P. Stransky* Staat v. Böhmen (de republ. Bojema Lugd. Bat. 643.) übers. v. *J. Cornova*, Pr. 792 — 803. 7 Bde. 8. — *Mehler* chron. Gesch. Böhmens, Pr. 805—07. 8 Bde. 8. — *J. Cornova* Briefe an e. kleinen Liebh. d. vaterl. Gesch., Pr. 796 — 99. 3

Die Mähren, Stammverwandte der Čechen, und mit diesen wahrscheinlich zu gleicher Zeit eingewandert, werden in den ältesten Annalen mit unter den pannonischen Slawen, und umgekehrt diese unter jenen begriffen [*]). In der That erstreckte sich das alte Mähren, von dem heutigen gar sehr verschieden, weit in das uralte Slawenland zwischen den Karpaten, der Theiss und der Donau, und südlich in Pannonien hinein. Auch in Mähren gab es, wie in Böhmen, anfangs mehrere Fürsten (*kněsi, knjšata*). Der allererste mährische Knäz, dessen Name mit einiger Gewissheit in der Geschichte erscheint, ist Mogmjr (Mogmar) um 824. In Mähren fingen die Bekehrungen zum Christenthum bereits im VII. Jahrh. an. Mogmjr, Regent über einen Theil der Mähren, ward ein Christ, und nach dem französischen Staatsrecht jener Zeiten als Christ zugleich Vasall des Kaisers der Franken, Ludwigs des Frommen. Ein zweiter mährischer Fürst war Privina, der Vater Chocils (Kocels). Im J. 830 jagte ihn Mogmjr, man weiss nicht warum, aus Mähren über die Donau hinüber; da liess sich Privina in seiner Noth taufen, und ward dadurch Ks. Ludwigs Protegirter. Der mächtigste unter den mährischen Fürsten seiner Zeit war Rostislaw, Mogmjrs Sohn. Er wagte einen Freiheitskampf gegen die Franken, wurde aber 870 geschlagen, gefangen genommen, und — der Augen beraubt — in ein Kloster gesperrt, woselbst er starb. Sein Neffe und vormaliger Lehens-

---

Bde. 8. *Eb.* Unterhalt. mit jungen Freunden d. Vaterlandsgesch., Pr. 799-803. 4 Bde. 8. — *J. Beckowský* poselkyně starých přjběhů českých, Pr. 700. — *F. M. Pelzel* kurzgef. Gesch. von Böhmen, Prag 784. 2 Bde. 8. N. A. 817. *Eb.* kronika česká, 3 Bde. 8. — *W. Dinzenhofer* gen. Tafeln d. böhm. Fürsten, Hzge., u. Kge., Pr. 805. 4. — *Dumont de Florgy* hist. de Boheme, Wien 808. 2 Bde. 8, N. A. 812. — *Pabst* kronika národu českého, Pr. 810 — 12. 2 Bde. — *K. L.* Woltmann Inbegriff d. Gesch. Böhm., Pr. 815. 2 Bde. 8. — *J. F. Schneller* Böhmens Schicksal u. Thatkraft, Grätz 817. — *W. A. Gerle* hist. Bildersaal d. Vorz. Böhm., Pr. 823. 8. — Abh. der Gesell. der Wissensch. in Prag seit 1786. u. m. a. —

[*]) Dass der Volksname *Morawčjk* Mährer, mit dem Namen des Flusses *Morawa* March, übereinkomme, ist klar, und eben darum auch wahrscheinlich, dass nicht der Name des Flusses vom Volke, sondern der des Volkes vom Flusse herzuleiten sey. Morawa-Flüsse gibt es bekanntlich, besonders in Serbien, mehrere. — Ihre Sprache nennen die Mähren *morawsky*, nicht *česky gazyk*; wornach Anton und Schlözer zu berichtigen sind. Der Irrthum bei diesen entstand daher, weil die Mähren mit den Böhmen gemeinschaftlich nur eine Schriftsprache und Literatur haben.

mann Swatopluk, einer der wenigen grossen Männer des IX. Jahrh., trat als Befreier der germanischen Südslawen auf, stiftete ein grosses Slawenreich, das Kgrch. Grossmähren, in dessen Herzen Welehrad, Neitra und Gran (Ostrihom) lagen, und dessen Gränzen sich bis an die Elbe, Theiss, Drawe und Sawe erstreckten. Aber kaum war der Friede mit Arnulph geschlossen, und das mächtige, unabhängige Slawenreich gegründet und gesichert, als der Stifter dieses Reichs in eben dem Jahr (894) starb. Er hinterliess drei Söhne, und beging die Schwachheit seines Zeitalters, das noch nicht feste Reich unter sie zu theilen; die sich denn auch bald veruneinigten, und dem Andrange der Teutschen und Magyaren unterlagen. Der dritte damalige mährisch-pannonische Knäz war Chocil (Kocel). Sein Vater war der landesflüchtige Privina. Als dieser von seinem eigenen Volke erschlagen worden, sprach K. Ludwig dessen Landesantheil, der jenseits der Donau zwischen der Sawe und Drawe lag, diesem seinem Sohne Chocil zu; Rostislaw aber nahm ihm diesen Landstrich für seinen Neffen Swatopluk weg. In die für Mähren und Pannonien äusserst unruhigen Jahre 861 — 864 fällt nun die Gesandtschaft der drei Fürsten: Rostislaw, Swatopluk und Chocil nach Constantinopel (vgl. §. 9). Bei der eingetretenen Nothwendigkeit, sich an das mächtig um sich greifende Christenthum anzuschliessen, suchten die gedrängten Fürsten wahrscheinlich durch eine Verbindung mit dem byzantinischen Hofe nicht nur das Christenthum mittelst der slawischen Liturgie ihren Völkern annehmbarer zu machen, als es durch die lateinische war, sondern sich zugleich nebenher Hilfe von daher gegen ihre Tyrannen, die grausamen Teutschen, zu verschaffen. — Nach der Zertrümmerung des grossen mährischen Reichs kam das heutige Mähren an Böhmen 1029. Ks. Friedrich II. erhob es 1182 zu einem Markgrafthum. Ks. Karl IV. gab das Land seinem Bruder Johann. Im. J. 1469 eroberte es Mathias, Kg. v. Ungern; aber nach seinem Tode ward Mähren unter Wladislaw wiederum mit der böhmischen Krone vereinigt, mit welcher es dann an das Haus Oesterreich kam. [5])

Nur zwei Drittheile der heutigen Volksmenge in Böhmen sind Slawen; nur der Chrudimer, Taborer, Prachiner, Rakonicer, Berauner, Kauřimer und Časlauer Kreis ganz von Čechen, die übrigen entweder von Čechen und Teutschen gemeinschaftlich (der Bunzlauer, Bydžower, Königgrätzer, Klattauer und Pilsner Kreis), oder von Teutschen allein (der Leitmeritzer, Saazer, Ellbogner und Budweiser Kreis), bewohnt. Die Zahl der Čechen in Böhmen mag sich demnach auf 2 $\frac{1}{2}$ Mill. belaufen, die der grossen Mehrzahl nach Katholiken, und nur der weit kleinern Zahl nach (etwa 60,000) Augsb. und Helv. Confession sind [6]). — Da Mähren mit dem österreichischen Antheil von Schlesien im J. 1820 (nach Reichard) 1,749,486 Einw. zählte, so kann man ohne Uebertreibung annehmen, dass auch hier ungefehr zwei Drittheile, also 1,200,000 slawischen Ursprungs sind. Der Iglauer, Hradischer und Prerauer Kreis sind beinahe ganz von Slawen, die übrigen von Slawen und Teutschen bewohnt. Der grösste Theil der slawischen Mähren bekennt sich zur römisch-katholischen Kirche; doch zählen auch die Augsb. und Helv. Confessionsverwandten in

---

[5]) *O. Steinbach's von Kranichstein* kl. Gesch. von Mähren, Pr. 783. 8 — *A. Pilař* et *Morawec* Mor. hist., Brünn 785 — 87. 3 Bde. 8. — *J. W. v. Monse* Vers. e. Landesgesch. des Markgr. Mähren, Brünn 785 — 88. 2 Bde. 8. — *F. J. Schwoy's* kurzgef. Gesch. d. Landes Mähren, Brünn 788. 8. Vgl. die Schriftsteller über d. böhm. Gesch. Anm. 3.

[6]) *J. v. Rieger* Materialien zur Stat. von Böhmen, Lpz. u. Pr. 787 — 91. 13 Hfte. 8. *Eb.* Archiv d. Gesch. u. Stat. v. Böhmen, Dresd. 792 — 95. 3 Bde. 8. *Eb.* Skizze e. stat. Landeskunde Böhmens, Lpz. u. Pr. 795. 3 Hfte 8. — *J. Schaller's* Topogr. d. Kgr. Böhm., Pr. 785 — 90. 16 Bde. 8. *Eb.* topogr. Universalreg. des Kgr. Böhmen, Pr. 791. 8. *Eb.* Neues Catastrum d. Kgr. Böhm., Pr. 802. 8. — *Ch. Orusius* topogr. Postlex. v. Böhmen, Mähr. u. Schlesien, W. 798. 2 Bde. 8. — Kurzg. Beschr. d. Kreise v. Böhm., Pr. 794. 16 Hfte. 8. — *J. de Luca* Geogr. v. Böhmen, W. 791. 8. — *F. A. Demian* stat. Darstell. von Böhm. Mähr. und Schlesien, W. 804. 8. — *J. J. Kausch* ausführliche Nachrichten üb. Böhm., Salzb. 794. 8. — *Meissner's* hist. maler. Darstellungen a. Böhmen, Pr. 790. 4. — *Müllner* Vers. einer stat. Geogr. v. Böhmen, Pr. 805. 8. — *J. J. Polt* Handb. d. Geogr. v. Böhmen, Pr. 818. 8. — *v. Liechtenstern* stat. Schilderung d. Kgr. Böhm., W. 812. N. A. Bresl. 822. 8. *Eb.* Handb. d. Geogr. Oesterreichs, W. 818. 3 Bde. 8. — Schematismus von Böhmen 1822. — *Pomfikls* stat. Topogr. v. Böhmen, herausg. v. Kramerius, Pr. 822 ff. — *B. J. Dlabač* wypsánj českého králowstwj, Pr. 819. 8. — *J. A. Dundra* zeměpis králowstwj českého, Pr. 823. 8. — (*Rohrer*) Vers. üb. d. slaw. Bewohner Oesterreichs, W. 804. — *W. A. Gerle* neues Gemälde von Böhmen, Pesth 823. 3 Bde. 8.

Mähren gegen 40,000 Bekenner. Ein Theil der Mähren, der den kleinsten aber fruchtbarsten Raum in der Mitte des Landes, um die Städte Ollmütz, Wischau u. Kremsier, die sogenannte Hanna bewohnt, heisst die Hannaken, ein anderer in den Gebirgen des Hradischer u. Prerauer Kreises, Walachen[7]). — Rechnet man zu den Obigen die Sprach- und Literaturverwandten Slowaken in Ungern, gegen 1,800,000 Seelen hinzu, so ergibt sich hieraus die ungefehre Gesammtzahl von 5½ Mill. slawischen Individuen für den böhmisch-mährisch-slowakischen Stamm.

§. 37.

Charakter der böhmischen Sprache.

Die Sprache des čechischen Slawenstammes, welcher Böhmen bewohnt, gehört, dem §. 4. Gesagten zufolge, als eine besondere, durch Bau und Bildung wesentlich unterschiedene Mundart, zum *nordwestlichen*, oder böhmisch - slowakisch - polnisch - wendischen (im Gegensatz des *ostsüdlichen*, oder russisch-serbisch-kroatisch-windischen) Hauptast des weit verbreiteten slawischen Sprachstammes. Einerseits mit dem Slowakischen, mittelst dessen sie an der pannonischen Donau mit dem südöstlichen Hauptast in Berührung kommt, andererseits aber mit dem Polnischen, das ans Russische gränzt, enge verwandt, gewährt sie sowol wegen dieser ihrer Stellung, als auch wegen der verschiedenen Entwickelungsperioden, die sie durchlief, und der Bildungsstufe, die sie erreichte, dem Forscher mehrere interessante Gesichts- und Vergleichungspuncte.

Das Eigenthümliche und Charakteristische der böhmischen Mundart lässt sich durch Vergleichung einiger Wörter mit den Mundarten der zweiten Ordnung mit wenigen Zügen entwerfen:

---
[7]) *F. J. Schwoy's* top. Schilderung d. Markgr. Mähren, Prag und Lpz. 786. 2 Bde. 8. *Eb.* Topogr. d. Markgr. Mähren, Brünn 793 — 94. 3 Bde. 8. — (*J. A. Hanke v. Hankenstein*) Bibl. d. mähr. Staatskunde, W. 786. 8. *J. Hassis* Statistik v. Mähren, Nürnb. 807. 8. — v. *Liechtenstern* Handb. d. Geogr. von Oesterreich, W. 817 — 18. Vgl. Anm. 6.

Böhmisch.	Slowakisch.	Polnisch.	Sorbenwendisch.
1. e: žert, žel	a: žart, žial	a. žart, žal	o, a: žort, žal (žel).
duše	duša	dussa	duscha
macecha	o: maeocha	o: macocha	o: maczocha
i: cizj, giž	u: cuzý, už	u: cudzy, iuž	u: czuzé, yuž
čigi	čugem	czuię	tłuyu
j: wjra, štěstj	ie: wiera, ščastié	ia, ie: wiara, szczęscie	ě: wěra, zbožo
zagjc	a: zagac	a: zaiąc	a: zayacz (huchaz)
2. maso, řád	ă, ia (ä): máso, rád (riad)	ię, ą: mięso, rząd	ja, ě: mjaszo, měszo, rjad
saud	ú: súd	ą: sąd	u: szud
kwět, swět	e: kwet, swet	ia: kwiat, swiat	ě: kwětk, szwět
děwče	ou: diouča (dieuča)	ie: dziewczę	ou: džoučatko, žočo
mleyn	ý: mlýn	y: młyn	o, u: món, mlun, mun
choděgj	iá: chodiá	ą: chodzą	a: khodža
3. gdu	iďem	idę	hdu
gistý	istý	isty	wěsté, wescži
nebe, nemám	ně: nebo, němám	nie: niebo niemam	ne: nebo, nemam
4. brada	brada	broda	broda
kráwa	krawa	krowa	kruwa, krowa
5. h: hrom, hlas	hrom, hlas	g: grom, głos	róm, wosz, glosz
6. ř: řeka	ri: rieka	rz: rzéka	rěka, rika
řeč	r: reč	rzecz	rětž
7. l: spal	u, o: spau (spao)	ł: spał	l: spal je.
8. prwnj	perwý	pierwy (pierwszy)	preni, pěrwi
smrk	smrek, smerek	smrok	schmrók
dska	deska (daska, doska)	deska	deska
srdce	arce (serce)	serce	wutroba
dcera	céra	córa	džowka
třesknauti	tresnúť	trzasnąć	zčerkacž
radostný	radosný	radosny	hradosčiwé
9. co	čo	co	žto, zo
přes	čez (črez, cez)	przez	pžes, pschew
střešně	čerešňa	trześnia (czereśnia)	tžeschna
škřemen	kremeň	krzemień	kžeszadnik
kštice	kečka	włosy	wósz, losz
ocas	chwost	ogon	woposch, wopusch
kočka	mačka	kotka	koť, kocžka

Der Böhme neuerer Zeiten liebt die engern, dumpfern Vocale e und i vorzugsweise, und opfert ihnen die volleren a, o, u nicht nur in den Flexionssylben, sondern selbst in solchen Wurzelwörtern, wo sie noch allen Slawen gemein sind, beinahe durchgängig auf. Er hat das h statt g mit dem Slowaken und Oberlausitzer (zum Theil auch dem Russen) gemein. Vor dem XIII. Jahrh. kommt dieses h statt g in den Urkunden noch nicht vor. Dahingegen kennt weder der Slowak, noch der Wende in den beiden Lausitzen das zischende böhmisch-polnische rz, welches gleichfalls erst seit dem X — XII. in seiner neuern Gestalt (rsch st. rj), ungewiss auf welche Weise, aufgekommen ist. — Im Ganzen eben so rein und tönend, wie ihre Schwestern, in grammatischer Vollendung den meisten voranstehend, büsste doch diese Mundart einen grossen Theil ihrer Originalität durch den Einfluss des Teutschen, und ihr Aufblühen durch die ungünstigen Schicksale des oft und vielfach zerrütteten Landes ein. Der Mangel an sonoren Vocalen und die Häufung der Consonanten ist wol nirgends so gross als hier. Wenn wir aber auch zugeben, dass sie in Hinsicht des Wolklangs andern slawischen Mundarten nachstehet, so darf ihr dieses doch nicht zum Vorwurf an geborner Härte gemacht werden. Vieles kommt bei dieser ursprünglich wolklingenden, aber durch verschiedene fremdartige Einflüsse bedeutend verunstalteten Mundart auf die Rechnung geschmackloser, vorzüglich späterer Schriftsteller, die, nachdem die Sprache aus den höheren und gebildetern Kreisen gewichen, und einerseits Sprache des gemeinen Volks, andererseits aber der Bücher geworden war, selbst das Böhmische nicht sprechend, und auf die Aussprache des Volkes nicht achtend, sich Härten erlaubten, über die wol das lesende Auge hinweggleiten, aber die sprechende Zunge sich nicht hindurcharbeiten kann. Denn im Munde des Volks und in den ältesten Gedichten erscheint das Böhmische viel kerniger, kräftiger, geschmeidiger, ja wolklingender, als in den Werken neuerer Schriftsteller. Befremdend ist es allerdings, dass bei dem allgemein wiedererwachten Studium der böhmischen Sprache, die Regeln des

Wolklangs von so wenigen Schriftstellern bei derselben bis jetzt geltend gemacht werden, um den Forderungen des Geschmacks zu genügen. Würde man hierbei einerseits auf allgemeine ästhetische Gesetze des Wollauts, andererseits aber auf veraltete, wolklingende Wort- und Sprachformen, auf die Aussprache der Slowaken in Ungern, die unbezweifelbar milder, oft richtiger ist, als die der Böhmen, auf verwandte Mundarten, und auf Analogie und Consequenz gehörig Rücksicht nehmen: so würde das verlorne Gleichgewicht zwischen den engen und breitern Vocalen hergestellt, die oratorische Kraft und Würde erlangt werden, und der Vorwurf „winselnder Ohnmacht," und des „Mangels an schlagender Volltönigkeit" von selbst aufhören, der ihr so oft gemacht wird, und noch neulich von dem genialen, geschmackvollen Kenner, Graf. St. Potocki (Mowy II. 427) gemacht wurde, und von dem sie allerdings in ihrer gegenwärtigen Gestalt nicht ganz freizusprechen ist [1]). — Aber ein entschiedener, überwiegender, unschätzbarer Vorzug der böhmischen Mundart, den sie bis jetzt, wenigstens in der Ausübung, mit wenigen ihrer Schwestern theilt, ist ihre hohe Befähigung zur quantitirenden Verskunst im Sinne der altclassischen Prosodie. Um den Besitz dieses Kleinods können dereinst wol die südlichen Mundarten (die slowakische und serbisch-dalmatisch-kroatische), aber nicht so leicht die nördlichen (die polnische und russische) mit ihr wetteifern. — Noch verdient der Fleiss, mit dem sie von ihren Anbauern in Grammatik und Lexico seit den ältesten Zeiten bis auf die Gegenwart bearbeitet worden, eine Auszeichnung. [2])

---

[1]) Vgl. *B. Balbini* diss. apol. pro lingua slav. praec. Bohem., Prag 775. 8. — *K. Tháma* obrana gazyka českého, Pr. 783. 8. — *J. Ruljka* sláwa a výbornost gazyka českého, Pr. 792. 8. — *J. Dobrowský* üb. d. Bildsamkeit der böhm. Sprache. *Eb.* üb. d. Wolklang der slaw. Sprache mit besonderer Anwendung auf die böhm. Mundart, in s. Slowanka Th. II. 1 — 67.

[2]) *Sprachbücher. Grammatiken*: Kurze Unterweisung beid. Spr. teutsch u. böhmisch, Pils. 531. 8. u. öfters. — *A. Klatowský* böhmisch-deutsche Gespräche, Pr. 540. 8. u. öfters. — *B. Optat* u. *P. Gzel* Anl. z. böhm. Orthogr., Náměst 533. Pr. 588, 643. — *M. Benešowský* Gramm. Bohem., Pr. 577. 8. — *L. Benedict v. Nudožer* Gramm. Boh., Pr. 603. 8. — *J. Drachowský* Gramm. Boh. herausg. von *Steyer* Olm. 660. 12. — *G. Constantius* lima linguae Boh., Pr. 667. 8. — *M. Steyer* wýborně dobrý způsob u. s. w. (Anl. z. Orthogr.) Pr. 668. 730. 781. 12. — (*Anonymi*) principia l. boh. o. J. (1670-80). N. A. Pr. 783. 12. — *W. Rosa* Čechořečnost, Pr. 672. 8. — *W. Jandit*

§. 38.

**Epochen der böhmischen Literatur. Erster Periode erste Abtheilung. Von der Einwanderung der Čechen in Böhmen bis zur gänzlichen Ausrottung des Heidenthums.
J. 550 — 1000.**

Die Geschichte der böhmischen Literatur zerfällt in drei Hauptperioden, deren jede der bequemern Uebersicht wegen in zwei Abschnitte getheilt werden kann. Die *erste* Periode umfasst den Zeitraum von der Einwanderung der Čechen bis auf Kg. Wenceslaw IV. oder Huss. J. 550 — 1410. Diese Periode hat zwei Abtheilungen: die *erste* von der Einwanderung der Čechen bis zur gänzlichen Ausrottung des Heidenthums unter Boleslaw II. J. 550—1000, und die *zweite* von da bis auf Kg. Wenceslaw IV. oder Huss J. 1000 — 1410. Die *zweite* Periode erstreckt sich über den Zeitraum von den Hussitenkriegen bis auf die Schlacht am weissen Berge J. 1410 — 1620. Sie enthält ebenfalls zwei Abtheilungen: die *erste* von Huss bis auf die Verbreitung der

---

Gramm. l. boh., Pr. 704. N. A. v. *Wussin* 715. 7. A. 753. — *P. Doležal* Gram. Slavico-boh., Pressb. 746. 8. — *J. W. Pohl* böhm. Sprachkunst, Wien 756. 5 A. 783. 8. — *F. J. Tomsa* böhm. Sprachl., Pr. 782. 8. — *K. J. Thám* böhm. Sprachlehre, Pr. 785. 8. — *Eb.* böhm. Gramm., Pr. 798. 801. 804. 8. — *As. Chládek* naučenj kratiċké u. s. w., Pr. 795. 8. — *F. M. Pelzel* Grunds. der böhm. Sprache, Pr. 795. 798. 8. — *J. Negedlý* böhm. Gramm., Pr. 804. 3 A. 821. 8. — *J. Dobrowský* Lehrgebäude d. böhm. Sprache, Pr. 809. 2 A. 819. böhmisch von *Hanka*: Mluwnice, Pr. 821. 8. — *J. E. Schmidt* gramm. česká, Pr. 816. 8. — *Nowotného z Lužc* gramm. česká, Pr. 818. 8. *Wörterbücher*: *A. v. Weleslawjn* diction. l. lat. c. interpr. boh., P. 579. 4. — *Eb.* sylva quadrilinguis, boh. lat. graec. germ., Pr. 598. 4. — *Eb.* Nomenclator lat. boh. germ., Pr. 586. 8. — *Loderecker* diction. septem linguar. — *G. Henisch* thesaurus l. germ., Augsb. 616. f. — Sylvula trilinguis, Pr. 650. — Gazophylacium boh. lat. graec. germ., Pr. 671. — Dict. quadrilingue, Pr. 683. 8. — *J. A. Comenius* janua lingu., P. 669. 4. u. öfters. — *Chr. Cellarii* lib. memor., böhm. von *Bel.*, Pr. 755. 777. 8. — *Z. C. Wussin* dict. germ. lat. boh., Pr. 700 — 706. 3 Bde. 4. N. A. 722. 742 — 47. — *Kropf* Amalthea, böhm., Pr. 753. 8. — *J. K. Rohn* böhm. lat. deutscher Nomenclator, Pr. 764 — 68. 4 Bde. 4. — *W. Wiedemann* teutsch. böhm. Wörterb., W. 768. 8. — *K. J. Thám* deutsch-böhm. Nationallexicon, Pr. 788. 8. 799. 8. N. A. Prag 814. 2 Bde. 8. *Eb.* böhm.-deutsches Nationallex., Pr. 805 — 807. 2. Bde. 8. *Eb.* deutsch-böhm. u. böhm.teutsches Taschenwörterb., Pr. 818 ff. 2 Bde. 12. — *F. J. Tomsa* kl. teutsch-böhm. Wörterb., Pr. 789. 8. *Eb.* böhm. teutsch-lat. Wörterb.. Pr. 791. 8. — *J. Dobrowský* deutsch-böhm. W. B., Prag 802 — 21. 2 Bde. 4. — *G. Palkowič* böhm. deutsch-lat. W. B. Prag und Pressburg 821. 2 Bde. 8.

Buchdruckerkunst in Böhmen oder bis auf Ferdinand I. J. 1410 — 1526, die *zweite* von da bis zu der Schlacht am weissen Berge J. 1526—1620. Die *dritte* Periode endlich umfasst den Zeitraum von der Schlacht am weissen Berge bis auf unsere Zeiten J. 1620 — 1825. In ihr lassen sich ebenfalls zwei Abschnitte machen: von der Schlacht am weissen Berge bis auf Ks. Joseph II. J. 1620 — 1780, und von da bis auf unsere Zeiten J. 1780—1825.

Erste Abtheilung. Von der Einwanderung der Čechen bis zur völligen Besiegung des Heidenthums unter Boleslaw II. J. 550 — 1000.

Unter dem grässlichen Sturm, der nach dem gänzlichen Fall Roms über die Welt tosete, drang der čechische Slawenstamm in das von Markomannen verlassene, menschenleere Böhmen, diese Landwehr der Natur, friedlich um das J. 550 ein. Der kriegerische *Samo* ermuthigte die Slawen sich der hunnischen Tyrannei zu entledigen: er verband mehrere Slawenstämme, und darunter auch die Čechen, zuerst zu einer selbständigen Nation. Unter Krok dürfen wir uns der Sage nach nur einen Mann denken, welcher durch Kenntnisse, besonders von den Sitten, rechtlichen Gebräuchen, Geschichten seines Volks, und durch seinen redlichen Sinn das Vertrauen der Nation so gewonnen hatte, dass sich streitende Parteien, Volksversammlungen in Erörterungen über öffentliche Entschlüsse, willfährig seinen Einsichten unterordneten. Weil er seinen Geist, seine Kenntnisse und Erfahrungen auf seine Tochter Libusa übertragen hatte, blieb ihr ähnliches Vertrauen und Ansehen bei der Nation; und beide in ihrem wohlthätigen, friedlichen Walten, und selbst Přemysl, von Libuša zum Gemahl erkohren, sind Erscheinungen, die auf geschichtliche Thatsachen hinweisen. Krok, Libuša und Přemysl müssen als Heroen eines merkwürdigen Zeitpunctes in der Nationalentwickelung, gleichsam als Repräsentanten der böhmischen Cultur ihrer Zeit betrachtet werden; denn die Sage bildet die Geschichte durch Phantasie weiter aus, aber sie erfindet nicht ihren Urstoff [1]). — Der

---
[1]) *K. L. Woltmann's* Gesch. v. Böhm. Th. I. S. 12.

gesellschaftliche und politische Zustand des čechischen Volks in diesem Zeitraum war der aller Slawen: im Ganzen gleiche Religion, gleiche Sitten, gleiche Sprache, gleiche Beschäftigung, gleiche Verfassung, wenn gleich im Einzelnen manche Verschiedenheit. Aber über den Grad ihrer Civilisation in dieser Periode wird man wol nicht eher befriedigende Auskunft erlangen, bis nicht das gesammte slawische Alterthum durch besondere Studien einheimischer, besonnener und unbefangener Forscher hinlänglich ergründet, erfasst und aufgehellt seyn wird: denn dass man mit den bis jetzt allgemein herrschenden Ansichten von der Wildheit und Barbarei unserer Vorfahren bei dem hereinbrechenden Licht der historischen Kritik nicht mehr auslange, zeigen schon jetzt so manche in diesem Gebiete gemachte Entdeckungen, und wird die Erfahrung und das tägliche Fortschreiten immer mehr zeigen. — Es gibt keine Spuren, dass der teutsche Geist auf die Čechen gleich nach ihrer Niederlassung in Böhmen auf irgend eine Weise eingewirkt hätte. Die Ueberbleibsel germanischer Völker, welche sie dort noch trafen, mussten ein in jeder Rücksicht schwacher Rest seyn, und sich bald in die slawische Nationalität verlieren; und selbst von ihm sind wahrscheinlich die Kräftigeren noch in die einsamen Gebirge gezogen. Demnach waren jetzt die Čechen, was sie waren, durch sich selbst und aus sich selbst; ihre Sprache war der Spiegel ihrer gesellschaftlichen, intellectuellen und sittlichen Bildungsstufe. Aber eben diese reine Blüthe ihres damaligen Volkslebens ist uns in ihrer wahren Gestalt noch ein Räthsel, das nur nach den vorhandenen einzelnen, unzusammenhängenden Bruchstücken einigermaassen aufgehellt, aber nicht gänzlich gelöst werden kann. Dass sich in allen slawischen Mundarten Spuren einer viel frühern Bildung der Nation in ihren alten Wohnsitzen finden lassen, und dass diese Spuren sogar auf den Gebrauch einer Buchstabenschrift bei den heidnischen Slawen hinweisen, ist eine, Kennern längst bekannte Thatsache (vgl. §. 2.). Was die Böhmen insbesondere betrifft, so mag ihre Sprache zur Zeit ihrer Einwanderung zwar im Ganzen den südöstlichen Mundarten, vorzüglich der altslawischen, viel näher als jetzt gewesen seyn; im Einzelnen war sie dennoch schon damals, als eine besondere Mundart, von denselben wesentlich verschieden. Bei einem so grossen, weitverbreiteten Völkerstamme, als der slawische schon im grauen Alterthum war, konnte sich die Einheit der Sprache unmöglich lange erhalten. Ihre früheste Ausbildung verdankt sie unstreitig den Priestern, dann aber und ganz vorzüglich den Sängern. Gesang und Musik werden schon den heidnischen Slawen in allen Chroniken nachgerühmt, und müssen noch heute allen Stämmen, vorzüglich jenen, die ihre Nationalität am treuesten bewahrt haben, nachgerühmt werden. Gesang und Musik führen aber von selbst auf Naturpoesie: darum finden wir die Naturpoesie nirgends mehr zu Hause, als bei den Slawen. Und diese Naturpoesie, in welcher lieblichen, überraschenden Gestalt zeigt sie sich uns, je höher wir in das slawische Alterthum hinaufsteigen! — Von der bei dem Chronisten Hágek aufbewahrten Sage, dass die heidnischen Herzoge in Böhmen ihre Schreiber (pisák) gehabt hätten, und die Fürstin Libuša (um 720) ihre Prophezeiungen mit slawischen Buchstaben hätte aufzeichnen lassen (die sehr schön durch die neulich entdeckten Fragmente bestätigt wird), auch abgesehen; so kann doch nicht geläugnet werden, dass die kostbaren Ueberreste der ältesten einheimischen Dichtkunst, in den neulich entdeckten und dem böhmischen Museum zugesandten Bruchstücken [2]) und in den Gedichten der Königinhofer Handschrift, [3]) deren einige ihrem Ursprung nach gewiss bis in diese Periode hinaufreichen, auf ein viel früheres Alter der Volksbildung bei den Slawen hin-

---

[2]) Sie sind erschienen in Krok 1n Bdes 3te Abth. S. 48 — 61, in *Rakowiecki's* prawda ruska Th. I. S. 235. Th. II. S. 157 — 169, in den „Izwestija rossijskoj Akademii" X. Hft., und in *N. Grammatin's* Slowo o polku Igorewom Moskau 823. Ueber den darüber geführten Streit kann man sich in *Hormayr's* Archiv 1824. Aprilhft. Raths erholen.

[3]) Sie wurde zufälliger Weise im Sept. 1817 v. Hrn. *W. Hanka* in einer Kammer an der Kirche zu Königinhof unter Schutt und verworfenen Papieren entdeckt und herausg. Pr. 819. 8., und in den Izw. Ross. Akad. S. P. 820. VIII. Hft. Nach Hrn. *Dobrowský* fällt die Sammlung, nach der Schrift zu urtheilen, zwischen die J. 1290—1310. Die ganze Sammlung bestand aus 3 Büchern, wie man aus den Ueberschriften der übrig gebliebenen Kapitel des 3ten Buchs, da das 26 — 28ste genannt werden, sicher schliessen kann : und wenn jedes von den abgängigen 25. Cap. auch nur 2 Gedichte enthielt, so sind bloss vom 3. Buche 50 Gedichte in Verlust gerathen.

auf dem Wege war, geworden ist [5]). Die Schicksale der böhmischen Sprache waren nun, wie die des Landes, das Religion, Sitten und Verfassung änderte, und dem Einflusse der Fremden immer mehr Raum gab, verschieden. Neben der böhmischen wurde die lateinische, als diplomatische, und bald auch die teutsche Sprache eingeführt. Ausser den schon an den Gränzen vorhandenen Ueberbleibseln teutscher Stämme, führte nämlich das Christenthum teutsche Priester als Bedürfniss ein, denen bald mehrere Ansiedler freiwillig, und teutsche Kriegsgefangene gezwungen nachfolgten. Man erlaubte ihnen nach ihren Rechten und Gesetzen zu leben; sie wurden sämmtlich für freie Leute erklärt, und erhielten viele wichtige Gerechtsame. Der Hofstaat der Herzoge ward bald nach teutschen Mustern umgeformt. Viele teutsche Rechtsansichten, namentlich des Lehnrechts, wurden angenommen. Im X. Jahrh. waren bereits viele Ortschaften ganz mit Teutschen besetzt. Zu Ende desselben kommt die *erste* teutsche Prinzessin, Hemma von Sachsen, als Gemahlin Boleslaws II., nach Böhmen. Ihr Hofcaplan, der Benedictiner Ditmar von Magdeburg, wird erster Bischof von Prag. Unter dem Einflusse des Lateinischen und Teutschen änderte sich die böhmische Landesmundart, und entfernte sich immer mehr von ihrer Quelle. Man nahm von nun an fremde Wörter auf; man bildete auch nach dem Muster der lateinischen und teutschen Sprache neue aus böhmischen Wurzeln; manche andere, die schon vorhanden waren, bekamen durch Uebertragung auf einen andern Gegenstand neue Bedeutungen. — Aus dieser Periode kennen wir, ausser den Namen der Berge und Flüsse, Städte und Schlösser, und der ersten Herzoge, die Cosmas im 1ten Buche seiner Chronik verzeichnet hat, ausser den Benennungen der Wochentage und Monate, von denen die ersten offenbar christlichen Ursprunges sind, ausser dem Vaterunser, dessen älteste Formel dem IX. — X. Jahrh. angehören mag, vorzüglich das dem h. Adalbert, zweiten Bischofe von Prag, einem gebornen Böhmen, zugeschriebene böhmische Kyrie eleison-Lied. Aber schon bei der Einsetzung des ersten

---

[5]) Die Schicksale der kyrillischen Liturgie in Böhmen sind schon oben § 11. angegeben worden. Vgl. *Dobrowsky's* Slawin S. 434 ff. Dessen Geschichte der böhm. Liter. S. 46 ff.

Bischofs Ditmar soll das Volk dieses Lied gesungen haben, wonach es noch älter seyn müsste. Um diese Zeit sollen, den Chroniken zufolge, bereits mehrere Schulen errichtet worden seyn, namentlich zu Budeč, unweit Prag, und später in Prag, bei der Teyner Kirche; allein ihr Daseyn ist, selbst bei der Nachricht, dass der h. Wenceslaw zu Budeč von einem Priester in der lateinischen Sprache unterrichtet worden, unerwiesen, und im Fall ihrer Zulassung, der unmittelbare Einfluss auf die Landessprache äusserst gering, da ja bekanntermaassen in denselben das Lateinische ausschliesslich getrieben worden.[6])

§. 39.
Zweite Abtheilung. Von der gänzlichen Ausrottung des Heidenthums bis auf Kg. Wenceslaw IV. oder bis auf Huss. J. 1000 — 1410.

Mit der Regirung Boleslaws II. ward der Sieg des Christenthums in Böhmen entschieden. Seine Nachfolger befolgten die von ihm vorgezeichnete Bahn. Diess brachte sie in nähere Verbindung mit christlichen Staaten, vorzüglich mit Teutschland. Hzg. Udalrich (1013 — 1037) erhält das Recht, bei der Kaiserwahl mitzustimmen. Hzg. Břetislaw I. (1037 -- 1053) suchte durch die Erbfolge für den ältesten Prinzen des Hauses die Thronfolge gegen Unordnungen zu schützen. Unter den Hzgg. Wratislaw II., Soběslaw und Wladislaw II. ward die Macht Böhmens befestigt, und die königliche Krone errungen. — In dieser Periode wirkte das Christenthum schon mächtiger auf die Cultur des Landes ein. Die Zahl der Klöster wuchs; Schulen werden eröffnet; gelehrte Kenntnisse dringen nach und nach ins Land. Benedictiner fördern die Künste der Civilisation. Herzoge, Bischöfe, Aebte und Wladyken reisen ins Ausland, vorzüglich nach Rom, und kehren mit Kenntnissen bereichert zurück. Es ordnet sich die Verfassung; Reichstage werden öfters gehalten, Verträge zwischen dem Herzoge und den Grossen werden errichtet, und Letzteren bedeutende Freiheiten gesichert. Der Bürgermeister von Prag ist schon

---
[6]) *Dobrowský* Gesch. der böhm. Sprache u. Liter. M. — 80.

ein mächtiger Mann. Als tapfere Krieger und wichtige kaiserliche Beistände erscheinen die böhmischen Fürsten mit ihren Mannen: aber nicht eroberungssüchtig, sondern friedliebend. Das Lehn- und Ritter — aber auch das Söldner - Wesen beginnt, damit Ackerbauer und Bergmann geschont bleiben. Bergbau und Metallarbeiten sind schon um diese Zeit ein Hauptindustrie-Zweig. — Um diese Zeit lebte der berühmte *Cosmas* (geb. 1045, gest. 1125), der erste Chronist Böhmens, und sein Zeitgenosse *Vincentius*, Domherr zu Prag, ebenfalls berühmt durch seine Chronik, die er dem Kg. Wladislaw II. und der Königin widmete. — Die Könige von Böhmen Premysl Ottokar I., Wenceslaw I., Ottokar II. und sein Sohn Wenceslaw II., begünstigten die Städte auf eine solche Art, dass ihr Wolstand sichtbar zunahm. Der Handel, zu dessen Beförderung die Könige verschiedene Freiheitsbriefe ertheilten, erweckte den Geist der Thätigkeit; diese erzeugte Ueberfluss und nährte die Künste. Durch Gesetze, die zu der Zeit die vornehmsten Städte schriftlich aufsetzen liessen, ward Ruhe und Ordnung in denselben hergestellt. Der Adel war reich und mächtig, und der königliche Hof so glänzend, dass er nach dem kaiserlichen der erste in ganz Teutschland war. Aber gleichzeitig gewannen teutsche Sprache und Sitten immer mehr Ansehen im Lande. Im XI. Jahrh. verwies Spitihněw II. sämmtliche Teutsche des Landes. Sie wurden aber bald wieder zurückberufen, und mehr als jemals begünstigt. Wratislaw, von Heinrich IV. zum Könige erhoben, ertheilte der teutschen Gemeinde zu Prag durch einen Freiheitsbrief gesetzliches Daseyn. Ausbreitung erhielt die teutsche Sprache durch die im XII — XIII. Jahrh. in Schaaren vom Rhein und der Donau nach Böhmen ziehenden Mönchsorden, und Ansiedelungen von Künstlern, Handwerkern und Ackersleuten, die der Staatsklugheit wie der Frömmigkeit gleich willkommen waren. Denn die böhmischen Grossen sahen weder die Verbindung mit den Teutschen, noch die Abhängigkeit von den Kaisern, noch die Königswürde gern. Premysl Ottokar II. zog abermals viele Teutsche ins Land, ertheilte ihnen, besonders in den Gegenden an den östlichen Gebirgen, Wohnplätze, Freiheiten, und errichtete aus ihnen seine Leibgarde. Der Hof beliebte ganz vorzüglich die teutsche Sprache. Unter den Wahlkönigen aus teutschen Häusern wurde der Einfluss der teutschen Sprache und Sitten auf Böhmen entscheidend. Unter Johann von Luxenburg ist der Nachahmungstrieb der Böhmen durch das Neue und Ungewohnte, das sie bei seinem Hofe sahen, mächtig gereizt worden. Ein grosser Theil derselben, besonders aber die höhern Classen, fanden an fremden Sitten, Kleidern, Stiefeln, am neuen Haarputze und an der teutschen Sprache Geschmack. Sie ahmten das Fremde nach, nicht anders, als wenn sie geglaubt hätten, sie müssten nun nach erloschenem Přemyslischen Stamme aufhören, Böhmen oder Slawen zu seyn. Es wurde zum Sprichworte: die Böhmen sind wie die Affen. Der Adel und der Bürger von feinerer Lebensart in der Hauptstadt nahmen die Hofsprache und teutsche Namen an. Die ersten geschriebenen Stadtrechte haben teutsche Rathsmänner zu Prag 1341 mit des Königs Bewilligung in teutscher Sprache entworfen. Doch ward die lateinische Sprache noch immer in öffentlichen Verhandlungen, und wenn Urkunden ausgestellt werden sollten, allgemein gebraucht. Nach der Chronik des teutschen Abts von Königsal war um 1330 bei Hofe und in den meisten Städten die teutsche Sprache mehr im Gebrauche, als die böhmische. Dass auch öffentliche Aemter und königliche Schlösser vom Könige an Ausländer vertheilt wurden, damit konnten die echten Böhmen weniger zufrieden seyn. Es entstanden zwischen ihm und den böhmischen Herren Misshelligkeiten, und der König musste endlich dem festen Sinne und der Macht der letztern nachgeben. — Durch Johanns grossen, in Frankreich gebildeten Sohn, Karl I. (als Kaiser IV.), erreichte Böhmen seinen höchsten Glanz. Er wusste die Begünstigungen, die er als Kaiser den Teutschen angedeihen liess, eben so klug als König von Böhmen zu mässigen, dass beiden Parteien Genüge geschah, und keine Klage laut werden konnte. Verherrlichung des Vaterlandes war das Ziel seines Lebens. Er verschaffte zuerst Böhmen das politische Uebergewicht in Mitteleuropa. Prag war zu seiner Zeit nicht nur die volkreichste Stadt in ganz Teutschland, sondern des kaiserlichen Hofes wegen auch zugleich der Sammelplatz der Künste und Wissenschaften. Er stiftete nach den Vorbildern von Paris und Bologna die erste *slawische*¹) Universität in Prag (1348), damals für halb Europa die Sonne des wissenschaftlichen Lichts, wobei er jedoch den Ausländern an derselben drei Stimmen im Senat, den Böhmen hingegen nur eine einräumte, und hiedurch den Grund zu der nachfolgenden heftigen Reaction der böhmischen Nationalität legte. Die Ungern, Polen, Böhmen, Mähren, Russen, Schweden und alle Teutschen trieben hier ihre Studien. Mehrere böhmische Geschichtschreiber zeichneten sich unter ihnen aus. Böhmen erfreute sich damals eines echten Nationalruhms. Die wichtigsten Ehrenstellen am kais. Hofe und in der Reichskanzlei bekleideten Böhmen. Mehrere Bisthümer ausserhalb Böhmen waren von ihnen besetzt. Zu den vornehmsten Gesandtschaften wählte man sie; sie waren die Anführer im Kriege. Ein geborner Böhme zu seyn, galt für einen ausnehmenden Vorzug. Viele auswärtige Fürsten kauften sich an, um diesem Lande anzugehören. Alles strömte nach Böhmen: daher die grosse damalige Bevölkerung. Aber nicht lange währte dieser glückliche Zustand Böhmens. Schon unter Karls Sohn, Wenceslaw IV. (als Kaiser I.), entspannen sich die Händel mit der Geistlichkeit und die weitern religiösen Zwiespalte, welche von den wichtigsten allgemeinen Folgen waren. Alle Leidenschaften brachen in ihrer Roheit aus; die begünstigten Teutschen entflammten aufs neue den Hass der hintangesetzten Slawen.

Die Schicksale der böhmischen Sprache waren seit dem XI. Jahrh., dem steten Wechsel der innern und äussern Verhältnisse des Landes gemäss, sehr verschieden. Zu Anfange des XI. Jahrh. schien ihrer Cultur und Gestaltung ein neuer Glücksstern aufzugehen. Der heil. Prokop bauete um 1030 das Kloster Sazawa, und besetzte es mit slawischen Mönchen. Sie wurden zwar, weil man sie der Ketzerei beschuldigte, kurz nach seinem Tode (1053) von Spitihněw vertrieben, und teut-

---

¹) Zwar legte Kazimierz der Gr. nach Sołtykowicz (O stanie Akad. Krak 810. S. 96.) bereits 1347 den Grundstein zu der Krakauer Hochschule; aber ihre förmliche Organisirung u. päpstl. Privilegirung erfolgte doch erst unter Władysław Jagiello 1400, während das päpstl. Privil. der Prager Univ. vom 26. Jan. 1347 und die k. Stiftungsurk. vom 6. Apr. 1348 datirt ist.

sche eingeführt; allein Wratislaw II. lud sie zurück und beschützte sie zeitlebens mächtig, wie es scheint in der Absicht, den slawischen Ritus an mehreren Orten in Böhmen, vielleicht nach und nach im ganzen Lande, einzuführen, was unstreitig auf die Cultur der böhmischen Mundart den grössten Einfluss gehabt haben würde. Der Papst Gregor VII. war aber hierin unerbittlich. Nach Wratislaws Tod mussten diese Mönche abermals den teutschen Platz machen. Von nun an findet man weiter keine Spuren der kyrillischen Liturgie und Schrift in Böhmen; die unter Karl IV. zu Emaus eingesetzten Benedictiner waren Glagoliten. Die lateinische Geistlichkeit Böhmens widersetzte sich, wie man aus Cosmas sieht, aus allen Kräften der Einführung der slawischen Liturgie in Böhmen. Diese Abneigung ging so weit, dass man nicht einmal Spuren der altslawischen Kirchensprache in der gleichzeitig oder kurz darauf gemachten böhmischen Uebersetzung der Evangelien findet. — Die böhmische Sprache gestaltete sich vielmehr fortwährend unter dem Einflusse der lateinischen und teutschen. Die grössten Fortschritte machte, besonders in der ersten Hälfte dieses Zeitraumes, die Sprache der Dichtkunst. Allein in derselben muss man die profane oder lyrisch-epische, von der religiösen oder historisch-didaktischen wol unterscheiden. Jene behielt ihre Selbständigkeit noch lange Zeit hindurch, und wahrscheinlich bis zu der Stiftung der Prager Universität; diese ermangelte alles poetischen Geistes. Im Allgemeinen herrscht in den aus der Erinnerung vergangener Heldenzeiten entsprungenen Gedichten sowol, als auch in den der Innigkeit und Wärme des häuslichen Lebens entkeimten Volksliedern Originalität, wahre dichterische Weihe, eine lebendige, kräftige, numeröse Sprache; in den spätern Legenden, Fabeln und didaktischen Gedichten hingegen auffallende Leere, Mattigkeit und Geistesarmuth. Die Blüthezeit der böhmischen lyrisch-epischen Dichtkunst scheint, gleich der herrschenden Periode der Minnesänger, in die zweite Hälfte des XII. und in den Anfang des XIII. Jahrh. zu fallen, obwol kein Grund vorhanden ist, die böhmische Nationalpoesie dieser Zeit für eine Tochter der provenzalischen oder teutschen zu halten.

Der Rittergeist, und in seinem Gefolge die Romantik, wehten damals gleich mächtig über halb Europa. Gleich wie nun in Teutschland Könige, Fürsten u. Ritter in die Reihe der Dichter traten; eben so begünstigten hier die Grossen des Landes die Dichtkunst auf ihren Burgen, und machten nicht selten selbst gelungene Versuche in derselben. Der Geist der Lumjre und Zaboje ruhte noch auf den böhmischen Nationaldichtern. Unter den böhmischen Fürsten wird Kg. Wenzeslaw I. (1230 — 53), Ottokars II. Vater, als Musenfreund und Dichter gerühmt; allein das ihm zugeschriebene teutsche Minnelied ist in der böhmischen Sprache weit älter vorhanden, und wahrscheinlich aus dieser in jene ihm zu lieb von irgend einem reisenden Minnesänger übersetzt worden. Der unglückliche Záwiš Wjtkowic aus dem Rosenbergischen Geschlechte, der Kg. Wenceslaws II. Mutter heirathete, und 1290 enthauptet wurde, soll, nach dem Zeugnisse Hágeks und Balbins, im Kerker viele, unstreitig böhmische, Lieder verfertigt haben. Nach der Errichtung der Universität zu Prag ward es mit der Nationaldichtkunst umgekehrt. So gross nämlich der Einfluss der Universität auf die Bildung der böhmischen Sprache, vorzüglich in der Folge war, so wenig war er der Dichtkunst erspriesslich. Diese ging zu Anfange des XIV. Jahrh. mit so mancher Volkssitte zu Grabe. Statt des einheimischen, reimlosen, rhythmischen Verses wurde von nun an Jahrhunderte lang in 8sylbigen Zeilen gereimt. Stoff und Gehalt hielten mit der Form gleichen Schritt. Die Jugendperiode des böhmischen Volks und mit ihr das poetische Leben hörten auf. Um so mehr fing die Prosa an sich zu entfalten, besonders seit Karl IV. Dieser setzte nämlich die böhmische Sprache mit der teutschen und lateinischen in gleiche Rechte ein; er lernte selbst nicht nur böhmisch sprechen, sondern auch schreiben, und wenn gleich noch alle Urkunden in seiner böhmischen Kanzlei entweder in lateinischer oder teutscher Sprache ausgefertigt wurden, so vergass er doch nicht die slawische Sprache selbst den Söhnen der Kurfürsten in der goldenen Bulle 1356 zu empfehlen. Schon als Stifter des Benedictiner-Klosters in Emaus für die slawischen Mönche aus Kroatien bezeugte er, wie werth ihm die slawische Sprache war. Seine Frau, die Kgn. Elisabeth (gest. 1393), hat auf die Einfassung ihrer Löffel böhmische Sprüche eingraben lassen. Sein Sohn, Wenceslaw IV., ging noch weiter, und liess, der erste unter den böhmischen Königen, auch schon Urkunden in böhmischer Sprache ausfertigen, deren älteste vom J. 1394 ist. Sonst gab es bereits früher böhmische, aber keine königliche Stiftungsbriefe, z. B. von den Hohenelber Bürgern 1386, von Jodok, Markgrafen in Mähren 1393, vom Prokop 1395. Um das J. 1374 musste das Schreiben prosaischer Bücher in böhmischer Sprache, vorzüglich geistlichen Inhalts, schon Ueberhand genommen haben, da es nach Th. Štjtný Leute gab, die dieses aus Eifersucht laut missbilligten. Einzelne Theile der Bibel mussten schon vorhanden seyn, wenn gleich kein Codex der ganzen Bibel aus dem XII. Jahrh. vorkommt. Wenceslaw hatte unter seinen Hofleuten auch geschickte Männer, welchen man böhmische Uebersetzungen damals beliebter Werke zu danken hat. Alles dieses war recht geeignet, die herrschende Periode der böhmischen Nationalliteratur, die nun mit dem Anfange des XV. Jahrh. beginnen sollte, vorzubereiten.

Von den Sprachdenkmälern dieses Zeitraums wolten wir anführen: 1.) Die Gesänge der Königinhofer Handschrift: Beneš Hermanow von der Vertreibung der Sachsen aus Böhmen im J. 1205, oder nach Andern 955 — 78. 84 Verse; Ulrich und Boleslaw, von der Vertreibung der Polen aus Prag im J. 1003, 62 Verse; Jaroslaws Sieg über die Tataren bei Ollmütz im J. 1241, 302 Verse; das Turnier am Hofe eines Fürsten 142 Verse, nebst acht kleinern Volksliedern; ferner das Minnelied des Kgs. Wenceslaw I. 2.) Das bekannte Lied vom h. Wenzel: Swatý Wáclawe, wýwodo české země. 3.) Eine gereimte Legende von 12 Aposteln in der k. Hofbibl. zu Wien. 4.) Ein Brief vom Himmel in die Stadt Galatan gesandt, Fragment. 5.) Ein Fragment von einer gereimten Leidensgeschichte, entdeckt vom Hrn. Kinský. 6.) Ein ganzer Psalter, nebst den gewöhnlichen Gesängen aus dem A. und N. Testamente, dem Te Deum, dem Athanasischen Symbolo, der Litanei von allen Heiligen, dem Officium für die Todten, in der öffentlichen

Bibl. zu Prag. 7.) Die Stücke der Dobrowskýschen Handschrift aus der ersten Hälfte des XIV. Jahrh., als da sind: a.) die Legende vom h. Prokop, b.) Die neun Freuden Mariä, c.) die weinende Magdalena am Grabe Jesu, d.) das Weinen der Jungfrau Maria, e.) die Passion, f.) die zehn Gebote, g.) die Fabel vom Fuchse und Kruge, h.) verschiedene Satyren. 8.) Der sogenannte Bohemarius in der Bibl. der Prager Domkirche vom J. 1309, ein lat. böhm. Vocabularium in 886 Hexametern. 9.) Die Alexandreis, in böhm. Versen aus dem Lat., in der Bibl. der Prager Domkirche. 10.) Eine gereimte böhm. Chronik, die bis 1314 reicht und gewöhnlich, wiewol fälschlich, dem Bunzlauer Domherrn *Dalimil Mesiřický* zugeschrieben wird; ihr unbekannter Vf., der vermuthlich auf der Burg irgend eines Herrn (etwa Wilhelms von Hasenburg) die Thaten seiner Vorväter in Reime brachte, ist voll des glühendsten Hasses gegen die Teutschen (er schrieb unter dem Kg. Johann); sein Werk ist ein Lieblingslesebuch der Nation durch zweihundert Jahre geblieben, und nach seinem Beispiele besangen andere Dichter einzelne Heldenthaten der Alten in Reimen, herausg. von *P. Ješín* 620., *F. Procházka*, Pr. 786. 8. 11.) Verschiedene Gedichte, meist geistlichen Inhalts, in einer Handschrift in der Bibl. der Prager Domkirche: a.) der böhm. Alanus, b.) Gedächtniss des Todes, c.) die Himmelfahrt Mariä, d.) Sechs und zwanzigerlei Narren, e.) Fünf Quellen der Sünde, f.) Anselmus von dem Leiden Christi, g.) Catonis disticha böhm., h.) Gebete, i.) Ein lat. böhm. Vocabularium u. s. w. 12.) Eine gereimte Leidensgeschichte Christi in der Fürst Lobkowicischen Bibl. zu Raudnic. 13.) Der böhm. Cato in mehreren Handschriften. 14.) Der neue Rath (nowá rada), in Reimen von *Smjl v. Riesenberg*, genannt *Flaška*. 15.) Tristram, ein Ritterroman aus dem Teutschen, über 9000 Verse, in der Bibl. der PP. Minoriten vom J. 1449, in Stockholm vom J. 1483. 16.) Der Tandarias und die schöne Floribelle, gleichfalls ein Ritterroman in Reimen. 17.) Die trojanische Geschichte aus dem Lateinischen des Guido von Columna, in mehreren Handschriften, nach dem N. Testamente das erste gedruckte Buch in böhmischer Sprache (ohne Druckort und Jahrzahl) etwa vom J. 1476 [2]), 2te Ausg. Prag 488. 4. 3 A. Pr. 603. 8. 4 A. Pr. 790. 8. 5 A. 812. 18.) Tkadleček, der kleine Weber, ein Gespräch zwischen dem von seiner Geliebten verlassenen Liebhaber und dem Unglücke, in mehreren Handschriften. 19.) Die ältesten böhmischen Landrechte, von *Andr. v. Duba,* oberstem Landrichter unter Ks. Karl IV. und Kg. Wenceslaw IV. gesammelt, in der kais. Hofbibl. zu Wien. 20.) Die gemeinen Rechte sammt dem Lehnrechte, aus dem Teutschen, in der Prager Bibl. 21.) Der Sachsenspiegel oder das Magdeburger Recht, eb. 22.) Das Leben Karls IV. sammt der Krönungsordnung, in einer Handschr. zu Leitmeritz, herausg. von Ambr. v. Ottersdorf Ollmütz 555., von F. J. Tomsa Pr. 791. 8. 23.) Die böhmische Chronik, welche auf Befehl Ks. Karls IV. ein Ungenannter in lateinischer Sprache zusammentrug, von *Přibjk von Tradenin,* genannt *Pulkawa,* ins Böhm. übersetzt, und herausg. von F. Procházka Pr. 786. 8. 24.) Eine Chronik von römischen Kaisern, aus dem Latein. vom *Mr. Laurentius,* K. Wenceslaws Hofbedienten, übersetzt. 25.) Die Reisebeschreibung des Ritters Mandeville, aus dem Teutschen von demselben *Mr. Laurentius,* in mehreren Handschriften, herausg. Pilsen 510. 8., 513. 8., Pr. 610., Pr. von Kramerius 796. 811. 26.) Das Traumbuch (Snář) vom Mr. *Laurentius* von Prag aus dem Lat., in mehreren Abschriften, herausg. von Hágek Pr. 550. 581. 8. 27.) Die fabelhafte Geschichte Alexanders aus dem Latein., in mehreren Handschriften, herausg. Pilsen 513. 28.) Martiniani oder die römische Chronik, von *Beneš v. Hořowic,* Ritter des Grabes Christi, um 1400 aus dem Teutschen übersetzt, gedr. Pr. 488. 29.) Die böhm. Uebers. der Historia Scholastica des Peter Comestor oder Manducator, in mehreren Handschr. 30.) Horae od. Tagszeiten (hodiny), eine Sammlung verschiedener Erbauungsschrif-

---

[2]) So nach Hrn. Dobrowský, der die in der Unterschrift am Schlusse des Werkes ausgedrückte Jahrzahl 1468 nicht von dem Drucke, sondern nur von der Handschr., die man dem Setzer vorlegte, gelten lassen will. Nach Hrn. Jungmann hingegen (Hist. lit. č. S. 49. 68.), dem ich beipflichte, bezieht sich die Jahrz. 1468 auf den Druck. Pelzels Muthmassung, dass der im Ind. lib. boh. proh. verzeichnete gedruckte Brief Hussens an Jakaubek vom J. 1459 (welche Zahl Hr. Dobrowský für einen Druckfehler statt 1495 hält), durch irgend einen reisenden Böhmen zum Druck befördert sey, wiederholt Hr. Jungmann S. 91. Hiernach ist das oben S. 242 — 43 gesagte zu berichten.

ten. 31.) Christlicher Unterricht, den der böhm. Edelmann *Thomas v. Štjtný* für seine Kinder schrieb, in mehreren Handschr. 32.) Ein asketischer Traktat von verschiedenen Tugenden, in einer Handschrift der öff. Bibl. in Prag vom J. 1383. 33.) Des heil. Augustinus Spiegel (zrcadlo) eb. 34.) Des jüdischen Meisters Samuel Buch von der Ankunft des Messias, aus dem Lat., gedr. Pils. 528. 4. 35.) Das Testament der 12 Patriarchen, in einer Handschr. bei den PP. Piaristen zu Lipnik in Mähren, gedr. zu Prosnic 545. 8. Pr. 570. 8. 36.) Des Predigers *Joh. Milič* (gest. 1374), Tractat von den grossen Trübsalen der Kirche, gedr. Pr. 542. 4. 37.) Die Philosophen (mudrci) aus dem Lat., gedr. Pr. 514. 8. 38.) Von den vier Haupttugenden, Pils. 505. 529. 39.) Elucidarius (Lucidař o wšech wěcech), öfters gedruckt, zuletzt 783. 40.) Sequentionarius, ein Vocabular, Ms. 41.) Zwei lat.-böhm. Vocabularien, in der öff. Bibl. in Prag, und in dem Benedictinerkloster zu Reygern in Mähren. 42.) Ein lat. deutsch-böhm. Vocabularium zu Brünn. 43.) Der Bohemarius minor, in der Prag. Bibl. 44.) Einzelne biblische Bücher in verschiedenen Bibliotheken, als ein Psalter auf Pergament in 4. in der Bibl. der Prager Domkirche, ein Psalter vom J. 1396 in der herzogl. Bibl. zu Oels in Schlesien, die Propheten Isaias, Jeremias und Daniel in der Prag. Bibl., die Evangelien in der Wiener Hofbibl., die Evangelien aus dem Matthaeus in der Prager öff. Bibl., die Prologen des Hieronymus in der Bibl. der Domkirche u. m. a.[3])

§. 40.

Der zweiten Periode erste Abtheilung. Vom Anfange des Hussitenkrieges bis auf die Verbreitung der Buchdruckerkunst in Böhmen, oder bis auf Ferdinand I. J. 1410 – 1526.

Mit Kg. Wenceslaw und Huss beginnt eine neue Aera des böhmischen Volkslebens und der Nationalliteratur. —

---
[3]) Den Druck vieler, vorzüglich älterer Gedichte aus diesem Zeitraum verdanken wir Hrn. *W Hanka*, der sie unter dem Titel: Starobylá skládanj, Památka XII — XV. stoletj, Prag 817 — 23. 5 Bdchen kl. 8. herausgab. Vgl. Dobrowskýs Gesch. der böhm. Sprache und Literatur. S. 80 — 188.

Wiklefs, des englischen Luthers, Schriften waren schon vor dem Flüchtlinge Payne nach dem aufgeklärten Böhmen, dessen Königstochter die Gattin des brittischen Herrschers war, gekommen, und vorzüglich von Joh. Huss und Hieronymus Pragensis verbreitet. Beide erhoben ihre Stimmen laut gegen die verderbten Sitten der Weltlichen und Geistlichen, beide predigten laut die neue Lehre, die sich dem Volke durch Reichung des Abendmahls in beiderlei Gestalt am auffallendsten versinnlichte, und mussten dafür den Scheiterhaufen zu Constanz (1415) besteigen. Ihre Hinrichtung wurde von dem grössten Theil der Böhmen als eine Beschimpfung der Nation angesehen, und das tief empörte Volk griff zu den Waffen. Joh. Žižka stellte sich an die Spitze der Hussiten. Verwüstungen aller Art, mit Morden, Sengen und Brennen innerhalb und ausserhalb der Gränzen folgten nach. Der unter solchen Umständen zur Regirung gelangte Ks. Sigmund wollte mit bewaffneter Hand die Ruhe wieder herstellen. Diess gelang ihm zwar, aber erst kurz vor seinem Ende. Die Hussiten schwächten sich durch Trennung in Parteien: so z. B. die Calixtiner oder Utraquisten, den Genuss des Kelchs im Abendmahl ansprechend, die Taboriten, von der Stadt Tabor, ihrem Hauptsitze, eine gänzliche Kirchenreformation verlangend; die sie mit Gewalt durchsetzen wollten, (andere waren die Horebiten, Pikarditen, Adamiten). Nachdem jenen von der Synode zu Basel durch die Prager Compactaten (1434) der Kelch zugestanden worden, kehrten sie selbst die Waffen gegen diese und andere Fanatiker, und nöthigten sie, besonders nach der grossen Niederlage bei Böhmischbrod (1434) zum Iglauer Frieden (1436). Aus den Taboriten gingen die böhmischen und mährischen Brüder, und später noch manche andere Secte in Böhmen hervor, die, wenn auch gedämpft, dennoch von Zeit zu Zeit, wie verloschene Flammen auflodertern. Unter fortdauernden gewaltigen Befehdungen der Katholiken und Utraquisten kam mit der Kaiserwürde zugleich auch die böhmische Krone 1438 wieder an das österreichische Haus. Albrecht V. (als Kaiser II.) bahnte sich durch die Vermählung mit Sigmunds Tochter den Weg zum böhmischen Throne, von dem ihn schon 1439 der Tod abrief. Nach mancherlei Factionsränken, denen die Religion als Vorwand dienen musste, ward das Kind Ladislaw, Albrechts Nachgeborner, unter einer Regentschaft, König. Aber die Factionen bekämpften sich fort, bis der grosse Georg von Poděbrad, Haupt der Utraquisten, die Statthalterschaft und die innere Ruhe errang. Nach Ladislaus Tode 1457 behaupteten die Stände ihr Wahlrecht, und ernannten den bisherigen Statthalter zum Könige 1458—71. Diess gab dem Nationalgeist neuen Schwung. Unter dem polnischen Prinzen Wladislaw II. wurden die kaum gestillten Leidenschaften wieder rege; der auf 31 Jahre zu Kuttenberg 1484 zwischen den Katholiken und Calixtinern geschlossene Religionsfriede ging wenig in That über. Mittlerweile breiteten sich die aus Frankreich gekommenen Pikarditen, sich einfach an die Bibel haltend und alle katholische Kirchensätze verwerfend, ungemein aus, wurden aber aufs grausamste verfolgt, den Flammen übergeben und aus dem Lande gejagt. Nicht viel besser wurden Luthers Anhänger, und noch früher die böhmischen Brüder, behandelt. Gegen letztere schickte der Papst Alexander VI. den Inquisitor Heinr. Institoris (1499), angeblich um die Waldenser und Pikarditen zu bekehren. Kg. Wladislaw erliess wiederholte scharfe Befehle gegen sie 1503. 1504. 1508. Durch zahlreiche, mitunter kräftige Apologien reizten diese noch mehr ihre Gegner. Aber kaum wurden Luthers Schriften in Böhmen bekannt, als sich die Evangelisch gesinnten Böhmen, Utraquisten und Brüder, an die teutschen Reformatoren anschlossen. Diess veranlasste die erste heftigste Verfolgung der Lutheraner in den J. 1524 — 28. Viele Anhänger der neuen Lehre wurden verwiesen, andere mit ihren Büchern verbrannt. Gleichzeitig (1524) wurde in Prag durch ein Decret die strengste Büchercensur eingeführt. Die Brüder konnten jetzt also nur ausserhalb Prag ihre Bücher drucken.

Unter diesen gewaltigen, politisch-religiösen Stürmen, welche das ganze XV. Jahrh. hindurch Böhmen erschütterten, reifte die schon von Karl IV. begünstigte böhmische Landessprache allmählig zur Herrscherin über ihre Nebenbuhlerinen heran. Der wichtigste, folgenreichste Schritt geschah unter Wenceslaw IV. Die inzwischen mündig gewordene böhmische Nation, deren geistige Repräsentanten die Lehrer bei der Prager Universität, Huss und Hieronymus an der Spitze, waren, sah sich durch die Vergebung von drei Stimmen an Ausländer in ihren natürlichen Rechten gekränkt, und verlangte vom Könige in dieselben eingesetzt zu werden. Nach einjährigem Widerstand setzte endlich der König im J. 1409 durch ein Decret das umgekehrte Verhältniss fest, und theilte der böhmischen Nation bei allen Acten an der Universität drei, der teutschen hingegen eine Stimme zu, was die berühmte Gelehrten-Auswanderung aller teutschen Lehrer, 20,000 Studenten, und die Errichtung der Universitäten Leipzig, Ingolstadt, Rostock u. a. veranlasste. Nach dem Abzuge der teutschen Professoren und Studenten ward nun die böhmische Partei an der Universität die herrschende. Dieses und die gleichzeitige Verbreitung von Wiklefs Schriften wirkte auf den Gang der böhmischen Nationalcultur entscheidend. Wiklefs Schriften wurden zwar verdammt, und der Erzb. Zbyněk liess sie sammeln und verbrennen; Joh. Huss aber missbilligte in seinen Predigten die Verbrennung derselben. Er fand bei vielen Beifall; auch die Laien nahmen Partei. Man verfasste und sang anzügliche Lieder. Der König wollte Ruhe schaffen, und verbot sie bei Lebensstrafe. Hierauf übersetzte Huss mehrere von Wiklefs Schriften ins Böhmische, und verschenkte sie an Laien und Frauen; andern liess er lateinische Abschriften zukommen. Gleichzeitig bekamen die Böhmen eine Uebersetzung der ganzen Bibel, ungewiss ob von Huss veranstaltet, aber gewiss von ihm verbreitet. Die meisten seiner Werke schrieb Huss in böhmischer Sprache. Mr. Hieronymus von Prag und Mr. Jacobellus, der Beförderer des Kelchs, thaten ein Gleiches. Huss richtete das böhmische Alphabet neu ein, und bestimmte die Orthographie fester. Nach Hussens und Hieronymus Hinrichtung nahm selbst das gemeine Volk an theologischen Streitigkeiten Theil. Unter den Schutzschriften, die für Hussens Lehre in böhmischer Sprache erschienen, war die von einem Frauenzimmer verfasste die merkwürdigste. Man führte in allerlei Spottgedichten bittere Klagen. Nach dem Tode Wenceslaws (1419) thaten sich die Taboriten durch Liebe zur Muttersprache hervor; ihr Bischof Nikl. von Pilgram (Pelhřimow) schrieb selbst einiges in böhmischer Sprache. Ihren Gottesdienst hatten die Taboriten schon vor 1423 in böhmischer Sprache zu verrichten angefangen. Von ihres Anführers Žižka Hand hat man noch einige böhmische Originalbriefe; auch verdankt man ihm eine böhmische Kriegsordnung, Kriegslieder u. s. w. Während dieser Zeit vervielfältigten sich die Abschriften der Bibel: einige sollten sogar von taboritischen Weibern verfertigt worden seyn. Aeneas Sylvius selbst rühmt der taboritischen Weiber Bibelgelehrsamkeit. Der Text der Bibel wurde fleissig revidirt: überhaupt kann man von 1410—1488 wenigstens vier Recensionen der ganzen Bibel und noch mehrere des N. Testamentes unterscheiden. Als zwischen den Katholiken und einem Theil der Hussiten (den Calixtinern oder Utraquisten) ein Vergleich zu Stande kam (1434), und die Taboriten mit Waffengewalt unterdrückt wurden, da wollten auch die Utraquisten bei der Messe die Muttersprache einführen, sie wendeten sich desshalb an den Kirchenrath zu Basel, erhielten zwar eine abschlägige Antwort, allein Rokycana und seine Anhänger liessen sich hiedurch von ihrem Vorhaben nicht abwendig machen. Daher die neuen Angriffe von Hilarius, Žídek und andern Katholiken auf die Utraquisten. Schon wurde bei öffentlichen Verhandlungen, besonders unter König Georg und Wladislaw, die böhmische Sprache immer häufiger, bei Landtagen und dem Landrechte fast ausschliessend gebraucht. In dieser Epoche hatte die Kenntniss der böhmischen Sprache bei den Mitbewerbern um die böhmische Krone nicht geringen Einfluss auf ihre Wahl[1]. Nach 1430 wurden die Privilegien

---

[1] Nach dem Tode Sigmunds (1438) erklärte sich eine Partei für den Bruder des polnischen Königs. Als die Gesandten der andern Partei die Ansprüche Albrechts bei dem Könige von Polen geltend zu machen suchten, gab ihnen dieser zur Antwort: die Polen und Böhmen hätten eine gemeinschaftliche Sprache, wären Völker einerlei Abstammung; mit den Teutschen aber hätten die Böhmen nichts gemein. Als die Stände (1440)

der Neustadt Prag, die Satzungen der Malerzunft, die Iglauer und Kuttenberger Bergrechte ins Böhmische übersetzt. Bei der königlichen Landtafel erhielt sich der ausschliessende Gebrauch der lateinischen Sprache noch am längsten. Erst seit 1495 fing man an, die Bücher bei derselben in böhmischer Sprache zu verlegen, worin die Mährer unter ihrem patriotischen Landeshauptmann Ctibor von Cimburg im J. 1480 den Böhmen vorgingen. Aber schon vom J. 1492 hat man gedruckte Landtagsschlüsse in böhmischer Sprache durch diese ganze Periode und bis auf die neuesten Zeiten herab. Der diplomatische Gebrauch der böhmischen Sprache erstreckte sich über einen Theil von Schlesien und die polnischen Herzogthümer Zator und Auschwitz (Oswjetjn), hier von 1481 bis 1559. Böhmische Inschriften auf Steinen kommen seit 1437, auf Grabschriften seit 1448, auf Glocken seit 1386, Namen mit böhmischen Flexionen auf Sigillen seit 1433 häufig vor. Mit dem Bücherdrucke machten sich die Böhmen sehr früh, am allerfrühesten unter allen Slawen, bekannt. Der älteste Druck ist schon oben S. 314 angeführt worden. Doch gab es erst seit 1487 eine bleibende Druckerei in Prag, wo auch die erste ganze böhmische Bibel 1488 fol. erschienen ist. Was früher herauskam, mögen wandernde Künstler gedruckt haben. Allein zu Anfange des XVI. Jahrh. kamen mehrere böhmische Druckereien auf; namentlich zu Prag, Pilsen 1498, Leitomyschl 1507, Jungbunzlau 1507, Weisswasser 1519, Wylimow 1521 u. s. w. Auch druckte man im Auslande böhmisch, in Nürnberg 1504 —, 18, Venedig 1506. — Unter Wladislaw II. bildete sich vorzüglich der böhmische Geschäftsstyl aus. Alle Verordnungen wurden aus der böhmischen Kanzlei in der Landessprache erlassen. Die Archive sind voll von böhmischen Urkunden aus dieser Zeit. Die Stellen bei den Behörden

---

dem Hzg. von Baiern Albert die Krone antrugen, hatten sie wol auf den Umstand, dass er am Hofe K. Wenceslaws erzogen der böhmischen Sprache kundig ist, Rücksicht genommen. Nach Georgs Tode (1471) ward Wladislaw auf den böhmischen Thron erhoben, weil sich die böhm. Stände, wie sie sich selbst gegen Kg. Mathias von Ungern äusserten, von ihm als einem Polen unter andern versprachen, dass des böhm. Volkes und der slawischen Sprache Ruhm durch ihn erhöhet werden würde. S. *Dobrowskys* Gesch. der böhm. Sprache und Literatur. S. 201.

wurden nur mit Böhmen besetzt, den Teutschen ward es durch neue Gesetze verwehrt, sich anzusiedeln. Vor den Gerichtsbehörden durfte man sich keiner andern, als der Muttersprache bedienen. Zu vertrauten sowol, als zu Geschäftsbriefen hatte die Sprache jetzt Biegsamkeit genug: daher die Menge der Briefe, die einzeln in Originalen in Archiven zerstreut, oder in Handschriften gesammelt vorkommen. Wenn es auf der einen Seite noch immer Leute gab, die entweder aus Unkunde, oder aus ästhetischer Ziererei den böhmischen Schriften gar nicht hold waren [2]); so fehlte es auf der andern nicht an warmen Freunden und mächtigen Beschützern. Mehrere Patrioten verbanden sich, alles in böhmischer Sprache zu schreiben. Daher kamen neben den theologischen, politischen, juridischen und historischen Schriften, auch viele Unterhaltungsbücher, vorzüglich Romane, auf. — Der bessere, geläuterte Geschmack fing allmälig an, sich über das böhmische Schriftwesen zu verbreiten. Seitdem *Bohuslaw Hassenstein v. Lobkowic*, der gebildeteste Böhme seiner Zeit, und andere bessere Köpfe die schönen Wissenschaften in Böhmen eifriger pflegten, *Hieronymus Balbus* Vorlesungen über die schönen Redekünste in Prag hielt, mehrere ausgezeichnete Männer (darunter, ausser den zwei genannten, Gregorius Pragensis, Joannes Sturnus, Joannes Šlechta, Sigmund von Lobkowic, Victor Corn. Wšehrd, Wenc. Pjsecký, Joh. Oppaviensis, And. Ctiborius, Augustinus Olomucius, Ulricus Rosensis, Joannes Wartembergensis, Mart. Crumloviensis, Stanisl. Thurzo, Christoph. Weitmühl u. m. a.) als Gelehrte von feinerer, humanistischer Bildung auftraten, die adeligen Jünglinge Studien halber häufiger Italien besuchten: da mussten die Böhmen mit den classischen Werken der Griechen und Römer immer bekannter werden. Man unternahm böhmische Uebersetzungen besserer Schriften. Der Einfluss des Lateins auf die Bildung und den Periodenbau der böhmischen Sprache

---

[2]) Bohusl. von Hassenstein und Lobkowic schilt den Uebersetzer einiger seiner Verse einen Esel und Barbaren. „Transtulit in patriam quidam mea carmina linguam; Haec proceres populus nobilitasque legit; Irascor facto bipedis vehementer aselli. — In messem ne quaeso meam, mi barbare, falcem insere: non etenim scripsimus illa tibi."

wird zu Ende des XV. Jahrh. immer sichtbarer. Diess erhellet vor andern aus den Uebersetzungen des Greg. Hrubý von Gelenj und Vict. Corn. Wšehrd, die ihren Geist durch die alten classischen Schriftsteller gebildet hatten. Die Sprache gewann an Fülle, Kraft und Rundung. Im Ganzen zeichnet sich die Prosa der besseren Schriftsteller dieses Jahrhunderts durch eine eigene Originalität, Wärme und Gediegenheit aus; die Poesie hingegen, obgleich hie und da (in den hussitischen Gesängen, in Hynek Poděbrads Gedichten) nicht ohne Leben, blieb im Allgemeinen weit hinter der Prosa zurück, und ermangelte des selbständigen Geistes, der in den besseren Gesängen der ersten Periode weht. Mitten zwischen diesen beiden entwickelte sich, als eine eigene Erscheinung dieser Zeit, die Sprache der Beredsamkeit. Zwar herrschte die Kanzelberedsamkeit vor, aber bald folgte auch die politische nach, und die gleichzeitigen Schriftsteller rühmen die hinreissende Snada mehrerer böhmischen Redner, von welchen leider nichts auf uns gekommen ist.[3])

Es ist unmöglich hier eine Uebersicht aller handschriftlichen und gedruckten Sprachdenkmäler dieses Zeitraums zu geben; wir beschränken uns auf eine Auswahl derselben. Als Schriftsteller sind zu nennen: Mr. *Joh. Hus aus Husinec*, Prof. zu Prag u. Prediger an der Kirche zu Bethlehem (g. 1373, † 1415), regte den grossen Kampf der Böhmen für religiöse und kirchliche Freiheit durch seine Lehre, seine Predigten und seine Schriften an, und führte zugleich eine neue Aera der böhmischen Nationalliteratur herbei; er schrieb sehr viel in böhmischer Sprache, aber seine Schriften, Abhandlungen, Predigten, Auslegungen der h. Bücher, Kirchenlieder u. s. w. erschienen meist einzeln und zu verschiedenen Zeiten; die Postille, von seiner Hand im Msc. vom J. 1413 auf der Prager Bibliothek, aber auch in mehreren Abschriften und oft vorhanden, wurde gedruckt zu Nürnberg 557. 563. fol., o. Dr. (Pr.) 564 fol., Nürn. 592. lat. a. d. Böhm. übers. Briefe Witt. 537. 8., lat. Werke 558. u. öft. — Mr. *Hieronymus* von Prag († 1416), Prof. an der Universität,

---
[3]) *Procházka* comment. de liber. art. p. 322.

Hussens thätigster, gelehrtester u. treuester Gefährte, verfasste mehrere Unterrichtsschriften für das Volk in böhmischer Sprache, und dichtete Kirchenlieder, meist aus biblischen Sprüchen zusammengesetzt. — Mr. *Jacobell v. Mies*, sonst auch *Jacob Strjberský* genannt, ebenfalls Prof. an der Universität, ein eifriger Beförderer des Kelchs, hinterliess eine Postille oder Auslegungen der Sonntagsepisteln, beigefügt der 3ten A. von Huss Postille 564., Predigten, Kirchenlieder u. m. a. — Mr. *Joh. von Rokycan* (gest. 1471), zuerst Pfarrer an der Kirche zu Teyn, dann utraquistischer Administrator des Prager Erzbisthums, verfasste eine Postille vor dem J. 1470, enthaltend Predigten, und in mehreren Abschriften vorhanden, einen Tractat über die Communion, einen Hirtenbrief wider die Pikarden, beide Ms. — *Hilarius Litoměřický* (geb. 1411, gest. 1467), Domdechant und katholischer Administrator des Prager Erzbisthums (1462—67), schrieb mehrere Tractate von der Communion unter einer Gestalt wider die Calixtiner. — *Jobst v. Rosenberg*, Bischof von Breslau, setzte neun Puncte auf, wider den Kelch, an Kg. Georg 1467, Ms. — *Joh. Zagjc von Hasenberg* erliess (um 1489?) ein Ermahnungs-Schreiben an die Prager Magister zur Einigkeit, Msc. — Mr. *Sim. v. Tišnow* schrieb einen Tractat gegen die Communion unter beiderlei Gestalten. Msc. — *Mart. Lupáč* (gest. 1468), Magister, Priester und Suffragan des neugewählten Erzbischofs Rokycana 1435, revidirte mit einigen Gehilfen das ganze N. Testament, und verbesserte es an vielen Stellen. — Mr. *Wenc. Koranda* (de nova Plsna), ein eifriger Vertheidiger des Kelchs, schrieb mehreres, worunter ein Tractat vom göttlichen Sacrament, gedr. Pr. 493. 8. — *Joh. Paleček*, böhmischer Bruder, hinterliess seinen Namen in der Pamět br. J. Palečka, Msc. — *Simon*, Vorsteher der Brüdergemeinde zu Weisskirchen in Mähren, schrieb: Prwnj cedule P. staršjm Hranickým, gedr. 507. 8. — *Prokop* aus Königgrätz, böhm. Bruder, gab unter andern: Otázka, slušjli křestanom mocj swětskú newěrné neb bludné k prawé wjře přinucowati, 508. 8. heraus. — *Wenc. Miřjnský*, böhm. Bruder, verfasste Kirchenhymnen: Pjsně, Pr.

522. 8. — *Wenc. Domek* von Kubin übersetzte aus dem Teutschen: List pap. Lwa, kterak Luciperowi psal, 521. 4. — *Wenc. Walecowský*, Unterkämmerer, schrieb über die Laster und Heuchelei der Geistlichen, und widmete es dem Kg. Georg, Msc. — Mr. *Paul von Saaz* (Žatecký), utraquistischer Administrator, gab die Baseler Listowé a compactata, und einen Tractat von der Communion Pr. 513. 4. heraus. — *Nikl. Wlasenický*, böhm. Bruder, schrieb eine Disput. über die Communion, gedr. 582. 600., über Offenbarung und Prophezeiung, Ms. und gedr. o. J. — *Lukas* von Prag, 1518—28 oberster Vorsteher (zpráwce) der Brüder, zugleich der gelehrteste u. rüstigste Schreiber der Unität, schrieb 1501 eine Auslegung über die Offenb. Johannis, 1502 von der Hoffnung, 1503 einen Abschiedsbrief, als er von Prag wegging, 1505 eine Auslegung der Psalmen, zpráwa k smrti, o. Dr. 518. 4., spis o obnowenj cjrkwe, mehrere polemische Briefe und Abhandl., meist Msc., er besorgte die Ausgabe des Gesangbuchs für die Brüdergemeinden 1505. — *Joh. Miroš* (gest. 1520) Pfarrer beim h. Kreuz in der Altstadt Prag, verfasste: Dwa tractaty, gegen die Kathol., herausg. von Poduška u. Rožďialowský, Pr. 520. 8. — *Petr. Chelčický* (gest. 1484), Pfarrer bei der Brüdergemeinde zu Prerau in Mähren, gewöhnlich der böhmische Doctor genannt, weil er kein Latein verstand, verfasste ein berüchtigtes Werk: Kopyta (Schuhleisten) genannt, welches sich nicht erhalten hat; von ihm erschien in Druck: Kniha wýkladů na čtenj nedělnj, Pr. 522. 532., Sjť wjry, Wylimow 521. 4., O šelmě, (o. J.) 4., Řeč na zgewenj Sw. Jana (o. J.) 4. u. s. w. — *Bohuslaw v. Čechtic*, verpflanzte seinen Namen auf die Nachwelt als Sammler des merkwürdigen hussitischen Msc. in Jena und als wahrscheinlicher Vf. mehrerer Stücke in demselben. — *Ulrich v. Kalenic* ist Vf. eines satyrischen Sendschreibens des Lucifer an den obersten Hofmeister von Böhmen Lew von Rožmital, um 1478, in dem letztgenannten Msc. zu Jena. — Mr. *Petr. Mladěnowic*, von Chlum, Notar des Jos. von Chlum, verfasste, als Augenzeuge von Hussens Hinrichtung zu Kostanz, dessen Biographie, in Msc. häufig vor-

handen, auch als Beilage des Passionals 495., einzeln gedruckt 533. 600. — *Bartošek v. Drahenic* fügte zu seiner, im barbarischen Latein geschriebenen, von 1419 bis 1443 fortlaufenden Chronik, Nachrichten in böhm. Sprache im Anhange hinzu. — *Prokop*, Stadtschreiber der Altstadt Prag, verfasste eine neue Chronik in Reimen, von der sich nur Bruchstücke erhalten haben, Msc. — *Paul Žídek*, Domherr zu Prag, schrieb 1471 auf K. Georgs Verlangen eine: Zpráwa králowská, d. i. Anweisung für Könige sammt Chronik, in 3 BB., wovon das 3te B. die allgemeine Weltgeschichte enthält, in Msc. von 1471, 1656, 1750 vorhanden; sein Styl ist natürlich und ungesucht, aber der grossen Eile wegen zuweilen nachlässig; ausserdem schrieb er eine allg. Encyklopädie in lat. Sprache, Msc. in Krakau. — *Mart. Kabátnjk*: Putowánj, (Reise nach Jerusalem und Aegypten 1491—92), gedr. 542. 577. 639. 691. u. öft. — *Zdeněk Lew v. Rožmital* (Rosenthal), unternahm eine Reise 1465 durch Europa und einen Theil von Asien, die einer von seinem Gefolge in einem Tagebuch beschrieben hat; das böhmische Original ist verloren, aber die lat. Uebers. v. Pawlowský erschien zu Ollm. 577. 8. — *Joh. v. Lobkowic* und Hassenstein, unternahm mit Dietrich von Gutenstein von Kaden aus 1493 eine Reise zum h. Grabe, und beschrieb sie selbst mit altritterlicher Treue und kunstlos um das J. 1505, Msc.; ebendesselben moralischer Unterricht für seinen Sohn Jaroslaw vom J. 1504, erschien unter d. T. Prawdiwý český Mentor Pr. 796. 8. — *Hynek v. Poděbrad* (geb. 1452, gest. 1491), des Königs Georg viertgeborner Sohn, wegen seiner hohen Weisheit und ausnehmender Herzensgüte vom Kg. Wladislaw II. hochgeehrt, ist der einzige namhafte Dichter dieses Zeitraums, dessen Gedichte auf uns gekommen sind: Mágowý sen, entdeckt und herausg. v. Hanka, Pr. 823. (Starob. sklad. 5tes Bd.), O manželstwj, *eb.*; er veranstaltete auch eine Uebersetzung der Geschichte des Kreuzzugs nach Palästina im J. 1099 von Fulcherius Carnotensis, die aber verloren ging. — *Greg. Hrubj v. Gelenj* (gest. 1514), ein angesehener Bürger zu Prag und feiner Kenner des classischen Alterthums, wandte seinen Fleiss und seine ganze Musse dazu an, seinen Landsleuten böhmische Uebersetzungen auserlesener Schriften in die Hände zu liefern; man hat von ihm: Petrarcas Bücher de remed. utriusque fort., böhm., Pr. 501 fol., Petrarcas Briefe (16) Msc., Eine Rede des h. Chrysostomus, Pr. 501. M. T. Cicero's Lälius, herausg. von Zimmermann, Pr. 818. 12., Cicero's Paradoxa, herausg. von Negedlý Hlas. č. IV., Jov. Pontans BB. de lege, Eb. 5 BB. vom Gehorsam, Eb. von der Wohlthätigkeit etc., in Msc. und herausg. von Zimmermann, Kgr. 819. 8., Laur. Valla's Abhandl. von der Schenkung Constantins Msc., J. A. Campanského knihy o zprawowánj úřadu, gedr. Pr. 513. 4., Das Lob der Narrheit von Erasmus Msc., das Leben der h. Väter Msc., Agapets Ermahnung an Ks. Justinian Msc., Boh. v. Lobkowic Brief an P. v. Rosenberg, Landeshauptmann von Böhmen, über die Verwaltung des Königreichs, a. d. Lat. Msc., W. Pjseckýs Disputation a. d. L. u. m. a. — *Wenc. Pjsecký* aus Pjsek (geb. 1482, gest. 1511), begleitete als Hofmeister den jungen Sigmund von Gelenj nach Italien, und starb in Venedig an der Pest; er übersetzte: Isokratesa napomenutj k Demonikowi, a. d. Gr., Pr. 512. 8., von Weleslawjn 586. 12., 801. 818. 8. — *Victorin Corn. v. Wšehrd* aus Chrudim (gest. 1520), Vice-Landschreiber, ein Gelehrter von vielfacher Bildung und feinem Geschmack; unter ihm wurde beschlossen, alle Bücher der Landtafel böhmisch zu verfassen; er hinterliess neun BB. von den Rechten, Gerichtsstellen und der Landtafel des Königreichs Böhmen, Msc. vom J. 1495, ein vortreffliches Werk, welches in mehreren Abschriften vorhanden ist; Kyprians Auslegung des Vater unsers, Pils. 501. 8., Kyprians Brief an Donat von der Verachtung der Welt, eb., Chrysostomus Rede von der Bekehrung eines Gefallenen eb., N. A. Pr. 820. 8.— *Joh. Šlechta* aus dem Geschlechte von Wšehrd, aus Kostelec (geb. 1466, gest. 1526), ein gebildeter Humanist, schrieb zwar das meiste lateinisch, doch Einiges auch böhmisch, und von einem böhmisch geschriebenen Briefe desselben urtheilte Bohusl. Lobkowic, dass er ihm des Styls wegen sehr gefallen habe. - *Nikl. Konáč v. Hodiškow* (gest. 1546), zuerst Schreiber beim Weinbergamte, dann Buchdrucker in Prag, gab 20 Jahre hindurch mancherlei ältere und neuere Schriften, vorzüglich seine eigenen gelehrten Arbeiten und Uebersetzungen heraus: Česká kronika, a. d. Lat. d. Aeneas Sylvius, Pr. 510. 4., mit der Chronik Kuthens von Weleslawjn 585. 4. N. A. von Kramerius Pr. 817 ff., Zwei Dialoge Lucians, Pr. 507. 4., Ph. Beroalds Erzähl. von zwei Liebenden, Pr. 507. 4., Dialogus w němž Čech s Pikhartem rozmlauwá, Pr. 515. 8., O klaněnj swátosti oltářnj, a. d. Lat., 515. 8., O štěstj, a. d. Lat. des Aen. Sylvius, Pr. 516. 8., Snář, Pr. 516. 8., Knjžka srdečnj, Pr. 521. 4. 602. 8., Prawidlo lidského žiwota, Pr. 528. fol., Hořekownj sprawedliwosti, Pr. 547. fol., u. m. a. — *Ulr. Welenský* von Mnichow, Buchdrucker zu Weisswasser (Biela), war zugleich Schriftsteller: Pranostika, Weissw. 519. 4., O rytjři křest., a. d. Lat. des Erasm. Roterod., Weissw. 519. 4., Pr. 787., Rokowánj Paškwilla a Cyra, a. d. Lat., Eb. 520. 4., Sebránj (Samml. asketischer Aufsätze a. d. Lat.), Eb. 520. 4., Žaloby chudých a bohatých, a. d. Lat. des Erasm., Eb. 520. 4., Wýklad M. Lutera o Antikristu, a. d. Teutschen, Pr. 522. 8., Čtenj a epištoly nedělnj, Pr. 523. 4. u. m. a. — *Joh. Wodnian Aquensis,* Franciscaner im Kloster der heil. Engel zu Horaždiowic, verfasste ein lat. böhm. Vocabularium, Pils. 511. 4., einen Dialog über die unbefleckte Empfängniss Mariä, Msc., schrieb 1529 mehreres wider Luther. — *Ctibor. v. Cimburg* und Towačow (gest. 1494), Landeshauptmann von Mähren, liess die Bücher der mährischen Landtafel seit 1480 in böhmischer Sprache verlegen, veranstaltete eine Sammlung der Freiheiten, Rechte, Ordnungen und Gewohnheiten des Markgr. Mähren (1480): Kniha Towačowská Msc., schrieb selbst ein sehr sinnreiches, interessantes Werk politischen Inhalts in Form eines Romans: Ueber die Güter der Geistlichen an den Kg. Georg 1467, gedr. 539 fol., die Sprache ist rein und edel. — *Joh. Češka*, Priester u. Erzieher d. H. v. Pernstein: Řeči mudrcůw, Ms. u. gedr. Pils. 529. Pr. 579. 786. 8. — *Hágek v. Hodětjn* 1413 u. *Wenc. Wlček* vor 1457 schrieben über Kriegskunst. — *Pet.* u. *Zdeněk* u. *v. Sternberg* u. *Albr. Rendel* verfassten eine Samml. von Landtagsschlüssen unter

Wladislaw: Nálezowé Pr. 500. 4.; ähnliche Samml. aus dieser Zeit sind in verschiedenen Hsch. vorhanden. — *Petr. Přespole* v. Prag, Bürger zu Kuttenberg, übersetzte die Kuttenberger und Iglauer Bergrechte: Práwo králowské hornjków, práwa Gjhlawská, a. d. Lat. 1460, Msc. — *Alb. Ogir. v. Očedelic* sammelte Rechtssprüche aus den Zeiten der KK. Wenceslaw und Sigmund: O nálezjch panských, Msc. — *Matth. v. Chlumčan* bekam 1501 von den zur Untersuchung der auf Karlstein aufbewahrten Privilegien und Urkunden ernannten Herren, worunter sich auch Boh. v. Lobkowic befand, den Auftrag, alle Urkunden ordentlich zu verzeichnen, und verfertigte einen Index derselben: Zřjzenj Msc. — *Christan Prachatický* (gest. 1439), Pfarrer bei St. Michael zu Prag, schrieb einige medicinische Bücher: Lékařské knihy, Msc. der Prager Domkirche, eine Widerlegung auf ein Prognostikon u. m. a. — Mr. *Joh. Černý* verfasste mehrere Arzneibücher: Knihy lékařské, Msc. von 1525 in Strahow, ein Kräuterbuch: Herbář, Nürnberg 517. fol. Nikl. Wrana, sonst Adelphi genannt, übersetzte des letztgenannten Mr. Joh. Commentar über den 9ten Tractat des Rasis, Msc. v. 1566. — *Nikl. Klaudian*, Arzt zu Jungbunzlau und Buchdrucker, gab eigene und fremde Schriften heraus: Zpráwa a naučenj ženám těhotným, Jungb. 519. 4., J. Černého herbář, Nürnb. 517. fol. (Kl. war Herausg. und Corrector), spis dosti činjcj z wjry, eine Apologie der Brüder o. Dr. 507. 518. 4. Weissw. 521. 4., O prawdách wjry, Jungb. 518. 4., Landkarte von Böhmen 518. N. A. bei Bjlegowskýs Kirchengesch. Pr. 816., N. Zákon 518. 4. u. m. a. — *Nikl. Bakalář*, Buchdrucker in Pilsen: Mahomets Leben 498. 4., Lucidář 498. 8., Beschreib. des gelobten Landes 498. 8., von sieben Schwierigkeiten der Sinne 498. 8., O čtyřech stežegných cnostech 505. 8., Knihy žalmowé 508., Barlaam 504. 512. u. m. a. — *Georg Štyrsa* druckte in den J. 1522 ff. auf dem Berge Karmel zu Jungbunzlau mehrere sowol eigene als auch und vorzüglich fremde Schriften geistlichen Inhalts.

Zu den von ungenannten und unbekannten Vff. herrührenden, hier der Kürze wegen übergangenen Sprachdenkmälern dieser Zeit, gehören, ausser 33 handschriftlich vorhandenen Bibeln (worunter die ältesten: die Dresdner um 1410, die Leitmeritzer 1411, die Ollmützer 1417, die kleinere Leitmeritzer 1429 u. s. w.), 22 N. Testamenten, mehreren apokryphischen Büchern, Evangelien, Postillen, Predigten, u. s. w., zahlreiche politische, juridische, geschichtliche, geographische, medicinische, astrologische, ökonomische, belletristische und linguistische, sowol gedruckte, als ungedruckte Werke, die Hr. Dobrowský in s. Gesch. der böhm. Sprache und Lit. S. 211—384 sehr genau verzeichnet hat.

§. 41.

Zweite Abtheilung. Von der Verbreitung der Buchdruckerkunst in Böhmen bis auf die Schlacht am weissen Berge. J. 1526 — 1620.

Die Verbreitung der Buchdruckerkunst in Böhmen war für den Anbau der Landessprache und für die Nationalliteratur von entscheidender Wichtigkeit. — Ferdinand I. trat in der verhängnissvollen Periode 1527—64 die Regirung an. Er gab den Ständen schriftlich das Versprechen, dass er den Baseler Compactaten ihren Werth lassen, und einen Erzbischof bestellen wolle, welcher der beiderseitigen (katholischen u. utraquistischen) Geistlichkeit vorstehen solle. Zu sehr mit dem Türkenkrieg beschäftigt, überliess er die Besorgung der innern Geschäfte den Böhmen selbst. Schon vor ihm, und noch mehr während seiner Regirung schlossen die böhmischen Utraquisten und Brüder mit den Protestanten in Teutschland eine nähere Gemeinschaft, und die Lutherische Lehre verbreitete sich weit im Lande. Aber eben diese Gemeinschaft — da man die Brüder und Lutheraner nicht unter die Utraquisten, sondern unter die Secten zählte — zog beiden erstern eine neue Verfolgung zu. Denn als im Schmalkaldischen Kriege (1547) die evangelisch gesinnten Böhmen sich weigerten, gegen ihre teutschen Glaubensgenossen zu fechten, da wurden zuerst die Kirchen der Brüder verschlossen, die Lehrer gefangen gesetzt, und die übrigen, die nicht zu der römischen Kirche zurücktreten wollten, mussten 1548 nach Grosspolen u. Preussen auswandern. Auf dem Landtage 1549 wurde die

Vertreibung der Lutheraner förmlich beschlossen. Ferdinand ernannte hierauf 1561 einen Erzbischof, legte 1556 den Grund zu einer Jesuitenuniversität, die Ferdinandische hohe Schule oder Clementinum genannt, und 1560 stiftete der Jesuit Perez die clementinische Bibliothek zu Prag. Unter Ferdinand verbrannte 1541 die Landtafel, als Haupturkunde des Reichs, gänzlich. Mittlerweile verbreiteten sich in den letzten, friedlichern Jahren der Regierung Ferdinands die Brüder und Lutheraner in Böhmen aufs neue; aber zu einer wahren Vereinigung der drei nicht katholischen Parteien konnte es nicht kommen, vielmehr beobachtete sich die Geistlichkeit derselben mit wachsendem Misstrauen. — Die Kraft Ferdinands hatte gleichsam das Feld in Böhmen umgeackert, worauf nun die Regirung Maximilians (1562—76) wie ein milder und fruchtbarer Regen fiel. Alle Unruhen schwiegen während derselben. Er gewährte den immer zahlreicher werdenden protestantischen Mitgliedern des Herren- und Ritterstandes, was er bei seiner Gemeinschaft mit der römischen Kirche und in seiner landesherrlichen Stellung zu derselben gewähren konnte: es wurde ihnen vergönnt, in allen Kirchen ihres Patronats die Lehren und Cerimonien, so wie dieselben in der Augsb. Confession zusammen gefasst wären, einzurichten. Es durften sogar die Utraquisten nach Gefallen sich zu der Lehre Luthers bekennen. Wenn denn nur die evangelisch Gesinnten sich selbst diese Freiheit nicht verkümmert hätten! Doch sie fuhren fort in Sachen des Glaubens und der kirchlichen Einrichtungen unter einander zu streiten, und anstatt die rechtliche Begründung einer allgemeinen evangelischen Kirche zu erstreben, nahmen sie hauptsächlich darauf Bedacht, wie ihre besondere Partei erhalten und möglichst erweitert werden könnte. Lutherische Zeloten beschuldigten die Brüder einer Hinneigung zum Calvinismus. Selbst die im J. 1575 verfasste, dem Ks. Maximilian vorgelegte, und von diesem — bis auf die Errichtung eines Consistoriums, welches verschoben wurde — genehmigte, gemeinschaftliche Confession der vereinigten Nichtkatholischen, der Utraquisten, Lutheraner und Brüder, konnte die wahre

Einheit und Eintracht nicht herbeiführen[1]). Rudolphs II., der seinen beständigen Sitz in Prag nahm, väterliche Regierung (1576—612), beförderte die literarische Betriebsamkeit der Böhmen ungemein. Er besass selbst viele gelehrte Kenntnisse, war der böhmischen Sprache mächtig, und freuete sich ihres Emporblühens. Aber durch die 1586 erlassene Verordnung gegen die Pikarden, gleich wie durch die 1605 eingeführte scharfe Censur, weckte er den Fehdegeist der Parteien aufs neue, der sich nicht eher legte, als bis er 1609 den ihm von den Protestanten abverlangten, sogenannten Majestätsbrief, wodurch ihnen volle Religionsfreiheit zugesichert wurde, gezwungen — unterschrieb. Von 1609 bis 1620 ward die vereinigte Partei der Utraquisten, Lutheraner und Brüder die herrschende in Böhmen. Sie durften sich ihr besonderes Consistorium errichten, und Defensoren zur Beschützung ihres Glaubens wählen, welche zu bestätigen dem König vorbehalten war[2]). Die hohe Schule zu Prag, schon früher von ihnen eingenommen, ward durch diese Urkunde förmlich und ganz in ihre Hände gegeben. Rudolph trat bald darauf (1612) die Regirung seinem Bruder Mathias ab, unter welchem die religiösen und politischen Unruhen plötzlich einen sehr ernsten Charakter annahmen.

Die literarische Cultur des Landes ging seit Ende des vorigen Jahrhunderts bis zum Anfange des künftigen mit Riesenschritten vorwärts. Die Sitte der Grossen, ausländische hohe Schulen zu besuchen, dauerte fort; so wie früher Wien, Paris, Bologna, Padua, Ferrara, so waren jetzt ausser diesen auch noch Wittenberg, Leipzig, Strassburg, Ingolstadt, Jena und Altdorf die vorzüglichsten Sammelplätze der böhmischen adeligen Jugend. Mit ihr reiseten weise und gereifte Männer, als Führer und Begleiter, ins Ausland. Dadurch verbreiteten sich feinere Sitten und ein mehr geläuterter Geschmak

---

[1]) Sie war in böhmischer Sprache abgefasst und gedruckt; 1575 liess sie Boh. Felix v. Lobkowic und Hassenstein ins Teutsche übersetzen, um das Gutachten der Wittenberger Theologen darüber einzuholen; 1619 warde sie für Kg. Friedrich ins Lat. übertragen; Mchl. Institoris liess sie als Anhang zu s. Listownj odpowěd, Pr. 782. aufs neue abdrucken. S. *Komensky* o protiwenstwjch cjrkwe č. S. 105.

[2]) *Komensky* S. 108. *Voigt's* acta litt. I. 844. *Ziegler's* Dobroslaw II. B. IV. Heft. S. 72.

weit im Lande. Die Prager Universität war zwar im Anfange des XVI. Jahrh. tief unter ihren ehemaligen Glanz herabgesunken. Im J. 1530 waren aber die auf dem Landtag versammelten Stände für ihre Wiederbelebung eifrigst besorgt. Mehrere gelehrte Männer wurden für sie berufen; neue Lehrkanzeln errichtet; ein besserer Lehrplan eingeführt, und vorzüglich das Studium der Alten erweitert. Die Zahl der Gymnasien und andern gelehrten Schulen im Lande war beträchtlich gross; am meisten zeichneten sich die Schulen der Brüder (zu Bunzlau, Prerow, Ewančic, Fulnek) durch Unterrichtsmethode und Frequenz aus. Die Wissenschaften fanden nicht nur an einzelnen Grossen, sondern auch an den Königen selbst, mächtige Freunde und Beschützer. Unter den erstern war Johann Hoděgowský von Hoděgow, Vice-Landrichter im Königreiche Böhmen (geb. 1496, gest. 1566), dem Studium der Geschichte und den Musen des alten Latiums mit vorzüglicher Liebe ergeben, der einen ganzen Kreis von lateinischen Dichtern um sich versammelt hat [3]). Um diese Zeit kamen schon dramatische Vorstellungen auf; 1534 ward in Prag des Plautus miles gloriosus, dann 1538 Susanna, 1543 des Terentius Phormio, später herab meist geistliche Dramen, insbesondere von Jesuiten, gegeben. Diese Schuldramen hörten im XVIII. J. mit der Einführung des öffentlichen Theaters auf. Ferdinand I. verdankten die katholischen Schulen ihr neues Leben. — Rudolph II., den Naturwissenschaften mit unbegränztem Eifer zugethan, aber auch andern Zweigen des menschlichen Wissens nicht abhold, unterhielt mit königlicher Freigebigkeit die trefflichsten Köpfe seines Zeitalters auf seinem Hofe (Tycho de Brahe, Kepler u. s. w.) [4]).

Die böhmische Sprache erreichte jetzt ihr goldenes Zeitalter. Schon im vorigen Jahrhundert zur Herrscherin im Lande erhoben, erhielt sie jetzt mehr Selbständigkeit, grammatische Festigkeit, Correctheit u. Reichthum. Mit der wachsenden Menge der Schriftsteller wuchs auch die Zahl der Buchdruckereien, und mit der Menge

---

[3]) Ihre Namen findet man verzeichnet in *Procházka's* Commentarius de lib. art. S. 285—298.
[4]) Sie stehen verzeichnet in *Procházka's* Commentarius S. 307—317.

der Bücher die der Leser und Literaturfreunde. Alles lernte in der Landessprache frei denken und schreiben. Sie ward bei allen Behörden Geschäftssprache. Auf dem Landtage 1615 verordnete man, dass alle, denen hinfüro das Indigenat ertheilt werden würde, ihre Kinder in der böhmischen Sprache unterrichten und erziehen sollten. Rudolph besonders war ihr Beschützer. Alles drängte sich mit böhmischen Werken zu seinem Thron: man zählte unter ihm gegen 200 böhmische Schriftsteller. Herren und Damen vom ersten Range dichteten böhmische Lieder, und setzten ihren Patriotismus in der Cultur der Landessprache. Aus dem Griechischen u. Lateinischen wurde jetzt ungleich mehr, als in der vorigen Periode, übersetzt; vorzüglich war dieses mit der heil. Schrift der Fall, als wo die Brüder frühzeitig besorgt waren, die alte, aus der Vulgata geflossene Uebersetzung durch eine genauere, aus der Urschrift gemachte, zu ersetzen. In dem Eifer für die Reinhaltung und Ausbildung der Muttersprache waren sich alle Religionsparteien, Katholiken, Utraquisten und Brüder, gleich: unter den ersten verdienen ausgezeichnet zu werden Wenc. Hágek von Libočan, Sigm. v. Puchow und Barth. Paprocký. Aber am meisten hat die Sprache in diesem Zeitraume unstreitig den Brüdern zu verdanken. Mächtige Beschützer an der Spitze säumten diese nicht mit vorzüglicher Sorgfalt die Landessprache, in der sie ihren Cultus verrichteten, zu pflegen, zu bilden, und zu verbreiten. Unsterblichen Ruhm haben sich in dieser Hinsicht die Freiherren Johann und Karl der Aeltere von Žerotjn, Vater und Sohn, als die grössten Mäcene und Beförderer des wissenschaftlichen Lichts in ihrem Vaterlande, erworben; unter ihrem mächtigen Schutz und durch ihre beispiellose Freigebigkeit schufen die Brüder ganz Mähren in eine Werkstätte für Nationalliteratur um. Die von den Brüdern besorgte Uebersetzung der ganzen Bibel mit Commentar in 6 Quartbänden (1579 -- 93), und Komenskýs Werke bilden den Schlussstein der Tausend Jahr alten böhmischen Sprache und Literatur, und zeigen die Bildungsstufe an, die letztere bis dahin erreicht hat. Denn nur zu bald sollte es von da ab- und rückwärts gehen!

Hiernächst ist des unermüdeten Patrioten, Ad. v. Weleslawjn, grosses Verdienst um die Cultur der Landessprache und Verbreitung literärischer Betriebsamkeit in Böhmen zu rühmen. Die Schriften dieser Männer sind noch jetzt classische Muster der grammatischen Sprachrichtigkeit. Die böhmischen Pressen lieferten jetzt Prachtwerke. Melantrich und sein Eidam Weleslawjn erwarben sich auch als Buchdrucker den grössten Ruhm. Prag allein zählte 18 böhmische Druckereien; nebstdem wurde böhmisch gedruckt in Kuttenberg, Pilsen, Jungbunzlau, Leitomyschl, Königgrätz, Prossnitz (Prostěgow), Naměšť, Ollmütz, Mezeřic, Ostrau (Ostrow), Kralitz, Geškowic, und ausserhalb Böhmen in Nürnberg, Lissa, Amsterdam, Leipzig, Wittenberg, Dresden u. s. w. — Unter allen Fächern wurde das theologische mit den meisten Originalwerken und Uebersetzungen bereichert: Postillen, Predigten, Abhandlungen, Gebet- und Gesangbücher, Confessionen und Apologien, Erklärungen der heil. Schrift, erschienen in unbeschreiblicher Menge: diess brachte der Charakter des Jahrhunderts mit sich. Die vaterländische Poesie stand in hohem Ruf, aber nur ein Theil ihrer Erzeugnisse ist auf uns gekommen, und selbst von diesen dürften nur wenige die strengere Kritik eines geläuterten Geschmacks aushalten. Zu den, bei Maximilians und Rudolphs Lebzeiten glänzenden böhmischen Dichtern gehören Joh. Sylvanus (von Geburt ein Slowak), wegen seines hohen poetischen Talents insgemein poeta bohemicus genannt, Joh. Herstein v. Radowesic, Georg Horský, Mart. Pjsecký, Joh. Táborský, Georg Hanuš, Joh. Chmelowec, Georg Tesák, Thomas Soběslawský Řešátko, Joh. Simonides Turnowský, Mart. Philomusa, Joh. Gryllus von Gryllow, Georg Strýc, und ganz vorzüglich Simon Lomnický. Allein die meisten Geistesproducte dieser Männer tragen das Gepräge des Jahrhunderts, und gehören grösstentheils der religiösen Poesie an; die sogenannten schönen Geister schrieben lateinische Zeilen, und nannten sie Verse und Carmina[5]); die böhmischen Dichter zählten und reimten ihre Sylben

---

[5]) Eine ganze Liste lat. Dichter dieser Zeit liefert *Procházka* Commentarius S. 287—317.

nach wie vor, an Worten weniger arm, als an Geist. Blahoslaw, Táborský, Benešowský, Nudožerjn und Komenský, und späterhin Drachowský und Rosa, selbst durch Classiker gebildet, waren auf dem Weg, die Metrik der Griechen und Römer, der Natur der slawischen Sprache gemäss, in der böhmischen Dichtkunst einzuführen, als plötzlich der 1620 hereinbrechende Sturm ihre Bemühungen mit der Literatur zu Grabe trug[6]). Ganz anders verhielt es sich mit der Sprache der Beredsamkeit. Die politische Beredsamkeit erreichte jetzt ihre höchste Stufe. Durch glänzende, nach dem Zeugnisse der Zeitgenossen bis zur Bewunderung ausgebildete Rednertalente errangen die Palme derselben: Graf Adam v. Sternberg, Ad. v. Waldstein genannt Longus, Bohusl. Michalowic, Freiherr Wenceslaw von Budow, Wilh. Slawata, Graf Wratislaw v. Mitrowic u. Christoph Harant. Die Kanzelberedsamkeit war so in Schwung, dass beinahe ein Drittel der gedruckten Bücher dieser Periode aus Predigten besteht. Die Lehrprosa war mit der Redekunst theilweise, in einzelnen Wissenschaften, vorgeschritten; die ernsteren Wissenschaften jedoch wurden auch jetzt noch meist lateinisch betrieben. Im Fache der Geschichte thaten sich hervor: Mart. Kuthen, Joh. Dubravius, Wenc. Hájek v. Libočan, Prokop Lupáč, Ad. v. Weleslawjn, Mich. Konstantinowic, Barth. Paprocký, Wenc. Plácel, Gr. W. Slawata u. a. m.; in der Jurisprudenz: Bohusl. v. Hoděgow, Sim. Proxenus v. Sudetis, Wenc. Freiherr von Budowec u. a. m.; in der Mathematik, Naturkunde und Medicin: Thaddaeus Hágek, Petr. Codicillus, W. Želotýn, Huber v. Riesenbach, Ad. Zalužanský u. a. m.; um die grammatische Regelung der Sprache und ums Lexicon erwarb sich vorzüglich Weleslawjn, so wie um die ästhetische Kritik und Philologie Nudožerjn ein praktisches, bleibendes Verdienst.

Eine erschöpfende und in jeder Hinsicht befriedigende Uebersicht der Literaturproducte dieses Jahrhunderts liegt weder in dem Plane des gegenwärtigen Werks,

---
[6]) „*Carmina bohemica nullam adhuc gratiam habent*" sagte schon 1608 Laur. Nudožerjn, Prof. der Math., Eloquenz und griech. Sprache in Prag, ein gewiss sehr competenter Richter.

noch in den Kräften des Vf.; hier mag eine gedrängte Auswahl genügen. — Den Uebersetzern und Herausgebern der Kralicer Bibel gebührt das wolverdiente Lob, durch vereinte Kräfte und männlichen Fleiss ein Werk vollbracht zu haben, wie es wol nur wenige Nationen aufzuweisen haben. Dieses Werk erschien unter dem Titel: Biblj česká w nowĕ wydaná, Djl I. 1579, Djl II. 1580., Djl III. 1582., Djl IV. 1587., Djl V. 1588., Djl VI. 1593. ohne Angabe des Druckorts, zu Kralic in Mähren, in einem Format, welches gewöhnlich 4. genannt wird, aber eigentlich kl. fol. oder gr. 8. ist. Die Uebersetzung des A. Testaments ist die erste, welche nach dem hebräischen Grundtext gemacht ist; das N. Testament wurde schon früher (1563) von J. Blahoslaw aus dem Griechischen übersetzt. Die Uebersetzer waren: *Albert Nikolai, Lukas Helic, Joh. Aeneas, Georg Strýc, Esaias Coepolla, Joh. Ephraim, Paul Jessenius* und *Joh. Capito*. Der Freiherr Johann v. Žerotjn hat die Kosten zur Einrichtung einer neuen Druckerei auf seinem Schlosse Kralic in Mähren, und der Auflage dieser prächtigen Bibel vorgeschossen. Die Richtigkeit der Orthographie und der böhmischen Sprache, wodurch sie sich, wie auch durch die Schönheit des Drucks vor allen böhmischen Büchern, die je erschienen sind, auszeichnet, hat diese Bibel so sehr empfohlen, dass man sie allgemein für ein Muster der Sprache angesehen hat. Der reelle Werth der Uebersetzung und des Commentars wird hiebei nicht in Anschlag gebracht, obwol es bemerkt zu werden verdient, dass man in derselben schon volle 200 Jahre früher das meiste davon enthalten findet, was die gelehrten Koryphäen der Exegese unserer Zeit als ihre grosse Entdeckung der Welt zur Schau dargeboten haben, und diese mit Bewunderung und Staunen hochpreist [7]). *Georg*

---

[7]) *Böhm. Bibeln. N. Testament* o. Dr. 475. fol. Pr. 487. 4. *Ganze Bibeln.* Prag 488. fol. (Nach der Vulg.), Kuttenb. 489. fol., Vened. 506. fol., Pr. 527. fol., Pr. 537. fol., Nürnb. 540. fol., Pr. 549. fol. (Melantrich)., Pr. 556 — 57. fol., (Eb. Pr. 561. fol. ist dieselbe, nur der Titel neu.), Pr. 570. fol. (Eb.), Kralic 579—93. 6 Bde. kl. fol. (Aus d. Urtext v. Brüdern), o. Dr. 596. 8. (Von eb.), o. Dr. 613. fol. (Von eb.), Pr. 613. fol. (für Utraqu.), Pr. N. Test. 677. A. Test. 712—15. 3 Bde. fol. (für Kathol.), Halle 722. 8. (für Protest.), Halle 745. 8. (für Protest.) Halle 766. 8. (für Protest.), Pr. 769—71. 3 Bde, fol. (für Kathol.) Pr. 778—80. 2 Bde. 8., (für Kathol.), Pressb. 786—87. 8. (für Protest.), Pr. 804. 8. (für Kath. Berl. 807. 8. (v. d. Bibelg.), Pressb. 808. 8. (f. Prot.), Berl. 813. 8. (von d. Bibelg.)

Strýc Zábřeský, einer der Brüder Uebersetzer, und gründlich gelehrter Vorsteher der mährischen Brüderunität, hinterliess mehrere Schriften theologischen Inhalts, und eine gereimte Uebersetzung der Psalmen, die bis jetzt unübertroffen ist: Žalmowé Sw. Dawida w rytmy české uwedené 590. 620. 12. und öft.; Zrcadlo poctiwé ženy, Ollm. 613. u. s. w. — *Karl Freiherr v. Žerotjn* der Aeltere, Johanns Sohn, (geb. 1564, gest. 1636), Landeshauptmann von Mähren, königl. Rath und Kämmerer; dieser unsterbliche Mäcen und Beschützer der mährischen Brüder, begab sich, in Folge der kais. Verordnung, nach Verkauf seiner Güter, 1628 in die Verbannung nach Breslau, wo er den Rest seiner Tage verlebte; er liess zahlreiche böhmische Schriften auf eigene Kosten drucken, beschrieb selbst seine Reise ins Abendland, und hinterliess viele, eigenhändig geschriebene, lateinische, französische, italienische und böhmische Briefe, die in der Bibl. des Gr. Wrbna zu Hořowic aufbewahrt werden; eine Auswahl der latein. gab *Monse*: C. L. B. a Žerotin epistolae sel., Brünn 781. 8., der böhm. *Jungmann* in s. Slowesnost, Pr. 820. heraus. — *Joh. Amos Komenský* (Comenius) aus Komna unweit Brumau in Mähren (geb. 1592, gest. 1671), steht zwar der Zeit nach am Ausgange dieser und Anfange der folgenden Periode, gehört aber der Sprache und dem Geiste nach in jeder Hinsicht der goldenen Aera der Literatur an; er studirte in Böhmen und Teutschland, ward 1614 Rector zu Prerau und darauf zu Fulnek, flüchtete sich 1627 nach Lissa in Polen, ward hier Vorsteher der Schule, darauf 1632 Bischof der böhmischen u. mährischen Brüder, und zuletzt 1648 ältester Bischof der Unität in Polen; er wurde wegen seiner Gelehrsamkeit und hohen Tugend zu gleicher Zeit nach mehreren Ländern eingeladen, die Schulen einzurichten; in dieser Absicht ging er 1641 u. ff. nach England, Schweden, Preussen, Siebenbürgen und Ungern (Sáros-Patak), kehrte hierauf nach Lissa zurück, wurde aber bald genöthigt sich von da zuerst nach Schlesien, dann nach Brandenburg, und zuletzt nach Amsterdam zurückzuziehen, wo er den Rest seines mühevollen Lebens in Ruhe zubrachte; was er als Bisch.

für seine Kirche, und als Pädagog für die Erziehung seines Jahrh. gethan, gehört der Kirchen- und Cultur- und in gewissem Sinne der Weltgeschichte an (wo er zwar gewöhnlich verkannt wird); als böhmischer Schriftsteller kommt er an Richtigkeit und Correctheit der Sprache seinen besten Vorgängern gleich, und übertrifft sie alle an vollendeter, wahrhaft künstlerischer, den Griechen u. Römern nachgebildeter Diction; man hat von ihm mehr denn 20 böhmische Werke, der Schriften in lat. Sprache nicht zu gedenken; Orbis sens. pictus, u. Janua lingu. reserata, beide beinahe in alle europäische und einige asiatische Sprachen übers. und unzähligemal gedruckt; (J. *Lasitského*) histor. o těžkých protiwenstwjch ojrkwe české, a. d. Lat., Lissa 655. Amst. 663. Berl. 756. 12.; Labyrint swěta a rág srdce, Prag 631. 4. Amst. 663. Berl. 757. Pr. 782. 809. 12.; Hlubina bezpečnosti, Lissa 632. Amst. 663. u. öft.; Theatrum divinum, böhm., Pr. 616. 4.; Manuálnjk, gádro Biblj sw., Amst. 658. 12.; Cwičenj se w pobožnosti, Amst. 661., Berl. 754. 5 A. Pr. 782. 12.; Hist. o umučenj a smrti Kr. P., Berl. 757.; J. *Lasitského* histor. o půwodu a činech bratřj č., kniha osmá, a. d. Lat., 649. Halle 763. 8.; Hrad nedobytedlný, přemyšlowánj o dokonalosti křestanské, Halle 765. 12.; Autočiště, 655. Halle 763. 765.; Srdečné napomenutj. Berl. 748. 8.; Dwogj kázanj, Berl. 763.; Kšaft umjragjcj gednoty bratrské, Berl. 757. 12.; Hlas pastýře, Berl. 757. 12.; Catonis disticha moralia, in böhm. Hexametern, Amst. 662. Pr. 670. 8.; Uměnj kazatelské, herausg. von Ziegler, 823. 8.; O wymjtánj němého, přjdawkowé někteřj u. s. w.; die latein. Werke erschienen u. d. T. Opp. didactica zu Amst. 657. fol.; unter den Schriften K.s, die nicht auf uns gekommen sind, ist der Verlust des in Lissa verbrannten, böhmisch - lat. und lateinisch - böhm. Wörterbuchs, von dem er selbst in der böhm. Vorr. zu s. Janua lingu. spricht, am meisten zu bedauern. — *Mr. Dan. Ad. v. Weleslawjn* aus Prag (geb. 1546, gest. 1599), erhielt seine Bildung im Inlande, und ward nach Lupáč's Abgang 1569 Prof. der Geschichte auf der Prager Univ., heirathete sieben Jahre darauf des verdienstvollen böhmischen Buchdruckers, Georg Melantrich von

Aventin, Tochter, erbte 1580 seine Buchdruckerei, verlegte eigene und fremde böhmische Werke, und starb als Primas (Präsident) des Magistratsraths in der Altstadt Prag; er gilt allgemein für den ersten böhmischen Schriftsteller dieses Zeitraumes, obgleich seinem, übrigens sehr richtigen und correcten Styl der Typus altclassischer, und eben desswegen ästhetischer Sprachdarstellung abgeht, oder doch wegen einer gewissen Wasserbreite unsichtbar ist; sein grosses, unvergängliches Verdienst besteht in der Belebung und Verbreitung literärischer Betriebsamkeit unter seinen Sprachgenossen; er war der böhmische Brockhaus und Cotta älterer Zeiten; man hat von ihm gegen 30 böhmische Werke, die er entweder selbst verfasst, oder berichtigt und auf eigene Kosten herausgegeben hat; eine weit grössere Anzahl ist der fremden Werke, die unter seiner Aufsicht und Theilnahme mit musterhafter Correctheit und Eleganz aus seiner Officin erschienen sind: Kalendář historický, Pr. 578. 4. 590. fol.; O wrchnostech a zpráwcjch swětských, nach dem Teutschen des G. Lauterbeck, 584. 592. 600. fol.; J. Cariona kronika swěta, 584. 4. 602. 4.; Kronika Aen. Sylvia a M. Kuthena, 585. 4.; J. L. Vivisa nawedenj k maudrosti, 586. 12.; O zachowánj zdrawj, in Reimen, 587. 12.; Prawidlo křesťanského žiwota, 587. 8. 600. 8.; Hospodář užitečný, 587. 8.; Tabule sedmi zlých a dobrých wěcj, 588. 7.; Wýklad na Wěřjm w P. B., 588. 8.; Elegantiae Terent. et Plauti, böhm. 589. 8.; Štjt wjry, 591. 8.; Wypsánj Gerusaléma, Pr. 592. fol.; H. Buntinga putowánj SS., 592. fol. 610. fol.; Soliloquia de passione, böhm., 593. 8. 600.; Kázanj Sw. Bernharda, 593. 8.; Sw. Jeronyma o křesťanském odgitj, 593. 8.; *B. Fabri* diction. l. lat. cum interpret. boh., 579. 4.; Sylva quadrilinguis, 598. 4.; S. Augustina soliloquia animae, böhm., 583. 12. 600. 12. 786. 12.; Eb. manuale, 583. 12. 600. 786.; Wypsánj země ruské, 592. 8. 786. 8.; A. Mathiola herbář, přel. od Hágka, verb. u. verm., 596. fol.; Ecclesiasticus böhm., 586. 12.; Nomenclator, 586. 8. u. a. m.

— *Wenc. Hágek v. Libočan* (gest. 1553), Domherr u. zuletzt Propst zu Bunzlau, brachte aus ältern Chroniken eine Geschichte von Böhmen bis 1526 zusammen, deren materieller Werth verschieden beurtheilt wird, der historische Styl aber musterhaft, und bis jetzt von keinem seiner Nachfolger erreicht, geschweige denn übertroffen worden ist: Kronika česká, Pr. 541. fol. Pr. 819. fol.; ausserdem verbesserte er den Solfernus, žiwot Adamůw, herausg. von Ottersdorf 553. fol., und gab noch einige andere Bücher heraus. — *Paul Bydžowský*, Pfarrer bei St. Galli in Prag, schrieb mehrere Bücher religiösen Inhalts: O přigjmánj pod obogj, Pr. 539. 8., Zgewenj Sw. Jana 538. 8., Dětátka a newiňátka, Pr. 541. 8., theol. Abhandlungen u. s. w. — *Joh. Wartowský von Warta* (gest. 1561), übers. des Erasmus Roter. Paraphrase des Evang. Matthäi: Evang. Sw. Matauše s wýklady 542. 4.: die Paraphrase der 3 übrigen Evang., die er ebenfalls fertig gemacht hat, ist nie in Druck erschienen; nach Lupáč und Weleslawjn soll er auch das ganze A. Testament aus dem Hebräischen ins Böhm. übersetzt und handschriftlich hinterlassen haben (Dobrowskýs Magaz. III. 59). — *Brikcj v. Licsko* (*Briccius*), gab „Práwa městská" 536. fol. und in Verbindung mit Bydžowský: O zarmaucenjch cjrkwe, Pr. 542. 4. heraus. — *Joh. u. Sigm. von Puchow* übersetzten auf Ferdinands I. Befehl des S. Münster Cosmographie ins Böhm., 554. fol. — *Boh. Bjlegowský* aus Kuttenberg, utraquistischer Priester, schrieb eine böhm. Kirchengeschichte bis 1532: Kronika cjrkewnj, Nürnb. 537. Pr. 816. 8., Historie pikhartów a hussitów 8. u. a. m. — *Mart. Kuthen* verfasste eine böhm. Chronik: Kronika české země, Pr. 539. 4., von Weleslawjn 585. 817., Žiwot J. Žižky, Pr. 564., übers. Appians Gesch. ins Böhm. u. a. m. — *Joh. Augusta* genannt *Pileator* (gest. 1572), Vorsteher der Brüdergemeinde zu Leitomyschl und Senior der böhm. Unität, stand im Rufe einer grossen Gelehrsamkeit, und gab 8 Bücher über die Religion und 100 Kirchenlieder heraus: Ohlášenj 541. 8., Pře 543. 4., Pohřebnj kázanj, Leitom. 544. 4., Spis k G. M. Cjsaři u. s. w. — *Nikl. Černobýl* genannt *Artemisius* aus Saaz (geb. 1496, gest. 1556), Primas (Präsident) des Saazer Magistratsraths, schrieb eine Anleit. f. Beamte und Wirthe zur Führung ihrer Geschäfte: Zpráwa každému Pánu užitečná, herausg. von Weleslawjn als Anhang zu des J.

Brtwjn von Ploskowic Hospodář, Pr. 587. 8. — *Joh. Straněnský,* ein gelehrter Bruder, hinterliess 19 Schriften religiösen Inhalts: Almanach duchownj 542. 560. 8., Studnice ziwota 556. 8., Zahrádka duchownj 557. 8., Hofmeisterowa postilla, Prossnitz 551. fol., Epišt. a Evang., Pr. 574. 597. 615. 616. 698. Trenčjn 645. Zittau 618., Casp. Hubera wýklad na G. Syracha, Pr. 561. 575. fol., Pláč SS. otcůw, Pr. 588. Brüna 721. 8., Calumnia, Dialog a. d. Lucian, Pr. 561. — *Sixt v. Ottersdorf* aus Rakonic (gest. 1583), Bürger, Senator u. zuletzt Kanzler der Altstadt Prag, ein hochherziger Patriot, der zur Ausbildung der böhm. Sprache vieles beigetragen, schrieb eine Geschichte seiner Zeit, rkps. 1546, o národu Tureckém, gab den Solfernus nach Hageks Revision Pr. 553. (Ollm. 564. Pr. 600. Tropp. 721.) heraus, übers. des Isidorus Hispalensis rozmlauwánj rozumu s člowěkem, Pr. 549. 551. 8., Ammonii harm. evang. s. vita Ch. u. s. w. — *Beneš Optat* schrieb die erste böhmische Gramm., Namiest 533. 8., und liess nach der daselbst festgesetzten Orthographie s. Uebers. der Paraphrase d. N. T. von Erasmus, Eb. 533., Kázanj nešpornj u. s. w. drucken. — *Wenc. Zelotýn* (a formoso monte) aus Prag, Prof. der Med. und Mathem. daselbst, übers. O nakaženj powětřj, Pr. 558. 8. — *Joh. Morawus* genannt *Bess,* Pfarrer zu Postupic, übers. O začátku Tureckého cýsařstwj, Pr. 567. 4. — *Paul Orličný* genannt *Aquilinus* (Hradecký) aus Königgrätz, zuerst Rector in Prossnitz, dann Pfarrer in Kygow, übers. des Jos. Flavius: O wálce židowské, a. d. Lat. d. Rufinus, Prossnitz 553. fol. Leutschau 805. 8. im Auszuge von Kramerius Pr. 806., Rozmlauwánj z her Terencowých, Prossn. 550., 8., Mrawná naučenj Catonewa, Pr. 569. 8., Modlitby na ep. a evang., Pr. 589. 8. — *Thaddaeus Hágek v. Hágek,* Doct. der Med., zugleich ein berühmter Astronom, lebte als kön. Leibarzt am Hofe Maximilians u. Rudolphs II., er schrieb: Wýklad proroctwj Tureckého 560. 8., übers. des Mathiolus Herbář aneb bylinář, Pr. 562. fol. verm. u. verb. von Huber u. Weleslawju 596. fol. — *Ad. Zalužanský v. Zalužan,* Med. Doct. und vorzüglicher Naturforscher, ging in der Lehre von der Sexualität und Befruchtung der Pflanzen dem grossen Linné um anderthalb Hundert Jahre vor, indem er sich zuerst darüber bestimmt und klar äusserte in s. Methodus rei herbariae Pr. 592. Frankf. 604. 4., die zwar lat. geschrieben ist, aber auch die böhm. Nomenclatur enthält. — *Thom. Rešel*, Pfarrer zu Jerošow, verfertigte ein Wörterbuch: Diction. lat. - boh., Ollm. 560. 4., Dict. boh. - lat., Ollm. 562. 4. — *Paul Černowicenus* verfasste ein Vocab. rhythmobohemicum, Pr. 614. 783. 8. — *Joh. Blahoslaw*, (geb. 1523, gest. 1571,) einer der Vorsteher der Brüderunität, wegen seiner ausgebreiteten und gründlichen Gelehrsamkeit sehr geschätzt; er war der Erste, der das N. Test. a. d. Griech. übersetzte: N. Zákon (o. Dr.) 564. 12. 568. 4.; Duchownj pjsně, Žiwot J. Augusty Msc. u. s. w. — *Thom. Soběslawský Rešátko*, Pfarrer zu Sušic, stand als religiöser Dichter zu seiner Zeit in hohem Ruf: Kancionál, Pr. 610. 2 Bde. fol., Zpráwa duchownj 574., Postilla djtek 577. 589. 601. 617., Summa učenj křest. 611. 8., O dni saudném, Řebřjk Jakoba, Pranostikowánj u. s. w. — *Matth. Benešowský*, Prediger bei St. Jakob, verfasste eine Gramm. boh., Pr. 577. 8., Knjžka slow českých wyložených, übers. Epišt. Sw. Ignatia a. d. Griech. (oh. J. u. Dr.) — *Laur. Leander Rwačowský*, Dechant in Schlan; Masopůstnjk 562. 574. 4., Knjžka zlatá, Ollm. 577. 8., Auslegungen der h. Schrift, Gebetbücher u. s. w. — *Pet. Codicill Sedlčanský v. Tulechow* (gest. 1613), zuerst Consistorialr. u. Notär, dann Prof. der Math. u. d. griech. Sprache, gleich berühmt als Historiker, Philosoph und Astronom, hinterliess 10 Schriften: Calendarium perpet. astron. 4., O artikuljch wjry 12., Pjsně na Epišt. a Ew. 584. 8., Modlitby Pr. 574. 8. u. s. w. — *J. Gryllus von Gryllow*, (gest. 1599) zeichnete sich als religiöser Dichter aus, und wurde von Rudolph in den Adelstand erhoben; er hinterliess 8 Bücher, meist in Versen: Ewang. s wýklady a s rytmy 595. 8., Skutky Kr. P., Pr. 587. 595. 8., Žiwoty Patriarchů 582. 8. — *Math. Gryllus v. Gryllow Rakownjcký* (gest. 1612), Prof. an der Univ. in Prag, schrieb: O kometách 578. 8. — *Wenc. Dobřenský*, ein fleissiger Schriftsteller, hinterliess 14 Bücher: Pramen wody žiwé, P. 581., Stjžnost na hřjchy, Pr. 582. 4.,

Wrtkawé štěstj, Pr. 583. 12., Wěnjk fjkowý, Pr. 587. 12. u. s. w. — *Wenc. Sturm,* ein Jesuit, gebildet in Rom, bekämpfte nach seiner Rückkehr mit Eifer die nichtkatholischen Böhmen; er übers. Augustins Br. gegen die Donatisten, Pr. 584, und schrieb noch 8 andere Bücher gegen die Brüder. — *Johann Makowský* übers. Augustins Enchiridion, Pr. 559. — *Balth. Hostowjn,* Jesuit, übers. Augustins meditationes, Pr. 573. Vinc. Lirinensis commonitorium adv. haereticos, Pr. 590. — *Sim. Lomnický v. Budeč,* gekrönter Dichter und kön. Hofpoet, von Rudolph in den Adelstand erhoben; er brachte 28 BB., meist in Versen, zu Stande: Kupidowa střela, Pr. 590. 8., Pád swěta, Pr. 597. 12., Tobolka zlatá 615. 791. 8., Naučenj mladému hospodáři, Pr. 586. 8. 794. 12., Hádánj mezi knězem a zemanem 589. 8., O djtkách křesťanských 609. 8., Kancionál nedělnj, Pr. 580. 4., Wýklad na Modl. P., 605. 8., Pohřeb Kr. P., Pr. 605. 8., Wjtězstwj wjry 616. 8. — *Joh. Kocjn v. Kocinet,* Syndicus der Altstadt Prag, gebildet in Strassburg, stand im grossen Rufe der Beredsamkeit unter s. Zeitgenossen, und ist überhaupt einer der vortrefflichsten, verdientesten böhm. Schriftsteller: er übers. des Eusebius Pamphilus u. Cassiodorus: Historia cjrkewnj, Pr. 594. fol., Kronika nowá o národu Tureckém a cesta z Wjdně do Constantinopole, herausg. v. Weleslawju Pr. 594. 4., Plutarchs praec. gerendae reip. in Weleslawjns polit. histor., O taženj proti Turku, eb., Rág rozkošného naučenj 613., O řjzenj a opatrowánj božském u. s. w. — *Mart. Řepanský* schrieb: O potopě swěta 587. 8., O moru 599. 12., O neplodnosti manželské 12. — *Joh. Štelcar Želetawský,* Pfarrer in Mnichow u. Dobaličky, ein fruchtbarer Schriftsteller: Knjžka o čarodějnjcjch, Pr. 588. 8., Lékařstwj duše 592. 12. 608. 8., Zahrádka dušj nemocných, Pr. 597. 12., zahlreiche Predigten, Gebetbücher u. s. w. — *Georg Dikastus Mirkowský,* Pfarrer bei der Teyner Kirche in Prag, u. Administrator des Consistoriums, 1621 landesverwiesen, ein vortrefflicher Kanzelredner, ist Vf. mehrerer Schriften: Postilla každodennj 612. 8., Modlitby 598. 12., Postilla Pr. 612. 2 Bde. 4., Cesta Jakoba 601. 12., Historie Kr. P., Pr. 617. 12., Pawéza proti moru 4. u. s. w. — *Ad. Huber von Riesenbach* (geb. 1546, gest. 1613), Doct. der Med. u. Prof. an der Univ. in Prag, ein Mann von ausgebreiteter, gründlicher Gelehrsamkeit, Freund von Mathiolus und Weleslawjn, (1609 einer der 24 Defensoren, 1612 Rector der Univ.), berichtigte und vermehrte mit Weleslawjn Hágeks Herbář 596. fol., gab mehrere medicinische Werke: Apatéka domácj, Pr. 602. 8., Kalender u. s. w. heraus. — *Joh. Achilles Beraunský*, Pf. in Přibislaw, verfasste eine beträchtliche Anzahl religiöser Schriften: Wýklad na Daniele, Pr. 590., W. na Ewang., Pr. 588. 589. 595. 611. W. na Epišt., Pr. 595. 8. Wýklad pjsem Sw. 616., Knjžka o polnjm heytmanu, Pr. 595. 8., N. Hemminga cesta žiwota wěčného 587. 8., Predigten u. s. w. — *Georg Tesák Mošowský*, Pf. in Prag, ein fruchtbarer theologischer Schriftsteller: Pautnjk duchownj 612. 8., Nowé léto 610. 8., Angelský traňk 12., O winohradech Pr. 611. 8., Spis o strašliwém powětřj 613. 8., Predigten u. s. w. — *Wenc. Slowacius Turnowský*, Pfarrer in Roždialowic, hinterliess 18 böhmische Werke: Postilla, Pr. 612. 620. 2 Bde. fol., Wýklad řečj Adwentnjch, W. na řeči postnj 613. 4., Predigten, Gebetbücher u. s. w. — *Wenc. Plácel v. Elbing* aus Königgrätz (geb. 1556, gest. 1604), Stadtschreiber in Königgrätz, verfasste Hist. židowská, Pr. 592. fol. in einem leichten, fliessenden, lichtvollen Styl. — *Barth. Paprocký*, polnischer Edelmann, lebte zuletzt in Prag, und verfasste mehrere Werke in polnischer, einige auch in böhmischer Sprache: Diadochos, t. g. poslaupnost knjžat a králů českých, Pr. 602. fol., Nowá kratochwjle, Pr. 597. 600. 4. Vgl. §. 52. — *Raph. Mišowský, Ritter von Sebuzina* (sonst *Soběhrd*) aus Bischofteinitz (geb. 1580, gest. 1644), studirte in Paris und Rom, und war zuletzt Appellationsrath in Prag und Vice-Kämmerer des Kgr. Böhmen, arbeitete mit dem vorigen gemeinschaftlich an mehreren Werken, namentlich an der Diadochus, die er aus dem Poln. ins Böhm. übersetzte. — *Wenc. Wratislaw Graf v. Mitrowic* (gest. 1635), beschrieb seine merkwürdige Gesandtschaftsreise von Wien nach Constantinopel: Přjhody Wrat. z Mitrowic, Pr. 777. 8., v. Kramerius Pr. 805. 8. — *Prokop Lupáč v. Hlawačow*, bis 1569 Prof. der

Geschichte an der Prager Univ., als Dichter und Historiker gleich berühmt; s. Ephemeris s. Calendarium historicum Nürnb. 578. vollst. Pr. 584. 4. wurde eine Zeit lang in den gelehrten Schulen Böhmens öffentlich gelesen; Histor. o Cjsaři Karlowi IV. 584. 8. u. s. w. — *Sebast. Scipio (Berlička)* aus Pilsen, Jesuit, übers. des h. Gregorius Dialoge, Ollm. 602., O bezženstwj kněžském u. s. w. — *Abr. v. Ginterod,* muthmasslich (nach Voigt) Pfarrer zu Straškow, studirte 1590 zu Wittenberg, und übers. hier Xenophons Kyropädie aus der Ursprache ins Böhm., in einer sehr correcten, fliessenden Schreibart: Cyripaedia, Pr. 605. 4., im Auszuge von Kramerius, Pr. 808.; am Ende sind 12 interessante Abhandlungen aus der Alterthumskunde beigefügt. — *Hawel Žalanský,* Pfarrer bei St. Galli in Prag, einer der fruchtbarsten böhmischen Schriftsteller im theologischen Fach: O služebnjcjch cjrkewnjch 614. 8., O mučedlnjcjch českých Janowi z Husince a Jeronymowi Pražském, 5 Predigten 619. 8., O protiwenstwjch cjrkwe, Pr. 619. 8., O smrti, Pr. 615. 8., O posled. saudu 615. 8., O pekle 615. 8., O žiwotu wěčném 615. 8., O ctnosti angelské 605. 12., mehr. Abhandlungen u. s. w. — *Giřj Záwěta c. Záwětic* beförderte 13 böhm. Schriften zum Druck: Dworská škola 607. 8., Wolenj a korunowánj C. Mathiáše I. 611. 4., Roráte Pr. 616. 4., Kancionál 2 Bde. u. s. w. — *Christoph Harant v. Polžic u. Bedrušic* (enth. 1621), unter Rudolph und Mathias Kämmerer, unter Kg. Friedrich Präsident der böhm. Landkammer, unternahm eine Reise nach dem gelobten Lande und Aegypten, deren überaus anziehende, mit Geist und Laune verfasste Beschreibung er selbst herausgab: Cesta z Čech do Benátek u. s. w. (b. Dr.) 608. 668. 4. — *Wenc. Budowec Freiherr v. Budow* aus Prag (geb. 1547 enth. 1621), Hofr. u. Oberststeuer-Einnehmer des Kgr. Böhmen, studirte in Paris, und bereiste beinahe ganz Europa (im J. 1578 wurde er als Gesandter nach Constantinopel geschickt); er war zu seiner Zeit der vortrefflichste Rechtsgelehrte und politische Redner im Lande, zugleich einer der eifrigsten und mächtigsten Beschützer der böhm. Brüder, 1609 einer der 24 Defensoren; man hat von ihm mehrere lat. und böhm.

Schriften: Anti - Alkorán, Pr. 614. 3 Bde. 4., Obrana Anti-Alkoránu 627. 4., auch haben mehrere, von den evang. Ständen herausg. böhm. Apologien ihm zum Vf. — *Hynek v. Waldstein* hatte eine eigene Buchdruckerei in Dobrowic, und gab 5 Bücher unter s. Namen heraus: Zpráwa o řádu politickém 610. 8., Zrcadlo potěšenj manželům 610. 8., Pjsničky pěkné 610. 8. — *Matth. Konecný* schrieb: Diwadlo božj 616. 4. ein wegen der vortrefflichen Schreibart sehr geschätztes Buch; O powinnostech křesťanských 612. 8., Kazatel domownj, Königgrätz 618. 4., O swátostech 625. 8. — *Simon Valecius Launský*, Prediger bei St. Adalbert in Prag, hinterliess: Přjprawa k smrti 610. 8., Žiwot M. Jeronyma 611. 8., O zpráwě gazyka, Pr. 616., Predigten u. s. w. — *Wilh. Graf Slawata* von Chlum u. Košumberg (geb. 1573, gest. 1652), k. k. Rath, Burggraf von Karlstein, zuletzt Vice-Oberstkämmerer bei der kön. Landtafel, bekannt durch sein widriges Schicksal am 23. Mai 1618; er bildete sich in Italien und auf Reisen in Frankreich, Spanien, England u. s. w., und beschrieb umständlich die Begebenheiten seiner Zeit, Msc. — *Wjt Jakeš* (Jakesius) *Přerowský*, Pfarrer bei St. Gallus in Prag, 1621 verbannt (gest. um 1641), hinterliess mehrere Schriften: Decalogus Pr. 602., O manželském stawu 610. 8., Cesta otců, Pr. 611. 8., O powětřj, Pr. 613., Trivium, Pr. 620. — Mr. *Vict. Wrbenský*, Prediger bei St. Niklas in der Altstadt Prag, 1621 landesverwiesen, gab 11 böhm. Werke in Druck heraus: Synopsis bibl. 606. 4., Konfessj česká, Dobrowic 614., Sněm Niniwitský 615., Rozebránj Biblj Sw., Königg. 618. kl. fol., Postilla, Harmon. ewang. Chiranomia bibl. u. s. w. — *Zach. Bruncwjk* aus der Neustadt Prag, Pfarrer zu Neustadt an der Béla, verfasste 16 BB. theologischen Inhalts: Zrcadlo kacjřstwj 614. 8., O zemětřesenj w kr. Bechýnském, Pr. 615. 8., Srownánj dwau tyrannů cjrkwe 631. 8., Kázanj o morowé ráně, Pr. 606. 4., O cjrkwi Sw., Pr. 607. 4., O wtělenj, Pr. 607. 4., O Bohu, Pr. 611. 4., O postu, Pr. 613. 8., O očistci, Pr. 613. 8., Zrcadlo zkázy Gerusaléma, Pr. 610. — *Kypr. Pešina Žatecký*, Pfarrer in Kuttenberg, hinterliess 11 BB. meist Predigten und Auslegungen der h.

Schrift. — *Jak. Petroseljna* Kunstatský, Pfarrer in Třebič, gab 7 Werke in Druck heraus: Postilla 4., O bauřkách tělesných i duchownjch, Pr. 616. 8., Betrachtungen, Erklärungen u. s. w. — *Sim. Partlic* d. Jüngere (Trischiniensis), Rector der Klattauer Schule: Adamus judicatus, ein geistliches Drama mit e. böhm. Uebers. in Reimen von *Th. Rosacius*, Pr. 613. 4., Kalendář hospodářský 617. 4., Tractatus cometographicus, Königgr. 619. 8., Bjč neb metla božj u. s. w. — Mr. *Jak. Krupský* d. Jüngere aus Teutschbrod, Rector in Schlan, übers. Plutarchs περὶ παίδων ἀγωγῆς aus dem Griech. u. d. T. Wýstraha djtkám, Pr. 609. 8. — *J. Rosacius Sušický*: Pfarrer bei St. Niklas auf der kleinen Seite in Prag, 1621 landesverwiesen, zeichnete sich auch als lateinischer Dichter aus: Začátek sgezdu třech stawů pod obogj, Pr. 618., O swornosti manželské 583. 12., Biblická losnj knjžka, Pr. 589. 12., Korunka mučedlnjků božjch u. s. w. — *Math. Krocjn* Chrudjmský, Pfarrer zu Rychnow, schrieb: O wečeři Páně, 618. 8., Konfessj česko-augsb. 12., Wýklad na Modlitbu P., 620. 8. — *Sam. Martinius von Drašow*, (gest. 1639) Prediger bei St. Castulus u. Kreuz in Prag, 1621 landesverwiesen, gab zahlreiche Schriften theolog. Inhalts, zuerst in Prag, dann in eigener Buchdruckerei zu Pirna heraus. — *Joh. Ctibor Kotwa* von Freifeld, lebte unter Mathias und Ferdinand II., Domherr bei der Metropolitankirche in Prag, wegen seiner glänzenden Kanzelberedsamkeit der böhmische Cicero genannt. — *Heinr. Pjšek*, genannt *Scribonius*, Administrator des Prager Erzbisthums, schrieb mehreres für die Katholiken, darunter einen böhm. Katechismus. — *Mich. Konstantinowic* von Ostrowic, u. *A. Augezdecký*: Kronika Turecká, Leitom. 565. — *Burian von Kornic* übers. J. Cariona Kronika swěta 541., 2 Ausg. verb. von Weleslawjn Pr. 584. 602. 4. — *Blas. Borowský* a. Königg., Pfarrer zu Holohlawy: Wýklad na Epišt. 617. 4., verschiedene Predigten 1603—16. — *Nikl. Krupiehorský*: O dni saudném, Pr. 612. 8., O gménu božjm, 590. 8., O wečeri P., 593. 8. — *Mart. Philadelph. Zámrský* (gest. 1592), Vorsteher der Brüdergemeinde zu Oppau, hinterliess eine Postilla ewangelická, 592. 2 B. f., Dresd. 602. fol., Pjsně duchownj, Pr. 607. 8. — *Jak. Akanth. Mitis*, Pfarrer in Drinow: Autočiště pobožných, 613., Katechismus, Pr. 613., Kázanj 614. 8. u. s. w. — *Casp. Artopoeus Pardubský*, Dechant in Schlan: Srownánj Eliáše a Hussa, Pr. 620., Snjženj a powýšenj Kr. P. 610. 4. — *Beniam. Petřek v. Polkowic*, Schreiber bei der Landkammer, übers. A. Buchholzers: Registřjk historický, 596. fol., und Mathesius: Histor. Kr. P., 596. 2 Bde. fol. — *David Crinitus Nepomucký v. Hlawačow*, Stadtschreiber in Rakonic, ein latein. und böhm. Dichter: Rytmy české a latinské na ewang., Pr. 577. 598. 2 Bde. 12., Žalmy, Pr., 590. 12., Pietatis puerilis initia, lat. u. böhm. u. s. w. — *Sigm. Crinitus Střjbrský*, Pfarrer zu Semil: Rozgjmánj žalmů 594. 12., Rada 597. 616. 8., Křesťanské djlo dennj 613., O manželstwj u. s. w. — *Joh. Wenc. Cicada (Codeda)*, Pfarrer in Prag: Cesta k žiwotu wěčnému, Pr. 607. 4., Predigten u. s. w. — *Jak. Jakobides Střjbrský*, Prediger bei St. Martin in Prag, 1621 landesverwiesen: Budič otce čelednjho, Pr. 600. 8. — *Karl Dan. v. Karlsberg*: Pjsně duchownj, Pr. 614. 12., Žalmowé 618. fol. — *Sixt Palma* Modličanský schrieb gegen 20 Bücher über religiöse Gegenstände. — *Sim. Clattovenus (Klatowský)* übers. des Rob. Parus: Kronika papežůw 565. 4. — *Joh. Wodička Ledecký*, Pfarrer in Lowosic: Pjsně na ew. a ep., Pr. 609. 2 Bde. 4. (mit Melodien); O wečeři, umučenj a wzkřjšenj Kr. P. Pr. 607. — *Zděnek Otto* Ritter von *Los*: Antikristůw saud 601. fol. — *Tob. Mauřenjn* Litomyšlský: Wěk člowěka, duchownj hra, Pr. 604. 8. Wittenb. 736. 8., Zrcadlo dwau boháčůw, Ollm. 694. 8., Wýklad na Ew. Sw. Jana 595. 605. u. s. w. — *Dan. Stodolius v. Pošow*, schrieb geistliche Dramen: O podwrácenj Sodomy a o Obětowánj Isáka, Pr. 586. 8. — *Joh. Thaddaeus Mezřjcký*, Dechant zu Gičjn: Wyswětlenj o stawu manželském, Pr. 605. 8., Predigten u. s. w. — *Prok. Paeonius* aus Swětnow (gest. 1613) Rector in Teutschbrod, darauf Prof. der Phys. u. Polit. in Prag, schrieb ausser vielen Gedichten: Lékařstwj w čas rány morowé 613. — *Wenc. Rameš*, Stadtschreiber zu Klattau: Historické wypsánj o Sigmundowi C., 589. 8. — *Wenc. Steph. Teplický*, Erzdechant zu

Kuttenberg: Rod. Kr. P., Pr. 607. 8., Pořádek Pjsem Sw., Königg. 620. 8., O powětřj, Pr. 605. 8., Rozmlauwánj o horách 8., Wýklad na proroky, Pr. 606 ff., — *Sixt* und *Ambrosius* Rathsschreiber in Prag, übers. des P. Jovius: O věcech a způsobjch národu Tur. Pr. 540 4. — *Joh. Rakownický,* Prager Bürger, verf. eine Geschichte von Böhmen 575 - 87. Msc. — *Přibislaw* von *Radonjn* schrieb eine Chronik von Böhmen, Msc. aus dem XVII. Jahrh. — *Wenc. Březan* verfasste zu Anfange des XVII. Jahrh. die Genealogie vieler böhm. Familien, Msc. — *Ulr. Prefat* von *Wlkanow* beschrieb seine Reise nach Palästina: Cesta z Prahy do Palestiny Pr. 563. fol. 786. 8. — *Joh. Mirotický* übers. aus dem Lat. Obyčege, práwa u. s. w. wšech národůw Ollm. 579. fol. — *Wenc. Lebeda* von *Bedrstorf* verfasste: Poznamenánj měst, zámkůw a děd. Kr. Č. Pr. 610. 8. 8 A. 778. — *Ulr. v. Prostiboř* und Lochowic, böhm. Ritter und Vice-Landsobreiber unter Ferdinand I. verfasste: Práwa a zřjzenj zemská Pr. 550. fol. 6. A. Brünn 701. — *Wolf v. Wřesowic*, k. Rath, Ober-Landschreiber und Präsident der Landkammer: Práwa a zř. z. Pr. 564 fol. 594. — Mr. *Paul Chrn. v. Koldjn*, Kanzler der Altstadt Prag: Práwa městská Pr. 579. 12. 5 B. 700. — *Joh. Petřjk* von Benešow übersetzte einige pädagogische Schriften des Erasmus: Rozmlauwánj djtek Pr. 534. 8., O mrawjch djtek Pr. 537. 8. — *Hynek Krabice von Weitmile* verfasste: O rodu PP. z Weitmile a Krabic, Msc., derselbe oder ein anderer in seinem Auftrag, übersetzte eine Diätetik ins B. Pr. 536. fol. — *Mich. Pieska Smržický*, verfasste einen launigen Roman: Akej a rozepře mezi filosofem, w lékařstwj doct, a oratorem aneb procuratorem Pr. 609. 8. — *Nikl. Šud* von *Semanin*, ein berühmter Astronom, gab 1520-57 Ephemeriden und Prognostiken heraus. — *Kypr. Lwowitský* von *Lwowic*, schrieb ebenfalls Prognostiken. — *Sim. Podolský* verfasste 1617: O měrách zemských Pr. 683. 4. — *Bawor Rodowský* von *Hustiřany* d. Ae. (gest. um 1572) und B. R. v. H. d. J. verfassten mehrere astron. Werke; letzterer übers. die Geschichte Alexanders und einiges aus Plutarch a. d. Gr., Aristoteles B. über die menschlichen Tugenden a. d. Kroat. Msc. 1574., und hinterliess: Řeči starých filosofów, eb. Msc. — *Joh. Gewický Černý,* Zábrezer Bürger, übersetzte einiges über Chemie u. Naturg. Ollm. 556.-559. 8. — *Ge. Nikl. Brněnský* (Pr. 567.) und *Ge. Görl* von *Görlstein* (Pr. 577.) gaben böhm. Lehrbücher der Arithmetik heraus u. s. w.

Noch wurden das Gebiet der Religion, der Moral und der Theologie, ausser mehreren andern, von folgenden Schriftstellern literärisch bearbeitet, deren Namen und Schriften man grösstentheils in dem Index libror. bohem. prohib. verzeichnet findet: *Laur. Andreä, Joh. Aupický, Beneš Baworinský, Thom. Baworowský, Joh. u. Wenc. Benešowský, Bohusl. Bepta, Joh. Boleslawský, Clem. Bosák, Matth. Brodský, Joh. Burda, Joh. Bydžowský, Joh. Cadaverosus Kauřjmský, Sixt Candidus Kutnohorský, Joh. u. Mart. Carchesius, Wenc. Carion, Joh. Caupilius Teynecký, Georg Chobotides, Joh. Chodolius, Tob. Cichoreus, Ad. Clemens Plzenský, Wenc. Clemens Žatecký, Math. Cultrarius, Nikl. Čjšek, Georg Jak. Dačický, Jer. Denhart, Wenc. Fabricius, Franz Firlink, Joh. Flaxius, Jak. Halecius, Paul Lucinus Heliconiades, Joh. Herink Nymburský, Joh. Hertwicius, Joh. Herytes, Math. Holecký, Steph. Holomaučanský, Christoph Joh. Hranický, Wenc. Hussonius, Elias Jakobi Chrudjmský, Math. Janda Čechtický, Thom. v. Jawořic, Th. Jaworowský, Barth. Jaworský, Mart. Pristach Kawka, Mart. u. Bohusl. Klatowský, Alb. Georg Klusák, Wenc. Knobelius Časlawský, Paul Korka, Andr. Kracowský, Joh. Krtský, Jak. Kunwaldský, Joh. Laetus, Joh. Sixt von Lerchenfeld, Joh. Locika Domažlický, Dan. Loebryň, Civilius Lomnický, Mich. Longolius, Melichar Lužský, Paul Lykaon Kostelecký, Georg Malý* genannt *Swoboda, Wenc. Martinides Turnowský, Vict. Ad. Martinský, Joh. Jac. u. Joh. Matheolus Sedlčanský, Wenc. u. Paul u. Joh. Ge. Mathiades, Mart. Michalec, Math. Miljnský, Joh. u. Bart. Netolický, Paul Nonnius Heřmanoměstecký, Joh. Packeus Budjnský, Matth. Pacuda Dokromilický, Hier. Palingenius Horský, Matth. Philomathes, Math. Plzenský, Math. Poličanský, Andr. Politský, Joh. Ráček von Chotěřin, Wenc. Rakownjcký, Joh. Regius Zelkowský,*

Ge. Rybák Strakonický, Georg Sequenides Chotěborský, Paul Slowacius, Joh. u. Jak. Soběslawský, Wenc. Math. Solnický, Ge. Stephanides Chrudjmský, Jak. Stephanides Přibislawský, Joh. Stephanides Weselský, Sim. Stephanides Husinský, Adam Heinr. v. Strachowic, Nikl. Stipacius Strakowský, Math. u. Hier. Stŕjbrský, Joh. Sudlicius, Ge. Taciturnus Hágský, Wenc. Textorius Dworský, Wenc. Steph. Thermen, Joh. Kyr. Třebický, Dan. Tošan, Mart. Tribalius Holický, Sigm. Tribucelius, Trojan Heřmanoměstecký, Wenc. Turnowský, Jes. Camillus Wodnanský, Joh. Waleš, Hawel Barth. v. Warwažow, Christ. v. Wlčetjn, Jak. Woljnský, Joh. Zahumenský, Tob. Záworka Lipenský, Hawel Železný, sonst Lstiborský, Dav. Hawel Žlutický u. a. m.

§. 42.

Dritter Periode erste Abtheilung. Von der Schlacht am weissen Berge bis auf K. Joseph II. J. 1620 — 1780.

Mit der Schlacht am weissen Berge hörte Böhmens glänzende Periode auf. — Mathias liess seinen Neffen, Erzh. Ferdinand von Oesterreich, auf einem Reichstage 1617 zum König von Böhmen krönen. Ferdinands bekannte Abneigung gegen die Protestanten ermuthigte die Katholiken zu neuen Versuchen gegen die erstern. Schon bei Mathias Lebzeiten erschienen mehrere Verordnungen, die den nichtkatholischen Böhmen Besorgnisse einflössten. So beschuldigten letztere die 1617 verschärfte und der Kanzlei anheimgestellte Censur der Parteilichkeit, und fanden sich in den durch den Majestätsbrief dem Consistorium und den Defensoren zugestandenen Rechten beeinträchtigt. Als endlich der Abt von Braunau seinen protestantischen Unterthanen die Fortsetzung eines Kirchenbaus untersagte, der Erzb. v. Prag in Klostergraben das Gotteshaus niederreissen liess, und die protestantischen Stände sich vergebens darum beim K. Mathias beschwerten: da brachen die Leidenschaften 1618 in offenen Kampf aus. In dem Krieg der akatholischen Böhmen gegen ihren Landesherrn hatten erstere das traurige Glück, anfänglich Sieger zu seyn. Desswegen wollten sie, als Mathias mitten in diesen Unruhen starb, (1619), den Erzh. Ferdinand nicht mehr zu seinem Nachfolger, sondern wählten Friedrich V. Kurfürsten von der Pfalz zu ihrem Könige. Aber die Niederlage bei Prag 1620 entschied ihr Schicksal unwiderruflich. Acht und vierzig Häupter der Empörung wurden eingezogen, 27 öffentlich hingerichtet, für 53 Mill. Thaler protestantisches Eigenthum confiscirt. Alle Religionsübung der Protestanten in Böhmen und Mähren musste aufhören, und das Volk wurde zum römischen Cultus zurückgeführt. Die Prediger und Lehrer wurden aus dem Lande gejagt; 30,000 Familien wanderten mit ihnen aus, darunter allein 185 alte Geschlechter der Baronen und Ritter. Brandenburg und Sachsen, auch die Schweiz, Holland und Siebenbürgen, erfreuten sich der Blüthe von Böhmens Gelehrten, Künstlern, seiner geschicktesten und arbeitsamsten Handwerker und Ackersleute [1]. Ferdinand vernichtete den Majestätsbrief, und führte unter den Ständen den geistlichen wiederum als den ersten ein. Die 1619 verjagten Jesuiten kehrten 1620 triumphirend nach Prag zurück, und übernahmen die Universität. Ferdinand III. (1637 - 57) suchte die Wunden des Landes zu heilen, und die Liebe der Böhmen zu gewinnen. Er nahm den Jesuiten die Universität, die von nun an die Karl - Ferdinandische heisst, und stiftete mehrere Gymnasien. Aber erst unter seinem Nachfolger, Leopold I. (1657 - 706), konnte sich das verödete Land merklich erholen. Gleichwol wurde diese ersehnte Ruhe durch die Drangsale des Krieges in den J. 1740-1763 wieder empfindlich gestört.

Nach dem J. 1620 änderte sich der Zustand der böhmischen Literatur; das blühende Feld des Sprachanbaues wurde auf einmal in einen Schutthaufen verwandelt. Alle seit 1414-1630 herausgegebenen böhmischen Bücher wurden der Ketzerei verdächtig, ihre Leser und Verfasser vertrieben, und in der öden Zeit des 30jährigen Kriegs keine neuen geschrieben. Einige überspannte Eiferer unter den Jesuiten vernichteten die Werke

---

[1] *Dobrowskys* wahres, gerechtes, christliches Urtheil hierüber ist in Magazin I. 77—78. nachzulesen.

der vorigen Jahrhunderte zu Tausenden durch Flammen. Diess ist die Ursache, dass man sie jetzt kaum dem Namen nach kennt[2]). An eine Fortbildung der Sprache ist in dieser traurigen Periode gar nicht zu denken; nur in Grammatiken und Wörterbüchern (Drachowský, Rosa, Wussin) und in einigen wenigen Geschichtsbüchern (Pešina, Beckowský, Kořjnek) pflanzte sich die geregeltere Schriftsprache, diese mühsam errungene Frucht zweier Jahrhunderte, gleichsam im Stillen fort. Die teutsche Sprache wurde in allen öffentlichen, bürgerlichen und gerichtlichen Verhandlungen aufs neue eingeführt, und die böhmische abgeschafft; die nach der Auswanderung der Nichtkatholischen verödeten Kreise wurden mit teutschen Ankömmlingen bevölkert. Die Landesmundart sank zu einer Bauersprache herab, und ward kaum als solche geduldet. Diess alles hatte zur Folge, dass schon in den J. 1729 — 49 die Böhmen beinahe aufhörten, böhmisch zu sprechen, und Personen, die auf Bildung und Ehre Anspruch machten, sich ihrer böhmischen Abkunft schämten, und solche sorgsam verbargen und verläugneten [3]); dergleichen elende Zierbengel es leider auch heutzutage noch, nicht nur in Böhmen, sondern auch in Mähren und in der Slowakei u. s. w. in Menge gibt. — Die ausserhalb des Landes lebenden, verwiesenen Protestanten, liessen von Zeit zu

---

[2]) *Komenský* berichtet darüber in s. Historia o protiwenstwjch cjrkwe č. (a. d. Lat. des J. Lasitius 648.) S. 325. „Gak zacházeli s knihami, nepochybně ze samé powěsti wšechněm giž wědomo gest. Na tisjce exemplářů biblj, ať se o ginych knihách mlčj, od těch zlobohů zhlazeno. Obecaj sic byla pokuta na wšecky knihy oheň: sám toliko, což nám wědomo, Hrabě z Náchoda, přewrácený odpadlec, swé swaté knihy, prwé aksamjtem, střjbřem, zlatem ozdobené (nebo we wšem nádherný a honosný byl), zlato a střjbro z nich sebraw, při swé přjtomnosti do sáchoda wházeti rozkázal. Ginj při tom negednostagně se chowali. Nebo někteřj knihy Ewangeljkům pobrawše, doma ge tagně spálili; ginj na rynk města w kočjch (gako we Fulneku) wynesti, ginj (gako w Žatči a w Trutnowě) fůrami z města za zdi wywezti, ginj k šibenici aneb ku stinadlům (gako we Hradci) ge shromážditi kázali, a hranici udělawše a oheň podložiwše páliti." Nach der barbarischen 21ten Regel des Index waren alle von 1414 bis 1635 in Böhmen geschriebene od. gedruckte Bücher für ketzerisch erklärt, und sollten desshalb vertilgt werden. Ja man ging so weit, dass man auch von katholischen Auctoren verfasste, sogar von den ehemaligen Erzbischöfen approbirte od. auf kön. Befehl gedruckte Bücher (Dalimil, Hágek, Aeneas Sylvius, Joh. Ferus Postille u. s. w.) in den Index versetzte. Vgl. *Ungar's* allg. böhm. Bibl. in Dobrowskýs Magazin 1tes St. 786. S. 6 ff.

[3]) *J. Ruljk* wěnec pocty učených Čechů Pr. 795. 8. S. 12.

Zeit einige Bücher religiösen und theologischen Inhalts in einer bessern, correctern Sprache drucken, u. schickten sie ins Land hinein; wogegen die Jesuiten und Capuziner nicht ermangelten, bändereiche Widerlegungen, aber in einem barbarischen Bücherkauderwelsch, aufzustellen. In der ersten Hälfte des XVIII. Jahrh. wurde beinahe nichts mehr, als enorme Folianten und Quartanten von Predigten, in böhmischer Sprache zum Druck befördert. Die Wissenschaften und der Geschmack waren in Böhmen bis zur Barbarei herabgesunken.[1])

Von den wenigen Schriftstellern dieses Jahrh. führen wir an: *Sim. Kapihorský*, schrieb die Gesch. des Sedlecer Klosters, Pr. 630. fol. — *Ge. Konstanc*, (gest. 1673) Jesuit, arbeitete an einer Bibelübersetzung, schrieb eine Sprachlehre: Lima l. boh., eigentlich nur für Böhmen, in lat. und böhm. Sprache, Pr. 667. 8. u. s. w. — *Matth. Steyer* aus Prag (geb. 1630, gest. 1692), Jesuit, arbeitete nach G. Konstancens Tod an der katholischen Bibel (wovon das N. T. 1677 erschienen ist), verfasste eine brauchbare Anleitung zur böhm. Orthographie: Wýborně dobrý způsob po česku psáti, Pr. 668. 12. 730. 781. u. öft. — *Ge. Plachý* (gest. 1659) zeichnete sich durch glänzende Kanzelberedsamkeit aus. — *Paul Stranský* (gest. 1657), ein protestantischer Böhme, zuerst Senator und Notär in Leitmeritz, 1626 landesverwiesen, zuletzt Professor in Thorn, schrieb eine geschmackvolle Geschichte Böhmens, zur Zeit und in Form der Elzevirschen Republiken: De rep. Bojema, Lugd. Bat. 643., übers., berichtigt und ergänzt von J. Cornova, Pr. 792—803. 7 Bde. 8. — *Bohusl. Aloys. Balbin* aus Königgrätz (geb. 1621, gest. 1688), Jesuit, Prof. der Rhetorik und Präfect der Schulen und Congregationen der h. Jungfrau, schrieb mehrere, für die böhm. politische und literärische Geschichte sehr wichtige Werke: Epitome rer. boh., Pr. 677. 2 Bde. fol., Miscellanea hist. r. Boh., Pr. 680—88. 2 Bde fol., Bohemia docta, opus posth. ed. R. Ungar., Pr. 777—80. 3 Bde. 8., s. Dissertatio apologetica pro l. slavonica, praecipue bohemica, von Fr. M. Pelzel, Pr. 775. 8., herausgegeben, erregte,

---
[1]) Darüber ist Procházka's Comment. S. 380 - 402 nachzulesen.

grosses Aufsehen. — *Joh. Barner* (gest. 1708) übers. einiges über die Landwirthschaft aus dem Teutschen 706. — *Felix Kadlinský*, (gest. 1675), gab mehrere Bücher, meist in Versen geschrieben, heraus, worunter der „Zdoroslawjček" am bekanntesten ist. — *Thom. Joh. Pešina* von *Čechorod* aus Počátky (geb. 1629, gest. 1680), studirte in Neuhaus und Prag, trat in den geistlichen Stand, war 1670 Domdechant in Prag, zuletzt 1675 Bischof von Semendrien, widmete sich ausschliesslich dem Studium der Geschichte, um ein allumfassendes, geogr. - hist. Werk über Mähren zu Stande zu bringen, wozu er den Vorläufer: Předchůdce Morawopisu, Litomyschl 663. 8., in böhm. Sprache herausgab; unter seinen lat. Schriften ist s. Mars Moravicus, Pr. 677. fol., die wichtigste. — *Joh. Kořjnek* gab: Staré paměti Kutnohorské 675. 8., ein wegen der Terminologie des Bergbaues sehr schätzbares Werk, heraus. — *Joh. Drachowský* (gest. 1644), Jesuit, verfasste eine gedrängte böhm. Sprachlehre, herausg. von Steyer: Gramm. b., Ollm. 660. 12. — *Wenc. Joh. Rosa* (gest. 1689), Appellationsrath in Prag, schrieb eine böhmische Grammatik: Čechořečnost, Pr. 672., übers. Virgils Eklogen in Hexametern, hinterliess ein böhmisches Wörterbuch in Msc. u. m. a. — *Joh. Florian Hammerschmidt* (gest. 1737), Domherr zu Wyšehrad u. Bunzlau, ein namhafter Historiker seiner Zeit, schrieb die Geschichte einzelner Städte, Kirchen und Klöster. — *Joh. Franz Beckowský* (gest. 1725), Kreuzritter vom rothen Sterne und des Hospitals bei St. Agnes in der Neustadt Prag Administrator, gab 8 Bücher heraus, worunter s. Poselkyně starých přjběhů českých (reicht bis 1526), Pr. 700., das wichtigste ist. — *Ge. Libertjn* zeichnete sich durch Kanzelberedsamkeit aus. — *Wenc. Kleych*, liess zahlreiche, eigene und fremde Erbauungsbücher für Protestanten in Zittau drucken. — *Bonaventura Pitter* aus Hohenbruck (geb. 1708, gest. 1764), Abt des Benedictiner Stiftes Raygern in Mähren, ein fleissiger Geschichtsforscher, arbeitete an einem Corpus scriptorum boh., Msc. — *Ant. Koniáš* (gest. 1760), Jesuit und Missionär, verpflanzte seinen Namen nicht als böhmischer Literaturfreund, sondern als der berüchtigteste

Bücherstürmer, die es je gegeben (sein Biograph berichtet, dass er sich selbst zu rühmen pflegte, eigenhändig über 60,000 Bände böhm. Bücher vertilgt zu haben), und als Vf. des Index librorum prohibit. (der zum erstenmal 729., und wieder 749. 8. in Königgrätz, endlich der böhm. Theil allein Pr. 767 gedruckt worden), auf die Nachwelt. — *Wenc. Jos. Weselý*, beeideter Landmüller und Geometra in der Altstadt Prag, schrieb: Počátek mathem. uměnj (eine praktische Geometrie), Pr. 734. 8., in einer sehr verderbten und gemischten Sprache. — *Chrys. Táborský* aus Sokelnic (geb. 1696, gest. 1748), Prämonstratenser zu Hradischt in Mähren, Pfarrer zu Khinitz, genoss den Ruf ausgezeichneter Kanzelberedsamkeit. — *Joh. Gottl. Elsner* aus Wengrow in Podlachien (geb. 1717, gest. 1782), Prediger der böhm. reformirten Gemeinde zu Berlin, liess dort mehrere eigene und fremde Werke in böhm. Sprache drucken: Mléko prawdy božj 748. 12., Konfessj česká (Glaubensbek. d. Brüder v. 1535) 748. 8., Katechismus 748. 8., N. Zákon 753. 8., Kancionál bratrský 754. 12., Comenii prax. piet. 754. 12. u. s. w. — *Joh. Groh* aus Waldic (geb. 1730, gest. 1786), Jesuit, verfasste: Weliký žiwot P. J. Krista, Pr. 779. 4. (1056 S.), Modlitby a pjsně, Pr. 780. 12. —

Die übrigen, ohnehin unerheblichen Schriftsteller dieses Zeitraumes, müssen wir der Kürze wegen übergehen.

§. 43.

Dritter Periode zweite Abtheilung. Von K. Joseph II. bis auf unsere Zeiten. J. 1782 ff.

Nach langer Ohnmacht erwachte der unterdrückte, aber nicht erloschene Nationalgeist der Böhmen, und mit ihm die Liebe zu der Muttersprache und der Eifer für ihren Anbau. Des Generalfeldmarschalls, Franz Grafen Kinský, der 1774 ein Werk über die Nothwendigkeit und die Vortheile der Kenntniss der böhmischen Sprache drucken liess, edle Stimme, und des Jesuiten Balbin nachgelassene, von Pelzel 1775 herausgegebene Schutzschrift für die böhmische Landessprache, wirkten elektrisch auf den bessern Theil der Nation, und wurden unglaublich wichtig durch ihre Folgen. Im J. 1775 fing die Regirung an, auf die Landessprache Rücksicht zu nehmen, indem sie wol einsah, dass man einer Sprache, die beinahe von 6 Mill. ihrer getreuesten u. fleissigsten Unterthanen (in Böhmen, Mähren und der Slowakei) geredet wird, ihr natürliches Recht nicht nehmen könne, ohne gewaltthätig und ungerecht zu seyn; an dem Theresianum in Wien, an der Ingenieur - Akademie zu Wienerisch-Neustadt und an der Wiener Universität wurden Lehrer der böhmischen Sprache angestellt, und die k. Prager Normalschule liess eine Menge Schul- und Unterrichtsbücher drucken. Josephs II. mildes, umsichtiges und durchgreifendes Walten schuf auch das bis dahin vielfach und hart geprüfte Böhmen neuerdings zu einer Heimath der Industrie und des Wolstandes, und zu einem Sitz der Musen um. Erleichterung der Lasten des Volks, Begünstigung des Ackerbaues, Belebung des Kunstfleisses, Beförderung der Volksbildung durch Stiftung mehrerer tausend Schulen, Vermehrung der Dorfpfarrer und Aufhebung der Klöster (1781), Abschaffung des Ferdinandischen Religionsedicts u. Wiederaufnahme der Nichtkatholischen (1781), Einführung einer gemässigtern, vernünftigern Censur (1782), und andere weise Anstalten dieses grossen Monarchen wirkten belebend auf die Nationalkraft der Böhmen, und führten — wenigstens indirect — eine neue Epoche der böhmischen Nationalliteratur herbei. Denn unmöglich konnte bei dem nunmehr freigegebenen Anbau der Wissenschaften und dem erweiterten geistigen Verkehr die Landessprache nicht ein Gegenstand des Studiums der vaterländischen Gelehrten werden. Eine grosse Zahl namhafter Schriftsteller trat beinahe zu gleicher Zeit auf dem verwilderten Brachfelde sowol mit Originalwerken, als mit Uebersetzungen auf. Auch die Ueberreste der Alten wurden jetzt fleissig hervorgesucht und herausgegeben. Die 33jährige Regirung unseres allergnädigsten Landesvaters und glorreichst regirenden Kaisers

Franz I., verbreitete auch über Böhmen die Seegnungen des, nach vielen blutigen Kämpfen siegreich errungenen Friedens, und das Licht der fortschreitenden Cultur. Der böhmischen Sprache und Literatur ging ein neuer Glückstern, der Vorbote besserer Zukunft, auf. Während dieses Zeitabschnitts wurde 1793 an der Prager Universität die Lehrkanzel der böhmischen Sprache und Literatur errichtet, 1803 in Pressburg ein Institut der böhmisch-slowakischen Literatur gestiftet, die böhmische Muse 1786-1806, und nach einer kurzen Verbannung 1812 auf das ständische Prager Theater eingeführt, durch wiederholte Regirungsdecrete (23. Aug. 1816, 20. Dec. 1816) der Vortrag der böhmischen Sprache und Literatur auf allen höhern Landesschulen anbefohlen, und die Kenntniss des Böhmischen bei öffentlichen Anstellungen im Lande zur Bedingung gemacht (13. Febr. 1818), auch durch politische und literarische Zeitschriften der Austausch der Gedanken und die Mittheilung gemeinnütziger Kenntnisse erleichtert, zuletzt 1818 ein böhmisches Nationalmuseum in Prag gegründet. Bei den edlern Nationalen erwachte im Gefolge der glühendsten Vaterlandsliebe der lebendigste, thätigste Eifer für die Reinhaltung, Wiederbelebung und Fortbildung der Landessprache und ihrer Literatur. Das Fortschreiten zu einem so grossen und hohen Ziele ist bereits überall sichtbar. Die Lehrprosa gewann in diesem Zeitraum durch Erweiterung der wissenschaftlichen und technischen Terminologie, mit durchgängiger Berücksichtigung des Sprachgebrauchs der ältern vaterländischen Schriftsteller und der verwandten Mundarten; der Poesie, die durch Vernachlässigung des Studiums der griechischen und römischen Classiker, und durch eine falschbegründete Prosodie[1]) beinahe zur Gemeinheit herab-

---

[1]) Die ältesten böhmischen Gedichte sind reimlos, gleichwol nicht ohne Harmonie und Numerus, der aber weder auf die Quantität im griechisch-römischen, noch auf den Ton im Dobrowskýschen Sinne, sondern auf den rhythmischen (dem Metrum, nicht den Worten an sich inwohnenden) Accent (Ictus), mit Beobachtung regelmässiger Cäsur (Pause), und auf eine ebenmässige, mit den dargestellten Gedanken und Gefühlen analog laufende Gliederung der Verszeilen gegründet ist. Diese älteste böhm. Verskunst ging mit so mancher andern vaterländischen Sitte im Anfange des XIV. Jahrh. zu Grabe, und an ihre Stelle trat das damals allgemein

sank, scheint seit 1818 eine neue Epoche bevorzustehen; die Kanzelberedsamkeit wurde ebenfalls veredelt und ihrer erhabenen Bestimmung näher zugeführt. Die böhmische Philologie, insbesondre die Grammatik und das Lexicon, erfreut sich einer besondern, sorgsamen und glücklichen Pflege.

Die Werke der immer zahlreichern und fruchtbarern Schriftsteller dieses Zeitraumes nach Verdienst zu preisen, bleibt der Zukunft anheimgestellt; der Zweck dieses Buchs aber fordert es, einige der vorzüglichsten namhaft zu machen. *Wenc. Math. Kramérius* aus Klattau (geb. 1753, gest. 1808), Bürger in Prag, erwarb sich — nicht sowol durch überwiegende Geistesgaben und ausgebreitete Gelehrsamkeit, als vielmehr durch einen rein patriotischen Sinn, kluge, auf das Practische und Reelle gerichtete literärische Betriebsamkeit und eine beispiellose, unermüdete Thätigkeit — in den neuern Zeiten um die Wiederbelebung der böhmischen Literatur das grösste Verdienst, — er war der Welesla-

---

beliebte Reimen. Der 8sylbige gereimte Vers herrschte nun 300 Jahre lang ausschliesslich auf dem böhmischen Helikon. Die Prosodie gewann dadurch weder an Kraft, noch an Harmonie und Kunst, und die Gedichte selbst blieben unendlich weit hinter den ältern zurück. Nudožerjn regelte zuerst 1608 (nach einigen vorangegangenen unerheblichen Versuchen) die böhm. Prosodie im Geiste der slaw. Sprache nach dem griechisch-römischen Fundamentalgesetz der Quantität, und fand au Komenský, Rosa u. a. m. geschickte Nachfolger; allein mit dem Verfall der Literatur seit 1620 gerieth auch diese Prosodie in Vergessenheit. Bei der Wiederbelebung der böhmischen Literatur schlug Hr. Dobrowský (obwol er selbst nie einen Vers gemacht hat,) den Böhmen, wie früher Lomonosow den Russen, das germanische Tonprincip, als Grundlage der Quantität, zur Annahme vor, und fand selbst an solchen, die sich von der Wahrheit dieses Systems nie überzeugt haben, willige Nachfolger. Allein bei der Aufstellung dieser Prosodie nach dem germanischen Accent wurde der Genius der slaw. Sprache, die unbetonte Längen (die hier kurz), so wie betonte Kürzen (die hier lang gebraucht werden) hat, gänzlich übersehen. Daher ist in den letzten Jahren, wenigstens bei classischen Versarten, die einzig auf die Zeitdauer der Sylben oder die natürliche Dehnung und Schärfung der Vocale gegründete quantitirende Prosodie mit Recht an die Stelle der accentuirenden getreten. In den gereimten Gedichten richten sich jedoch die meisten böhmischen Dichter noch immer nach dem Dobrowskýschen Gesetz des Tons. Vgl. Počátkowé českého básnjctwj obzlášte prosodie, Pressb. 818. 8., *Seb. Hněwkowského* zlomky o českém básnjctwj, Pr. 820. 8., *J. Jungmanna* Slowesnost aneb zbjrka přjkladů, Pr. 820. 8. S. XXVI. ff. *J. Sw. Presla* Krok spis wšenaučný 1 Bd. 2 St. S. 1 — 32: Wýměsky z prosodiky a metriky české, od J. Jungmanna, u. S. 141 — 163., und über den Reim, ausser einigen andern, ältern und neuern, vorzüglich *A. Puchmayer* O rýmu, in eb. Nowé básně, 5s Bdchen, Pr. 814. 8. S. 3 — 34., Eb. Rymownjk, Pr. 824. 8. (herausg. v. A. Sedláček).

wju neuerer Zeiten; — man hat von ihm, ausser der böhmischen Zeitung, die er 23, (1785-808), und ausser dem Toleranz-Kalender, den er 10 Jahre lang (1788-98) herausgab, über 50 kleinere und grössere, sowol seine eigene, als auch fremde, unter seinem Namen und mit seinen Verbesserungen erschienene Schriften, die sich alle durch eine klare, fliessende u. correcte Schreibart auszeichnen: Patentnj ručnj knjžka Pr. 783. 2 Bde. 8., Kniha Josefowa 784. u. öft., Postila 785., Zpěwowé 788., Laudonůw žiwot 789., Letopisowé Trojanštj 790. 812., Ezopowy básně 791., Zrcadlo přjkladů 794., Arabské pohádky 795., Zrcadlo pošetilosti 795., J. Mandiwilly cesta 796. 812., Wečernj shromážděnj Dobrowické obce 801., Dobrá rada w potřebě 803., Wypsánj Mogolského cjsařstwj 803., Wypsánj Ameriky 803., České Amazonky 803., Wypsánj Egypta 804. 816. 4., Přjtel lidu 804., Cesta do Arabie 804., Zrcadlo šlechetnosti 806. 817., Žiwot Cýra (Auszug aus Xenophons Cyropädie v. Ginterod) 807., Rozličné přjhody 808., Mladšj Robinson 808., mehrere Lust- und Schauspiele u. s. w. — *Franz Faustin Procházka* aus Pakau (geb. 1749, gest. 1809), Priester des Paulaner Ordens zu Wranau in Mähren, zuletzt (seit 1807) k. k. Bibliothekar und Director der gesammten Gymnasien in Böhmen, hat zu seiner Zeit auf die Wiederbelebung der čechischen Literatur kräftig und wolthätig eingewirkt; man hat von ihm: De secul. liber. artium in Boh. et Mor. fatis commentarius, Pr. 782. 8., Miscellen d. böhm. u. mähr. Liter., Pr. 784-85. 3 Bde. 8., Knjžka Sw: Augustina: samotné rozmlauwánj, Pr. 786., Těh. rukowět, Pr. 786., Erasma Roter. kniha, Pr. 786., Epištoly Sw. Ignatia, Pr. 786., Sw. Augustina zrcadlo hřjšného člowěka a o marnosti zdegšjho žiwota, Pr. 786. 8., Wýtah z regimentu zdrawj od H. Ranzowia, Pr. 786. 8., Přjkladné řeči z knih hlubokých mudrců, P. 786. Wýtah z kroniky Moskewské, Pr. 786. 8., Kronika Boleslawská, Pr. 786. 8., Kronika česká Př. Pulkawy 786., u. a. m.; sein Hauptwerk ist die neue Uebersetzung der Bibel für Katholiken aus der Vulgata mit einem Commentar: Biblj česká, Pr. 804. 2 Bde. 8., das N. T. auch schon früher 1786. 8. — *Alex.*

Winc. Pařjzek aus Prag (geb. 1748, gest. 1823), Director der Hauptmusterschule, infulirter Ehrendomherr u. Consistorialrath zu Leitmeritz, bischöfl. Notar, Mitgl. der oberlaus. gel. Gesell. zu Görlitz u. s. w., einer der tüchtigsten und würdigsten Schulmänner Böhmens, gab, ausser mehreren teutschen, folgende böhmische Werke heraus: Náboženstwj nedospělých, Pr. 780., Wýklad na Ewang., Pr. 788—89. 3 Bde., Villaumowa ručnj kniha pro učitele 791., O prawém způsobu cwičenj mládeže we školách českých 797., Hermanowo wzjwánj Boha 811., Prawidla české dobropjsebnosti 812., Biblische Darstellung der gegenwärtigen Zeitereignisse, teutsch und böhm. 814. 8. — *Fort. Durich* aus Turnau (geb. 1735, gest. 1802), Priester des Paulaner Ordens, arbeitete gemeinschaftlich mit Procházka an der neuen Ausg. der kathol. Bibel von 1777 — 80., gab Bibliotheca slavica, Of. 795. 8. 1r Bd. (die übrigen Bände blieben Msc.), und schon früher: Dissert. de slavoboh. S. Cod. vers., Pr. 777. 8. u. m. a. heraus. — *Jos. Dobrowský* aus Jarmut unweit Raab in Ungern, wo sich seine aus Böhmen stammenden Eltern niedergelassen haben (geb. 1753), Abbé, gewesener Rektor des k. k. Generalseminariums zu Hradischt in Mähren, Mitgl. der böhm. Gesells. der Wiss. zu Prag, der kön. Ges. d. Freunde der Wiss. in Warschau, der Univ. in Charkow, der kön. Akad. in Berlin, der slowak. Ges. in Ungern u. s. w., wegen seiner unsterblichen Verdienste um die slaw. Gesammtsprache mit dem Beinamen des Patriarchen der slaw. Literatur beehrt; von seinen, in der slaw. Philologie, Geschichte und Kritik Epoche machenden Schriften führen wir an: Script. rer. boh. (mit Pelzel), Pr. 784. 2 Bde. 8., Böhm. u. mähr. Literatur, Pr. 779—84. 3 Bde. 8., Lit. Magazin v. Böhm. u. Mähr., Pr. 786—87. 3 Hefte 8., Lit. Nachrichten von einer Reise nach Schweden u. Russl., Pr. 796. 8., Gesch. d. böhm. Sprache u. Literatur, Pr. 792. 2. N. Aufl. 818. 8. (diese letztere reicht nur bis 1526), Slawin, Pr. 808. 8., Slowanka, Pr. 814—15. 2 Bde 8., Lehrgeb. d. böhm. Sprache, Pr. 809. 819. 8. böhm. v. Hanka 822. 8., Etymologicon, Pr. 813. 8., Teutsch-böhm. W. B., Pr. 802-21. 2 Bde. 4. (mit Zuziehung anderer Mitarbeiter), Instit. l. slav., Wien 822. 8., Kyrill u. Method, Pr. 823. 8.; ferner eine grosse Anzahl theils einzeln, theils in verschiedenen Denk- und Zeitschriften gedruckter, für die böhmisch-slaw. Geschichte u. Sprachwissenschaft höchst wichtiger Abhandlungen, Vorreden, Nachrichten und Recensionen, deren vollständige Sammlung wünschenswerth ist; in böhm. Sprache gab er heraus: Zbjrka č. prjslowj, Pr. 804. 8., Rada zwjřat, Pr. 814. 8. u. m. a. — *Franz Pelzel* aus Rychnow (geb. 1734, gest. 1801), Prof. d. böhm. Liter. in Prag u. Mitgl. mehr. gel. Ges., schrieb zwar meist in teutscher, doch einiges auch in böhm. Sprache: Gesch. von Böhm., Pr. 774. 779. 782. 817. 2 Bde. 8., Abbild. böhm. u. mähr. Gel. u. Künstler, 3r u. 4r Th. (die 2 erstern von Voigt und Born), Pr. 777 — 78. 8., Grundsätze d. böhm. Gramm. 795. 798. 8., Nowá kronika česká, Pr. 791—96. 3 Bde. 8. (reicht bis 1378., der 4te Bd. bis 1429 blieb Msc.), Prjhody W. Wratislawa, P. 777. 8., Gedichte u. s. w. — *Ant. Puchmayer* aus Teyn an der Moldau (geb. 1769, gest. 1821), Pfarrer in Radnic, liess eine Sammlung eigener u. fremder Gedichte: Nowé básně, Pr. 795 — 814. 5 Bde. 8. drucken, übers. Montesquieu's: Chrám Gnjdský, Pr. 804. 8., Gr. Sternbergs Abhandl. O bylinárstwj w Čechách, Pr. 819, 8., verfasste: Prawopis rusko-český, Pr. 805. 8., Lehrgeb. der russ. Sprache, Pr. 820. 8., Rymownjk, herausg. v. A. Sedláček, Pr. 824. 8. u. s. w. — *Gottfr. Joh. Dlabač* (geb. 1758, gest. 1820), Domherr des Prämonstratenser Ordens, erster Bibliothekar im Stifte Strahow, der kön. Ges. d. Wiss. in Böhm. Mitgl., gew. Director, verfasste verschiedene Kirchengesänge, übers. Bacons Beschreib. der neuen Welt, Gessners Sündfluth 801., und gab eine Beschreib. von Böhmen: Wypsánj českého králowstwj. Pr. 818. 8. u. a. m. heraus. — *Joh. Negedlý* aus Žebrák (geb. 1776), k. k. Rath, Doct. der Rechte und Prof. der böhm. Liter. an der Univ. zu Prag; von ihm hat man: Iliady zpěw I., Pr. 802. 4., Smrt Abelowa (a. Gessner), Pr. 804. 12., Dafnis (a. Gessner), Pr. 806. 12., Numa Pompilius (a. Florian), Pr. 808. 12., Hlasatel český, eine Zeitschrift 1806 — 10. 12. Hefte., Youngowo kwjlenj, Pr. 820. 8., Böhm. Gramm., P. 805, 809. 821. 8., mehrere

Abhandlungen, Gedichte u. s. w. — *Jos. Jungmann* aus Hudlic, Prof. am akad. Gymnasium in der Altstadt Prag, übers. Chateaubriands Atala, Pr. 805. 12., Miltons verlornes Paradies, Pr. 811. 2 Bde. 12., gab eine böhm. Chrestomathie: Slowesnost, Pr. 820. 8., eine Gesch. der böhm. Liter. Pr. 825. 8., mehrere einzelne Aufsätze, Abhandlungen und Gedichte in Hlasatel, Puchmayers Sammlung, Hromádkos Zeitschrift, Dobroslaw, Krok u. s. w. heraus, und beabsichtigt die Herausgabe eines neuen vollständigen böhmischen Wörterbuchs. — *Frans Tomsa*, Vorsteher der k. k. Normal-Buchdruckerei in Prag, gab in Druck heraus: Böhm. Sprachl., Pr. 782. 8., Malý česko-něm. slownjk, Pr. 789. 8., Cecko-něm.-latinský slownjk, Pr. 791. 8., Ueber die čech. Zeitwörter, Pr. 804., Ueber die Veränderungen der čech. Spr., Pr. 805. 8., Grössere čech. Orthographie, Pr. 812. 8., Dobře mjněné wolánj na sedláky, Pr. 785., Měsjčný spis, Pr. 787., Pomoc w potřebě, Pr. 791., Tobolka zlatá, Pr. 791., Katechismus zdrawj 794., Nešťastné přjhody k wýstraze mládeže 794., Knjžka mrawná pro djtky, Pr. 810. 8. u. s. w. — *Jos. Rautenkrans* aus Königgrätz (geb. 1776, gest. 1818), Pfarrer in Sedlec, gab 11 Schriften, meist religiösen Inhalts heraus, übers. einiges aus dem Corn. Nepos, und verfasste mehrere Gedichte, die in Hlasatel u. s. w. erschienen sind. — *J. W. Zimmermann*, Priester des Ordens vom rothen Sterne, k. k. Bibliotheksbeamte in Prag, ist. Vf. u. Herausg. folgender Schriften: Přjběhowé králowstwj českého za panowánj Ferdinanda I., Pr. 820-21. 2 Bde. 8., Přjběhowé za Maximiliana eb., Bohuslaw z Lobkowic a z Hasensteinu, Pr. 819. 8. J. Jowiana Pontana o statečnosti wálečné, přlž. Řeh. Hrubý z Gelenj, Pr. 819. 8. — *Jos. Liboslaw Ziegler* aus Königgrätz (geb. 1782), Theol. Doct. u. Prof. in Königgrätz, übers. Fenelons Telemach, Königgr. 814. 8., Hawelkas Anleit. für Forstbeamte eb., gab: Böhm. Biegungen, 2 A. Pr. 823., Modlitby 815., Milina Almanach auf d. J. 1825., Dobroslaw eine Zeitschrift 1820-22. 12 Hefte 8., und m. a. heraus; redigirt gegenwärtig drei Zeitschriften: Milozor 1823 ff., Prjtel mládeže u. Raditel. — *Wenc. Hanka* aus Hořeňowes (geb. 1791), Bibliothekar bei dem böhm. National-Museum, Mitgl. mehr. gel. Gesellschaften, entdeckte 1817 die nicht nur für Böhmen, sondern für alle Slawen ewig denkwürdige Königinhofer Handschrift: Rukopis kralodworský, Pr. 819. 8., und gab ausserdem folg. Schriften heraus: Starobylá skládanj, Pr. 817-23. 5 Bdchen 12., Krátká hist. slow. národů (nach Rühs), Pr. 818. 12., Igor Swatoslawič, Pr. 821. 8., Gessnerowy Idylly, Pr. 819. 8., Pjsně, 2 A. Pr. 819. 2 Bdchen 12., Dobrowského mluwnice, Pr. 822. 8., Prawopis český, 2 A. Pr. 821. 12., mehrere Gedichte und Abhandl. in verschiedenen Zeitschriften u. s. w. — *Joh. Swatopluk Presl* aus Prag (geb. 1791), Med. Doct. Prof. der Naturgesch. und Aufseher des Naturalienkabinets an der Univers. zu Prag, gab in Verbindung mit dem Graf. *Bedř. Wšemjr Berchtold* ein vielumfassendes, gründliches Werk über die Botanik heraus: Rostlinář, 1r Th. allgem. Pflanzenkunde, Pr. 819. 4., 3r Th. besondere Pflanzenkunde, Pr. 821 ff., 28 Hfte. gr. 4. wird fortgesetzt, der 2te Th. angewandte Pflanzenkunde, soll das Ganze beschliessen; ausserdem redigirt er seit 1821 die encyklopädische Zeitschrift: Krok, bis 1825. 5 Hefte 8. — *Adalb. Sedláček* aus Čelákowic (geb. 1785), Priester des Prämonstratenser Ordens, Doct. d. Phil. u. Prof. an der philosophischen Lehranstalt in Pilsen, gab: Paměti Plzeňské, Pr. 821. 8., Základowé měřictwj čili geometrie, Br. 822. 8., Základowé přjrodnictwj aneb fysiky a mathematiky potažené, Pr. 825. 8., Puchmayers rymownjk, Pr. 824. 8., mehrere Gedichte, Abhandl. u. Reden u. s. w. heraus. — *Ant. Jungmann* aus Hudlic (geb. 1775), Med. Doct. u. Prof. an der Prager Univers., gab: Nawedenj k babenj, Pr. 804. 8., O konjch Pr. 818. 8., Koňský lékař, Königgr. 825. 8., mehrere Abh. in Krok u. s. w. heraus. — *Ant. Marek* aus Turnau (geb. 1785), Pfarrer in Teyn, Mitgl. der slowak. Ges. in Ungern, verfasste mehrere Gedichte, die einzeln und in verschiedenen Zeitschriften erschienen sind, schrieb eine Logik: Logika anebo umnice, Pr. 820. 8., übers. mehrere Dramen: Omylowé od Bolemjra Izborského (nach Shakespear), Pr. 823. 8. u. s. w. — *Ad. Neqedlý* aus Žebrák, Pfarrer in Mirošow, gab: Kázanj, Pr. 806-07. 4 Bde. 8.,

Ladislaw, ein didakt. Roman, Pr. 807. 8., Poslednj saud, Pr. 802. 12. (ein beschreib. Gędicht) u. m. a. heraus; verfasste mehrere erzählende Gedichte (Epopöien?): Karl, Wratislaw, Ottokar in XII. Ges., wovon einzelne Bruchstücke erschienen sind. — *Karl Ign. Tham* verfasste mehrere Sprachbücher: Böhm. Sprachlehre f. Teutsche, Pr. 798. 6 A. v. Hanka 821. 8., Teutsch-böhm. Nationallexicon, Pr. 788. 799. 814. 2 Bde. 8., Böhmisch-teutsches Nationallex., Pr. 805-807. 2 Bde. 8. (der 2te Bd. von Tomsa revidirt), Teutsch-böhm. und Böhm.-teutsches Taschen-Wörterb., Pr. 814-18. 2 Bde. 12., Böhm. teutsche Gespräche, Pr. 785-814. 8., Obrana gazyka českého, Pr. 783. 8., übers. mehrere Dramen u. s. w. — *Wenc. Tham*, Schauspieler in Prag, gab: Básně w řeči wázané, Pr. 785. 8., verschiedene Lust- und Schauspiele u. m. a. heraus. — *Wenc. Stach*, emeritirter Prof. der Theol. in Olmütz, ist Vf. von 11 böhmischen, zum Theil übersetzten Werken: Kniha mrawů křesťanských, Pr. 786. 8., Přjručka učitele lidu 787. 2 Bde. 8., Roykowa histor. sněmu Kostnického 785. 2 Bde. 8., Giftšice počátkowé pastoralnj theologie 789., Starý Weršowec 805., Pjsně duchownj 791. u. s. w. — *Joh. Ruljk*, Prager Bürger, übers. u. verfasste mehrere Bücher, worunter: Sláwa a wýbornost gazyka č. 792., Cwičenj djtek 792., Żiwot Ludwjka XVI. 793., Katonowa naučenj, Pr. 794-95. 2 Bde., Wěnec pocty 795. 8., Kalendář historický, Pr. 797—806. 5 Bde., Šiffnerowa gallerie osob země č., Pr. 803 ff. 5 Bde. 8., Učená Čechie, Pr. 807—08. 3 Hfte., Wypsánj žiwotů patronů, kázanj ned. a swát. u. m. a. — *Stanislaw Wydra* aus Königgrätz (geb. 1741, gest. 1804), Domherr und Prof. der Math. in Prag, gab in Druck heraus: Kázanj, Pr. 799. 8., Arithmetika u. s. w. — *Dominik Kinský* aus Schlan, Piarist, Prof. an der philosophischen Lehranstalt in Brünn, übers. Lessingowy bágky, Brünn 816. 8., Gressetůw papaušek eb., Horazens Oden (in Hromádkos Zeitschrift) u. s. w. — *Frans Joh. Swoboda* aus Prag (geb. 1778), Prof. am akad. Gymnasium in Prag, Vorsteher der Schule bei St. Stephan, verfasste mehrere Gedichte u. Abhandlungen, übers. die bibl. Gesch. f. Kinder u. s. w. — *Sebast. Hněwkowský* aus Žebrák, Rathsherr eb., verfasste ein komisches Heldengedicht: Děwjn in XII. Ges., P. 805. 2 Bde. 12., gab eine Samml. vermischter Gedichte: Básně drobné, Pr. 820. 8., Zlomky o č. básnjctwj, Pr. 820. 8. u. m. a. heraus. — *Milota Zdirad Polák* aus Zásmuky (geb. 1788), k. k. Officier, ist Vf. mehrerer Gedichte, worunter sich ein grösseres, lyrisch-beschreibendes in VI. Ges. Wznešenost přjrody, Pr. 819. 8. befindet, einer Reisebeschr. nach Italien: Cesta do Italie, P. 820. 8. u. m. a. — *Franz Turinský* aus Poděbrady (geb. 1796), Actuar in Libochowic, verfasste ein Original-Trauerspiel: Angeljna Königr. 821. 8., mehrere Gedichte u. s. w. — *Franz Palacký* aus Hoclawic in Mähren (geb. 1798), Archivar beim Gr. Sternberg, verfasste mehrere Gedichte, einzeln und in verschiedenen Zeitschriften gedruckt, eine böhm. Aesthetik, wovon einige Bruchstücke in Krok erschienen sind, mehrere histor. Abhandl. u. s. w. — *Clemens Wenc. Klicpera* aus Chlumec (geb. 1793), Prof. in Königgrätz, verfasste mehrere Original-Lust-Schauund Trauerspiele, deren Samml. u. d. T. Diwadlo Klicperowo, Königr. 820 ff. 8. erscheint, und gab auf das J. 1825 einen dramatischen Almanach heraus. — *Joh. Nepomuk Štěpánek* aus Chrudim (geb. 1783), Directeur des böhm. ständischen Theaters in Prag, der fruchtbarste böhmische Schauspieldichter neuerer Zeiten; s. Dramen erscheinen gesammelt u. d. T. Diwadlo Štěpánkowe, Pr. bis 1825. 10 Bde. 8. — *Math. Sychra* aus Wildenschwert (Austj nad Orlicj), Pfarrer zu Imramow in Mähren, gab: Kázanj, Brünn 814. 2 Bde. 8., Powjdatel eb. 815. 3 Bde. 8., Kratochwilnjk, Pr. 821. 2 Bde. 8., Rozmlauwánj a powjdky 822. 12., einige Dramen u. s. w. heraus. — *Vinc. Zahradnjk* aus Jungbunzlau (geb. 1790), bischöfl. Sacellan und Consistorialruth in Leitmeritz, übers. Niemeyers Grundsätze der Erziehung, verfasste eine systematische böhm. Grammatik, ein böhm. Ritual, Briefe über die Führung des Seelsorgeramts u. m. a. — *Ladisl. Čelakowský* gab: Smjšené básně, Pr. 822. 12., Slowanské národnj pjsně, Pr. 822. 25. 2 B. 8., Noworočenka Alm. a. d. J. 824., Dennice Alm. auf d. J. 825. (mit J. Chmela) u. m. a. heraus. — *S. K. Macháček* übers. Göthes: Ifigenia w

Taurii, Pr. 822. 8., mehrere Opern (Rodina Šweycarská, Wodař, Don Juan u. s. w.), veranstaltete eine böhm. Beispielsamml. Krasořečnjk, Pr. 823. 8. — *J. Hýbl* gab: Popsánj zwjřat, Pr. 811. 8., Histor. česk. diwadla, Pr. 816. 8., Staročeská země, Satyra, Pr. 817. 4., Rozmanitosti bis 1821. 16 Hefte, Hylos, eine Zeitschr. 1820 ff. u. a. m. heraus. — *Fr. Alex. Rokos* verfasste ein episches Gedicht in Hexametern: Iwan, in V. Ges., Pr. 823. 8. — *Franz Raymann*, Dechant in Častolowic, verfasste mehrere erzählende und beschreibende Gedichte: Poslednj den a saud, in III. Ges., Pr. 816. 8., Josef Aegyptský, in XII. Ges., Pr. 820. 8. — Tobiáš, in XII. Ges., Marj Magdalena u. s. w. — *Franz Wetešnjk* aus Gizerno Wtelno (geb. 1784), Pfarrer in Markwartic, übers. Marmontels Belisar, verfasste mehrere Gedichte u. s. w.

Noch sind als Schriftsteller dieses Zeitraumes zu nennen: *Laur. Amort* Lehrer in Prag, *J. Bohdanecký* Domherr zu Wyšehrad u. Dechant in Počátky, *Ant. Borowý* Schullehrer, *Ant. Čermák* Pfarrer in Hermannstadt (Heřmanoměstec), *Jos. Wenc. Dietrich* Domherr u. Prof. in Prag, *J. Alex. Dundr, Franz Frič* Pfarrer, *Jos. Gawurek* Pfarrer, *Jos Gallaš* k. k. pens. Oberarzt aus Weisskirchen (Hranic, geb. 1756), *Hynek Gostko von Sachsenthal, Vinc. Hafner* Augustiner und Prof., *Ign. Hágek* a. Hradischt (geb. 1770), Prof. in Leitmeritz, *Aloys. Hanke von Hankenstein, Joh. Herzog, Casp. Melichar Hrdlička, Joh. Norb. Nep. Hromádko* Prof. in Wien, *Aegid. Chládek* Prämonstratenser Prof. in Prag, *Jos. Chmela* aus Třebič (geb. 1793) Prof. in Königgrätz, *J. Chmelenský, Jos. Janiš* Dechant in Hostiwary, *Jos. Kauble* aus Boskow (geb. 1785) Prof. in Leitmeritz, *Karl Khun* Pfarrer, *Jos. Mirowjt Král* Kaplan in Gilemnic, *Wenc. Rodomil Kramérius, Jos. Kregčj* Pred. in Prag, *Ant. Kuča, J. Linda* Zeitungsredact. in Prag, *Jos. Myslimjr Ludwjk, J. G. Marek, Joh. Matěgka, Joh. Medljn, Wenc. Melezjnek, Jos. Meystřjk, Thom. Mnich, Franz Mysliweček, Philipp Nedéle* Th. Doct. Prof. in Brünn, *Franz Nowotný* Pfarrer in Luštěnic, *Mich. Silorad Patrčka* Lehrer in Josefow, *Ant. u. W. Pawlowský, Karl Payer* aus Budjn, *G. Petrmann* Prediger in Dresden, *Joh. Wenc. Pohl* böhm. Sprachmeister in Wien (geb. 1720, gest. 1790), *Karl Bořiwog Presl, Magdalena Retjk* Rathsfrau in Wildenschwert, *W. Mich. Rokos* Pfarrer in Prag, *Jos. Rosenthaler* Pfarrer, *Hynek Ruth* Prof. in Prag, *Jak. Joh. Ryba, Jos. Skalický* Pfarrer, *Ant. Strnad* Prof. an der Prager Univ. und Mitgl. der Gesell. der Wiss., *Wenc. Aloys. Swoboda* von Nawarow (geb. 1791) Prof. in Neuhaus, *Karl Šádek* Lehrer in Königgrätz, *Prokop Šedivý, Ign. Schiessler* (geb. 1782) Magistratsbeamter in Prag, *Imman. Wilh. Šimko* Prediger in Mähren, *Frans Šjr* aus Budju (geb. 1796), *J. E. Schmidt, Adalb. Šohag, Franz Bohumjr Štěpnička* aus Opatow in Mähren (geb. 1785), k. k. Actuar bei der Zolladministration in Prag, *Frans Paulla de Šwenda, Jos. Táborský, Fr. B. Tomsa* Zeitungsredact. in Prag, *F. D. Trnka, Sim. Truska* Prämonstratenser Prof. in Strahow, *Norbert Waněk, Franz Wawák* Richter in Milčic, *Mart. Wolf, Joh. Zabranský* Pfarrer zu Sedlec in Mähren, *Jos. Zlobický* Prof. in Wien, *Anton. Zyma* Buchdrucker in Prag u. m. a.[2])

---

[2] *Quellen.* Ausser den §. 6. Anm. 5. angeführten Schriften von Frisch, Adelung, Vater u. s. w. Effigies virorum eruditorum atque artificum Bohem. et Morav., 1r und 2r Th. lat. von *Voigt* und *Born*, alle 4 Theile teutsch von *Pelzel*, Prag 773—82. — *Boh. Balbini* Bohemia docta, ed. a Raph. Ungar, Pr. 776. et a *P. Canidio* a S. Theresia, Pr. 777 — 80. 3 Bde. 8. — *Frans Procházka* de secularibus liber. artium in Bohem. et Morav. fatis commentarius, Pr. 782. 8. *Eb.* Miscellaneen der böhm. und mähr. Liter., Pr. 784 — 85. 3 Theile 8. — *J. Ruljka* učená Čechie, Pr. 807 — 808. 3 Hefte. — *Fr. Nowotného z Luže* bibliotheka českých Biblj, Pr. 810. 818. — *J. Negedlého* krátké obsaženj literatury české, in eb. böhm. Gramm., Pr. 805. 809. — *J. Dobrowsky's* böhm. u. mähr. Liter., Pr. 779—84., 3 Bde. 8., *Eb.* Literär. Magazin von Böhmen und Mähren, Pr. 786—87. 3 Hefte 8. *Eb.* Slawin, Pr. 808. 8., Slowanka, Pr. 814 — 15. 2 Bde. 8., *Eb.* Geschichte der böhm. Sprache und Literatur, Pr. 792. 8. (bis 1792), 2 A. Pr. 818. 8. (bis 1526). — *J. Jungmann* hist. literat. české Pr. 825. 8.

Zweiter Abschnitt.

Geschichte der Sprache und Literatur der Slowaken.

§. 44.

Historisch - ethnographische Vorbemerkungen.

Die Slowaken, diese ehrwürdigen Ueberreste der karpatischen und donauischen Urslawen, verdienen in mehrfacher Rücksicht eine nähere Betrachtung. Den Stammsitz der Slawen verlegen schon die Byzantier und nach ihnen Nestor nach dem Norden der Donau, welcher Ansicht auch Schlözer (Nestor II. 76. 77.) beistimmt. Auf den Ebenen, sagt Schlözer, zwischen der Donau und der Theiss bis an den Fuss der Karpaten hinauf weideten von jeher die Sarmatae limigantes, die Jazyges metanastae. Dass diese Jazyges wirkliche Slawen gewesen, beweist sowol ihr Name, als auch andere historische Spuren. — Diese donauischen Urslawen, die Vorfahren der heutigen Slowaken, fingen schon unter dem Kais. Justinian an, das byzantische Reich zu beunruhigen; sie verschwinden aber bald darauf aus der Geschichte, und kommen erst unter Swatopluk wieder zum Vorschein. Das grossmährische Reich erstreckte sich über die ganze heutige Slowakei. (Vgl. §. 35.) Swatopluk war 894 gestorben, und seine Nachfolger Mojmjr, Swatopluk und Swatoboj hatten Mähren unter sich getheilt. In dem heutigen Ungern erstreckte sich deren Gebiet, nachdem 893 Pannonien verloren gegangen war, nur noch bis an den Wag- und Granfluss, auch dauerte der Theilungsvergleich zwischen diesen Nachfolgern Swatopluks nur ein Jahr, hernach vereinigten sie sich, aufgehetzt durch die Baiern. — Um diese Zeit waren die Wanderungen der trans-karpatischen Slawen nach Süden beendigt, und das heutige Ungern vielfach getheilt. Arnulph herrschte 899 bis an die Donau; weiter unten hatten sich Kroaten, Serben und Dalmaten niedergelassen, und unter eigenen Fürsten abgesonderte Staaten gebildet. Zwischen der Donau, der Theiss und der Wag herrschte ein slawischer Fürst Salan, der zweierlei Unterthanen hatte: hoch oben in den gebirgigen Gegenden gegen den Karpatus Slowaken, in den Ebenen aber Bulgaren[1]). Am linken Ufer der Theiss bis an den Maroschfluss hinab herrschte ein sich auf den byzantinischen Schutz stützender chazarischer, oder nach andern slawischer Fürst Marot, der einen zahlreichen Harem in seiner Residenz Bythor unterhielt, und Chazaren, die nach Zerstörung des chazarischen Reichs hergekommen waren, zu Unterthanen hatte. Zwischen dem Maroschflusse und zwischen Orschova herrschte ein bulgarischer Fürst Glad, der aus Widdin gekommen war, und petschenegische Soldaten mitgebracht hatte; seine Unterthanen scheinen eigentliche Rumunier (Walachen) gewesen zu seyn, die aus Thrakien über die Donau verpflanzt worden waren. Im heutigen Siebenbürgen endlich herrschte ebenfalls ein Fürst Gelou, wahrscheinlich bulgarischer Abkunft, dessen Unterthanen aber lauter Rumunier waren. — Die Herrschaft der Slawen und slawischen Fürsten in Ungern ging durch die Uebermacht der Magyaren zu Ende. Die Magyaren, eine asiatische Nomaden- Fischer- und Jägernation, die zuerst um das J. 626 (unter dem Ks. Heraklius) am Kaukasus und dem kaspischen Meer in der Geschichte bekannt worden war, und 680 aus Asien nach Europa übersetzend die Gegenden zwischen dem Dnieper und Don am Ingulflusse im heutigen Ekaterinoslawschen Gouvernement besetzt hatte, traten im J. 894 in Pannonien über Ungvár und Munkács ein, nachdem sie bereits im J. 838. den Bulgaren wider die Byzantiner an der Unterdonau beigestanden, 862 sich so-

---

[1]) *Engel*, aus dem diese Stelle entlehnt ist, erzählt dieses dem Anonym. Belae Notar. nach; es ist bekannt, dass *Schlöser* u. a. die Autorität des Anonymus verwerfen, und die Existenz der Theiss-Bulgarei und Salans läugnen.

gar in Teutschland, wahrscheinlich von Hzg. Rostislaw wider den Ks. Ludwig geführt, gezeigt, und 893 dem fränkischen Kg. Arnulph gegen Swatopluk Hilfe geleistet und die schönen Gefilde Pannoniens kennen gelernt hatten. Sie drangen zuerst am rechten Ufer der Theiss über die Laborza und die Borsva bis an den Bodrog und das Zempliner Schloss vor, und baten sich vom Salan den ganzen Strich Landes von den Karpaten bis zum Einfluss des Sajoflusses in die Theiss und bis zum Schlosse Sajo, dem heutigen Sajoszeged, aus, den sie auch erhielten. Salan, ein Enkel von Krumus, hing zwar mit dem damals noch mächtigen bulgarischen Staate zusammen; allein die Hilfe war noch zu weit entfernt, und der Einbruch der Magyaren zu unerwartet; er gab also friedlich nach. Nun wendeten die Magyaren ihre Blicke auf das linke Ufer der Theiss. Da Marot sich zur Abtretung eines Landstrichs nicht freiwillig herbeiliess, sondern mit der Macht seines Schutzherrn, des Ks. von Byzanz drohte, so ward zuerst das heutige Szabolcs, dann das Gebiet am Szamosflusse und der sogenannte Nyirhát bis an den Berg Meszes genommen, und Marot ward bis an den Körös zurückgedrückt. Die dritte Erweiterung ging nach Siebenbürgen zu: Tuhutum schlug den Gelou bei Almás, ereilte und tödtete ihn bei Kapus. Die vierte Erweiterung war von Salan ausgepresst, er musste den Bezirk bis an den Zagyvafluss friedlich abtreten, d. i. das heutige Heveser Comitat. Die nördlichen Gränzen wurden am Tatragebirge abgesteckt. Die fünfte Erweiterung nahm die Richtung über den Berg Hangony, über Gömör, Neograd, Bars, Zólyom, an die Eipel, den Granfluss, wo sie keinen Widerstand fanden, bis an die Neitra. Hier wurde der mährische Feldherr Zobor geschlagen, gefangen und hingerichtet. Galgótz, Bezko, Trencsin, ja alles was an der Wag und zwischen dem Wagfluss und der March lag, fiel den Ungern zu. Die Herrschaft der Mähren, durch Uneinigkeit untergraben, hatte in diesen Gegenden ein Ende. Der sechste Verlust der Slawen, der beträchtlichste von allen bisherigen, ward durch einen über Salan und seine bulgarische Hilfsvölker unweit von Titel erfochtenen

Sieg herbeigeführt. Der Preis dieses Sieges war der ganze Strich bis an Belgrad, wohin Salan geflohen war, zwischen der Theiss und der Donau. Nun blieb kein slawischer Fürst übrig, als Glad. Die Magyaren setzten über die Theiss bei Kenesna, drangen an den Bega und Temesfluss vor, schlugen den Glad mit seinen bulgarischen, petschenegischen und walachischen Truppen, und nahmen Oršowa, Pančowa und Kewe. Alle diese Vorfälle hatten von 894-899 Statt. Die bezwungenen Slawen wurden nun vollends in die Gebirge gedrängt, und von den Magyaren, die die weidereichen Ebenen besetzten, als Untergebene und Bundesgenossen behandelt. Der Herzog allein übte das Recht, die eroberten Ländereien erblich zu verschenken. Es wurden aber nicht nur Magyaren, sondern auch slawische Bojaren unter den ungrischen Soldatenstand aufgenommen, und mit Ländereien beschenkt. Allmälig lernten die Magyaren von den Slawen die Künste des Friedens, und ihre Sprache bereicherte sich mit slawischen Wörtern, die auf Ackerbau, Handwerke und städtische Cultur Bezug hatten. Die donauisch-karpatischen Slawen waren nämlich schon damals nicht nur Christen, sondern auch Ackersleute und zum Theil Städtebewohner (Nowigrad, Munkács, Wyšegrad, Neitra, Ostrigom u. s. w.) — So verschwanden die Slowaken bereits im IX. Jahrh. aus der Geschichte, und ihre Schicksale und Thaten verlieren sich von da an in jenen des magyarischen Volks[2]). — Merkwürdig, wegen der wichtigen Folgen, ist die Erscheinung und Niederlassung der hussitischen Böhmen im XV. Jahrh. unter den Slowaken Oberungerns. Giskra v. Brandeis, Elisabethens, Kgn. von Ungern, Feldherr im Kriege gegen den polnisch-ungrischen König Wladislaw und seine Partei, hielt 1440-53 die slowakischen Gespanschaften von Pressburg bis Eperies und Kaschau besetzt. Die böhmischen Krieger kamen nach Ungern von ihren Weibern und Kindern begleitet. Thu-

---

[2]) Vgl., ausser den Werken von *Bonfin, Severini, Palma, Pray, Katona, Engel, Fessler* u. s. w. S. *Timon* imago antiquae et novae Hungariae, Wien 754. 2 Bde. 4. — *G. Papanek* de regno regibusque Slavorum, Fünfkirch. 780. 8. — *G. Fandly* compendiata hist. gentis Slavae, Tyrn. 793. 8.

rocz bezeugt es, dass sie sich hier Häuser gebaut, und sich einheimisch gemacht haben. Um aber die ihm anvertraute Gegend desto besser gegen den Feind zu schützen, führte Giskra während der ganzen Zeit seines Aufenthalts in Oberungern zahlreiche Colonien der böhmischen Hussiten nach demselben, und siedelte sie in den Gespanschaften Gömör, Hont, Neograd, Sohl, Liptau, Trencsin und Neitra an. Da sie allmälig mit den einheimischen Slowaken zusammenschmolzen, so wurden sie von dem nachmaligen Kg. Mathias, dem sich Giskra unterworfen hatte, im friedlichen Besitz ihrer Wohnplätze gelassen. Ihre zahlreichen Nachkommen befinden sich noch heutzutage in den genannten Gespanschaften.[3]

Die heutigen Slowaken bewohnen den nordwestlichen Theil Ungerns, sind aber auch sonst in einzelnen jüngern Colonien durch das ganze Land zerstreut. Rein slowakische Gespanschaften sind: Trencsin, Thurocz, Arva, Liptau und Sohl (gegen 550,000 Menschen); in den Gespanschaften Neitra, Zips, Schárosch, Bars, Zemplin, Gömör und Hont machen sie die Mehrzahl (ungefehr 800,000), hingegen in Pressburg, Neograd, Pesth und Abauj die Minderzahl (kleinere Hälfte) der Einwohner aus (mit den slowakischen Colonien in Békes, Ungvár, Komorn, Bács, Szabolcs, Stuhlweissenburg, Gran, Csongrád, Vessprim, Szatmár, Tolna, Csanád, Torontal, Heves, Torna, Arad, Beregh, Raab, Temes, Syrmien und der teutsch-illyrischen Gränze ungefehr 450,000 Menschen). Die Gesammtzahl der Slowaken ist demnach 1,800,000 Seelen, von denen sich ungefähr 1,300,000 zur katholischen, und 500,000 zur evangelischen Religion bekennen.[4]

---

[3] *L. Bartholomaeides* de Bohemis Kis - Hontensibus commentatio historica, Wittenb. 788. 4. N. A. 795. 4.
[4] *M. Bel* notitia Hungariae, Wien 735—42. 4 Bde. 4. — *K. G. von Windisch* Geogr. d. Kgr. Ungern, Pressb. 780. — *H. Nowotný* sciagraphia Hung., Wien 798, 2 Bde. 8. — *Vályi Andr.* Magyar Ország le-irása, Of. 796 — 99. 3 Bde. 8. — *Ch. Crusius* Postlexicon d. k. k. Erblanden, W. 798. 802. 5 Bde. 8. (2 v. Ungern). — *M. Horváth* Statist. v. Hung., Pressb. 802. — *G. Palkowič* známost wlasti, Pressb. 804. 8. — *K.G. Rumi* geogr.-stat. Wörterb. d. östr. Kaiserthums, W. 809. — *M. Schwartner* Statistik d. Kgr Ungern.Of. 809 — 11. 3 Bde. 8. — *Ch. K. André* geogr.-stat. Beschreib. d. Kais. Oesterreich, Weimar 813. — *F. A. Demian* stat. Darstellung d. Kgr. Ungern, W. 805 — 07. 2 Bde. 8. — *M. Sennowits* geogr.-stat. Uebersicht d. Kgr. Ungern, Eperies 816. fol. — *Link* kl. Geogr. d. Kgr. Ungern, W. 817. 8. —

§. 45.

Charakter der slowakischen Sprache.

Die slowakische Sprache (slowenský gazyk, Slowenčina, wie die Slowaken selbst sagen, nicht slowácký gazyk, wie einige Neuere wollen —), ist eine besondere, in ihrer jetzigen Gestalt der böhmischen am nächsten kommende Mundart. Dieses und der Umstand, dass die Slowaken seit der Reformation die böhmische Mundart zu ihrer Literalsprache gewählt haben [1]), bewog Hrn. Dobrowský anfangs zu behaupten, dass das Slowakische, einige wenige Eigenheiten abgerechnet, nichts anderes, als das Altböhmische sey. Später jedoch hat dieser ehrwürdige Forscher seine Meinung zurückgenommen; denn er stellt in seiner Gesch. d. böhm. Sprache und Liter. (1818) S. 32, und in seinen Instit. l. slav. (1822) p. IV. das Slowakische als eine eigene Mundart neben der böhmischen, wendischen und polnischen auf. Und so fordert es auch die Natur der Sache. Das Slowakische bildet den Uebergang von der böhmischen zur windisch-kroatischen Mundart, od. von der Ordnung A. zur Ordnung B., und ist in seinem Urstoff sehr nahe mit der altslawischen Kirchensprache verwandt. Durch die geographische Lage des Volks, durch die Nachbarschaft der Böhmen, Polen, Russniaken, Serben und Winden, ferner durch den Umstand, dass die eigentliche slowakische Volkssprache nie zur Schriftsprache erhoben, geregelt und fixirt, sondern der blinden Gestaltung u. Verunstaltung durch zufällige Einflüsse von Aussen preisge-

---

Ch. Zipser Versuch e. top.-milit. Handbuchs v. Ungern, Oedenb. 817. 8. — *Magda Pál* Magyar Országnak stat. és polit. le-irása, Pesth 819. 8. — *J. v. Čaplowič* Schemat. d. ev. Gemeinden A. C. in Ungern, W. 822. 12. — Freimüth. Bemerk. e. Ungern üb. s. Vaterl. 799. — *D. Teleki de Szék* Reisen durch Ungern, Pesth 805. 8. — *S. Bredecky* top. Taschenb. f. Ung., Oedenb. 801. 8., Beitr. zur Topogr. v. Ungern, W. 802 — 07. 5 Th. 8., Reisebemerk. üb. Ungern, W. 809. 2 Bdchen 8. — (*J. Rohrer*) Vers. üb. d. slaw. Bewohner Oesterr., W. 804. — *L. Bartholomaeides* notit. Com. Gömör, Leutsch. 808. 4. *J. v. Čaplowič* ethnograph. Aufsätze in Hesperus u. Tudom. Gyüjtemény seit 817. Eb. top. Archiv d. Kgr. Ungern, W. 821. 2 B. 8.
[1]) Die Erzeugnisse d. slaw. Schriftsteller in Ungern sind zwar e. integrirender Theil der böhm. Literatur; weil jedoch die Sprechart der Slowaken einen besondern Dialekt bildet, so habe ich, der bequemern Uebersicht wegen, die Betracht. d. slowak. Sprache von der böhm. getrennt.

geben wurde, entstanden in dieser Mundart eines kleinen, ohnebin nicht selbständigen Volks so viele Varietäten, und diese zerfielen in so viele Nuancen, dass es nunmehr äussert schwer ist, sie alle unter einen allgemeinen Gesichtspunct zu bringen. Uebersieht man jedoch die grosse Menge dieser Sprachverschiedenheiten, und hält das Gemeinschaftliche in denselben fest, so ergeben sich folgende charakteristische Unterschiedsmerkmale des Slowakischen von den übrigen Dialekten, und zwar zunächst dem Böhmisch-mährischen: 1.) Durchgängig breitere Vocale *a, o* und *u* statt der engern böhmischen *e* und *i*: ma, ta, sa, žial, žart, duša, serco, podošwa, ljúbost, lude. 2.) Eine Menge Diphthongen: *ia, iu, ou, uo, ieu, iou:* chodja, nosjá, piu, hnau, huorou, kuoň, stuol, lieuč, djouča. In allen diesen Fällen klingt das *u* weder wie ein teutsches od. böhmisches *u*, noch wie ein *w*, sondern wie ein Mittelding zwischen beiden. 3.) Ein Umlaut *ä*, entsprechend dem Altslawischen und Russischen я: mäso, wäzy, räd, krawär, z käd (jedoch in einigen Gegenden auch rjad, krawjar u. s. w.), ein Mittelton zwischen *e* und *a*, dessen Aussprache sich nicht beschreiben lässt. 4.) Weichheit der Consonanten *b, m, p, n, t, d, w;* worunter die negative Partikel *ně* bemerkenswerth ist. 5.) Gänzlicher Mangel des zischenden böhmisch- polnischen ř (rz), wofür die Slowaken in einigen Fällen *rj:* rjeka, rjad, rjedký, in andern aber nur *r* sprechen: repa, remeslo. 6.) Alternativer Gebrauch der Gurgellaute *h* und *g*, und zwar des ersten in den meisten, des letzten in seltenern Fällen: hlawa, hrjech, uhel, roh, dahingegen: ǧunár, ǧuba, ǧrman, ǧrlák, ǧaliba, ǧatě, ǧazda, ǧazdina, ǧáǧor, ǧáǧotat, mljazǧa, pluzǧjer, ǧamba, klaǧanina, brýzǧat, liǧotat se u. s. w. 7.) In der Aussprache der Präposition *roz* neigt sich der Slowak manchmal ebenfalls zur Ordnung A, und spricht: rázsocha, rázsoška (aber auch rozsocha, rozsoška), rázpora, rázswit, ráztok, rázcesty u. s. w. Ueberhaupt liebt er *a* st. *o* im Anfange der Wörter: rab, rastem, rasca u. s. w. 8.) Bemerkenswerth sind die Ausgänge des Präsens auf *em* st. *u*: nesem, wezem, pigem; auf *mo* st. *me*: nesemo, widjmo, hledámo, wolámo; auf *já* st. *j* od. *egj*: chodjá, widjá, nosjá, hledjá (cfr. slav. chodiat, nosiat, widiat); des Präteritum auf *u* st. *l*: wolau, chodiu (vgl. ober die Aussprache No. 2.), wo das *u*, aus dem groben *l* entstanden, dem Serbischen *o* völlig entspricht; des Infinitivs auf *ct* st. *ci*: pject, muoct, wlject, was mit dem Altslawischen щ: pešči, mošči, wlešči zu vergleichen ist. 9.) Das öftere Ausstossen der Vocale erinnert an den häufigen Gebrauch des ь und ъ in den ältesten Handschriften des Altslawischen: mhla, žltý, stlp, tlct u. s. w. wobei aber zu bemerken ist, dass in einigen Gegenden der Slowakei (Gömör u. s. w.) gerade das Gegentheil davon zu finden ist, indem man dort jede Sylbe vocalisirt: perst, smert, serco, mertwý, persy, merznem, žoutý, pouný, gabuko, slunko (nicht slnko), mysel, wjezol, njesol (wjezou, njesou), u. s. w. 10.) Am bemerkenswerthesten sind die vielen, den Slowaken eigenen, bei den neuern Böhmen gar nicht gebräuchlichen, aber in dem Altböhmischen und in andern Dialekten, vorzüglich dem Kirchenslawischen, Windischen, Russischen und Polnischen noch vorkommenden Wörter. G. Rybay hat mit preiswürdigem Fleiss ein slowakisches Idiotikon von etwa 15,000 Wörtern gesammelt, welche Zahl sich leicht noch vermehren liesse. Viele derselben hat Hr. Palkowič in s. böhm. Wörterb. 820—22 aufgenommen. — Sieht man auf die slowakische Sprache, wie sie im Munde des Volks lebt, nicht wie sie in den Werken slowakischer Schriftsteller vorkommt (denn diese ist die mehr oder weniger slowakisirte Böhmische), so lassen sich drei Hauptvarietäten derselben unterscheiden: 1.) die *eigentliche Slowakische* in den Gespanschaften Thurocz, Arva, Liptau, Sohl, Bars, Neograd, Pesth, Borsod, Gömör und in den aus diesen Gespanschaften geflossenen Colonien in Niederungern. Sie ist am weitesten von den beiden benachbarten Dialekten, dem böhmischen und polnischen entfernt, und ihr kommen die oben angeführten Merkmale vorzugsweise zu. 2.) Die *mährisch-slowakische* Varietät in den Gespanschaften Pressburg, Neitra und Trencsin, und in den von daher stammenden Niederlassungen in Niederungern. Sie nähert sich merklich der mährischen Landesmundart, und hiemit der böhmischen Schriftsprache, liebt die engern Vocale, meidet die Diphthongen, ohne darum aufzuhören slowakisch zu seyn; das mährisch-böhmische ř (rz) ist ihr durchgängig fremd. Eine Abart dieser Varietät in Neitraer Gespanschaft fingen Bernolák, Fándly und ihre Genossen an zu schreiben. 3.) Die *polnisch-slowakische* Varietät in einem Theil von Arva, ganz Zipsen, Schárosch, Abauj und Zemplin (woselbst eine in der Orthographie magyarisirende Spielart *sotakisch* heisst), deren Entstehen sowol der Nachbarschaft mit Polen, als auch der drei Hundert Jahre lang dauernden Herrschaft derselben in Zipsen zuzuschreiben ist. Sie liebt das Polnische *dz* und *c* st. des slowakischen *d* und *t*: idzem, budzem, ferner viele echtpolnische Wörter, Biegungen und Formen: bars st. welmi, palec st. prst, draha st. cesta, hyba st. gen, choc st. trebas, šukac st. hledat, widzalem, świnia u. s. w. Nuancen dieser drei Varietäten sind: 1.) das *Teutsch-slowakische* in den Bergstädten und ihrer Umgegend; 2.) das *Magyarisch-slowakische* in den slowakischen Colonien Niederungerns; 3.) das *Russniakisch-slowakische* in Abauj, Zemplin und Beregh, wo die Slowaken an die Russniaken stossen; 4.) das *Serbisch-slowakische* in Bács, Banat und der Militärgränze, ferner in Ofen und um S. Andrä herum.[2])

Hieraus ergeben sich die Vorzüge und Mängel der slowakischen Mundart von selbst. In Hinsicht des Wolklangs hat sie wegen ihres Reichthums an breitern, tönendern, hellern Vocalen allerdings einen Vorzug vor der böhmischen; allein diess berechtigt sie noch nicht

---

[2]) Als besondere Spiel- od. Abarten des Slowakischen werden noch das *Hanakische* in Pressburg, das *Trpákische* in Hont, das *Krekáčische* in Gömör, das *Zahorákische, Podhorákische* u. s. w., wol ohne alle Noth genannt; indem, man auf diese Weise fortfahren wollte, jeden Dorfjargon als Unterdialekt zu classificiren, man deren nicht nur in der Slowakei, sondern allenthalben in der Welt ohne Zweifel so viele aufstellen müsste, als es durch Berge u. Thäler und Flüsse geschiedene Ortsgebiete gibt. — Die *Sprachbücher* haben die Slowaken mit den Böhmen gemein. Zur Kenntniss der Landesmundart können indess dienen: *A. Bernolák* Gramm. slavica, Posonii 790. 8. *Eb.* Dissertatio de litteris Slavorum, Pos. 787. 8., *Eb.* Etymologia vocum slavicarum, Tyrn. 791. 8. *Eb.* Lexicon slavico-lat.-germ.-hungaricum, Of. 825 ff. auf 4 Bde. gr. 8. berechnet. — *G. Palkowič* böhm. Wörterb. 820—22., enthält ebenfalls viele slowakische Wörter. — Vgl. auch: Pjsně swětaké lidu slowenského w Uhřjch, Pesth 821. 12.

zu der Ehre einer Literalsprache, zu der sie einige neuere, vorzügliche katholische Schriftsteller erheben wollen. Die Lage der Slowakei und des slowakischen Volks, die Geschichte der vergangenen, für die Cultur der Sprache günstigern Zeiten, der fortwährende, allgemein eingeführte Gebrauch der böhmischen Mundart als Schrift- und Kirchensprache bei den protestantischen Slowaken, die Beschaffenheit der tausendfach metamorphosirten Hausmundart, die Klugheit selbst ist gegen eine solche Neuerung.

§. 46.

Schicksale der slowakischen Sprache und Literatur.

Die Geschichte zeigt uns die slowakische Mundart nie selbständig in der Reihe der slawischen Schriftsprachen. Die auffallende Uebereinstimmung mit der altslawischen Kirchensprache in einzelnen Wörtern, Wortfügungen und Redensarten ist noch lange kein Beweis dafür, dass Kyrill und Method die slowakische Mundart geschrieben haben, und dass dieselbe mit der altslawischen Kirchensprache eins sey; denn zu dem grossmährischen Reiche, in welchem damals Kyrill und Method lebten und lehrten, gehörten ausser den Slowaken auch noch andere Slawenstämme. Diese Uebereinstimmung wird leicht begreiflich, wenn man annimmt, dass die altslawische Kirchensprache der Ertrag der frühesten Cultur der noch heidnischen Slawen ist, und bedenkt, dass der Ursitz der Slawen in Europa die Karpaten waren (§. 10. 44.). Wol ist es Thatsache, dass zahlreiche Spuren der Bauart und der Malerei in den uralten Kirchen der Slowakei auf die Verbreitung des griechischen Ritus vor Menschengedenken in diesen Gegenden hinweisen [1]; allein diese schwachen, dunkeln Ueberreste eines völlig verschwundenen Daseyns lassen nur vermuthen, dass die altslawische Kirchensprache eine Zeitlang Kirchensprache der Slowaken gewesen sey — obschon es Wichings bekannte Abneigung gegen die Griechen sehr unwahr-

---
[1] S. *L. Bartholomaeides* Comit. Gömör. notitia hist.-geogr.-statistica (Leutschau 808. 4.) S. 271.

scheinlich macht, dass sie es lange und überall gewesen — beweisen aber doch am Ende für die frühere Cultur des Slowakischen, genau genommen, nichts. Die slowakische Sprache konnte zwar schon zu dieser uns völlig dunkeln Zeit nicht arm seyn. Beweis dessen sind die zahlreichen ins Magyarische übergegangenen Wörter, die sich meist auf Cultursachen, Werkzeuge sowol des Ackerbaus, der Land- und Hauswirthschaft, als auch der städtischen Gewerbe und Künste beziehen [2]). Aber am besten würden wir über die Beschaffenheit der ältern slowakischen Sprache urtheilen können, wenn uns jemand die alten Volkslieder der noch heidnischen Slowaken aufbewahrt hätte. Thatsache ist es, dass das über alles sanglustige und gesangreiche slowakische Volk noch bis vor etwa 60 Jahren, bei verschiedenen Dorfgebräuchen uralte Lieder gesungen hat, die Spuren des Heidenthums verrathen, die wir aber heute kaum den Anfangsversen nach kennen [3]). — Mit dem Untergang des grossmährischen Reichs erlosch die Selbständigkeit der Slowaken — und ihre Sprache wanderte von den Burgen und Palästen der Fürsten in die Hütte des Landmannes. Jahrhunderte des tiefsten Schweigens folgen auf die durch herbeigeeilte erobernde Völkerhorden veranlassten Kriege und Stürme; der Name der Slowaken und ihrer Sprache verliert sich aus der Geschichte, und dämmert nicht eher heran, als um die Mitte des XV. Jahrh., wo die Hussiten unter dem kriegerischen Giskra in Oberungern hausten. Um diese Zeit mögen die durch magyarische Könige in lateinischer Sprache beherrschten Slowaken zu allererst seit Kyrill und Method erfahren haben, dass so Etwas, wie ihre Sprache, aufs Papier gebracht werden könne [4]). Denn in Böhmen hatte da-

---
[2]) *S. Leška* hat einen: Elenchus vocabulorum slavicorum magyarici usus, in Msc. hinterlassen, der zu Ofen 1825. 8. in Druck erschienen ist.
[3]) *S. Tablicowy* poesie, Waitzen 1806 ff. 1 Bd. S. IV — XII. — *L. Bartholomaeides* Com. Gömör. notitia Part. I. C. IV. De cultura incolarum.
[4]) Die Inschriften auf Glocken, Altären, Thürmen u. s. w., aus dem XII — XV. Jahrh. in der Slowakei sind alle lateinisch. So hat die Glocke zu Gross-Röcze in Gömör von 1206 die Inschrift: O fusa est campana in honore Dei omnipotentis et in honore S. Quirini; der Senatorenstuhl in Csetnek von 1272: O rex gloriae veni cum pace Amen; die Glocke zu Poloma (Veszverés): Est factum in honore Dei omnipotentis et S. Nicolai 1496. S. *L. Bartholomaeides* notitia C. Gömör. S. 272 — 73.

mals die Landesmundart schon eine bedeutende Stufe der Ausbildung erreicht; und es lässt sich gar nicht bezweifeln, dass die für ihre Lehre so eifrigen Hussiten Versuche gemacht haben, die Stamm- und Sprachverwandten Slowaken mittelst der Buchstaben und Schrift für sich zu gewinnen. Aber auch von diesen vorsätzlichen Versuchen abgesehen, musste nicht schon das blosse Beispiel der Hussiten in ihren zahlreichen Niederlassungen in den Gespanschaften Gömör, Hont, Neograd, Sohl, Liptau, Trencsin und Neitra auf ihre Nachbarn u. Mitinsassen, die Slowaken, wirken? Konnte ihnen der Gebrauch des lateinischen Alphabets zur Bezeichnung der Laute ihrer Sprache hinfort fremd bleiben? Nur der türkischen Vertilgungswuth ist es zuzuschreiben, dass nach hundertjährigen Verheerungskriegen so wenige Ueberreste, ja kaum einige Spuren dieser frühesten Cultur des böhmisch-slowakischen Dialekts in Ungern zu finden sind. Ehedem hielt ich den handschriftlichen Vertrag oder Cession des Georg von Breclaw an Jakob Ryšawý, vom J. 1433, welcher in dem Pressburger Stadtarchiv aufbewahrt wird, für das älteste Denkmal der slowakischen Sprache; allein nach Einsicht einer Abschrift davon ergab sich, dass derselbe böhmisch abgefasst und von Wien aus datirt sey. Sonstige Documente der slowakischen Landesmundart aus diesem Zeitalter sind mir nicht bekannt, obschon ich es für gewiss halte, dass sich ihrer nicht wenige in den Archiven und Bibliotheken der katholischen Erzbischöfe und Bischöfe, der Domkapitel, der Magnaten und Edelleute, ferner der k. Freistädte vorzüglich in den von Slowaken bewohnten Gegenden noch wirklich vorfinden mögen. Männer, die diesen Archiven und Bibliotheken vorstehen, oder denen sonst der Zutritt zu denselben frei steht, würden sich um die Geschichte der slowakischen Literatur grosses Verdienst erwerben, wenn sie uns mit diesen frühesten Denkmälern bekannt machen möchten [5]). Von den historischen

---

[5]) Ich selbst habe einen ziemlich ausführlichen handschriftlichen Katalog vieler, die slawische Geschichte und Literatur betreffenden, in den Archiven und Hauptbibliotheken Ungerns vorfindlichen, handschriftlichen und gedruckten Documente vor mir; so steht darin z. B. „Apud V. D. M. Breznobányensem Jo. Kuzmányi: Diarium Ge. Puchala ab a. 1247 usque

Volksliedern, z. B. von der Kgn. Elisabeth, Kg. Ludwig II. u. s. w., welche dereinst bei den Slowaken in Schwung waren, sind jetzt kaum die Anfangsverse übrig. Sichere Spuren der Fortbildung der slowak. Sprache fangen erst mit der Reformation an. — Dass die Hussiten, als Vorläufer der teutschen Reformatoren, ein Hinneigen zur protestantischen Lehre nicht nur bei den Böhmen, sondern auch bei den Slowaken in Ungern erweckt haben, ist wol ausgemacht [6]). Diesem, von Böhmen aus kommenden Impuls, haben wir es zuzuschreiben, dass die böhm. Mundart Schriftsprache der Slowaken geworden ist. Mit der Lehre kamen Bücher, und mit diesen die Sprache selbst aus Böhmen in die Slowakei [7]). Denn kaum war die Lehre der teutschen Reformatoren nach Oberungern gedrungen, als schon zahlreiche Schriften der evangelischen Prediger in böhmischer Sprache seit der Mitte des XVI. Jahrh. für den Gebrauch derselben in der Slowakei den unwiderleglichsten Beweis liefern. Von dieser Zeit an lassen sich die Schicksale der slowakischen Schriftstellerei in Ungern von Jahrhundert zu Jahrhundert übersehen.

Sechzehntes Jahrhundert. Die Reformation fasste, ungeachtet der gegen sie 1523-1525. gegebenen scharfen Befehle, in Oberungern immer festere Wurzeln [8]). Die slowakischen Prediger fingen an, den Gottesdienst, den Böhmen gleich, in der slawischen Sprache zu verrichten, wählten aber dazu die böhmische Mundart, weil die Bibel und alle ihre liturgischen Bücher in derselben verfasst und gedruckt waren. Geborne Böhmen u. Mährer wanderten oft als Seelsorger und Lehrer nach Oberungern, Slowaken nach Böhmen und Mähren; Böhmen,

---

1539, continuatum per filium eius Blasium 1539 — 60, nepotem Stanislaum 1597 — 632, pronepotem Mathiam 1637 — 675, et huius generum Math. Matěgkowič 1672 — 741, incolas Teuto-Lipcsenses, descriptum ex ipso originali per Math. Schulek V. D. M." Dann werden die Continuationen seit 1539 noch einmal unter besondern Numern aufgezählt, und zuletzt beigefügt: „Hactenus omnia slavice, praeter primum."
[6]) *S. Tablic* historie A. W., Waitzen 808. 8. S. 47. *Doležal* gramm. slav.-boh., Pos. 746. 8. Praef. §. XII.
[7]) Die böhm. Handschriften, die sich noch hie u. da unter den ungrischen Slowaken finden, z. B. die trojanische Chronik, das N. Test, u. a. m., kamen wol auf keinem andern, als auf diesem Weg nach Ungern.
[8]) Schon 1559 war die Mehrzahl der Magnaten u. Adeligen in Ungern protestantisch, und nur in dem Kreise jenseits der Donau zählten die Protestanten 300 Kirchen. *S. Tablic* historie A. W. S. 64 — 78.

Mähren und die Slowakei waren bis 1620 im Geiste eins [9]). Kein Wunder, dass die böhmische Schriftsprache von nun an in der Slowakei auch bei schriftlichen Verhandlungen des bürgerlichen Lebens gang und gäbe wurde. Alle slowakischen Schriftsteller dieses Jahrhunderts waren Theologen, und schrieben für ihr Fach Katechismen, Gebetbücher, Kirchengesänge und andere Erbauungsbücher; biblische und liturgische Bücher erhielten sie aus Böhmen. Die slowakische Literatur konnte sich nur mit Mühe neben und gleichsam unter den Flügeln der böhmischen entfalten; die wiederholten Einfälle der räuberischen Türken, die grausenvolle Verheerung der Städte, Burgen und Dörfer, die unglückliche Niederlage bei Mohács, die Einnahme der Stadt u. Festung Ofen durch die Türken, der Bürgerkrieg, den Zapolya anfachte, verscheuchten die stillen, friedliebenden Musen von Pannoniens bluttriefenden Gefilden. In allen Gesang- und Kirchenbüchern aus dieser unruhevollen Periode weht ein freudenleerer, düstrer, banger, sich nach Hilfe und Rettung sehnender Geist. Die unter solchen Umständen errichteten Schulen in der Slowakei, als in Rosnau 1525, Bánowce 1527, Libethen 1527, Bartfeld 1539, Leutschau 1542, Žilin 1550, Priwitz 1550, Schemnitz 1560, Šintawa 1573, Kesmark 1575, Jelšawa (Eltsch) 1576, Sohl 1576, Moschotz 1580, Freistädtl 1581, Trencsin 1582, Eperies 1594, Kaschau 1597 u. s. w., wirkten für die Emporbringung der slowakisch-böhmischen Sprache und Literatur wenig oder gar nichts, so sehr auch einige Lehrer, z. B. Pruno in Freistädtl, Hussel in Priwitz, u. s. w. für dieselbe begeistert gewesen seyn mögen [10]). Lange Zeit mögen die

---

[9]) S. *Tablicowy* poesie, Waitzen 806, ff. 1r Bd. S. XXVI. Anm. 19.
[10]) Schon Benedicti klagt über die Fahrlässigkeit und Indolenz der Slowaken gegen ihre Sprache. „Verum enim vero, sagt er in der Vorr. zu s. Gramm. 1603, hic mihi praecipue mei gentiles Slavi videntur cohortandi, apud quos excolendae eorum linguae maxima est negligentia, adeo ut nonnulli (expertus de quibusdam loquor), si non tantum non legant bohemicos libros, sed ne in suis bibliothecis ullum habeant, gloriosum id sibi ducant. Hinc fit, ut, quum de rebus illis domestica lingua est disserendum, semilatine eos loqui oporteat. (Man glaubt, Benedicti lebt jetzt, und spricht über die heutigen Slowaken!) Cetera incommoda neglecti eius studii non persequar. Exstiterunt tamen quidam, qui aliquid conati sunt: qualis vel inprimis fuit piae memoriae doctissimus vir Alb. Husselius Pri-

Slowaken sich mit in Böhmen gedruckten Büchern begnügt haben; späterhin wurden Buchdruckereien in Freistädtl (1581? nach Németh 1584), Bartfeld (1579), Schintau (1574), Neusohl (1578), Tyrnau (1579), und im XVII. Jahrh. auch in Pressburg, Trencsin, Leutschau, Eperies, Kaschau u. s. w. errichtet. Mir ist kein älteres in der Slowakei gedrücktes Buch bekannt, als der Katechismus von Joh. Pruno, Lehrer in Freistädtl, daselbst 1581 od. 1583. 8., und ein anderer Katechismus, 1581 in Bartfeld bei David Gutgesell gedruckt. Slowakische Schriftsteller dieses Jahrhunderts sind: *Joh. Sylvanus* (gest. 1572), gebürtig aus Ungern, lebte in Böhmen, *Georg Bánowský* Rector der Žiliner Schule (gest. 1561), *Joh. Táborský*, Prediger in Wařjn (gest. 1596), *Andr. Cenglerius*, Prediger in Rosenberg (um 1588), von denen einzelne Kirchenlieder in Gesangbüchern zu finden sind. — *Joh. Pruno*, Rector in Freistädtl (Galgótz, Frašták), und Trencsin (gest. 1586), schrieb ebenfalls Kirchenlieder, und gab 1581 od. 1583 in Galgótz einen lateinisch-slowakischen Katechismus heraus. — *Steph. Třebnický* aus Schlesien, Prediger in Zipsen (um 1583), übersetzte die Confession der 5 Städte ins Slawische, die 1614. 4. lat., teutsch, ungr. u. slow. in Kaschau erschienen ist. — *Joh. Hodika*, Superintendent in Trencsin, gab Leichenpredigten heraus, 1637. 8. — Noch werden als Beförderer und Liebhaber des slawischen Sprachstudiums in diesem Jahrhundert genannt: *Mich. Radašin* (Radošjnský) Pred. in Bartfeld, *Petr. Baroš*, Rector in T. Lipcse und Trencsin, *Alb. Husselius, Raphael Hrabec* u. m. a.

Siebzehntes Jahrhundert. Unter verhängnissvollen Auspicien dämmerte das XVII. Jahrh. in Ungern heran.

---

vidiae, qui suos discipulos et ad rectam orthographiam, et ad ornatiorem cultioremque sermonem assuefaciebat: sed quia destituebantur compendiosa ratione, si minus, quam volebant, assecuti sunt, non est mirum." Später mag es etwas besser geworden seyn; denn 150 Jahre darauf erhebt Bel in s. Vorr. zu Doležals Gramm. slav. §. XII. den Eifer einiger Magnaten u. Adeligen für die slaw. Sprache. „Quibus rebus evenit, ut non modo eruditi in Hungaria viri, sed Magnates etiam, et ex nobilitate eorum Comitatuum, in quibus lingua slavica vernacula est, curam linguae slavo-bohemicae cultumque ad se pertinere existimaverint. In his censemus: Szunyogios, Illésházyos, Thurzones, Ostrosithios, Zayos, ceteros; atque ex equestri ordine: Sulyowskyos, Szerdahelyios, Révayos, Justios, Otlikios, Benickyos, Plathyos, Potturnayos, reliquos."

Die freie Religionsübung war den Protestanten durch den Wiener Frieden 1606, bei der Krönung Mathias II. 1608, Ferdinands II. 1618, und auf dem Oedenburger Landtag 1625 gesetzlich zugesichert; nichts desto weniger brachte der Fall Böhmens nach der Schlacht am weissen Berge 1620 auch nach Ungern neue religiöse Stürme. Der Schutz, den die protestantischen Slowaken den zahlreichen böhmischen und mährischen Flüchtlingen angedeihen liessen, veranlasste den heftigsten Streit zwischen der protestantischen und katholischen Partei. Der Bürgerkrieg unter Georg Rákótzy nahm den Character eines Religionskrieges an. Die Linzer Pacification, 1647 bei der Krönung Ferdinands III. unter die Landesgesetze aufgenommen, trug sehr wenig zur Herstellung des Friedens bei. Emerich Tököly (1681) und Franz Rákóczy (1704) verbreiteten abermals die Schrecknisse des Bürgerkriegs über das von den Türken ohnehin sehr verwüstete Ungern. Unter solchen Umständen konnte die slowakische Literatur, deren Pfleger bis dahin meist Protestanten waren, und die zu Ende des vorigen Jahrhunderts erst heranzublühen begann, zu keiner Reife kommen; sie erlosch mit dem Ende des XVII. Jahrh. beinahe gänzlich. Die fruchtbarsten slowakischen Schriftsteller waren auch jetzt Theologen; aber der sprachliche und sächliche Werth ihrer Erzeugnisse sinkt mit dem Verfalle der Zeit immer tiefer. Der Geist, der sich im Freien kräftig emporhebt, schrumpft in der Gefangenschaft zum todten Buchstaben zusammen. Namhafte Schriftsteller dieses Jahrh. sind: *Laur. Benedicti* aus Nedožer im Neitraer Comitat (geb. 1555, gest. 1615), Prof. an der Prager Universität, ein gründlicher Gelehrter und feiner Kenner der slawischen Sprache, schrieb Kirchenlieder (im griech. Zeitmaas), gab 1603. 8. eine böhm. Sprachlehre heraus, ausser mehreren andern lat. Werken[11]). — *Elias Láni* (gest. 1617), *Isac. Abrahamides*, und *Sam. Melikius*, Superintendenten, gaben 1612 in Leutschau einen Katechismus heraus. — *Joach. Kalinka* (gest.

---

[11]) Benedicti war unter den Slowaken der erste, der griech. und lat. Metra in der böhm.-slow. Sprache, nach den Regeln der wahren, quantitirenden Prosodie, gebrauchte. Ihm folgten in der folg. Periode S. Hruškowic, D. Krman, P. Tešlák u. a. m.

1678), Superintendent, liess eine Trauerrede und Erklärung des Jesaias drucken, und hinterliess einen Katechismus in Msc. — *Georg Tranowský* Pred. in S. Niklas (geb. 1591, gest. 1637), gab der erste in Ungern ein böhmisch-slowakisches Gesangbuch, Leutschau b. Brewer 1635, heraus, welches seitdem vielmal nachgedruckt worden, und noch heutzutage bei den evangelischen Slowaken in Ungern in Gebrauch ist [12]); er übersetzte die Augsb. Conf. ins Böhmische, Ollm. 620. 12., verfasste ein Gebetbuch, Leutsch. 635. 8. — *Tob. Masnicius*, zuerst Rector der Senicer und Illauer Schule, hierauf Diakonus in Illau, gab 1682 in Dresden ein theologisches Büchlein, 1696 aber in Leutschau eine Anleit. zur Rechtschreibung heraus. — *Steph. Pilařjk*, zuletzt Prediger in Senic (gest. 1675), bekannt durch seine widrigen Schicksale und die türkische Gefangenschaft, liess 1648 in Leutschau ein Gebetbuch, 1666 in Žilin bei Joh. Dadan seine Biographie unter d. T. Sors Pilarikiana, slawisch (N. A. v. Tablic, Skalic 804. 12.), drucken. — *Dan. Sinapius*, zuletzt Pred. in Leutschau (gest. nach 1684), verfasste viele Kirchenlieder, gab 1678 eine Sammlung slowak. Sprichwörter s. l., 1676, 1684 und 1703 drei theologische Werke, 1684 aber Tranowskýs Gesangbuch (in Leutschau) heraus. — *Joh. Simonides*, Pred. in Neusohl (gest. 1708), gab den grössern und kleinern Katechismus von Luther heraus. — *Joh. Kromholz*, Pred. in Kokawa (gest. 1683), liess 1666 in Leutschau ein theologisches Werk drucken. — *Joh. Weber*, Apotheker in Eperies, gab ein Büchlein von der Pest u. d. T. Amuletum, Leutsch. 645. 12. heraus. — *Petr.*

---

[12]) Tranowskýs unter dem T. Cithara sanctorum bekanntes Gesangbuch enthielt in der ersten Ausg. nur 400 Lieder; jetzt zählt es deren über 1000. Es ist 9mal in Leutschau und Trencsin, 5mal in Pressburg, einigemal in Lauben, einmal in Wien, zweimal in Neusohl, einmal in Pesth gedruckt worden. — Wir fügen die Namen der übrigen geistlichen Dichter dieses und des folg. Jahrh. bei, die entweder zu Tranowskýs Cithara oder andern Gesangbüchern beigesteuert haben; El. Láni, Joach. Kalinka, Dan. Prýbiš, Dan. Masnicius, Joh. Burius, Dan. Sinapius, Ge. Zábognjk, Joh. Simonides, Joh. Kromholz, Matth. Rudjnský, Joh. Roháč, Joh. Urbanowič, Andr. Radič, Ad. Plintowic, Jer. Lednický, Dan. Sidonius, Dan. Krman, Joh. Lowčáni, Joh. Boh. Ertel, Joh. Blasius d. Aelt., Joh. Blasius d. J. Joh. Glosius, Math. Augustini, Dan. Stranský, J. Sexti, Paul Strečko, Sam. Palumbini, Andr. Ambrosy, Math. Gali, El. Mlynárowých, Andr. Saffarowský, Jon. Nigrini, Mich. Semian u. s. w.

Hrabowský von Hrabow, Gouverneur des Schlosses und der Herrschaft Budetjn in Trencsiner. Gespanschaft, liess ein Manuale Lat.-Hung.-Slavonicum, Bartfeld 663. 12. drucken. — *Mich. Láni*, Pred. in Wrbowce (gest. 1708), übers. J. Eichhorns: Duchownj zbraně pokogjk 682-83. 4 Bde. 12., 718. 4 Bde. 8. — *Jonas Bubenka* Prediger in Ochtina, besorgte eine neue Ausg. des Komenskýschen Orbis pictus, Leutsch. 683. 4., wozu er die Abbildungen selbst in Holz gestochen hat.

Achtzehntes und neunzehntes Jahrhundert. Ungeachtet des Verfalls, welcher die böhmisch-slowakische Schriftstellerei in Ungern gegen das Ende des XVII. Jahrh. traf, fanden sich doch schon gleich im Anfange des XVIII. Jahrh. einzelne eifrige Männer, welche um ihre Wiederaufnahme auf das thätigste besorgt waren. Anerkannt gross sind die Verdienste eines Bel, Krman, Ambrosius, Hruškowic und anderer um ihre Glaubensgenossen unter den Slowaken, und um die Aufnahme der böhmisch-slowakischen Schriftstellerei. — Kaum kündigte die freundliche Morgenröthe der Duldung und der gesetzlich zugesicherten Gewissensfreiheit unter Maria Theresia's und Joseph's II. glorreicher Regirung nach so vielen Stürmen einen heitern, friedlichen Tag an, als sich auch schon die Zahl der Schriftsteller unter den Slowaken vermehrte, und die Literatur, aus den engen Gränzen der Theologie herausgetreten, sich auch über Gegenstände des bürgerlichen Lebens auszubreiten anfing. Unter den Schriftstellern dieses Jahrhunderts zählt man einige sogar aus dem höhern Adel; die verscheuchten Musen kehrten nach Pannonien zurück, und die slowakischen Dichter fingen an auch irdisches Weh und Wol zu besingen. Während aber die protestantische Partei die böhmische Mundart als Schriftsprache unter den Slowaken rein zu erhalten beflissen war; verliessen einige katholische Schriftsteller die früherhin ohne Zweifel auch von ihnen festgehaltene Bahn, und versuchten in der slowakischen Volksmundart zu schreiben. Denn dass die frühern katholischen Schriftsteller unter den Slowaken sich der bis dahin herrschenden, geregelten böhmisch-slowakischen Schriftsprache bedient haben, daran ist gar nicht zu zweifeln; diess wird sich erweisen, wenn wir dereinst die ältesten slowakischen Schriften vollständiger kennen werden. Schon im J. 1718 gab Pater Alex. Mácsay, ein Pauliner, seine Predigten zu Tyrnau in der gemeinen slowakischen Sprache heraus. Ihm folgten die Tyrnauer Jesuiten mit ihren Gebet- und sonstigen Religionsbüchlein, die zwar im Ganzen noch immer böhmisch sind, aber im Einzelnen schon ein Sprachgemisch ohne Consequenz darstellen. Nun versuchten es Jos. Ign. Bajza (1783), Ant. Bernolák (1787-91) und Ge. Fándli (1790) die slowakische Mundart in Gang zu bringen. Nicht so dachten die Protestanten, denen diese Neuerung für die Cultur der Sprache nachtheilig schien. Während sich um Bernolák und Fándli eine literärische Gesellschaft in dem Tyrnauer, Neitraer und Trencsiner Bezirk bildete, deren Glieder sich zur Abnahme der bernolakisch-slowakischen Bücher verbunden hatten, traten auch die protestantischen Slowaken zusammen, und errichteten aus eigenen Mitteln, durch freiwillige Beiträge der Gemeinden, der Geistlichkeit und anderer Slawenfreunde im J. 1803 das Institut der böhmisch-slowakischen Sprache und Literatur mit einer Lehrkanzel für dieselben am evangelischen Lyceum in Pressburg, dessen Zweck die Reinhaltung der böhmischen Schriftsprache und Verbreitung nützlicher Religions- und Volksbücher unter den Slowaken war. Hr. Ge. Palkowič ward als Professor und Secretär des Instituts nach Pressburg berufen. Einen schönen Tag schien der herrliche Morgen zu verkünden — die in den ersten Jahren der Anstalt mit musterhafter Correctheit herausgegebenen zahlreichen Schriften erregten grosse Hoffnungen; aber bald zogen auf dem mittägigen Himmel düstre Wolken herauf — das Institut war nur ein Menschenwerk, — es zerfiel, nachdem es kaum da gewesen. Vergeblich bemühten sich die Hrn. Lowich und Tablic dasselbe durch die 1812 neugebildete slowakische Gesellschaft zu ersetzen; auf den schnell verflogenen Aufschwung der Gemüther folgte ein Indifferentismus, auf diesen eine totale Lethargie. Seitdem fahren einige wenige protestantische Schriftsteller fort, sich als Dilettanten unter den Deckflügeln der böhmischen Literatur dem Dienste der slawischen Muse zu widmen; während die Katholischen, deren wachsender Eifer für die Emporbringung der slowakischen Literatur nicht genug zu rühmen ist, mit Ausnahme einiger Wenigen, entschlossen zu seyn scheinen, den von Bernolák vorgeschlagenen Weg zu verfolgen. Diesem Eifer leuchtet ein erhabenes Bild vor in dem edlen Sinn, mit welchem Se. fürstl. Gnaden, Herr Alexander v. Rudna und Divék-Ujfalu, Primas und oberster geb. Kanzler d. Kgr. Ungern, Erzbischof zu Gran u. s. w. (geb. in Heilig.-Kreutz an d. Waage, Neitr. Com., den 4. Oct. 1760), selbst ein gründlicher Kenner der slaw. Sprache, die natürlichen unveräusserlichen Rechte derselben, als der Muttersprache eines grossen Theils des seiner geistigen Obhut anvertraueten Volks, ehrt. Beweis dessen sind die von Hochdemselben früherhin in slow. Sprache gehaltenen zahlreichen geistlichen Reden, deren einige zu Tyrnau 804. in Druck erschienen sind und die Herausgabe des grossen Bernolákischen Wörterbuchs, das ohne seine gütige Fürsorge schwerlich das Tageslicht erblickt hätte. — Es wäre zu wünschen, dass aus diesen vereinzelten Bemühungen sowol der katholischen, als auch der protestantischen slowakischen Schriftsteller, durch gegenseitige Anschliessung im Geiste echter christlicher Liebe und slawischer Milde, durch ruhige, parteilose Forschung und Beachtung des bereits gut Begründeten, mit der Zeit eine, alle billige Forderungen aufgeklärter Nationalen befriedigende, slowakische Schriftsprache hervorgehen möchte, bei der zwar in der Regel die böhmische Grammatik als Grundnorm angenommen, aber zugleich auch die Natur der slowakischen Landesmundart bei der Aufnahme einheimischer Wörter, Phrasen und Biegungen so weit berücksichtigt werden müsste, dass dadurch der Styl ein eigenthümliches, echt—slowakisches Colorit erhielte, um einerseits den Bedürfnissen des slowakischen Volks anpassend schreiben zu können, andererseits aber den gegenseitigen Literaturverkehr zwischen den Böhmen und Slowaken zum wahren Wol beider Brüder-Völker auch in der Zukunft fest zu erhalten.

Es ist hier übrigens nicht der Ort, den Gebrauch der böhmischen Schriftsprache unter den Slowaken beweisführend in Schutz zu nehmen — ich verweise in dieser Hinsicht auf eine andere Schrift [13]) —; nur so viel will ich sagen, dass so lange in den slowakischen Schulen nur das Lateinische u. Ungrische getrieben, und der Jugend in der slowakischen Schriftsprache kein Unterricht ertheilt wird, so lange ferner die jungen slowakischen Theologen und künftigen Schullehrer die Regeln der böhmisch-slowakischen Literalsprache nicht auf ihren Gymnasien u. Lyceen lernen werden, die böhmisch-slowakische Sprache und Literatur in Ungern nie die Sache des slowakischen Volks, sondern immer, wie jetzt, nur der Gegenstand der Beschäftigung einiger wenigen Liebhaber seyn wird. Was aber bei der bekannten Indolenz der Slowaken, vorzüglich des Adels, gegen ihre angestammte Sprache, und dem aus einem missverstandenen Interesse der magyarischen Patrioten, die ihre Literatur erst auf den Ruinen des Slowakismus in Ungern recht aufbauen zu können vermeinen, herrührenden Drucke hievon zu erwarten sey, ist leicht zu errathen. Von den Schriftstellern dieser Periode nennen wir: *Math. Bel* aus Očowa, Pred. in Pressburg, (geb. 1684, gest. 1749), einer der grössten Literatoren Ungerns, besorgte mit Dan. Krman eine neue Ausg. der Bibel, Halle 722. 8., des N. T. Halle 709., übersetzte Arndts Paradiesgärtlein 720. 12., des Cellarius lib. memor. lat. probatae, Lpz. s. a. 8., Flos medicinae schol. Salern., Pressb. 721. — *Dan. Krman*, Superintendent (geb. 1663, gest. 1740), ein um die slowakische Literatur hochverdienter Mann, gab 1722 mit Bel die Bibel, 1734 (s. l.) Agenda ecclesiastica slavica, 1738 den kleinern und grössern Katechismus Luthers und andere kleinere Schriften heraus; mehreres, als: Rudimenta gramm. slav., de Slavorum orig. dissert., hinterliess er in Msc. — *Ge. Ambrosius*, Superintendent, aus Unter-Kubin in Arva (gest. 1746), ausgezeichnet durch seine Frömmigkeit, Gelehrsamkeit und Wolreden-

---

[13]) S. die Vorr. zu Pjsně swětské lidu slow. w Uhřjch (Pesth 823), wo die Gründe für die Beibehaltung der böhm. Schriftsprache, *jedoch mit gebührender Berücksichtigung des slowak. Idioms und seiner natürlichen Rechte*, mit überzeugender Klarheit aufgezählt werden.

heit, schrieb Erläuterungen über Luthers Katechismus, gab 1742 (N. A. 1778 in Pressb.) Přjprawa k smrti, u. 1745 Gádro křest. ew. učenj, in Brieg od. Wittenberg heraus. — *Ge. Bahyl,* aus Perlatz in Gömör (gest. 1759), gab die Sonn- und Festtags-Episteln und Evangelien in Leutschau heraus, schrieb eine Einl. ins A. u. N. Test., eine Gesch. der symbolischen Bücher, eine Erklärung der dunklen Wörter des A. u. N. Test., half bei der Herausgabe des Komenskýschen Orbis pictus u. s. w. — *Math. Bahyl,* Pred. in Cserencs, u. seit 1734 in Eperies, bekannt durch seine widrigen Schicksale, die er sich durch die Uebersetzung von Meissners Consultatio orthod. de fide Lutherana capessenda et Romana deserenda und von Cyprians Belehrung vom Ursprung und Wachsthum des Papstthums, unter dem Namen Theodorus von Hybla, Wittenberg 1745 8., zugezogen. — *Paul Jacobaei,* Pred. zu Modern (geb. 1695, gest. 1752), ein fruchtbarer Schriftsteller, dessen: Zahrádka dušj nemocných, s. l. (Puchow) 1733. 12., Ewang. Funebrál, Pressb. 783., (enthält auch von andern Vff. Lieder), und Modlitebnj poklad s. l. (Zitau) 732., am meisten bekannt sind. — *Sam. Hruškowic,* Superintendent, (gest. 1748), der Gellert der Slowaken, bereicherte Tranowskýs Cithara mit 88 Liedern, Laubau 745. 8., und besorgte eine neue Ausg. des Luth. Katech. 735. — *Math. Bodo* aus Rima-Bánya in Klein-Hont, Advocat u. Fiscal (gest. nach 1757), gab: Zwuk ewangelium wěčného 743. 12. heraus; anderes hinterliess er in Msc. — *Joh. Blasius* der Aeltere, zuletzt Pred. in Trencsin (gest. 1749), liess 4 asketische Schriften in den J. 1739-45 drucken, schrieb ausserdem Kirchenhymnen. — *Joh. Blasius* der Jüngere, Pred. in Gross-Paludza (geb. 1703, gest. 1773), ist Vf. von einem Gebet- (756. 12.) und Gesangbuch 756. 12. — *Pat. Alexander Mácsay,* ein Pauliner, gab s. Predigten zu Tyrnau 718. 4., mit der Bemerkung auf dem Titel: w slowenském gazyku poneyprw na swětlo wydané, heraus. — *Joh. Glosius* aus Pondělok, zuletzt Pred. in Aszód (gest. um 1724), besorgte ein Gesang- (s. l. et a.) und ein Gebetbuch (eb.), und verfasste einzelne Kirchengesänge. — *Paul Doležal* aus Skalic, zuletzt

Pred. in Boca, Vf. mehrerer slowakischen Sprachbücher, Gramm. slavo-boh., Pressb. 746. 8., Donatus lat.-slav., Pressb. 748., Sama učjcj abeceda a slabikář, mit Fig. 756., gab Denksprüche aus der Bibel in Reimen, s. l. 745. heraus, anderes hinterliess er handschriftlich. — *Joh. Chrastina*, Lehrer in Pressburg um 1757, besorgte mehrere Jahre lang die Herausgabe eines brauchbaren Kalenders, schrieb komische Erzählungen vom Gelo und Taubmann in Reimen, herausg. v. Tablic, Skalic 805. 12. — *Math. Augustini*, zuletzt Pred. in Trencsin (gest. 1753), verfasste einige Kirchenlieder, und drei asketische Werke. — *Mart. Lauček* aus St. Martin in Thurócz, Pred. in Skalic (geb. 1732, gest. 1802), ein fleissiger slawischer Schriftsteller, von dessen 5 theologischen Werken vorzüglich: Slowárně aneb konkordancj biblická, Pressb. 791. 4. bekannt ist. — *Paul Teschlák* aus Sohl, Pred. in Oroszlán (geb. 1759, gest. 1801), ist Vf. mehrerer metrischer Gedichte, die einzeln erschienen sind. — Mr. *Dan. Jesenský* gab ebenfalls einzelne Gedichte vermischten Inhalts heraus. — *Dan. Sartorius*, Pred. in Neusohl (geb. 1704, gest. 1763), gab 3 theologische Werke heraus. — *Math. Markowic*, Pred. in Szarvas (geb. 1707, gest. 1762), ist Vf. von 6 Schriften, worunter eine Geographie und Geschichte von Ungern in Reimen. — *Joh. Čerňanský*, Pred. in Nieder-Strehowa (1709-1766), gab 2 Erbauungsbüchlein heraus. — *El. Mlinárowých*, Bürger in Kesmark zu Anfange des XVIII. Jahrh., verfasste ebenfalls zwei asketische Büchlein. — *Joh. Podmanický* von Aszód unterstützte freigebig die Herausgabe von Gesang- und Gebetbüchern, und fügte denselben mehrere eigene Lieder bei. — *Joh. Ambrosy*, Stuhlrichter in Arva, gab 1780 ein asketisches Werk unter d. T. Škola Kristowa 12. heraus. — *Job Zmeškal* von Domanowce und in Leštiny, Vice-Gespan des Arver Comitats, ist Vf. der Škola Jobowa 781. 8. — *Balth. Pongrátz* von St. Miklós und Ovár, mehrerer Gespanschaften Gerichtstafelbeisitzer, übersetzte des Amadeus Kreuzbeck asketisches Werk unter dem Titel: Pobožná přemyšlowánj, Pressb. 783. 8. — *Andr. Demian* aus Trencsin, Advocat, (gest. 1799), schrieb Gelegenheitsgedichte voll spielenden Witzes und munterer Laune, herausg. v. Tablic im 2. B. der Slow. Weršowci, Waizen 809. 12. — *Sam. Michalides,* Superintendent des Bergdistricts seit 1732, übers. das Summarium biblicum der Wittenberger Theologen aus dem Teutschen, 730. 4 Bde. — *Elias Milec,* übers. Haasens Paraphrase des N. Test., gedruckt auf Kosten des slow. Instituts, Pressb, 807. 2 Bde. 4. — *Mich. Blasius,* schrieb mehrere asketische Werke, darunter einen Katechismus nach Rautenberg. — *Dan. Lehocký* gab ein Werk über die Erziehung heraus, Pressburg. 786. 8. — *El. Marček* schrieb: O žitném kwětu, Pressb. 768. 8. — *Ant. Bernolák* aus Arva, Pfarrer, zuletzt in Ersek-Ujvár (gest. 1813), trat als Apologet der slowak. Landesmundart auf, und gab in Druck heraus: Dissert. de literis Slavorum, Poson. 787. 8.; Gramm. slavica, Poson. 790. 8., ins Teutsche übers. v. *Andr. Brestyansky,* Pfarrer zu Sooskút, Of. 817. 8.; Etymologia vocum slavicarum, Tyrn. 791. 8.; in der Handschrift hinterliess er ein slowakisch.-böhm.-lat.-teutschungrisches WB., wovon bereits 1 Bd. 8. Of. 825 erschienen ist, und die übrigen 3 noch nachfolgen sollen. — *Ge. Palkowič,* Domherr und Propst in Gran, ein gebildeter, kenntnissreicher Freund und Pfleger slawischer Studien, verfertigte zu dem obengenannten WB. von Bernolák den 4 Bd., enthaltend ein lateinisches Repertorium, wodurch das Werk auch für die lat. Sprache brauchbar wird, und liess ausserdem mehrere slowakische Werke fremder Verfasser auf eigene Kosten drucken. — *Ge. Fándli,* Pfarrer in Nahač, ein sehr eifriger Slawe, Anhänger Bernolák's, gab heraus: Pilný hospodář, in 4 Th. Tyrnau 792. — *Jos. Ign. Bajza,* Cwičenj pobožnosti, ein Gebetbuch; Práwo o žiwenj farárůw, Obrana blahosl. P. Marie; Weselé učinky a řečenj k stráwenj truchliwých hodin; O Epigrammatech, Žilin 794.; Křestansko katolické náboženstwj, 5 Th. eb. 789-796. 8. — *Adalb. Gazda,* ein Francisc., schrieb: Zrelé owoce slowa božjho, in 2 Th. eb. 796. 8.; Zahrada kwětná, in 2 Th. eb. 798. 8.; Dwanáctero kázanj, Skalic 798. 8., überdiess noch mehrere Predigten in 6 Gänge eingetheilt, worunter der erste den Titel: Bolestné stažowánj Kr. P. führt, 2 Bde. Tyrnau 799 — 801. 8. —

Petr. Záborský, Notär und Lehrer in Tsik-Tartsa, gab heraus: Staw sedlácký a geho chwála, Waitzen 795. — *Ge. Lessák*, gab heraus: Uménj počtu, Pressb. 779. — *G. P.* übersetzte: Opáta Petra Metastasio duchowné diwadlo, Tyrnau 801. 8. — *Ant. Bencsics*, gab Manna spasitelná in 4 Th. heraus. — *Andr. Mészáros*, Abt und Domherr in Neitra, schrieb mehrere Gebetbücher und Predigten, Učenj řjmského katolického náboženstwj, und Žiwot Tobiáše. — *Mich. Klimko*, verfasste: Křizant a Daria, smutná hra. — *Theoph. Keliny*, Arzt im Thuroczer Comit., Poučenj o půwodě, přirozenj a zaštěpowánj chránjcjch sypanic, aus dem Ungr. des Doct. Bene, in Schemnitz 804. — *Andr. Turso*, Pfarrer in Kljš, lieferte e. Ueberstzg. u. d. T. Přjkladné a obzláštné historie, Tyrnau 807. — *Fr. Habel*, Pfarrer in Dubnic, gegenwärtig Abt und Domherr in Neitra, gab: Kniha o následowánj P. Kr., und Katechismus, ebenfalls Uebersetzungen, in Druck heraus. — *Ge. Rybay*, zuletzt Pred. in Torzsa Bácser Comitat (gest. 1812), ein unermüdet fleissiger Slawist, dessen Bücher- und Handschriften-Sammlung an Hrn. v. Jankowič in Pesth, das slowak. Idiotikon aber an Hrn. Palkowič in Pressburg käuflich gekommen ist, gab: Katechismus o zdrawj, Pesth 795. 8., und Prawidla moresnosti a zdwořilosti, eb. 795. 8. heraus. — *Steph. Deluck*, Pred. in Acsa, gab ein Sittenbüchlein für die Jugend heraus. — *Aug. Dolešal*, Pred. in Sučan (geb. 1737, gest. 1802), schrieb mehreres in Versen, darunter: Pamětná celému swětu tragoedia, Skalic 791. 8. — *Mich. Institoris Moschótzy*, Pred. in Pressburg (geb. 1733, gest. 1803), ausgezeichnet durch Frömmigkeit und Gelehrsamkeit, schrieb 10 Werke in slaw. Sprache, andere begleitete er mit einer Vorr. od. mit Anmerkungen. — *Dan. Bocko*, Pred. in Szarvas (geb. 1751, gest. 1806), ist Herausgeber von 5 slaw. Schriften. — *Joh. Tonsoris*, Prediger in Istebna, gab 1746 in Wittenberg eine Einleit. in die h. Schrift, und 1771 in Skalic ein medicinisches Werk: Zdrawá rada lékařská, heraus. — *Sam. Čerňanský*, Pred. in Báth (geb. 1759, gest. 1809), gab Gellerts geistliche Lieder, Pressb. 787.

8., eine böhm.-slow. Orthographie, Schemnitz 802. 12., und die Lebensbeschreibung des Gr. Beňowský, Pressb. 808. 8. heraus. — *Joh. Hrdlička*, Pred. in Maglod (geb. 1741), und *Math. Schulek*, Pred. in Theissholz (geb. 1748), machten sich durch mehrere einzelne Gedichte und Gelegenheitsschriften bekannt. — *J. Procopius*, Med. Doct. in Skalic (gest. um 1808), übers. Tissots Zpráwa pro lid obecný z franc., Skal. 788. 8., hinterliess in Msc. ein slawisch-lateinisches Wörterb. in 2 Foliobänden (in Pesth b. Antiquar Iwanič), eine Gesch. d. Hussitenkriegs, Msc. in 4., Biographie des Kg. Poděbrad Msc. 4., Gellerts Sittenlehre Msc. 4. — *Mich. Semian*, Pred. in Pösing (geb. 1741) ein verdienter Schriftsteller, gab 1787 die Bibel in Pressburg, 1786 eine Gesch. von Ungern, 1790 einen Roman: Kartigam a. d. Ungr., u. a. m. heraus. — *Andr. Plachý* aus Wrbowka, Honter Gesp., Pred. in Neustädtl (geb. 1755), einer der fruchtbarsten slowakischen Schriftsteller, erwarb sich den Dank seiner Sprach- und Glaubensgenossen durch folg. Schriften: Staré nowiny, e. Zeitschr. belehrenden und unterhaltenden Inhalts, Neusohl 785 - 86. 8., Agenda ecclesiastica slavica A. C. Neusohl 789. 4., Cithara Sanct. v. Tranowský, Ewang. Funebrál 798. 8., Kochánj s Bohem w rannjch hodinách, a. d. Teutschen des Chr. Sturm 790. 8., Postilla domownj 805. 2 Bde. 8. u. m. a. — *Steph. Leška* aus Wrbowce, (geb. 1757, gest. 1818), 1786-98 Superintendent der böhmischen Gemeinde A. C., zuletzt Prediger in Kis - Körös, ein vorzüglicher Kenner der slawischen Sprache, schrieb mit musterhafter Correctheit; s. Hauptschriften sind: Nowá kniha zpěwů, Pr. 796. 8. Uwedenj ku gruntownjmu poznánj křest. náboženstwj, a. d. T. des Sup. Fock, Pr. 798. 12., Počátečné cwičenj w náboženstwj, eb. a. d. T., Pr. 797. 12.; er schrieb die erste slowakische Zeitung: Prešpurské nowiny 785. ff., übers. den Robinson für Kramerius, Pr. 808. 8., sammelte fleissig für die böhm. u. slowak. Lexicographie (für Hrn. Dobrowský, Palkowič), hinterliess einen Elenchus vocabulorum europaeorum cumprimis slavicorum magyarici usus, gedruckt Ofen 825. 8. und Blumauers travestirte Aeneis 1r. Gesang. — *Jos.*

Kubányi, Pfarrer in Cifer, ist Verfasser zweier Uebersetzungen u. d. T. Nábožné naučenj k užitku obecného lidu, Tyrnau 818. 8.; Philothea aneb wynaučowánj k žiwotu pobožnému, Pressburg 822. 8., eines Gebetbuchleins für Kranke, eb. 818. 8., und mehrerer Gelegenheits-Predigten. — *Andr. Pazár*, Prediger in Csetnek, übersetzte Seilers Religion der Unmündigen, Eperies 791., J. F. Jacobs prwnj prawdy wjry a powinnosti křest. náboženstwj, Rosenau 822. 8. — *Joh. Glosius*, Pred. in Restér, schrieb über die Bienenzucht, Neusohl 792. 8. — *Mart. Ruduch*, Schullehrer in Rekenye, gab ein Rechenbuch heraus, Pressb. 776. 8. — *Joh. Feješ*, Comitats-Assessor und der evang. Gemeinden in Kl. Hont Inspector (gest. 1823), ist Vf. des Hlas wolagjcj k sedlákům, Pr. 808. 8. — *Paul Schramko*, Prediger in Klenotz (geb. 1743), gab einige kleine Schriften heraus, worunter: Českoslow. grammatika aneb liternice, eig. nur eine Orthographie, Pressb. 805. 8.; verfertigte in Msc. ein griechisch-slawisches Wörterb. 3 Bde. fol. u. s. w. — *Paul Walasky* (geb. 1742, gest. 1824), Pred. in Jelšawa (Eltsch) und Senior, Vf. einer Literaturgeschichte v. Ungern in lat. Sprache, liess mehrere slow. Predigten drucken. — *Ladisl. Bartholomaeides*, Prediger in Ochtina, (gest. 1825) ein unermüdeter, gelehrter Forscher und Schriftsteller, der ausser mehreren lat. Werken, in böhmischer Sprache folg. herausgegeben: Hist. o Americe, Pressb. 794. 8.; Geografia, Neusohl 798. 8.; Hist. přirozenj, Of. 798. 8.; auch besorgte er einen neuen Abdruck von des P. Hradecký Aquilinas: Flavia Josefa o wálce židowské knihy VII., Leutschau 805. 8. — *Mart. Pán*, Prediger in Tóth-Próna (gest. 1814), schrieb: O hogenj dobytka Neus. 808. — *Joh. Mojžišowič*, Prediger in Pribótz schrieb: Zpráwa o běsnosti, Neus. 1803 und einige Verse u. Predigten. — *Joh. Schulek*, Prediger in Sobotišt, gab mehrere Schulbücher heraus, Grammatika latinská, Katechismus, O ohni a dělanj habanských slamených střech, eb. 804. — *Ge. Füredy*, Prediger in Peterka, übersetzte Raff's Naturgeschichte, im Msc., liess einige Reden drucken. — *Mart. Hamaljar*, Superintend. u. Prediger in Szarvas (gest. 1812), gab eine Agenda, t. g. Pořádek prác cjrkewnjch, Schemnitz 798. heraus; verfasste eine kurze Geschichte d. christl. Rel., und mehrere Aufsätze. — *Ge. Holli*, Neitraer Domherr, gab: Kancionál slowenský und mehrere Predigten heraus. — *Sam. Borowský*, Prediger in Schowe, schrieb: Historie biblické starého zákona, die im Msc. auf d. Druck warten. — *Grisa*, Prediger in Pösing, übersetzte Herders Katechismus. — *Paw. Hawaš*, Schullehrer in Eltsch, verfasste Katech. D. M. Lut. s wýkladem, Pesth 825. — *G. Jankowic*, Schullehrer in Czinkota, gab heraus: Potřebná spráwa pro mládež, Of. 803. — *Sam. Rožnay*, Pred. in Neusohl (gest. 1815), ein classisch gebildeter Geist, in der Bluthe seiner Jahre verblichen, übers. Anakreons Gedichte a. d. Gr., Pr. 812. 12., Krasickýs komisches Epos: Myszeis a. d. Poln. in Hromádkos Wiener Zeitschrift 1815 u. m. a. — *Mich. Staygel*, Pred., schrieb eine Methodik für die Schulen. — *Joh. Krman*, Schullehrer in Klenotz, gab: Wýtah z geografie uherské země, Leutsch. 802. 8,, Wýtah ze statistiky, práwa a geografie uherské země, Leutsch. 803. 8., beides in Reimen, heraus. — *Ge. Palkowic* aus Corono-Bánya, Prof. der böhmisch-slow. Sprache u. Liter. in Pressburg, bereicherte die Literatur mit mehreren nützlichen und wichtigen Schriften: Musa ze slow. hor, Waitzen 801. 8., Hufelands Makrobiotik, eb. 800. 8., Známost wlasti, Pressb. 804. 8., Böhm.-teutsch-lat. Wörterb., Pr. u. Pressb. 820-21. 2 Bde. 8.; er besorgte ferner eine correcte Ausgabe der Bibel, Wien 808. 8., gab 1808-818 eine slowak. Zeitung: Týdennjk, und seit 1801 einen verbesserten Kalender heraus. — *Boh. Tablic,* Pred. in Egyház-Maróth, ein fruchtbarer, verdienstvoller Schriftsteller, dem die slowak. Literatur die Bereicherung mit mehreren wahrhaft populären Schriften verdankt, wir nennen hievon: Určenj člowěka, a. Spalding, Pamětné přjhody Stěp. Pilařjka, Skalic 804. 12., Slowenštj weršowci, Skalic u. Waitzen 805-09. 2 Bdchen 12., Poesie Waitzen 806-12. 4 Bde. 8., Lidomil, Waitz. 813. 8., Diaetetika, Waitz. 819. 8. — *Paul Michalko*, Pred. in Irscha, (gest. 1825) schrieb: O škodliwosti powěry, mit Anm. v. Institoris

Moschótzy, Fysika, Of. 819. 8. — *Mart. Durgala*, Lehrer in Skalic, gab eine teutsche Gramm. in slow. Sprache heraus. — *Andr. Palumbini*, Pred. in Drašowce (gest. 1823) schrieb: Nowý modlitebnj poklad, Pesth 823. 8. — *Joh. Kollár* aus Thurócz, Pred. in Pesth (geb. 1793), liess eine Sammlung seiner Gedichte u. Lieder: Básně, Pr. 821. 8., ein grösseres lyrisches Gedicht: Sláwy dcera in III. Ges., Of. 824. 12., mehrere Predigten u. Abhandlungen einzeln und in Krok, Čjtanka Of. 825., ein Schulbuch von mehreren Mitarbeitern, u. s. w. drucken. — *Joh. v. Čaplowič*, Güterinspector, gab e. Samml. slow. Gedichte verschiedener Vff.: Slowenské werše, Pesth 822. 8. heraus. — *A. Szoltiss*, Studirender d. Theol., schrieb: Pjsně, und Listownj knižka, Pressb. 823. — *J. Holli*, Pfarrer in Madunic, übersetzte: Rozličné básně hrdinské, elegické a lyrické z Virgilia, Teokrita, Homera, Ovidia, Tirtea a Horáce, s předstawenú prozodiú, Tyrnau 824. 8. — *Jan Gegusch*, Prediger in Očowa, übersetzte Kampe's Kolumbus aneb wynalezenj západnj Indie, Neusohl 825. — Einzelne bemerkenswerthe Predigten gaben in Druck heraus: *P. Adalb. Šimko, Math. Blaho, Paul Stehlik, Joh. Seberiny, Ant. Straka, Joh. Krčmery, Mich. Rešetka, Steph. Hamulják, Aug. Langhoffer, Joh. Jelšjk*; — einzelne Gedichte oder Aufsätze lieferten: *Casp. Fejérpataky, Paul Jakubowič, J. Korček, Mat. Holko, Andr. Scheliga, Fizel*, u. a. m. [14])

---

[14]) *Quellen.* Ausser *A. Horányi* memor. Hung., W. 775. — 77. 3 Bde. 8., nova memor., Pesth 792. 8. u. *P. Walasky* conspect. reip. litt. in Hung., 2 A. Of. 808. 8. (von denen jener äusserst dürftige Notizen von einigen slowak. Schriftstellern, dieser nur kahle Namen liefert), vgl. Versuch e. Gesch. d. böhm. slaw. Sprache in Ungern, in den W. Anzeigen 3r Bd. 773. S. 164-171. — *Boh. Tablic*, Pamĕti československých básnjrů, in s. Poesien, Waitzen 806 — 12. 4. Bde. 8. — *J. Dobrowsky* über die Lit. d. Slowaken, in der Slowanka 815. 2r Thl. S. 177 — 187.

Dritter Abschnitt.

Geschichte der polnischen Sprache und Literatur.

§. 47.

Historisch - ethnographische Vorbemerkungen.

Die heutigen Bewohner Polens, ein Zweig des sarmatischen Slawenstammes, rückten im VI. Jahrh., um welche Zeit die Bulgaren ein Hordengedränge an der Donau veranlassten, in die Gegenden an der Weichsel ein, nachdem bereits die Lygier von da westwärts, und die Anten in die heutige Walachei gezogen waren. Früher schon hatten die Littauer, Stammverwandte der Letten, nach einigen ein selbständiger, nach andern ein slawischer Volkszweig, die seit dem II—IV. Jahrh. von den Gothen und Wandalen verlassenen Ostsee- und Weichselländer besetzt. Der Name Polen [1]) erscheint erst am

---

[1]) Ueber die Etymologie der Wörter *Lech, Polan* ist verschiedenes vorgebracht worden. *Lech* war bei den alten Böhmen, noch zu Dalimils Zeiten, ein Appellativ, und bedeutete einen *freien, edlen Mann.* — Das Wort *Polan (Poliak)* kommt nach Boguphalus entweder vom *Polus arcticus,* od. von dem Schlosse *Polan* in Pommern her; nach Sarnicius aber von der Stadt *Pola* in Illyrien, nach Lengnich von den *Lasiern;* nach Orichovius und Schwabenau hingegen soll es aus *Powlachien, Powlach* zusammengezogen seyn, und ein hinter den Wlachen wohnendes Volk bedeuten. Die wahre Bedeutung haben schon Gervasius (1211) u. Hajek (1541) angegeben: inter Alpes Hunniae et oceanum est *Polonia,* sic dicta in eorum idiomate quasi *Campania,* also: *Bewohner der Ebene,* der *Blachfelder.* — *Lech, ljach* ist bei Nestor ein nomen generis, *Poljan* ein nomen speciei: *Poljane* sind bei ihm diejenigen Ljachen, die in der Ukraine, auf weiten Blachfeldern, *Lutitzer,* die in Vorpommern um Loitz herum, *Masowśane* die in Masowien, *Pomoriane* die in Pommern wohnten. Später verlor sich der generische Name *Ljach, Ljachen,* und der Specialname *Poljan* überging auf alle lechische Stämme. — Ueb. Lech, als Person, s. Schwabenau d. ältesten Slawen im Hesperus 1819.

Ende des X. Jahrh. als ein gemeinschaftlicher Name der lechischen Slawenstämme an der Weichsel. Die Hordenhäupter der Polen vereinigten sich 840 unter einem allgemeinen Oberhaupte, einem Herzoge, der Piast geheissen haben soll, dessen Stamm bis ins XIV. Jahrh. herrschte. Durch Berührung mit Teutschland und Böhmen kam das Christenthum nach Polen. Mieczyslaw liess sich um 965 taufen, und die Bisthümer Posen, Gnesen u. Krakau wurden gestiftet. Durch die Theilung Boleslaws III. 1138 zerfiel der polnische Staat in 4 Länder: Grosspolen an der Warte, Kleinpolen an der obern Weichsel, Schlesien und Masowien. Durch innere Zwistigkeiten, Kriege mit den heidnischen Preussen, und den Einbruch der Mongolen (1240) verfiel Polen in einen Zustand von Kraftlosigkeit, aus dem es erst Wladyslaw Lokietek, der Gross- und Kleinpolen zu einem Königreich vereinigte (1320), herausgerissen hat. Sein Sohn Kazimierz der Gr. unterwarf sich Rothrussland (1340), die Provinzen Podolien, Wolynien, Chelm und Belz (1349), musste jedoch die Oberherrschaft von Schlesien aufgeben. Nach Kazimierz's Tode wurde Polen nach und nach ein Wahlreich, in dem der Adel allein die Nation darstellte und ausschliessend alle politischen Rechte ertheilte. Des Kg. Ludwig, eines Schwestersohnes Kazimierz's des Gr., Tochter, Hedwig, vermählte sich mit Jagiello, Grossherzog von Littauen, der in der Taufe den Namen Wladyslaw bekam, und Littauen wurde zuerst abhängig von Polen, hernach (1569) demselben völlig einverleibt. Jagiello's Sohn, Wladyslaw VI., blieb in der Schlacht bei Warna 1444, und der Grossenkel Zygmunt II. August schloss 1572 seinen Stamm. Stephan Bathory nöthigte Russland zur Räumung Lieflands (1582); auch Wladyslaw VII. behauptete die Würde seiner Krone gegen Russland, und dehnte seine Herrschaft bis weit über den Dnieper hinaus; aber Johann Kazimierz musste Liefland an Schweden (1660) abtreten, ein Theil der Kosaken hob (1654) die Verbindung mit Polen auf und begab sich unter russischen Schutz (1654); der Churfürst von Brandenburg entzog Ostpreussen der polnischen Lehensherrschaft (1657), und die Russen nahmen ihre verlornen Provinzen jenseits des Dniepers wieder zurück (1667). Mich. Wiśniowiecki verlor Kamieuec und Podolien an die Türken; der Heldenmuth des tapfern Johann Sobieski schützte zwar die polnische Ukraine gegen türkische Eroberung, aber Kleinrussland musste an Russland abgetreten werden (1686). Unter August II. (1697-733) fiel der türkische Antheil von Podolien und Ukraine an Polen zurück. Nach dem Tode des zweiten sächsischen Königs August III. (1733 — 63) setzte die russische Kaiserin Katharina II. die Wahl des Stanislaus Augustus, Graf v. Poniatowski, durch (1764). Die bürgerlichen Rechte, die man den Dissidenten oder Nichtkatholiken einräumte, verursachten einen Parteienkrieg, und zogen Polens erste Theilung unter die drei Mächte Oesterreich, Russland und Preussen nach sich (1772); Russland nahm das Land zwischen der Düna, dem Dnieper und Drujec; Oesterreich das nachmalige Ostgalizien und Lodomerien; Preussen fast ganz Polnisch-Preussen, ausser Danzig und Thorn, und einen Theil von Grosspolen bis an die Netze; das fast um ein Drittheil verminderte Königreich erhielt eine neue Regirungsverfassung. Die Polen, die ihr Vaterland wieder selbständiger zu machen wünschten, bestimmten den König und einen grossen Theil der Nation, eine neue Constitution einzuführen (1791). Allein diese wurde von Russland und Preussen verworfen, und gab Veranlassung zu der zweiten Theilung Polens (1793), in der Russland 5,614 Q. M. in der Ukraine und Littauen mit 4,148,000 Einw., Preussen aber den grössten Theil von Grosspolen nebst Danzig und Thorn 1,061 Q. M. mit 1,136,000 Einw. hinwegnahm, so dass die Republik nur noch einen Flächenraum von 4,016 Q. M. mit 3,512,000 Einw. behielt. Im J. 1794 erhob sich die Nation abermals, und Kosciuszko trat an die Spitze der Insurgenten, musste aber bald der vereinigten Macht von Russland, Oesterreich und Preussen unterliegen. Polen wurde nun zum drittenmal und gänzlich getheilt (1795); Russland erhielt, ausser Kurland und Semgallen, den noch übrigen Theil von Littauen und Kleinpolen bis an den Bug, über 2.030 Q. M. mit 1,177,000 E., Preussen 1000 Q. M.

mit 940,000 E., und Oesterreich 834. Q. M. mit 1,038,000 E.; Napoleons Krieg gegen Preussen (1806) beförderte die Insurrection der dieser Macht unterworfen gewesenen Polen, die von demselben die versprochene Wiederherstellung ihres Reichs erwarteten. Der Friede zu Tilsit (1807) gab dem aus preussisch-polnischen Provinzen (1850 Q. M. mit 2,200,000 E.) gebildeten Herzogthum Warschau seinen Ursprung. Hierauf fügte Napoleon im Wiener Frieden (1809) Westgalizien zu demselben, so dass es nun 2778 Q. M. mit 3,774,000 E. enthielt. Die Regirung über dasselbe führte, jedoch ganz unter dem drückenden Einflusse Frankreichs, der Kg. Friedrich August von Sachsen. Als der französische Kaiser den Krieg gegen Russland erklärte (1812), da bildete sich der polnische Reichstag zu einer Generalconföderation von Polen, und erklärte feierlich die Wiederherstellung des Königreichs, und den Verband der polnisch-litauischen Nation zu einem Staatskörper; allein als Napoleon in Russland seine Kriegsmacht eingebüsst hatte, drangen die Russen (1813 Febr.) in das Hzgth. Warschau ein, und wehrlos fiel das grausam getäuschte Volk dem Sieger in die Hände. Aber Alexander ehrte mit religiösem Sinn das Völkerrecht und den Geist der Zeit; der natürlichen Unabhängigkeit als Staat schon längst beraubt, musste zwar das politische Schicksal Polens dem Staatszwecke der europäischen Hauptmächte, die als Sieger aus dem grossen Kampfe hervortraten — sich unterordnen — Preussen bekam dasjenige, was aus den frühern Theilungen zu Westpreussen und zum Netzedistrict gehört hatte, zurück, Westgalizien fiel ebenfalls grösstentheils an Ostgalizien zurück, das übrige, mit Ausnahme des Gebiets von Krakau, verwandelte sich unter russischem Scepter in das jetzige Königreich Polen; die Alliirten jedoch gaben dem Volke, was wichtiger ist, als politische Macht, sein Volksthum zurück: das Daseyn, den Namen, die Sprache und eine auf die Idee des Rechts und der Freiheit gegründete, nationale Verfassung. Der Congress der europäischen Mächte in Wien sicherte diess 1815' dem Volke feierlich zu, indem er die Gränzen des vierfach getheilten Landes nach dem politischen Grundsatze des Gleichgewichts ordnete und feststellte.²)

Das eigentliche ehemalige Polen erscheint demnach jetzt politisch folgendermassen getheilt: 1.) in die Besitzungen der russischen Krone, und zwar a) die in den J. 1772. 1791. und 1794 Russland einverleibten Provinzen: Weissrussland od. die heutigen Gouvernements Mohilew, Witebsk, Minsk, Schwarzrussland od. die Gouvernements Wolynien und Podolien, und Littauen od. die Gouvernements Wilna, Grodno, Bialystok, nach Ausschluss der in allen diesen acht westlichen Gouvernements, mit Ausnahme von Bialystok, Grodno und Wilna, vorherrschenden Russen (Russniaken, die das Gross des Volks ausmachen), ferner der Littauer, nur mit etwa 1½ Mill. Einwohnern polnischen Stammes³);

---

²) Die ältesten poln. Chronisten sind: *Prokosz* (Kronika polska przez Prokosza w wieku X. napisana, z dodatkami z kroniki Kagnimira, pisarza wieku XI., aus neuentdeckten Handschriften herausg. W. 825.) Mart. Gallus zwischen 1110 — 35. Matthaeus Bisch. v. Krakau gest. 1166., Vinc. Kadlubek † 1223, Boguphalus Bisch. v. Posen † 1253, Godzislaw Baszko um 1273, Mart. Strzembski † 1279, Dzirswa um 1420, Sig. Rositzius um 1470, Joh. Dlugosz 1415 — 80, Math. v. Miechow, Mart. Cromer 1512 — 89 u. s. w. — Samml. hist. Werke: d. Pistorius. 582. 2 Voll. fol. d. Frankfurter 584. 3 Voll. 8., die Elzevirsche 626., d. Amsterdamer 698., d. Danziger 753., d. Leipz. 2 Voll. fol., d. Sommersberg.. 729. 3 Voll. fol., d. Mizler. 761. 4 Voll. fol. — Von neuern Schriften über die poln. Gesch. sind zu nennen: *M. Stryikowski* Kronika polska, Königsberg 582. fol. — *St Sarnicki* annal. Polon. et Lituan. Krak. 587. fol. — *M. Bielski* Kronika polska, Krak. 597. fol. — *Ad. Kołałowicz* hist. Lituan., Danz. 650. 2 Voll. 4. — *Gf. Lengnich* hist. Polon., Lpz. 740. 750. 8. *P. J. Solignac* hist. de Pologne, Par. 750. 5 Bde. 8., teutsch Halle 763 — 65. 2 Bde. 4. — *W. Lubieński* hist. polska, Wilna 763. 8. — *F. A. Schmidt* abrégé de l' hist. de Pologne, War. 767. 8. teutsch v. Groot, Riga 768. 8. - *St. Kleczewski* Sarmatia europaea, Leopoli 769. 4. — *D. E. Wagner's* Gesch. v. Polen (d. allg. Weltgesch. XIV. Bd.), Lpz. 775 — 77. 8. — *Ad. Naruszewics* hist. narodu polskiego, Warschau 780 — 86. 6 Bde. 8. wird fortgesetzt, vgl. unten §. 54. — *K. Hammersdörfer's* Gesch. v. Polen, Dresd. 792 — 94. 8. — *E. Bornschein's* Gesch. v. Polen, Lpz. 808. 8. — *C. Feierabend's* Gesch. d. poln. Staates, Danz. 809. 8. — *K. F. A. Brohm's* Gesch. v. Pol. u. Litt., Posen 810. 8. — *Thom. Swięcki* opis starożytney Polski. W. 816. ff. 8. — *G. S. Bantkie* wyobrażenie dzieiów król. Pol., W. 810. 820. 2 Bde. 8. Gesch. d. Kgr. Polen, Lpz. 812. 8. — *J. Miklaszewski* rys historii Polskiey, W. 821. 2 A. 822. 8.

³) Die Angaben über die Zahl der Polen in Russland sind sehr verschieden. *Storch* gibt im J. 1808 mehrere Mill., *Benken* 4 Mill., *Wichmann* im J. 1813 6,880,000., *Arsenjew* sogar 7 Mill. an, doch gewiss nur darum, weil sie die Einw. dieser ehemaligen poln. Provinzen, jetzt russ. Gouvern. alle für Polen genommen haben. — Nach *Brömsen* (Russl. v. d. russ. Reich Berl. 819) u. dem „Sorewnowatel proswješčenija" 1823. 3s Hft. S. 336 — 47. sollen sich in den 8 westlichen russ. Statthalterschaften gar nur 850,000 Polen, meist Adelige u. s. w., befinden, u. das Gross des Volks Russen und Littauer seyn.

b) das seit 1815 mit der Krone von Russland vereinigte Kgr. Polen mit etwa 3,500,000 polnischen Einwohnern, zusammen 5 Mill.; 2.) in das zu Oesterreich gehörende Kgr. Galizien mit ungefehr 3 Mill. Einw. polnischer Abstammung (die Polen im österr. Schlesien mitgerechnet); 3.) in Preussisch-Polen, die heutige Provinz Posen, mit den in den Provinzen Schlesien, Westpreussen u. s. w. wohnenden Polen ungefehr 1,900,000 Seelen; und 4.) den Freistaat Krakau, mit gegen 100,000 Menschen. Hieraus ergibt sich die Gesammtzahl der Slawen polnischen od. lechischen Stammes ungefehr 10 Mill. Seelen. Der echte Pole ist meistens katholisch; nur sehr wenige in dem Kgr. Polen und Galizien, dahingegen mehrere in den preussischen Provinzen Schlesien und Westpreussen bekennen sich zum protestantischen Cultus Augsb. und Helv. Conf.; ihre Anzahl mag nicht eine $1/_2$ Mill. übersteigen.[1])

Schlesien war in den ältesten Zeiten ein Theil von Polen, und ward mit unter dessen Namen begriffen. Erst um 1163, da es seine eigenen Herzoge bekam, nannten sich diese Duces Slesiae (d. i. nach Dobrowský, der Hinterslawen, in Rücksicht auf die Böhmen, als die Vorderslawen). Die neuen Herzoge hatten meist teutsche Mütter, und waren nach teutscher Art erzogen, und da Schlesien ihnen nur gezwungen war abgetreten worden, so hatten sie teutschen Schutz nöthig. Daher ihre frühe Vorliebe für die Teutschen, und Begünstigung teutscher

---

[1]) *J. J. Kausch* Nachr. üb. Polen, Salzb. 793. 2 Bde. 8. — *A. K. v. Holsche* Geogr. u. Statist. v. West-Süd. u. Neu-Ostpreussen, Berl. 800—07. 3 Thle. — *Ch. Orusius* top. Postlexicon v. Ost- u. Westgaliz., W. 792. 8. — *J. de Lucas* Geogr. v. Galiz. u. Lodom., W. 791. 8. — *J. A. Demian* stat. Darstellung v. Ostgal. u. Siebenb., W. 804. 8. — *Malte Brun* tableau de la Pologne. Par. 807. 8. — *Sirisa*, Polen hist. stat. u. geogr. 807. 8. — *Fr. Jäkel* Polens Staatsveränderungen, W. 806. 6 Bde 8. auch ins Poln. übers. — *Flatt's* Topogr. d. Hrgth. Warschau, Lpz. 810. 8. — *K. L. Pölitz* Gesch., Statist. u. Erdbeschr. d. Kgr. Sachsen u. d. Hrzgth. Warschau, Lpz. 809—10. 8. — *St. Staszyc* o statistice Polski, War. 807. 8. — *Ign. Stawiarski* statistika Polski i Litwy, Warsch. 814. ff. — Krótki zbiór geografii królestwa polskiego i W. X. Poznańskiego, Bresl. 816. 8. — Guide du voyageur en Pologne, War. 820. 8. Poln. Przewodnik dla podróżujących w Polsce, W. 821. 8. — *G. Hassel* vollst. Erdbeschr. des russ. Reichs nebst Polen, in dem Weim. Handb. d. Erdb., Weim. 821. 8. — Voyage en Allemagne et en Pologne, Par. 812. 2 Bde., 8. — Voy. en Allemagne et en Pologne par *Gley*, Par. 816. 2 Bde. 8. — *Neale* Reise durch Polen u. d. Türkei. Lpz. 818. 2 Bde. 8. *E. F. Uklansky* Briefe üb. Polen, Oesterreich u. s. w., Nürnb. 809. 3 Bde. 8.

Colonisten, vorzüglich in den Gebirgen. Alle Städte an und auf dem Gebirge von der lausitzischen Gränze bis nach Troppau haben teutsche, die am Fusse der Gebirge und auf den Ebenen aber slawische Namen. Die h. Hedwig aus dem Hause Meran, Gemahlin Heinrichs I., begünstigte vorzüglich die Teutschen. Dadurch ward denn die polnische Sprache nach und nach verdrängt. In Breslau war sie schon um 1300 völlig unbekannt. Indessen gibt es nahe um Breslau mitten unter teutschen Dörfern noch einen Strich, wo die polnische Sprache herrschend ist, so dass in derselben gepredigt wird. — Alles dieses gilt zunächst von Niederschlesien. In Oberschlesien liessen sich weniger Teutsche nieder; doch findet man auch hier flämische Hufen und teutsche Stadtvögte. In der letzten Hälfte des XV. Jahrh. breiteten sich die Hussiten in Oberschlesien aus, und nun verdrängte die böhmische Sprache die teutsche und lateinische aus den Urkunden und Gerichtshöfen, besonders in den Fürstenthümern Oppeln und Ratibor. Beide wurden oft verpfändet, und besonders 1645-66 an Polen, wodurch sich das Polnische wieder hob. Die in Oberschlesien üblichen Sprachen beweisen die Vermischung der Völker. In Troppau und Jägerndorf spricht man teutsch, bis auf einige Gegenden, wo ein mit Polnisch vermischtes Mährisch herrscht; in Oppeln und Ratibor aber polnisch. [5])

Die Kašuben in der preussischen Provinz Pommern, Regirungsbezirk Köslin, Kreis Stolpe und Lauenburg-Bütow, sind ihrem Ursprunge nach gleichfalls Slawen lechischen Stammes. Die beiden Herrschaften Lauenburg und Bütow machten vormals einen Theil von Polen aus, und wurden von 1460 an von den Herzogen zu Pommern als polnische Lehne besessen, nach deren Aussterben aber von der Krone Polen eingezogen, und erst der Welauer Vertrag gab sie 1657 dem Kurhause als eine Lehn von Polen zurück. Jetzt sind sie völlig mit Pommern vereinigt.

---

[5]) S. *Adelung's* Mithridates II. 669 — 670. — (*F. W. Pachaly*) üb. Schlesiens älteste Gesch. u. Bewohner, Bressl. 783. 8. Eb. Vers. üb. d. schles. Gesch., Bresl. 777. 8. — *K. F. Anders* Schlesien wie es war (bis 1835), Bresl. 810. 2 Bde. 8. — (*K. F. Pauli*) Einl. in d. Gesch. v. Schles., Lpz. 755. 4. — *H. L. Klüber* Schlesien, Bresl. 785. 788. 8. — *J. D. Hensel* Handb. d. schl. Gesch., Hirschberg 797. 804. 8. — *Ch. F. E. Fischer* geogr.-stat. Handbuch über Schlesien u. Glatz, Berl. 817. 2 Bde. 8. u. s. w.

§. 48.

Charakter der polnischen Sprache.

Unter den 5 slawischen Mundarten der nordwestlichen Ordnung ist die polnische durch ihre Ausbreitung und den Reichthum der Literatur die erste. Ihre Trennung vom gemeinschaftlichen Stamme verliert sich in das geheimnissvolle Dunkel der Vergangenheit. Anfangs der böhmischen und sorbenwendischen am nächsten verwandt, bildete sie sich, unter dem wechselnden Einflusse verschiedener, sowol einheimischer als auch fremdher kommender Elemente, bald selbständig aus, und wich von ihren westlichen und südlichen Schwestern immer mehr ab. Ihr Unterschied von der böhmischen Mundart ist schon §. 36. angegeben. Sie hat ein zischendes *rz* und den Rhinesmus ą, ę. Das *rz*, welches in den ältesten böhmischen Schriften noch gar nicht vom *r* unterschieden wird, und ursprünglich wol *rj*, wie noch heutzutage in der altslawischen, russischen, slowakischen u. s. w. Sprache, gelautet haben mag, hat sie mit der böhmischen, nicht aber mit der oberlausitzischen und slowakischen Mundart gemein; auch des Rhinesmus Spuren lassen sich in andern slawischen Mundarten, z. B. der bulgarischen, finden.

So wie eine jede nur etwas ausgebreitete Sprache, so hat auch die polnische ihre Varietäten. Hr. Bantkie rechnet zu denselben folgende: 1.) die *grosspolnische* Varietät. Einige Archaismen und Germanismen, die Aussprache des *o*, welches gedehnt wird, die Dehnung des *ie* machen diese Varietät kenntlich. Am abweichendsten von der Regel sprechen die Lenczyzaner und die Nachbarn von Schlesien. Beispiele: szczudła, trafty, tko, tkoren, gięba u. s. w. 2.) Die *mazurische* Varietät. Die gemeinen Leute in Mazuren sprechen das ż wie *z*, ss wie *s*, `cz wie *c* aus, und haben auch oft ihre Provincialismen. 3.) Die *kleinpolnische* Varietät. Die Kleinpolen haben einen angenehmen Ton, besonders in den russischen Wojewodschaften. Doch fehlen sie manchmal gegen die Grammatik, und brauchen die masculine Endung statt der femininen u. sächlichen, z. B. indem *byli* st. *były* in den Verbis sagen: my kobiety byliśmy st. byłyśmy. 4.) Die *littauische* Varietät. Ein singender Ton, besonders um Breść, macht diese Varietät bemerklich, so wie auch einige russische und littauische Provincialismen. 5.) Die *preussische* Varietät. Archaismen und Germanismen verunstalten sie, und die gestrichenen *ó, á* werder gar nicht beobachtet; st. *ława* sagt man *uawa*, und spricht alles mit vollem Munde aus. 6.) Die *schlesische* Varietät in Oberschlesien und im Fürstenthum Oels, und sogar in einem Theile vom Krakauischen. Das *ą* wird sehr durch die Nase gesprochen, *o* st. *a, a* st. *ę*: bądę, Jonek, Pąn, Pon st. będę, Janek, Pan. In Schlesien, aber nicht im Krakauischen, hat man auch böhmische Provincialismen u. unpolnische Constructionen [1]). Teutsche Schriftsteller pflegen immer die Sprache des polnischen Schlesiers als einen besondern, von der polnischen Sprache sehr weit sich entfernenden Dialekt anzusehen, und nennen es bald Wasserpolnisch, bald Oberwendisch, bald Böhmischpolnisch. Indessen fragt man den polnischen Schlesier selbst, so nennt er gewiss seine Sprache nicht anders, als polnisch. Er wird nicht sagen, dass er wendisch, oder wasserpolnisch, sondern dass er polnisch spreche. Diess ist der Fall im Fürstenthum Oels, im Oppelnschen, Plessischen, Beuten, im Fürstenthum Teschen u. s. w. [2]). Jenseit der Oppa gibt es keine polnischen Schlesier im Troppauischen und Jägerndorfischen, sondern es sind entweder Teutsche, wie in dem grössern Theile von Niederschlesien, oder wirkliche Böhmen [3]). Das sogenannte Kašubische in Pommern ist ebenfalls nur eine Varietät od. Abart des Polnischen. Die Kašuben nennen sich selbst nach Anton (S. 22.) *Słowiencen*, nach Mrongovius hingegen (Vorr. zu s. teutsch-poln. HWB. Danz. 823. 4.) *Krabatker*, wonach das §. 35. Anm. 8. S. 287. Gesagte zum Theil zu berichtigen ist.

---

[1]) *S. G. S. Bantkie's* polnisch-teutsches Wörterb. (Bresl. 806.) 1 Bd. Vorr. S. XII.
[2]) Die Polen in Schlesien, sowol Katholiken als Protestanten, bedienen sich der gewöhnlichen, im Litteralpolnischen verfassten Bücher. Nur die Medziborische Gemeine hat e. Gesangbuch in ihrer eigenen Mundart von *Sam. Cretius* 682. 12. Brieg. 725. 12. *Adelung's* Mithridates II. 670.
[3]) *G. S. Bantkie* hist.-krit. Analekten, Bresl. 802. S. 270—78. *Dobrowskys* Slowanka II. 122 ff.

Die Eigenschaften, Vorzüge und etwaigen Mängel der polnischen Sprache sind von zweierlei Art; solche, die sie mit ihren übrigen slawischen Schwestern gemein hat, und solche, die ihr ausschliesslich angehören. Nur letztere gehören hieher. Der Reichthum an mannigfach nuancirten Vocalen und Consonanten: a, á, ą, e, é, ę, o, ó; b und b', c, ć, und cz, ł und l, m und m', n und ń, p und p', r und rz, s, ś und sz, w und w', z, ź und ż, ferner die häufigen Uebergänge der Laute in verwandte oder ähnliche bei Biegungen und Abwandlungen der Wörter, verbunden mit der allen slawischen Dialekten gemeinen Mannigfaltigkeit der Bildungs- und Biegungsformen, machen sie zu einer der feinsten, tönendsten aber auch zugleich der künstlichsten u. schwersten unter allen slawischen Mundarten sowol für Slawen als für Nichtslawen. Es ist aber eine durchaus verkehrte Ansicht, wenn man glaubt, die polnische Sprache sey darum so schwer, weil sie hart und schroff ist. Um dieselbe gehörig zu würdigen, muss man vor allem dieses Vorurtheil ablegen. Nicht die Härte der einzelnen Laute, sondern ihre Feinheit, und der künstliche grammatische Bau der an sich reichen und während der drei letzten Jahrhunderte unter der Feder rüstiger Bearbeiter kräftig herangereiften Sprache machen hier die Schwierigkeit; so wie überhaupt jede lebende oder todte Sprache ohne Ausnahme um so leichter erlernt werden kann, je roher, ärmer und seichter, und um so schwerer, je origineller, reicher und gebildeter sie ist; man vgl. z. B. die hebräische und griechische, od. die neuern romanischen mit der alten kirchenslawischen. Die slawischen Sprachen wollen *studirt* seyn, und *lohnen's*. Kann man auch nicht in Abrede stellen, dass manche Consonantenverbindungen im Polnischen anscheinend oder auch wirklich hart sind: so muss man doch auf der andern Seite gestehen, dass einestheils das Uebermaass solcher, zur malerischen Schilderung unangenehmer Naturtöne sogar nothwendigen Wörter einzig auf die Rechnung geschmackloser Schriftsteller, nicht der Sprache, kommt, anderentheils aber dem unbiegsamen, unbehilflichen, unausgebildeten Sprachorgan des Ausländers, vorzüglich des Teutschen, nothwendig manche Sylbe hart vorkommen muss, die im Munde des geübten Eingebornen leicht und mild klingt. — Leicht und fliessend ist die polnische Prosa; Potocki's salbungsvolle Reden entwickeln eine Kraft, Würde, Anmuth und Harmonie der Sprache, die jener der alten Sprachen nicht im geringsten nachsteht. Wo eine solche Harmonie und Anmuth, wie hier, möglich ist, da kann von keiner Schroffheit und Kakophonie der Sprache an sich die Rede seyn. — Wenn schon die polnische Mundart im Besitze aller Eigenschaften und Bedingungen ist, die von einer ausgebildeten Sprache der Beredsamkeit und Prosa erfordert werden; so scheint sie doch, wenigstens nach dem bis jetzt Geleisteten zu urtheilen, einer Prosodie nach dem quantitirenden Zeitmaass und der Anwendbarkeit auf classische Versformen in der Dichtkunst zu ermangeln. Aber nicht Schuld der polnischen Sprache ist es, dass ihr dieser Vorzug anderer Dialekte mangelt, die gewiss, wie jede andere slawische Mundart, anfangs die schärfste Bestimmung und Ausscheidung der Sylbenlängen und Kürzen mittelst der Dehnung und Schärfung der Vocale haben musste [4]), sondern lediglich die Schuld des jahrhundertelang fremdher, vorzüglich aus dem unprosodischen Teutschland u. Frankreich kommenden Einflusses, und der Unempfänglichkeit der Meisten, durch moderne seichte Reimformen geblendeten, Nationaldichter für die Fülle, Kraft und Harmonie des griechischen Versflugs [5]). Denn es gab zu allen Zeiten Verfinsterungen der Ansichten und Entartungen des Geschmacks nicht nur bei einzelnen Menschen, sondern auch bei ganzen Völkern; Millionen wandelten unter der Sonne, und sahen sie an, und der Schein bethörte sie. So mag es auch der polnischen Metrik ergangen seyn [6]).

---

[4]) S. *Rakowieckis* Prawda ruska (W. 820.) II. 220.
[5]) So urtheilt selbst ein gelehrter Pole u. geschmackvoller Kunstrichter, *Kaz. Brodziński*, Prof. Aesth. Vars., ein gewiss sehr competenter Kritiker, Pamięt. Warsz. 1820. Nro. 12.
[6]) *M. Kwiatkowski* de usu l. slav., Regiom. 569. 4. — *J. Rybiński* orat. de l. pol. praestantia, Gedani 589. 4. — *J. D. Hoffmani* diss. de origg. l. pol., Dant. 730. 4. — *F. Bohomolca* rozmowa o ięzyku polskim, W. 768. 8. — *S. Kleczewski* o początku i wydoskonaleniu ięzyka pol., Lemb. 767. 4. — *T. Nowaczyński* o prozodii i harmonii ięzyka pol., W. 781. 8. — *Jenisch*

Der grammatische Bau der polnischen Sprache wurde schon frühzeitig und bis auf die neuesten Zeiten herab mit vorzüglicher Sorgfalt und mit Glück durch zahlreiche, zweckmässig eingerichtete Sprachlehren und Lexica geregelt, die ich kurz verzeichnen will. [7])

Vergleich. u. Würdigung von 14 Sprachen Europens, Berl. 796. 8. — *J. S. Kaulfuss* üb. d. Geist. d. p. Spr., Halle 804. 8. — *S. B. Linde* o prawidłach etymologii p., zuerst 806. dann im 1 Bd. s. W. B. — *A. Dantyska* (t. i. Xcia *A. Czartoryskiego*) myśli o pismach polskich, Wilna 810. 8. — *O. Kopczyński* poprawa błędów w mowie pol., W. 808. 8. — *X. Bohusz* dodatek do popr. błęd., W. 808. 8. — *X. Wyszomirski* uwagi nad mową pol., W. 809. — *St. Potocki* rozprawy o języku pol. in s. Mowy, W. 816. II. 325 ff.

[7]) *Sprachbücher, Grammatiken*: *St. Zaborowski* hat s. Rudimentis Grammatices lat. auch die poln. Orthographie beigefügt, Kr. 529. 536. 539. 560. 564. 4. — *P. Statorius* (*Stoieński*.) inst. l. pol., Kr. 568. 8. — *J. Januszowski* nowi karakter polski, Kr. 594. 4. — *N. Volkmar* compend. l. pol. Dant. 612. 640. 8. — *J. Roter* Schlüssel zur pol. u. teutschen Spr., Bresl. 618. 8. 638. 8. Danz. 646. 8. — *Fr. Mesgnien* (*Meninski*) gramm. s. inst. pol. l. Danz. 649. 8. Lemb. 747. 12. — *M. Dobracki* (Gutthäter) Kurier d. pol. Sprachl., Oels 688. 8., poln. Sprachkunst eb. 699. 8. — *A. Bliwernitz* tabella gramm. pol., Thorn 681. — *J. Ernesti* poln. Wegweiser Brieg 682. 8. auch unter d. T. poln. Donat., Thorn 689. 8. Bres. 702. 8. — *J. S. Malczowski* kurzer Begriff r. pol. Spr., Riga 687. 8., inst. in l. pol. eb. 689. 8. — *A. Raphaeli* p. Sprachweiser, Lpz. 698. 8. — *B. K. Malicki* cognit. l. p., Kr. 699. 8. — *P. Michaelis* Wegweiser z. p. Spr. (o. O. u. J.) — Königl. poln. u. teutsche Gramm., Posen 701. 8. — *Ch. Rhormann* pol. Gramm. — *J. E. Müllenheim* p. Gramm., Brieg 717. 8. 726. 735. 755. — *G. Schlag* p. Gr., Bresl. 734. 8. 744. 4 A. 768. — *A. Tworz* Theorie d. p. Conjug. vor s. W. B. — *Müller* p. Gr. Königsb. 750. 8. — *J. Moneta* enchiridion pol. od. poln. Handb., Danz. 3 A. Bres. 763. 8. umgearb. v. D. *Vogel*, Bresl. 4 A. 774. 8. 9 A. 808. 8. — (*Krumholz*) p. Gr. mit e. etym. W. B., 2 A. Bresl. 775. 8. 6 A 797. 8. — *O. Kopczyński* gramm. dla szkol narodowych, W. 778. 8 Th. 8. *eb.* Układ gramm., W. 785. 8., *eb.* Essai de gramm. pol., W. 807. 8. — *Woyna* kl. Lustgarten, Danz. 780. 8. — *Trąbczyński* gr. raisonnée de la l. pol., W. 778. 2 Bde. 8. n. A. 793. — *C. C. Mrongovius* p. Sprachl., Königsb. 794. 8. n. A. 805. 8. p. Formenl. eb. 811. 8., p. Wegweiser, Kgsb. 816. 8. — *A. Adamowicz* (Woyde) prakt. p. Gr. mit e. W. B., Berl. 793. 8. — *Polsfuss* Ausz. a. Kopczyńskis Gr.; Bres. 794. 8. — *Stawski* Handb. d. p. Spr., Bres. 795. 8., *J. L. Kassius* Lehrgeb. d. poln. Spr., Berl. 797. 8. — *N. Bucki* Anl. z. p. Spr., Berl. 797. 8. — *Kutsch* p. Gr., Bresl. 800. 8. — *J. S. Vater* Gr. d. p. Spr., Halle 807. 8. — *G. S. Bantkie* p. Gramm. nebst e. etym. W. B., Bresl. 808. 816. 823. 8. — *Th. Szumski* nauka jęz. p., Posen 809. 2 Bde. 8. *eb.* p. Gr., Bres. 821. 8. — *J. D. Grotke* p. Decl. u. Conj., Bresl. 817. 4. — *J. Mroziński* zasady gr. jęz. p., W. 822. 8. — *Jakubowicz* gramm. pol. Wilna 823. 8. — *Wörterbücher*: *J. Mączyński* (*Macinius*) Lex. lat.-pol., Kgsb. 564. fol. — *G. Knapski* thesaurus pol.-lat.-graecus, Kr. 621. fol. (1 Th.), lat.-pol. Kr. 626. 4. (2 Th.), Adagia polonica lat. et graece reddita Kr. 632. 4. (3 Th.). Eine 2 A. des 1 Th. erschien 643. Alle 3 Th. wurden mehrmals, verkürzt u. verändert, herausgegeben; 1.) v. *B. Woronowski* Kalisch 787. 3 Bde. 8., 2.) v. *P. Kolacz* W. 780., d. 3 unter d. T. Idiotismi pol. Posen 755. 12. — Diction. lat.-pol.-boh.-germ., Bres. 620. — *O. Szyrwid* dict. trium ll. (poln. lat. litt.), Wilna 642. 8. 677. 5 A. 713. 8. — *B. K. Malicki* franz.-pol. W. B., Kr. 701. 8. — *M. A. Troc* franz.-poln.-teutsches W. B., Lpz. 742. 2 Bde. 8. (1r Th.), poln.-teutsch.-franz. W. B. 764. 8. 2 A. v. *Mossczeński* 779., mit e. n. Titel 802. (2 Th.), teutsch-poln. W. B. v. *Mossczeński* 772. (3 Th.); n.

§. 49.

Allgemeiner Ueberblick der literärischen Cultur in Polen und der Beförderungsmittel und Hindernisse derselben.

Die Ungewissheit der ältesten Geschichte Polens verbreitet über den Zustand der polnischen Sprache vor der Annahme der christlichen Religion ein undurchdringliches Dunkel. Der Uebergang Mieczysławs I. zur christlichen Religion um das J. 965. macht Epoche in der Geschichte der Cultur Polens. Die Vermählung des Herzogs mit einer böhmischen Prinzessin befestigte die Verbindung des herzoglichen Hofes mit dem Auslande, und gab demselben einen neuen Glanz. Mit dem Sturz des Heidenthums wich zugleich der demselben anklebende Aberglaube, und die Strahlen der Aufklärung fingen an durch die finstern Wolken des sarmatischen Himmels freundlich durchzublicken. — Obschon es an Denkmälern der Sprache aus diesem Zeitalter gänzlich fehlt, so ist doch so viel gewiss, dass sowol zur Zeit Mieczysławs, als auch schon früher, polnisch geschrieben wurde; denn es sind deutliche Spuren da, dass die slawische Sprache ihr eigenes Alphabet gehabt habe, welches aber in der Folge von dem ausländischen verdrängt worden ist.[1] Wenn aber die Einführung und Verbreitung des Christenthums in Polen einerseits die Civilisation des Volks mächtig gefördert hat; so ist doch andererseits erwiesen, dass sie der Gestaltung der Landessprache nicht ganz

---

A. od. n. Titel von allen 3 Theilen Lpz. 806 — 07. 4 Bde. 8., 4te von Gelehrten aller 3 Nationen umgearb. A. 821 ff. — *C. C. Mrongovius* Handwörterb. d. p. Spr. Kgsb. 765. 804. 8. eb. teutsch-poln. H. W. B., Danz. 823. 4. — *C. Kondratowicz* poln.-russ. W. B. S. Pet. 775. 4. — *K. Ciechoniewski* oko hieroglyfik. W. 804. 8. — (*J. V. Bantkie*) Taschenwörterb. d. p. teutsch. u. franz. Spr., 1r poln.-teutsch-franz. Th., Bresl. u. Wars. 805. 8. 2 A. 819. 2 Bde. 8., 2r fr. p. teutscher Th. 807. 819. 8., 3r teutsch-fr.-p. Th. v. *G. S. Bantkie* 813. 2 Bde. 8. — *G. S. Bantkie* słownik dokładny ięz. pol. i niem., Bresl. 806. 2 B. 8. — *K. Winkler* niem.-pol. Dykcyonarz, Lublin 801. 3 Bde. 8. — *S. G. Linde* słownik ięz. pol., W. 807 — 14. 6 Bde. 4. — *X. Litwiński* słownik polsko-łacinsko-francuski, W. 816. 2 Bde. 8. — *J. C. Troiański* słow. polsko-łacinski, Bresl. 819. 8. — *Abbé Czerski* Latein. poln. W. B., Wilna 822. 2 Bde. — *Abbé Bobrowski* Lex. Latino-polon., Wilna 822. — *G. Garszyński* sływ. łacinsko-polsko-niem., Bresl. 823. 2 Bde. 8.

[1] *St. Potocki* pochwały, mowy i rozprawy II. 389. — *J. Rakowiecki* prawda ruska I. 55 ff. Vgl. oben §. 10.

günstig war. Mit der neuen Religion kam eine neue Sprache, die lateinische, im Lande auf; die Lehrer der Religion waren durchaus Ausländer. Die lateinische Sprache wurde fortan im Lande nicht nur die Sprache des Cultus, sondern auch die der Gelehrsamkeit und des Schriftthums, in deren Besitz die Geistlichkeit ausschliessend geblieben ist. Slawisch oder polnisch galt für heidnisch. Diesem Umstande ist es zuzuschreiben, dass die polnische Sprache bis ins XVI. Jahrh. keine andere Denkmäler der literärischen Cultur, als lateinische, einige wenige und unbedeutende polnische Bruchstücke ausgenommen, aufzuweisen hat. — Hätte bei der Einführung des Christenthums in Polen der griechische Cultus nicht dem lateinischen Platz machen müssen, so wäre die polnische Sprache der altslawischen, und hiemit auch der russischen unweit ähnlicher geblieben, als sie jetzt ist. Unter diesen Umständen, von der Gemeinschaft mit ihren übrigen slawischen Schwestern gänzlich getrennt, war ihre Fortbildung an die allgemeinen Beförderungsmittel, zugleich aber auch an die Hindernisse der Landescultur gebunden. Als Mittel, die das Wachsthum der Wissenschaften in Polen beförderten, verdienen genannt zu werden: Klöster, Schulen, Reisen in fremde Länder, Religionsduldung, Einführung und Verbreitung der Buchdruckerei, Bibliotheken, Mäcene, periodische Schriften und gelehrte Gesellschaften. Bald nach der Einführung der christlichen Religion in Polen stifteten die Fürsten und einzelne reiche Privatpersonen Klöster in verschiedenen Gegenden des Landes, deren friedliebende Bewohner nicht nur den Unterricht der Jugend, sondern auch das Abschreiben und die Verbreitung der Bücher besorgten. Den Klöstern der Benedictiner gebührt auch in Polen sowol wegen ihres Alterthums, als auch wegen der mannigfachen Verdienste um die Literatur anerkennendes Lob. Die Benedictiner, vom Bolesław Chrobry um 1008 nach Sieciechow und Łysa-gora berufen, waren die ersten, welche mit Hilfe der Bischöfe Schulen für den Unterricht der Jugend anlegten. An die Spitze dieser Schulen trat 1347 die Krakauer Akademie, die Mutter der Wissenschaften und Künste in Polen.

von Władysław Jagiełło ansehnlich dotirt und besser gestaltet. Von ihr aus verbreiteten sich die Strahlen des Lichts über das ganze Land, bis eine ungünstige Fügung der Umstände unter Zygmunt III. ihren Glanz verdunkelte. Unter ihm kam die Erziehung und der Unterricht der Jugend in die Hände der Jesuiten; die Akademie zu Wilna (gestift. 1579) und zahlreiche Collegien im Lande waren ihre Pflanzschulen. Nicht zu übersehen sind die Verdienste der Schulen anderer Confessionsverwandten um den Anbau der polnischen Sprache und ihre Literatur im XVI. Jahrh. (zu Thorn, Rakau, Jedlnisk, Wilna, Danzig, Rydza, Wschow, Lissa (Leszno), Pińczow u. s. w.). Die 1594 vom Grosskanzler J. Zamoyski gestiftete, und im Anfange des XVII. Jahrh. eingegangene Universität zu Zamość in Kleinpolen ward gar bald nach ihrer Eröffnung gegen den ausdrücklichen Willen ihres Stifters durch den Bischof von Chelm aus einer Hochschule für das gesammte gelehrte Wissen in eine theologische Lehranstalt verwandelt. Die Congregation der Piaristen, bereits unter Władysław IV. in Polen eingeführt, errichtete 1642 die ersten Schulen in Warschau, worauf andere in Pudlein (Podolinec), Rzeszow, Chelm, Lowicz, Piotrkow, Krakau, Góra, Radom, Wareż, Wielun, Lukow, Szczucin, Miedzerzyc, Zloczow, Rzydzyn und Lemberg folgten. Die Politik der Jesuiten hemmte den Aufschwung der Pflanzschulen dieser Congregation, bis es Stanisław Konarski gelang, den Sieg über die Gegenpartei zu erringen, und der Wiederhersteller des bessern Geschmacks in Polen zu werden. Die Errichtung der *Commission der Erziehung* auf dem Reichstage 1775 macht in der Geschichte der Landesliteratur Epoche. Während der Dauer der herzoglich-sächsischen Regirung in Warschau trat das *Oberschulcollegium*, später (1812) in das *Oberschuldirectorium* verwandelt, an die Spitze der öffentlichen Erziehung. Unter der jetzigen Verfassung ist die allgemeine Volksbildung, das Schul- und Erziehungswesen ein besonderer Gegenstand der Sorgfalt des Thrones geworden, und steht unter einer eigenen *Landes- oder Regirungscommission des Cultus und des öffentlichen Unterrichts.* — Reisen ins Ausland wurden gleich nach der Einführung des Christenthums für ein besonderes, vorzügliches Bildungsmittel erachtet, und häufig unternommen. Die Polen studirten schaarenweis auf ausländischen Schulen; im XIII. Jahrh. gab es der einheimischen Gelehrten bereits so viele, dass die Ausländer durch Synodalbeschlüsse von allen geistlichen Aemtern ausgeschlossen, und die Schulvorsteher unbedingt an die Kenntniss der polnischen Sprache gewiesen wurden. Die Hochschulen zu Paris, Padua, Bologna und Prag wimmelten bis ins XVI. Jahrh. von Polen. Die im Auslande gebildeten Tarnowski, Kochanowski, Krzycki, Zamoyski, Modrzewski, Orzechowski, Myszkowski u. a. m. haben den Grund zum classischen Anbau der polnischen Sprache und Literatur unter Zygmunt August gelegt. — Nicht minder förderlich war der Entfaltung der Wissenschaften und Künste in Polen die religiöse Toleranz während der Regirungsjahre Zygmunt's I., Zygmunt August's, und Steph. Báthory's. — Mit der Erfindung des Bücherdruckes wurden die Polen frühzeitig bekannt. Der älteste polnische Druck ist ein Krakauer Kalender vom J. 1490. Die ersten polnischen Buchdrucker waren Schwantopolt Fiol und Joh. Haller in Krakau. Der erste druckte schon im J. 1491 einen Osmoglasnik mit kyrillischen Buchstaben, gerieth aber bald in die Inquisition. Der zweite war zuerst Kaufmann, im J. 1494 Buchhändler, endlich seit 1503 Buchdrucker, starb 1525. Im Laufe des XVI. Jahrh. vermehrte sich die Zahl der polnischen Buchdruckereien dergestalt, dass beinahe jedes Städtchen, welches eine nur etwas bedeutendere Schule hatte, auch im Besitze einer Buchdruckerei war. Die ältesten Büchersammlungen in Polen sind die Klosterbibliotheken der Benedictiner; die ansehnliche Bibliothek der Krakauer Hochschule schmolz im XVII — XVIII. Jahrh. bedeutend zusammen. Nicht unansehnlich waren die Bibliotheken der Fürsten Radziwil und Sapieha, jene in den Drangsalen des Krieges zerstreut, diese 1808 der Warschauer gelehrten Gesellschaft geschenkt: aber die bedeutendste Bibliothek Polens war die Zaluskische (von 200,000 Bänden, worunter gegen 20,000 polnische Werke), nach der gänzlichen Theilung Polens von der russischen Landesregirung nach S. Petersburg abgeführt. Der jetzt in Polen bestehenden Bibliotheken ist schon oben §. 7. II. gedacht worden. — Unter den Mäcenen Polens glänzen die Namen der Fürsten Zygmunt I., Zygmunt August, Stephan Báthory, Stanisław August und Alexander I. oben an. Nächst ihnen verehrt die dankbare Nachwelt als eifrige Beförderer der Wissenschaften und Künste den Reichskanzler Peter Tomicki, Bisch. v. Krakau (gest. 1535), den Erzbisch. v. Gnesen Andr. Krzycki (geb. 1483; gest. 1537), den Kanzler u. Reichscapitän Joh. Zamoyski (geb. 1542, gest. 1605); seit der Mitte des XVIII. Jahrh. aber den Bisch. von Kiew, Jos. Zaluski, und den k. k. Feldmarschall, Adam Fürst. Czartoryski (gest. 1823). — Die erste periodische Schrift erschien in Polen 1764, seitdem kamen unter mannigfaltigen, durch die Ereignisse der Zeit herbeigeführten Hemmungen und Unterbrechungen mehrere periodische Schriften sowol politischen als literärischen Inhalts heraus. Die erste öffentliche gelehrte Gesellschaft in Polen ist die kgl. Gesellschaft der Freunde der Wissenschaften in Warschau seit 1801, deren Einfluss auf die Wiederbelebung und Veredlung der Nationalliteratur unberechenbar wichtig und wolthätig ist. Im J. 1815 wurde die literärische Gesellschaft (towarzystwo naukowe) in Krakau gestiftet, und mit der Krakauer Universität verbunden. — Unter den Hindernissen der literärischen Cultur in Polen steht die ehemalige Verfinsterung des politischen Horizonts und der harte Druck des Volks oben an. Seit Zygmunt III., ja schon seit Johann Kazimierz sündigte man immer schwerer gegen die natürlichen Rechte des Christenthums, der Menschheit, gleich wie gegen die Regeln der Staats- und Volkswirthschaft. Der Adel machte allein die Nation aus, das in die Fesseln der Leibeigenschaft geschlagene Volk versank in die gröbste Unwissenheit, und blieb Jahrhunderte lang von dem Lichte der Civilisation gänzlich ausgeschlossen. Dasselbe ermangelte gänzlich der so nöthigen Landschulen, und der Landmann, der lesen oder schreiben gekonnt hätte, war weit und breit nicht anzutreffen. Hiezu gesellte sich später die Verfolgung anderer Confessionsverwandten.

Auch in Polen loderten die Scheiterhaufen zur Vertilgung der Ketzer auf, u. die Inquisition dauerte bis auf Zygmunt I. Um die Mitte des XVII. Jahrh. erhob sich der Sturm aufs Neue, die Arianer wurden aus dem Lande gejagt, und der Druck der Griechischgläubigen veranlasste den Aufruhr und Abfall der Kozaken von der polnischen Krone im J. 1654. Die Verfolgung der Dissidenten überschritt seit August II. und August III. alle Gränzen, und stürzte das Land in unabsehbares Elend. Wie ganz anders spricht die musterhafte Verfassung des jetzigen Kgr. Polen, die allen christlichen Confessionen freie Religionsübung gesetzlich zusichert, jedes menschliche Herz an! — Zu den Hindernissen der Sprachcultur und hiemit der Nationalliteratur rechnet Hr. Bentkowski auch die Jesuiten. Nachdem sie sich der Schulen Polens bemächtigt hatten, versank der freiere Geist der Bildung in pedantischen Mechanismus, hohle Formen, Abrichtung zu verschiedenen Nebenzwecken; der polemische Misston und panegyrische Bombast weht unheimlich aus allen Werken des Zeitraumes ihrer Herrschaft den Leser an. Nicht minder nachtheilig wirkte auf die Nationalliteratur die Verfinsterung der Zeit selbst; Astrologie, Cabbala, Dämonologie, Pietismus, Mysticismus, Atheismus, Alchemie und Theosophie schlichen lange Zeit im Dunkel der Nacht durch alle Länder Europas umher, und beschäftigten die vorzüglichsten Köpfe jener Jahrhunderte; auch in Polen hatten sie ihre geheime Werkstätte, bis mit Kopernikus das strahlende Tagesgestirn aufging, und die finstre Nacht des Mittelalters auf immer verblich. — Das unzeitige Bereisen des Auslandes verkehrte oft die Köpfe vorzüglich der Jugend, und verschaffte den ausländischen Sprachen und Sitten oft das Uebergewicht über die einheimischen. Im XVI. Jahrh. kehrten die Polen mit Kenntnissen bereichert in ihre Heimath zurück, und brachten es hier durch Unterricht und Schriften bald dahin, dass das Reisen ins Ausland der Studien wegen beinahe überflüssig wurde; im XVII. Jahrh. kam das Besuchen fremder Länder während der Schulleitung der Jesuiten aus der Mode; und als im XVIII. Jahrh. die Reisen nach Italien und Frankreich neuerdings überhand nahmen, da bemächtigte sich eines grossen Theils der Nation ein Stumpf- und Kaltsinn gegen das Einheimische und Vaterländische, der bald in Verachtung desselben ausartete, und ein unglückliches Nachäffen des fremden Volksthums wurde herrschend. Die Erziehung der Jugend wurde fremdher berufenen Pädagogen anvertraut: französische Sprache und Sitten drohten beinahe ganz die vaterländischen zu verdrängen; ihr nachtheiliger Einfluss auf die Nationalliteratur ist sichtbar genug. Unglückliche Kriege und wiederholte Revolutionen im Lande erstickten die vaterländische Literatur vollends, die sich nun nach so vielen Wunden unter der väterlichen Fürsorge der jetzt bestehenden Regirungen nach und nach zu erholen beginnt. [2])

§. 50.

Epochen der polnischen Literatur. Erste Periode: Von der Einführung des Christenthums bis auf Kazimierz den Grossen. J. 964 — 1333.

Die Epochen der polnischen Literatur sind folgende: 1.) Von der Einführung des Christenthums bis auf Kazimierz den Gr., od. vom J. 964-1333. 2.) Von Kazimierz dem Gr. bis auf Zygmunt I., od. vom J. 1333-1506. 3.) Von Zygmunt I. bis zur Eröffnung der Jesuitenschulen in Krakau, od. vom J. 1506-1622. 4.) Von dem entschiedenen Uebergewicht der Jesuiten und der Verfolgung der Nichtkatholischen bis zur Wiederbelebung der Wissenschaften und Einführung eines bessern Geschmacks durch Stanisław Konarski, od. vom J. 1622-1760. 5.) Von Konarski bis auf unsere Zeiten 1760-1824. [1])

Erste Periode. Von der Einführung des Christenthums bis auf Kazimierz den Gr. J. 964 — 1333.

Diese Periode kann füglich das Zeitalter der Finsterniss heissen. Die schriftlichen Denkmäler dieser Zeit sind alle

---
[2]) *F. Bentkowski* hist. literatury polskiey (War. 814.) I. 75 — 161.
[1]) *F. Bentkowski* I. 162 — 176.

in lateinischer Sprache und einem Styl abgefasst, dem man das Gepräge des Jahrhunderts ansieht; dahin gehören die Chroniken des *Martin Gallus, Vincentius Kadlubek, Martin Strzębski* u. m. a. — Die polnische Mundart musste schon zu Anfange des X. Jahrh., eben so wie die böhmische, von der altslawischen verschieden seyn; ihre Gestalt wurde aber im Verfolge der Zeit unter dem Einflusse der lateinischen und teutschen Sprache immer mehr verändert. Lange Zeit bestand die Geistlichkeit Polens aus Italienern und Teutschen; die polnischen Städte wimmelten von teutschen Gewerbsleuten; nichts desto weniger konnte die Sprache der Italiener und Teutschen wegen der grössern Masse der Einwohner in Polen nicht so, wie in Böhmen, überhand nehmen, und war lediglich auf den Hof, die Grossen des Reichs und die Städte eingeschränkt. Auf die Masse des Volks wirkten diese Sprachen nur in sofern, als sie die äussere Gestalt des Polnischen veränderten, und dasselbe immer weiter von seiner Urquelle abführten. Aus dem Conflict dieser drei Sprachen, der lateinischen, teutschen und altslawischen, und ihrem Einflusse auf die Landesmundart ging die polnische Sprache in ihrer neuern Form hervor; wenn gleich über ihre damalige Beschaffenheit wegen des gänzlichen Mangels an Sprachüberresten keine bestimmte Auskunft gegeben werden kann. Nur einzelne polnische Wörter, mit einer unsteten und abschreckenden Orthographie geschrieben, finden sich zerstreut in verschiedenen lateinischen Urkunden dieses Zeitraumes. Zu den ältesten Denkmalen der polnischen Sprache gehört das unter dem Titel: Boga rodzica bekannte Kriegslied, welches allgemein dem h. Adalbert (Woyciech) vor dem J. 1000 zugeschrieben wird, von dem es aber, nach Hrn. Dobrowský's Meinung, wenn es gleich uralt ist, wol nicht herrühren mag, da im Böhmischen keine Spur davon anzutreffen ist. Hr. Rakowiecki zweifelt nicht an dem hohen Alter dieses Sprachdenkmals, erklärt aber doch, dass er es in seiner jetzigen Gestalt, nach der Sprache zu urtheilen, nicht höher als in das XIV. Jahrh. versetzen kann [2]. Bielski und Długosz machen wol noch

---

[2] *Rakowiecki* prawda ruska II. 211 — 12.

Erwähnung von alten Liedern; allein aus ältern Zeiten hat sich keins erhalten. Es ist nicht wahrscheinlich, dass, ungeachtet die lateinische Sprache die öffentliche Geschäfts- und Urkundensprache der Polen gewesen, auch die Landesmundart in Geschäften des gemeinen Lebens nicht schriftlich angewendet worden wäre; aber die Missgunst und Unkunde der Ausländer, ferner die vielen Kriege, Drangsale und Verheerungen des Landes vertilgten alle Spuren dieses frühesten polnischen Schriftthums.[3])

§. 51.

Zweite Periode. Von Kazimierz dem Gr. bis auf Zygmunt I. J. 1333 — 1506.

Dieser Zeitraum kann die Morgenröthe der herandämmernden Aufklärung Polens heissen. Kazimierz, mit Recht der Grosse genannt, hob durch den kräftigen Schutz, den er dem Landmann und Bürger angedeihen liess, und durch die den fremden Ankömmlingen ertheilten Privilegien, in deren Genusse sie friedlich ihren Geschäften obliegen konnten, mächtig die Städte und das Land empor, und legte dadurch den Grundstein zu der nachmaligen Grösse und Macht Polens. Er wies durch die am Wislicer Reichstag gegebenen Landesgesetze die willkührliche Macht der Richter in die gebührenden Schranken zurück, untersagte die Appellation in bürgerlichen Rechtsangelegenheiten nach Magdeburg, und zwang auf diese Weise die Eingebornen sich die nöthigen juridischen und politischen Kenntnisse zu erwerben; er legte endlich den Grund zu der Krakauer Hochschule. Die stürmischen Jahre der Regirungszeit Ludwigs hinterliessen kein Denkmal, ja keine Spur seiner Fürsorge für das Volk in Bezug auf dessen Civilisation, Aufklärung und geistige Bildung. Dem Władysław Jagiełło verdanken die Polen die bessere Organisation und Dotirung der Krakauer Universität, dieser selbst vom Auslande geachteten Pflegerin der Wissenschaften, Mutter aller übrigen Lehranstalten Polens. Hedwig und Sophie, Gemahlinen

---
[3]) *Bentkowski* hist. lit. pol. I. 162 — 68.

dieses frommen Fürsten, liessen die h. Schrift in polnische Sprache übersetzen. Kazimierz Jagiełło befahl durch ein Decret aufs strengste, dass nur derjenige, der in der lateinischen Sprache bewandert ist, zu höheren Aemtern zugelassen werde. Derselbe legte viele lateinische Schulen im ganzen Lande an, während für die polnische Sprache nicht das mindeste unter ihm geschah. Gegen das Ende seiner Regirung, zur Zeit der Wiedergeburt der Wissenschaften und Künste in Europa, nährte die Krakauer Hochschule die gelehrtesten Männer, sowol Eingeborne, als Ausländer, in ihrem Schoosse, die ihren und des Landes Ruhm mündlich und schriftlich verbreiteten. Długosz ist zwar nicht, wie einige behauptet haben, der erste, der griechische und römische Classiker nach Polen brachte; aber ihm gebührt doch das Verdienst der Verbreitung classischer Studien unter den Polen. Die Einführung der Buchdruckerkunst in Krakau um 1490, obwol sie die ganze Regirungszeit Kazimierz's hindurch in der Wiege geblieben ist, wurde doch in der Folge eines der vorzüglichsten Vehikel der Belebung und Verbreitung literärischer Betriebsamkeit im ganzen Lande. In den für Polen unglücklichen Tagen Johann Albrechts geschah für die Wissenschaften und Künste gar nichts. Von Natur hochmüthig, schätzte er zwar an einzelnen Menschen gelehrte, vorzüglich historische Kenntnisse, aber er selbst besass nicht im mindesten die Gabe zu regiren, und die polnischen Musen sind ihm keinen Dank schuldig. Noch weniger that für die öffentliche Aufklärung sein Nachfolger Alexander, der bei der Fülle körperlicher Gesundheit doch sehr schwach am Geiste war. — Es ist bereits oben gesagt worden, dass seit dem X. Jahrh. die Aufklärung des Volks ganz in die Hände der Geistlichkeit gegeben ward, die über ein ganzes Jahrhundert aus Italien und Teutschland geholt wurde, und dass im Laufe dieser Periode die Eingebornen von allen geistlichen Aemtern gänzlich ausgeschlossen blieben. Obwol dieses später aufhörte, so behielten doch die Ausländer sowol bei dem weltlichen, als dem regulären Clerus, trotz der dagegen gefassten Beschlüsse und gegebenen Verordnungen, bis Ende des

XV. Jahrh. den Vorrang. Noch im XII. Jahrh. wurden die geistlichen Aemter und Würden mit Ausländern besetzt. Im XIII. Jahrh. fingen die Erzbischöfe und der höhere Clerus an, daran zu denken, der verachteten Landessprache Ansehen zu verschaffen; aber ihr Wille blieb ohne Erfolg, und die Verordnungen kraftlos. Im J. 1237 verordnete der Erzbischof von Gnesen, Pełka, dass die Priester unter der Obhut der Bischöfe Schulen eröffnen, dieselben aber nicht mit Teutschen, ausser wenn sie der polnischen Sprache vollkommen kundig wären, besetzen möchten. Der Einfall der Tataren im J. 1241 vereitelte mit der gänzlichen Unterdrückung der beginnenden Landescultur auch diese löbliche Verordnung. Im J. 1285 wurde auf der Provincialsynode zu Łęczyc unter dem Vorsitz des Erzb. von Gnesen, Jakob Swinka, decretirt, dass hinführo alle der polnischen Sprache unkundige Ausländer von den geistlichen Aemtern und Schulen ausgeschlossen seyn sollen; allein die Wiederholung desselben Decrets im J. 1357 auf der Provincialsynode zu Kalisz durch den Erzb. von Gnesen, Jarosław Bogory, und die im J. 1460 von Joh. Ostroróg über die Besetzung der Klöster mit ausländischen Mönchen geführte Klage beweisen zur Genüge, dass auch dieses Decret von keiner Wirkung gewesen. Diese ausländischen, auf alles Einheimische aufsässigen Geistlichen, der Macht und Würde nach der erste Stand der Nation, schworen aus Neid, Eifersucht, Missgunst und Hass allen Denkmälern einer Sprache, die sie nicht kannten, und nicht kennen wollten, den gänzlichen Untergang. Sie thaten, was nach der Aussage des Priors Lochmann und dem Bericht des Pfarrers Juszyński (Dict. poet. polsk., Kr. 820. Vorr.) mehrere Hundert Jahre später die aus Frankreich emigrirten Benedictiner mit der polnischen Bibliothek des Klosters Ś. Krzyż auf der Łysa-Góra gethan haben, sie warfen die in barbarischer Sprache verfassten Bücher zum Lohn der Gastfreiheit ins Feuer. So vertilgten diese Ankömmlinge alle Spuren des frühesten Sprachanbaues der Slawen, die bis dahin den Stürmen der drückenden Zeit entronnen waren. Sie liessen den Gebrauch der polnischen Sprache, weder in öffentlichen, noch in Privatgeschäften zu. Es gelang ihnen, den höhern Ständen einen bleibenden Abscheu gegen die, wie sie vorgaben, heidnische, wilde, ungeschlachte und barbarische Sprache einzuimpfen; selbst dem Pöbel liessen sie sie kaum und nur gezwungen. Aus diesem Grunde wagte man kaum mit Ende des XIV. Jahrh. die polnische Sprache aus dem Dunkel der Vergessenheit u. Verachtung ans Tageslicht zu ziehen; aber die tief im Herzen des Volks wurzelnde Gleichgültigkeit gegen dieselbe dauerte noch lange und bis Ende des XV. Jahrh. fort. Karl IV. liebte und beschützte die böhmische Sprache; der polnische Kazimierz der Gr. theilt dieses Lob nicht mit ihm. Auf diese Weise ward kaum unter der Kgn. Hedwig auf die Emporhebung der Sprache gedacht. Die fromme Fürstin gab durch ihr Beispiel die erste Veranlassung dazu. Nicht minder kräftig wirkte auf den bessern Theil der Nation das Vorbild der Böhmen, die um diese Zeit schon eine herrlich ausgebildete, gereifte und reichlich angebaute Sprache besassen.

Dieser Periode fehlt nicht an verschiedenen Belegen der fortschreitenden Sprachgestaltung, aus denen deutlich hervorgeht, dass die Polen nach dem Verlust des uralten slawischen, und der Annahme des lateinischen Alphabets, Mühe gehabt haben, eine bestimmte und gleichförmige Orthographie einzuführen. Bei der Begründung derselben legte man die lateinische, teutsche und böhmische Combination, folgewidrig und ohne alle Einsicht in das Wesen der Schreibekunst und der slawischen Sprache, zum Grunde. Durch diese, der polnischen Sprache gegen ihren Geist aufgedrungene Rechtschreibung wurde nicht nur die Etymologie unsicher gemacht, sondern auch die Bildung der Wörter von ihrer ursprünglichen Norm abgelenkt, und was am meisten zu bedauern ist, der quantitative Charakter der polnischen Prosodie beinahe gänzlich verwischt. Denn es ist erwiesen, dass noch im Laufe des XV. Jahrh. die Länge und Kürze der Sylben, analog den übrigen slawischen Dialekten, mittelst des natürlichen Zeitverhalts (d. i. der Dehnung und Schärfung der Vocale, nicht eines erträumten Tons), in der Aussprache bestimmt ausgeschieden und scharf begränzt war, und dass zwischen der Menge der langen und kurzen Sylben ein Verhältniss statt fand, wie es die Natur der altclassischen Versformen verlangt; während jetzt die Bestimmung der Quantität der Sylben, wegen der vernachlässigten Bezeichnung der langen und kurzen Vocale im Schreiben, den grössten Schwierigkeiten unterworfen ist.[1]) Die Denkmale der polnischen Sprache fangen mit der zweiten Hälfte des XV. Jahrh. an. Dahin gehört vor allem die nach dem Zeugnisse Długosz's auf Befehl der Kgn. Hedwig vor dem J. 1390 veranstaltete Uebersetzung der Bibel. Ein Exemplar dieser Uebersetzung ist aber nirgends vorhanden, wesshalb sie von vielen, z. B. Grafen Stan. Potocki, auch bezweifelt worden ist. Den Psalter zu Poryck gab Czacki für einen Theil der Hedwigischen Bibel aus; andere Theile, die sich zu Sáros-Patak in Ungern befinden, waren (nach e. vom Grafen Majláth der Gräfin Rzewuski geb. Fürstin Lubomirski mitgetheilten, und in Niemcewicz zbiór pamiętników W. 822. 2 Th. abgedruckten Beschreibung derselben) ein Eigenthum der vierten Gemahlin Jagiełło's, der trefflichen Sophia (1430), und können wol eine Copie von der Bibel seyn, welche die erste Gemahlin desselben, die schöne Hedwig, besessen. Eine andere Bibel, welche die Kgn. Sophia im J. 1455 abschreiben liess, hat noch Węgierski (1600—49) gesehen. Man kann jedoch nicht annehmen, dass die letztere Bibel nur eine Copie der ältern sey, da die Schlussformel den Uebersetzer ausdrücklich nennt. Es ist wol zu vermuthen, dass böhmische Uebersetzungen verschiedener Bücher (von denen, die Hedwig gelesen haben soll, sind aus jenen Zeiten in Prag noch böhmische Handschriften vorhanden), nicht nur unter der Kgn. Hedwig, sondern noch häufiger unter der Kgn. Sophia nach Polen gekommen sind. In Böhmen gab es 1455 schon zwei neuere Recensionen der Bibel, die dem lateinischen Texte genauer entsprechen, als die alte paraphrastische Uebersetzung. Nach einer solchen neuern Recension scheint also Andr. v. Jaszowicz, der Kgn. So-

---

[1]) *Rakowiecki* prawda ruska II. 213 ff.

phia Caplan, die polnische Bibel umgearbeitet zu haben[2]). Ausser der Bibel gab es 1390 schon Legenden, Homilien und andere Erbauungsbücher in polnischer Sprache. Hiernächst sind zu nennen: die Vorr. aus einem alten Statut des Kgs. Kazimierz; Aussagen der Zeugen um die Mitte des XIV. Jahrh. in der Maiewskischen Samml. poln. Msc.; ein Ausspruch des Wojewoden von Lemberg in einem Gränzprocess vom J. 1400, befindlich in der Kronmatrikel; Fragmente aus Uebersetzungen polnischer Statute vom J. 1449 und 1450; die polnische Uebersetzung der Antiphone Salve regina aus dem Kanzional von Przeworszczyk vom J. 1435; die X. Gebote polnisch in Versen vom J. 1481; ein Lied vom Wiklef in einer Handschrift der Göttinger Bibl.; eine Anleitung zur polnischen Rechtschreibung vom J. 1486. u. m. a., die bei Bentkowski Hist. liter. pol. 1 Bd. S. 177-191., Potocki pochwały, mowy i rozprawy II. Bd. S. 419-425, und Rakowiecki prawda ruska II. Bd. S. 212-221 nachzulesen sind.

---

[2]) *Dobrowsky* Slowanka II. 237—38. — Bei dieser Gelegenheit will ich die poln. Bibeln verzeichnen. — *N. Testament*: Matthaeus, Kgsb. 551. (Von J. Seklucyan). *Ganz*: Kgsb. 551 — 52 2 Bde. 4., Kgsb. 554. Kgsb. 555. (Von demselben a. d. Griechischen für lutherische Christen, dreimal aufgelegt.) Krak. 556. 4. (Nach der Vulgata v. J. Leopolita revidirt, aber von Leonard übersetzt, für katholische Christen.) *Altes Testament*: Psalter, Kr. b. Ungler 539., Derselbe Kr. b. Vietor 540. Derselbe Kr. b. Scharfenberger 543. eb. 547. (Von V. Wrobel übers. u. 4mal aufgelegt) — *Ganze Bibeln*: Krakau b. Scharfenberger 561. fol. (Nach d. Vulgata, von J. Leopolita revidirt, ab. v. Leonard übers., für Katholiken). Brześć in Littauen 563. fol. (Nach dem Hebr. Griech. u. Lat. f. Reformirte). Nieswież (nur d. Vorr. ist zu Zasław unterzeichnet) 570. 4. (Nach d. Hebr. Griech. u. Lat. v. S. Budny, e. Antitrinitarier). O. Dr. 572. Dieselbe zum zweitenmal aufgelegt). Krakau. 575 fol. Krakau 577. fol. (N. Auflagen von 1561). Krakau 599. fol. (Nach d. Vulg. v. d. Jesuiten J. Wujek). Danzig 632. 8. (Nach dem Hebr. u. Griech. v. P. Paliurus u. s. Mitarbeitern Wengierscius u. Mikolaievius, für Protestanten H. C.) Amsterdam 660. 8. (Dieselbe). Halle 726. 8. (Dieselbe). Breslau 740. 8. (Die Krakauer von 799). Kgsb. 738. 8. (Die Danziger). Brieg 768. 8. (Dieselbe). Breslau 771. 2 Bde. 4. (Die Krakauer von 599. mit dem lat. Text). Kgsb. 779. 8. (Die Danziger). Berlin 810. 8. (Die Danziger von der Bibelgesellschaft.) Vgl. *S. E. Czepius* preussische Zehenden, Kgsb. 742. 2. 3. Bd. — *Ringeltaube* Nachricht von den polnischen Bibeln, Danz. 744. 8. — *F. Bentkowski* hist. liter. pol. II. Bd. S. 494. ff. — *L. Kossicki* brevis bibliorum polon. per editionum familias conspectus, in *Bantkie's* miscell. Cracoviensia, Kr. 811. 4. *Dobrowsky's* Slowanka I. 141. II. 228.

§. 52.

Dritte Periode. Von Zygmunt I. bis zur Eröffnung der Jesuitenschulen in Krakau. J. 1560 — 1622.

Goldenes Zeitalter der polnischen Literatur. Die Nationalbildung ging in diesem Zeitraum mit Riesenschritten vorwärts; der Geschmack bildete sich an den classischen Mustern Griechenlands und Latiums aus, und die Reinheit der Sprache erreichte den höchsten Gipfel. Die Hauptmerkmale der Schriftsteller aus dieser Periode sind: Richtigkeit und Reinheit der Sprache, edle Einfachheit und ernste Würde. — Es ist bemerkenswerth in der Geschichte der Civilisation Polens, dass in diesem Reich der Adel mit der Fackel der Aufklärung stets voranging, während andere Länder die Aufregung der selbständigern Geistesthätigkeit und das Licht der literärischen Cultur meistens dem zweiten Stande verdanken. Es ist genug, der Namen Padniewski, Ocieski, Tarnowski, Zamoyski, Gork, Radziwiłł u. m. a. zu erwähnen, um anzuzeigen, dass diess diejenigen Männer sind, welche die goldene Aera der polnischen Nationalliteratur herbeigeführt haben. Unter Kazimierz's des Jagiełłonczyk Söhnen wurde das Polnische die Sprache des Hofs, der Damen und der gebildeten Gesellschaften. Man fing laut an über die Vernachlässigung der vaterländischen Sprache zu klagen, und sah die Nothwendigkeit ihrer Vervollkommnung ein. Zygmunt's I. thätige Regirung und die erwünschte Ruhe, welche die westlichen Provinzen fortwährend genossen, schufen Grosspolen zu der Wiege der Aufklärung um. Zygmunt August wusste durch seine weise Mässigung in Sachen der Religion den herrschenden Zeitgeist so zu lenken, dass während in einem grossen Theil von Europa blutige Religionskriege die Fortschritte der literärischen Cultur nicht wenig aufhielten, der Boden Polens nicht nur mit Bruderblut nicht befleckt wurde, sondern die Verschiedenheit der Religionsmeinangen sogar dem Anbau der Wissenschaften erspriesslich war. Derselbe vorbot die Landesgesetze in einer andern, als der polnischen Sprache, abzufassen; er selbst schrieb in keiner andern, als der Landessprache. An seinem Hofe lebten Joh. Kochanowski, Luk. Gornicki und Joh. Januszowski. Steph. Báthory machte sich durch die Einführung der lateinischen Sprache und in ihrem Gefolge des Studiums der classischen Vorzeit, ferner durch weise Duldung um die Beförderung der Wissenschaften in Polen sehr verdient; so wie er sich andererseits durch die Errichtung der Tribunale und Vervollkommnung der öffentlichen Gerechtigkeitspflege den Dank der spätesten Nachkommen erworben. Zwar will man das Beimengen der lateinischen Wörter und Redensarten in der polnischen Sprache dem Einflusse seines Beispiels, weil er, der Landessprache nicht ganz mächtig, im Sprechen das Latein zu Hilfe zu nehmen pflegte, zuschreiben; allein, was der König aus Noth that, hätten seine ungeschickten Hofleute nicht bis zur Ungebühr und offenbarer Verletzung der vaterländischen Sprache nachäffen sollen. Gegen das Ende dieses Zeitraumes blühten noch unter der Regirung Zygmunt's III. die Wissenschaften, bis nicht die Jesuiten fast den ganzen Schulunterricht an sich gebracht haben. — Mit Recht befremdet in der Geschichte der polnischen Nationalliteratur der unerhört schnelle Aufschwung derselben im Laufe des XVI. Jahrh. Die einzige Ursache dieser Erscheinung (sagt Graf Potocki), ist in der vertrautern Bekanntschaft der Polen mit den classischen Werken der griechischen und römischen Vorzeit, und dem wolthätigen Einfluss vorzüglich des lateinischen Sprachstudiums auf die Gestaltung der Landessprache zu suchen. Zur Zeit der Wiedergeburt der Wissenschaften in Europa ging die allgemeine philologische und classische Gelehrsamkeit den einzelnen Nationalliteraturen voran. Die unter dem Schutt der alleszerstörenden und zuletzt in sich selbst zerfallenen Barbarei begrabenen Trümmer des classischen Alterthums mussten erst entdeckt, hervorgezogen, gereinigt, geordnet und erläutert werden, bevor sie bei der neuern europäischen Nationalcultur zum Grunde gelegt werden konnten. Diese grossartigen Muster des classischen Alterthums, durch Italiens, Frankreichs, Teutschlands, Hollands und Englands Gelehrte mit unsäglicher Mühe vom Staube der Verwesung gereinigt, gewannen nun Gesetzeskraft in jeder besondern Nationalliteratur Europa's. Das unbegränzte Ansehen der lateinischen Sprache im XVI. Jahrh. machte die römische Literatur zu einer der reichhaltigsten Quellen menschlicher Kenntnisse, aus der alle Völker schöpften. Die geistreichern, in den alten Sprachen gründlich bewanderten Polen dieser Zeit, mit dem Ballast so vieler lebenden neuern, uns gleich, nicht überladen, konnten nun um so leichter die gefühlten Schönheiten des lateinischen Styls auf die vaterländische Sprache, die sie dafür empfänglich und schon vorbereitet fanden, übertragen, wie sie denn diess mit musterhafter Geschicklichkeit und glänzendem Erfolg auch wirklich gethan haben. Aber dieser herrschenden Auctorität der lateinischen Sprache ist es auch zuzuschreiben, dass so viele Polen in diesem Zeitraum statt der einheimischen Sprache die nun europäisch gewordene römische zur Darstellung ihrer Gedanken wählten, entweder weil sie die vaterländische noch nicht für genug fein und vervollkommnet hielten, oder aber, weil sie es vorzogen, Bürger der grossen Gelehrtenrepublik Europa's, als des kleinen Schriftstellervereins auf dem Heimathsboden zu werden. — Von der Wolthat des neuerfundenen Bücherdrucks säumten zwar die Polen, wie schon oben gesagt worden, nicht, frühzeitig Gebrauch zu machen; aber erst seit 1534 wurde die Verbreitung der Buchdruckerkunst in Polen allgemein, und die polnischen Drucke häufiger. Die Orthographie fand in diesem Zeitraume viele Verbesserer; an ihrer Spitze stehen Kochanowski, Orechowski, Gornicki und Januszowski. Allein ihre Neuerungen griffen bei der einmal geläufig gewordenen Schreibart des grossen Schriftstellerhaufens nicht durch; und seitdem gelang es selbst den geachtetsten Schriftforschern unserer Zeiten nicht mehr, die Mängel der polnischen Rechtschreibung gänzlich zu beschwichtigen. Grammatisch und lexicographisch wurde die Sprache bearbeitet von Zaborowski, Honter, Seklucyan, Statorius, Orzechowski, Januszowski, Mączyński und Knapski. — Durch den Wollaut der italienischen Sprache bezaubert, suchten die polnischen

Dichter die Häufung der Consonanten in ihrer Muttersprache zu mildern. Die Aussprache und Rechtschreibung wurde zu Ende des XV. und im Laufe des XVI. Jahrh. vielfach nach der böhmischen Mundart gestaltet. Dieser Einfluss des Böhmischen auf das Polnische nahm so überhand, dass sich dessen Spuren sogar in dem reinsten polnischen Kanzleistyl der beiden Sigismunde finden. Die Krakauer Universität, gleich nach ihrer Stiftung mit Lehrern aus Prag besetzt, und von Böhmen zur Zeit der hussitischen Unruhen häufig besucht, trug nicht wenig zu dem Ueberhandnehmen des Böhmischen in Polen bei. Hiernächst mag der bereits vorgerückte Anbau der gereiften böhmischen Sprache, die Uebersetzung der Bibel, und das Ansehen der Prager Akademie, auf der jährlich zahlreiche Polen studirten, der böhmischen Sprache einen nicht geringen Einfluss auf die polnische verschafft haben. Noch wurden in diesem Zeitraume viele italienische und mehrere türkische Wörter in die polnische Sprache aufgenommen, die aber als einzelne zerstreute Fremdlinge die Masse der Sprache im Ganzen gar nicht verändert haben, und zum Theil durch bessere einheimische schon ausgebürgert sind. — Die Sprache der Dichtkunst machte in dieser Periode bedeutende Fortschritte. Rey's von Nagłowic, als des ersten polnischen Reimdichters, dessen Name und Werke sich erhalten haben, (gereimte Bruchstücke von ungenannten Vff. kommen schon in der vorigen Periode vor), poetische Sprache erscheint bei nicht zu läugnenden Mängeln des Stoffen seiner Poesieen schon als gereift und gediegen; der schöpferische Genius Joh. Kochanowski's erhob sie auf den höchsten Gipfel der Vollendung. Viele seiner Gesänge, worunter die Psalmen, übertreffen an dichterischer Weihe und classischer Diction die Erzeugnisse aller seiner Zeitgenossen, Ariosto und Tasso ausgenommen; diese Blumen scheinen nicht unter Sarmatiens rauhem Himmel, sondern auf dem classischen Boden Griechenlands und Latiums entsprossen zu seyn. Sein Bruder, Andr. Kochanowski, und Neffe, Pet. Kochanowski, erweiterten die von ihm gebrochene Bahn; an sie schloss sich der Idyllendichter Szymonowicz an. Der

Versbau blieb jedoch weit hinter dem Stoff zurück; Joh. Kochanowski's nicht genug zu rühmender Versuch, das altclassische Versmaass im Geiste der griechischen und römischen Prosodie auf den polnischen Parnass zu verpflanzen, fand leider keine Nachahmer, und der Reim blieb hinfort in der polnischen Dichtkunst alleinherrschend. Die Sprache der Beredsamkeit blühte neben jener der Dichtkunst kräftig empor. Die Reden des Czarnkowski und Odachowski bei Gornicki ragen weit über ihr Zeitalter hervor; aber die Palme der politischen Beredsamkeit in dieser Periode gebührt dem Gornicki, so wie der geistlichen dem Wuiek und Skarga. Die Sprache der wissenschaftlichen Prosa blieb weit hinter jenen beiden zurück, aus der leicht zu errathenden Ursache, weil die meisten Polen im Laufe dieses Jahrhunderts über wissenschaftliche Gegenstände nicht polnisch, sondern lateinisch geschrieben haben. *)

Vorzügliche, um den Anbau der Sprache der Dichtkunst, Beredsamkeit und wissenschaftlichen Prosa verdiente Schriftsteller dieses Zeitraumes sind: *Nikl. Rey v. Naglowic* aus Zoraw in Russland (geb. 1515, gest. 1569), der Vater der polnischen Dichtkunst, studirte in Lemberg und Krakau, und weihte sein ganzes Leben dem Dienste der Musen, ohne ein öffentliches Amt anzunehmen; er schrieb sehr viel, vorzüglich über religiöse Gegenstände; als Vf. mehrerer geistlichen Reden in s. Postillen macht er zugleich in der polnischen Beredsamkeit und der Geschichte der Sprache überhaupt Epoche; sein bekanntestes Werk ist: Psalterz Dawidów s modlitwami 555. — *Joh. Kochanowski* aus Sycyn (geb. 1530, gest. 1584), bereiste Frankreich, Italien, Teutschland, studirte in Padua, ward k. Secretär, darauf Abt von Sieciechow, zuletzt Tribun (Woyski) des Sandomirer Landdistricts, s. Oden ermangeln zwar des Schwungs und der Erhabenheit der Pindarischen, aber eine süsse Anmuth und Zartheit zeichnet sie dafür vortheilhaft aus; viele s. Lieder sind dem Anakreon, den griechichen Anthologisten und dem Horaz nachgebildet; s. polni-

---
*) *F. Bentkowski* hist. lit. pol. I. Bd. S. 166 — 68. *St. Potocki* pochwaly, mowy II. Bd. S. 380 — 429. 505. ff.

schen Dichterwerke (denn K. dichtete auch lateinisch) theilen sich in Uebersetzungen, worunter: Psalterz Dawidów, Kr. 578. 4. und *eb.* 585. 586. 587. 606. 612. 617. 629. 641. 4. classisch ist, und Originale, darunter Lieder, Oden, Satyren, Erzählungen, Elegien, Epigramme, und ein Drama: Odprawa posłów greckich. im griech. Versmaass; weniger zahlreich sind seine prosaischen Aufsätze: sämmtl. poln. Schriften Kr. 584—90. 4 Bde. 4., Warschau v. Bohomolec 767. 4., W. v. Mostowski 803. 2 Bde. 8., Breslau b. Korn Stereotyp-Ausg. 825. 1 B. — *Andr. Kochanowski*, ein Bruder der vorigen, übers. Virgils Aeneis, Kr. 590. 4. 2 A. 640. 4., 3 A. W. 754., die Uebers. ist bei sonstiger Reinheit der Sprache zu weitschweifig, kalt, und ohne höheres poetisches Verdienst. — *Peter Kochanowski*, ein Neffe der vorigen, Maltheser-Ritter und k. Secretär zu Anfange des XVII. Jahrh., bereicherte die vaterländische Literatur mit einer äusserst gelungenen Uebers. von Tasso's befreitem Jerusalem im Versmaass des Originals: Kr. 618. 2 A. 651. 4. 3 A. 687. 8., und von Ariosto's rasendem Roland I—XXV. Gesang, der aber die letzte Hand fehlt, herausg. v. Przybylski, Kr. 799. 2 Bde. 8. — *Sim. Szymonowicz*, genannt Simonides, aus Lemberg (geb. 1558, gest. 1629), von Kg. Zygmunt III. in den Ritterstand mit dem Prädicat *Bendoński* erhoben, studirte in Krakau, und gewann bald durch sein poetisches Talent die Gunst des Kanzlers Zamoyski, der ihn als einen Freund zu sich nahm, der Erziehung seines Sohnes Thomas vorsetzte, und mit einem Gut unweit Zamość beschenkte; Papst Clemens VIII. erkannte ihm den Lorbeerkranz zu, die Zeitgenossen verehrten in ihm den grössten lateinischen Dichter, und nannten ihn den lateinischen Pindar (denn Szymonowski dichtete sehr viel lateinisch); seine bis jetzt unerreichten, dem Theokrit, Moschus, Bion und Virgil nachgebildeten, in einer reinen, anmuthsvollen Sprache geschriebenen Idyllen, 20 an der Zahl, sichern ihm auf dem polnischen Parnass die Unsterblichkeit: Sielanki, Zamość 614. 4., Sielanki i nagrobki, Kr. 629. 640. 650. 686. 4., mit den Idyllen von Zimorowicz, Gawiński, Minasowicz und den von

Nagurczewski übers. Eklogen Virgils vermehrt W. 770. 8., dieselben mit Naruszewicz's Idyllen W. (eig. Lpz. b. Breitkopf) 778: 8., dies. ohne Minasowicz und Naruszewicz, und mit den Eklogen Virgils von Lipiński in der Samml. v. Mostowski: Sielanki polskie, W. 805. 8. — *Sim. Zimorowicz* aus Lemberg (geb. 1604, gest. 1629), ein Zeitgenosse und Freund des Vorigen, dessen Eklogen er sich, nach eigenem Geständniss, zum Muster nahm; s. Idyllen ragen durch Originalität über die Szymonowiczischen hervor, aber an Weichheit und Lieblichkeit stehen sie ihnen nach; die Sprache ist rein und edel, der Versbau harmonisch: Sielanki nowe ruskie 663. 4., Roxolanki, Kr. 654. 4., Moschus polski, Kr. 662., später mit den Eklogen von Szymonowicz u. a. öfters aufgelegt. — *Joh. Rybiński,* um 1589 Lehrer in Danzig, und bis 1594 Secretär in Thorn; ein gekrönter polnischer und lateinischer Dichter, wegen der Correctheit der Formen und kühner Bildersprache von vielen dem Joh. Kochanowski gleichgestellt; s. Lieder erschienen in Thorn 593. 4. — *Ad. Czahrowski,* ein Edelmann, lebte unter Steph. Báthory, ergriff nach dessen Tod die Partei des erwählten Kgs. Maximilian, und musste sich nach Ungern flüchten, wo er eine Sammlung seiner Gedichte veranstaltete: Rzeczy rozmaite, Lemb. 599. 4. — *Joh. Jurkowski,* gab in den J. 1605—6 mehrere lyrische Gedichte heraus. — *Stanisl. Grochowski,* Erzb. von Lemberg (gest. 1644), Vf. von 32 polnischen Schriften verschiedenen Inhalts, war ein glücklicher Dichter, voll Zartsinns und unschuldiger Anmuth, ausgezeichnet durch Reinheit der Diction: Wiersze, Kr. 609. 4. — *Casp. Miaskowski* lebte unter Zygmunt III. im ersten Jahrzehent des XVII. Jahrh., und übertraf in religiösen Gesängen alle seine Vorgänger: Zbiór rytmów, Kr. 612. 4., Posen 622. 4., 2 Thle. — *Valent. Brzozowski* od. *z Brzozowa,* böhm. Confession, des Krakauer Bezirks Consenior (gest. um 1570), übers. aus dem Böhm. e. Samml. geistlicher Lieder: Kancyonał, Kgsb. 554. fol. — *Pet. Kresychleb* od. *Artomius* aus Grodzisk in Grosspolen, Pastor in Thorn A. C. (geb. 1552, gest. 1609), gab eine Samml. von Kirchenliedern verschiedener Vff., mit eigenen vermehrt: Kancyonał, Thorn 578. 596. 8., mehrere Predigten, einige theologische Abhandlungen und einen Nomenclator lat. germ. pol. heraus. — *Valent. Bartoszewski*, ein Jesuit, liess in den J. 1610 - 20 sechs theologische Schriften, darunter mehrere Kirchenlieder, drucken. — *Sam. Dambrowski* aus Pogorzal in Littauen, luth. Pred. in Wilna, Posen u. a. O. (geb. 1577, gest. 1625), dichtete Kirchenlieder, und gab 6 theol. Werke heraus, worunter die Postille, Wilna 621, fol. und Lpz. 728—29. 2 Bde. 4., wegen der gediegenen Sprache besonders geschätzt wird. — *Casp. Gesner* aus Lubawa in Preussen (gest. 1606), Pred. in Thorn, gab Luthers Katechismus mit eigenen geistlichen Liedern, Thorn 591. 8., und ein Gebetbuch, Thorn 593. heraus. — *Christ. Kraiński*, Superintendent H. C. in Kleinpolen (geb. 1576, gest. 1618), dichtete Kirchenhymnen und schrieb 4 theol. Werke; worunter eine Postille, Laszczow 611. fol., im vortrefflichen Polnisch. — *Stanisl. Sudrovius* aus Ostrołęka, reform. Pred. in Wilna (gest. um 1600), verfasste geistliche Lieder, und gab mehrere asketische Werke, Wilna 598. ff., heraus. — *Joh. Turnowski*, aus Kuiawy, Prof. in Thorn, Pred. in Posen u. a. O. (gest. 1629), dichtete ebenfalls Kirchenlieder, und schrieb seit 1585 mehrere theologische Tractate in lat. u. poln. Sprache. — *Joh. Zygrovius* aus Wieruszow in Littauen, Pred. H. C. in Paniowce (geb. 1574, gest. 1624), ist der Vf. mehrerer Kirchenlieder und einiger polemischen Schriften. — *Joh. Zabczyc*, schrieb Lieder, Epigramme, Satyren u. s. w. 608. ff. — *Laur. Chlebowski* verf. geistliche Lieder und andere vermischte Gedichte 617. ff. — *Casp. Twardowski*, Prof. d. Eloquenz auf der Krakauer Hochschule zu Anfange des XVII. Jahrh., gab mehrere religiöse Hymnen heraus 619. ff. — *Sebast. Petrycy* aus Pilzno im Sandomirzchen (gest. 1629), Prof. der Med. in Krakau, zuletzt Leibarzt des Card. Macieiowski und des Dimitrij Samozwanec, übers. Aristoteles Werke: Politika, Kr. 605. fol., Ethika Kr. 618. fol., Oekonomika 618. fol., und Horazens Gedichte, Kr. 609. 4., jene in einer reinen, gediegenen Sprache und mit ausführlichen Erläuterungen, diese frei, ohne besonderes poetisches Talent. — *Sigism. Andr. Zbylitowski*, lebte am Hofe Stephans und Zygmunts III., und gab, ausser mehreren Gelegenheitsgedichten, Satyren u. s. w., ein didaktisches Gedicht: Wieśniak, Kr. 600. 4. heraus. — *Seb. Fab. Klonowicz*, genannt *Acernus*, aus Sulmierzyce im Kalischer Bezirk, Rathsherr in Lublin (geb. 1551, gest. 1608), dichtete, gleich Ovid, mit Leichtigkeit in lateinischer und polnischer Sprache, verfasste mehrere lateinische und polnische Lehrgedichte, Satyren, Elegien, Epigramme, übers. Catonis disticha moralia u. s. w. — *Joh. Kraiewski* gab 5 beschreibende und erzählende Gedichte heraus 608. ff. — *Pet. Zbylitowski* gab, ausser einigen andern Poesien, ein satyrisches Gedicht: Przygana stroiom białogłowskim, Kr. 600. 4. heraus. — *Sim. Slaski* schrieb ebenfalls Satyren 606. — *Malcher Pudłowski*, königl. Secretär, lebte unter Zygmunt August, schrieb Epigramme und andere kleine Gedichte in lat. u. poln. Sprache: Fraszki, Kr. 586. 4. — *Lukas Gornicki* aus Krakau (gest. nach 1591), erhielt den ersten Unterricht im väterlichen Hause, studirte 1538 auf der Krakauer Universität, bereiste das Ausland, und diente zuerst bei dem Krakauer Bischof u. Kanzler Sam. Macieiowski, dann bei dem Kanzler Zebrzydowski, dem Unterkanzler Przerembski, dem Kanzler Padniewski, zuletzt bei Kg. Zygmunt August' als Führer seiner Correspondenzen, und verlebte den Rest seiner Tage als Starost von Tykocin und Wasiłkow in Ruhe; der grösste Redner unter Zygmunt und wegen der hohen Vollendung seiner reinen, numerösen und lebendigen Diction der erste Schriftsteller Polens aus diesem Zeitalter; alle seine Werke bleiben, sowol wegen der Vortrefflichkeit des gehaltvollen Stoffes, als auch wegen der Sprache, classische Muster für künftige Zeiten; (von ihm sagt Hr. Bentkowski, was Quintilian vom Cicero gesagt hat, dass *nur* derjenige, der an Gs. Werken Geschmack findet, der Fortschritte in der polnischen Beredsamkeit gewiss seyn kann): Dzieie w koronie polskiey, herausg. v. s. Sohn Lukas G., Krak. 657. 4., Droga do zupełney wolności, von eb., Elbingen 650. 4., Rozmowa o elekcyi, 2 A. Kr. (616) 4. 3 A. W. 750. 4., Rozmowa złodzieia s dyabłem, o. O. 624. 4., Dworzanin polski, Kr. 566. 4., 639. 4. u. öfters, O dobrodzieistwach z Seneki, Kr. 593. 4., Nowy karakter polski i ortografia, Kr. 594. 4. — *Stanisl. Orzechowski* aus dem Przemyśler Bezirk (gest. nach 1570), Domherr in Przemyśl, ein Mann von grossen Talenten, ausgebreiteter Sprachkenntniss, gleich schätzbar als Redner und Historiker, schrieb meist lateinisch, in poln. Sprache erschien von ihm: Quincunx, t. i. wzór korony polsk., o. O. 564. 4., Dialogi, Żywot i śmierć J. Tarnowskiego, Politia rzeczy pospolitéy u. s. w. — *Joh. Januszowski* (gest. 1613), k. Secretär am Hofe Zygmunt August's und Stephan Báthory's, zuletzt Archidiakon in Sandec, gab 18 in reinem, gediegenem Polnisch geschriebene Werke heraus, darunter: Nowy karakter polski, Kr. 594., 4., Oksza na Turki, a. d. Lat. des Orzechowski, Kr. 590. 4., Statuta, prawa i konstitucye koronne, Kr. 600. fol. u. a. m. — *Pet. Skarga* aus Grodzieck in Mazowien (geb. 1536, gest. 1612), erzogen auf der Krakauer Universität, begleitete den Sohn des Krakauer Castellans Tęczyński ins Ausland, wurde zuerst Lemberger Domherr, trat darauf im 30. Lebensjahre in den Jesuiterorden, und erntete zuletzt als kgl. Hofprediger bei Zygmunt III. 24 Jahre lang den Ruhm des ersten geistlichen Redners seiner Zeit, von seinen Zeitgenossen der polnische Chrysostomus genannt; unter seinen 32 Schriften, die, 3 lateinische ausgenommen, alle in polnischer Sprache verfasst sind, ragen seine geistlichen Reden durch vielseitiges Interesse des Stoffs und hohe Vollendung der Form hervor, an Reinheit und Gediegenheit der Sprache den Reden Gornicki's gleich, an Gedrängtheit und Kraft der Diction, an wahrer rednerischer Weihe jedoch unter ihnen: Żywoty Swiętych, b. Sk. Lebzeiten 8mal, und seit 1615 öfters aufgelegt, Kazania na niedziele i święta, Kr. 595. fol., 597. 600. 618. 6 A. Wilna 792. 6 Bde. 8., Kazania o siedmiu sakramentach, Kr. 600. fol., Kazania przygodne, Wilna 738. fol. 3 Bde. u. s. w. — *Jak. Wuiek* aus Wągrowec in Mazowien (geb. 1540, gest. 1597), ein Jesuit, ausgezeichnet durch Gelehrsamkeit, vielfältige Schriften, und eine hohe Gabe der Kanzelberedsamkeit; er übers. die Bibel ins

Polnische gab: Postilla katholiczna, Kr. 573. 2 Bde. fol., Postilla kath. mnieysza, Posen 582. 2 Bde. fol. u. a. m. heraus. — *Fab. Bierkowski*, ein Dominicaner, Kg. Władysław Zygmunt's Hofprediger, Skarga's Nachfolger, zeichnet sich durch harmonische Wortfügung vortheilhaft aus, und kann in dieser Hinsicht als Muster gelten, verfällt aber bisweilen ins Gekünstelte, und jagt nach Antithesen: Kazania, Kr. 632. 4. u. a. m. — *Stanisl. Karnkowski*, Erzb. v. Gnesen, gab eine in leichter, gefälliger Sprache geschriebene Postille heraus. — *Mart. Białobrzeski*, Bisch. v. Laodicea, Suffragan zu Krakau und Abt v. Mogilew, und *Valent. Kuczborski*, Domherr von Krakau u. Ermeland (gest. 1573), schrieben Katechismen in polnischer Sprache; der erste gab ausserdem eine Postille in reinem, fliessendem Polnisch, Kr. 581. fol. heraus. — *Kyprian Bazylik* übers. aus dem Lat. in einem reinen, gediegenen Polnisch: Historya o srogiém prześladowaniu kościoła Bożego, Breść 567. fol., ferner des J. F. Modrzewski: de rep. emendanda lib. V., Kr. 577. fol., Wilna 770. 8., u. a. m. — *Joh. Seklucyan* aus Grosspolen (gest. 1578), der Uebersetzer der poln. Bibel für Protestanten, ist zugleich Vf. einer polnischen Orthographie. — *Joh. Radomski*, Pred. zu Nidbor, übers. Melanchthons Exam. theologic. ins Poln., Kgsb. 566. 4. — *Greg. Koszutski v. Żarnowec*, prot. Prediger, verf. eine Postille in 3 Bden. fol., teutsch v. Kurzbach 587. 3 Bde. fol. — *Paul Gilowski*, ebenfalls ein Pred., fügte zu der Postille des letztgenannten einen 4ten Bd. hinzu, und gab: Wykład katechyzmu u. s. w. heraus. — *Sim. Budny* aus Mazowien, nach andern aus Littauen, Pred. beim Fürsten Radziwiłł in Kleck und später in Łosk ums J. 1572, einer der eifrigsten und geachtetsten Unitarier, übers. d. Bibel ins Poln., und gab mehrere theol. Werke heraus. — *Mart. Bielski* aus Biała im Wieluner District (geb. 1496, gest. 1576), schrieb der erste die Geschichte von Polen in der Landessprache, in einem musterhaft reinen und correcten Styl, von s. Sohn Joachim B. bis auf Zygmunt III. fortgesetzt: Kronika polska, Kr. 597. fol.; er war zugleich ein satyrischer Dichter: Seym niewieści, Kr. 595. 4., Sen maiowy, Kr. 590. 4.

— *Math. Stryikowski*, genannt Ososlowicz studirte in Krakau und Leipzig, Domherr u. Archidiakon in Zmudz (geb. 1547), Vf. einer mit mehr Gelehrsamkeit, denn Geschmack, und in einer nicht ganz reinen Sprache geschriebenen polnischen Chronik, Kgsb. 582. fol., und mehr als 20 anderer Schriften, übte im gleichen Maasse die Dichtkunst aus: Henryków wiazd i koronacya, Kr. 574. 4., Treny, Wiersze, Bukoliki u. s. w. — *Barthol. Paprocki v. Głogoł*, Unterschenk im Dobryner District, brachte den Rest seines Lebens in Böhmen zu (geb. um 1540, gest. 1617), als Historiker und unermüdeter Forscher im Fache der Heraldik und Genealogie der ausgezeichnetste Schriftsteller Polens, schrieb beinahe alle s. Werke in Reimen: Panosza, Kr. 575. fol., Gniazdo cnoty, Kr. 578. fol., Herby ryc. polsk., Kr. 584. fol., Kolo rycerskie, Kr. 576. 4., Próba cnot dobrych o. O. u. J. u.s. w. Vgl. S. 345. — *Mart. Blazowski* od. *Blaževski* übers. Cromers Werk: De orig. et rebb. gestis Pol. ins Poln., Kr. 611. fol. — *Mart. Paszkowski* übertrug die vom Math. Stryikowski herrührende, und vom Alex. Guagnin sich fälschlich zugeeignete: Sarmatiae Europaeae descriptio (Kr. 578. fol.) ins Poln., Kr. 611. fol., und gab 13 meist historische Gedichte in poln. Sprache heraus 608 ff.

— *Joh. Herburt*, königl. Secretär, Kammerherr von Przemyśl, zuletzt Castellan v. Sanok, übers., auf Befehl des Kgs. Zygmunt August, die, von ihm zuerst gesammelten und alphabetisch geordneten, Statuta r. Poloniae ins Poln., Statuta i przywileie koronne, Kr. 570. fol. — *Stanisl. Sarnicki* gab ein voluminöses Werk: Statuta i metrika przywileiów koronnych, (Kr. 594) fol. heraus.

— *Leo Sapieha*, Unterkanzler von Littauen, übers. das littauische Statut, eine Samml. von Landesgesetzen, im J. 1529 veranstaltet, aus dem Russischen ins Poln., Kr. 588. 6 A. Wilna 786. fol. — *Barth. Groicki*, Notär beim Krakauer Kammerzollamt, übers. K. Karls V. Criminalgesetz, Kr. 559., ferner das teutsch-sächsische Gesetzbuch, Kr. 562 ff. 4. in einer Reihe v. Bden. — *Paul Szczerbicz* besorgte eine n. Uebers. desselben Gesetzbuchs. Lemb. 581. 3 A. W. 646. fol. — *Stanisl. Grzebski* (nach andern *Grzepski*) aus Grzebsk in Mazowien, Prof. an der Hochschule zu Krakau (gest. 1572), gab der erste ein mathematisches Buch in poln. Sprache heraus: Geometria t. j. miernicka nauka, Kr. 566. 12. — *Joh. Latosz*, Doct. der Med. und Astronom, Prof. an der Univ. in Krakau, widersetzte sich der Annahme des neuen, vom Papste dem Kg. Stephan Báthory, und von diesem der Krakauer Akademie zur Prüfung vorgelegten Kalenders, und schrieb mehrere mathematisch-chronologische Werke 596 ff. — *Adalb. Rościszewski* aus Płock, Jesuit (gest. 1619), lebte zuletzt zu Sandomierz, und gab, ausser mehreren lateinischen Schriften im Gebiete der Theologie, gegen den vorigen eine Streitschrift: Latosie ciele, heraus, in welcher er den verbesserten Kalender in Schutz nahm. — *Felix Żebrowski*, Prof. Theol. auf der Univ. in Wilna unter Stephan Báthory und Zygmunt, liess ebenfalls neben einigen theolog. Streitschriften zwei astronomische drucken, Kr. 603 ff. — *Thom. Rogalius*, Doct. Phil., gab ein Prognosticon, Kr. 595. 4. heraus. — *Pet. v. Kobylin* gab der erste ein medicinisches Werk in poln. Sprache über die Geburtshilfe: Nauka ratowania położnic 541 heraus. — Mr. *Andr. v. Kobylin* schrieb einen Tractat: O puszczaniu krwi 542 fol. — *Adalb. Ocko* od. *Oczko*, kgl. Hofarzt, liess ein Werk über die Syphilis: Przymiot, Kr. 581. 4. drucken. — *Andr. Grutinius*, Hofarzt des Andr. Tęczyński, Wojwoden von Krakau unter Zygmunt August, gab ebenfalls ein Werk über die Syphilis: Przymiot 594. heraus. — *Pet. Umiastowski* aus Klimunt, Doct. d. Phil. u. Med., schrieb über die Pest: O przyczynach morowego powietrza, Kr. 591. 4. — *Steph. Falimierz* (*Phalinurus* od. *Phalimirus*) aus Kleinrussland, bearbeitete der erste in polnischer Sprache verschiedene Theile der Naturgeschichte in medicinischer Hinsicht, vorzüglich die Botanik, nach verschiedenen latein. Auctoren, Kr. 534. 4. — *Hieron. Spiczyński*, Senator in Krakau, des Kgs. Zygmunt August Leibarzt, schrieb: O roślinach, zwierzętach i rodzeniu człowieka, Kr. 554. fol. — *Mart. Siennik* legte die Botanik des vorigen zum Grunde, arbeitete sie nach Mathiolus um, fügte des Alex. Pedemontanus Bücher über die geheimen Arzneien polnisch hinzu, und gab beides unter d. T.

Herbarz, Kr. 568. fol., heraus, so wie schon früher ein anderes medic. Werk: Lekarstwa, Kr. 564. — *Mart. v. Urzędow*, Doct. Med., des Joh. Tarnowski Leibarzt, liess ebenfalls einen Herbarz polski, Kr. 595. fol. drucken. — *Sim. Sirenius* od. *Syreński*, Prof. Medic. in Krakau um 1589, schrieb: O przyrodzeniu i użyciu ziół, Kr. 613. fol., ein voluminöses, gehaltvolles, bis jetzt sehr geschätztes Werk. — *Math. Strubics* übers. des Markgrafen Albert, Fürsten von Preussen, teutsches Werk: Von der Kriegsordnung od. der Kunst Krieg zu führen, ins Polnische, welches Albert dem Kg. Zygmunt August dedicirte 1555, handschriftlich in der ehemaligen Załuskischen, jetzt S. Petersburger Bibliothek vorhanden. — *Joh. Tarnowski*, Krongrossfeldherr unter Zygmunt August, gab ein Werk über die Taktik in polnischer Sprache unter dem lat. Titel: Consilium rationis bellicae, Tarnow 558. heraus. — *Jak. Cielecki*, aus einem adeligen Geschlecht, übersetzte des Julius Frontinus Werk über die Kriegskunst ins Polnische, Posen 609. 4. — *Andr. Wargocki* lieferte eine treue, gediegene, nur stellenweise harte Uebers. des Julius Caesar, Kr. 608. 4., Valerius Maximus, Kr. 609. 4., Curtius Rufus, nach des Vf. Tode herausg., Nieśwież 763. 3 Bde. 8., Peregrinacya do ziemi świętéy M. K. Radziwiłła, a. d. Lat., Kr. 683. 4.

§. 53.

Vierte Periode. Von Zygmunt III. bis auf Stanislaus August, oder von dem entschiedenen Uebergewicht der Jesuiten bis zur Wiederbelebung der Wissenschaften durch Stanislaus Konarski. J. 1622 — 1760.

Dieses Zeitalter kann man das theologisch-panegyrische nennen. Seine Kennzeichen sind: gänzliche Erstickung der freien Geistesthätigkeit, Verfälschung der Sprache durch Beimengung des Lateins, Polemik unter Joh. Kazimierz, panegyrischer Schwulst unter Johann Sobieski, und literärische Lethargie unter August II. und III. Wol begegnet man, besonders im Anfange dieser Periode, einzelnen ausgezeichneten, gegen den aufschwellenden Strom muthig ankämpfenden Nationalschriftstellern; aber selbst diese gleichen den ausländischen Pflanzen, die auf fremden Boden nicht gedeihen können, weil sie die Menge des ringsum aufschiessenden Unkrauts aller Lebenssäfte beraubt. Zwei Hauptursachen wirkten entscheidend auf das Sinken der literärischen Cultur in Polen, deren eine ganz Europa gemein, die andere Polen eigen war. Nicht lange nach der Wiedergeburt des bessern Geschmacks erfolgte sein Verfall, dieser wie jene in einem und demselben Lande, in Italien. Noch war das XVI. Jahrh. nicht abgelaufen, und die Veränderung, die dem Geschmack in den schönen Künsten und hiedurch auch der Literatur bevorstand, war schon bemerkbar. Die Sprache, diese stete Dolmetscherin des Geschmacks, fiel als das erste Opfer seiner Entartung. Von der rechten, durch das classische Alterthum gebotenen Bahn verschlagen, und von einer gefahrvollen Neuerungssucht ergriffen, verliessen die Schriftsteller die Natur, in dem irrigen Wahn, nur die Künstelei, und nicht die geistige Nachahmung der Natur, sey die wahre schöne Kunst. Einfachheit u. Klarheit der Gedanken sowol als der Darstellung verschwanden gänzlich; an ihre Stelle traten die Flittern des kleinlichsten Afterwitzes. Die ewigen Gesetze der Schönheit wichen vor der erheuchelten Künstelei; das Wahre, Reelle konnte vor dem erlogenen Schein nicht bestehen. Statt der Sachen gab man Worte, Gedanken wurden ihr eitles, nichtiges Spielwerk; es schien, als suchten die Menschen, der Wahrheit und des gesunden Urtheils satt, vorsätzlich den nichtigen Schein und die Lüge — nichts Natürliches, Einfaches, Wahres und Schönes zeigte sich mehr unter ihrer Feder. Nicht plötzlich, sondern stuffenweise verirrte sich der menschliche Verstand in dieses Labyrinth; Italien gab das erste Zeichen dazu, indem es die erkünstelten Flittern des fadesten Witzes, das Bizarre, Giganteske und Kindischspielende eines Giambattista Marino, Ariosto's und Tasso's ewig frischen Schönheitsblüthen vorzog; Frankreich und Europa folgten nach — auch über Polen schwang der Ungeschmack nen Scepter. Aber hier gesellte sich noch ein anderer, wichtiger Umstand dazu. Das Steigen und Fallen der Geistesbildung geht stets und überall gleichen Schritt mit dem Steigen und Sinken der politischen Wage der Länder. So lange in Polen Ordnung in der Landesgesetzgebung und Reichsverwaltung herrschte, gedieh auch die Erziehung der Jugend, blühten die Wissenschaften und Künste, reifte die Nationalsprache; alle diese Zweige des Volksthums umschlingt ein unzertrennliches Band. Als aber an die Stelle der alten Ordnung Anarchie trat, da gerieth auch das Reich des Wissens, der Nationalliteratur und der Sprache in Verfall. Dieser gewaltig hereinbrechenden geistigen Schlafsucht und Finsterniss dienten die damaligen Verwalter des Erziehungswesens zum willkommenen, tüchtigen Werkzeug. Kaum ins Land berufen, bemächtigten sie sich der Hochschule von Wilna, und bald darauf, unter Zygmunt III. zu dem höchsten Gipfel des Ansehens und der Macht erhoben, aller Schulen Polens. Die Kraukauer Hochschule, wol fühlend, dass das Zeitalter der Jagiełłone für sie vorüber sey, erlag nach langem und hartnäckigem Kampf der Uebermacht ihrer Gegner. Von allen Seiten verlassen und vernachlässigt, gerieth sie in Vergessenheit, bis ihr, auf den Trümmern des Ordens, die Erziehungscommission unter Stanisław August den alten Glanz wieder gab. Die Jesuiten konnten bei ihren nicht gemeinen Kenntnissen, und ungeachtet der zahlreichen, von ihnen angelegten Schulen, die mannigfachen höhern und niedern Lehranstalten des Landes, deren Untergang die Eröffnung ihrer Ordensschulen nach sich gezogen, nicht ersetzen. Unter ihnen verschwand das während der Regirungsjahre Zygmunt's so fleissig getriebene Studium des Griechischen und der alten Originalsprachen; selbst das Latein erlag unter der Grillenfängerei Alvari's, der den Knaben in lateinischen Versen die Sprachen lehrte. Es folgten die für Polen in jeder Hinsicht unglücklichen Regirungsjahre Johann Kazimierz's. Der aus der überhandnehmenden Unordnung und Anarchie entspringende Verfall des Reichs ward vorzüglich unter ihm sichtlich. Die Schweden, Kozaken, Tataren und andere benachbarten Völker fielen über Polen her. Indess die Anarchie die Früchte der nationalen Betriebsamkeit und die blühende Volkskraft, die dem Lande zum Schutze hätte dienen sollen, verschlang, gingen die zahlreichen Bücher- und andere Sammlungen des Landes entweder in Flammen auf, oder wanderten ins Ausland. Damals entstanden die vielfältigen Beeinträchtigungen der Rechte der Nichtkatholischen, die Menge der Streitschriften über religiöse Gegenstände, die zahllosen Folianten panegyrischen Wisches, aus der Feder der Jesuiten über die Häupter der elendesten, aber dem Orden gewogenen Personen, und das Zurückführen der gesammten wissenschaftlichen Bildung auf die schaaleste Wortfechtkunst in Sachen des Glaubens. Diese dialektische Klopffechterei grub das Grab der Wissenschaften immer tiefer; je mehr man Wortstreitigkeiten geschickt zu führen bemüht war, je mehr verfiel die Sache und die Wahrheit. Daraus wird die Hitze erklärbar, mit der man dem zweideutigen, kunstvoll und witzfunkelnd seyn sollenden Wort- und Gedankengeflick, der gezwungenen Stellung der Verse und Zeilen, um zu Anfange, in der Mitte, oder am Ende des Kunstwerks irgend einen Namen, oder Wunsch, oder so Etwas herauszubringen, und andern Ausgeburten des Ungeschmacks nachjagte. Michael Korybut hatte so viele Nebenbuhler um die Krone und abgeneigte Grosse des Reichs, dass er sich glücklich schätzte, sich im Besitze derselben behaupten zu können, ohne an Mittel zu denken, die wissenschaftliche Cultur des Landes zu heben. Der Ungeschmack, der unter Zygmunt III. ausgesäet worden, und unter Johann Kazimierz tiefere Wurzeln geschlagen, ward daher immer allgemeiner, und seit Johanns III. Sobieski Thronbesteigung alleinherrschend im Lande. Die Siege dieses Monarchen trugen nicht wenig zur Befestigung des panegyrischen Styls bei. Der Jesuit Adalbert Bartochowski betrat mit der Fahne in der Hand die Bahn, indem er dem vom Wiener Feldzug rückkehrenden Könige eine Lobrede unter der Aufschrift: Fulmen orientis, voll Uebertreibung und in einem erkünstelten Styl entgegen trug. Der Beifall, den B's. Lobrede am Hofe gefunden, erweckte einen Schwarm von Nachahmern, und bald war das ganze Land von den monströsesten Lobreden überschwemmt, in denen oft unbedeutende obscure Privatmänner dem Alexander und Cäsar gleichgestellt und hochgepriesen wurden. Wer polnisch schrieb, musste, um die Miene der Gelehrsamkeit zu behaupten, jedes dritte Wort mit etwas Latein versetzen; that er diess, so konnte er des Beifalls seiner Leser sicher seyn. Auf diese Weise wurde die Sprache bald nicht nur mit lateinischen, italienischen, französischen und teutschen Wörtern überfüllt, sondern auch die polnische Syntax und Periodologie widernatürlich entslawisirt. In der letzten Hälfte dieser Periode erschien in der polnischen Sprache nichts, als einige, obwol des frommen Sinnes wegen achtungswerthe, doch an Sprache und Geschmack verwilderte Religionsbücher; seichte Predigten; geistlose, in prunkvollem Schwulst daherschreitende Lobreden, deren Unverstand für Tiefsinn galt; monströs concipirte Briefe; rohe, oft unanständige Spässe, die man Sinngedichte nannte; einige vom Aberglauben strotzende Kalender, und etwa drei bis vier in reinerem Polnisch geschriebene nützliche Werke. Der völlige Geistesstillstand, verbunden mit Pedanterei aller Art, erstickte jede Regung der wahren Aufklärung im Keime; der Schulunterricht und die öffentliche Erziehung, in den Händen der Jesuiten, waren ausschliesslich auf etwas Latein und scholastische Theologie beschränkt, und der Entwickelung eines kraftvollen, selbständigen Denkgeistes, und eines geläuterten Geschmacks durchaus entgegen. *)

Von den Dichtern und Prosaikern dieses Zeitraumes nennen wir: *Sam. Twardowski* aus Szkrzypna (geb. 1600, gest. 1660), Secretär bei der polnischen Gesandtschaft in Constantinopel, nicht ohne glänzende poetische Talente, aber zum Unglück in einer Zeit lebend, wo die schwülstige Prunksucht bereits zu sehr überhand genommen; seine zum Theil lyrischen, zum Theil historischen Poesien sind von sehr ungleichem Werth, oft anziehend, oft aber auch dunkel: Legacya, Kalisch 621. 4., Kr. 639. 4., Wilna 706. 4., Władysław IV., Lissa 649. fol.,

---

*) *Bentkowski* hist. lit. pol. I. Bd. S. 168 -- 73. *Potocki* pochwały mowy II. Bd. S. 429 — 61, 550 — 63.

Pamięć Alexandra Karóla Królewicza, Lubl. 634. 4., Pałac Leszczyńskich, Lissa 645. fol., Woyna kozacka, Lissa 657. 4., Woyna domowa s kozaki, Kr. 660. fol., Kalisch 681, fol., Nadobna Pasqualina, a. d. Spanischen, Kr. 701., Daphnis, Kr. 661. 4., 704. 4., kl. Gedichte: Zbiór rytmów Tw., Wilna 771. 8., grössere Gedichte: Miscellanea selecta, Kalisch 682. 4.; Władysław u. Woyna domowa sind die ersten, stellenweise vom dichterischen Geiste angewehten, im Ganzen sehr unvollkommenen Versuche des polnischen Epos. — *Joh. Białobocki*, kgl. Secretär, gab 7 poetische Werke heraus: Hymny, Kr. 648. 8., Pochodnia sławy Xcia Wiśniowieckiego, Kr. 649. 4., Klar męstwa, Kr. 649., Odmiana sfery kozackiey, Kr. 653. 4., Brat Tatar, Kr. 652. 4., Zegar czasów Kr. Polsk., Kr. 661. 4. u. s. w. — *Vesp. Kochowski*, Krakauer Tribun (Woyski), begleitete 1683 den Kg. Johann III. auf dem Wiener Feldzug, und starb gegen Ende des XVII. Jahrh., einer der besseren Lyriker dieses Zeitraumes, bei öfterem Mangel an Sprachreinheit und geläutertem Geschmack nicht ohne wahrhaft dichterische Begeisterung: Lyricorum polskich Ks. V., Kr. 674. 4., 681. 4., Christus cierpiący, Kr. 681. 4., Ogród panieński, Kr. 681. 4., Dzieło boskie, Kr. 684. 4., Różaniec, 2 A. Częstochow 695. 4., Epigrammata polskie, Kr. 674. 4. — *Adalb. Stan. Chrościński*, Secretär des Prinzen Jakob Sobieski, starb in einem hohen Alter unter August III., ein fruchtbarer Dichter: Rymy duchowne, Częstochow 712. 4., Trąba sławy Jana III., W. 684. 4., Job cierpiący, W. 704. 4., Wilna 759. 8., Zbiór zabaw duchownych, Częst. 711. 4., Aman, (Kr.) 745. 12., Józef przedany, Kr. 745. 12., Lukana Farzalia (in 8zeiligen Strophen), Oliwa 690. fol., Ovid's Heroiden u. d. T. Rozmowy listowne, W. 695. 735. 4., Laur poetyczny, a. d. Lat., W. 706. 16. — *Janusz Korybut Fürst Wiśniowiecki*, Krakauer Castellan (gest. 1741), verfasste (meist pseudonym) lyrische Gedichte ohne *r*, welchen Laut er selbst nicht aussprechen konnte: Akty strzeliste bez litery R., o. O. u. J. 4., Wiersz na karlice, Lutnia, Lemb. 734. fol., Żałosna, Lemb. 736. fol. — *Joh. Libicki*, kgl. Secretär unter Władysław IV. und Joh. Kazimierz, übers. Horazens lyrische Gedichte in seichten, kraftlosen Reimen, Kr. 647. 4., schrieb: Sen dziwny, o. O. 647. 4., Bacchus miraculosus, o. O. u. J. 4., Sen żywota a. d. Lat. von Balde, Kr. 647. 4. — *Jak. Żebrowski* übers. Ovid's Metamorphosen: Przeobrażeń Ks. XII., Kr. 636. 4.; eine andere Uebersetzung desselben Werks lieferte *Valer. Otfinowski*, Sandomirer Unterschenk: Przemiań Ks. XII., Kr. 638. 4. — *Stan. Heraklius Fürst Lubomirski*, wegen seines Adels der Gesinnung, biederer altpolnischer Gesittung und Gelehrsamkeit der polnische Salomo genannt (gest. 1702), dichtete im gewöhnlichen makaronischen Ton des Jahrhunderts: Classicum nieśmiertelnéy sławy, Kr. 674. 4., Muza polska, W. 676. fol., Theomusa lat. u. pol., W. 683. 4., 697. 4., Tobiasz wyzwolony, W. 683. 12. 691. 706. 12., Ecclesiastes in Versen, W. 706. 12., Melodya duchowna, Kr. 702. u. öfters, Rozmowy, 2 A. Częst. 718. 8., Próżność i prawda, Thorn 705. u. m. a. — *Raph. Leszczyński*, Grossschatzmeister, General von Grosspolen, des Kg. Stanisław L. Vater (gest. 1703), schrieb ein histor. Gedicht: Chocim, o. O. 673. 4. — *Stan. Vin. Fürst Jabłonowski*, Wojewoda v. Rawa, beschrieb in Versen: Uprowadzenie woyska z cieśni Bukowskiey, Zamość 745. 4., übers. einiges a. d. Tacit: Tacyt polski albo moralia Tacyta, Lemb. 744. 4. u. m. a. — *Elisabetha Drużbacka* aus Grosspolen, des Żydaczower Schatzmeisters Gemahlin (gest. ums J. 1760.), eine Naturdichterin, ohne Kenntniss anderer Sprachen, als der polnischen, von der lebhaftesten Einbildungskraft und in Schilderungen malerischer Situationen nicht unglücklich, schrieb ein weitläufiges histor. Gedicht: Historya Xiężny Elefantyny, Posen 769. 4., kleinere Gedichte vermischten Inhalts, meist Kirchengesänge, gesammelt u. herausg. v. J. Załuski, W. 752. 4. — *Wacław Potocki*, Krakauer Unterschenk (gest. nach einigen 1693, nach andern 1716), einer der bessern Epigrammendichter Polens, schrieb zugleich Romane: Poczet herbów, Kr. 696. fol., Jovialitates albo żarty i fraszky, o. O. (Lpz.) 747. 4., Syloret, o. O. u. J. (um 1764.) 4., Barklaiusa Argienida, W. 697. fol., Lpz. 728. 8., Posen 743. 2 Bde. 4.; P's Muse ist bei sonstiger Munterkeit der

Laune und Lebendigkeit der Phantasie zu leichtfertig, oft wollüstig, den Zartsinn beleidigend, s. Roman Syloret fehlt es an Plan, Rundung und harmonischem Versbau, so sehr ihn auch einzelne gelungene Schilderungen und Kraftausdrücke auszeichnen; das Aeussere seiner Gedichte ist sehr vernachlässigt. — *Alan Bardsiński*, ein Dominicaner, übers. Lucanus Pharsalia: Odrodzona w ięzyku oyczystym Farzalia Lukana, Oliwa 691. fol., und übertraf seinen Vorgänger, Chrościński, an Treue, Gedrängtheit, Kraft u. Wolklang des Verses. — *Christoph Opaliński* Wojewoda v. Posen (gest. 1655), ahmte in seinen, in polnischen Hexametern nach griechisch-römischem Sylbenmaass geschriebenen Satyren, 52 an der Zahl, dem Juvenal und Persius nach, und schwang gegen die Sittenlosigkeit und Rechtsverdrehung seine Geissel auf eine rauhe, schonungslose Art: Satyry, (Kr.) 652. fol., 2 A. unter d. T. Juvenalis redivivus, Vened. (eig. Thorn) 698., 3 A. Icon animorum albo zwierciadło, Vened. (eig. Posen) 698. — *Joh. Dzwonowski*, ein Satyriker nicht ohne muntere Laune und treffenden Witz, jedoch bisweilen die Gränzen des Anstandes überschreitend: Statut t. i. artykuły prawne, o. O. u. J. (um 1650), 4. — *Joh. Gawiński*, ein fruchtbarer Dichter, schrieb Idyllen, Trauergedichte, Epigramme u. s. w. Sielanki i różne nadgrobki, Kr. 650., Sielanki nowo napisane, 668. W. 778. u. v. Mostowski, Dworzanki, Kr. 664. 4., Fortuna 690. fol., Venus polska, Epithalamium, Danz. 673. 4., Treny żałobne, Kr. 650. 4.; s. Idyllen enthalten manche schöne Gedanken, aber die Diction ist unangemessen, die Sitten und Reden seiner Hirten oft plump, der Versbau schwerfällig. — *Dan. Bratkowski*, Bracławer Truchsess, lebte unter Johann III., gab eine Samml. von Sinngedichten: Swiat po części przeyrzany, Kr. 697. 4. heraus, die sich, bei gänzlich vernachlässigtem Versbau, durch heitern Witz und eine reine Sprache vortheilhaft auszeichnen. — *Andr. Wegierski* studirte zu Lissa, ward reformirter Pred. in verschiedenen Städten Polens, zuletzt Senior in Lubel (geb. 1600, gest. 1649), gab, ausser einem kirchengeschichtlichen Werk in lateinischer Sprache, eine polnische Uebersetzung von Komenský's Janua L. u. Vestibulum, dessgleichen e. Uebers. des auf der Thorner Synode 1645 überreichten Glaubensbekenntnisses, und einen Kaznodzieia przywatny i domowy 636. heraus. — *Adalb. Węgierski*, Pred. u. des Krakauer Bezirks Senior, hinterliess handschriftlich eine wichtige: Kronika zboru ew. Krakowskiego, geschr. im J. 1651, und gab ein Antidotum albo lekarstwo duszne, 2 A. Kgsb. 750. 8. heraus. — *Joh. Possakowski*, Jesuit, Rector zu Nieśwież, liess eine Historya luterska, Wilna 745. 4., und Kalwińska eb. 747—49. 3 Bde. 4., ferner Konfessya Kalw., W. 742. 4., und Antidotum contra Antidotum (gegen Węgierski), Wilna 754. 4., Katechizm rzymski a. d. Ital. des Bellarminus, Wilna 752. 4., Kazania, Wilna 752. 3 Bde. 4. drucken. — *Frans Rychłowski*, Franciscaner, Provincial in Kleinpolen, gab s. Kazania, Kr. 660. fol. 672. fol. heraus. — *Steph. Sscsaniecki*, Jesuit (geb. 1656, gest. 1737), gab mehrere pädagogische und asketische Werke nebst einzelnen Predigten in Druck heraus 692 ff. — *Sim. Starowolski* (gest. 1656), studirte in Krakau, bereiste Italien, Teutschland, Frankreich und die Niederlande, ward Cantor (Primicerius) in Tarnow, zuletzt Domherr in Krakau, ein bewundernswürdig fruchtbarer Schriftsteller, von dessen 47 Werken verschiedenen, meist theologischen, politischen und historischen Inhalts, 14 polnisch, die übrigen lateinisch geschrieben sind: Swiatnica pańska, Kr. 645. fol., Arka testamentu, Kr. 648. fol., Listy Tureckie, Kr. 618., Pobudka na Tatarów, o. O. 618. 4. Kr, 671. 4., Reformacya obyczaiów polskich, öfters aufg., Posen 692. 4., Prawy rycerz, o. O. 648. 4. u. s. w. — *Casp. Niesiecki*, Jesuit (gest. 1743), einer der ersten u. verdienstvollsten Bio- und Bibliographen Polens; s. in einem bisweilen ziemlich reinen Polnisch geschriebene: Korona polska, od. herby i familie rycerskie, Lemb. 728—38—40—43. 4 Bde. fol., die ihm bei den Zeitgenossen meist Missgunst und Verfolgung zugezogen, bei den Nachkommen hingegen um so grössere Bewunderung und gerechten Dank erworben hat, ist zwar nicht von den Gebrechen des Zeitalters frei, bleibt aber dennoch, als eine unerschöpfliche Fundgrube von Notizen aller Art, für den póln. Geschichtsforscher und Literaturfreund immer gleich schätzbar und unentbehrlich. — *Władisł. Lubieński*, zuletzt Erzb. v. Gnesen, gab die erste ausführliche Geographie in polnischer Sprache heraus: Swiat we wszystkich swoich częściach, Bresl. 740. fol. — *Adalb. Wiiuk Koialowics* aus Kowno (geb. 1609, gest. 1677), Jesuit, bearbeitete die Gesch. v. Littauen lat., und übers. Tacitus Annalen (die ersten 4 BB.) ins Polnische, herausg. v. Mostowski, W. 803. 8. — *Christoph Groth Falissowski* übers. fliessend den Julius Florus, Kr. 646. 4. Wilna 790. 8. — *Greg. Knapski* aus Mazowien (gest. 1638), Jesuit, Prof. der Rhetorik u. Mathem. in Krakau, erwarb sich um die polnische Lexicographie unsterbliche Verdienste, s. Thesaurus pol.- lat.-graecus u. lat.-pol., Kr. 621. ff. fol., wird selbst heute noch sehr geschätzt. — *Abr. Troc* aus Warschau, lieferte ebenfalls ein für Ausländer sehr brauchbares, und eben darum öfters aufgelegtes franz.-pol.-teutsches Wörterb., Lpz. 740. u. öft. — *Seb. Sleszkowski* aus Wielun im Sieradzischen, Doct. d. Med. u. Phil., Kg. Zygmunt's III. Secretär und Leibarzt (gest. 1648), gab des Al. Pedemontanus: Taiemnice a. d. Ital., Kr. 620. 4. Supraśl 737. 758. 4., Ueber die Pest, Kalisch 623. 4., zwei Schriften gegen die Juden u. m. a. heraus. — *Joh. Broscius* aus Kurzelow im Sieradzischen (geb. 1581, gest. 1652), zuerst Prof. d. Mathem. u. Astron. in Krakau, darauf Doct. u. Prof. der Theol., Domherr in Staszow, der thätigste, kenntnissreichste und verdienteste Beförderer mathematischer Studien in Polen, schrieb meist lateinisch, in pol. Sprache gab er heraus: Apologia kalendarza rzymskiego, Kr. 641., Apologia druga, W. 641.; Br. ist zugleich der Vf. des Pamphlets gegen die Jesuiten: Gratis abo discurs ziemianina z Plebanem, o. O. u. J. (1625) 4., wodurch er sich sehr vielen Verdruss und Verfolgung von Seiten des Ordens zuzog. — *Fried. Szembek*, ein Jesuit, gab unter dem erdichteten Namen Pięknorzecki eine Gegenschrift: Gratis plebański gratis wycwiczony w Jezuickich szkołach, Posen 627. 4., heraus.

Als Dichter dieses Zeitraumes sind noch zu nennen: *Christ. Franz Falibogowski, And. Dębołęcki* a. Konoiady,

Sam. Huter Szymonowski, Al. v. Obodna Obodziński, Peter Kwiatkowski Jesuit, *Hier. Morsztyn* v. Raciborsk Districts-Truchsess, *Steph. Poniatowski* Jesuit, *S. S. Jagodyński, Hein. Chełkowski, Adalb. Ignes* Jesuit (um 1628-48.) u. s. w.; als Theologen: *Valer. Gutowski* Franciscaner, *Paulin Wiazkiewicz, Luk. Rosolecki, Pet. Skoczyński, Sam. Wysocki* Piaristen, *Kazimierz Koiałowicz, Peter Dunin, Joh. Morawski, Ant. Szyrma, Kypr. Sapecki, Steph. Poniński, Alb. Stawski, Ge. Dębski, Steph. Wielewieyski, Joh. Zrzelski, Thom. Perkowicz, Thom. Młodzianowski, Karl Żułkiewski* Jesuiten, welche allerlei Predigten und Erbauungsbücher drucken liessen; als Geographen und Historiker: Mr. *Laur. Sałtssewicz* Prof. in Krakau, *Ad. Chodkiewicz*, Bludener, Daugielicker und Wieluner Starost, *Demet. Franz Kola* aus Warschau, Piarist (geb. 1699, gest. 1766), Mr. *Stan. Jos. Duńczewski a Duneburg, Bened. Chmielowski* Kiower Domherr, *Paul Demitrowicz, Augustin Kołudski* Inowrocławer Richter, *Nikl. Chwałkowski* v. Chwałkow, *K. J. Nicmir* v. Niemirow, *Ign. Łopaciński* Domherr, *Ant. Hercyk* u. s. w.; als Politiker, Juristen, Mathematiker: *Math. Dobracki* genannt *Gutthäter* aus dem Sandomirschen (gest. 1681), kgl. Secretär, zuletzt Gerichtsnotär in Brodnica, *Kas. Wieruszowski* Jesuit (gest. 1745), *Theod. Bogala Zawadzki, Andr. Piotrkowczyk* Doct. Jur. u. Buchdrucker, *Stan. Kożuchowski, Joh. Dzięgielowski, Math. Marcyan Ładowski, Paul Kussewicz. Mart. Smiglecki* Jesuit, Doct. d. Theol., *Sim. Stan. Makowski* Domherr u. Prof. in Krakau, *Mich. Drużbacki, Adalb. Tylkowski* aus Mazowien Jesuit (geb. 1634, gest. 1695), *Mart. Bystrzycki* Jesuit, Doct. d. Theol., *Erasm. Syxtus* a. Lemberg, Doct. d. Phil. u. Med., Stadtarzt daselbst, *Kassian Sakowicz,* zuerst griech. Archimandrit in Dubieńka, seit 1640 Augustinermönch, *Joh. Gorczyn* od. *Gorczyński, Stan. Niewieski* Prof. in Krakau, *Kajetan Żdżański, Joh. Dekan, Stan. Solski* Jesuit, *Adalb. Bystrzonowski, Blas. Lipowski, Sam. Brodowski* u. s. w.

§. 54.

Fünfte Periode. Von Stan. Konarski bis auf unsere Zeiten. J. 1760 — 1825.

Das Zeitalter der Wiedergeburt sowol der Wissenschaften, als auch des besseren Geschmacks. Den wolthätigsten, folgenreichsten Einfluss auf die Wiederbelebung der polnischen Literatur übte der Piarist, Stan. Konarski, zum Theil durch seine zahlreichen, gehaltvollen Schriften, zum Theil durch die bessere Einrichtung der Piaristenschulen aus, von denen sich nach und nach die Strahlen der Aufklärung und des veredelten Geschmacks über das ganze Land verbreiteten. Er wagte der erste aus seiner klösterlichen Abgeschiedenheit das *Liberum veto* offen anzugreifen, bessere Ansichten über Landesverwaltung und Erziehung der Jugend unter das Volk zu bringen, und bestand muthig den harten Kampf mit den verjährten, über ihn stürzenden Vorurtheilen. Mit grossen Geistesgaben ausgerüstet, und durch einen längern Aufenthalt in Italien und Frankreich gestählet, fühlte er sich berufen, das alte Gebäude des Ungeschmacks und der wissenschaftlichen Pedanterie umzustürzen, um auf seinen Trümmern ein besseres und schöneres aufzuführen. Die Regirungszeit Stanislaus Augustus macht in der Geschichte der polnischen Literatur Epoche. Dieser König, selbst ein Liebhaber und Kenner der Wissenschaften, ward väterlich um die Emporbringung der literärischen Bildung und Aufklärung durch Errichtung mehrerer Lehr- und Bildungsanstalten im Lande besorgt. Durch eine glückliche Fügung der Umstände rühmte sich Polen gerade um diese Zeit mehrerer Beschützer der Wissenschaften unter den Grossen; das Haus der Fürsten Czartoryski glänzte an ihrer Spitze, und war eine Schule nicht nur gesunder politischer Maximen, sondern auch des Geschmacks für den jungen polnischen Adel. Die Ansichten der edlen Fürsten Czartoryski, durch das unbegränzte Ansehen des Hauses unterstützt, wurden aus Beispiel zum Gesetz. Die rege gewordene Liebe zur Ordnung und Reform überging unter Stanislaus Augustus in That. Gleich im Anfange seiner Regirung kam das Cadetteninstitut zu Stande, dessen Vorsteher, Fürst Adam Czartoryski, Generalstarost von Podolien, und Directoren, Pfleyderer und Hube, der Nation bewiesen, was eine reine, redliche Lust, dem Vaterlande zu dienen, verbunden mit gründlicher Sachkenntniss, zu leisten vermag. Stanisław August fand beim Antritt der Regirung die polnische Sprache in einem traurigen Zustande, entblösst von ihren natürlichen Gaben der Deutlichkeit, Einfachheit und Kraft, durch Ungeschmack entstellt, zu gleicher Zeit kindisch geworden u. veraltet. Die Herausgabe des Monitors, eines periodischen Blattes, an dem die ausgezeichnetsten und aufgeklärtesten Männer damaliger Zeit Theil nahmen, war der erste Schritt zur Verbesserung der Sprache. Ein zweiter, nicht minder wichtiger, war die Errichtung der Nationalbühne, unter Aufsicht von Männern, die dazu durch Talente und Vermögen berufen waren. Eine grosse Zahl vaterländischer Schriftsteller, besonders Dichter, betrat mit geläutertem Geschmack das so lange brach gelegene, verwilderte Feld der Muttersprache. Aber am meisten verdankt die polnische Sprache ihre Veredlung der bessern Organisation der öffentlichen und häuslichen Erziehung, deren Gegenstand endlich nun auch die von ihr zeither gänzlich ausgeschlossene Muttersprache wurde. Die Ernennung der Erziehungscommission, und die Erhebung des öffentlichen Unterrichts zu einer Angelegenheit des Staats und der Regirung, legte den Grund zu dem neuern Anbau der Wissenschaften in Polen. Graf Ignaz Potocki setzte die Einführung eines gleichförmigen, nationellen Lehr- und Erziehungsplans durch; ihm verdankt Polen die Organisation der Districts- od. Departementschulen. Endlich war der Schutz, den Gelehrte und Schriftsteller beim König selbst und andern Grossen des Reichs fanden, die zugleich Aristarchen, Mäcene und Schriftsteller waren, der Sprache und Literatur äusserst erspriesslich. Gross sind die Verdienste dieser Männer um den Anbau der vaterländischen Sprache; sie reinigten dieselbe vom anderthalbhundertjährigen Rost des Ungeschmacks, und lehrten die Polen polnisch sprechen.

Dass sie die Sprachbildung nicht zur Vollendung gebracht haben, daran sind zwei Ursachen Schuld: zuerst die Kürze und der Druck der Zeit, dann aber die Natur des Unternehmens selbst. Was das erste anbelangt, so ist die Periode von 30 Jahren schon an sich zu kurz, um eine ganz verdorbene Sprache zu vervollkommnen, aber sie erscheint noch kürzer, wenn man die Ereignisse der Zeit, den wildesten Parteikampf im Innern, die bürgerlichen Kriege und die endliche Zerstückelung des in sich entzweiten Landes berücksichtigt. Was das zweite betrifft, so ist eine plötzliche Umschaffung der Menschen, ein gänzliches Abstreifen der von Jugend auf eingesogenen Ansichten, die bei dem gemeinen Manne zur Natur werden, und selbst bei dem gebildeten unvertilgbare Spuren hinterlassen, an sich unmöglich; mannigfaltige, mehr oder minder glückliche Versuche müssen vorangehen, bevor der Gipfel der Vollendung erreicht werden kann. Die Ereignisse der 12 Jahre 1795—807 bilden in der polnischen Literatur eine eigene Zwischenperiode. Mit der Auflösung der politischen Selbstständigkeit der Nation trat ein gänzlicher Stillstand in der Literatur ein. Die Landessprache hörte auf Sprache der Regirung zu seyn; wörtliche, das Polnische in seinen innern Bestandtheilen tief angreifende Uebersetzungen kamen auf, und drohten die kaum erwachte Reinheit und Correctheit der Sprache im Keime zu ersticken. Die Gesellschaft der Freunde der Wissenschaften (1801) in Warschau wachte jedoch mit rühmlichstem Eifer über die Reinhaltung dieses Volkskleinods; die Hochschule zu Wilna wurde eine wahre Zufluchtsstätte und der Hauptsitz der polnischen Musen. Glücklichere Zeiten traten für die literärische Cultur Polens während der Dauer der grossherzoglichen Regirung von Warschau (1807—812), wie auch seit der Bildung des Königreichs Polen (1815) ein. Das unter die Leitung des Grafen Stan. Potocki gestellte Oberschul-Collegium, im J. 1812 in das Oberschuldirectorium verändert, erfüllte die Erwartungen der Nation in vollem Maasse. Diese ehrwürdige Magistratur [1] erhielt in

---

[1] Ausser dem Präsidenten bestand dieselbe aus folgenden Mitgliedern: Ad. Prażmowski, Alex. Potocki, Valent. Sobolewski, Onuphr. Kopczyński, den Priestern Staszyc, Dill, Schmidt und dem Rector Linde.

dem fünfjährigen Lauf ihrer Wirksamkeit unter stetem Ringen mit Hindernissen aller Art nicht nur die schon vorhandenen Bildungsanstalten in ihrer Integrität, sondern führte auch ganz neue ein. Zu den 140 Hauptschulen in 6 Departementen traten noch 494 andere hinzu; eine Arzneischule in Warschau wurde eröffnet, für die Emporbringung der Cadettenschulen in Kalisch u. Chełm gesorgt, eine Gesellschaft für Abfassung zweckmässiger Unterrichtsbücher in polnischer Sprache ernannt [2]), und über Mädchen- und Knaben-Pensionate Aufsicht führende Schulephorate eingeführt. Der Congress der europäischen Mächte in Wien entschied endlich 1815 über Polens Schicksal, und gab dem Volk sein Volksthum zurück. Seitdem machen Erziehung, Unterricht u. Schulwesen, Wissenschaften und Nationalliteratur, im Vergleich mit vormals, bedeutende Fortschritte, sowol im eigentlichen Königreiche Polen, als auch in den andern Antheilen. Die Volksbildung, bis dahin sehr vernachlässigt, ist unter der jetzigen Verfassung des Kgr. Polen ein besonderer Gegenstand der Sorgfalt des Thrones geworden. Dem Bauer, durch die Constitution des ehemaligen Hzth. Warschau (1807) und die jetzige Constitution des Königreichs (1815) persönlich frei und des Grundeigenthums fähig, ist nun der Zutritt zu den Schulen erleichtert worden. Seit 1816 besitzt Polen eine Universität zu Warschau, eilf Haupt- od. Palatinalschulen in den 8 Wojwodschaften der Königreichs (das Lyceum in Warschau, die Benedictinerschule in Pułtusk und den Convict der Piaristen in Zalibor mitbegriffen), vierzehn Hauptdistrictsschulen (szkoły wydziałowe) und neun Nebendistrictsschulen, zwei Institute für Elementarlehrer in Łowicz und Puławy, zahlreiche Elementarschulen, Privatpensionate für Mädchen und Knaben, eine Bergwerksakademie zu Kielce, eine Cadettenschule, eine Militärakademie, ein Landwirthschaftsinstitut in Warschau u. s. w. In Galizien zählte man 1819 eine Universität in Lemberg, zwei Lyceen, zwölf Gymna-

---

[2]) Diese bestand aus folg. Mitgliedern: Rect. Linde Präsident, Kaj. Kamieński, Edw. Czarnecki, Joh. Bystrzycki, Ant. Dąbrowski, Chrph. Stefazyus und Adalb. Szweykowski.

453

sien, zwei Realschulen, zahlreiche Normal-Trivial- und Elementarschulen u. s. w. Die Stadt Krakau besitzt eine von Alters her berühmte Universität. Nicht minder wolthätig sorgen die Regirungen von Russland und Preussen für die Aufklärung des Volks in den ihren Reichen einverleibten Provinzen des ehemaligen Polens durch Unterhaltung zweckmässiger Unterrichts- und Bildungsanstalten. An diese allgemeinen Bedingungen der Volksaufklärung reihen sich die einzelnen Gesellschaften zur Beförderung der wissenschaftlichen Cultur überhaupt und der polnischen Nationalliteratur insbesondre; wohin die kgl. Gesellschaft der Freunde der Wissenschaften in Warschau, die Akademie der Künste daselbst und die Gesellschaft der Wissenschaften in Krakau gehören. — Die Fortschritte der Sprache in dieser letzten Periode sind überraschend gross: Kopczyński, Stawski, Kassius, Szumski, Bohomolec, Kleczewski, Dudziński, Nowaczyński, Wyszomirski, Bantkie, Linde u. m. a., bearbeiteten das Gebiet der Sprache grammatisch und lexikalisch; Piramowicz, Golański, Slowacki, Sniadecki, Chrzanowski, Graf Stan. Potocki u. m. a. beleuchteten die Theorie und Praxis der schönen Wissenschaften und Künste, der letzte brach der gesunden Kritik und dem feinern Geschmack die Bahn. Zwei Uebel drohten im Laufe dieser Periode die Natur der polnischen Sprache zu entstellen; die Nachahmung des Französischen schien ihre Kraft und Freiheit der Wortstellung, die sie mit den altclassischen Sprachen gemein hat, und die des Teutschen ihre Deutlichkeit und Einfachheit zu gefährden. Seit der glänzenden Epoche der Literatur in Frankreich unter Ludwig XIV. hatte die französische Sprache grossen Einfluss auf die Nationalliteratur der übrigen Völker Europa's, den grössten auf die polnische unter Stanislaus Augustus. Die polnischen Schriftsteller, von Jugend auf in französischer Sprache zu lesen und zu schreiben gewohnt, fingen an in derselben auch zu denken, und legten im Schreiben der polnischen Sprache durch offenbare Gallicismen Gewalt an. In einen entgegengesetzten Fehler verfielen, vorzüglich seit der Theilung der Reichs, die zahlreichen Uebersetzer aus dem

Teutschen, indem sie die metaphysisch-subtile, verwickelte und dunkle Schreibart einiger teutscher Schriftsteller in die polnische Sprache verpflanzen wollten. Auf der andern Seite ist der grosse Vortheil und Zuwachs, den die Nationalliteratur durch Uebersetzungen aus beiden Sprachen erhalten hat, nicht zu verkennen. Zwar erreichte die polnische Sprache den Grad ihrer ehemaligen Reinheit und edler Einfachheit nicht; aber sie musste sich diesen Verlust gefallen lassen, um die grössern Vortheile der Vervielfältigung der Wörter und Redensarten, der Ausscheidung der Sinnverwandten, der Bestimmtheit und Mannigfaltigkeit, der Rundung, und des künstlichern, gewandtern, numösern Periodenbaues zu erlangen. Nur die ungeschickten Nachahmer verdarben die Sprache, unter der Feder gewachsener Uebersetzer gewann sie augenscheinlich. Hiernächst hatte die Bildung und Einführung ganz neuer, meist technischer od. Kunst-Wörter, auf die Umgestaltung der polnischen Sprache in den allerneuesten Zeiten den grössten Einfluss. Mit neuen Entdeckungen im Gebiete der Wissenschaften und Künste, mit Veränderungen in Lebensweise und Sitten, mit Umbildungen der Verfassung und Verwaltung von innen heraus od. von aussen her, wird nothwendig der Umfang der Sprache erweitert, und die Geltung vieler Wörter verändert. Diese Nothwendigkeit fühlten und fühlen diejenigen slawischen (nicht nur polnischen) Schriftsteller, welche in den letzten Jahren über wissenschaftliche Gegenstände in der Landessprache geschrieben haben. Dass bei der Bildung, Aufnahme u. Verbreitung neuer Wörter in einer lebenden Sprache nicht überall gleich das Wahre getroffen werden kann, leuchtet von selbst ein. Die polnische wissenschaftliche Prosa ist wenigstens auf dem Wege, auch in dieser Hinsicht den Forderungen der Kritik immer mehr zu entsprechen. — Der letzte Zeitraum hat weit mehr treffliche Dichter als Prosaiker aufzuweisen, durch deren glückliches Ringen nach Vollendung die polnische Poesie nicht nur jene des XVI. Jahrh. weit übertroffen hat, sondern an Correctheit und Harmonie der Diction den gebildetsten neuern Sprachen Europa's an die Seite getreten ist. Krasicki,

Naruszewicz, Kniaźnin, Niemcewicz, Dmóchowski, Trębecki, Węgierski, Szymanowski, Karpiński, Górski, Osiński, Lipiński, Morawski, Krupiński, Feliński u. a. m. schmückten das Feld der Lyra, der didaktischen und zum Theil auch der dramatischen Poesie mit ihren Geistesblüthen aus; Dmóchowski und Przybylski lieferten gediegene Uebersetzungen mehrerer Meisterwerke der alten und neuern classischen Dichter; nur das höhere vaterländische Epos und Drama, der Gipfel jeder vollendet seyn sollenden Nationalpoesie, haben noch keine classischen Muster, obwol mehrere gelungene Versuche, aufzuweisen. Auch blieb diese ganze Periode hindurch der formelle Theil der dichterischen Darstellung, der Versbau, lediglich auf den Reim eingeschränkt, obwol Nowaczyński die verlorene Spur der altclassischen Prosodie in der polnischen Dichtkunst aufzufrischen, und Przybylski, Staszyc u. a. m. den Sinn für den majestätischen Klang des heroischen Hexameters durch die Uebersetzung des Homers zu wecken und zu nähren bemüht waren.[*]

---

[*] Die Polen haben keine so alten Denkmäler der Nationalpoesie aufzuweisen, als die Böhmen. Die ältesten, z. B. das Lied des h. Adalbert: Bogarodzica, das Lied von Wiklef: Liachowie niemcowie u. s. w., übersteigen nicht das XIV — XV. Jahrh., und sind sämmtlich schon gereimt. Zur Zeit der Blüthe der polnischen Literatur im XVI. Jahrh. war der Reim im ganzen neuern Europa, und vorzüglich in Italien, welches Land damals den grössten Einfluss auf den Gang der poln. Nationalliteratur hatte, alleinherrschend; kein Wunder, dass er es auch in Polen wurde. Aber in einem Lande, das den Simonides (Szymonowicz) gebar, und zu einer Zeit, in der Sarbievius (Sarbiewski) lebte, die grössten lateinischen Verskünstler ihres Jahrhunderts, konnte es an Versuchen, die äussere, zufällige Zierde des Reimes durch die innere, ästhetisch belebte Schönheit des Metrums zu ersetzen, nicht fehlen. Joh. Kochanowski wagte zuerst, auf Verlangen J. Zamoyskis, aber „na próżno" wie St. Potocki sagt, d. i. ohne Nachahmer zu finden, die Regeln der griechisch-römischen Prosodie auf die poln. Verskunst zu übertragen; nicht glücklicher war 70 Jahre darauf Chph. Opalinski. Und doch war damals die poln. Sprache, nach den Nachrichten über die Aussprache zu urtheilen, dem gr.-röm. Metrum näher als jetzt! — In den darauf folgenden Jahrhunderten war der Einfluss der franz. Poesie auf die poln. so entscheidend, dass der franz. Alexandriner nicht nur jeden Gedanken an Sylbenmessung, sondern beinahe alle übrige Reimformen verdrängte. Nur Załuski u. Minasowicz fanden noch selbst die Fesseln des Reims zu schwer; sie warfen sie weg, und schrieben Zeilen von gezählten, aber weder gemessenen, noch gereimten Sylben. Bei so tiefem Verfall der Verskunst erhob Nowaczyński 1781. noch einmal seine Stimme, und empfahl aufs neue die antiken Versformen im Geiste der gr.-röm. Prosodie. Aber er war der Prediger in der Wüste, und bewies, wie St. Potocki sagt, dass, was man 300 J. lang in der poln. Dichtkunst vergeblich gesucht hatte, er selbst nicht besitze: warum? — weil er kein Dichter war! — Aber die poln. Geschmacksrichter schoben die Schuld auf die Sprache, die dem Me-

— Die Sprache der Beredsamkeit steht, der Sprache der Dichtkunst gleich, in Hinsicht der Reinheit unter jener des XVI. Jahrh., in allen andern Rücksichten übertrifft sie dieselbe. Ihre Veredlung, vorzüglich während der vierjährigen Dauer des constitutionellen Reichstags (1788—91), ist sichtbar genug. Hier entwickelten ihre rednerischen Talente: Czartoryski, Ign. Potocki, Sapieha, Wawrzecki, Mostowski, Matuszewicz, Zaleski, Linowski, Niemcewicz, Weysenhof, Leżyński, Kiciński, Kołłątay, Sołtyk, Chreptowicz, Rzewuski u. a. m. Aus dem Schoosse dieser Schule ging Stan. Potocki hervor, ein höherer rednerischer Genius, einzig da stehend, und der Bewunderung und Liebe aller seiner Stammgenossen würdig. An diese grossen Muster reihen sich die bessern Kanzelredner: Lachowski, Karpowicz, Woronicz, Prażmowski, Łańcucki u. s. w. — Die Lehrprosa und der Geschäftsstyl blieben auch jetzt, wie in den beiden vori-

---

trum widerstrebe; und da man doch nicht läugnen konnte, dass der Pole (z. B. der Grosspole) gewisse Sylben in der Aussprache dehne, und andere schärfe, so nannten sie diese Aussprache *altväterisch* (ja wol!) und *bäurisch*, die doch eigentlich nur unfranzösisch und nur desswegen schlecht ist, weil sie slawisch ist. Unter solchen Umständen würde es befremden, zu sehen, dass es noch immer Männer gibt, die wie Przybylski u. Staszyc, dem Reimstrom entgegen, zu der Quelle des Hexameters zu schwimmen wagen; wenn man einerseits nicht wüsste, dass man, ohne sich selbst zu verläugnen, einen gereimten Homer, Virgil, Horaz u. s. w., unmöglich für etwas anderes, als einen Hippocentaur (etwa Franz-Engländer?) halten könne, andererseits aber, dass die Illusion, in die das germanische Tonprincip die neuern slawischen (böhmischen, russischen, polnischen) Dichter versetzt hat, ganz dazu geeignet sey, dem Volke glauben zu machen, man habe den Stein der prosodischen Weisheit gefunden. Der tonische Hexameter kann immer mit demselben Rechte Hexameter heissen, mit welchem auch der französische Alexandriner (z. B. in Dmóchowskis Iliade) in Polen Hexameter genannt wird. — Welche Früchte die neuesten Bemühungen um die poln. Metrik tragen werden, muss die Zukunft lehren. Kaz. Brodziński, der mit hellenischem Geschmack in das Wesen der polnischen Verskunst und der slawischen Poesie und Metrik überhaupt tiefer gedrungen ist, als alle seine Vorgänger, ruft in Pamiętnik W. 1820. No. 12. aus: „Wir Polen, deren Prosa allein unter den Slawinen jener der Alten gleich kommt, wie vernachlässigen wir die Poesie, indem wir die Sylben, gleich den ärmsten Sprachen, bloss zählen und reimen. Wol wird dereinst die Zeit kommen, dass in einer Sprache, in welcher Cicero und Tacitus auf eine ihrer würdige Weise sprechen, auch Horaz und Virgil sich in ihrer natürlichen Gestalt, mit allem Schmuck des Rhythmus und des Versmaasses, zeigen werden!" Hiezu sage ich Amen! — *Th. Nowaczyński* o prozodyi i harmonyi języka polskiego, Warsch. 781. 8. — *Woyciech Grulichowski* uwagi nad Xaw. Bohusza dodatkiem do poprawy błędów przez X. Kopczyńskiego wydaney, Posen 809. 8. (üb. d. poln. Accent.) — Rozprawa o metryczności i rytmiczności języka polskiego, szczególniey o wierszach polskich przez *J. Elsnera* i K. *Brodzińskiego*, W. 810. 4.

gen Perioden, bei nicht zu läugnenden wesentlichen Fortschritten, hinter der Sprache der Dichtkunst und der Beredsamkeit zurück. Es ist bekannt, dass die höhere Bildung in Polen von jeher ein Eigenthum des Adels u. der Grossen des Reichs, oder der Landtagsfähigen, gewesen ist. Dieser Stand hob die Wissenschaften u. Künste unter Stanislaus Augustus empor; der Einfluss der übrigen Stände auf dieselben ist unbeträchtlich. Die letzten polnischen Reichstage waren die Pflanz- und Bildungsschule der Redner; den wissenschaftlichen Prosaikern, obwol sie auch grösstentheils dem höhern Stande angehörten, gebrach es an Bildungshebeln dieser Art. Das Streben und Ringen nach einem hohen Ziel, der edle Wetteifer fielen hier weg. Daher kommt es, dass während in andern Ländern die Wissenschaften meist ein Eigenthum des dritten oder bürgerlichen Standes, und des ersten blosse Ergötzung und Zierde sind, in Polen umgekehrt das Licht von oben kam, während das Gross der Nation noch der Schatten deckte. Hieraus wird der schnelle Aufschwung der Beredsamkeit, hieraus die langsame Entfaltung der Lehr- und Geschäftsprosa erklärbar, die erst dann zu dem gehörigen Grad der Vollkommenheit gelangen wird, wenn ihr einerseits ein zahlreicherer Schriftstellerverein aus allen Ständen, andererseits aber ein grösseres Publicum, fähig den Schriftsteller zu würdigen, zu Theil wird. Ein grosser, wichtiger Schritt hiezu ist durch die Eröffnung der Volksschulen bereits gethan, und die in den neuesten Zeiten über einzelne Zweige des menschlichen Wissens in polnischer Sprache geschriebenen Werke, als von Naruszewicz, Gr. Czacki, Ossoliński, Linde, Bantkie, Gr. Joh. Potocki, Albertrandy, Bentkowski, Sołtykowicz, Chromiński, Niemcewicz, Lelewel, Czaykowski, Rakowiecki, Chodakowski u. s. w. im geschichtlichen, von Szaniawski, Jaroński, Wybicki, Czempiński, Kluk, Jundziłł, Ryszkowski, Oziarkowski, Woyniewicz, Fiałkowski, Staszyc, Osiński, Gawroński, Poczobut, Zaborowski, Czech, Chodkiewicz, Bohusz, Sierakowski, Dąbrowski, Bystrzycki, Skarbek, Andr. u. Joh. Sniadecki u. s. w. im philosophischen, mathematischen, naturwissenschaftlichen u. andern Fächern,

sind sichere, erfreuliche Vorboten einer bessern Zukunft.
— Das unter Stanislaus Augustus eröffnete polnische
Nationaltheater erhielt eine Veredlung durch geschickte
Unternehmer, Dichter und Schauspieler, unter denen
Bogusławski, Dmuszewski und Żółkowski obenan stehen.
— Die Zahl der periodischen Blätter und wissenschaftlichen Jahrbücher vermehrte sich ansehnlich.[*)]

Die Reihe der polnischen Schriftsteller dieses Zeitraumes eröffnet billig *Stanisl. Leszczyński,* dieser König und Philosoph, dem zweimal die polnische Krone aufgedrungen und zuletzt kaum der Titel gelassen wurde (geb. 1677, gest. 1766); er verewigte sein Andenken in dem Herzen seiner Unterthanen nicht nur durch seine hohen Tugenden, sondern auch durch Schriften, in denen sich jene spiegeln; ausser mehreren Werken ethischen und politischen Inhalts in französischer Sprache, schrieb er in reinem, von Makaronismus freien Polnisch: Głos wolny szlachcica, Nancy 733. 4., Historya St. i Now. Testamenta in Versen, Nancy 761. fol. — *Hier. Stan. Konarski,* des Kastellans von Zawichost Sohn, Leszczyńskis gewesener Secretär und Freund (geb. 1700, gest. 1773), trat in seinem 17. Jahr in den Piaristenorden, wurde Prof. im Collegium zu Warschau, ging auf Anrathen u. Kosten seines Onkels, des Bisch. Joh. Tarło, nach Italien, und verweilte 4 Jahre lang in Rom, bereiste Italien und Frankreich, und kehrte nach anderthalbjährigem Aufenthalt in Paris nach Polen zurück, folgte dem Kg. Leszczyński nach Lothringen, kam aber bald zurück nach Polen, und weihte sich, den politischen Geschäften auf immer entsagend, ganz seinem geistlichen Beruf und den Musen; er verwaltete hierauf die Professur der Eloquenz in Krakau und Rzeszow, wurde 1742 Provincial, gründete ein Erziehungsinstitut (collegium nobilium) in Warschau und zwei andere ähnliche Anstalten in Wilna und Lemberg, machte 1747 eine zweite Reise nach Teutschland und Frankreich und 1750 nach Rom, schlug nach seiner Rückkehr alle ihm vom Papste und den Kgg. August III. und Stanisław August angebotenen Würden und Aemter aus, und vollendete das grosse

---

[*)] Bentkowski I. 173 — 76. *Potocki* pochwały, mowy II. 571 — 664.

Werk der geistigen Reform von Polen durch seine Lehre, Beispiel und Schriften; Hr. Bentkowski zählt, ausser den ungedruckten Werken und einzelnen Reden, 28 Schriften von K. auf, von welchen 11 polnisch geschrieben sind: O skutecznym rad sposobie, W. 760. ff. 5 Bde. 8., O religii poczciwych ludzi, W. 769. fol., Epaminondas, traged. orig., 756., Listy przyiacielskie, W. 733, 4., Kazania, Proiekty u. s. w.; s. Werk: de emendandis vitiis eloquentiae, W. 741. 8., wirkte auf die Veredlung des Geschmacks in der polnischen Literatur entscheidend.
— *Jos. Andr. Załuski*, des Wojewoden von Rawa Sohn (geb. 1701, gest. 1774), Leszczyńskis und Konarskis Freund, widmete sich dem geistlichen Stande, und wurde zuletzt Bisch. von Kiow und Czerniechow; frühzeitig von unbegränzter Liebe zu den Wissenschaften durchdrungen, gründete er, mit Hilfe seines Bruders Stanisław, Bisch. von Krakau, und mit Aufopferung aller seiner Einkünfte, jene berühmte, später dem Vaterlande geschenkte Bibliothek; er besass bei unermüdeter Thätigkeit und ungeheurem Gedächtniss einen kolossalen Vorrath von Erudition, aber um so weniger Geschmack, und schrieb sehr viel, vorzüglich im Fache der Literaturgeschichte und Bibliographie, latein. und polnisch, wovon das meiste ungedruckt blieb: Bibl. poet. polon. (poln.), W. 751. (lat.) W. 752. 4., Programma litterarium ad bibliophilos etc. (poln.), W. 732. 4., Biblioteka historyków, polityków, prawników i innych autorów polskich lub o Polszcze piszących, poln. in Versen Ms., Magna bibl. polonica universalis, poln. in Versen Ms. 10 Bde. fol., Dwa miecze przeciwko dyssydentom, W. 731. 4., zwei Originaltrauerspiele: Kazimierz und Witenes, W. 754. 4., Przypadki, W. 773. 8.; Z. und Konarski gaben die Volumina Legum, W. 732—82. 8 Bde. fol., heraus.
— *Wenzel Rzewuski*, Wojewoda v. Podolien, später Krongrossfeldherr, zuletzt Krakauer Castellan (geb. 1705, gest. 1779), ein grosser Patriot, durch s. Tugend und Gelehrsamkeit gleich ausgezeichnet, ist Vf. von 9 polnischen Schriften: Zabawki wierszem polskim, W. 760. 4., enthaltend zwei Originaltrauerspiele: Żołkiewski und Władysław pod Warną, und zwei Lustspiele: Dziwak

und Natret; Mowy i listy, W. 741. 4., Psalmy, W. 773. 8., die sich durch Einfachheit und Erhabenheit dem Original nähern. — *Ignaz Graf Krasicki* aus einem altadeligen Geschlecht in der russischen Wojwodschaft (geb. 1734, gest. 1801), erhielt seine Erziehung im Vaterlande, bereiste Teutschland, Frankreich und Italien, ward Bisch. v. Ermeland, zuletzt (1795) Erzb. von Gnesen, der grösste Dichter unter Stanisław August, als Prosaiker einer der ersten Schriftsteller Polens, schrieb sehr viel, darunter ein Epos: Woyna Chocimska, in XII. Ges., W. 780. 8., drei komische Heldengedichte: Myszeis, in X. Gesängen, W. 775. 8., Monachomachia, W. o. J., Antimonachomachia, Satyren, W. 778. und öfters, Fabeln, W. 780. 4 Bde. 8., Bresl. 817. 8. u. öfters, Lustspiele: Łgarz, Statysta, Solennizant, W. 780. 8., Romane: Przypadki Doswiadczyńskiego, W. 775. 8., Pan Podstoli 778. 8. N. A. Bresl. 825. 2 Bde., Historya na dwie księgi podzielona, W. 779. 8., ein encyklopädisches Werk: Zbiór potrzebnieyszych wiadomości, W. u. Lemb. 781. 2 Bde. 4., Episteln, Oden, vermischte Gedichte, eine Poetik, biographische Parallelen nach Plutarch u. s. w.; er übers. die Bardengesänge Ossian's, die Biographien Plutarch's, Hesiod's $ἔργα\ καὶ\ ἡμέραι$, Bruchstücke aus Lukian und Ariosto, ein Kriegslied von Tyrtaeus u. a. m.; sämmtl. Werke herausg. v. Dmóchowski, W. 803—4, 10 Bde. 8., (ausser dem encyklop. Werke u. Kazania, W. 819. 8.), Breslau Stereotyp. 824. 10 Bde.; als Dichter ist Kr. in seinen Fabeln, Satyren und komischen Heldengedichten durch Witz, Scharfsinn und Schönheit der Diction musterhaft; die Woyna Chocimska ist zwar kein Epos im strengen Sinne, aber immer ein schätzbares Dichterwerk; s. Prosa ist durch ihre Leichtigkeit, Klarheit und Natürlichkeit bezaubernd schön. — *Jos. Szymanowski*, ein Schüler Konarski's (geb. 1748, gest. 1801), Mitgl. mehrerer Commissionen und Deputationen des Reichs, Hausgenosse und Reisegefährte des Fürsten Czartoryski, verband eine seltene Herzensgüte mit dem geläutertesten, verfeinertesten Geschmack, und pflanzte der erste in dem poetischen Garten Polens Myrten und Rosen; s. Uebers. des Kościół Knideyski, von

Montesquieu, W. 777. 8., eb. in der Samml. v. Mostowski 803. 8., Parma (Prachtausg. b. Bodoni) 804. fol., W. 805. 8., weicht an Vollendung und Klang des Verses keinem, übertrifft hingegen an Anmuth und Zartheit alle polnischen Dichterwerke, und macht in dieser Gattung Gedichte Epoche; ausserdem schrieb Sz. einzelne kleine Gedichte und prosaische Aufsätze, in s. Werken b. Mostowski abgedruckt. — *Stan. Trembecki*, des Kg. Stanisław August Kammerherr (gest. 1812), verband in seinen Poesien die Kühnheit Pindars mit der Feinheit Horazens und der Anmuth Sapphos; er verdient in vielfacher Hinsicht dem Krasicki zur Seite gestellt zu werden, erhebt sich sogar bisweilen über ihn; die Fülle u. Kraft seiner Diction paart sich mit harmonischem Fluss der Rede und des Verses, nur hie und da bleibt der Geschmack hinter dem Genius zurück; er schrieb Fabeln, Oden, Idyllen, Elegien, Episteln, ein Lustspiel: Syn marnotrawny, nach Voltaire, W. 780. 8., ein beschreibendes Gedicht: Zofiiowka, Lpz. (eig. Wilna) 806. 12., übers. das IV. B. der Aeneis; sämmtl. Werke Lpz. (eig. Wilna) 806. 2 Bde. 8. W. 819—21. 3 Bde. 12., Wilna 822. 2 B. 8., die Früchte s. historischen Forschungen im Fache der slawischen Alterthumskunde sind bis jetzt unedirt. — *Ad. Naruszewicz* aus einem adeligen Geschlecht in Littauen (geb. 1733, gest. 1796), brachte, nach vollendeten Reisen im Auslande, wie Trembecki, die grösste Zeit seines Lebens am Hofe des Kg. Stanisław August zu, wurde nach Aufhebung des Jesuiterordens, dessen Mitglied er war, zuerst Coadjutor des Bisth. v. Smolensk, darauf Secretär des Reichsraths und zuletzt Bisch. von Luck; er steht als Historiker an der Spitze der polnischen Geschichtschreiber neuerer Zeiten: Historya narodu polskiego, W. 780—86. 6 Bde. 8. N. A. W. 824.[5]);

---

[5]) Naruszewicz führte die poln. Geschichte nur vom J. 962 bis 1386 fort; den 1. Band, die Urgeschichte Polens, wollte er zuletzt bearbeiten, woran ihn aber, wie an der Ausführung des Ganzen, der Tod verhinderte; die kgl. Gesellschaft der Wissenschaften in Warschau sorgte rühmlichst für die Fortsetzung und Vollendung dieses grossen Nationalwerks durch Vertheilung der Arbeit unter einzelne Mitglieder (Jul. Urs. Niemcewicz, Prälat Czaykowski, Biblioth. Lukian Gołębiowski, Graf J. M. Ossoliński, Fürst Adam Czartoryski, Graf Tarnowski, Kajetan Kwiatkowski, Mich. Krajewski, Felix Bentkowski (an die Stelle des Grafen Stan. Potocki), Prälat Prażmowski, J. K. Szaniawski), von denen einige ihre Arbeiten bereits

Hist. J. K. Chodkiewicza, W. 781. 2 Bde. 8., Tauryka, W. 805. 8.; er übers. den Tacitus ins Polnische, W. 772. 4 Bde. 8., redigirte 1769 ff. eine Zeitschrift Zabawy; als Dichter schrieb er Lieder, Oden, Idyllen, W. 778., Satyren, W. 778. 4., Fabeln, Epigramme, übers. mit andern polnischen Dichtern Horazens Oden, W. 773. 2 Bde. 8. N. A. 819. 2 Bde. 8., Anakreons Lieder, W. 774. 4., verfasste eine Tragödie: Guido, W. 770. 4., vermischte Gedichte, Originale u. Uebers., u. m. a.; N. besass eine glühende Einbildungskraft, in s. Satyren ist er ungleich beissender, als der witzig und sinnreich spielende Krasicki; s. Vers ist kräftig und klangvoll: er würde einer der vollendetsten Dichter Polens seyn, wenn ihm nicht zuweilen Feile und Geschmack abgingen; als Historiker nahm er sich Tacitus zum Muster, und ahmte seine Darstellungsart glücklich nach, verfiel aber in der Uebersetzung desselben oft ins Dunkle; sämmtl. Werke in der Mostowskischen Sammlung W. 804–05. 12 Bde. 8., Breslau Stereotyp. 823. 6 Bde. 8. (angekündigt); poet. Werke W. 778. 4 Bde. 4. — *Thom. Kajetan Wegierski* aus Podlachien, des Starosten von Korytnik Sohn, kgl. Kammerherr (geb. 1755, gest. 1787), ein Dichter voll schlagenden Witzes, aber in der frühesten Jugend von der Frivolität des Zeitalters hingerissen, konnte er sein Talent nicht innerhalb der gehörigen Schranken des Sitten- und Rechtsgesetzes erhalten, und zog sich durch seine Satyren und Epigramme eine Flucht nach Frankreich zu, woselbst er auch starb; s. Diction ist natürlich und leicht: Organy, ein heroisch-komisches Gedicht nach Boileau, 784. 4., Marmontels Belisar, W. 787. 8., Dess. powieści moralne, W. 777. 3 Bde. 8., Montesquieu's poet. Briefe, Pygmalion v. Rousseau, Satyren und Epigramme, sämmtl. Werke v. Mostowski W. 803. 8. — *Julian Ursin Niemcewicz*, während des constitutionellen Reichstags (1788–91) liefländischer Landbote, wanderte nach der Theilung Polens nach America aus, ward nach seiner Rückkehr Secretär des Senats und Oberschulcol-

---

beendigt und herausgegeben haben: *Julian Urs. Niemcewicz dzieie Zygmunta*, W. 819. ff. 3 Bde. 8., *Kaj. Kwiatkowski v. Kwiatkow dzieie narodu polskiego za panowania Władysława IV.*, W. 823. 8. u. s. w.

legienrath, voll origineller Laune, gesunden munteren Witzes, entwickelte ein hohes poetisches Talent in s. Oden, Fabeln, die jenen des Krasicki gleich kommen, 2 A. W. 820. 2 Bde. 8., Elegien und heroischen Klagliedern (Dumy), 3 A. W. 819. 8., Dramen: Powrót posła, Lustsp., W. 790. 8., Samolub, Pan Nowina, Giermkowie Kr. Jana, W. 808. 8., Władisław pod Warną Trauersp., Jadwiga Oper, Kazimierz W., Jan Kochanowski kom. Oper, W. 817., Zbigniew Trauersp., W. 819., Atalia v. Racine u. m. a., Epigrammen, Uebersetzungen aus Pope und einiger Romane aus dem Französischen, nicht minder glänzend im Gebiete der Beredsamkeit durch s. Reden; sämmtl. Werke in der Mostowskischen Sammlung W. 803—05. 2 Bde. 8.; alle poetische Werke N. athmen einen Adel der Gesinnung, Vollgefühl und heitern unschuldigen Witz, sein Versbau ist leicht, wolklingend; letzthin gab er die Geschichte Zygmunts III. Dzieie panowania Zygmunta III., W. 819. ff. 3 Bde. 8., und eine Samml. ungedruckter Denkmäler des alten Polen: Zbiór pamiętników historycznych o dawney Polszcze, W. 822. 4 Bde. 8., ferner: Lewi und Sara, Briefe poln. Juden, W. 821. teutsch Berl. 823., und Jan z Tęczyna, powieść historyczna W. 825. 3 Bde. 8. heraus. — *Franz Karpiński* (gest. 1820), widmete sich in geräuschloser Abgeschiedenheit ganz den Musen, und bereicherte die vaterländische Literatur mit lieblichen, schönheitsvollen Blüthen seines fruchtbaren Genius, worunter sich Lieder, Hymnen, Idyllen, vermischte Gedichte, Delilles Lehrgedicht Les jardins, mehrere Originaldramen, Lustspiele, Opern, Reden und Abhandlungen befinden: sämmtl. Werke W. 790. 4 Bde. 12. N. A. 806. 4 Bde. 8. — *Franz Dionys. Kniaźnin*, lebte unter Stanisław August, behauptet durch seine Gemüthlichkeit und nicht sowol Kühnheit als vielmehr sinnliche Frische und Ueppigkeit der Bilder unter den ersten Liederdichtern Polens einen ehrenvollen Platz; er schrieb Erotica od. Lieder 5 BB. in anakreontischer Manier, Oden, Fabeln, poetische Erzählungen, Idyllen, ein komisches Heldengedicht Balon in X. Ges., mehrere Opern u. s. w.; sämmtl. Werke W. 787—88. 3 Bde. 8. — *Jos. Epiph. Minasowicz* (geb. 1718, gest. 1796), kgl. Secretär u. Kiower Domherr, von Natur nicht ohne poetisches Talent, aber ohne allen Geschmack, gab über 53, meist polnische Schriften, heraus: Zbiór rytmów polskich, W. 755—56. 2 Bde. 4., Drobnieysze wiersze, W. 782.; er übers. die Epigramme Martials, W. 759. 766. 8., des Lucanus Pharsalia, W. 772., des Phädrus Fabeln, W. 777. 8., mehrere Oden von Horaz in der Naruszewiczischen Ausgabe u. s. w. — *Joh. Woronicz*, Bisch. v. Krakau, jetzt Bischof von Warschau, ein in Versen und Prosa gleich ausgezeichneter Schriftsteller, besorgte eine Sammlung von religiösen, moralischen und historischen Liedern, schrieb ein musterhaftes lyrisches Gedicht: Pieśń Assarmota, W. 805. 818., ein historisches Gedicht: Sibylla, in IV. Ges., Lemb. 818. 4.; ihm wird das Werk: Wiersz na pokoie nowe w zamku król., W. 786. 4., zugeschrieben; er liess viele, im erhabenen Styl verfasste Trauer- und andere Gelegenheitsreden drucken, und führte ein Nationalepos: Lechiada, aus, das alles in diesem Fach bis jetzt in Polen geleistete an wahrer dichterischer Weihe weit übertrifft. — *Valent. Gurski*, einer der fruchtbarsten neuern Dichter, schrieb Oden, Idyllen, 60 an der Zahl, Fabeln und Lustspiele, die sich nicht nur von Seite des Stoffs, sondern auch durch gefälligen Versbau empfehlen: Różne dzieła wierszem i prozą, W. 785. 12., N. A. Kr. 804. 4 Bde. 12. — *Ign. Nagurczewski* aus Littauen, Jesuit (geb. 1719, gest. 1811), übers. Filippiki Demostenesa, W. 774. 8., Mowy Cicerona przeciwko Katylinie, W. 763. 8., Eklogi Wirgiliusa, zuerst mit A. Kochanowskis Aeneis, W. 754. 4., dann in der Samml. poln. Eklogen, W. 770. 778. 8., die ersten XVIII. Rhaps. von Homers Iliade, bis jetzt unedirt (bis auf die III. u. IV. Rhaps. in Dmóchowskis Uebers. 1800); in allen diesen Uebersetzungen bewies N. mehr Kenntniss der alten Sprachen, als Geschmack und wahren Redner- od. Dichtergeist. — *Hyacinth Przybylski*, Prof. an der Hochschule zu Krakau, einer der thätigsten und fruchtbarsten Schriftsteller Polens, bereicherte die vaterländische Literatur mit gediegenen Uebersetzungen mehrerer classischen Dichterwerke: Treny Jeremiasza,

Kr. 793. 4., Owidego Nazona wiersze na wygnaniu pisane, Kr. 802. 8., Wszystkie dzieła Hezyoda, Kr. 790. 8., Giessnerowa śmierć Abla, Kr. 797. 12., Listy Peruwianki, ein Roman, W. 805. 8., Kamoensowa Luzyada, Kr. 790. 8., Miltonów ray utracony, Kr. 791. 8., Eb. ray odzyskany, Kr. 792. 8., Eneida Wirgiliusa, Kr. 812. 2 Bde. 8., Eb. o ziemanstwie, Kr. 813. 8., Homerowa batrachomyomachia, mit der 1 Rhaps. der Ilias, W. 789.; er übersetzte Homers Ilias und Odyssee, ferner den Quintus Calaber ganz, im Versmaass des Originals, schrieb mehrere Reden und Abhandl. u. s. w.; alle Uebersetzungen Prz. tragen das Gepräge der grössten, aus der vertrautesten Bekanntschaft sowol mit den fremden als mit der eigenen Sprache fliessenden Treue u. Correctheit. — *Franz Dmóchowski* aus Podlachien (geb. 1762, gest. 1808), trat in früher Jugend in den Piaristenorden, wurde Lehrer in Warschau, nahm 1794 Staatsdienste an, verliess nach der Theilung Polens das Vaterland und kehrte nach einem mehrjährigen Aufenthalt in Teutschland, Frankreich und Italien 1800 nach Polen zurück, zuletzt Secretär der Gesell. d. Freunde d. Wissens; s. Hauptwerk ist die Uebers. der Ilias in poln. gereimten Versen, W. 800. 3 Bde. 8., 2 A. 804. 3 Bde. 8., leider nicht aus dem Original selbst, sondern nach lat. und franz. Uebersetzungen gemacht; Virgils Aeneis ebenfalls in gereimten Versen, W. 809. 8. (die drei letzten Gesänge sind von dem Piaristen u. Provincial Vinc. Jakubowski); Sztuka rymotworcza, Lehrged. in IV. Ges., W. 788. 8., Edw. Younga sa̧d ostateczny, a. d. Franz. W. 785. 8. 803. 8.; Dm. schrieb auch in Prosa moralische Betrachtungen, Reden, Lobreden u. s. w., redigirte 1794 die Warschauer Gazeta, 1801—05 den Warschauer Pamiętnik. — *Ludw. Osiński*, Generalsecretär des Ministeriums der Justiz, hernach Notär beim Warschauer Cassationshof, Secretär der Ges. d. Wiss. u. s. w., ein geistreicher, geschmackvoller Schriftsteller in Versen und Prosa, schrieb lyrische Gedichte: Zbiór zabawek wierszem, W. 804. 8., redigirte 1809 den W. Pamiętnik, übers. ein Bruchstück aus Ovids Metamorphosen, Corneilles Cid und Cinna, Cheniers Fenelon, Voltaires Alzyra, Pigault-Lebruns:

Rywale samych siebie, Horatier u. Curiatier a. d. Ital., Andromeda, W. 807. 8. u. m. a. — *Kajetan Kośmian,* Referendar beim ständischen Rath u. s. w., bewies in einigen Oden einen seltenen lyrischen Geist, verfasste ein originelles, durch vollendete Diction ausgezeichnetes Lehrgedicht: O ziemanstwie, übersetzte musterhaft einige Eklogen Virgils, und gab mehreres in gediegener Prosa heraus. — *Dyzma Bończa Tomaszewski,* gab ein originelles Lehrgedicht: Rolnictwo, in IV. Ges., Lemb. (eig. Kr.) 802. 4., Jagiellonida, ein Heldengedicht auf die Vereinigung Littauens mit Polen, Berdyczow 817., mehrere Lustspiele und andere Gedichte heraus, in denen eine feurige Einbildungskraft, tiefes warmes Gefühl und harmonische Versification unverkennbar sind: sämmtl. Schriften W. 822. 2 Bde. 12. — *Joh. Kruszyński,* Generalsecretär beim Finanzministerium u. s. w., übers. einige Oden von Pope und Thomas, einige Satyren von Boileau, Racines Tragödie Britannicus, und entwickelte darin ein nicht gemeines poetisches Talent. — *Franz Wężyk,* Appellationsrichter u. s. w., verfasste ein beschreibendes Gedicht: Okolice Krakowa, 820. 8., übers. Virgils Aeneis, wovon der 1 Ges. in dem W. Pamiętnik 1809 erschienen ist; schrieb ein Originaltrauerspiel Gliński, ein Melodram in Versen: Rzym oswobodzony, W. 811. 8., eine Abhandl. üb. d. dramat. Kunst u. m. a. — *Jos. Lipiński,* Generalsecretär, Oberschulrath u. s. w., übers. Virgils Eklogen, W. 805. 8., u. v. Mostowski 805. 8., gab einen Bericht über die 5jährige Wirksamkeit des Oberschulcollegiums, W. 812. 8., eine Abhandl. über die Idylle nebst mehreren andern Uebers. heraus. — *Franz Morawski,* Obrist, mitten unter dem Geräusch der Waffen für den Dienst der Musen begeistert, erhebt durch frische Blüthen seines poetischen Genius den Ruhm des Vaterlandes; s. Uebersetzung einiger Dramen aus dem Franz., und die dem Andenken Poniatowskis geweihte Rede sind musterhaft. — *Adam Mickiewics,* gegenwärtig (1824) in Littauen, einstimmig als einer der vorzüglichsten neueren Dichter Polens anerkannt; in s. Werken, die an Umfange klein, an Gehalt unendlich reich, bis jetzt nur 2 Bde. füllen, spiegeln sich Naivität und liebenswürdige Anmuth mit Kraft und Nachdruck auf die überraschendste Weise; s. Balladen sind in jeder Hinsicht Meisterwerke der lyrisch-epischen Poesie. — *Ludw. Krupiński*, General, weihte sich, nach vollbrachtem Dienst, den vaterländischen Musen, und schrieb Lieder, voll Zartsinns und Anmuth, Oden, ein Trauersp. Lutgarda, einen Roman: Listy Adolfa i Klary u. s. w. — *Aloys Feliński*, (gest. 1820) der grösste polnische Verskünstler, übers. Racine's Phädra, Delille's l'homme de champ od. Wieśniak, schrieb mehrere Originaltrauerspiele, sämmtl. Werke W. 816—21. 2 Bde. 8.; s. Versbau ist leicht, fliessend und harmonisch. — *Joh. Kanty Hodani*, Domherr und Prof. in Wilna (gest. 1823), übers. Voltaire's Henriade, Kr. 803. 8., eb. Wiersz o człowieku, Kr. 795. 8., und Gessners Sielanki in Versen, Kr. 800. 8. — *Euseb. Słowacki*, Prof. der poln. Liter. in Wilna, verfasste ein Trauersp. Mendog król Litewski, Abhandl. über die poln. Literatur, übers. Voltaire's Henriade, W. 803., Delille's Gedicht von der Phantasie u. m. a. Eine dritte Uebers. von Voltaire's Henriade lieferte *Ign. Dębołecki* 805. — *Kypr. Godebski* aus Wolynien, Obrist, Ritter u. Mitgl. der Warsch. Ges. d. Wiss. (geb. 1755, gest. b. Raszyn 1809), ist Vf. zahlreicher Gedichte vermischten Inhalts, nach s. Tode herausg., W. 821. 2 Bde. 8. — *Franz Bohomolec*, ein Jesuit, schrieb um 1757 der erste Originallustspiele in der poln. Sprache für die studirende Jugend, und schloss anfangs von seinen Dramen alle weibliche Personen aus, nahm dieselben aber auf, als er für das kgl. Theater anfing zu dichten; komische Kraft und reine Sprache zeichnen alle seine Lustspiele vortheilhaft aus, wenn man ihnen gleich den Mangel des Vf. an Weltkenntniss ansieht: Komedye, Lubl, 757. 3 Bde. 12. Lemb. 758. W. 772—75. 5 Bde.; Komedye, auf dem kgl. Theater aufgeführt, W. 767. 2 Bde. 8.; derselbe dichtete die erste poln. Originaloper: Nędza uszczęśliwiona, W. 778. 8.; auch hat man von ihm: Rozmowa o ię.z. pol., W. 758. 8., Zabawki oratorskie, W. 779. 8. — *Fürst Adam Czartoryski* (geb. 1733, gest. 1823), Generalstarost, Senator-Wojewoda, kais. kön. Feldmarschall, Ritter mehrerer Orden, im J.

1764 Marschall des Reichstags, auf welchem das Liberum veto abgeschafft wurde; dieser unsterbliche polnische Mäcen und Staatsmann, dem sein Vaterland die Educationscommission verdankt, Stifter der Bibliothek zu Puławy, ist zugleich einer der wahren Gründer der polnischen Nationalbühne; er schrieb mehrere Originallustspiele: Panna na wydaniu, W. 774., Pysznoskapski, W. 774. 8., Kawa, W. 779., Gracz, a. d. Franz v. Regnard, W. 776. 8.; ausserdem gab er: Myśli o pismach polskich, W. 810. 8. heraus, und übernahm einen Theil der Fortsetzung von Naruszewicz's Geschichte; auf seine Kosten erschienen die ersten Bände der geschichtlichen Denkmäler Polens: Histor. Bolesława III. Kr. pol., aus der Chronik eines ungenannten Polen vom J. 1115, W. 825. 8., Kronika węgierska na początku wieku XII., Kronika czeska na początku wieku XI. W. 825. 8., Cz's. Tochter, vermählt mit dem Oheim des Königs v. Würtemberg, Hzg. Ludwig, und wieder von ihm geschieden, verfasste den besten polnischen Roman: Malwina 3 A. W. 821. 2 Bde. 8. — *Franz Zabłocki*, Secretär der Erziehungscommission, darauf Propst. in Konińskawola unweit Puławy, dichtete in der Jugend Lustspiele, und nimmt einen der ersten Plätze unter den Dramatikern Polens ein; er verbindet mit der seltensten Kenntniss sowol der dramatischen Kunst als des menschlichen Herzens eine musterhaft reine Sprache; sein Vers ist künstlich gebaut, aber fliessend und voll harmonischen Wollauts; er schrieb auch einzelne vermischte Gedichte, als Oden, Satyren, Idyllen u. s. w.; Dziewczyna siedza, Fircyk w zalotach, Zabobonnik, Lustspiele, W. 781. 8., Sarmatyzm, Wesele Figara, v. Beaumarchais, W. 786. 8., Amfitryo, v. Moliere, W. 783. 8., Medea i Jazon, Melodram, W. 781. 8., Wielkie rzeczy, a. d. Franz.; ausserdem gab er heraus: Rozmowy Sokratesa, W. 775. 8., Dzieła St. Reala, W. 778. 5 Bde. 8. — *Jos. Kossakowski*, Bisch. v. Liefland und später von Wilna (gest. 1794), ist Vf. von drei anonym erschienenen Lustspielen: Warszawianin w domu, Panicz gospodarz, Madry polak, W. 786. 8., die sich durch treue Charakteristik der Sitten empfehlen; er übers. Romeo und Julie a. d. Ital., und schrieb zwei prosaische Erzählungen: Obywatel, u. Xiądz Pleban, W. 788. 8. — *Adalb. Bogusławski*, Director des Warschauer Nationaltheaters, hochverdient um die polnische Bühne, Dramaturgie, den Geschmack u. die Nationalsprache selbst; s. Dramen erschienen zuerst einzeln, dann gesammelt: Dziela dramatyczne W. B., W. 820—23. 15 Bde. 8. (der 1. B. enthält die Gesch. d. poln. Theaters). — *Ludw. Ad. Dmuszewski* reiht sich als Künstler und Dichter an den vorigen; s. dramatischen Erzeugnisse, meist Originale, sind ebenfalls zuerst einzeln, dann gesammelt erschienen: Dzieła dramatyczne L. A. D., W. 822—23. 10 Bde. 12. — *Alois Żółkowski*, der dritte gleichzeitige dramatische Künstler und Dichter Polens, verfasste mehrere Lustspiele und Opern voll heiterer Laune und gesunden Witzes. — *Franz Kowalski* übers. glücklich Moliere's Lustspiele in Versen: Doktor z musu, W. 821. 8., Malżeństwo przymuszone, W. 821. 8., Miłość Doktorem, W. 821. 8., Skąpiec, W. 822. 8., Wykwintne panienki, W. 822. 8., Mieszczanin szlachcic, W. 823. 8. — Graf *Stan. Kostka Potocki* (geb. 1759, gest. 1821), Senator-Wojewoda, Minister des Cultus und der Aufklärung, General-Commandant der Cadetten, Ritter mehrerer Orden, Mitgl. der Warsch. a. Krak. Ges. d. W., einer der verdientesten Männer um die wissenschaftliche Cultur Polens, der Fürst der polnischen Redner, an Geist, Gelehrsamkeit, Adel der Gesinnung, Geschmack und hinreissender Suada mit den grossen Mustern des Alterthums wetteifernd; seine Verdienste um die Begründung einer gesunden Kritik, die Läuterung des Geschmacks und die Beförderung des echt wissenschaftlichen Geistes in seinem Vaterlande sind gleich gross; alle seine Werke bleiben classische Muster für Polen: er übers. Winckelmanns Schriften über die Kunst und erweiterte sie mit eigenen Erläuterungen, W. 815. 4 Bde. 8. unbeendet; gab ein ausführliches Werk: O wymowie i stylu W. 815—16. 4 Bde. 8. heraus; s. Lobreden, Reden u. Abhandl. erschienen zuerst einzeln in den J. 1786—815, dann von ihm selbst gesammelt: Pochwały, mowy i rozprawy, W. 816. 2 Bde. 8., wozu noch Pochwała Tadeuza Czackiego, W. 817. 8., Pochwała Thadeusza Matuszewicza,

W. 820. 8. gehören; derselbe regte das von B. Prażmowski, Gr. Sierakowski und S. G. Linde unter Auctorität der Warschauer Regierungscommission für Cultur und Aufklärung herausg. Prachtwerk an: Monumenta regum Poloniae Cracoviensia W. 822. ff. 3 Hfte. poln. lat. u. franz. mit Kfrn. von den Künstlern Mich. Stachowicz, H. Dietrich u. Jak. v. Sokołowski. — *Ignaz* Graf *Potocki,* Marschall v. Littauen, ein Bruder des Vorigen (geb. 1750, gest. 1810), behauptet unter den ersten Rednern Polens einen Rang; seine Reden, meist ohne Vorbereitung gehalten, sind im attischen Styl, ohne rednerischen Schmuck, aber voll Würde und Kraft; er übers. Condillac's Logik für die Nationalschulen und Horazens Brief an die Pisonen, schrieb mit Hugo Kołłątay über den Ursprung u. Untergang der Constitution 1790, Lemb. (eig. Lpz.) 793. 2 Bde. 8., eine Kritik über Czacki's Werk vom littauischen Statute, eine Abh. üb. d. Einfluss d. Reformation auf den wiss. u. pol. Zustand Polens, e. andere üb. altpolnische Münzen, sammelte Beiträge zur Gesch. d. poln. Literatur u. s. w.: s. Reden erschienen mit jenen der übrigen Redner des constitutionellen Reichstags: Czartoryski, Sapieha, Wawrzecki, Mostowski, Matuszewicz, Zaleski, Linowski, Niemcewicz, Weysenhof, Kiciński, Sołtyk u. m. a. in dem: Zbiór mów w czasie seymu 1788—90., Wilna 12 Bde. 8. — *Hugo Kołłątay* Graf *Sztumberg* aus Littauen (geb. 1752, gest. 1812), Domherr der Cathedrale von Krakau, Unterkanzler, Rect. d. Kr. Univ., Ritter mehrerer Orden, ein Mann von hellen politischen Ansichten, geistvoller Redner, nicht minder gelehrter Prosaiker; schrieb mit J. Potocki die Gesch. d. Constit., Anonyma, Listy u. s. w., W. 788. 3 Bde. 8., Prawo polit. narodu polsk., W. 790. 8., Uwagi, W. 808. 8., Porządek fizyczno-moralny, W. 810. 8. u. a. m. — *Sebast. Lachowski,* Jesuit, des Kg. Stanislaus Augustus Hofprediger, ein zu seiner Zeit sehr geschätzter geistlicher Redner, hinterliess eine Sammlung von Predigten, die sich mehr durch religiösen Sinn und eine gewisse Redseligkeit, als Kraft oder Anmuth der Diction auszeichnen: Kazania, W. 770. 2 Bde. 8. — *Mich. Franz Karpowicz,* Bisch. v. Wigier, einer der besten Kanzelredner Polens, übertrifft den vorigen an Fülle der Gedanken und gerundeter Diction; Kazania i inne dzieła, W. 807. ff. 8 Bde. 8. — *Joh. Bapt. Albertrandy* aus Warschau (geb. 1731, geb. 1808), der grösste polnische Polyhistor, trat im 16 Jahr in den Jesuiterorden, ward Lehrer in Pułtusk, Płock, Nieswież und Wilna, darauf Lector des Kg. Stanisław August, begab sich, um Materialien für die vaterländische Geschichte zu sammeln, 1782 nach Italien, und excerpirte hier eigenhändig Hundert und zehn Bände in fol., ging in gleicher Absicht nach Schweden, und fügte zu den vorigen noch gegen neunzig andere Bände in fol. hinzu, wurde nach seiner Rückkunft Biblioth. des Königs, Bisch. v. Zenopolis und Ritter des h. Stanislausordens, zuletzt Präsident der Ges. d. Wiss.; s. Handschriften kamen aus der kgl. Bibliothek in die Czackische und aus dieser in die Czartoryskische nach Puławy; in Druck gab er heraus: Dzieie rzeczypospolitey Rzymskiey, W. 768. 2 Bde. 8., 2 A. 806. 2 Bde. 8., Dzieie król. pol., nach d. Franz-d. Schmidt, W. 763. 8., Zabytki starożytności rzymskich, W. 805 — 08. 3 Bde. 8., verschiedene prosaische und poetische Aufsätze im Moniteur u. den „Zabawy przyiemne", die nach Naruszewicz er redigirte. — *Sam. Gottl. Linde* aus Thorn (geb. 1771), Ober-Kirchen- und Schulrath, Präsident der Elementargesellschaft zu Warschau, Mitgl. mehr. gel. Ges. u. Akad., General-Director der öffentlichen Bibliothek, Rector des Warsch. Lyceums, Ritter d. h. Stanislaus-Ordens u. s. w., beschenkte die polnische Literatur mit einem in der Geschichte der Landessprache Epoche machenden, kritischen und vergleichenden, polnisch-slawischen Wörterbuche, W. 807—14. 6 Bde. 4., und fährt fort dieselbe durch gediegene Schriften historischen und philologischen Inhalts wahrhaft zu bereichern: O statucie Litewskim, W. 816. 4., Vinc. Kadłubek, teutsch. W. 822. 8., Rys historyczny literatury rossyyskiéy, a. d. Russ. v. Greč, W. 823. 2 Bde. 8. u. m. a. — *Ge. Sam. Bantkie* (geb. 1768), Prof. d. Bibliographie und Bibliothekar in Krakau, lieferte, ausser einer poln. Gramm., Bresl. 808. 816. 821. 824., 8., u. einem polnisch-teutschen Wörterbuch, Bresl. 806. 2 Bde. 8., mehrere interessante Werke historischen und philologischen Inhalts in poln., lat. und teutscher Sprache: Krótkie wyobrażenie dziejów król. polsk., Bresl. 810. 2 Bde. 8. N. A. 820. 2 Bde. 8., De incunab. Cracoviens., Kr. 812. 4., Geschichte der Krakauer Biblioth., poln., Kr. 822. 8. u. m. a. — *Greg. Piramowicz* aus Lemberg (geb. 1735, gest. 1801), Secretär bei der Erziehungscommission, zuletzt Propst von Kurow, ein Mann von liebenswürdiger Herzensgüte und ausgezeichneten Geistesgaben, Erzieher der Grafen Ign. und Stan. Potocki, gab 6 polnische Werke heraus: Wymowa i poezya, Kr. 792. 8., Powinności nauczyciela, W. 787. 8., Nauka obyczaiowa, W. 802. 8., Dykcyonarz starożytności, W. 779. 8., Mowy u. a. m. — *Philipp Nerius Golański*, Prof. in Wilna, ist Vf. von 9 poln. Schriften, darunter: O wymowie i poezyi, W. 788. 8. 3 A. Wilna 808. 8., Listy, memoryały i suppliki, Wilna 788. 8. 4 A. 804. 8., Zycia slawnych ludzi z Plutarcha, Wilna 800. 4 Bde. 8. u. m. a. — *Fel. Bentkowski*, zuerst Professor der Geschichte und Bibliothekar am Warschauer Lyceum, jetzt Prof. an der Universität, Mitgl. der Ges. d. Wiss., bereicherte die vaterländische Literatur mit dem schätzbaren bibliographischen Werk: Histor. literatury polskiéy, W. 814. 2 Bde. 8., Wiadomość o naydawnieyszych książkach drukowanych w P., W. 812. 8.; redigirte den Pamiętnik Warsz. u. s. w. — *Jos. Max.* Graf v. *Tęczyn Ossoliński*, Kommandeur des S. Stephansordens, kais. geh. Staatsrath, Präfect der kais. Hofbibl. in Wien u. s. w., ein hochherziger Patriot von vielseitiger, besonders historischer Gelehrsamkeit, bekannt durch seine reichhaltige, der Lemberger Hochschule legirte, polnische Bibliothek in Wien, übers.: O pocieszeniu Ks. III. a. d. Lat. v. Seneca, W. 782. 4., und gab biographisch-kritische Notizen über berühmte Polen und ihre Werke: Wiadomości historyczno-krityczne, Kr. 819. ff. 3 Bde. 8. heraus. — *Joach. Lelewel*, Prof. in Wilna, bearbeitete mit gründlicher Gelehrsamkeit u. gesunder Kritik das Feld der Geschichte: Rzut oka na dawność litewskich narodów, Wilna 808. 8., Historya geografii i odkryć, W. 814. 8., Opis Scytyi Herodota, Wiadomość o narodach aż do wieku X we wnętrzu Europy będących, Stosunki handlowe Fenycyan, potém Kartagów s Grekami, Badania storożytności we względzie geografii, Wilna 818. 8., Dzieie starożytne do drugiéy połowy XVI. w., Wilna 818. 8., Dzieie starożytne Indyi, W. 820. 8., Ostatnie lata panowania Zygmunta, W. 821. 8. u. s. w. — *Laur. Surowiecki*, Mitgl. d. Ges. d. Wiss., gew. Generalsecretär bei dem Oberschuldirectorium u. s. w., gab mehrere interessante Schriften politischen und historischen Inhalts heraus: O upadku przemysłu i miast w Polszcze, W. 810. 8., List przyiaciela, W. 806. 8., O rzekach i spławach X. Warsz. W. 811. 8., Uwagi względem poddanych, W. 807. 8., O początkach, zwyczaiach obyczaiach i religii dawnych Słowian, W. 823. u. s. w. — *Val. Skorochod Maiewski*, Regent des Nationalarchivs, Mitgl. d. Gesell. d. Freunde der Wiss., schrieb eine Abhandl. über die polnischen Archive, desgleichen ein interessantes Werk: O Sławianach i ich pobratymcach, W. 816. 8., übers. Codex handlowy a. d. Franz., W. 808. 811. 8. — *Kajetan Skrzetuski* aus der russischen Wojewodschaft, (geb. 1743, gest. 1806), zuerst Piarist, darauf Professor der Geschichte bei dem Cadettencorps in Warschau, zuletzt secularisirter Propst, gab mehrere gehaltreiche geschichtliche Werke heraus: Historya polityczna, W. 773—75. 2 Bde. 8., Hist. król. Franc., Hist. powszechna, W. 781. 8. u. m. a. — Graf *Eduard Raczyński* bereicherte die polnische Literatur mit dem Tagebuch seiner 1814 nach Constantinopel und der trojanischen Ebene unternommenen Reise, Breslau 821. fol. mit 82 an Ort und Stelle von Fuhrmann gezeichneten Kpfrn.; derselbe hat aus s. Familienarchive eine vollständige Sammlung der Briefe des Kg. Johann III. Sobieski herausgegeben. — *Thaddaeus* Graf *Czacki*, Starost von Nowogrod (gest. 1815), ein Mann von ausgebreiteter Gelehrsamkeit, dessen Hauptwerk: O Litewskich i polskich prawach, W. 800—01. 2 Bde. 4., eine wahre Encyklopädie historischer, in der poln. Landesgeschichte einschlagender Notizen ist. — *Ign. Benedict Rakowiecki*, Mitgl. der Ges. d. Wiss., gab die Prawda ruska mit einer historisch-kritischen Einleitung, ausführlichen Erläuterungen und einem Abriss der Geschichte der slawischen

Sprache, W. 820—22. 2 Bde. 4. heraus. — *Jos. Kalassanty Szaniawski*, Mitgl. d. Ges. d. Wiss., bemühte sich der kritischen Philosophie Kants Eingang in Polen zu verschaffen, und gab 1800 — 08 sechs philosophische Werke in polnischer Sprache heraus. — *Felix Jaroński* bereicherte die polnische Literatur mit mehreren geistreichen Schriften philosophischen Inhalts. — *Jos. Wybicki*, Senator-Wojewoda, ein eben so eifriger Patriot, als rüstiger Schriftsteller, gab zahlreiche Werke philosophischen, staatswissenschaftlichen und aesthetischen Inhalts heraus: Listy patryotyczne, W. 777—78. 2 Bde. 8., Uwagi nad żebrakami, Początki mitologii, Początki geografii polityczne, einige Dramen u. s. w.; s. Hauptwerk ist: Uwagi nad zasadami ekonomii polit. — *Chrph. Kluk* aus Ciechanowce in Podlachien (geb. 1739, gest. 1796), Propst von Ciechanowce, ein classischer Schriftsteller Polens im Fache der Naturgeschichte: Roślin kraiowych utrzymanie, W. 777—80. 3 Bde. 8., Botanika, W. 785. 8., Dykcyonarz roślinny, W. 788. 3 Bde. 8., Hist. natur. zwierząt, W. 779—80. 4 Bde. 8., O rzeczach kopalnych, W. 781. 2 Bde. 8. — *Bonif. Stan. Jundziłł*, Prof. der Botanik und Zoologie in Wilna, Mitgl. mehr. gel. Gesell., durch die Herausgabe mehrerer systematischen Werke um die Verbreitung nützlicher und gründlicher naturhistorischer Kenntnisse in Polen hochverdient; Opisanie roślin, Wilna 791. 8., Początki botaniki, W. 804. 2 Bde. 8. 2 A. Wilna 817. 8., Zoologia, Wilna 807. 3 Bde. 8. — *Stanisl. Staszyc*, Staatsr. und Mitgl. d. Commission des Cultus und der Aufklärung, Präsident der kgl. Gesell. d. Wiss. in Warschau, einer der hochherzigsten und aufgeklärtesten Patrioten, durch gehaltvolle Schriften über mehrere Zweige der vaterländischen Literatur rühmlichst verdient; die vorzüglichsten darunter sind: Uwagi nad życiem J. Zamoyskiego, W. 785. 8., Przestrogi dla Polski, 790. 2 Bde. 8., O statystyce Polski, W. 807. 8., Epoki natury, a. d. Franz. v. Buffon, W. 786. 2 A. Kr. 803. 8., O ziemiorodstwie gór dawney Sarmacyi a poźniey Polski, W. 805. 8.; er übers. Racine's didaktisches Gedicht: Religia, W. 779. 8., Florians Numa Pompilius, W. 788. 2

Bde. 12., Homers Ilias in Hexametern u. s. w. — *Jos. Hermann Osiński* aus Mazowien, Piarist (geb. 1738, gest. 1802), über 30 Jahre öff. Prof. der Naturlehre in W., verbreitete mündlich u. schriftlich gründliche physikalische Kenntnisse unter seinen Landsleuten; von s. 6 Werken aus diesem Fach nennen wir: Fizyka, W. 777. 8. N. A. W. 801. 8. — *Joh. Bystrzycki* aus Wołynien (geb. 1772), Prof. der Physik bei den Piaristen in Warschau, Mitgl. mehr. gel. Gesell., fügte der Naturlehre von Osiński noch einen zweiten Theil bei, W. 803. 8. 2 A. W. 806. 2 Bde. 8. 3 A. W. 810. 2 Bde. 8., übers. Fourcroy's Chemie, W. 808. 8. u. s. w. — *Ludw. Perszyna*, ein Misericordianer, gab 5 medicinische Werke heraus 789. ff. — *Leop. de Lafontaine* (gest. 1812), Kg. Stanisłaus Augustus Leibarzt, später Generalchirurg der Armee und Inspector der Lazarete des Grosshrz. Warschau, Ritter mehrerer Orden, redigirte eine polnische medicinische Zeitschrift: Dziennik zdrowia, W. 801—02. 12 Hfte., und gab mehrere Schriften über die Heilkunde heraus. — *H. Dziarkowski*, Ministerialrath, Decan der med. Facult., bereicherte mit mehreren gründlichen Werken das Gebiet der Arzneikunde: Fizyologia, W. 810. 8., Patologia i Semiotika, W. 811. 8. u. s. w. — *Alex*. Graf *Chodkiewics*, Obrist, Mitgl. mehr. gel. Gesell., gab ausser andern gehaltreichen Schriften mathematischen u. technologischen Inhalts, und ausser einigen Dramen, eine polnische Chemie in 8 Bden 816. ff. heraus; derselbe besorgte mit dem Abbé *Czarnecki* ein Prachtwerk, Bildnisse berühmter Polen mit kurzen Biographien 821. ff. fol. — *Andr. Sniadecki*, Prof. der Chemie u. Pharmacie in Wilna, russ. kais. Hofrath, Mitgl. mehr. gel. Gesellsch., macht in den physikalisch-chemischen Wissenschaften in Polen Epoche: Początki chemii, W. 800. 2 Bde. 8. 2 A. 807. 3 A. Wilna 816. 2 Bde. 8., Teorya iestestw organicznych, W. u. Wilna 804—11. 2 Bde. 8. teutsch v. Moritz Kgsb. 810 8. v. A. Neubig Nürnb. 821. 8., O rozpuszczeniu, Wilna 805. 8., Rozprawa o nowym metalu w platynie, Wilna 808. 8. u. m. a. — *Mart. Odlanicki Poczobut* (geb. 1728, gest. 1810), Prof. d. Math. u. Astron. in Wilna, Mitgl. mehrerer Akad. u.

gel. Gesell., der Gründer der Wilnaer Sternwarte, wegen seiner Verdienste um die Sternkunde im Auslande wie im Inlande gleich geschätzt, schrieb polnisch: Początki geometrii Wilna 772. 8., O dawności zodyaku egiptskiego, Wilna, 803. 4. — *Joh. Sniadecki*, Prof. d. Math. in Krakau, nach Broscius der verdienteste Wiederhersteller mathematischer Studien in Polen; in allen s. Schriften paart sich tiefe, gründliche Sachkenntniss mit Reinheit, Correctheit u. Wollaut der Sprache: Rachunku algiebraicznego teorya, Kr. 783. 2 Bde. 4., Geografia matem. i fiz., Wilna 809. 8., Rozprawa o Koperniku, Żywot Poczobuta, Hugona Kołłątaia, Zawadowskiego, kl. akad. Schriften u. s. w., zuerst einzeln, dann gesammelt: Pisma rozmaite J. Sn., Wilna 815. 2 Bde. 8. 2. A. 818. 3 Bde. 8. — *Sebast.* Graf *Sierakowski*, gew. Kronhüter, Rector der Krakauer Hochschule, Ritter mehrerer Orden, gab ein wichtiges Werk über die Baukunst heraus: Architektura, Kr. 812. 2 Bde. fol. mit Kupfern.

Noch haben sich in dieser letzten Periode um das Gebiet der lyrischen, didaktischen und historisch- epischen Dichtkunst verdient gemacht: *Adalb. Jakubowski*, Ritter und Brigadier, *Benedict Hulewicz*, *Mart. Fiałkowski*, gewesener Prof. in Krakau, *Joseph Kossakowski*, (verschieden vom Bisch. Jos. Kossakowski), *Marc. Matuszewicz*, Castellan von Breść, *Joh. Gorczyczewski* (gest. 1823), *Kaz. Brodziński*, Prof. Aesth. in Warschau, *Andr. Brodziński, Kantorbery Timowski, Mart. Molski*, Obrist, *Fabian Szukiewicz, T. H. Lityński. Mich. Wyszkowski, Wlad. Ostrowski, Joh. Nowicki, Clemens Nowicki, J. N. Zglinicki, Domin. Lisiecki, F. Frankowski, Ludw. Skomorowski, Clemens Małecki, Gorecki, Kiciński* u. a. m.; um das Drama: *Mich. Boncza Tomaszewski, Vinc. Ign. Marewicz, Jak. Adamcsewski, Adalb. Pękalski*, Notär beim W. Criminalgericht, *Ludw. Przesmycki, W. Miniewski, B. Kudlics, H. L. Zaleski, Franz Sales. Dmóchowski, Karl v. Kalinowka, Ign. Humnicki* u. m. a.; um das philologische und aesthetisch-kritische Fach: *Onuphrius Kopczyński* aus dem Gnesenschen (geb. 1735) Piarist, Mitgl. des Oberschulcoll., *C. C. Mrongowius*, Abbé in Warschau, *Ad. Woyde* genannt *Adamowicz, J. L. Cassius, Thom. Szumski, Stan. Kleczewski*, Reformat der russischen Provinz, *Mich. Dudziński*, Prof. d. Poetik in Minsk, *Thadd. Nowaczyński* (geb. 1717, gest. 1794), Piarist,. *Kaz. Wierbusz*, Prof. am Warsch. Lyceum, *G. Garszyński, Joh. Vinc. Bantkie, Aloys Osiński, Jos. Mroziński, Sebast. Żukowski*, Prof. der griech. Sprache in Wilna, *J. K. Stefaszus*, Prof. d. alten Literatur am W. Lyceum, *Kajetan Kamieński* (geb. 1758), Rector des Warsch. Piaristenconvicts, Mitgl. der Gesell. d. Wiss., *Karl Gottl. Woyde*, reform. Prediger, *Chrph. Wiesiołowski*, Mitgl. der Ges. d. Wiss., *Jos. Zieliński*, Prof. am W. Lyceum, *Pet. Siemiątkowski, Felix Chrzanowski* u. m. a.; um die Kanzelberedsamkeit: *Adam Prażmowski, Greg. Zacharyaszewicz, Vinc. Jakubowski*, u. m. a.; um die poln. Landes- und allg. Weltgeschichte sammt Hilfswissenschaften: *Theod. Waga*, Piarist, *Joh. Graf Potocki, Xav. Bohusz*, Prälat und Ritter, Mitgl. m. g. Gesell., *Fel. Łoyko*, kgl. Kammerherr, *Jos. Sołtykowicz*, Prof. in Krakau, *Kaz. Chromiński, Joh. Sowiński, Jos. Miklaszewski, Kajet. Kwiatowski, Vinc. Skrzetuski, Jos. Falenski, Franz Siarczyński, A. N. Jodłowski, Karl Wyrwicz*, Jesuit, später Abt (geb. 1716, gest. 1793), Fürst *Alexander Sapieha, Stan.* Graf *Borkowski, Zor. Dol. Chodakowski*, u. m. a.: um die Rechtsgelahrtheit: *Xav. Szaniawski, Alex. Kaulfuss, Ant. Łabęcki, Phil. Jasiński, Hier. Stroynowski, Fel. Słotwiński* u. m. a.; um die Philosophie: *Sam. Chrościskowski*, Piarist (geb. 1730, gest. 1799), *Ant. Popławski, J. E. Jankowski*, Prof. in Krakau, u. m. a.; um die Staatswissenschaften: *Dominik Krysiński*, Prof. in W., *Jos. Rembieliński, Ant. Glisscczyński, Mich. Choński, Fr. Hr. Skarbek* u. a. m.; um die Landwirthschaft und Technologie: *Ant. Trebicki, Adalb. Gutkowski, F. Bor. Piekarski, Ign. Miaczyński, J. W. Gross, A. Piątkowski, J. F. S. Lopaciński, Ph. Jak. Kobierzycki, Ant. Marcinowski, Karl Gloc, Alex.* Graf *Potocki* u. m. a.; um die Naturgeschichte: *Paul, Czempiński, Joh. Mieroszewski, Roman Symonowicz. Roch. Vinc. Karczewski, Paul Korwin Puławski, Alex. Kuszański* u. m. a.; um die Naturlehre: *Jos. Lisikiewicz*,

Joh. Szeyt. Andr. Trzciński, Jos. Krumłowski, W. Kłosowski, Wacław Graf *Sierakowski, Georg Greg. Kniaziewicz, Onuphr. Markiewicz* u. m. a.; um das Fach der Arzneikunde: *Andr. Krupiński T. T. Weychart, Franz Xaver Ryszkowski, Thomas Łopaciński, Thomas Chroma, Vincent. Woyniewicz, Jos. Celiński, Ign. Fiałkowski, Jak. Szymkiewicz* u. m. a.; um die reine und angewandte Mathematik sammt der bürgerlichen Baukunst: *Ignat. Zaborowski, Ant. Dąbrowski, Jos. Czech, Jos. Jakubowski, Jos. Łęski, Patric. Skaradkiewicz, Josaph. Węgleński, Aloys Czarnocki, Jos. Tułąwski, Andr. Ustrzycki,* der Priester *Gawroński, Thadd. Gierykowski, Karl Kąkowski, Sim. Bielski, Jos. Rogaliński, Pet. Switkowski, Franz Skomorowski, Peter Aigner* u. a. m.[6])

---

[6]) *Quellen.* Ein Verzeichniss der Schriftsteller über die polnische Literaturgeschichte bis 1814 findet man b. Bentkowski hist. lit. pol. I. Bd. S. 1 — 73. — *S. Starowolski* scriptor. polon. hecatontas, Frankf. 625. 4. Ven. 627. 4., *Eb.* de claris orator. Sarmatiae, Florenz 628 4. — *A. Węgierski* systema hist.-chron. eccles. slavonicar., Utrecht 652. 4. Amst. 679 4. — *St. Lubieniecki* hist. reform. polonic., (Freistadt) o. O. 685. 8. — *D. Braun* de scriptor. polonic. virtut. et vitiis, Köln (eig. Elbingen) 723. 4. 739. 4. — *G. Lengnich* poln. Biblioth., Danz. 718. 8. — *C. Niesiecki* korona polska, Lemb. 728 — 43. 4 Bde. fol. — *J. A. Załuski* biblioth. poet. polon. W. 752. 4. — *Eb.* Magna bibl. polon. universalis Ms. 10 Bde. fol. — *J. D. Janocki* kritische Briefe, Dresd. 745. 8., Literar. in Polonia instauratores, Danz. 744. 4., Literar. in Polonia propagatores, Danz. 746. 4., Nachrichten von raren poln. Büchern, Dresd. 747. 8. Polonia litterata, Bresl. 750 — 56. 8 Bde. 8., Specimen Catal. Codd. Ms. bibl. Zaluscianae, Dresd. 752. 2 Bde. 8, Poln. Büchersaal, Bresl. 756. 8., Excerptum Polon. literaturae, Bresl. 764 — 66. 4 Bde 8., Musar. Sarmatic. specimina, Bresl. 771. 8., Sarmat. literaturae fragmenta, Bresl. 773. 8., Janociana sive claror. Polon. auctorum memoriae miscellae, W. 776 — 79. 2 Bde. 8. 3r Bd. herausg. von *S. G. Linde* W. 819. 8. — *L. Micler de Kolof* Warsch. Bibl., W. 754. 8., Acta litteraria regni Polon., W. 756. 4. — *M. D. (Duclos)* essai sur. l'histoire litteraire de Pologne, Berl. 778. 8. — *Kausch's* Nachrichten üb. Polen, Grär 793. 2 Bde. 8. — *K. Chromiński* o literaturze polsk., im Wilnaer Jahrbuch 1806. — *F. Bentkowski* historya literatury polskiéy, W. 814. 2 Bde. 8. — *Stan.* Grf. *Potocki* pochwały, mowy i rozprawy, W. 816. 2 Bde. 8. der 2te Bd. enthält 9 Abhandl. über die poln. Literatur. — *J. M.* Grf. *Ossoliński* wiadomości historyczno-krytyczne do dzieiów literat. polsk., Kr. 819. ff. 3 Bde. 8. — *M. H. Juszyński* dykcyonarz poetów polskich, K. 820. 2 Bde. 8 g — *J. Sowiński* o uczonych Polkach, Krzemieniec 821. 8. — *G. Münnich* Gesch. d. poln. Liter. 823. 2 Bde. 8. — *T. Szumski* krótki rys hist. literat polsk. 824. 8. Ferner gehören hieher die Jahrbücher der kgl. Gesellschaft der Freunde der Wissensch. in Warschau, der Gesellsch. d. Wissensch. in Krakau (bis 817. 6 Bde.), literärische Journale und andere periodische Blätter: vgl. §. 7. N. III. S. 78. 79.

Vierter Abschnitt.

Geschichte der Sprache und Literatur der Sorben oder Wenden in den Lausitzen.

§. 55.

Historisch - ethnographische Vorbemerkungen.

Slawische Volksstämme, von den Teutschen insgemein Wenden genannt, erstreckten sich jemals im nördlichen und östlichen Teutschland von der Elbe längs der Ostsee bis zur Weichsel, und südwärts bis an Böhmen herunter. Die einzelnen wendischen Stämme hiessen: 1.) *Obotriten* in Meklenburg, einst ein mächtiges Volk unter eigenen Königen. Heinrich der Löwe, Hzg. von Sachsen, Nebenbuhler der hohenstaufischen Kaiser, rottete sie um die Mitte des XII. Jahrh. beinahe ganz aus. Hierzu gehören auch *Polaber, Wagrier, Linonen.* 2.) *Pommern* od. *Wilzen*, von der Oder bis an die Weichsel. Ihre Fürsten verbanden sich 1181 mit Teutschland, und starben erst 1637 aus. 3.) *Ukern* od. *Gränzwenden, Heveller* und *Rhetarier* in den fünf brandenburgischen Marken. Albrecht der Bär, Markgraf von Brandenburg, ein Zeitgenosse und Nachbar Heinrichs des Löwen bezwang und vertilgte sie gänzlich. 4.) *Sorben* zwischen der Saale und Elbe, und 5.) *Lusitzer* od. *Lausitzer,* in der Markgrafschaft Ober- und Niederlausitz. Die Sorben, oder richtiger Serben [1]), und die Lusitzer bildeten ehedem

---

[1]) Die Aehnlichkeit ihres Namens mit den illyrischen Serben ist wol nur zufällig, oder stammt aus den uralten Zeiten her, indem beide zu zwei ganz verschiedenen Hauptstämmen gehören. Auch war es ein ganz unhaltbarer Einfall Schöttgens, zu behaupten, dass die wendischen Serben aus Illyrien

einen zahlreichen, unabhängigen Volksstamm, und hatten die ganze Gegend zwischen Böhmen, der Saale, Elbe u. Oder inne. Ihre kümmerlichen Ueberreste, die Slawen in der Niederlausitz, nennen sich selbst noch heutzutage *Sserske*, jene in der Oberlausitz hingegen *Srbie*. Das alte Meissenland hiess ehedem bei den Böhmen auch *Srbsko*. Dasjenige Land, welches die wendischen Serben besetzten, ward vor ihnen von den Hermundurern, oder wie sie in der Folge hiessen, Thüringern bewohnt. Nach Zerstörung ihres Reichs von den Franken und Sachsen im J. 528 rückten die Serben hier ein, machten die vorgefundenen Teutschen zu Leibeigenen, und hatten bald nach ihrer Bekanntwerdung Feldherrn, Fürsten u. selbst Könige. Sie dehnten ihre Herrschaft über das ganze heutige Osterland, Meissen, die beiden Lausitzen, das Anhaltische, den Kurkreis und den südlichen Theil der brandenburgischen Marken aus. Die teutschen Schriftsteller nannten sie von jeher Wenden, entweder weil sie aus dem alten Wendenlande an der Ostsee u. Niederweichsel kamen, oder weil sie ihren wahren Namen nicht wussten. Nach ihrer Bezwingung und der Zertheilung ihres Landes in Marken im X. Jahrh. wurden sie häufig mit teutschen Colonisten untermischt, besonders in den waldigen und gebirgigen Gegenden, welche die Slawen, die lieber in der Ebene Ackerbau trieben, unangebaut gelassen hatten, daher man in dem Osterlande und Erzgebirge mehr Dörfer mit teutschen, als mit slawischen Namen antrifft. Die Städte wurden ohnehin mit lauter Teutschen besetzt. Dennoch erhielt sich ihre Sprache in den von ihnen bewohnten Gegenden noch geraume Zeit — in Leipzig hörte man im J. 1327 auf srbisch (syrbisch) zu sprechen — bis etwa in das XIV. Jahrh., da ihr Gebrauch vor Gericht verboten ward, worauf sie nach und nach völlig ausstarb, bis auf wenige Wörter, welche sich noch hin und wieder auf dem Lande

---

eingewandert seyen, obgleich Ritter und andere denselben nachschrieben. Ob sie, oder die illyrischen Serben diejenigen Serben sind, welche zu Ptolemäi Zeit noch an der Wolga, fünfzig Jahre darauf aber, zu Plinii Zeit, schon in der Krim sassen, wird sich jetzt wol nicht bestimmen lassen. *Adelung's* Mithridates II. 680. vgl. oben § 20. Anm. 1. S. 192.

erhalten haben²). Nur in den beiden Lausitzen haben sich wegen deren langer Verbindung mit Böhmen beträchtliche Ueberreste von ihnen erhalten. Auch in Meissen befinden sich an der Oberlausitzischen Gränze noch verschiedene mit Wenden besetzte Dörfer; allein diese haben ehedem insgesammt zur Oberlausitz gehört. — *Lužice* bedeutet im Slawischen ein niedriges und sumpfiges Land, welchen Namen die Niederlausitz, besonders in ihrem ehemaligen Zustande, mit Recht führen konnte. Auch hat sie ihn ehedem allein geführt, denn auf die höhere und gebirgige Oberlausitz ist er erst spät übergegangen. Die vormalige Markgrafschaft Lausitz, bestehend aus zwei verschiedenen Theilen, der Ober- und Niederlausitz, gehörte, als eine wendische Provinz, ursprünglich nicht zum teutschen Reiche. Im Mittelalter besassen die Markgrafen von Meissen bald die eine, bald die andere, bald beide, verloren sie aber wieder. K. Karl IV. verleibte 1355 die Oberlausitz, und 1370 die Niederlausitz dem Kgr. Böhmen ein, bei welchem sie bis zum Prager Frieden 1636 verblieben, worin sie dem sächsischen Hause, dem sie seit 1620 verpfändet waren, mit aller Hoheit erblich und eigenthümlich abgetreten wurden, jedoch als böhmische Lehne, die, wenn der Mannsstamm der Kurlinie und der (1672 ausgestorbenen) altenburger Linie erlöschen würde, vom Kge. von Böhmen gegen Erstattung der Hauptsumme wieder zurückgenommen werden könnten. Sachsen blieb seitdem in dem Besitze beider Lausitzen, wozu 1807 noch der Kottbuser Kreis geschlagen wurde, auch renuncirte in der Folge Böhmen auf die 1636 festgesetz-

---

²) Aus der Vermischung dieser Slawen mit Franken und Sachsen hat sich seit dem X. Jahrh. die obersächsische Mundart gebildet; der slawische Mund milderte die Rauheit germanischer Töne. *S. Kopitar's* Gramm. d. krain. Sprache Vorr. VI. — *Samuel Grosser*, Rector am Görlitzer Gymnasium, schreibt in seinen Lausitzer Merkwürdigkeiten folgendes: „Von den slawischen Nationen sind bis diese Stunde uralte adelige Geschlechter in Teutschland vorhanden; alle können leicht aus der Endung *itz, ik, nik, ow* u. s. w., und der Bedeutung ihrer Geschlechtsnamen erkannt werden, z. B. *Lottitze* (von Lutitiis), *Stutterheime* (von Stoderaniis), *Dalwitse* (v. Daleminciis), die *Milken* (v. Milcieniis). So auch *Nostitz, Maltitz, Gablens, Tersky*. Ja selbst *Leibnitz, Lessing* (eigentlich Lesnjk, ein Lausitzer von Kamenez), *Kretschmar, Tscherning* und viele andere sind ursprüngliche, aber germanisirte Slawen."

ten Rückfallsbedingungen; aber bei der Theilung von 1815 musste die ganze Niederlausitz und die Hälfte der Oberlausitz nach einer bestimmten Demarcationslinie an Preussen abgetreten werden. [3])

Etwa zweimalhunderttausend noch bis auf den heutigen Tag slawisch redende Nachkömmlinge jener dereinst so mächtigen Sorben und Lusitzer, in den sächsischen und preussischen Antheilen der beiden Lausitzen, bieten dem slawischen Ethnographen, Historiker und Philologen eine nothdürftige Nachlese aus der Vergangenheit und Gegenwart dar. Die Oberlausitzer Wenden bewohnen denjenigen Theil der Provinz Lausitz, der Sachsen geblieben ist, und machen hier ungefehr ein Fünftel der Bevölkerung aus, ferner einige auf dem rechten Elbufer belegene Aemter des sächsischen Kreises Meissen (Stolpen u. s. w.; in Remissau und andern Strichen auf dem linken Ufer der Elbe hat sich die wendische Sprache ganz verloren), zuletzt die der preussischen Provinz Schlesien, Regirungsbezirk Liegnitz, einverleibten Kreise der ehemaligen Oberlausitz: Lauban, Görlitz, Rothenburg, insgesammt gegen 100,000 Menschen. Die Niederlausitzer Wenden hingegen wohnen in der heutigen Preussischen Provinz Brandenburg, Regirungsbezirk Frankfurt, besonders in den Kreisen: Guben, Sorau, Lübben, Luckau, Spremberg, Hoyerswerda und Kottbus, ferner in der ebenfalls preussischen Provinz Sachsen, im östlichen Theile des Regirungsbezirks Merseburg, doch nur in einzelnen Dörfern; ihre Zahl mag ebenfalls nicht 100,000 übersteigen. Von der Gesammtzahl der Sorbenwenden, von denen etwa der vierte Theil katho-

---

[3]) Die Hauptquelle ist *Helmold* bis 1170, und sein Fortsetzer *Arnold* bis 1209, herausg. v. *H. Bangert*, Lübben 659. 4. — *F. A. Rudloff* Handb. d. Meklenb. Gesch., Schwerin 780—94. 8. — *Th. Kanzowen* Pomerania, herausg. *H. G. L. Kosegarten*, Greifswald 816. 8. — *J. Micrälius* altes und neues Pommern, Stettin 639. 4. 723. 4. — *Th. H. Gadebusch* Grundriss d. pommern. Gesch., Strals. 778. — *A. G. Schwarzii* hist. finium principatus Rugiae, Greifswald 734. 4. — *M. v. Normann* wendisch-rüg. Landgebrauch, Stralsund 777. 4. — *C. G. Hofmanni* scriptores rer. Lusat., Lpz. 719. 4 Hfte. fol. — (*Zobel*) Verzeichn. Oberlaus. Urkunden. Görlitz 799. 4 Hfte 4. — *Ch. Gl. Käuffer* Abr. der Oberlaus. Gesch., Görlitz 803. 3 Bde. 8. — *F. G. Richter* Gesch. und Topogr. der Stadt u. Herrschaft Pulsnitz in der Oberlaus., Dresd. 804. 8. — *J. F. Beuch* Gesch. u. Beschreib. der Stadt Kottbus, herausg. v. Bernoulli, Berl. 785. 8. — *P. F. Kanngiesser's* Bekehrungsgeschichte der Pommern zum Christenthume Greifsw. 824. 8.

lisch, die übrigen aber evangelisch sind, stehen ungefehr 150,000 unter preussischer, und 50,000 unter sächsischer Botmässigkeit.[1]

§. 56.

Sprache und Literatur der Sorbenwenden in der Oberlausitz.

Die Sprache der Sorben in der Oberlausitz unterscheidet sich beträchtlich von jener der Sorben in der Niederlausitz; letztere nähert sich nämlich mehr dem Polnischen, erstere dem Böhmischen, so dass man sie füglich als zwei besondere Mundarten betrachten kann. Der Oberlausitzer Wende spricht mit dem Böhmen und Slowaken h, während der Niederlausitzer Wende die Aussprache g statt h mit dem Polen gemein hat. Das zischende böhmisch-polnische $ř$ (rz) hingegen ist den Sorbenwenden in den beiden Lausitzen, eben so wie dem Slowaken, ganz fremd. Dass übrigens unter den obwaltenden Umständen die Sprache eines so kleinen, dürren Volkszweiges, als der Sorbenwendische gegenwärtig ist, stark germanisirt seyn müsse, leuchtet von selbst ein. Sie hat z. B., gleich der teutschen, einen Artikel u. s. w.[1]

Ueber die Cultur der Sorbenwenden wissen wir vor der Verbreitung des Christenthums unter denselben so gut als gar nichts. Kein aufgezeichneter Volksgesang der Slawen an der Elbe aus den Zeiten des Heidenthums

---

[1] *K. G. Anton's* u. a. Provincialblätter, Dessau u. Görlitz 781—83. 6 St. 8. — *Eb.* Lausitz. Monatsschrift, Görlitz 793—804. 8. Neue Laus. Monatsschrift, eb. 805—08. 8. — *J. G. Naumann's* neues Laus. Magazin, Görl. 821. ff. 8. *N. G. Leske* Reise durch Sachsen, Lpz. 785. 2 Hfte 4. Im Auszuge u. d. Titel: Oberlaus. Merkwürdigkeiten, eb. 794. 4. — Reise durch Kursachsen in die Oberlausitz, Lpz. 805 8. — (*Ch. G. Schmidt's*) Briefe über die Niederlausitz, Wittenb. 789. 8. — *Engelhardt* Erdbeschr. d. Markgr. Ober- u. Niederlausitz, Dresd. u. Lpz. 800. 2 Bde. 8.

[1] *Sprachbücher. Grammatiken*: *J. Ticini* principia linguae Vendicae, Prag 679. 782. 12. — *Z. J. Bierling* orthographia vandalica, Bautzen 689. 8. — *G. Matthäi* wendische (oberlausitzische) Gramm., Bautzen 721. 8. — *Bierling* didascalia, (d. i. wendische Schreib- u. Leselehre nach d. Budissinischen Dialekt), Bautz. 689. 8. — Charakter der oberl. Sprache in d. Laus. Monatsschr. 797. 8. 212 ff. v. *K. G. Anton. Wörterbücher*: *A. Frenzels* oberlaus. Wörterb. Ms. — *G. Augustin Swotlik* vocabularium latino-serbicum, Bautzen 721. 8.

erreichte unsere Ohren. Aber selbst nach ihrer Bekehrung zum Christenthume liess man sie Jahrhunderte lang unter dem härtesten Druck und in der tiefsten Verachtung schmachten; kein Lichtstrahl der Aufklärung drang durch die düstern Wolken der Finsterniss zu ihnen herab. Erst mit der Verbreitung eines mildern humanen Geistes in Europa wurde ihr Schicksal erträglicher; und erst seit der Reformation fingen sie an, ihren Dialekt zu schreiben. Zwar wollte man noch im XVII. Jahrh., besonders nach dem 30jährigen Kriege, ihre Sprache völlig ausrotten, und setzte daher überall teutsche Prediger ein, wodurch denn auch wirklich in kurzer Zeit sechzehn Pfarren teutsch geworden sind; allein mit dem Anfange des XVIII. Jahrh. ward man endlich doch vernünftiger und duldsamer, und liess ihnen ihr natürliches Recht der angestammten Sprache. Lange Zeit war die lausitzische Orthographie und Grammatik schwankend, und blieb es zum Theil bis heute noch. Der Jesuit *Jakob Ticinus* von Witgenau aus der Lausitz, rieth in einem Büchlein 1679 an, die böhmische Orthographie auf die wendische Sprache anzuwenden; aber die Wenden befolgten nicht seinen Rath [2]. *Zach. Joh. Bierling,* Pastor zu Purschwitz, führte endlich die bis dahin sehr schwankende Rechtschreibung 1689 auf bestimmte Regeln zurück, die noch heutzutage befolgt werden. Seine Schreibmethode ist ein Gemisch aus der teutschen und böhmischen. Im J. 1716 waren die Wenden so glücklich, eine eigene Anstalt zu Leipzig, und im J. 1749 eine zu Wittenberg, zur Bildung wendischer Prediger, zu erhalten. Nun bemüheten sie sich, ihre Sprache emporzuheben. Durch die vielen Religionsschriften, welche von allen Seiten erschienen, ward sie auch nach und nach so ausgebidet, dass der ehemalige Prediger zu Neschwitz, *Georg Möhn,* es wagen konnte, einige Gesänge aus Klopstock's Messias in selbige metrisch zu übersetzen. Jetzt ist in dieser Mundart, die in verschiedenen Ge-

---

[2] In der Dedication an den damaligen Administrator des Meissner Bisthums Mart. Ferd. Brückner von Brückenstein sagt der Vf.: Quod nullus, quantum mihi perspectum est, venedici idiomatis liber hactenus ab ullo Catholicorum prodierit, unicum fuisse puto impedimentum, orthographiae certae ac universalis defectum.

genden (z. B. um Löbau, Kamenz, Muskau) verschieden, um Bautzen (Budissin), wie man glaubt, am reinsten gesprochen wird, nicht nur eine vollständige Bibelübersetzung [3]), sondern auch eine Grammatik nebst andern brauchbaren Büchern vorhanden. Eifrige Seelsorger fahren noch immer fort, ob sie gleich den frühern oder spätern Untergang ihrer Landessprache befürchten zu müssen glauben, das Volk von Zeit zu Zeit wenigstens mit Erbauungsschriften zu versehen. [4])

§. 57.

Sprache und Literatur der Sorbenwenden in der Niederlausitz.

Die Niederlausitzer Wenden kannten eben so, wie ihre Nachbarn und Brüder, die Serben in der Oberlausitz, obschon am Ausgange des XI. Jahrh. das Christenthum bei ihnen herrschend war (die völlige Einführung des Christenthums unter diesen Slawen geschah theils mit Gewalt durch Boleslaus, theils durch Ueberredung und Belehrung, vorzüglich durch den frommen Bischof Benno von Meissen, geb. 1010, gest. 1106, dem sein heiliger Eifer für das Werk der Bekehrung der Slawen den Namen eines Apostels derselben erwarb), bis zur Zeit der Reformation die Wolthat der Buchstaben und der Schrift in ihrer eigenen Landessprache nicht. Erst um diese Zeit richteten sie die teutschen schwabacher Buchstaben nach eigener Combination für ihre Mundart ein, und seit 1574,

---

[3]) *Bibeln* in der oberlaus. Mundart: Matthaeus und Markus Bautzen 760. 4. v. Mich. Frenzel Past. in Postwitz. — Der Br. an d. Römer u. Galater eb. 693. 8. v. eb. — Epistolae et evangelia, iussu speciali statuum Super. Lusatiae, interprr. P. Praetorio, Tob. Zschuderly, Jo. Christph. Krügero, Ge. Matthaei et Mich. Raezio, Bautz. 695. 8. — Das ganze N. Test. Zittau 706. 8. v. Mich. Frenzel. — *A. Testament*, Psalter Bautz. 703. 8. v. G. Matthaei. Jesus Sirach eb. 710. 8. von eb. Jesus Sirach Löbau 719. v. G. Dumischen. Die Sprüche, der Prediger, das hohe Lied. u. Jesus Sirach eb. 719. 8. v. Chr. Leonhard. — *Ganse Bibeln*. Bautzen 729. 4. für die evangelisch luther. Gemeinen durch Joh. Lange, Pf. zu Milkel, Matth. Jokisch, Pf. in Gebeltzig, Joh. Böhmer, Pf. in Postwitz, u. Joh. Wauer, Pf. zu Hochkirch. — Bautzen 742. 8. Dieselbe. — Bautzen 797. 4. Dieselbe. *Aug. Swotliks* kathol. Bibelübers. ist zu Bautzen in Ms. vorhanden.

[4]) *Quellen*. *Abr. Frenzel* (Pf. in Schönau) de origine linguae Sorabicae L. II., Bautzen 699. 4. — *M. G. Körner* (Pf. zu Bockau) philologisch-kritische Abhandlung von der wendischen Sprache und ihrem Nutzen in den Wissenschaften, Lpz. 766. 8. — *Chr. Knauth* Kirchengeschichte der

als wo das erste bekannte Buch in dieser Mundart, *Albini Molleri* Gesangbüchlein, Katechismus und Kirchenagende Budiss. 1574. 8., gedruckt wurde (Dobrowský Slowanka I. 181.), erschienen nicht nur einige Sprachbücher[1]), zahlreiche Erbauungsschriften, sondern auch eine vollständige Bibelübersetzung in ihrer Landessprache[2]). Bei alle dem ist die Abnahme der slawischen Sprache in der Niederlausitz, wo sie zugleich am meisten mit teutschen Wörtern und Formen vermischt ist, immer sichtbarer. Ehedem gehörten zur Niederlausitz auch die Herrschaften Beeskow und Storkow in der Kurmark, deren jene jetzt dem Regirungsbezirk Frankfurt, Kreis Lübben, diese dem Regirungsbezirk Potsdam, Kreis Teltow-Storkow einverleibt ist. Mr. Christoph. Treuer, welcher um 1610 Inspector zu Beeskow und Storkow war, hatte noch 40 wendische Kirchen in seiner Inspection, aber schon in der ersten Hälfte des XVIII. Jahrh. gab es keine einzige mehr, und das Wendische ist jetzt daselbst völlig unbekannt. In den übrigen Theilen des Regirungsbezirks Potsdam hat sich die sorbische Mundart noch früher ganz verloren; um Kottbus hingegen, in den aus der ehemaligen Niederlausitz gebildeten Kreisen des Regirungsbezirks Frankfurt, ist sie, nicht nur auf dem Lande, sondern auch in den Städten, noch bis auf den heu-

---

Sorbenwenden, Görlitz 767. 8. (Enthält S. 386 — 426 ein Verzeichniss der Oberlausitzischen Schriftsteller). — *Chrph. Faber* acta historico-ecclesiastica Th. 10. S. 519. — *K. G. L. Dietmann* die gesammte der A. C. zugethane Priesterschaft in d. Markgrafth. Oberlausitz, Lauban. 778. 8. — *J. G. Müller* Versuch einer oberlaus. Reformationsgesch., Görlitz 800. 8. — Kurzer Entwurf einer Oberlausitz-Wendischen Kirchenhistorie S. 217 ff. enthält ein Verzeichniss der Schriften in dem Oberlaus. Dialekt. — *G. F. Otto* Lexicon der seit dem XV. Jahrh. verstorbenen und jetzt lebenden Oberlaus. Schriftsteller und Künstler, Görl. u. Lpz. 800 - 03. 2 Bde. 8.

[1]) *Sprachbücher*. *Joh. Choinani* kurze wendische (niederlausitzische) Grammatik Msc. — Mr. *J. G. Hauptmann* wendische (niederlausitzische) Sprachlehre, Lübben 761. 8. — Kurze Anleitung zur wendischen Sprache, nebst einem kleinen Wörterbuche, vom J. 1746. (Besass Dr. Anton in Görlitz.) — *J. F. Fritze* wendische (niederlausitzische) Sprachlehre, Msc. (Besitzet Hr. Abbé Dobrowský). *Wörterbücher*: *H. Megiseri* thesaurus polyglottus, Frankf. a. M. 608. 8. (enthält niederlaus. Wörter.) — *G. Körner* wendisches (niederlausitzisches) Wörterb. Msc. (Besass Dr. Anton in Görlitz.) — *G. Fabricius* niederlausitzisch-wendisches Wörterb. Msc. (Adelung Mithridates II. 685.)

[2]) *Bibeln* in der niederl. Mundart. *N. Testament*: (Kottbus) 709. 8. teutsch u. wendisch v. G. Fabricius, Pred. zu Kahren. (Kottbus) 728. 8. Dasselbe. Kottbus 788. 8. Dasselbe. — *A. Testament* Kottbus 796. 4. (v. J. F. Fritze, Pred. zu Kolkwitz).

tigen Tag gangbar. Zugleich ist der Kottbusische Dialekt unter den niederlausitzischen Varietäten der reinste und beste; daher auch die Religionsschriften darin ausgefertigt werden.[3])

§. 58.

Sprachüberreste des Polabischen oder Linonisch-Wendischen.

Unter den Slawen, welche ehedem das ganze nördliche Teutschland von Holstein an bis nach Kašubien bewohnten, waren die zwei Stämme, der Obotriten im Westen, und der Wilzen od. Pommern im Osten, die grössten und mächtigsten. Allein beide sind den Sitten und der Sprache nach längst ausgestorben. Das Vater unser, welches Wolfg. Lasius de migrat. gent. B. 12. S. 787. für Meklenburgisch-Wendisch ausgibt, welches zu seiner Zeit ohnehin längst ausgestorben war, ist rein lettisch. In Pommern starb der letzte, der noch wendisch reden konnte, bereits 1404 [1]). Nur in dem östlichen Winkel des, dem jetzigen Königreiche Hanover einverleibten, Fürstenthums Lüneburg, in den Aemtern Danneberg, Lüchow und Wustrow, zwischen der Elbe und Jeetze, hatte sich bis auf die neuern Zeiten ein Haufen von dem obotritischen Hauptstamme erhalten, welcher noch wendisch redete und dachte, obgleich sehr mit dem Teutschen vermischt; wie es aus den wenigen Sprachüberresten, die man verzeichnet hat, erhellet. Man nannte sie gemeiniglich *Polaben* (von *Labe*, Elbe), und ihre Mundart, die Polabische, allein, nach Adelung, mit Unrecht. Nach ihm [2]) sollten diese Wenden nicht Polaben, denn diese wohnten im Lauenburgischen und Ratzeburgischen, sondern lieber *Linonen*, Leiner-Wen-

---

[3]) *Quellen. Ch. Knauth* Kirchengesch. d. Sorbenwenden, Görlitz 767. 8. (enthält ein vollständiges Verzeichniss aller bis dahin in niederlaus. Mundart gedruckten Bücher S. 386—426). — D. *Ch. K. Gulde* verzeichnete die in der niederlausitzischen Sprache zum Druck beförderten geistlichen Schriften im Lausitz. Magazin 1785. S. 211—230.
[1]) *Adelungs* Mithridates II. 688. — Ueber die obotritischen, in Meklenburg entdeckten Denkmäler, vgl. oben §. 2. Anm. 2. S. 13.
[2]) Mithridates II. S. 689.

den, von der Leine, slawisch *Linac,* heissen. Ueber den frühern Zustand der Polabischen oder Linonischen Mundart wissen wir nichts; der erste, der über dieselbe einiges zu Papier gebracht, und der Nachwelt überliefert hat, ist Christian Henning Pastor zu Wustrow, um 1690. Was derselbe über die lüneburgischen Wenden und ihre Sprache vor und zu seiner Zeit berichtet, ist kurz folgendes: „Sobald ich zum Prediger dieses Orts befördert worden, habe ich mich nach einigen Urkunden in dieser (wendischen) Sprache bemühet, aber vergebens; nachdem in dieser Art, meines Wissens, niemals was geschrieben worden, auch nicht können geschrieben werden, weil Niemand von dieser Nation in den vorigen Zeiten lesen oder schreiben können. Die nachher den Studien sich gewidmet, und entweder von väterlicher oder mütterlicher Seiten, oder auch von beiden wendischen Herkommens waren, haben sich dessen mit Fleiss enthalten, um sich nicht zu verrathen, dass sie wendischen Gebluts sind, welches sie ihnen schimpflich haltend bei Fremden möglichstermassen verhehlet haben. Andere, die nicht ihrer Nation waren, haben noch weniger darauf gedacht, ohne Zweifel, weil sie es für ein Werk angesehen, dabei weder Nutzen noch Ehre zu erjagen. Die Predigten, welche der berühmte Lehrer Bruno, der mit allem Recht der Meklenburger Wenden Apostel kann genannt werden, in dieser Sprache gehalten und beschrieben, sind nicht mehr vorhanden, sie wären sonst eine unschätzbare Antiquität. Als denn nun nichts auszuforschen gewesen, habe ich einige Curiositäten von den noch häufig in Schwange gehenden Gebräuchen und Aberglauben der hiesigen Wenden gesammelt, um selbige gegen die Gebräuche und Cerimonien anderer heidnischen Völker zu halten, und mit einigen Anmerkungen an das Licht zu stellen Allein der grausame Brand, darin 1691 alle meine Habseligkeiten in Rauch aufgegangen, hat diesen meinen Vorsatz unterbrochen. Nach der Zeit habe ich die Ehre gehabt, mit unterschiedlichen vornehmen Leuten bekannt zu werden, welche ein sonderliches Verlangen bezeuget, was von dieser Sprache zu sehen. Etliche liessen gar einige

Personen vor sich kommen, und befragten sie drum, schrieben auch einige Wörter aus deren Munde auf. Hierdurch wachte die bereits verstorbene Begierde nach dieser Sprache wieder bei mir auf, und ich trachtete dahin, sowol meine, als anderer Curiosität zu vergnügen. Es liess sich zwar sehr schwer an, und schien, als ob ich eine ganz vergebliche Arbeit vorgenommen hätte. Denn erstlich wollte mir keiner von den Wenden gestehen, dass er noch was davon wüsste, aus Sorge, meine Nachfrage würde auf einen Spott und ihre Verhöhnung hinauslaufen; nächst dem war es lauter einfältiges Bauernvolk, welches insgemein eben so wenig Ursache von diesem und jenem Worte zu geben weiss, als andere gemeine Leute in andern Sprachen. — Jetziger Zeit reden hier herum nur noch einige von den Alten wendisch, und dürfen es kaum vor ihren Kindern und andern jungen Leuten, weil sie damit ausgelacht werden. Denn diese, die Jungen, haben einen solchen Ekel vor ihrer Muttersprache, dass sie sie nicht einmal mehr hören, geschweige denn lernen mögen. Daher unfehlbar zu vermuthen, dass innerhalb 20, zum höchsten 30 Jahren, wenn die Alten vorbei, die Sprache auch wird vergangen seyn, und man sodann keinen Wenden mehr mit seiner Sprache allhier wird zu hören kriegen, wenn man gleich viel Geld drum geben wollte." Henning sprach im prophetischen Geiste — und — bis auf das viele Geld — wahr. Im J. 1751 wurde in Wustrow zuletzt Gottesdienst in wendischer Sprache gehalten [3]). Die Wenden zwar waren noch in der letzten Hälfte des XVIII. Jahrh. in ihrem Wesen vorhanden; allein da die Beamten unaufhörlich an dem Untergange ihrer Sprache arbeiteten, so ist sie nunmehr, nach der Versicherung neuerer Reisenden, völlig ausgestorben, und die Einwohner reden jetzt ein eben so verderbtes Teutsch, als ehedem verderbtes Wendisch. Eine Sprachlehre dieser Mundart trat nie ans Licht, und das Wörterbuch, welches der erwähnte Pastor Henning mit grosser Mühe, aber auch mit einer äusserst ungelenken Orthographie und Entstellung der

---

[3]) *Hassel* Handb. d. Erdbesch. 1 Abth. 4 Bd. S. 507.

slawischen Laute, aus dem Munde eines Klenower Bauern, *Johann Janieschge*, seines Zuhörers, niedergeschrieben hat, und welches sich später in dem Besitze des Dr. Anton in Görlitz befand, blieb, einige in der Slowanka I. 1—11. mitgetheilte Wörter ausgenommen, bis heute ungedruckt. Ausser ihm haben Pfeffinger, Inspector in Lüneburg 1698, Domeier u. a., Lüneburgisch-Wendische Wörter gesammelt. Nach diesen Wörtersammlungen näherte sich die Sprache, so wie die Niederlausitzisch-Wendische, dem Polnischen, hatte aber doch ihre Eigenheiten. Der polnische Rhinesmus herrschte nach tiefen Vocalen durchgängig, z. B. *runka* für *ruka*, *prunt* für *prut*; die Veränderung der Vocale fand häufig statt, besonders des *o* in *i*, z. B. *snip* für *snop*, *srebri* für *srebro*; den Vorschlag *w* vor einem *o*, z. B. *wosa* für *osa*, *watgi* für *oko* hatte sie mit der böhmischen und sorbenwendischen Mundart gemein.[1]

---

[1] Eine Grammatik des Lüneburgisch-Wendischen soll *Schmersahl* in Zelle handschriftlich besessen haben, sie ging aber in einer Feuersbrunst zu Grunde. — *Ch. Henning's* vocabularium venedicum, teutsch-wendisch. Msc. besass Dr. Anton in Görlitz. — *J. F. Pfeffinger's* vocabul. vened., steht in *Eccardi* hist. studii etymol. linguae german., Han. 711. 8. S. 169 ff. S. 268 — 305. — *Frisch* hist. lingu. Slavonicae Cont. III. 790. S. 11. — *M. Richey* Hamburgisches Idiotikon, Hamb. 755. 8. Vorr S. 25. — *J. G. Domeier's* Samml. Lüneburgisch-wendischer Wörter (aus den Papieren eines wend. Predigers) in der Hamburg. verm. Biblioth. Th. II. S. 791—801. — *J. Potocki* voyage dans quelques parties de la Basse-Saxe, Hamb. 795 4. enthält S. 45 — 63. ein Vocabulaire slave, von einem Edelmanne, v Plato, bei Lüchow. — *J. Dobrowsky* Slowanka Bd. 1. S. 1—26. II. 220—28

Zusätze und Berichtigungen.

S. 4 Z. 9 ff. und S. 480 Z. 17 ff. Rücksichtlich des Namens Winden, Wenden, trete ich der Meinung derjenigen bei, die es für identisch mit Hindu, Indier, halten. Vgl. *J. Jungmann's* hist. lit. české (825) S. 2.

*S. 11 Anm. *Stanisl. Sestrencewič Boguš* Recherches historiques sur l'origine des Sarmates, des Esclavons et des Slaves, S. Petersb. 1812. 4 Bde. 8; Précis de recherches histor. sur l'origine des Slaves ou Esclavons et des Sarmates, et sur les époques de la conversion de ces peuples au Christianisme, 2 éd. revue, S. Petersb. 1824. 4.

S. 11 Z. 35 *J. M. Král* Sláwowé, praotcowé Čechů a bytedlná sjdla gegich, w Král. Hr. 825. 8. (Ist nur eine durch unzählige Fehler verunstaltete Uebersetzung des schon angeführten Aufsatzes von Schwabenau. *Dobr.*) — *Gr. Dankowský* Fragmente zur Gesch. der Völker ung. u. slaw. Zunge nach den griech. Quellen bearb. 1 Heft. Pressb. 825. 8.

*S. 13 — 5 Krodo ist der sloven. *Krt*, Saturnus. Vergeblich leugnet *Delius* in e. Schrift 1826 die Existenz des Crodo.

S. 13 — 31 *M. Popow* opisanije drewnjago slawjanskago basnoslowija. S. P. 768. 12. — *A. Kajsarow* slaw. i ross. mythologia M. 810. 12. — *P. Strojew* kratkoje obozrenije myth. Slawjan ross. M. 815. 8. — *P. J. Ljwow* kartina slaw. drewnosti S. P. 4. — *G. S. Bantkie* dzieie król. polsk. (820) Bd. I. S. 121 — 147. — *F. J. Mone* die Religionen der finn. slaw. u. skandin. Völker (d. 5. Band v. *Creuzer's* Symbolik u. Mythologie) Darmstadt 823. 8.

*ebd.   *F. v. Hagenow* Beschreibung d. Runensteine zu Neu-Strelitz u. Erklärung der Inschriften etc. Loitz u. Greifsw. 1826. 25 S. 4. m. 14 Holzschn. (Bei dieser Gelegenheit erklärt H. die Masch'schen Idole — verschieden von diesen Runen — für *echt*, wie auch Lewezow dafür hält.) — *A. Tkány*, Prof. in Znaim, Mythologie d. alten Teutschen u. Slawen, Znaim 1827. 8. 2 Bde., alphabetisch, Compilation.

*S. 24.   Nach schriftlicher Angabe des kathol. Bischofes von Bosnien beim k. k. Hofe (ungefähr im J. 1826) enthielt Bosnien 1,000.000 Einw., darunter 500.000 Mohamedaner, 500.000 Christen, worunter wieder 320,000 griechischgläubige und 180,000 katholische.

*— 25 Z. 1   Im J. 1818 nach *H...g* Reise durch Dalmat. (I. 118) in den Kreisen Zara, Spalato, Makarska, Ragusa, Cataro 224,077 Kath. 61,164 Griech. 401 Juden, zusammen 305,642.

*— 35 — 40   (*Gelenius*) 557 l. 537. — *F. Graef* Commentat., qua lingua graeca et latina cum slavicis dialectis in re grammatica comparantur, Specimen I. S. P. 1827. 8.

*— 49 — 9   „Slowáci, Slowáci! Wšeci ste gednaci, Akoby wás mala jedna sladká mati!" — Slowak. Volkslied.

— 69 — 25   *Joh. Herkel* Elementa grammaticae ling. slav. univers. ex dialectis vivis

		eruta et ad principia logicae exacta. Ms. (1826 u. d. Presse).
S. 74	Z. 18	u. S. 129 Z. 28, S. 210 Z. 1 ff. Hr. *Wuk Stephanowič Karadžič* hat in s. Danica, e. Almanach auf d. J. 1826 Wien 12., S. 1—40, die Denkwürdigkeiten von zehn serbischen Klöstern in der West-Morawa-Gegend des Belgrader Paschaliks beschrieben.
*S. 93	Anm.	Powjest o Kyrillje i Methodii, ot Sw. Theophylakta, prewedena njekoim rodoljubcem, w Bud. Gradje. 1823. 8. — *Xav. Richter*, Weltpriester, Biblioth. in Olmütz, ehedem Prof. d. Universalhist. zu Laibach (Antislawist, wie man aus *Wolnỳ's* Taschenbuche sieht) Cyrill und Method 1825.
*— 114	—	„Ein Illyrier war er wol, aber kein Slawe, weil damals, als er geboren ward, noch keine Slawen in Illyrien wohnten. In dem Schediasma des Schwarz beruht alles auf Verdrehungen u. unerweislichen Voraussetzungen." *Dobr.* Rec. — Die Handschrift, in welcher Justinian *Uprawda* u. seine Mutter *Beglenica* heisst, ist in der Vaticana in Rom. Koeppen, bibl. listy S. 489.
*— 114	—	9 Engel hat das Citat aus Thunmann Unters. 354. Den besten Beweis liefert Kopitar in Valachicis aus Genesius p. 52: $\dot{\varepsilon}\gamma\chi\omega\varrho\dot{\iota}\varphi\ \tau\varphi\ \lambda\dot{o}\gamma\varphi,\ \varkappa\alpha\tau\dot{\alpha}\ \pi\dot{o}\delta\varrho\varepsilon\zeta\alpha\nu$ — nämlich Basilius bediente sich des einheimischen Ringerausdrukkes etc. Vgl. Kopitar Valach. Rec. S. 83. Mithin waren auch Leo der Weise und Constantinus Porphyrogenitus der Abkunft nach Slawen.
*— 116	Z. 38	*J. P. Fallmerayer* Geschichte d. Halbinsel Morea während d. Mittelalters, I. Thl.: Untergang d. peloponnes. Helle-

nea u. Wiederbevölkerung d. leeren Bodens durch slaw. Volksstämme, Stuttg. 830. 8.

*S. 122 Z. 6 „Ist leider aus Rakowiecki genommen u. ganz unrichtig. Die Priester, die zu Długosz's Zeiten u. noch später in Krakau den Gottesdienst in slaw. Sprache verrichteten, waren Glagoliten aus Prag, für die Hedwig ein Kloster zu bauen anfing ..... Hedwig starb 1399." *Dobr.* Rec. — Allein dass noch vor o. nach der Einnahme von Krakau durch Ziemowit, also vor 870 ff. o. nach diesem Jahre, die von den Magyaren verdrängten slowen. Mönche aus Mähren eine Kirche zum h. Kreuz „na Kleparzu" gebaut haben, beweist Naruszewicz Hist. pol. II. 343. Vgl. Swiecki I. 102—103. Kromer erwähnt des h. Kreuzes zweimal, 1) unter Lescus albus tertium 1220, p. 129 „quo tempore etiam paroeciam vicinam S. Crucis dictam in urbe ipsis illis hospitalariis (fratribus de Saxia) *jure sempiterno addixit;* 2) unter Vladislaus Jagiello, a. 1394 „in suburbano etc." Also die Kirche war schon viel älter, uralt; das Kloster aber wollte man *neu* aufbauen.

S. 126 Z. 35 *Iw. Peninskij* gramm. slawjanskago jazyka (Auszug aus Dobrowskýs Institut. ling. slav.) S. P. 825. 8. 2 A. 826.
*S. 126 — 44 Neue Aufl. Ofen 1829.
*— 133 Anm. *P. Strojew* obstojatelnoje opisanije staropečatnych knig slawjanskich i rossijskich w bibl. grafa T. A. Tolstowa. M. 829. m. 24 Schriftproben.
*— 135 — *v. Hammer* sur les origines Russes, extraits des manuscrits orientaux. Ist auf Rumjancows Kosten 1826 in S. P.

gedruckt, erschien S. P. 1827. — Prof. *Senkowski* in S. P. hat eine Schrift dagegen herausgegeben: Lettre de Tutundju-Oglu-Moustapha-Aga S. P. 1828, und H. verschiedener gräulicher Irrthümer geziehen. — Der Wasserfälle erwähnen: Durich Bibl. Slav. p. 219 ff. Engel Gesch. d. Ukraine S. 15. — Parrot über Liven Erläut. Nr. 19. — Karamzin Gesch. Russl. I. 264. — Schlözer Nord. Gesch. S. 527 (eine Aufzählung u. Erklärung). — Stritter II. (Slavica). 982 ff. — Thunmann Untersuchungen, Anhang, S. 386 ff. — Dobrowský erwähnt ihrer in der Vorr. zu Puchmayer's russ. Gramm. nur im Allgemeinen. — Die jetzt gangbaren Namen b. Swięcki s. v. porohy. (Vgl. die erschöpfende Zusammenstellung der Quellen und Analyse der Namen in: Slowanské Starožitnosti §. 28 Nr. 15, 1te A. p. 558—560.)

*S. 136 Anm. Graf *Iw. Potocki* Archeologičeskij Atlas europejskoj Rossii. S. P. 1823.

*— 137 — *Serg. Nik. Glinka,* Istoria ruskaja, 3 A. Moskau 1825 14 Bde. — *Karamzin* Gesch. d. russ. Reiches, Riga 1820 — 26. 8. Bd. 1—6 von *Hauenschild.* 7—8 (bis 1582) von *Oertel* (wird fortges.); im Auszug von *A. W. Tappe,* 1r Bd. Dresden u. Lpzg. 1828. 8., polnisch von *Greg. Buczyński* Warschau 1824—26. — *Alph. Rabbe* Résumé de l'hist. de Russie 1r Bd. Paris 826. 18. Sehr schlecht, nach Levesque, weiss von Karamzin nichts.

*— 138 Z. 4 „Die Zahl der unirten Griechen in Russland, männl. u. weibl. Geschlechtes, belief sich im J. 1825 auf mehr denn 1,590.000 Seelen vertheilt in 4

*S. 140 Anm.	Eparchien. (Köppen, 24. Octob. 1824). — Vereinigung der Unirten in Westrussland mit der Mutterkirche: Bittschrift der unirten Bischöfe 1 März, Synodenstatut 6 April, Bestätigung des Kaisers durch Ukas vom 5 Juli 1839. (Allg. Zeitg. 1839 Beil. 267.) — Das Ende der Union (aus der Sěwernaja Pčela, wichtig: Allg. Zeitg. 1839 Beil. 329. 330).
*S. 140 Anm.	Slaw. Volkslieder übers. v *J. Wensig*, Halle 830. 8. — Dainos o. littauische Volksl. gesamm. übers. u. m. Urtext herausg. v. *L. J. Rhesa*, Königsb. 825. 8. — *W. Gerhard* Wila, serb. Volksl. u. Heldenmärchen, Lpz. 828. 2 B. 8. — *P. v. Götze* serb. Volksl. S. P. 827. 12. — *F. L. Čelakowský* litewské národnj pjsně, angek. 826. — *Pet. Dainko* sto ino petdeset posvetnih pesmi, w Radgoni 827. 8. — La Guzla ou choix de poésies illyriques, rec. dans la Dalmatie, la Bosnie, la Croatie et l'Herzegowine. Par. 827. 8. Enth. 27 illyr. Volkslieder, Herausgeber, wie man sagt, Graf Sorgo.
*— 141	2 Bukvar jazyka ruskago s pročim rukowodijem načinajuščich učitisja. Ofen 822. 8. — Katichisis malyj ili nauka prawoslawno christianskaja .... sostawlj. w. Ungwarje Ofen 801. 8. — Einige russniakische Büchlein im Ofner Schulbücherverzeichnisse.
S. 145 Z. 39	„Von *Grec's* russ. Gramm. wurden nur die Probehefte 1823 an slaw. Philologen ausgegeben; das Werk selbst erscheint gegenwärtig (1825) in S. P. unter d. T. Ruskaja grammatika, 1 Th. 825. Dasselbe wird ins Franz. übers. von *Ch. Ph. Reiff*, der schon im J.

1821 e. russ. Sprachlehre f. Ausländer herausgegeben hat. — Phil. *Swjetnoj* kurzgefasste Flexionslehre der russ. Sprache, Riga 825. 8. —* *Tappe* 6 A. Riga 826. 8. — J. *Heard* a practical grammar of the russian langu. S. P. 827. 2 Bde. — *Schlyter* Vers. e. theor. prakt. russ. Sprachl. S. P. 825. — *Mich. Radugin* kratkaja ross. Gramm. M. 826. — *Heym* russ. Sprachl. N. A. von *S. Weltzien* Lpz. 831. 8.

S. 146 Z. 40. 49. *Joh. Tatiščew's* WB. ist aus Versehen zweimal angeführt; man lese: J. T. francuzsko-rossijskij slowar (nach dem WB. der franz. Akad.) S. P. 798. 2 Bde. 8., 2 A. S. P. 816. 2 Bde. 4., 3 A. S. P. 825. 4 Bde. — Slowar ross. rječenij, soderž. w lat. lexikonje prof. Kroneberga 2 A. M. 824. 3 A.? 825. — *And. Iw. Lebedew* ross. latinskij Slowar M. 825 — 26. 8. — St. *Oldekopp* l. *Ewstafij Oldekop* karmannyj slowar ross.- njem. i njem.-ross. S. P. 824—25, 4 Bde. 16. — *A. E. Schmidt* russ. deutsch. u. deutsch-russ. WB., Lpz. o. J. (um 1822) stereotyp.

*S. 199 — 27 Šišman wird von dem Herausgeber des Osman von Gundulich (Ragusa 1826) für Sigismund gebraucht. (Nach einer anderswo befindlichen Anmerkung Šišman, türkisch= der Dicke. *Hammer*.)

*— 207 *Demetrius* ὁ χωματικός s. χωματιανος Archiepisc. Bulgariae claruit circa a. 1203. „*Stephani Ducae* (sic) regis Serbiorum quaestiones et Demetrii responsiones liturgicae numero XIII, nondum editae, Monaci in codic. Bavar. LXII." *Fabricii* Bibl. graeca ed. Harless. XI. 605.

*Ebd.	Im Anfange des XV. Jh. kam Mönch *Lazar* aus Serbien nach Russland u. verfertigte in Moskau auf dem grossfürstl. Palastthurm eine Wunderuhr, časoměr, welche die Stunden mit dem Hammer auf eine Glocke schlug „čelowěkowidno, samozwonno, i strannoljepno." S. Greč-Linde Dodatek II. 390.
*S. 215 Z. 30	„Tempore Vladislai II., regis Hungariae, Turcarum imperatores in expeditionibus diplomaticis lingua serviana usos fuisse, clarissime patet ex literis ejusdem regis ad praetores et rectores insulae et senatus civitatis *Chiorum*, datis 26. Deb. 1503, quibus confectas cum Bajeside, Turcarum imperatore, ad septem annos inducias communicat, ubi sequentia occurrunt: Accedente item saniori confoederatorum nostrorum consilio, et praesertim dicti illustrissimi dominii (i. e. Venetorum) cum Turco ipso supplice pacem poscente, praemissis ex causis moti, repudiato pacis nomine, foedus induciale et quidem septennale felici omine inivimus, et pro ulteriore salute Christianitatis quietem potius hoc tempore amplecti, quam coeptum bellum urgere atque prosequi statuimus; sicque juxta continentias capitulorum et articulorum praesentibus annexorum et a Turco ipso ad nos sub suis signis imperialibus et authenticis transmissorum, fideique sacramento in ulterutrum firmatorum, et quae ex *serviana lingua, qua Caesar ipse utitur*, in latinam suo tenore fideli interprete convertenda curavimus, et dominationibus Vestris praesentibus exemplum sub sigillo nostro, quo ut rex Hungariae utimur, transmittimus." *Ka-*

*S. 214

tona hist. crit. XVIII. 349. — Auch die walachischen und moldauischen Fürsten stellten ihre Urkunden im XV. — XVI. Jahrh. in der altslawischen Kirchensprache oder einem Gemengsel aus.

„In Serbien, Bosnien und in der Herzegowina hat man kaum in hundert Dörfern eine Schule, sondern diejenigen, die Popen o. Kaludjer werden wollen, lernen in den Klöstern bei den Kaludjern, o. in den Dörfern bei den Popen. In einem jeden Kloster hat man einige Djaken, von denen die kleineren im Sommer Ziegen, Schafe, Lämmer, Schweine etc. hüten, Knoblauch setzen u. jäten, ackern, Heu machen, Zwetschken sammeln etc., die grösseren aber mit den Kaludjern auf pisanije ausgehen: im Winter hingegen, nachdem sie (gewöhnlich jeden Abend u. Morgen) Holz gesammelt u. die Pferde der Kaludjer getränkt, die jüngeren die Zimmer aufgeräumt haben, versammeln sie sich in dem Klosterschulzimmer, Džagara, wo ihnen ein Kaludjer oder Djakon zeigt, wie sie lesen sollen (čatiti), o. es lernt ein jeder bei seinem Geistlichen (swog duownika). Viele verlernen im Sommer, was sie den Winter über gelernt haben, u. so lernen einige 4—5 Jahre lang, u. wissen am Ende nicht zu lesen. Die Popen haben ebenfalls einen o. zwei Djaken, die gleichfalls das Vieh hüten, alle Hausarbeiten verrichten u. Weihwasser in die Dörfer tragen. Ist o. entsteht irgendwo in der Nahija e. Schule, so führen die Leute aus den Dörfern ihre Kinder dem Madjistor zu, zahlen monatlich u. er lehrt sie. In der Schule müssen die Kinder von Sonnenaufgang bis Sonnenuntergang sitzen u. lernen, die Zeit des Mittagessens ausgenommen, u. wenn sie lernen u. lesen (uče i čate), müssen alle laut u. dermassen schreien, dass man in der Schule nichts verstehen kann. Sowohl in den Klöstern u. bei den Popen, als auch in den Schulen fangen die Kinder an aus Handschriften lesen zu lernen, denn man hat keinen Bukwar: z. B. der Lehrer schreibt dem Kinde vor, was es heute lernen soll, weiss es dies, so schreibt er etwas anderes u. s. w. Wenn irgend ein Schüler so aus Handschriften die Bekawica erlernt hat, so nimmt er den Časlowac zur Hand, u. hat er diesen ausgelernt u. einigemal durchgelesen, so nimmt er den Psaltir, u. wer den Psaltir erlernt u. einigemal durchgelesen hat, der hatte alle Bücher ausgelernt (izučio svu knigu); dann kann er, wenn er will, pop, kaludjer, madjistor, prota, arkimandrit, u. wenn er genug Geld hat, auch wladika werden.

In den letztverflossenen Jahren, unter der Regierung Crny Georg's, hatte man beinahe in allen Festungen u. Städten, ja sogar in einigen Dörfern Schulen errichtet. In Belgrad war ausser zwei kleinen Schulen, einer für städtische u. der andern für getaufte türkische Kinder, eine grosse (hohe) Schule, wie sie die Serben nie bis dahin gehabt hatten u. auch jetzt nicht besitzen. Sie entstand im J. 1808; der erste Lehrer an derselben war der selige Ivan Jugowič (o. Jowan Sawič); auf ihn folgten die Hrn. Milko Radonič, Lazar Wirnowič, Gliša, dessen Zunamen ich nicht kenne, u. Simo Milatinow Simonowič. In die grosse Schule nahm man nur solche Jünglinge auf, die schon lesen u. schreiben nothdürftig gelernt hatten, u. lehrte in serbischer Sprache die Geschichte aller Völker vom Weltbeginne bis heute, Erdbeschreibung u. Statistik der ganzen Erde, die Rechte (ich glaube, die römischen), etwas Physik, die Lehre von den Briefschaften u. die Stylistik, Rechnungslehre, die deutsche Sprache, u. Moral. Für alle diese Wissenschaften waren drei Lehrer da, u. der Kurs dauerte ebenfalls drei Jahre. (*Wuk* Lexicon — 1818 — s. v. škola.)

*S. 219 Z. 29 st. opisanije l. napisanije.
— 224   Serbische und bulgarische Schriften aus Joann Exarch von *Kalajdowic*:
p. 17, 57.   Joann Exarch, J. Damasceni theologia Ms. XII. Jahrh. Ein anderes aus d. XVI. J.
p. 60.   Hexaemeron. Ms. J. 1263. Synodalbibl. zu Moskau.
p. 63. 118.   Copien des Hexaemeron aus d. XV—XVII. Jahrh.
p. 75.   Joann Exarch, J. Damasceni de octo partibus orationis Ms. J. 1522 — 39; item andere Schriften, codices p. 80 — 81, 124 u. 115 117.
p. 88.   Mönch Chrabr, J. 1348 Synodalbibl. Nr. 145. Slova Grigor. XIV. Jahrh. In Privathänden. Ljetownik Georgia. J. 1386. Synodalbibl. Nr. 148. O troici, J. 1345. Synodalbibl. Nr. 38.
p. 90.   Prolog XIII. Jahrh. Bibl. Rumjancow.
p. 95   Antiochi Pandecta. Bulgar. Ms. in der

p. 97, 104.	Bibl. des Neu-Jerusalemer Auferstehungsklosters Nr. 49. Evangelium J.1144. Synodalbibl. Nr. 404.
p. 98, 14.	Joann. Exarch, J. Damasceni theologia XV. Jahrh. Synodalbibl. Nr. 20. zweites Exemplar p. 99.
p. 100, 15.	Kg. Symeon's Excerpta aus Chrysostomus, sammt prilogi. Ms. XVI. Jahrh. Tolstoj Nr. I. 47. Sobornik, mit e. Rede Joann Exarch's ebd. III. 92. Gennadij Zlatoustyj, wahrscheinlich ein Bulgare. Jeremija, ein bulgarischer Pope, häretischer Scribent. Bogumil, ebenfalls bulg. Pope u. Häretiker.
p. 113, 117.	Verzeichniss alter serbischer Drucke, und (Anm. 80) Erwähnung serbischer Codices.
p. 114.	Dometian's Biographie d. heil. Sawa.
p. 116, 62.	Benedikt's Uebersetzung der Besědy J. Zlatoustago na Šestodnew, Ms. J. 1426. Synodalbibl. Nr. 36. 37. Trebnik serbskij, XIV — XV. Jahrh. Synodalbibl. Nr. 324.
p. 120.	Ein ungenannter serbischer Grammatiker.
p. 124, 82.	Joann Exarch slovo na wsěstije Gosp. Jisusa Christa Ms.
p. 124, 83.	Zwei Slowa ebdas. zweifelhaft.

Bulgarische Uebersetzung der Reden Gregor's v. Nazianz. russ. Copie XI. Jahrh. u. serbische Uebersetzung dess. Werkes, (*Köppen* bibliografič. listy Nr. 7.) *Jurij Wenelin* Drewnyje i nyněšnyje Bolgare w političeskom, narodopisnom, istoričeskom i religioznom ich otnošenii k Rossianam. T. I. Mosk. 829. 8. — „Auf Kosten der Akademie soll zu Folge Allerh. Bestätigung Wenelin die Moldau u. Walachei, z. Th. auch die Bulgarei u. Rumelien bereisen, auch nach

			dem Athos gehn." (*Köppen* 29. Dec. 1829.)
*S. 224.	Z.	5	Der h. Konstantin war ein *Freund* des nachmaligen Patriarchen Photius. Vgl. *Dobrowsky* Cyrill & Method. Von Photius haben wir einen Brief an den König Boris o. Michaël von Bulgarien, bei welchem sich Method u. wahrscheinlich auch Konstantin aufgehalten haben. „Familiam ducit in editione *epistolarum Photii* prolixa illa et lectu digna epistola de fide et septem synodis et de boni principis officio ad *Michaëlem Bulgariae principem* nuper baptizatum. *Nota.* Princeps ille sive rex Bulgarorum Bogaris in sacro baptismate nomen imperatoris Michaëlis adscivit, ut ex Joanne Curopalate narrat Baronius ad a. 845 n. 6." *Fabric.* Bibl. gr. ed. Harl. XI. 11 sq.
*Ebd.	Z.	26	st. 1385 l. 1350
—	—	28	st. Manas l. Manasses.
*S. 225			*Euthymius*, Patriarch von Trnowo in Bulgarien, schrieb 1) Leben der h. Paraskeve, vgl. Božidar's Molitvoslov; 2) Žitije prépodobnago Ilariona episkopa Moglenskago; 3) Žitije Joana Rylskago, letztere beide in e. Panagirik in Fol., im kl. Šišatowac. — Joan Rylskij lebte unter d. bulgar. Car Peter u. starb 70 J. alt; seine Gebeine wurden unter d. Kaiser Andronik durch einen König nach Ostrygom (Gran) in Ungarn entführt, aber restituirt nach Sredec im J. d. Welt. 6695 = 1187, und zuletzt unter Johann Asjen nach Trnowo verlegt.
— 243	Z.	9	St. Agalich l. Agatich (1617).
— 246	—	7	Dwa sěmeništa, u Zadru, podignuta od arcibiskupa Vicka Zmajevića, i

		Omišu, od biskupa Kadčića, biše opredčleni za nauk glagoljskoga redovničtva — obadva davno jur ukinuta. (Danica ilirska 1841 Nr. 47.)
*ebd.	Z. 21. 22	Bei Assemani IV. 435 *Zwodski* und *Stebnowski*.
S. 251	— 39	Petr. *Hectoreus* „inter cetera eleganti metro Nasonem de remed. amor. in illyricum idioma cum magna omnium admiratione transtulit, vel minimum iota non ommittens" — (vor d. J. 1532), V. *Prihoevo* orat. de orig. success. Slavorum Ven. 1532. 4.
*S. 267	— 11	st. 1547 l. 1574.
*— 280	— 29	st. Wittenberg l. Würtemberg.
S. 287	— 16	In Krain begann der Domherr *Matth. Ravnikar* eine neue Epoche der krainischen Literatur durch s. Bearbeitung eines beliebten Andachtsbuches: *Sveta masha*, dann der in den k. baier. Schulen vorgeschriebenen biblischen Geschichte des A. u. N. Testaments u. a. Volksbücher. Eine nicht germanisirende Syntax und feine Benützung zum Theil verschwundener Wortstämme zeichnen alle s. Schriften in sprachlicher Hinsicht sehr vortheilhaft aus. — Für den windischen Dialect Kärntens arbeitet *Urban Jarnik* in Klagenfurt.
*S. 292	Anm.	Dobner monum. st. 1764. l. 1774.
*S. 293	— 3	*F. Palacký* Würdigung der alten böhmischen Geschichtschreiber, eine gekrönte Preisschrift. Prag 1830. 8. — Ebd. Z. 15 st. französischen l. fränkischen.
* - 338	— 22	Biographie u. vollständige Aufzählung der Schriften des Comenius von F. Palacký, im Časop. Česk. Museum 1829. Heft 3.

S. 350	Z.	4	*Sixt* u. *Ambros* sind die Brüder *Sixt* u. *Ambros* v. *Ottersdorf,* und das hier Angeführte gehört zu S. 342 Z. 18.
— 351	—	2	Joh. *Gewický Černý* ist dieselbe Person mit Mr. *Joh. Černý.* S. 329, und das hier Gesagte gehört zur S. 329 Z. 23.
*S. 367	—	17	Staŕj letopisowé češtj od. r. 1378 do 1527. Prag 829. 8. (3r Thl. von Dobrowský's Scriptores rerum bohemicar. enthält Pokračowánj w kronice Přibjka Pulkawy u. s. w.)
*S. 369			St. *Canidio.* l. *Candido.*
* — 378	—	10.	Ueber die Sotaken hat Prof. Kucharski einige Nachrichten an Ort und Stelle gesammelt, die ich aus seinen eigenen HS. abgeschrieben habe.
* 379	Anm.	1	„Sollte zu Nestor's Zeiten die slovenische Schrift bloss in Russland und Bulgarien gewesen sein? Nicht auch in Böhmen und vorzüglich in den unzähligen griechischen Klöstern in Ungarn, wo noch im J. 1204 nur ein einziges *coenobium pure latinum* (Bardosy Supplem. Analector Scepus. Leutschau 1802 p. 196) war?" Schlözer Nestor III. 176.
*— 385	Z.	30	(Benedicti) Pamětné knihy, kdež se, cokoliwěk se před lety sty a některými stalo, wyprawuje. MS. in archivo Civit. Leutschov. A. 1609.
*— 398	Zu §.	46	J. *Holli* Virgilowa Eneida, Tyrnau 828. 8. — *Imman. Wilh. Šimko,* Prediger in Trenčin, ausser Gedichten: Summa náboženstwj křesťanského, Brünn 825. 8., Obět srdce aneb modlitby Skal. 826. 12 (in Reimen). — *Math. Blaho,* Prediger in St. Niklas u. Senior: Nábožné kázánj na wšecky neděle a evang. swátky celého roku

cjrk. Leutsch. 828. 8. — *G. Michalko* Rozmlouwánj o škodliwosti powěry. Presb. 802. 8. — *Tablic* st. Januar 1832. — *Georg Rohoni*, Pfarrer zu Gložan u. Senior, st. Oktober 1831, ungefähr 60 Jahre alt. — Weitere Schriftsteller : *Jacob Jacobaei* um 1643 (Horányi II. 194), *Johannes Abrahamffy*, Franciskaner, schrieb 1693—97. st. 1728 (Schriften b. Horányi I. 2.), *Benignus Smrtnik*, Franciscaner (Horányi III. 285), *Samuel Lišowini* (Horányi II. 492), *Joannes Walašjk* (Horányi III. 483). Unter den Quellen noch *Joh. Sam. Klein* Nachrichten von den Lebensumständen u. Schriften evangel. Prediger in Ungarn Lpz. Of. 789.

S. 398 Z. 35 *J. Jungmann's* hist. lit. české Pr. 825. 8. enthält auch die slowak. Schriftsteller und ihre Erzeugnisse sehr genau und vollständig verzeichnet.

— 399 — 34 Hr. Super. *Worbs* leitet den Namen *Polen* von den *Bulanen*, einer sarmatischen Völkerschaft nahe an der Weichsel, deren nur Ptolemaeus gedenkt, ab. Die Namen mögen immerhin identisch sein; aber Hr. W. folgert offenbar zu viel, wenn er sagt, die Ableitung von *pole*, das Feld, die Ebene finde darin einen Widerspruch, dass Nestor die P. an mehreren Orten auf Berge setzt. — Denn a potiori fit denominatio, und das bei Pt. vorkommende Bulanes ist viel wahrscheinlicher durch fremdzüngige Detorsion aus dem slawisch-inländischen Poljane, als umgekehrt, entstanden.

S. 403 — 36 *P. Th. Waga* hist. xiążat i król. polskich W. 770. 8. N. A. Wilna 824.

* Ebd. Anm. 2 *Lukasz Golebiowski* o dzieiopiscach polskich, Warsz. 826. 8. — Mich. *Oginski* Mémoires sur la Pologne et les Polonais depuis 1788 jusqu' à la fin de 1815. Par. 826 2 voll. (Teutsch Lpz. 1827.) wichtig. — *Alexander v. Oppeln- Bronikowski* Geschichte Polens. Dresden 1824. 4 Bde. 12. — Prokosz ist ein Machwerk von 1711 oder, wie Lelewel will, gar 1764. (Bandtkie.)

*S. 410 Sprachschriften nach Szopowicz:

1465. *Parkosz Jak.* Cognitio commodosa Polonorum linguae in scripto servitio MS.

1518. *Zaborowski Stanisl.* Orthographia s. modus recte scribendi et legendi polonicum idioma, quam utilissimus.

1551. *Seclucyan* Joh. Ortografija.

1568. *Statorius o. Stoiński* Polonicae grammatices institutio.

1594. *Januszowski* Joh. Nowi charakter polski.

1621. 1622. *Knap.* 1638. *Roter.* 1668. *Dobracki.* Vgl. Bentkowski.

1679. *Meniński* Gramatyka języka polskiego (lateinisch).

1770. *Szylarski* gramatyka pierwsza po polsku.

1776. *Dudziński* Mich. Zbiór potrzebniéyszych rzeczy w oyczystym języku.

(1827. *Szopowicz Franc.* Prof. Mat. Univ. Jagiell., Uwagi nad samogłoskami i społgłoskami. Krak. 1827. 8.)

S. 410 Z. 47 *Joh. Pet. Bogdanowicz Dworzecki* gramm. iezyka polskiego 2 A. Wilna 824.

*Ebd. *K. Pohl* theor. prakt. Gramm. d. pol. Sprache. Bresl. 829. 8. — *J. Popliński*, Lehrer am Gymn. zu Lissa, Gramm. d. poln. Spr. nach Kopczynski, Cassius, Bandtkie u. Mrongovius. Lissa u. Glogan 829. 8. — *M. Suchorowski*

*S. 411 Anm.	theoret. prakt. Anleitung z. gründl. Unterr. in d. poln. Spr. Lembg. 829. *J. S. Bandtkie* neues Taschen WB. der deutsch. poln. u. französ. Spr. Bresl. 828. 8.
*— 423 Z. 12	„*Psalterium Davidicum trilingue* in St. *Florian*. Katharina I., Ferdinands I. Tochter 1533—1572, lebte als geschiedene Gemahlin des Polenkönigs Sigmund August zu Linz, kam häufig nach St. Florian, wählte dort ihr Grab, und schenkte unter andern auch diesen Psalter dem Stifte. Sie hatte ihn von Krakau mitgebracht. Er gehörte Hedwigs Schwester, der schönen und unglücklichen Maria von Ungarn, Gemahlin Sigmunds von Böhmen—Luxemburg, deren Namensziffer, das M., überall angebracht ist. Der gelehrte G. S. Bandtkie hat so eben ein eigenes Schriftchen über die Handschrift herausgegeben." Wien Jahrb. Lit. Bd. XL. 1827.
*S. 424.	Das erste gedruckte Buch in polnischer Sprache ist von 1522: Das Leben Jesu Christi vom h. Bonaventura, übersetzt von *Balth. Opec'* für die Königin von Ungarn u. nachherige Gemahlin Johann Zapolya's, die polnische Princessin Elisabeth o. Isabella. Die 1 Ausg. ist so selten, dass man nur noch ein Ex. davon in Warschau hat, wo aus 81 Klöstern die Bücher zusammengebracht wurden. Der älteste polnische Druck dagegen ist vom J. 1475 zu Breslau, Vaterunser, Ave und Glaube, in Bischof Konrads von Breslau Stastuten, 2 A. Nürnbg. 1512. (Die Statuten sind lateinisch). Der erste Druck in Polen vom 1465 ist lateinisch: Jo-

			hannis de Turrecremata expositio in Psalterium. (*Bandtkie.*)
*S. 471	Z.	21	Panowanie Kazimierza Jagiell. wyjęte z rękop. *J. Albertrandego* wyd. Zegota Onacewicz W. 1826 1r Bd.
*— 472			Miscellanea Cracoviensia Nova. Fasc. I. Crac. 829. 4.
*— 473			(Th. Czacki) l. geb. 1766 st. 8. Febr. 1813.
*— 477	—	2	*Joh. Ludw. Cassius*, evang. Generalsenior d. Grossh. Posen u. Pastor zu Lissa, starb 22. Apr. 1827 im 83 Jahre seines Lebens.
*— 478			*T. Szumski* krótki rys historij i literatury polskiéj. Warsch. 1824.
*— 482	Anm.		*Albr. Ge. Schwarz* kurze Einl. z Geogr. d. Vorderdeutschlands Slawischer Nation u. mittlerer Zeit, Greifsw. 1745. — *F. v. Restorf* topogr. Beschr. d. Provinz Pommern, Berlin 826. 8.
*— 483	—	4	st. *Naumann* l. *Neumann*. Zu Anm. 1): *Andr. Seiler* kurzgef. Gramm. der Sorbenwendischen Sprache n. d. Budissiner Dialekte. Budissin (Bautzen) 830. 8.
*S. 484	Z.	28	*J. D. Schulze* Abriss e. Gesch. d. Leip. Univers. im Laufe d. 18. Jahrh. p. 206. ff.
*— 485	Anm. 4		st. 699 l. 696.
*— 486	—	2	Fritze übersetzte auch *D. Rosenmüller's* ersten Unterricht in der Religion.

Blattweiser.

Der Blattweiser enthält in der Regel nur slawische National-schriftsteller, und von Ausländern bloss diejenigen, die slawische Sprachbücher, Grammatiken und Lexica, herausgegeben haben. Die wenigen in dem Werke vorkommenden und in den Zusätzen und Berichtigungen bereits angezeigten Druck- oder Schreibfehler in den Eigennamen sind im Blattweiser berichtigt, und die Vornamen, wo es möglich war, vollständiger ausgeschrieben, wesshalb man sich in abweichenden Fällen an den letztern zu halten hat. Die eingeklammerten Zahlen weisen auf die Anmerkungen hin.

A.

Ablesimow Alxr. Anis. 171
Abrahamffy Joh. 506
Abrahamides Isaak 385
Abrahamowič Theod. 222
Adamczewski Jac. 476
Adamowicz Adam 477 (410)
Adriasci Vital. 261
Aeneas Joh. 337
Agatich Joh. 243
Agathon, Priester 155
Achilles Joh. 345
Aigner Pet. 478
Albati Matth. 253
Albertrandy Joh. Bapt. . . 471, 509
Albertus, Archidiakon 256
Alexander, König 224
Alexjejew Pet. . . . . (126)
Ambrosius Ge. 390
Ambrosy And. . . . . (386)
— Joh. 392
Amort Laur. 368
Anastasewič Bas. Greg. . . 187 (190)
Ancich Joh. 262
Andreä Laur. 351
Angielich Frz. 263 (263)
Anonymus, Chronograph . 208 (196)
Anticca Joh. Luc. 261
Anton s. Dalmata
Apollos s. Bajbakow
Appendini Frz. Maria 260 (3, 248, 261)
Aquilinas s. Orličný
Aquilini Ign. 261
Arsenjew Const. Iw. . . . . . (138)
Arsič Eustachia 221
Artemisius s. Černobýl
Artomius s. Kresychleb
Artopaeus Casp. 349

Asimarkowič Pet. 222
Astacow Karph. . . . . (144)
Athanackowič Paul 222
Athanasjew Paphn. . . . . . (137)
Augezdecký Alxr. 348
Augusta Joh. 341
Augustini Math. 392 (386)
Aupický Joh. 351

B.

Babich Thom. 262
Babulina di Bona Mich. 256
Bachich Ant. 262
Badrich Steph. 261
Bahyl Ge. 391
— Math. 391
Bajbakow Apollos . . . . . . (144)
Bajčewič Gab. 222
Bajkow Theod. Isaak 158
Bajza Jos. Ign. 393
Bakalář Nik. 329
Baksich Bogdan 225
Balbin Bohusl. Aloys 355 (299, 369)
Baleowič Steph. 222
Bandilovich Joh. 262
Bandulovich, Minorit 258
Bánowský Ge. 384
Bantkie Ge. Sam. 471, 491 (403, 407, 410, 411)
— Joh. Vinc. 477 (411)
Bantyš - Kamenskij Nik. Nik. . . 187
Barakovich Ge. 261
Baranowič Laz 157
Bardziński Alan 445
Barkow Iw. Sem. 170
Barner Joh. 356
Baroš Pet. 384
Barsow Ant. Alxj. . . . . . . (144)

Bartholomaeides Ladisl. 396 (374, 375, 379)
Bartochowski Adalb. 441
Bartoszewski Valent. 432
Basilius, Mönch 151
Bassich Ge. 261
Baszko Godzisław ..... (403)
Batavich Alxr. 268
— Balth. 268
Batuškow Const. Nik. 184
Baworinský Beneš 351
Baworowský Thom. 351
Bazylik Kypr. 435
Beckowský Joh. Frz. ... 356 (293)
Bečkereki Geras 221
Bedekovich Ign. 261
Bedriccich Sylvest. 243
Beketow Platon Pet. 75
Bel Math. 390 (300, 374)
Bellosztenecz Joh. 269 (269)
Benčič Ant. 394
Bendeviscevich Sabb. 261
Benedicti Laur. 385 (299)
Benessa Steph. 261
Benešowský Joh. 351
— Matth. 343 (299)
— Wenc. 351
Bentkowski Felix ... 472 (478)
Bepta Bohusl. 351
Berchtold Bedr. Wšemjr ... 365
Berič Joh. 220
— Paul 220
Berlička s. Scipio
Bernardinus de Spalato 250
Bernolák Ant. ... 393 (140, 378)
Berynda Pambus .... (126)
Bessus s. Moravus
Bestužew Alxr. Alxr. ..... (177)
Bettere Bar. 261
Bettondi Damian 260
— Jos. 260
Białobocki Joh. 443
Białobrzeski Mart. 435
Biankovich, Bischof 256
Bielski Mart. 435 (403)
— Simon. 478
Bierkowski Fabian. 435
Bierling Zachar. Joh. ... 484 (483)
Bjlegowský Bohusl. 341
Blaho Math. 398, 505
Blahoslaw Joh. 343
Blasius Joh. d. Ae. ... 391 (386)
— Joh. d. J. 391 (386)
— Mich. 393
Blaskovich Andr. ...... (231)
Blazowski Mart. 436
Blażewski s. Blazowski.
Bliwernitz Aaron ..... (410)
Buecsanin Mich. Aug. 261
Bobrow Sem. Sergj. 172

Bobrowski, Abbé ...... (411)
Bocko Dan. 394
Bodo Math. 391
Bogascini Lucretia 260
Bogascinovich Pet. Thom. .. 261
Bogdanich Dan. Emir. ... 264
Bogdanowič Hipp. Theod. .. 170
Bognphalus, Bischof .... (4, 403)
Bogusławski Adalb. 469
Boguš Stan. Sestr. .. 183 (135) 491
Bohdanecký Joh. 368
Böhmer Joh. .... (485)
Bohomolec Frz. 467 (409)
Bohorizh Adam 283 (275)
Bohusz Xaver 477 (410)
Boič Laz. 221 (222)
Bojadži Mich. 222
Boleslawský Joh. 351
Bolchowitinow Ewg. 183 (93, 133, 190)
Bolič Prok. 219
Boltin Iw. Nik. 178 (137, 149)
Bona Babulina s. Babulina
— Joh. 255
— Luc. 260
— Nik. Joh. 255
— Vucich s. Vucich
Borescich Mart. 256
Borkowski Stan. 477
Born Iw. Mart. 186 (190)
Borowský Blas. 348
— Sam. 397
Borowý Ant. 368
Bosák Clem. 351
Bosichkovich Bas. 259
Boscovich Anna 260
— Ign. 260
— Pet. 260
— Roger Jos. .... (201)
Boso, Bischof 249
Brankowič Ge. 210 (196)
Bratanowskij Anast. 169
Bratkowski Dan. 445
Braun Dav. .... (478)
Brestyanský And. 393
Březan Wenc. 350
Brikcj v. Licsko 341
Brněnský Ge. Nik. 351
Brodowski .... (145)
— Sam. 448
Brodský Matth. 351
Brodzinski And. 476
— Kaz. 476, (42, 409, 456)
Bronewskij Wlad. Bogd. ... 190
Broscius Joh. 447
Bruncwjk Zach. 347
Brzozowski Valent. 431
Bubenka Jonas 387, 494
Buchich Mich. 266
Bucki Nathanael ...... (410)
Buda Laur. 262

513

Budineus Simon 253, 261
Budny Simon 435 (424)
Budowec Wenc. 346
Bulgakow Jac. Iw. 174
Bulgarin Thadd. Bas. 78
Bulič Bas. 222
Bunich Mich. 261
Bunina Anna Petrowna 189
Burcew Bas 159
Burda Joh. 351
Burinsky Zach. Alxj. 189
Burius Joh. . . . . (386)
Buslajew Pet. 163
Butowski Mich. . . . . (145)
Buturlin Dem. Pet. 188
Bużinskij Gab. 162
Bydłowský Joh. 351
— Paul. 341
Bystrzonowski Adalb. 448
Bystrzycki Joh. 475
— Mart. 448

C.

Caboga Euseb. 252
Cacich s. Kacich
Cadaverosus Joh. 351
Candidus Sixt. 351
Capito Joh. 337
Caraman Matth. 246
Carchesius Joh. 351
— Mart. 351
Carion Wenc. 351
Cassius Barth. 242, 253, 254 (248)
— J. L. 477 509 (410)
Caupilius Joh. 351
Causcich, Benedictiner 261
Cebrikow Rom. Max. . . . . (146)
Cededa, Bischof 239
Celiński Jos. 478
Cenglerius And. 384
Certelew Nik. Ant. (140, 179, 190)
Cerva Seraph. 260
Ch. s. nach H
Cicada Joh. Wenc. 349
Ciechoniewski Casp. . . . . (411)
Cielecki Jac. 438
Cichoreus Tob. 351
Cilich Luc. 262
Cimburg Ctibor. 328
Clemens Adam. 351
— Wenc. 351
Codicill Pet. 343
Coepolla Jesai. 337
Constanc s. K.
Constantin s. Kyrill.
Constantius Ge. . . . . . . (299)
Consul Steph. 243, 281
Cosicich Simon. 243
Cosmas, Dechant. . . . 308 (4, 292)
— Erzbischof 261

Cretius Sam. . . . . (407)
Crinitus Dav. 349
— Sigm. 349
Cromer s. Kromer.
Cultrarius Math. 351
Cyrill s. Kyrill.
Cz s. nach C.

Č.

Čaplowič Joh. . . 398 (41, 201, 222, 234, 374)
Čarnojewič Dem. 222
Čechtic Bohusl. 325
Čelakowský Frz. Lad. 367 (140) 496
Čermák Ant. 368
Čerňanský Joh. . . . . 39^2
— Sam. 394
Černobýl Nik. 341
Černovicenus Paul. 334
Černý Joh. Gewický . . . 329, 351
Češka Joh. 328
Čjšek Nik. 351
Čulkow Mich. Dem. 173
Czacki Thadd. 473, 509
Czahrowski Adam. 481
Czarnecki, Abbé 475
Czarnocki Alois 478
Czartoryski Adam. . . . 467 (410)
Czaykowski, Prälat . . . . . (461)
Czech Jos. 478
Czempiński Paul 477
Czerski, Abbé . . . . (411)

D.

Dabrowski Ant. 478
Dačický Ge. Jac. 351
Dainko Pet. 286 (275) 496
Dalimil Mezeřický . . . 314 (4, 292)
Dalmata Ant. 243 281
Dambrowski Sam. 432
Damian, Grammatiker 130
— Hieromonach 129
Damianowič Bas. 219
— Math. 221
Daniel, Erzbischof. 207, 208 (4, 196)
— Hegumen. 151
— Priester in Moskopolj 225
Danilow Kyrill. 163 (14)
Danilowič Geras. . . . . . . (178)
Dankowský Greg. 491
Dantiscus s. Czartoryski
Darwar Dem. Nik. 222
Darxich Blas. 251
— Ge. 256
Darxich Mart. 252
Dawidowič Dem. 79, 221 (192, 196)
Dawydow Denis Bas. 189
Debevz. 286
Dębołęcki And. 447
— Ign. 467

33

Dębski Ge. 448
Dekan Joh. 448
Delabella Ardelio. . . 256 (141, 248)
Deluck (I. Deluk) Steph. 394
Demetrius d. H., Metropolit. . . 162
Demian And. 392
Demitrowicz Paul. 448
Denhart Jer. 351
Deržawin Gab. Rom. 76, 170
Desnickij Mich. 183
Destunis Spyrid. Jurj. 189
Dietrich Jos. Wenc. 368
Dikastus Ge. 344
Dimitri Nik. 256
Diokleates, Presbyter. . 250 (4, 229)
Divkovich Matth. 262
Dlabač Gottfr. Joh. . . . 363, (295)
Długosz Joh. . . . . (4, 408)
Dmitrijew Iw Iw. 181
Dmóchowski Frz. 465
— Frz. Salez. . . . 476
Dmuszewski Ludw. Adam. . . 469
Dobner Gelas. . . . . . . (93, 247)
Dobracki Math. 448 (410)
Dobřenský Wenc. 343
Dobrič Marc. 222
Dobrowský Jos. 362 (3, 5, 11, 35, 70,
88, 126, 133, 140, 247,
299, 300, 369, 398)
Dolci Seb. 260 (3, 261)
Doleżal Augustin 394
— Paul . . 391 (140, 300)
Dolgorukij Iw. Mich. 172
Domek Wenc. 325
Dosithej s. Obradowič.
Došenowič Joh. 221
Dragicevich Mich. 261
Drahenic Bartošek 326
Drachowský Joh. 356 (299)
Drozdow Philaret. 183
Drużbacka Elisabeth 444
Drużbacki Mich. 448
Duba And. 315
Dudziński Mich. . . . 453, 477, 507
Dumischen Ge. . . . . (485)
Dunczewski Stan. Jos. 448
Dundr Jos. Alxr. 365 (295)
Dunin Pet. 448
Durgala Mart 398
Durich Fort. 362 (3, 247)
Dušan, Car 208
Dwigubskij Iw. Alxj. 77
Dworzecki Joh. Bogd. . . 507 (145)
Dziarkowski H. 475
Dzięgielowski Joh. 448
Dzirswa, Chronist . . . . . (403)
Dzwonowski Joh. 445

E.

Ektorovich Pet. 256

EleniČ Aaron 221
Elsner J. . . . . (42, 456)
— Joh. Gottl. 357
Emin Theod. Alxr. . . . 173 (137)
Ephraim Joh. 337
Ernesti Joh. . . . . (410)
Ertel Joh. Bohumjr. . . . . (386)
Euthymius, Patr v. Trnowo . . . 508
Ewgenij s. Bolchowitinow.
Ewgenij Romanow, Igm., zul. Bisch.
v. Kostroma . . . (126)

F.

Fabricius Gottl. . . . . . . (486)
— Wenc. 351
Faccenda Maria 260
Falenski Jos. 477
Falibogowski Chph. Frz. . . . 447
Falimierz Steph. 437
Falissowski Chph. Groth. . . . 447
Fándli Ge. 393 (373)
Farnik Urban 493
Fejérpataki Casp. 398
Feješ Joh. 396
Feliński Aloys. 467
Ferrich Ge. . . . . (141)
Fiałkowski Ign. 478
— Mart. 476
Filippowič Const. 222
— Steph. 222
Firlink Frz. 351
Fizel 398
Flaška Smjl. 314
Flaxius Joh. . . . ' 351
Frankowski F. 476
Fredro And. Maxl. . . . . . (140)
Frenzel Abrah. . . . (3, 483, 485)
— Mich. . . . . . . (485)
Frič Frz. 368
Fritze Joh. Fried. . . . . . (486)
Füredi Ge. 396

G.

Gabrielow Matw. Gab. . . . . (145)
Gali Math. . . . . (386)
Galinkowskij Jac. And. . . . (178)
Galláš Jos. 368
Gallus Mart. 418 (4. 408)
Garghich Innoc. 261
Garszyński G. 477 (411)
Gawiński Joh. 430, 445
Gawroński, Priester 478
Gawůrek Jos. 368
Gazda Adalb. 398
Geguš Joh. 396
Gelenj s. Hrubý.
Gennadius, Erzbischof . . . 155
Georgijew Athan. 261
Georgiewič Dem. 222
— Sabb. 222

Georgius, Mönch. 155
Gesner Casp. 432
Gierykowski Thadd. 478
Giganow Jos. . . . . (146)
Gilowski Paul. 435
Ginterod Abrah. 346
Giorgi Ign. 260 (261)
Giubranovich And. 252
Gizel Innoc. 157
Glavinich Frz., Minorit. . . . 243
— z., Franciscaner. . 261
Gleg Tim 261
Glegljev Ant. 255
Glik Ernst, Abt. 163
Glinka Greg. . . . . (145)
— Serg. Nik. . . 188 (137) 495
— Thed. Nik., ...76, 190
Gliszczyński Ant. 477
Gljubuski Laur. 262
Gloc Karl 477
Glosius Joh. d. Ae. . . 391 (386)
— Joh. d. J 396
Gnjedič Nik. Iw. . . . 184 (178)
Godebski Cyprian 467
Görl Ge. 351
Golański Php. Nerius . . . 472
Gołębiowski Luc. . . . 507 (462)
Golikow Iw. Iw. 173
Goljatowskij Joannikij . . . 159
Golownin Bas. Mich. 190
Gondola Frz. 252
— Joh. d. Ae. 254
— Joh. d. J. 255
Gorčakow Dem. Petr. 189
Gorczyczewski Joh. 476
Gorczyn Joh. 448
Gorczyński s. Gorczyn.
Gorecki 476
Gornicki Luc. 438
Gostko Hynek 368
Gozwinskij Theod. Kassian. . . 158
Gozze Steph. 251
— Vinc. 261
Gozze s. Bendeviscevich.
Gradi Bas. 261
Gralichowski Adalb. . . . . . (456)
Grammatin Nik. . . . . (150, 190)
Greč Nik. Iw. . . 77, 185 (145, 190)
Gregor, Diakon 127
— Hegumen 210 (196)
Grekow Ge. 156
Gribojedow Theod. Iw. 158
Grigorowič Bas 78, 163
Grimm Jac. . . . . . (205, 216)
Grisa, Prediger 397
Grisich Ge. 261
Grochowski Stan. 431
Gröning Mich. . . . . (144)
Groh Joh. 357
Groicki Barth. 436

Grotke J. D. . . . . (410)
Gross J. W. 477
Grubissich Clem. . . . 240 (247)
Grutinius And. 437
Gryllus Joh. 343
— Math. 343
Grzebski Stan. 136
Guaragnin Joh. Luc. 261
Gucetich Angelo 256
Guerche Joh. 268
Gundulich Joh. Frz. 261
Gurski Valent. 464
Gusew Wlad. 159
Gutkowski Adalb. 477
Gutowski Valer. 448
Gutsmann Oswald . . . 285 (275)
Gutthäter s. Dobracki.
Gyurkovechky S. 270 (269)
Gyurkowič Eug. 222
Gzel Pet. . . . . (299)

H.

Habdelich Ge. 269
Habel Fr. 394
Hadžič Paul 220
Hafner Vinc. 368
Hágek Ign. 368
— Thadd. 342
— Wenc. 340 (4, 292)
Halecius Jac. — 351
Hamaljar Mart. 396
Hammerschmidt Joh. Florian. . 356
Hamuljak Steph. 398
Hanka Wenc. . . . 364 (150, 300, 303, 316)
Hanke Aloys 368
Haraut Chph 346
Hauptmann Joh. Gottl. . . . . (486)
Hawaš Paul 397
Hebnowski Caesar . . . 246
Hectoreus s. Ektorovich.
Helic Luc. 337
Helikoniades Paul Lucinus . . . 351
Henisch Ge. . . . . (300)
Henning Dan 488 (489)
Herburt Joh. 436
Hercyk Ant. 448
Herink Joh. 351
Herkel Johann 491
Hermann Karl Theod. . . 188 (188)
Hertvicius Joh. 351
Herytes Joh. 351
Herzog Joh. 368
Heym Iw. And. 186 (138, 144, 146)
Hieronymus, Magister . . . 323
Hippolytus, Kapuziner . . 284 (275)
Hněwkowský Seb. . . 366 (42, 360)
Hodani Joh. Kanty 467
Hodětjn Hágek 328
Hodika Joh. 384

Hölterhof M. Frz. . . . . . . (145)
Holecký Math. 351
Holko Math. 396
Holli Ge. 397
Holli Joh. 398, 505
Holomaučanský Steph. 351
Honter Johann 427
Horný Frz. And. . . . . . . (140)
Hořowic Beneš 315
Horvath Adalb. 264
Hostowjn Balth. 344
Hrabec Raph. 384
Hrabowský Pet. 387
Hranický Chph. Joh. 351
Hrdlička Joh. 395
— Kasp. Melichar 368
Hromádko Joh. Norb. Nep. . . 368
Hrubý v. Gelenj Greg. 326
— Sigm. . . . . (35)
Hruškowic Sam. 391
Huber Adam 344-345
Hulewicz Bened. 476
Humnicki Ign. 476
Hus Joh. 323
Husselius Alb. 384
Hussonius Wenc. 351
Hýbl Joh. 79, 368

CH.

Charpentier . . . . (144)
Chelčický Pet. 325
Chełkowski Heinr. 448
Chemnicer Iw. Iw. 170
Cheraskow Mich. Matw. . . . 169
Chilkow And. Jac. . . . 163 (187)
Chládek Aegid. 368 (300)
Chlebowski Laur. 432
Chlumčan Matth. 329
Chmela Jos. 368
Chmelenský Jos. Krasosl. . . 368
Chmelnickij Nik. Iw. 289
Chmielowski Bened. 448
Chobotides Ge. 351
Chodakowski Zorian Dolenga . . 477
Chodkiewicz Adam 448
— Alxr. 475
Chodolius Joh. 351
Choinani Joh. . . . . (486)
Choński Mich. 477
Chranislaw Gab. 222
Chrastina Joh. 392
Chroma Thom. 478
Chromiński Kaz. 477 (478)
Chrościnski Adalb. Stan. . . . 413
Chrościszkowski Sam. 477
Chrzanowski Felip 477
Chwalkowski Nik. 448
Chwostow Dem. Iw. 172

I.

Ignatius, Diakon 152
Ignes Adalb. 448
Ignjatowič Mos. 221
Iljin Nik. Iw. 189
Institoris Mošowský Mich. 394 (332)
Isajlowič Dem. 221
Ivaniscevich Joh. 256
Ivanics Paul 268
Iwanow Thed. Thed. 189
Iwanowič Euthym 221
Izmajlow Alxr. Jefim. . . 75, 78, 185
— Wlad. Bas. 190

J.

Jabłonowski Stan. Vinc. . . . 444
Jacobaei Jac. 506
Jacobaei Paul. 391
Jacobi Elias 351
Jacobell s. Střjbrský.
Jacobides Jac. 349
Jagodyński S. S. 448
Jajce Steph. 262
Jakeš Veit 347
Jakowkin Elias Theod. . . . (137)
Jakšič Greg. 222
Jakubowicz . . . . (410)
— Paul 396
Jakubowski Adalb. 476
— Jos. 478
— Vinc. 465, 477
Jambressich And. . . . 269 (269)
Janda Math. 351
Jandit Wenc. . . . . (299)
Janieschge Joh. 489
Janiš Jos. 368
Jankowič Em. 219
— G. 397
Jankowski I. E. 477
Janocki Joh. Dan. . . . . . (478)
Janowskij Nik. Max. . . . . (146)
Januszowski Joh. . . . 484, 507 (410)
Japel Ge. 286, 287
Jaronski Felix 474
Jaroslaw Strahoviensis . . . . (4)
Jasinski Php. 477
Jaszowicz And. 423
Jawořic Thom. 351
Jaworowský Thom. 351
Jaworskij Steph. 162
Jaworský Parth. 351
Jazykow Dem. Iw. . 151, 188 (135)
Jefimjew Dem. Wlad. 171
Jelagin Iw. Perf. 173
Jelájk Joh. 398
Jesaias, Hieromonach 152
Jesenský Dan. 392
Jesipow Sabb. 159
Jessenius Paul 387

517

Jewlew Alxj Iw. 159
Joannowič Joh. 222
Job, Patriarch 156
Jodłowski A. N. 477
Johann, Exarch . . 128, 129, 224
— , Metropolit 128
— , Priester 151 (4)
Johannes Polonus . . . . (4)
Jokisch Matth. . . . . (485)
Josič Cosmas 220
Josifowič Ant. 220
Jowlewič Ign. 159
Julinac Paul 219 (196)
Jundziłł Bonif. Stan. 474
Jungmann Ant. 365
— Jos. . . . 864 (42, 860, 369)
Juritschitsch Ge. 281
Jurkowski Joh. 431
Juszyński M. H. . . . . (421, 478)

K.

Kabátnjk Mart. 326
Kacich Miossich And. 256 (140, 229)
— Ant. 247, 258
Kačenowskij Mich. Troph. . 77, 188
Kadlinský Felix 356
Kadlubek Vinc. . . . 418 (4, 403)
Kajsarow And. . . . . (18)
Kakowski Alxr. Karl 478
Kalajdowič Const. Theod. . . . 188
                          (140, 141, 151)
— Pet. Theod. . . . . . . (146)
Kalenic Ulr. 325
Kalinka Joach. 386 (386)
Kalinowka Karl 476
Kamenskij . . . . (190)
— Bantyš Dem. Nik. . . . (201)
Kamieński Cajet. 477
Kanislich Ant. 264
Kantemir And. Dmitr. 162
Kapihorský Sim. 355
Kapnist Bas. Bas. 171
Karadžič s. Stephanowič.
Karamzin Nik. Mich. . . . 180, 495
                          (3, 11, 137)
Karczewski Roch Vinc. 477
Karlsberg Karl Dan 349
Karnkowski Stan. 485
Karpinski Frz. 463
Karpowicz Mich. Frz. 470
Kassius s. Cassius.
Katancsich Math. Pet. . . . 264 (111,
                          231, 270)
Katenin Paul Alxr. 189
Katharina II. . . . . . (146, 167)
Kauble Jos. 368
Kaulfuss Alxr. 477
Kawka Mart. Pristach 351
Keliny Theoph. 394
Kengelac Paul 219

Kercselich Balth. . . . 268 (231)
Kessioh Nik. 262
Khun Karl 368
Kiciński 476
Kinský Dominik 366
Klatowský And. . . . . (299)
— Bohusl. 351
— Mart. 351
— Sim. 349
Klaudian Nik. 329
Kleczewski Stan. . . . 477 (403, 409)
Kleych Wenc. 356
Klicpera Clem. Wenc. 367
Klimko Mich. 394
Klimowskij Semen. 163
Klonowicz Seb. Fab. 433
Kłosowski W. 478
Kluk Chph. 474
Klusák Alb. Ge. 351
Klušin Alxr. Im. 171
Knapski Greg. . . . 447 (140, 410)
Knauth Chn. . . . . . . (485, 487)
Knexevich Pet. 261
Kniaziewicz Ge. Greg. 478
Kniażnin Jac. Bor. 171
Kniażnin Frz. Dionys 463
Knobelius Wenc. 351
Kobierzycki Ph. Jac. 477
Kobylin And. 487
— Pet. 487
Kocjn Joh. 344
Kochanowski Andr. 490
— Joh. 429
— Pet. 429
Kochowski Vespas 448
Koiałowicz Adalb. Wiiuk. 447 (403)
— Kaz. 448
Kokoškin Thed. Thed. 189
Kola Dem. Frz. 448
Kolacz Paul . . . . (410)
Kolar Adam Frz. . . . . (14)
— Joh. 398 (41, 58)
Koldjn Paul Chn. 350
Kolkowski A. 78
Kołłątay Hugo 470
Kołudzki Augustin 448
Komenius Hyac. 261
Komensky Joh. Amos . . 338 (300)
Komuli Alxr. 256
Konáč v. Hodiškow Nik. . . . 327
Konarski Hier. Stan. 458
Kondratowicz Cyriak . . . . (411)
Konečný Matth. 347
Koniáš Ant. 356
Konisskij G. 169
Konstanc Ge. 355
Konstantin s. Kyrill.
Konstantinow Egor . . . . . (137)
Konstantinowič s. Ostrožskij.
Kopczyński Onuphr. . . . 476 (410)

Kopernik Nik. 414
Kopijewič Elias Theod. 163
Kopitar B. 286 (60, 70, 133, 236, 275)
Köppen Pet. Iw. 188 (128, 133, 190)
Kopystenskij Zach. 158
Koranda Wenc. 324
Korček J. 398
Kořjnek Joh. 356
Korka Paul 351
Körner Ge. . . . . (485, 486)
Kornic Burian 348
Kornig Frz. 269 (269)
Korobejuikow Tryph. 156
Koržawin Th. . . . . (142)
Koschiak Thom. 270
Kossakowski Jos., Bisch. . . . 468
  —   Jos. 476
Kossicki Ludw. . . . . (424)
Kostrow Jerm. Iw. 171
Koszutski Greg. 435
Kotljarewski lm. Pet. . . . . (141)
Kotwa Joh. Ctibor 348
Kovacsevich Thom. 268
Kowačewič Bas. 222
  —   Gab. 220
  —   Laz. 222
Kowalski Frz. 469
Koźmian Cajet. 466
Kožuchowski Stan. 448
Krabice Hynek 350
Kracowský And. 351
Kraiewski Joh. 433
  —   Mich. . . . . (461)
Krajński Chph. 432
Krajacsich Marc. 270
Král Jos. Mirowjt 368
Kraljewič Bened. 222
Kramerius Wenc Math. . . . 360
  —   Wenc. Rodomil. . . 79, 368
Krasicki Ign. 460
Krašeniunikow Steph. Pet. . . . 164
Kregčj Jos. 368
Krčméry Joh. 398
Kresychleb Pet. 431
Krinowskij Ged. 168
Krjukowskij Matw. Bas. . . . 189
Krman Dan. 390 (386)
  —   Joh. 397
Krocjn Math. 348
Kromer Mart. . . . . . (4, 403)
Kromholz Joh. 386 (386)
Kronenberg Iw. . . . . (146)
Kropf Frz. . . . . (300)
Krtský Joh. 351
Krüger Joh. Chph. . . . . . (485)
Krumholz, Pastor . . . . . . (410)
Krumłowski Jos 478
Krupěhorský Nik. 348
Krupiński And. 478
  —   Ludw. 467

Krupský Jac. 348
Kruszyński Joh. 466
Krylow Iw. And. 183
Krysiński Dominik 477
Kubányi Jos. 396
Kubasow Sergij 158 (178)
Kuča Ant. 368
Kuczborski Valent. 435
Kudlicz B. 476
Kumerdey Blas. 285, 287
Kunwaldský Jac. 351
Kupinich Chph. 268
Kurbskij And. Mich. 156
Kurganow Nik. Gab. . . . (144)
Kuszański Alxr. 477
Kuszewicz Paul 448
Kuthen Mart. 341
Kutsch . . . . (410)
Kuznics Steph. 287
Kwiatkowski Cajet. . . 477 (462)
  —   Mart. . . . . . . (409)
  —   Pet. 448
Kyprian, Metropolit . . . 152, 209
Kyriak, Mönch 128
Kyrill (Constantin) 85
  —   Bisch. v. Turow . . . 128
  —   Metropolit 151
Kyrillow Iw. 163

L.

Łabęcki Ant. 477
Ładowski Math. Marcian . . . 448
Laetus Joh. 351
Lafontaine Leop. 475
Lachowski Seb. 470
Lallich Frz. 261
Lange Joh. . . . . (485)
Langen Jac. . . . . (145)
Langhoffer Aug. 398
Lani Elias 385 (386)
  —   Mich. 387
Lanossovich Marian . . 263 (263)
Latinich Pasch. Prim. 261
Latosz Joh. 437
Lauček Mart. 492
Laurencsich Nik. 268
Laurentius v. Brzezow . . . 315
Lazarewič Ephrem 221
  —   Nik. 220
  —   Sabb. 221
Lazič Greg. 222
Laztrich s. Ochievia.
Lebeda Wenc. 350
Lebedew And. Iw. 497
Ladnický Jerem . . . . . . (386)
Lehocký Dan. 393
Leilo . . . . (145)
Lelewel Joach. 472 (3)
Leonard, Dominicaner . . . (424)
Leonhard Chn. . . . . . . (485)

Leopolita Joh.	(424)
Lerchenfeld Joh. Sixt	351
Lęski Jos.	478
Lessák Ge.	394
Leszczyński Raph.	444
— Stan.	458
Leška Steph.	395 (380)
Letunich Vlad.	261
Levakovich Raph.	244, 253
Lewanda Joh. Bas.	169
Lewitskij Iw. Mich.	(190)
Lewšin Platon	169
Libertjn Ge.	356
Libicki Joh.	443
Linda Jos.	79, 368
Linde Sam. Gottl.	471 (190, 410, 411, 478)
Lipiński Jos.	431, 466
Lipovcich Hier.	262
Lipowski Blas.	448
Lisiecki Dominik	476
Lisikiewicz Jos.	477
Lišowini Sam.	506
Litoměřický Hilar.	324
Litwiński, Priester	(411)
Lityński T. H.	476
Ljwow Paul Jur.	491
Lobanow Mich. Jewst.	189
Lobkowic Joh.	326
Locika Joh.	351
Loderecker Pet.	(248, 300)
Loebryn Dan.	351
Lomnický Civilius	354
— Simon	344
Lomonosow Mich. Bas. 168 (137, 144)	
Lougolius Mich.	351
Lopaciński Ign.	448
— I. F. S.	477
— Thom.	478
Lowčáni Joh.	(336)
Lowich Adam	77
Łoyko Felix	477
Lubieniecki Stan.	(478)
Lubieński Wlad.	447 (403)
Lubomirski Stan. Herakl.	444
Lubowicz M.	(144)
Ludolf Heinr. Wilh.	(144)
Ludwjk Jos. Myslimjr	368
Lukari Frz.	256
Lukas, Bruder	325
Lupáč Mart.	324
— Prokop	345
Lustina Vincent.	220
Lužský Melichar	351
Lwowitský Kyprian	350
Lykaon Paul	351
Lyzlow And.	158

M.

Mácsay Alxr.	391
Mączyński Joh.	(410)
Madius Michas	(4)
Magaraševič Ge.	79, 222
Magnickij Leont Phil.	163
Macháček Syme. Karl	367
Maiewski Valent. Skorochod	479 (3)
Majkow Bas. Iw.	171
Makarius, Hieromonach	132
— , Metropolit	155
Makarow Pet. Iw.	187
Makowski Sim. Stan.	448
Makowský Joh.	344
Malczowski Joh. Stan.	(410)
Malecki Clem.	476
Maleševac Joh.	281
Maleševič Em.	222
Malicki Barth. Kaz.	(410)
Malinowskij Alxj. Theod.	187
Maljgin Tim. Semen.	178
Malý Ge.	351
Marcellovich Ge.	268
Marcinowski Ant.	177
Marcus, Augustiner	284 (275)
Marček Elias	393
Marek Ant.	365
— Joh. Heinr.	368
Marevich Joh.	264
Marewicz Vinc. Ign.	476 (140)
Margetich Steph.	261
Marianovich Pet.	245
Marinkowič Const.	221
Markiewicz Onuphr.	478
Markovic Math.	392
Marnavitius Joh. Tom.	253
Martinides Wenc.	351
Martynius Sam.	348
Martinský Vict. Adam	351
Martynow Iw. Iw.	187
Masnicius Dan.	(306)
— Tob.	386
Matěgka Joh.	368
Matheolus Joh.	351
— Joh. Jac.	351
Mathiades Joh. Ge.	351
— Paul	351
— Wenc.	351
Mathias v. Miechow	(4, 403)
Mattei Joh.	261
Matthaei Ge.	(483, 485)
Matthaeus Cracoviensis	(403)
Matuszewicz Marc.	476
Matwjejew Art. Serg.	158
Maudru Joh. Bapt.	(144)
Mauřenjn Tob.	349
Maxibradich Horat.	261
— Mart.	256
Maximow Theod.	(126)
Maximowič Abr.	221
— Alxj.	222
— Lew	(138)

Maximowič Mich.	219
Maximus, Mönch	156
Medljn Joh.	368
Medwjedew Sylv.	158
Megiser Hier.	250 (275. 486)
Melezjnek Wenc.	368
Melikius Sam.	285
Memorskij Const. Mich.	(145)
Meninski s. Mesgnien.	
Menze Sigm.	251
Mercherich Leonh.	232
Merkail Sabb.	222
Merzljakow Alxj. Theod.	185 (190)
Mesgnien Frz.	507 (410)
Messarowič N.	222
Mészáros And.	394
Metelko Frz. Seraph.	286 (275)
Method	85
Meystřjk Jos.	368
Mezřjcký Joh. Thadd.	349
Miaczyński Ign.	477
Miaskowski Casp.	431
Micalia Jac.	254 (248)
Mickiewicz Adam	466
Micler Laur.	(478)
Miechovita s. Mathias	
Mieroszewski Joh.	477
Mihalyevich Mich.	264
Mihanovich A.	270
Michaelis Pet.	(410)
Michajlewič Ge.	220
Michajlowič Joh.	222
— Pantel.	222
Michalec Mart.	351
Michalides Sam.	393
Michalko G.	506
Michalko Paul	397
Miklaszewski Jos.	477 (403)
Mikołaiewski Dan.	(424)
Milec Elias	393
Miletič Laz.	222
Milič Joh.	316
Milinkowič Paul	222
Miljnský Math.	351
Miliwoin Joh.	222
Milkowič Joach.	222
Milonow Mich. Bas.	189
Miloradowič Pet.	222
Milošewič Steph.	222 (201)
Minasowicz Jos. Epiph.	463
Mincetich Scisko	256
— Vladisl.	256
Miniewski W.	476
Miokowič Joh.	222
Mirjnský Wenc.	324
Miroš Joh.	325
Mirotický Joh.	350
Mišowiský Raph.	345
Mitis Jac. Akanth.	349
Mladénowic Pet.	325
Młodzianowski Thom.	448
Mlynárowých Elias	392 (386)
Mnich Thom.	368
Mogila Pet.	157 (179)
Möhn Ge.	484
Mojžišowič Joh.	396
Moller Albinus	(486)
Molski Mart.	476
Moneta Joh.	(410)
Morawski Frz.	466
— Joh.	448
Moravus Joh.	342
Morsztyn Hier.	448
Moschótzy (Mošowský) s. Institoris.	
Moszczeński	(410)
Mrazowič Abr.	218 (126)
Mrongovius Chph. Coelest.	477 (410, 411)
Mroziński Jos.	477 (410)
Müllenheim Joh. Ernst.	(410)
Müller	(410)
— Gerh. Fried.	172
Mulich Ge.	270
Münnich G.	(478)
Murawjew - Apostol Iw. Matw.	189
Murawjew Mich. Nikit.	181
— N. N.	(178)
Musin-Puškin Alxj. Iw.	189 (150)
Mušický Lukian	218 (216)
Muškatirowič Joh.	219 (140)
Mysliweček Frz.	368

N.

Nagurczewski Ign.	431, 464
Nagy Ant.	270
Nalbanowič Dem.	222
Naljesckovich Nik.	256
Naruszewicz Adam	461 (403, 461)
Neděle Php.	368
Negedlý Adalb.	365
— Joh.	79, 363, (300, 369)
Neledinskij Meleckij Jur. Alxr.	172
Nenadowič Paul	211
Nestor, Mönch	151 (4)
Nestorowič Uroš	214, 222
Neškolič Athan.	220 (196)
Netolický Barth.	351
— Joh.	351
Newachowič Lew Nik.	189
Niemcewicz Julian Ursin	462 (462)
Niemir Karl Jos.	446 (478)
Niesiecki Casp.	478
Niewieski Stan.	189
Nigrini Johann	(386)
Nikiphor, Metropolit	128, 151
Nikitin Athan.	156
Nikolai Alb.	337
Nikolaus, Clericus	241, 242
Nikolew Nik. Pet.	171
Nikoljskij Alxr. Serg.	186

Nikon, Patriarch 156
Niphont, Chronikant 151
Nonnius Paul 351
Nordstädt Joh. . . . . (145)
Nowaczyński Thadd. 477 (409, 456)
Nowakowič Stephan . . . 219, 222
Nowicki Clem. 476
— Johann 476
Nowikow J. . . . . (146)
— Nik. Iw. 174 (190)
Nowotný Frz. . . . 368 (300, 869)
— Honorat. . . . . . . (374)
Nudożerjn s. Benedicti.

O.

Obodziński Alxr. 148
Obradowič Dosith. 217
Occhi Karl Ant. . . . . (248)
Ocko Adalbert 437
Ochievia Philipp 262 (197, 201, 262)
Oczko s. Ocko.
Očedelic Alb. Ogiř 329
Ogiński Mich. 507
Oldekop Ewstafij 497 (146)
Opaliński Chph. 445
Opeć Balth. 508
Optat Beneš 342 (299)
Orličný Paul. 342
Orphelin Zach. 218
Orzechowski Stan. . . . 427, 434
Osiński Aloys 477
— Jos. Herm. 475
— Ludwig 465
Ossoliński Jos. Maxl. . . . 472 (478)
Ostolopow Nik. Theod. 187
Ostrowski Wład. 476
Ostrožskij Const. Const. 156
Otfinowski Valer. 444
Ottersdorf Ambros . . . 350, 493
— Sixt 342, 350, 493
Otto Zděnek 349
Ozerow Wladim. Alxr. 182

P.

P. G. 894
Pacuda Matth. 351
Paeonius Prokop 349
Pacheus Johann 351
Palacký Frz. 367
Paleček Johann 324
Palicyn Abr. 156
Palikuchi Pet. 261
Palingenius Hier. 351
Paliurus Paul . . . . (424)
Palkowič Georg, Domherr . . 393
— Georg, Professor 397 (300, 374, 378)
Pallas Pet. Sim. . . . . (146)
Palma Sixt 349
Palmota Jacob 255
— Junius 255

Palumbini And. 398
— Samuel . . . . . . (386)
Pán Martin 396
Panajew Wladim. Iw. 189
Papanek Georg . . . . (373)
Paprocki Barthol. 345, 436
Papuclich Anton 262
Parkosz Jak. 507
Parenogo Michael . . . . . . (146)
Pařjzek Alxs. Vinc. 362
Partlic Simon 348
Passilovich Paul 262
Pastritius Joseph 244
Paszkowski Martin 436
Patrčka Michael Silorad. . . . 368
Pavich Karl 264
Pawlowskij Alexj. . . . . . . (141)
Pawlowsky Anton 368
— Wenc. 368
Payer Karl 368
Pazár And. 396
Pejacsevich Frz. Xaver . . . . (196)
— Jacob 270
Pejakowič Jacob 222
Pękalski Adalb. 476
Pelzel Frz. Mart. 368 (293, 300, 369)
Peninskij Iw. 494
Perkowicz Thom. 448
Perzyna Ludwig 475
Pescioni s. Zuzzeri.
Pešina Kypr. 347
— Thom. Johann . . . 356 (93)
Petlin Iw. 158
Petrecsich Pet. 268
Petřek Beniam 349
Petřjk Johann 350
Petrman Georg 368
Petrow Bas. Pet. 170
Petrowič Abr. 222
— Georg 220
— Peter 222
— Simeon 222
Petrozeljna Jacob 348
Petrus Zbraslaviensis . . . . . (4)
Petrycy Seb. 432
Phalimirus s. Falimierz.
Philippovich Adam 264
Philippowič s. Filippowič.
Philomathes Matth. 351
Photius, Metropolit 152
Piątkowski A. 477
Piečka Michael 350
Piehowicz Innoc. 246
Piekarski F. Bor. 477
Pilařjk Stephan 386
Piotrkowczyk And. 448
Piramowicz Greg. 472
Pisarew Alxr. Alxr. 190
Piscatoris J. . . . . (3)
Pjsecký Wenc. 327

Pjšek Heinr. 348
Pitter Bonaventura 356
Plácel Wenc. 345
Plachý And. 395
— Georg 355
Platon s. Lewšin.
Plawilščikow Pet. Alxj. . . . 171
Pleščejew Serg. Iw. . . . 174 (138)
Plintowic Adam . . . . . (386)
Plzeňský Ad. Cl. u. Math. . . . 351
Pnin Iw. Pet. 189
Poczobut Mart. Odlanicki . . . 475
Poděbrad Hynek 326
Podmanický Johann 392
Podobjedow Ambr. 182
Podolský Simon 350
Podšiwalow Bas. Serg. . . . 186
Pogodin M. . . . . (185)
Pohl Joh. Wenc. 369 (300)
Pochlin s. Marcus.
Polák Milota Zdirad 367
Poličanský Math. 351
Politský And. 351
Polockij Syme. 157 (179)
Polsfuss Anton . . . . . . (410)
Polykarp Th. . . . . (126)
Pongrác Balth. 392
Poniatowski Stephan 448
Poniński Stephan 448
Popławski Anton 477
Popliński J. 507
Popow Anton . . . . (140)
— Michael 491
Popovich Matth. 281
Popovizh J. S. V. . . . 285 (10)
Popowič Dionys. 222
— Georg 222
— Johann 222
— Miloš 222
— Sabb. 222
— Sophr. 222
Popowskij Nik. Nikit. 169
Poszákowski Johann 446
Potocki Alxr. 477
— Ignaz 470
— Johann . . 477 (11, 18) 495
— Stan. Kostka 469 (41, 410, 411, 478)
— Wenc. 444
Požarskij Jak. Osipow. . . . (145)
Praetorius P. . . . . (485)
Prachatický Christan . . . 329
Pražmowski Adam 477
Presbyter s. Diokleates.
Presl Joh. Svatopluk 365 (42, 79, 360)
— Karl Bořiwog 369
Přespole Peter 329
Priboevius Vinc. . . . . . . (229)
Procházka Frz. Faust. . . 361 (369)

Prokop, Bruder 324
— , Stadtschreiber 326
Prokopius Johann 395
Prokopowič-Antonskij A. A. . . . 76
Prokopowič Theophan 162 (93, 229)
Prokosz, Chronist . . . 507 (403)
Prostiboř Ulr. 350
Protasow Ambr. 183
Pruno Johann 384
Prýbiš Dan. . . . . (386)
Przesmycki Ludw. 476
Przybylski Hyac. 464
Puarich Anton 256
Pubička Frz. . . . . (292)
Pudłowski Malcher 433
Puchmayer Anton Jarosl. 363 (145, 360)
Puchow Johann 341
— Sigm. 341
Puławski Paul Corvin . . . 477
Pulkawa Přibjk . . . 315 (4, 292)
Puškin Alxr. Serg. 185
— Bas. Lwowič 189
Putnik Joseph 222

R.

Raczyński Eduard 473
Ráček Johann 351
Radašin Mich. 384
Radič Anton . . . . (386)
Radich Ludw. 261
— Mich. 262
Radomski Johann 435
Radonjn Přibislaw 350
Raduch Martin 396
Radugin Mich. 497
Raez Mich. . . . . (485)
Raffay Stephan 268
Ragnina Dinko 256
— Nik. 252
Raič Johann 217 (14, 196)
— Stephan 219
Rakić Vinc. 219
Rakowiecki Ign. Bened. 473 (3, 19, 70, 133, 149)
Rakownický Johann 350
— Wenc. 351
Rama Hier. 262
Rameš Wenc. 349
Raphaeli Alxr. . . . . . . (410)
Rašič Max. 222
Raškowič Raph. 222
Rattkay Georg . . . . . (229)
Rautenkranz Joseph 364
Ravnikar Matth. 504
Raymann Frz. 368
Razzi Seraph. 252
Regius Johann 351
Reiff Ch. Ph. 492
Relkovich Jos. Steph. . . . 264
— Math. Ant. 263—264 (263)

Rembieliński Joseph 477
Remezow Semen 159
Rendel Alb. 328
Řepanský Martin 344
Resti Junius 260
Řešátko s. Soběslawský.
Rešel Thom. 343
Rešetka Mich. 398
Retjk Magdalena 369
Rey Nik. 429
Richter Joseph 287
Riciardi Bern. 261
Ritter Paul 268 (231)
Rittersberg. Ritter v. . . . (140)
Rižskij Iw. Steph. . . . . . (179)
Rodde Jacob . . . . (144, 146)
Rodowský Bawor Ae. . . . 850
— Bawor d. J. 805
Rogaliński Jos. 478
Rogalius Thom. 437
Roháč Johann . . . . . . (386)
Rohn Joh. Karl . . . . . . (300)
Rohoni Georg 506
Rohrmann Chn. . . . . . (410)
Roich Joseph 268
Rokos Frz. Alxr. 368
— Wenc. Mich. 369
Rokycana Johann 324
Rosa Stephan . . . 242, 247, 256
— Wenc. Johann . . 356 (299)
Rosacius Johann 348
— Thom. 348
Rościszewski Adalbert . . . 437
Rosenberg Jobst 324
Rosenthaler Joseph 369
Rositzius Sigm. . . . . . (403)
Rosolecki Luc. 448
Roter Jerem. . . . . . . (410)
Rozanow Thom. . . . (145, 146)
Rožmital Zděnek Lew . . . 326
Rožnay Samuel 397
Rtiščew Theod. Mich. . . . 157
Ruban Bas. Greg. . . . 174 (178)
Rubčić, Wappenherold . . (209)
Rudjnský Matth. . . . . . (386)
Rudnicki Sylvest. 246
Rukoslaw Johann 221
Ruljk Johann . 366 (299, 354, 369)
Ruth Hynek 369
Rwaćowský Laur. Leand. . . 343
Ryba Jac. Johann 369
Rybák Georg 352
Rybay Georg 394 (140)
Rybiński Johann . . . 431 (409)
Ryčkow Pet. Iw. 173
Rychłowski Franz 446
Rylo s. Wassian.
Rysiński Salom. . . . . . (140)
Ryszkowski Frz. Xaver. . . 478
Rzewuski Wenc. 459

S.

Sakowicz Kassian 448
Sałtszewicz Laur. 448
Samblak Greg. 152
Sanin Jos. d. H. 155
Sapecki Kypr. 448
Sapieha Alxr. 477
— Leo 436
Saranda Pet. 222
Sarnicki Stan. 436 (403)
Sartorius Dan. 392
Scheliga And 398
Schkriner Joseph 287
Schlag Georg . . . . . . (410)
Schmidt Joh. Adf. Erdm. (145, 146)
— Johann E. . . . 369 (300)
Schmigoz Joh. Leop. . . 286 (275)
Schramko Paul 396
Schrey Modest. 287
Schulek Johann 396
— Math. 395
Scimunich Mich. 261
Scipio Seb. 346
Sciumonovich Johann . . . 261
Scjuljag s. Maxibradich.
Seberiny Johann 398
Sedláček Adalbert 365
Seiler Andr. 509
Sekereš N. 222
Seklucyan Johann . . 435, 507 (424)
Sellenko Georg 285 (275)
Sellij Nikodem 163
Semian Mich. 395 (386)
Semiwlak s. Samblak.
Sequenides Georg. 352
Sexti Johann . . . . . . (386)
Siarczyński Frz. 477
Sidonius Dan. . . . . . . (386)
Siennik Mart. 437
Siemiątkowski Pet. 477
Sierakowski Seb. 476
— Wenc. 478
Simon, Bischof 151
— , Bruder 324
Simonides Johann . . . 386 (386)
Sinapius Dan. . . . 386 (140, 386)
Sinjkowskij Dem. Nik. . . (146)
Sirenius Sim. 438
Sječenow Dem. 169
Skalický Joseph 369
Skaradkiewicz Patric. . . . 478
Skarbek Fr. Hr. 477
Skarga Pet. 434
Skoczyński Pet. 448
Skomorowski Frz. 478
— Ludwig 476
Skorina Frz. 156 (178)
Skrzetuski Cajet. 478
— Vincent. 477

Slaski Simon	433	Stoienski s. Statorius.	
Slawata Wilh.	347	Stojadinowič Marc.	220
Slawianickij s. Slawineckij.		Stojkowič Athan.	220
Slawineckij Epiph.	157	Strachowic Adam Heinr.	352
Sleszkowski Seb.	447	Straka Anton	396
Słotwiński Felix	477	Straněnský Johann	342
Slovacius Paul	352	Stranský Daniel	(386)
— Wenc.	345	— Paul . . . 355	(392)
Słowacki Euseb.	467	Strečko Paul	(382)
Smiglecki Martin	448	Středowský Joh. Georg	(96)
Smotriskij Melet.	(126)	Střjbrský Hier.	352
Smrtnik Benign.	506	— Jakob	324
Sniadecki And.	475	— Math.	352
— Johann	476	Strnad Anton	369
Soběslawský Jacob	352	Strojew Paul Mich. . . . 188	(137)
— Johann	352	— Peter	491
— Thom. Rešátko	343	Stroynowski Hier.	477
Soc Iw. Iw.	(146)	Strubicz Math.	438
Sokolow Pet. Iw. . . . 186	(144)	Strýc Georg 337, 338	
Solarič Paul . . 218 (35, 212	222)	Stryykowski Math. . . . 436 (4	403)
Solnický Wenc. Math.	352	Stulli Joachim 261	(248)
Solski Stan.	448	— Johann	261
Sołtykowicz Joseph . . . 477	(310)	Sturm Wenc.	344
Sophronius, Priester	152	Strzębski Martin 418	(40)
Sopikow Bas. Steph. . 187 (138,	190)	Suchorowski M.	503
Sorgo Bern.	261	Sudlicius Johann	357
— Frz. Pierko	261	Sudrovius Stan.	432
—, Graf	(3)	Sumarokow Alxr. Pet.	162
— Katharina	260	— Pankrat.	188
— Pet. Ign.	260	Surowiecki Laur . . 478 (11,	19)
Sovich Matth. 246	(247)	Sussnik Frz. 269,	499
Sowiński Johann . . . 477	(478)	Swięcki Thom.	(403)
Spasskij Greg. Iw.	78	Swjetnoj Philemon	492
Spiczynaki Hier.	437	Swinin Paul Peter	78
Srnec Jacob	(140)	Switkowski Peter	478
Stach Wenc.	366	Swoboda Frz. Johann	366
Stamatowič Nik.	222	— Wenc. Aloys	369
Stanisawlewič Gab.	222	Swotlik G. Augustin . . . (483,	485)
Starcsevich	(248)	Sychra Math.	367
Starowolski Sim. 446	(478)	Sylvanus Johann	384
Staszyc Stan. 474	(404)	Sylvester, Bischof	151
Statorius Pet. 507	(410)	Symonowicz Roman . . .	477
Stavenhagen J. N.	(144)	Syreński s. Sirenius.	
Stawiarski Ign.	(404)	Syxtus Erasmus	448
Stawski	(410)	Szent-Mártony . . . 269	(269)
— Alb.	448	Sz. d. Polnische s. nach Š.	
Staygel Mich.	397		
Stefanowič Karadžič Wuk 221,	225,	**Š.**	
491, (140, 141, 208, 205,	216)		
Stefazyus Joh. Chph.	477	Šádek Karl	369
Stehlik Paul	398	Šaffarowaký And.	(386)
Stephan, Kapuciner	270	Šachowskij Semen	158
Stephanides Georg	352	Šachowskoj Alxr. Alxr.	184
— Jacob, u. Johann	352	Šalikow Pet. Iw.	78, 190
— Simon	352	Šatrow Nik. Mich.	189
Sternberg Peter	328	Ščeglow N.	78
— Zděnek	328	Ščekatow Alxr.	(138)
Steyer Math. Wenc. . . . 355	(299)	Ščerbatow Mich. Mich. . . 172	(137)
Stipacius Nik.	352		
Stodolius Dan.	349		

Šediwý Prokop 396
Šichmatow Serg. Alxr. 189
Šimič Nik. 220
Šimko Imm. Wilh. 369, 505
— P. Adalb. 398
Šjr Frz. 369
Šiškow Alxr. Semen. 76, 182 (133,
142, 146, 150)
Šlechta Johann 327
Šohag Adalb. 366
Štelcar Johann 344
Štěpánek Joh. Nep. 367
Štěpnička Frz. Bohumjr . . . 369
Štjtný Thom. 316
Štyrsa Georg 329
Šud Nik. 350
Šušerin Iw. Korn. 159
Šwenda Frz. Paulla 369
Szaniawski Jos. Kalassanty . . . 474
— Xaver 477
Szczaniecki Stephan 446
Szczericz Paul 436
Szembek Fried. 447
Szeyt Johann 478
Szoltisz A. 398
Szopowicz 507
Szukiewicz Fabian 476
Szumski Thom. . 477 509 (410, 478)
Szylarski 507
Szymanowski Joseph 460
Szymkiewicz Jacob 478
Szymonowič Simon 430
Szymonowski Sam. Huter . . . 448
Szyrma Anton 448
Szyrwid Const. . . . . (410)

T.

Tablic Bohusl. 77, 397 506 (380, 382, 383, 398)
Táborský Chrys. 357
— Johann 384
— Joseph 369
Taciturnus Georg 352
Tappe Aug. Wilh. . . . . (137, 145)
Tarnowski, Graf . . . . . . (461)
— Johann 438
Tatiščew Bas. Nik. . . 164 (8, 137)
— Iw. Iw. 497 (146)
Tauszi Franz 270
Tellitenovich Anton 270
Teplický Wenc. Stephan . . . 349
Terlaič Greg. 218
Terlecki Method 244
Tersich Luc. 261
Tesák Georg 345
Tešlák Paul 392
Textorius Wenc. 352

Tham Karl Ign. . . . 366 (299, 300)
— Wenc. 366
Theophylact, Bischof 225
Thermen Wenc. Steph. 352
Ticinus Jacob 484 (483)
Timothej, Chronograph . . . 151
Timowski Kantorbery 476
Tišnow Simon 324
Tököly Sabb. 222
Tolmačew Jac. Bas. . . . . . (130)
Toločaninow Nikiph. Matw. . . 159
Tolstoj Thed. Pet. 76
Tomaszewski Dyzma Bończa . 466
— Mich. Bończa . . . 476
Tomikovich Alex. 264
Tomsa Frz. Bohumil 369
— Frz. Johann . . . 364 (300)
Tonsoris Johann 394
Torkos Joseph 288
Tošan Daniel 352
Trąbczyński, Abbé . . . . . . (410)
Tranowský Georg 386
Tranquillion Kyrill 159
Traun Anton 287
Trębicki Stan. 461
Trębicki Anton 477
Třebický Joh. Kyrill 352
Třebnický Steph. 384
Tredjakowskij Bas. Kyr. 164 (137, 179)
Tribalius Mart. 352
Tribucelius Sigm. 352
Tripkovich Anton 259
Trnka Frz. Dobromysl 369
Troc Abr. 447 (410)
Trojan Hermanoměstecký . . . 352
Trojański J. C. . . . . (411)
Truber Primus 279, 280
Truska Simon 369
Trzciński And. 478
Tudisi Marinus 256
Tuławski Joseph 478
Tumanskij Theod. . . . . . . (188)
Turinský Frz. 367
Turnowski Johann 482
Turnowský Wenc. 352
Turzo And. 394
Twardowski Casp. 432
— Samuel 442
Tylkowski Adalb. 448

U.

Ulfus, Priester 238
Umiastowski Peter 487
Urbanowič Johann . . . . . . (386)
Urzędow Martin 438
Ustrzycki And. 478

V.

Valecius Simon 347
Vater Joh. Sev. . . . . . (145, 410)

Velikanovich Iw. 264
Verantius Faust. 250 (248)
Vergerius Peter Paul 290
Vetranich Mauro 251
Villov Steph. 262
Vincentius, Domherr 308
Vincovich Bened. 268
Vitalich And. 261
Vitezovich s. Ritter.
Vlassich Joseph Anton 264
Vodnik Valent. 286 (275)
Volkmar Nik. . . . . . . (410)
Voltiggi Joseph 260 (248)
Vucich Bona Joh. d. Ae. u. d. J. 256
Vuletich Peter 261, 493

W.

Waga Theod. 477, 506
Walaský Paul 396 (398)
Walašjk Joh. 506
Waldstein Hynek 347
Walečowský Wenc. 325
Waleš Joh. 352
Waněk Norb. 369
Wargocki And. 458
Wartowský Joh. 341
Warwałow Haw. Barth. . . . 852
Wassian 155
Wauer Joh. . . . . . . (485)
Wawák Frz. Joh. 369
Weber Joh. 386
Węgierski Adalb 446
— And. . . . 445 (478)
— Thom. . . . . (424)
— Thom. Cajet. . . . 462
Węgleński Josaph. 478
Weissenthurn Vinc. Franul. 286 (275)
Welssmann Er. . . . . . . (145)
Welenský Ulrich 328
Weleslawjn Adam Daniel 339 (300)
Wetzien S. . . . . (145)
Wenelin Jur. 502
Werewkin Mich. Iw. 174
Werner, Bischof 249
Weselý Wenc. Jos. 357
Wetešnjk Frz. 368
Weychart T. T. 478
Wezilič Alexj. 219
Wężyk Frz. 466
Wiązkiewicz Paulin 448
Widakowič Milowan 220
Wiedemann Wenc. . . . . (300)
Wielewiejski Steph. 448
Wierbusz Kaz. 477
Wieruszowski Kaz. 448
Wiesiołowski Chph. 477
Winkler Karl . . . . . . (411)
Winogradow Peter . . . . (126)
Wiskowatow Iw. 189
Wiśniowiecki Janusz Korybut. 448

Witkowič Mich. 220
— Peter 222
Wizin Denis Iw. v. 170
Wjazemskij Pet. And. . . . 184
Wladimir Wsew. Monomach 149, 151
Wladisawlewič Mich. 219
Wlahowič Athan. 221
Wlasenický Nik. 325
Wlček Wenc. 338
Wlčetju Chn. 352
Wlkanow Ulr. Prefat . . . 350
Wodička Joh. 349
Wodňanský Jes. Camill. . . . 352
— Joh. (Aquensis) . 328
Wojejkow Alxr. Theod. . . 185 (178)
Wolčkow Serg. Sabb. . . 174 (145)
Wolf Martin 369
— Matth. 287
Woljnský Jacob 352
Woronicz Joh. 464
Woronowski Bened. . . . . (410)
Wostokow Alxr. Chph. . . 186 (42, 133, 179)
Woyde s. Adamowicz.
Woyde Karl Gottl. 477
Woyna . . . . (410)
Woyniewicz Vinc. 478
Wrana Nik. 329
Wratislaw Wenc. 345
Wrbenský Victor. 347
Wřesowic Wolf 350
Wróbel Valent. . . . . . (424)
Wšehrd Victor. Corn. 327
Wuič Joachim 220
Wujanowský Steph. 218
Wunek Jacob 434 (424)
Wussin Casp . . . . . . (300)
Wybicki Joseph 474
Wydra Stan. 366
Wyrwicz Karl 477
Wysocki Samuel 448
Wyszkowski Mich. 476
Wyszomirski, Priester . . 453 (410)

Z.

Zabczyc Joh. 432
Zabłocki Franz 468
Zábognjk Georg . . . . . (396)
Zaborowski Ignaz 478
— Stan. . . . . . (410)
Záborský Peter 394
Zaborowski Stanisl. 507
Zabranský Johann 369
Zadranin Givan 261
Zagic Joh. v. Hasenberg . . 324
Zahumenský Joh. 352
Zahradnjk Vinc. 367
Zachariaszewicz Greg. . . . 477
Zachariewič Georg 220
Zaleski H. L. 476

Załuski Jos. And. 459 (478)
Zalužanský Adam 342
Zamagna Raimund 255
Zámrský Mart. Philad. 348
Zanotti Joh. 261
Zawadzki Ign. Rogal. . . . . (140)
— Maxl. 246
— Theod. Bogala . . . 448
Záwěta Georg 346
Záworka Tob. 352
Zbylitowski Peter u. Sig. And. . 433
Zeglicki Arnolph . . . . . (140)
Zelič Geras 222
Zglinicki J. N. 476
Ziegler Jos. Libosl. 79, 364
Zieliński Joseph 477
Zimmermann Joh. Wenc. . . . 364
Zimorowicz Simon 481
Zizania Laur. 155 (126)
Zjablowskij Eudok. Php. . 189 (138)
Zlatarich Dominik 252
— Mart. 261
Zlobický Joseph 369
Zmajevich And. . . . . (250)
— Vinc. 245
Zmeškal Job 392
Zolotarew Peter 159
Zoograph Dem. 152
Zrzelski Joh. 448
Zschuderly Tob. . . . . . . (485)

Zuzzeri Bern. 261
— Floria 252
Zygrovius Joh. 432
Zyma Anton 369

Ž.

Żalanský Hawel 346
Żatecký Paul 325
Żdanow Prochor Iw. . . . . (146)
Żdżanski Cajet. 448
Żebrowski Felix 437
— Jacob 444
Żefarowič 211 (196)
Żlezný Hawel 352
Żelotýn Wenc. 342
Żerotjn Karl 338
Židek Paul 326
Židjata Luc. 151
Žirjata s. Židjata.
Žiwkowič Joh. u Steph . . . 221
— Kyr. 220
Žlutický David Hawel 352
Żółkowski Aloys 469
Żukowski Seb. 477
Żukowskij Bas. And. 183
Żulkiewski Karl 448